Emílio
ou Da educação

FUNDAÇÃO EDITORA DA UNESP

Presidente do Conselho Curador
Mário Sérgio Vasconcelos

Diretor-Presidente / Publisher
Jézio Hernani Bomfim Gutierre

Superintendente Administrativo e Financeiro
William de Souza Agostinho

Conselho Editorial Acadêmico
Divino José da Silva
Luís Antônio Francisco de Souza
Marcelo dos Santos Pereira
Patricia Porchat Pereira da Silva Knudsen
Paulo Celso Moura
Ricardo D'Elia Matheus
Sandra Aparecida Ferreira
Tatiana Noronha de Souza
Trajano Sardenberg
Valéria dos Santos Guimarães

Editores-Adjuntos
Anderson Nobara
Leandro Rodrigues

JEAN-JACQUES ROUSSEAU

Emílio
ou Da educação

Tradução e apresentação
Thomaz Kawauche

Revisão técnica e posfácio
Thiago Vargas

© 2022 Editora Unesp

Título original: *Émile, ou De l'éducation*

Direitos de publicação reservados à:
Fundação Editora da Unesp (FEU)
Praça da Sé, 108
01001-900 – São Paulo – SP
Tel.: (0xx11) 3242-7171
Fax: (0xx11) 3242-7172
www.editoraunesp.com.br
www.livrariaunesp.com.br
atendimento.editora@unesp.br

Dados Internacionais de Catalogação na Publicação (CIP) de acordo com ISBD
Elaborado por Vagner Rodolfo da Silva – CRB-8/9410

R864e	Rousseau, Jean-Jacques
	Emílio ou Da educação / Jean-Jacques Rousseau; traduzido por Thomaz Kawauche. Revisão técnica por Thiago Vargas – São Paulo: Editora Unesp, 2022.
	Tradução de: *Émile, ou De l'éducation*
	Inclui bibliografia.
	ISBN: 978-65-5711-088-1
	1. Filosofia. 2. Jean-Jacques Rousseau. 3. Natureza da educação. 4. Natureza humana. I. Kawauche, Thomaz. II. Título.
	CDD 100
2021-3255	CDU 1

Editora afiliada:

Sumário

Apresentação – Rousseau e a constituição da infância . *VII*
    Thomaz Kawauche
Nota sobre a tradução . *XXIX*

Emílio ou Da educação

Prefácio . *3*
Livro I . *7*
Livro II . *63*
Livro III . *187*
Livro IV . *251*
Livro V . *451*

Posfácio – O lugar da educação no sistema de Rousseau . *621*
    Thiago Vargas
Índice de nomes . *639*
Índice de lugares . *645*
Índice de gravuras . *647*

Apresentação
Rousseau e a constituição da infância

Publicado em 1762, *Emílio ou Da educação* permanece inclassificável: diferindo tanto dos tratados filosóficos quanto dos manuais de pedagogia – deixemos de lado a possibilidade de ser ainda um romance pedagógico –, tornou-se objeto de diversas leituras, algumas até mesmo incompatíveis entre si, de modo que poderíamos falar em *opera aperta*, emprestando o conceito de Umberto Eco. Estaria então aí, na dificuldade dos estudiosos para chegarem a um veredicto sobre a interpretação da obra, o indício de seu verdadeiro mérito? Ou será que, admitida a inseparabilidade entre vida e obra, a dificuldade efetiva diria respeito ao autor? Afinal, polêmicas exegéticas à parte, a indeterminação do lugar de *Emílio* nos catálogos de nossas bibliotecas não deixa de ser sintomática, quando nos lembramos do espírito multifacetado do genebrino Jean-Jacques Rousseau (1712-1778), que de bom grado tomava para si a alcunha "homem de paradoxos". E, de fato, é sob o signo do paradoxo que suas ideias pedagógicas parecem ter sido recebidas.

Há quem rejeite com veemência esse escrito alegando o sexismo de Rousseau (pois, para ele, a mulher deve ser educada a fim de servir o marido) ou sua hipocrisia (questiona-se: como pode um pai que abandona os cinco filhos escrever sobre educação?). Mas há também leitoras e leitores que, evitando jogar a água da banheira junto com o bebê, apreciam as contribuições teóricas do escritor genebrino antes de censurá-lo. *Mutatis mutandis*, a corrente pedagógica da Escola Nova, que conta com nomes de peso como Maria Montessori, além dos diversos projetos de escolas democráticas – Summerhill na Inglaterra e a Escola da Ponte em Portugal, para citarmos apenas dois empreendimentos notáveis –, seguem em grande medida o preceito da "liberdade bem regrada" que fundamenta o sistema educativo de *Emílio*. Evidentemente, a despeito da opinião que se possa ter a respeito desse assunto, todos devem reconhecer que a questão é bem controversa. Tentemos, portanto, não falar apressadamente em êxito ou fracasso de tais experiências de ensino inspiradas em Rousseau; pois, para além dos méritos e deméritos dessas tentativas, o fato é que elas existem e, como instituições históricas, sinalizam com provas concretas que a discussão inaugurada há mais de dois séculos e meio ainda produz efeitos sociais significativos na área da educação.

Podemos começar refletindo sobre as primeiras repercussões do ponto de vista da condenação do autor: parecia bastante plausível censurar a pedagogia do *Emílio* sob a alegação de não ter sido teorizada por um pedagogo exemplar. Todos sabem que Jean-Jacques demonstrou desde cedo ser pouco exitoso no trabalho como preceptor contratado, primeiro, pelo sr. Mably, e depois, pela sra. Dupin. E, justamente por conta desse perfil profissional pouco atraente, ficamos embaraçados, para dizer o mínimo, quando temos de explicar o motivo pelo qual as ideias pedagógicas associadas a Rousseau tornaram-se dignas de ser condenadas tanto pelo Parlamento de Paris quanto pelos conselheiros de Genebra. Afinal, qual o sentido de se chamar tanta atenção para um tutor tímido, pouco entusiasmado com a vida social e que possuía no currículo provas cabais de sua incompetência? Não deixa de ser espantoso ter havido tanta celeuma em torno de um devaneador que raciocinava menos por ideias do que por imagens, e cujos disparates sentimentais mostravam-se tão pouco dignos da fogueira em praça pública quando comparados às perigosas obras – estas sim obras de engenho – produzidas por *philosophes* como Voltaire ou Diderot. Em suma: como distinguir o justo do injusto em matéria de opinião no "caso" Rousseau?

Ora, quando falamos em *injustiça* no sentido forense, referimo-nos, em uma das acepções possíveis, à desproporção entre o crime e a pena. Assim, pensando tanto no tribunal da consciência do leitor individual quanto no tribunal da opinião pública, não seria mais *justo* de nossa parte descobrir o que haveria de tão perigoso no *Emílio*, isto é, em seu conteúdo, aos olhos das autoridades?

Convém, portanto, deixarmos de lado as questões ligadas à censura do autor, pois elas nos desviam daquilo que realmente importa notar *na obra*:

Apresentação

o genebrino trata da educação de crianças com pretensões filosóficas. Não podemos negar que, em sua "coletânea de reflexões e observações sem ordem e quase sem sequência", Rousseau traz contribuições decisivas para o debate dos filósofos iluministas; o aspecto mais inovador, sem dúvida, está em tratar da ciência do homem, que é o saber ancestral de nossa antropologia, mediante a descrição do desenvolvimento de uma criança. É preciso muito fôlego para recuperar temas clássicos, como a liberdade e a sociabilidade, e rediscuti-los em um registro diferente dos tradicionais, fazendo uso simultâneo dos esquemas explicativos da ciência da legislação dos jusnaturalistas, da história natural de Buffon e da teoria do conhecimento de Condillac, além dos novos paradigmas de investigação introduzidos pela química (que na época ainda se confundia com a alquimia) e pela botânica. Através dessa espécie de lente conceitual com múltiplos focos, o genebrino torna possível a análise crítica das representações da natureza humana até então aceitas como dogmas, em uma perspectiva que, embora tenha impressionado muito o filósofo alemão Immanuel Kant, terá de aguardar algumas décadas mais até poder ser devidamente apreciada pelos doutos como uma forma respeitável de saber. De modo geral, a reflexão de Rousseau merece ser entendida como um movimento significativo na estrutura de mentalidades no cenário histórico do advento das ciências positivas do século XIX.

O esforço para representar a ordem do corpo infantil em crescimento é, nesse sentido, uma estrutura discursiva sobre a qual se sustentam certas reflexões a respeito do homem em total harmonia com os modos de pensamento que marcam a filosofia experimental dos séculos XVII e XVIII. Anacronicamente, falaríamos em *formas de mentalidade*. Não por acaso, o médico e pedagogo Edouard Claparède (1873-1940) vê Rousseau como o inventor da criança pelo fato de ter concebido "a arte da educação baseada em uma concepção científica da criança", e por isso o chama de "o Copérnico da pedagogia". Segundo Claparède, *Emílio* seria responsável por uma revolução científica no campo das ciências da educação comparável à tese do heliocentrismo em física; isso porque, expulsando as causas finais do quadro explicativo da época e postulando as verdades da pedagogia à maneira de um observador da experiência sensível, propunha o conhecimento desse objeto, a infância, a partir de um método rigorosamente adequado ao empirismo vigente, isto é, considerando a criança como criança, e não mais, à maneira de uma teleologia, como um adulto em potência.

E, realmente, mais do que apresentar um método específico do campo prático da educação infantil, em *Emílio* trata-se de teorizar acerca do homem segundo o estilo das ciências modernas. Do ponto de vista da recepção do pensamento de nosso autor, se Kant vê em Rousseau um Newton da moral, a comparação se explica pelo estilo "científico" com o qual o genebrino investiga os fenômenos ligados àquilo que hoje denominamos "infância". É por essa razão que, quando Rousseau se refere à educação negativa ou à liberdade bem regrada (ideias fundamentais em seu modelo pedagógico), o que ele tem em vista é precisamente a *cientificidade* do saber pedagógico, e não a ambição vulgar de oferecer um guia aos pais para a criação dos filhos. Há um abismo quase transcendental entre a experiência do pensamento do cientista e sua aplicação na vida das pessoas comuns. Como o próprio autor explica a um de seus críticos mais ferozes, o ministro genebrino Tronchin, as ideias contidas no *Emílio* dizem respeito a um sistema geral do ponto de vista de seu *plano*, e não de seu mero uso prático: "Trata-se de um novo sistema de educação, cujo plano submeto à análise dos sábios, e não de um método para os pais e as mães, com o qual nunca sonhei" (cf. *Cartas escritas da montanha*, Carta V).

Vale a pena notar a diligência de Rousseau para inserir o debate sobre a educação de crianças no quadro de mentalidades das ciências de seu tempo: *Emílio* se inscreve simultaneamente em duas correntes de pensamento. Por um lado, nosso autor posiciona-se de maneira crítica em relação aos manuais de civilidade, que remontam ao *De civilitate morum puerilium* (1530) de Erasmo; no plano prático da educação, essa linhagem cultural se verifica na moda da fábrica de jovens fidalgos treinados para a vida na corte, e nela se encontram obras paradigmáticas como, por exemplo, os *Pensamentos sobre a educação* (1693) de Locke. Por outro lado, Rousseau aprofunda o debate originado com os tratados de medicina que, sobretudo na primeira metade do século XVIII, chamam a atenção para as necessidades específicas do corpo infantil: é inegável a influência dos aforismos sobre as doenças das

Apresentação

crianças de Boerhaave comentados por Van Swieten, bem como do tratado de Desessartz sobre a "educação corporal" na primeira infância. Aos olhos de Jean-Jacques, tudo se passa como se o corpo de Emílio fosse o lugar de confluência dessas duas maneiras de imaginar, do ponto de vista dos saberes de seu tempo, a criança moderna.

Podemos então reconhecer no inventário das fontes do *Emílio* uma espécie de síntese das discussões sobre civilidade e fisiologia. Opondo-se a médicos como o autor de *Orthopédie* (1741), Rousseau defende que a retidão moral não se produz necessariamente por meio da rigidez disciplinar dos corpos; lemos no *Emílio* que a criança deve crescer com os membros folgados nas roupas, uma vez que os trajes apertados da realeza induzem à vida sedentária; o mesmo argumento é válido para a crítica ao costume de se enfaixar os bebês nos cueiros: os enfaixados choram mais e, limitados fisicamente, acostumam-se a contar com a ajuda dos pais e a obedecê-los, ao passo que as crianças que crescem soltas tornam-se robustas e independentes com mais rapidez. Rousseau também é famoso por revolucionar os sentimentos da nobreza ao incentivar que as próprias mães amamentassem seus filhos em vez de delegar essa tarefa às amas de leite. É bem conhecido o trabalho de Elisabeth Badinter, *Um amor conquistado* (1980), que apresenta o *Emílio* como uma das principais fontes implicadas na tese da produção social do amor materno. Não há nenhum exagero ao reconhecermos que, mais do que qualquer outro teórico da educação, Rousseau retraça a cartografia dos discursos acerca da sociedade ao deixar, por assim dizer, o sentimento e a razão na mesma curva de nível.

A individualização da criança, para emprestarmos uma expressão de Jacques Gelis, ocorre tanto no âmbito dos discursos médicos quanto no dos códigos de etiqueta. O corpo infantil adquire visibilidade para além de sua exibição pública pautada pelas regras de decoro, pois é na esfera privada que vemos emergir a nova consciência da fragilidade física das crianças, bem como da necessidade de cuidados médicos para o prolongamento da vida desses seres que eram vistos como o rebento do ramo familiar. Dito de outro modo, a saúde particular dos filhos torna-se uma questão relevante para a ordem civil na medida em que o corpo da criança passa a ser incluído no rol de demandas que dizem respeito ao interesse comum por parte de setores influentes da sociedade.

Conectado ao espírito de seu tempo, Rousseau entende que as necessidades da criança são diferentes das do adulto: eis a especificidade que ele deseja evidenciar na condição de médico, pedagogo e filósofo, mediante afirmações de extrema perspicácia como "a infância tem seu lugar na ordem da vida humana", ou "é preciso considerar o homem no homem e a criança na criança". A partir das razões aqui expostas, veja-se que *Emílio* manifesta o esforço de seu autor para, diante de um horizonte cultural alargado, conceber a infância como momento singular, não apenas na trajetória de *um* indivíduo ou na de *uma* família, mas também — e sobretudo — na reflexão abrangente acerca da origem do gênero humano. É para dar conta desse duplo ponto de vista, teórico e prático, que o arcabouço de *Emílio* encontra-se rigorosamente fundamentado na oposição espelhada entre os ideais e a realidade empírica: se, por um lado, o conteúdo desse tratado é demasiado abstrato para aplicações imediatas, por outro, nada do que ali se lê aparta-se dos fatos e costumes da época, e entre essas duas perspectivas, vislumbramos, como em traços de *croquis*, o esboço de representação da criança de Rousseau. Caberá ao leitor terminar o desenho para cada retrato em particular.

* * *

É sobre o ser humano que Rousseau pretende falar. Devemos levar a sério esse objetivo, pois até mesmo quando o autor do *Emílio* fala sobre religião, seus princípios não são teológicos, e sim humanistas. Na *Profissão de fé do vigário saboiano*, opúsculo do Livro IV, Rousseau disserta sobre a religião *natural*, contrapondo-a às religiões reveladas que, de modo dogmático, ordenam a crença em verdades sobrenaturais, como a da natureza pecaminosa do homem. Um humanismo científico, poderíamos dizer, pois a reflexão é sempre orientada por um método para conhecer o mundo dos homens. O viés crítico da hipótese da bondade natural é abrangente, não pelo fato de Jean-Jacques ser um iconoclasta ou tomar o partido dos rebeldes perante a tradição do direito divino, mas por exigência da própria metodologia

Apresentação

empregada na *ciência* do humano: partindo de pressupostos mais simples e mais gerais, a investigação do escritor genebrino em torno do homem em estado de natureza afronta, à maneira de um sistema filosófico, o dogma do pecado original pregado pelos teólogos cristãos. Ora, devemos reconhecer que tanto rigor metodológico, por parte de um herege "de boa-fé", nem católicos nem protestantes poderiam tolerar.

Desse modelo, vale recordar sua primeira versão, apresentada no *Discurso sobre a origem da desigualdade* (1755). Naquele escrito, o genebrino imagina o homem primitivo segundo a regra de "deixar de lado todos os livros" (cf. V. Goldschmidt, *Anthropologie et politique*, p.115-25): a representação originária do indivíduo em estado de natureza é abstrata – o que é bem conveniente em uma análise científica –, limitando-se apenas a três traços característicos: a distinção elementar entre amor de si e amor-próprio, a piedade natural e a capacidade radicalmente humana de se aperfeiçoar em resposta às dificuldades do ambiente; com base nesse esquema que tem no *Tratado das sensações* (1754) de Condillac sua inspiração mais próxima, Rousseau infere todas as faculdades humanas. De um ponto de vista heurístico, a maior vantagem dessa maneira de estudar o homem é não ter de pressupor faculdades complexas como a razão, as quais podem ser consideradas aquisições do espírito: eis aí o esquema geral do ser humano que, semelhante a uma escala de medidas, Rousseau emprega como instrumento de observação para julgar os homens existentes. Esse modelo antropológico simplificadíssimo é retomado no *Emílio*, como vemos na seguinte passagem do Livro I que é esclarecedora quanto ao plano da obra: "É preciso, pois, generalizar nossos pontos de vista e considerar em nosso aluno o homem abstrato, o homem exposto a todos os acidentes da vida humana".

Todo o trabalho filosófico de Rousseau é direcionado ao estabelecimento de uma ciência da natureza humana que fosse amplamente crítica, não apenas no tocante à Bíblia, mas também em relação aos cânones científicos fundados na lei natural. Afinal, a postura do escritor genebrino é indagativa por princípio e não busca proposições apressadas. Pretender imaginar que no estado de natureza não é necessário supor a maldade humana significa fazer *tabula rasa* de modelos como o do *Leviatã* (1651) de Hobbes, cuja cientificidade até então muitos consideravam indiscutível. Veja-se por aí que a potência contestadora latente na história hipotética da criança vai de par com o rigor metodológico de uma legítima ciência, ao menos da maneira como os pensadores modernos entendiam o rigor científico.

Em *Emílio*, Rousseau expõe a história conjetural da criança sob a égide do princípio da bondade natural do homem. Descreve-se ali a trajetória de um aluno imaginário que, do nascimento até o início da idade adulta, é acompanhado por seu extraordinário educador. Este intervém sabiamente a cada momento da história, tendo como missão desenvolver a mente e o corpo de seu pupilo "segundo a natureza", de tal modo que um dia Emílio tenha condições de escolher por conta própria a sociedade na qual levará uma vida feliz. A longa dissertação é dividida em cinco livros, cada um correspondendo a certa faixa etária de Emílio: de 0 a 2 anos (Livro I), de 2 a 12 anos (Livro II), de 12 a 15 anos (Livro III), de 15 a 20 anos (Livro IV), de 20 a 25 anos (Livro V). Organizado dessa maneira, o problema da formação de Emílio pode ser examinado por partes – as etapas da vida – analisadas uma a uma, sucessivamente.

De um ponto de vista panorâmico, o movimento a que assistimos nos livros I, II e III é o da criança passando lentamente das necessidades puramente físicas e dos objetos sensíveis às necessidades adquiridas graças a certos hábitos e ao conhecimento de algumas ideias abstratas. A perspectiva filosófica adotada por Rousseau, como se sabe, é a do empirismo, ou seja, ele aceita o princípio segundo o qual somente os conhecimentos pautados pela observação e pela experiência dos sentidos são verdadeiros. No interior desse quadro, o leitor acompanha uma sucessão de estágios retratados em diagnósticos pormenorizados (Rousseau comenta, por exemplo, sobre o mecônio do feto). Nessa série de cenas, que começa com os instintos do bebê até chegar aos comportamentos produzidos na puberdade, o leitor vai aos poucos se familiarizando com aquilo que filósofos como Montaigne e Pascal chamam de "segunda natureza", em oposição à natureza primeira que, no entendimento das ciências empíricas, é inacessível. Seguir a natureza: eis a máxima estoica que Rousseau transpõe para o contexto da modernidade em sua teoria pedagógica. Emílio cresce de acordo com a natureza *segunda*, ou seja, uma natureza cuja experiência é sempre preparada com muita arte pelo educador.

A arte da educação no Emílio, que para nós seria semelhante a um ensaio controlado de laboratório, consiste em *ordenar a constituição da criança*. Ora, o que isso significa? A palavra *constituição* vem da medicina hipocrática; o termo em grego, *katastasis*, refere-se não apenas ao corpo humano, mas também ao seu entorno, isto é, ao ambiente em que se situa (ver, por exemplo, o texto das *Epidemias I* atribuído a Hipócrates). É o exame semiológico da constituição que leva o médico ao diagnóstico das doenças de seu paciente, podendo a boa ordem ser entendida como sinônimo de saúde. No caso do *Emílio*, a constituição diz respeito também ao meio social, o que nos faz notar que as expressões "ordem da infância", "ordem da natureza" e "ordem civil" são correlatas.

O ordenamento da constituição humana segundo Rousseau combina o progresso espiritual (ou cognitivo, diríamos hoje no registro da psicologia) e o desenvolvimento físico dos órgãos e do corpo. *Mens sana in corpore sano*, como escreve Locke citando Juvenal, é a máxima da tradição pedagógica à qual o autor do *Emílio* se filia. Em total acordo com a pedagogia humanista, Rousseau é enfático ao afirmar que a formação da faculdade de julgar não pode ser concebida sem os exercícios físicos: "Quereis, então, cultivar a inteligência de vosso aluno? Cultivai as forças que ela deve governar. Exercitai continuamente seu corpo; tornai-o robusto e são para torná-lo sábio e razoável [...]". Sabemos que, do ponto de vista da moral, o alvo da educação de Rousseau é a formação de um indivíduo que, em qualquer situação, saiba fazer bom uso de suas faculdades a fim de "bem julgar", "julgar de modo sadio", que tenha um "juízo íntegro" etc. Não se trata, porém, de uma educação eminentemente intelectual: ao mesmo tempo em que o jovem é educado para julgar bem suas ideias tiradas da observação e da experiência, ele também aprende a valer-se de tais ideias empregando-as como regras de conduta na vida em sociedade. Em uma palavra, busca-se a uma só vez "o vigor de corpo e de alma", como afirma o próprio Rousseau no Livro II.

Quanto às transformações na constituição, o educador de Emílio deve, acima de tudo, permanecer atento às relações entre as faculdades da criança:

vontade, imaginação, razão e juízo, por exemplo, são faculdades que, além de determinarem-se umas às outras concomitantemente ao aumento da força física, ainda se desenvolvem com velocidades diferentes. Ora, é o descompasso nos progressos das faculdades que tende a desequilibrar, a todo momento, a constituição infantil. O desafio do educador consiste, portanto, em buscar, a todo momento, novas configurações de equilíbrio em resposta às mudanças particulares no sistema psicofisiológico do aluno, e isso, ao longo de toda a sua história. Algo difícil até mesmo para os mais otimistas; donde se entende o porquê da raridade tanto do educador quanto de sua arte: "Uma vez que a educação é uma arte, é quase impossível que ela seja exitosa" (*Emílio*, Livro I).

Porém, equilíbrio não é a palavra exata, embora fosse utilizada pelos filósofos. O termo preferido na época vem da fisiologia, "economia animal", e o modelo, cuja inspiração é marcada pelo paradigma das ciências mecânicas, corresponde à ideia de uma harmonia orgânica. O próprio Rousseau fala em "*forcer l'économie animale à favoriser l'ordre moral*" no Livro IX das *Confissões*. A ideia de uma economia do corpo não é gratuita: lembremos que o *Contrato social*, publicado no mesmo ano do *Emílio*, tem como objeto central o *corpo político*, cujo quadro teórico é o mesmo da emergente ciência econômica, tal como a conhecemos. De modo geral, a ciência política do século XVIII tinha a pretensão de representar as conexões necessárias, ainda que efêmeras, entre a ordem da natureza e a ordem dos homens, muitas vezes recorrendo à metáfora da sociedade como um organismo vivo. É a partir do campo semântico da economia animal que emerge o modelo da economia política dos fisiocratas e, posteriormente, o de Adam Smith na *Riqueza das nações* (1776).

Mas ninguém deve se enganar achando que a razão tem proeminência nesse quadro teórico. A almejada ordem da economia do corpo infantil não deixa de incluir as paixões, e o espanto de alguns se justifica porque, segundo uma longa tradição, as paixões são incompatíveis com a *recta ratio* e, por conseguinte, desvirtuam a ordem moral. Bem na contramão do Iluminismo, Rousseau não pretende combater o desenvolvimento das paixões, pois uma educação assim seria contrária à natureza. E quando precisar moderar alguma, evitará fazê-lo por meio de discursos, pois o ensino

Apresentação

discursivo pressupõe a racionalidade do aluno. A estratégia é outra. Luiz Roberto Salinas Fortes denomina "cenas pedagógicas" as intervenções do educador, como os episódios do jardineiro Roberto ou do prestidigitador com o pato de cera. Trata-se de situações semelhantes a cenas de teatro que fazem as vezes de lições verbais e, dessa maneira, evitam o desenvolvimento precoce da razão da criança. As cenas são secretamente planejadas e Emílio é posto nelas como protagonista pelo educador, de modo a vivenciar certas experiências que alteram e regulam o desenvolvimento de suas diversas faculdades. Nessas condições, sob estímulos passionais escrupulosamente preparados, certas faculdades sofrem aceleração enquanto outras são inibidas, de tal forma que, na reconfiguração do conjunto, a constituição física, afetiva e intelectual do jovem acabe por mostrar-se adequada na ordem em que se encontra, como em uma economia em equilíbrio dinâmico.

No quadro tal como aqui explanado, o êxito da educação de Emílio depende, em primeiro lugar, do desenvolvimento tardio da faculdade da razão. É importante notar que, assim como no modelo da constituição do homem no *Discurso sobre a desigualdade*, o progresso da faculdade da razão na criança vem necessariamente acompanhado do surgimento de vícios decorrentes dos preconceitos e das opiniões dos homens; por esse motivo, Emílio deve ser poupado dos discursos de moral até o Livro IV, quando somente então terá condições de raciocinar sem se corromper muito. As lições verbais sobre o mundo dos homens, envolvendo as opiniões da sociedade, não têm lugar na história do jovem aluno nos três primeiros livros.

Eis aí o sentido da ruptura notável no início do Livro IV, quando entra em cena o problema da moral. Aos 15 anos, no momento da "tempestuosa revolução" causada pelas paixões da adolescência, somente a razão pode ser o contraveneno dos males engendrados pelo desejo sexual. Doravante, o progresso da razão não mais será reprimido, mas apenas moderado com a ajuda de discursos cuidadosamente preparados pelo preceptor. Podemos dizer então que, nesse sentido, o discurso do vigário saboiano é terapêutico do ponto de vista do ordenamento das paixões e profilático no tocante à entrada do jovem educando em meio à sociedade. Momento igualmente notável por seus efeitos reguladores sobre a alma do aluno se verifica no Livro V, quando Rousseau expõe a Emílio o resumo das *Instituições políticas* — outra longa lição verbal — apresentando-a como uma espécie de guia de viagem para o estudo empírico das sociedades existentes, a ser realizado durante dois anos antes do casamento com Sofia. Dessa viagem, poderíamos esperar que o aluno regressasse com verdades estabelecidas, mas, em vez disso, ele traz na bagagem nada além de uma espécie de ataraxia. Eis o caminho percorrido durante os anos de formação do educando de Rousseau.

* * *

A dimensão literária de *Emílio* torna-se mais evidente no Livro V, com a narrativa do encontro amoroso entre o jovem aluno e sua futura esposa Sofia. Em um trabalho de fôlego sobre a gênese e a redação da obra, Peter Jimack mostra que o "caráter romanesco" da história de Emílio e Sofia é determinante na escrita daquilo que acabou tornando-se um tratado de educação. É preciso lembrar também que, no momento da publicação de *Emílio*, Rousseau já goza da fama de ser best-seller na França com o romance epistolar *Julie, ou A nova Heloísa* (1761), que Denis de Rougemont qualifica como a versão em prosa do *Cancioneiro* de Petrarca. Contudo, qualquer leitor minimamente atento percebe que as fontes da literatura vão muito além do gênero do romance. Elas aparecem em abundância nos exemplos e nas anedotas citados pelo educador, com referências a autores célebres de todas as épocas — a plêiade inclui Homero, Virgílio, Tasso, Molière, Defoe etc. —, em uma imensa lista.

De todo modo, o problema das fontes literárias no *Emílio* não deve ser estudado em si mesmo, pois Rousseau não se preocupa apenas com seu estilo, mas também com o efeito do estilo sobre a moral do leitor. Como ensina Bento Prado Jr., a relação entre literatura e crítica social que Rousseau infere ao analisar os costumes de seu tempo é orientada pelo modelo da retórica. E tudo se passa como se o próprio autor do *Emílio* fosse um orador que, rememorando certos exemplos da história, buscasse persuadir seu auditório acerca dos princípios da boa conduta em sociedade. Mas, sem nos desviarmos demais por temas de especialistas, voltemos nossa atenção para

Apresentação

o conteúdo da obra de modo geral, e tentemos refletir sobre o tipo peculiar de "literatura" que inspirava Jean-Jacques em matéria de virtude.

O momento do ensino da história no Livro IV é fundamental nesse ponto, pois é quando Emílio aprende a agir assistindo às ações de homens do passado. A questão se reduz a: qual livro de história escolher? Rousseau toma partido na querela entre antigos e modernos preferindo os historiadores antigos, pois estes retratam as ações dos homens como elas realmente aconteceram, e não segundo a imaginação do historiador. Para o educador de Emílio, os historiadores modernos descrevem os fatos amoldando-os de acordo com seus preconceitos, pois têm mais interesse em brilhar aos olhos do leitor do que em instruí-los: "Só pensam em fazer retratos fortemente coloridos e que muitas vezes nada representam". Lemos em outro lugar, ainda na recusa dos modernos por parte de Rousseau: "Há, além disso, uma certa simplicidade de gosto que toca o coração, e que só se encontra nos escritos dos antigos. Na eloquência, na poesia, em qualquer tipo de literatura, ele achará os antigos, como na história, abundantes em coisas e sóbrios no juízo" (*Emílio*, Livro IV).

Porém, o motivo mais grave de rejeição é que, na história moderna, os fatos não são apenas relatados, mas também interpretados, de tal modo que o leitor fica impedido de julgar por conta própria aquilo que lê, o que é ruim para um aluno cujo discernimento ainda não está completamente formado. Isso evidentemente não significa que os historiadores antigos sejam perfeitos para os jovens: o ensino da história é como a administração de um *pharmakon*, que nunca deixa de ter efeitos colaterais. Até mesmo autores como Tucídides, muito apreciado pelo genebrino, têm inconvenientes, pois registram somente fatos grandiosos, abusam nos relatos de guerras e – algo de suma importância para Rousseau – ignoram as causas lentas e progressivas dos acontecimentos. Esse estilo de historiografia, segundo o autor de *Emílio*, pode fazer o leitor notar apenas as aparências da "cena do mundo", como se as "bagatelas" dissessem menos da natureza humana do que os grandes feitos: Rousseau ironiza ao falar dos "pormenores familiares e baixos, mas verdadeiros e característicos", que desagradavam os letrados e, por uma questão de "gosto" nas belas-letras, foram "banidos do estilo moderno".

Isso posto, entendemos por que Plutarco é o favorito de Rousseau. Esse grego, contemporâneo do historiador romano Suetônio, é o único que teria conseguido "pintar os grandes homens em suas pequenas coisas", como no episódio da conquista da Itália pelos cartaginenses liderados por Aníbal durante a Segunda Guerra Púnica, que o autor do *Emílio* resume assim: "Com uma palavra divertida, Aníbal tranquiliza seu exército aterrorizado e o faz marchar rindo para a batalha que lhe entregou a Itália" (veja-se aí a "bagatela" do riso que distrai e acalma os soldados). Em linguagem metafórica, Plutarco é a lente através da qual Rousseau enxerga os detalhes da alma humana: "Prefeririria a leitura das vidas particulares para dar início ao estudo do coração humano; pois então, por mais que o homem se retire, o historiador o segue por toda parte [...]" (*Emílio*, Livro IV). Não poderíamos ver aí uma verdadeira história dos sentimentos?

As *Vidas paralelas* de Plutarco, que Jean-Jacques lia desde a infância, servem de instrumento para que Emílio perceba as inclinações dos homens mediante a observação de vidas particulares. "É preciso", segundo Rousseau, "aprender a ver nas ações humanas os primeiros traços do coração do homem, antes de querer sondar as profundezas; é preciso saber ler bem nos fatos antes de ler nas máximas", arte que teria em Plutarco seu máximo exemplo. Maria das Graças de Souza explica que o elogio de Rousseau a Plutarco pode ser entendido nos seguintes termos:

> Os anos de cuidado do preceptor foram dedicados a conservar íntegro o seu julgamento, e sadio o seu coração. Lançando o olhar para o mundo, colocado atrás do cenário, vendo os atores exporem suas fantasias, e conhecendo os artifícios do teatro, sentirá pena da humanidade que se deixa enganar por esses artifícios. Com suas boas disposições naturais, esse exercício do olhar lhe servirá de filosofia prática, muito melhor do que as especulações dos filósofos. Assim, o jogo das paixões humanas observado por Emílio através da história o tornará sábio "*à dépens des morts*". As *Vidas* de Plutarco contribuirão para que Emílio não se deixe enganar pelo jogo das paixões.[1]

---

1 Souza, *Ilustração e história*, p.65-6.

Apresentação

Contudo, para onde apontam os efeitos benéficos da educação das paixões propiciada pela leitura de Plutarco? A resposta, que muito interessa nesta apresentação do *Emílio*, diz respeito a uma palavra-chave do século XVIII francês, *bienséance*, traduzida por nós como *decoro* ou *conveniência*. Rousseau concebe um desenvolvimento da criança regulado por intervenções de *bienséance*, que não se limitam ao cumprimento de regras de civilidade. Mais do que isso, o que Rousseau tem em vista é uma criança capaz de, em qualquer situação, isto é, *em sua vida particular*, produzir as próprias regras de conduta, a despeito de elas estarem enunciadas em um manual como o de Erasmo, ou não.

Seria uma espécie de *virtù* do príncipe de Maquiavel, porém, aplicada no campo da educação doméstica. Ou ainda, algo similar à arte do médico segundo a tradição hipocrática, cujo diagnóstico, tendo como pano de fundo a história natural da doença, permite a intervenção no momento oportuno. Em uma palavra, o ensino da história tem em vista, não o modelo da civilidade pueril para o decoro protocolar das cortes, mas o do sujeito moral cuja conveniência se identifica com a sabedoria dos antigos, segundo a qual um homem é capaz de conduzir-se em conformidade ao *kayros*, como na imagem clássica do intérprete da natureza que consegue discernir nas constituições que observa a ocasião propícia para sua ação.

Diderot, para citarmos um grande influenciador no léxico da época, define os termos conveniência e decoro da seguinte maneira na *Enciclopédia*: "O conveniente consiste sempre na conformidade de sua conduta com os usos estabelecidos e as opiniões recebidas" (verbete "*Convenable*"); "O decoro em geral consiste na conformidade de uma ação com o tempo, os lugares e as pessoas. É o uso que torna sensível a essa conformidade" (verbete "*Bienséance*"). A inobservância da conveniência ou do decoro caracteriza o "ridículo" e, do ponto de vista moral, pode sinalizar "vício". Nesse sentido, ambos se ligam ao verbete "Costumes" (*Moeurs*), também escrito por Diderot: "São as ações livres dos homens, naturais ou adquiridas, boas ou más, suscetíveis de regra e de direção". A ideia circunscrita nesse campo semântico é o da "liberdade bem regrada", que se encontra no Livro II do *Emílio*. Ser livre em sociedade é seguir as regras de conveniência, ou adequar-se aos costumes, ou conduzir-se inclinado pelo decoro, sem no entanto precisar tornar-se escravo das normas em si mesmas. Diderot tem uma boa fórmula: "o honesto arbitrário" (verbete "*Convenable*").

A opinião segundo a qual um indivíduo poderia ser tido por conveniente ou inconveniente em uma dada situação social determinava os padrões de comportamento, como atesta toda a tradição de manuais de civilidade. Diga-se de passagem que a ocorrência de "conveniente" é abundante no texto do *Emílio*. Todavia, Rousseau não quer, com essa ênfase, naturalizar tais regras: se todo o trabalho da educação se resumisse à incorporação de certos hábitos ditos civilizados, o alvo do educador seria simplesmente fazer da criança um autômato. Longe disso! O que Rousseau se interessa em fazer é equilibrar as regras de etiqueta com a espontaneidade de suas inclinações: os bons modos não anulam as faculdades naturais, mas valem-se destas para se constituírem enquanto sinais visíveis de uma natureza preservada da corrupção moral. Se pensamos em um agente livre, estamos pensando em ações circunstanciais que se lançam historicamente em direção a uma realidade futura contingente. Tal esquema é incompatível com a ideia de comportamentos automáticos ou automatizáveis. A ordem atual da criança é sempre um misto de natureza e cultura que se altera de acordo com as circunstâncias com as quais essa mesma ordem interage.

Isso significa que, a rigor, a ordem infantil não poderia seguir planos de ensino *a priori*, ou seja, instituídos de antemão sem qualquer condicionamento da experiência. No caso da educação de uma criança, do ponto de vista de seu desenvolvimento, é preciso considerar que, em função das circunstâncias e da ordem atual do educando, aquilo que é adequado em um momento pode não ser mais adequado no momento seguinte, e daí a necessidade de ajustes contínuos da ordem infantil em uma tripla relação: com a natureza (a ordem que não pode ser alterada), com os homens (a ordem que depende totalmente do arbítrio humano), com as coisas (a ordem que, embora natural, pode ser alterada por arte). Em suma: a lição que Rousseau dá aos educadores de seu tempo – e até mesmo para nós hoje – é que não há regras previamente estabelecidas na educação de um indivíduo, pois o desenvolvimento da vida particular de uma criança é afetado por circunstâncias que não podemos controlar nem prever de modo eficaz.

Apresentação

No âmbito da semântica, palavras como conveniência, adaptação, adequação, decoro, modéstia, usos, costumes etc., dizem respeito a virtudes civis que orientam as intervenções "segundo a natureza" planejadas pelo educador, as quais, pouco a pouco, vão forjando a constituição desse indivíduo que deverá tornar-se, aos 25 anos, um "homem raro" (*Emílio*, Livro I). Vemos que, de certa forma, tais intervenções seguem o modelo do justo meio de Aristóteles: entre o extremo vicioso da natureza selvagem absoluta e o outro extremo, também vicioso, da vida de máscaras em meio à sociedade corrompida, Emílio deve buscar tornar-se um ser híbrido, entre os hábitos regulados pelas ditas boas maneiras e a liberdade natural que se confunde com o puro apetite dos animais, sem contudo restringir-se a nenhum dos dois extremos. Nas palavras de Rousseau, pretende-se fazer de Emílio "um selvagem feito para morar nas cidades" (*Emílio*, Livro III).

Rousseau utiliza a imagem do "amável estrangeiro" (*Emílio*, Livro IV): indivíduo raro, que, vivendo em uma sociedade à qual não pertence, permanecerá deslocado na ordem determinada pelos costumes locais, mas que em contrapartida exibirá encantos que lhe garantirão uma certa integração social. O jovem se esforçará para ser agradável, mas não a ponto de se tornar fútil ou bajulador; tentará se adaptar às regras de etiqueta, porém, sem fazer muito caso delas. Assim, não corresponderá aos estereótipos de polidez, mas será "amável", pois moderará sua franqueza com a "máscara" das convenções; e justamente devido à sua amabilidade, difundirá com seu exemplo um espírito "segundo a natureza" nas relações interpessoais, sobretudo em meio àqueles que não tiverem se corrompido totalmente pelos preconceitos da opinião. Como interpreta André Charrak, embora as qualidades de Emílio permaneçam invisíveis aos olhos civilizados, ainda assim seus encantos não passarão despercebidos e, pelo menos em alguns casos, certos indivíduos cujas consciências ainda estarão sensíveis à voz da natureza reconhecerão na criança de Rousseau "um destino do qual se afastaram".

É por isso que Emílio será um *misto*, ou ainda, um personagem cujos traços característicos lembram, em parte, o modelo do *cidadão* enraizado em sua pátria historicamente instituída, e em parte, o modelo do *homem natural* concebido como membro constitutivo do gênero humano. Do ponto de vista da fisiologia da época – pois é disso que *também* se trata na pedagogia do século XVIII –, a imagem da formação da criança é análoga à do *mixtion*, ou seja, dos compostos resultantes de reações químicas. Novamente, estamos diante dos esquemas da economia animal. E nunca será demais lembrar que o trabalho de Bruno Bernardi, *La Fabrique des concepts* [A fábrica de conceitos] (2006), sobre a elaboração do conceito de vontade geral nos escritos políticos de Rousseau tendo-se como pano de fundo o quadro de mentalidades das ciências modernas, é uma referência valiosa para orientar nossa leitura acerca da invenção conceitual do corpo infantil no *Emílio*.

Diante de uma obra tão inovadora, as velhas polêmicas envolvendo a *pessoa* de Jean-Jacques Rousseau ficam deslocadas para segundo plano. De todo modo, o mal-estar causado pelo fato do abandono dos filhos e pelos comentários sobre as mulheres talvez exija de nós, ainda hoje, algumas justificativas, menos para tentarmos apagar as rusgas deixadas por uma visão de época do que para evidenciar que a dignidade de *Emílio* é maior do que a de seu autor. É o que tento fazer em meu livro recente *Educação e filosofia no Emílio de Rousseau*.

Os estudos acadêmicos de Rousseau avançaram bastante no século XX e hoje contam com interpretações notáveis em diversas áreas, inclusive no Brasil. O dilema entre escolher o homem ou o cidadão, que Rousseau propõe na primeira camada do texto, já é questão ultrapassada; afinal, agora temos ciência de que o problema pedagógico em *Emílio* não consiste na alternativa rígida entre optar por um dos termos e excluir o outro. Trata-se, isso sim, segundo o princípio do justo meio ou segundo o modelo da economia animal, de formar o educando tendo-se em vista elementos constitutivos tanto do homem, tal qual a natureza o criou, quanto do cidadão, tal qual verificado no mundo histórico. O paralelismo entre esse método pedagógico e o método de investigação no *Contrato social* é fundamental: considerar os homens "tais como são" e as leis "como podem ser". Com efeito, tanto no *Contrato* quanto no *Emílio*, tudo se passa como no ofício do pintor, que, na condição de artista submetido a regras, define seu estilo de pintura em função de certos parâmetros abstratos a fim de produzir um retrato adequado aos cânones da arte em questão. Mas como proceder quando as próprias regras ainda estão por se fazer? O problema é justamente este: o aluno educado por Rousseau não pode ser retratado como essencialmente homem; da mesma maneira como não pode ser pintado como essencialmente cidadão. O que Emílio *é* vai depender dos ajustes operados na ordem interna de seu ser e de como essa ordem se situa em meio às condições materiais que determinam a ordem geral dada pelo contexto da sociedade e da cultura em que se encontra. Eis aí a obra de arte segundo a natureza que Rousseau nos propõe como desafio pedagógico.

São Paulo, 30 de julho de 2021

Thomaz Kawauche
(Doutor em Filosofia pela Universidade de São Paulo
e professor visitante na Universidade Federal de São Paulo)

Bibliografia selecionada

ANDRY DE BOIS-REGARD, Nicolas. *L'Orthopédie, ou L'Art de prévenir et de corriger dans les enfants les difformités du corps*. Paris, 1741. 2 v.

ARCO JR., Mauro Dela Bandera. "As dietas de Rousseau: o caso do *Emílio*". *Princípios* (UFRN), v.26, n.50, 2019.

ARIÈS, Philippe. *L'Enfant et la vie familiale sous l'Ancien Régime*. Paris: Plon, 1960.

BADINTER, Elisabeth. *L'Amour en plus*: histoire de l'amour maternel (XVIIe-XXe siècle). Paris: Flammarion, 1980.

BERNARDI, Bruno. *La Fabrique des concepts*: recherches sur l'invention conceptuelle chez Rousseau. Paris: Honoré Champion, 2006.

BOERHAAVE, Hermann; VAN SWIETEN, Gerard. *Traité des maladies des enfants*. Avignon & Paris: [s.n.], 1759.

BORGES JR., Ciro Lourenço; VARGAS, Thiago. "Rousseau integral, em duas versões". *Discurso* (USP), v.47, 2017.

BOTO, Carlota. "O Emílio como categoria operatória do pensamento rousseauniano". In: MARQUES, J. O. A. (Org.). *Verdades e mentiras*: 30 ensaios em torno de Jean-Jacques Rousseau. Ijuí: Ed. Unijuí, 2005.

CERIZARA, Ana Beatriz. *Rousseau*: a educação na infância. São Paulo: Scipione, 1990.

CHARRAK, André. Présentation et notes. In: ROUSSEAU, J.-J. *Émile, ou De l'éducation*. Paris: GF Flammarion, 2009.

CHATEAU, Jean. *Jean-Jacques Rousseau*: sa philosophie de l'éducation. Paris: J. Vrin, 1962.

CLAPARÈDE, Edouard. "J.-J. Rousseau et la conception fonctionnelle de l'enfance". *Revue de Métaphysique et de Morale*, année XX, t.3, 1912.

CONDILLAC, Etienne-Bonnot. *Ensaio sobre a origem dos conhecimentos humanos*. São Paulo: Ed. Unesp, 2018.

_____. *Tratado das sensações*. Campinas: Ed. Unicamp, 1993.

DALBOSCO, Claudio Almir. "Condição humana e formação virtuosa da vontade: profundezas do reconhecimento em Honneth e Rousseau". *Educação e Pesquisa* (USP), v.40, n.3, 2014.

DERATHÉ, Robert. *Jean-Jacques Rousseau e a ciência política de seu tempo*. Trad. Natalia Maruyama. São Paulo: Barcarolla, 2009.

_____. *Le Rationalisme de J.-J. Rousseau*. Paris: Presses Universitaires de France, 1948.

DESESSARTZ, Jean-Charles. *Traité de l'éducation corporelle des enfans en bas âge*. Paris: [s.n.], 1760.

DOZOL, Marlene. *Da figura do mestre*. Campinas: Autores Associados, 2003.

DUCHET, Michèle. *Anthropologie et histoire au Siècle des Lumières*: Buffon, Voltaire, Rousseau, Helvétius, Diderot. Paris: François Maspero, 1971.

ELIAS, Norbert. *O processo civilizador*, v. I: Uma história dos costumes. 2.ed. Rio de Janeiro: Jorge Zahar, 1994.

ELIAS, Marisa Del Cioppo. "Recuperando Rousseau". In: _____. *De Emílio a Emilia*: a trajetória da alfabetização. São Paulo: Scipione, 2000.

ERASMO DE ROTTERDAM. *De Pueris (Dos meninos)*; *A civilidade pueril*. 2.ed. São Paulo: Escala, 2008.

FORTES, Luiz Roberto Salinas. *Paradoxo do espetáculo*: política e poética em Rousseau. São Paulo: Discurso Editorial, 1997.

_____. "Dos jogos de teatro no pensamento pedagógico e político de Rousseau". *Discurso* (USP), n.10, p.79-86, 1979.

FRANCISCO, Maria de Fátima Simões. "Autoridade e contrato pedagógico em Rousseau". In: AQUINO, J. G. (Org.). *Autoridade e autonomia na escola*: alternativas teóricas e práticas. São Paulo: Summus, 1999.

FREITAS, Jacira de. "Linguagem natural e música em Rousseau: a busca da expressividade". *Discurso* (USP), São Paulo, n.37, 2008.

GAY, Peter. *The Enlightenment*: An Interpretation, v.II: The Science of Freedom. Nova York: Norton, 1977.

GELIS, Jacques. "A individualização da criança". In: CHARTIER, R. (Org.). *História da vida privada*, v.3: da Renascença ao Século das Luzes. São Paulo: Companhia das Letras, 2009.

GOLDSCHMIDT, Victor. *Anthropologie et politique*: les principes du système de Rousseau. Paris: J. Vrin, 1974.

Apresentação

GOUHIER, Henri. *Les Méditations métaphysiques de J.-J. Rousseau*. 2.ed. Paris: J. Vrin, 1984.
GROSRICHARD, Alain. "Educação e política em Rousseau". *Almanaque*, n.11, 1980.
HABIB, Claude (Org.). *Éduquer selon la nature*: seize études sur *Émile* de Rousseau. Paris: Desjonquères, 2012.
JIMACK, Peter D. *La Genèse et la rédaction de l'Émile de J.-J. Rousseau*: étude sur l'histoire de l'ouvrage jusqu'à sa parution. Genève: Institut et Musée Voltaire, 1960.
KANT, Immanuel. *Remarques touchant les observations sur le sentiment du beau et du sublime*. Paris: J. Vrin, 1994.
KAWAUCHE, Thomaz. *Educação e filosofia no* Emílio *de Rousseau*. São Paulo: Ed. Unifesp, 2021.
KUNTZ, Rolf. *Fundamentos da teoria política de Rousseau*. São Paulo: Barcarolla, 2012.
LOCKE, John. *Some Thoughts concerning Education*. Ed. John W. Yolton & Jean S. Yolton. Nova York: Oxford University Press, 1989.
LOMBARDI, Marina Salles Leite. *O caminho da liberdade no* Emílio *de Jean-Jacques Rousseau*. São Paulo, 2020. Tese (Doutorado em Educação). Universidade de São Paulo – Faculdade de Educação.
LOURENÇO FILHO, Manuel Bergström. "A atualidade de Rousseau". *Revista Brasileira de Estudos Pedagógicos*, v.38, n.88, 1962.
MARQUES, José Oscar de Almeida. "A educação musical de Emílio". *Rapsódia* (USP), v.2, 2002.
MARUYAMA, Natalia. *A contradição entre o homem e o cidadão*: consciência e política segundo J.-J. Rousseau. São Paulo: Humanitas, 2001.
MASSON, Pierre-Maurice. *La Religion de Jean-Jacques Rousseau*. Paris: Hachette, 1916. 3v.
MASTERS, Roger. *The Political Philosophy of Rousseau*. Princeton: Princeton University Press, 1968.
MATTOS, Franklin de. *O filósofo e o comediante*: ensaios sobre literatura e filosofia na Ilustração. Belo Horizonte: Ed. UFMG, 2001.
NASCIMENTO, Milton Meira do. "O contrato social: entre a escala e o programa". *Discurso* (USP), n.17, 1988.
PAIVA, Wilson Alves de. *Da reconfiguração do homem*: um estudo da ação político-pedagógica na formação do homem em Jean-Jacques Rousseau. São Paulo, 2010. Tese (Doutorado em Educação). Universidade de São Paulo – Faculdade de Educação.
PIMENTA, Pedro Paulo; SOUZA, Maria das Graças de (Dir.). *Enciclopédia, ou Dicionário razoado das ciências, das artes e dos ofícios*, de Diderot & D'Alembert. São Paulo: Ed. Unesp, 2015-2017. 6v.
PRADO JR., Bento. *A retórica de Rousseau e outros ensaios*. 2.ed. São Paulo: Ed. Unesp, 2018.
PY, Gilbert. *Rousseau et les éducateurs*: étude sur la fortune des idées pédagogiques de Jean-Jacques Rousseau en France et en Europe au XVIIIe siècle. Oxford: Voltaire Foundation, 1997.

RADICA, Gabrielle. *L'Histoire de la raison*: anthropologie, morale et politique chez Rousseau. Paris: Honoré Champion, 2008.

RAVIER, André. *L'Éducation de l'homme nouveau*: essai historique et critique sur le livre de l'*Émile* de J.-J. Rousseau. Issoudun: Spes, 1941. 2v.

REBOLLO, Regina Andrés. "O legado hipocrático e sua fortuna no período greco-romano: de Cós a Galeno". *Scientiae Studia* (USP), v.4, n.1, 2006.

SOUZA, Maria das Graças de. "Ocasião propícia, ocasião nefasta: tempo, história e ação política em Rousseau". *Trans/Form/Ação* (Unesp-Marília), v.29, n.2, 2006.

_____. *Ilustração e história*: o pensamento sobre a história no Iluminismo francês. São Paulo: Discurso Editorial, 2001.

SPECTOR, Céline. "Rousseau et la critique de l'économie politique". In: BENSAUDE-VINCENT, B.; BERNARDI, B. (Org.). *Rousseau et les sciences*. Paris: L'Harmattan, 2003.

STAROBINSKI, Jean. "O remédio no mal: o pensamento de Rousseau". In: _____. *As máscaras da civilização*. São Paulo: Companhia das Letras, 2001.

TEIXEIRA, Anísio. "A mensagem de Rousseau". *Revista Brasileira de Estudos Pedagógicos*, v.38, n.88, 1962.

VARGAS, Thiago. "A piedade no *Emílio*: solução possível para a leitura smithiana do segundo *Discurso*?". *Doispontos* (UFPR/UFSCar), v.16, n.1, 2019.

_____. *Trabalho e ócio*: um estudo sobre a antropologia de Rousseau. São Paulo: Alameda/Fapesp, 2018.

VARGAS, Yves. *Introduction à l'*Emile *de Jean-Jacques Rousseau*. Paris: Presses Universitaires de France, 1995.

VIEIRA, Terezinha Duarte. *As noções de conhecimento útil e sua relação com a formação da autonomia de Emílio*. Campinas, 2017. Tese (Doutorado em Educação). Universidade Estadual de Campinas – Faculdade de Educação.

WATERLOT, Ghislain. *Rousseau*: religion et politique. Paris: Presses Universitaires de France, 2004.

Nota sobre a tradução

Esta tradução de *Émile ou De l'éducation* é baseada no texto estabelecido por Charles Wirz para o tomo IV das *Œuvres complètes de Jean-Jacques Rousseau* (Gallimard, 1969) na coleção Bibliothèque de la Pléiade. Observou-se ainda, em língua francesa, a versão *poche* de André Charrak (Flammarion, 2009). Em particular, para a *Profession de foi du vicaire savoyard*, foram consultadas as edições críticas de Pierre-Maurice Masson (Hachette, 1914) e de Bruno Bernardi (Flammarion, 2010). O tradutor e o revisor técnico discutiram os problemas do texto em língua portuguesa tendo sob os olhos as edições de Sérgio Milliet (Difel, 1968), de Roberto Leal Ferreira (Martins Fontes, 1995) e de Laurent de Saes (Edipro, 2017). Por fim, vale observar que, além das publicações brasileiras, também foi útil a tradução em inglês de Allan Bloom (Basic Books, 1979).

A publicação deste *Emílio* é dedicada a Luís Fernandes dos Santos Nascimento (1973-2022).

Tétis mergulhando seu filho Aquiles no rio Estige. Gravura de Charles Eisen para a edição "chez Jean Néaulme" de 1762.

Emílio ou Da educação[1]

por
*Jean-Jacques Rousseau,
cidadão de Genebra*

"*Sanabilibus agrotamus malis; ipsaque nos in rectum
genitos natura, si emendari velimus, juvat.*"

(Sêneca, *Da ira*, II, 13)

---

1 As notas de tradução foram elaboradas por Thomaz Kawauche e Thiago Vargas.

Quíron ensina a caça a Aquiles. Gravura de Charles Eisen para a edição "chez Jean Néaulme" de 1762.

Prefácio

Esta coletânea de reflexões e observações, sem ordem e quase sem sequência, foi iniciada para agradar a uma boa mãe que sabe pensar.[1] Primeiramente, eu projetara apenas uma dissertação de algumas páginas; porém, meu assunto me cativava contra minha vontade, e sem que percebesse esta dissertação se tornou uma espécie de obra grande demais, sem dúvida, para o que contém, mas pequena demais para a matéria de que trata. Ponderei muito tempo para publicá-la e, enquanto nela trabalhava, senti que não basta ter escrito algumas brochuras para saber compor um livro. Após vãos esforços de melhoria, creio que devo entregá-la tal como está, julgando que importa chamar a atenção do público para esse aspecto; e que, mesmo que minhas ideias fossem más, se eu fizesse nascer boas em outros, não teria perdido completamente meu tempo. Um homem que, de seu retiro, lança seus papéis ao público, sem aduladores, sem partido que os defenda, sem saber nem mesmo o que pensam ou dizem deles, não deve temer que, se estiver enganado, admitam seus erros sem exame.

Pouco falarei da importância de uma boa educação. Tampouco me deterei em provar que a educação que se pratica é má; mil outros o fizeram antes de mim, e detesto encher um livro com coisas que todos sabem. Observarei apenas que há um infindável tempo todos gritam juntos contra a prática estabelecida, sem que ninguém pense em propor uma melhor. A literatura e o saber de nosso século tendem muito mais a destruir do que a edificar. Censura-se com um tom magistral; para propor, é preciso assumir um outro, com o qual a elevação filosófica se compraz menos. A despeito de

---

[1] Trata-se de Madame de Chenonceaux, nora de Madame Dupin (cf. *Confessions*, in *Œuvres complètes de J.-J. Rousseau*, t.I. Paris: Gallimard/Pléiade, 1959, p.358 e 409). (N. T.)

tantos escritos que, como dizem, só têm por alvo a utilidade pública, ainda está esquecida a primeira de todas as utilidades, que é a arte de formar homens. Meu assunto era totalmente novo após o livro de Locke,[2] e temo muito que ainda continue a sê-lo depois do meu.

Não se conhece a infância: em meio às falsas ideias a seu respeito, quanto mais caminhamos, mais nos perdemos. Os mais sábios se atêm ao que os homens precisam saber, sem considerar o que as crianças estão em condições de aprender. Buscam sempre o homem na criança, sem pensar no que ela é antes de ser homem. Eis o estudo ao qual mais me apliquei, para que, mesmo que meu método fosse quimérico e falso, minhas observações sempre pudessem ser aproveitadas. Posso ter visto muito mal o que é preciso fazer, mas acredito ter visto bem o sujeito sobre o qual se deve operar. Começai, então, por melhor estudar vossos alunos, pois é muito certo que vós não os conheceis. Ora, se este livro for lido dentro desse ponto de vista, creio que ele não vos será inútil.

A respeito do que será chamado de parte sistemática, que não é outra coisa aqui senão a marcha da natureza, é aí que o leitor mais se desnorteará. Será também por aí que sem dúvida me atacarão, e talvez não haja erro nisso. Acreditarão menos estar lendo um tratado de educação do que os devaneios de um visionário sobre a educação. Que fazer quanto a isso? Não é sobre as ideias de outrem que escrevo, mas sobre as minhas. Não vejo como os outros homens; há muito tempo me censuram por isso. Mas cabe a mim me entregar a outras perspectivas e fingir ter outras ideias? Não. Depende de mim não exagerar em meu sentido, não acreditar que eu seja, sozinho, mais sábio do que todo o mundo; não depende de mim mudar de sentimento, mas desconfiar do meu. Eis tudo o que posso fazer, e o que faço. Se às vezes assumo o tom afirmativo, não é para impô-lo ao leitor, mas para lhe falar tal como penso. Por que proporia em forma de dúvida aquilo

---

2 Referência a *Some Thoughts Concerning Education*, cuja primeira edição é de 1693. A versão em francês, *De l'éducation des enfants*, foi publicada por Pierre Coste em 1695. John Locke (1632-1704), médico e filósofo inglês, autor do *Ensaio sobre o entendimento humano* (1689), que se tornou referência importante na corrente filosófica conhecida como empirismo. (N. T.)

sobre o que, quanto a mim, não tenho dúvidas? Digo exatamente o que se passa em meu espírito.

Ao expor com liberdade meu sentimento, pretendo tão pouco que ele faça autoridade que sempre acrescento a ele minhas razões, a fim de que as ponderem e me julguem. Mas, embora não queira me obstinar em defender minhas ideias, não acredito que esteja menos obrigado a propô-las, pois as máximas sobre as quais sou de opinião contrária à dos outros não são indiferentes. São aquelas cuja verdade ou falsidade importa conhecer, e que fazem a felicidade ou a infelicidade do gênero humano.

Proponde o que seja factível, é o que não cessam de me repetir. É como se me dissessem: proponde que se faça o que se faz, ou pelo menos, proponde algum bem que se alie ao mal existente. Um projeto assim, sobre certas matérias, é muito mais quimérico do que os meus, pois nessa aliança o bem se estraga e o mal não é curado. Preferiria seguir em tudo a prática estabelecida a adotar uma boa prática pela metade. Haveria menos contradições no homem; ele não pode tender ao mesmo tempo a dois alvos opostos. Pais e mães, o que é factível é o que quereis fazer. Devo eu responder por vossa vontade?

Em toda espécie de projeto, há duas coisas a considerar: primeiramente, a bondade absoluta do projeto; em segundo lugar, a facilidade da execução.

Com respeito à primeira, para que o projeto seja admissível e praticável em si mesmo, basta que aquilo que ele tem de bom esteja na natureza da coisa. Aqui, por exemplo, que a educação proposta seja conveniente ao homem e bem adaptada ao coração humano.

A segunda consideração depende das relações dadas em certas situações; relações acidentais à coisa, que, por conseguinte, não são necessárias e podem variar ao infinito. Assim, tal educação pode ser praticável na Suíça, mas não na França; tal outra pode sê-lo entre os burgueses, e tal outra entre os grandes. A maior ou menor facilidade de execução depende de mil circunstâncias, impossíveis de serem determinadas a não ser em uma aplicação particular do método em um ou noutro país, em uma ou noutra condição. Ora, todas essas aplicações particulares, não sendo essenciais ao meu assunto, não entram em meu plano. Outros poderão ocupar-se delas, se quiserem, cada qual para o país ou Estado que tiver em vista. Basta-me que, em toda parte onde homens nascerão, possa-se fazer deles o que proponho; e que, tendo-se feito deles o que proponho, tenha-se feito o que há de melhor, tanto para eles próprios quanto para os outros. Se eu não cumprir esse compromisso, estarei errado, sem dúvida. Mas, se cumpri-lo, será errado também exigir mais de mim, pois prometo apenas isso.

Livro I

Tudo está bem ao sair das mãos do autor das coisas, tudo degenera nas mãos do homem. Ele força uma terra a sustentar as produções de outra, uma árvore a carregar os frutos de outra. Mistura e confunde os climas, os elementos, as estações. Mutila seu cão, seu cavalo, seu escravo. Bagunça tudo, desfigura tudo, ama a deformidade, os monstros. Não quer nada tal como a natureza o fez, nem mesmo o homem: é preciso que seja domado por ele, como um cavalo de picadeiro; é preciso incliná-lo ao seu gosto, como uma árvore de seu jardim.

Sem isso, tudo iria ainda pior, e nossa espécie não quer ser moldada pela metade. Do jeito como vão as coisas, um homem deixado sozinho desde seu nascimento seria, entre os outros, o mais desfigurado de todos. Os preconceitos, a autoridade, a necessidade, o exemplo, todas as instituições sociais em que nos encontramos submersos sufocariam nele a natureza e nada poriam em seu lugar. Seria, assim, como um arbusto que o acaso fez nascer no meio de um caminho e que os passantes, atingindo-o em todas as partes e dobrando-o em todos os sentidos, logo fazem morrer.

É a ti que me dirijo, terna e previdente mãe,[1] que soubeste afastar-te da grande rota e proteger o arbusto nascente do choque das opiniões humanas!

---

[1] A primeira educação é a que mais importa, e essa primeira educação cabe incontestavelmente às mulheres. Se o autor da natureza tivesse desejado que ela coubesse aos homens, ter-lhes-ia dado leite para alimentar as crianças. Portanto, em vossos tratados de educação, falai de preferência sempre às mulheres, pois, além de poderem cuidar das crianças mais de perto do que os homens, e de terem por isso sempre mais influência, também o sucesso lhes importa muito mais, visto que a maioria das viúvas se encontra quase à mercê de seus filhos, pois estes as fazem sentir, para o bem ou para o mal, o efeito da maneira como foram educados. As leis, sempre muito ocupadas com bens e pouco com pessoas, por terem como objeto a paz e não a virtude,

Cultiva, rega a jovem planta antes que ela morra. Seus frutos serão, um dia, teus deleites. Constrói desde cedo um cercado em torno da alma de tua criança: ainda que outros possam marcar o perímetro, somente tu deves erguer a barreira.[2]

Moldam-se as plantas pela cultura, e os homens, pela educação. Se o homem nascesse grande e forte, seu tamanho e sua força ser-lhe-iam inúteis antes que tivesse aprendido a servir-se deles. Ao impedir que os outros considerassem ajudá-lo, seriam até mesmo prejudiciais,[3] e, abandonado à própria sorte, morreria na miséria antes de ter conhecido suas carências. Lamenta-se o estado de infância, mas não se vê que a raça humana teria perecido se o homem não tivesse começado sendo criança.

Nascemos fracos, precisamos de força; nascemos desprovidos de tudo, precisamos de assistência; nascemos estúpidos, precisamos de juízo. Tudo o que não temos em nosso nascimento e de que precisamos quando adultos nos é dado pela educação.

---

não dão suficiente autoridade às mães. Todavia, sua condição é mais segura do que a dos pais, seus deveres são mais penosos, seus cuidados importam mais à boa ordem da família. Em geral, elas se afeiçoam mais às crianças. Há ocasiões em que um filho que desrespeita seu pai pode, de alguma maneira, ser perdoado. Mas se, em qualquer ocasião, uma criança fosse tão desnaturada para desrespeitar sua mãe, esta que o carregou em seu seio, que a alimentou com seu leite, que, durante anos esqueceu-se de si mesma para ocupar-se apenas da criança, dever-se-ia rapidamente sufocar esse miserável como um monstro indigno de vir ao mundo. Dizem que as mães mimam seus filhos. Nisso sem dúvida erram, mas erram menos que vós, talvez, que os depravais. A mãe quer que seu filho seja feliz, que o seja desde logo. Nisso ela tem razão: quando se engana quanto aos meios, é preciso esclarecê-la. A ambição, a avareza, a tirania, a falsa previdência dos pais, sua negligência, sua dura insensibilidade são cem vezes mais funestas às crianças do que a cega ternura das mães. De resto, é preciso explicar o sentido que dou à essa palavra mãe, e é o que farei em seguida.

2 Garantem-me que o sr. Formey* acreditou que aqui eu quisesse falar de minha mãe, e que disse isso em alguma obra. Há de se zombar cruelmente do sr. Formey ou de mim.

* Trata-se de Johann Heinrich Samuel Formey (1711-1797), pastor e literato alemão, autor de obras como *Lettres sur l'état présent des sciences et des mœurs* (1759-60), *Anti-Émile* (1762) e *L'Émile chrétien* (1764). (N. T.)

3 Semelhante a eles pelo exterior, e privado da palavra assim como das ideias que ela exprime, seria sem cabimento fazer-lhes entender a necessidade que teria de seu auxílio e nada nele lhes manifestaria essa necessidade.

Livro I

Essa educação vem da natureza, ou dos homens ou das coisas. O desenvolvimento interno de nossas faculdades e de nossos órgãos é a educação da natureza; o uso que nos ensinam a fazer desse desenvolvimento é a educação dos homens; e a aquisição de nossa própria experiência sobre os objetos que nos afetam é a educação das coisas.

Cada um de nós é, portanto, formado por três tipos de mestres. O discípulo em quem suas diversas lições se contrariam é mal-educado e nunca estará em acordo consigo mesmo; aquele em quem todas elas incidem sobre os mesmos pontos e tendem aos mesmos fins vai por si só para seu alvo e vive consequentemente. Só esse é bem-educado.

Ora, dessas três educações diferentes, a da natureza não depende de nós; a das coisas, só depende em alguns aspectos. A única de que somos realmente senhores é a educação dos homens, e, ainda assim, apenas por suposição. Afinal, quem pode esperar dirigir inteiramente os discursos e as ações de todos os que rodeiam uma criança?

Uma vez que a educação é uma arte, é quase impossível que ela seja exitosa, já que o concurso necessário a seu sucesso não depende de ninguém. Tudo o que se pode fazer, com muito cuidado, é chegar mais ou menos perto do alvo, mas é preciso sorte para atingi-lo.

Que alvo é esse? É o mesmo da natureza, isso acaba de ser provado. Já que o concurso das três educações é necessário para a perfeição delas, é em direção àquela diante da qual nada podemos que precisamos levar as duas outras. Mas talvez essa palavra natureza tenha um sentido demasiadamente vago. É preciso tentar aqui determiná-lo.

A natureza, dizem-nos, é apenas o hábito.[4] Que significa isso? Não há hábitos que só se adquirem por força e que nunca sufocam a natureza? Tal

---

4 O sr. Formey nos garante que não se diz precisamente isso. Todavia, isso me parece muito precisamente dito neste verso a que me propunha responder: "*A natureza, acredite-me, nada é senão o hábito*". O sr. Formey, que não quer orgulhar seus semelhantes, oferece-nos modestamente a medida de seu cérebro para a do entendimento humano.*

* Rousseau escreve essa nota na margem do manuscrito de *Émile* enviado a François Coindet (um admirador útil, porém um pouco importuno, cf. *Confessions*, X). Trata-se de uma resposta à crítica de Formey em *L'Émile chrétien* (1764). O verso do é, por exemplo, o hábito das plantas, em cuja direção vertical se interfere. A planta, posta em liberdade, conserva a inclinação que a forçaram a tomar; mas a seiva de modo algum mudou sua direção primitiva, e se a planta continua a vegetar, seu prolongamento volta a ser vertical. O mesmo ocorre com as inclinações dos homens. Enquanto permanecemos no mesmo estado, podemos conservar as que resultam do hábito e que nos são menos naturais; mas, tão logo muda a situação, o hábito cessa e o natural retorna. A educação certamente é apenas um hábito. Ora, não há pessoas que esquecem e perdem sua educação e outras que a conservam? De onde vem essa diferença? Se o nome de natureza deve ser limitado aos hábitos conforme a natureza, podemos nos poupar desse galimatias.

Nascemos sensíveis e, desde nosso nascimento, somos afetados de diversas maneiras pelos objetos que nos rodeiam. Tão logo temos, por assim dizer, a consciência de nossas sensações, somos dispostos a buscar os objetos que as produzem ou a deles fugir, primeiramente, de acordo com o quanto nos são agradáveis ou desagradáveis; depois, de acordo com a conveniência ou inconveniência que encontramos entre nós e esses objetos; e enfim, de acordo com os juízos que fazemos deles acerca da ideia de felicidade ou de perfeição que a razão nos fornece. Essas disposições estendem-se e firmam-se à medida que nos tornamos mais sensíveis e mais esclarecidos; mas, constrangidas por nossos hábitos, elas se alteram mais ou menos segundo nossas opiniões. Antes dessa alteração, elas são aquilo que em nós eu chamo de natureza.

Portanto, deveríamos fazer que tudo se relacione a essas disposições primitivas. E isso seria possível se nossas três educações fossem apenas diferentes. Mas o que fazer quando são opostas? Quando, em vez de educar um homem para si mesmo, quer-se educá-lo para os outros? O concerto é então impossível. Forçado a combater a natureza ou as instituições sociais, é preciso optar entre fazer um homem ou um cidadão, pois não se pode fazer ambos ao mesmo tempo.

Mahomet de Voltaire (ato IV, cena 1) é citado para ironizar as afirmações de Formey no verbete "Coûtume" escrito para a *Encyclopédie*. (N. T.)

Livro I

Toda sociedade parcial, quando é pequena e bem unida, aliena-se da grande. Todo patriota é duro com os estrangeiros: são apenas homens, nada são a seus olhos.[5] Esse inconveniente é inevitável, mas é fraco. O essencial é ser bom com as pessoas com quem se vive. No estrangeiro, o espartano era ambicioso, avaro, iníquo, mas em casa o desprendimento, a equidade e a concórdia reinavam. Desconfiai desses cosmopolitas que vão buscar longe nos livros os deveres que desdenham cumprir ao seu redor. Tal filósofo ama os tártaros para ser dispensado de amar seus vizinhos.

O homem natural é tudo para si mesmo; é a unidade numérica, o inteiro absoluto, que só tem relação consigo mesmo ou com seu semelhante. O homem civil é apenas uma unidade fracionária que se liga ao denominador, e cujo valor está em sua relação com o todo, que é o corpo social. As boas instituições sociais são as que melhor sabem desnaturar o homem, tirar-lhe sua existência absoluta para dar-lhe uma relativa, e transportar o *eu* para a unidade comum, de sorte que cada particular não acredite mais ser uno, e sim parte da unidade, que só seja mais sensível no todo. Um cidadão de Roma não era nem Caio nem Lúcio: era um romano; inclusive, amava a pátria exclusivamente para si mesmo. Régulo dizia ser cartaginense, como se tivesse tornado a posse de seus senhores. Na qualidade de estrangeiro, recusava-se a ter assento no senado de Roma; foi preciso que um cartaginense lhe ordenasse a isso. Indignava-se que quisessem salvar-lhe a vida. Venceu e voltou triunfante para morrer nos suplícios. Parece-me que isso não tem muita relação com os homens que conhecemos.[6]

O lacedemônio Pedarete se apresenta para ser admitido no conselho dos trezentos. É rejeitado. Retorna todo alegre por ter encontrado em Esparta trezentos homens que valiam mais do que ele. Suponho sincera essa demonstração, e há motivo para crer que o fosse: eis o cidadão.

---

5 Assim, as guerras das repúblicas são mais cruéis do que as das monarquias. Mas, se a guerra dos reis é moderada, é sua paz que é terrível: mais vale ser seu inimigo que seu súdito.

6 Referências a Tito Lívio, *Histórias romanas*, XVIII, e Cícero, *Dos deveres*, III, 26-27. O exemplo de Régulo aparece no fragmento "De la patrie", cf. *Fragments politiques*, in *Œuvres complètes de J.-J. Rousseau*, t.III. Paris: Gallimard/Pléiade, 1964, p.536-7. (N. T.)

Uma mulher de Esparta tinha cinco filhos no exército e esperava notícias da batalha. Um hilota chega, ela o indaga com tremor. "— Vossos cinco filhos foram mortos. — Vil escravo, foi isso que te perguntei? — Conquistamos a vitória!". A mãe corre ao templo e dá graças aos deuses. Eis a cidadã.

Aquele que, na ordem civil, quer conservar o primado dos sentimentos da natureza não sabe o que quer. Sempre em contradição consigo mesmo, sempre hesitando entre suas inclinações e seus deveres, nunca será homem nem cidadão; não será bom nem para si mesmo, nem para os outros. Será um desses homens de nossos dias, um francês, um inglês, um burguês; não será nada.

Para ser alguma coisa, para ser si mesmo e sempre uno, é preciso agir como se fala. É preciso estar sempre decidido acerca do partido que se deve tomar, tomá-lo com altivez e sempre segui-lo. Estou à espera de que me mostrem esse prodígio para saber se ele é homem ou cidadão, ou como faz para ser ao mesmo tempo ambos.

Desses objetos necessariamente opostos decorrem duas formas contrárias de instituição: uma pública e comum, outra particular e doméstica.

Se quiserdes ter uma ideia da educação pública, lede a *República* de Platão. Não é uma obra de política, como pensam os que só julgam os livros pelos títulos: é o mais belo tratado de educação jamais escrito.

Quando se quer fazer menção ao país das quimeras, apela-se à instituição de Platão: se Licurgo só tivesse escrito a sua, eu a acharia bem mais quimérica. Platão apenas depurou o coração humano; Licurgo o desnaturou.

A instituição pública não existe mais, e não pode mais existir, porque onde não há mais pátria não pode mais haver cidadãos. Estas duas palavras, pátria e cidadão, devem ser apagadas das línguas modernas. Sei bem a razão disso, mas não quero dizê-la: ela não diz respeito ao meu assunto.

Não vejo como uma instituição pública esses risíveis estabelecimentos que chamamos colégios.[7] Tampouco levo em conta a educação mundana

---

[7] Há na Academia de Genebra e na Universidade de Paris professores de que gosto, que estimo muito, e que acredito serem muito capazes de instruir bem a juventude, se não fossem forçados a seguir o uso estabelecido. Exorto um deles a publicar o projeto de reforma que concebeu. Talvez sejamos enfim tentados a curar o mal ao vermos que ele não é sem remédio.

porque, tendendo a dois fins contrários, ela carece de ambos: serve apenas para fazer homens duplos que, sempre parecendo referir tudo aos outros, a nada se referem senão a si mesmos. Ora, sendo comuns a todos, essas demonstrações não enganam ninguém. São cuidados perdidos.

Dessas contradições nasce aquela que experimentamos sem cessar em nós mesmos. Arrastados pela natureza e pelos homens por rotas contrárias, forçados a nos dividirmos entre esses diversos impulsos, seguimos um composto deles que não nos leva a lugar nenhum. Assim lutando e hesitando durante todo o curso de nossa vida, terminamo-la sem termos podido entrar em acordo conosco e sem termos sido bons, nem para nós nem para os outros.

Resta enfim a educação doméstica ou a da natureza, mas o que se tornará para os outros um homem educado unicamente para si mesmo? Talvez, se o duplo objeto que nos propomos pudesse reunir-se em um só, ao eliminarmos as contradições do homem, eliminaríamos um grande obstáculo à sua felicidade. Para julgar isso, seria preciso vê-lo formado por completo; seria preciso ter observado suas inclinações, visto seus progressos, seguido sua marcha; em uma palavra, seria preciso conhecer o homem natural. Acredito que alguns passos terão sido dados nessas pesquisas após a leitura deste escrito.

Para formar esse homem raro, o que temos de fazer? Muito, sem dúvida: impedir que nada seja feito. Quanto se trata apenas de ir contra o vento, bordeja-se. Mas se o mar está agitado e deseja-se permanecer parado, é preciso lançar a âncora. Toma cuidado, jovem piloto, para que teu cabo não desamarre nem tua âncora se arraste, de modo que o barco não vá à deriva antes que o percebas.

Na ordem social, onde todos os lugares[8] são marcados, cada um deve ser educado para o seu. Se um particular deixa o posto para o qual é formado, já

---

8 O termo original *rang* pode ser traduzido como "posição", "lugar", "estrato social", "cargo", "posto", dentre outros. Refere-se, pois, a um conjunto de aspectos relativos aos costumes, às maneiras, às profissões e à hierarquia social no Antigo Regime. Diferente do termo *classe*, portanto, que no século XIX viria a enfatizar a condição material, econômica e política de determinada camada social. (N. T.)

não serve para nada. A educação só é útil na medida em que a fortuna esteja de acordo com a vocação dos pais; em qualquer outro caso, ela é nociva ao aluno, ao menos pelos preconceitos que lhe forneceu. No Egito, onde o filho era obrigado a abraçar a condição de seu pai, a educação tinha pelo menos uma finalidade garantida; mas entre nós, onde apenas as posições sociais permanecem e os homens nelas mudam incessantemente, ninguém sabe se, ao educar o filho para a sua, não está trabalhando contra ele.

Na ordem natural, sendo os homens todos iguais, sua vocação comum é a condição de homem, e quem quer que seja bem educado para tal condição não pode desempenhar mal as vocações que a ela se relacionam. Que destinem meu aluno à espada, à igreja ou aos tribunais, pouco me importa. Antes da vocação dos pais, a natureza o chama para a vida humana. Viver é o ofício que desejo lhe ensinar. Ao sair de minhas mãos, concordo que não será nem magistrado, nem soldado, nem padre: será, em primeiro lugar, homem. Tudo o que um homem deve ser ele saberá sê-lo, e o será, se for preciso, tão bem quanto quem quer que seja. A fortuna pode até fazê-lo mudar de lugar, mas ele estará sempre no seu. *Occupavi te, Fortuna, atque cepi; omnesque aditus tuos interclusi, ut ad me aspirare non posses.*[9]

Nosso verdadeiro estudo é o da condição humana. Aquele de nós que melhor sabe suportar os bens e os males desta vida é, a meu ver, o mais bem educado; donde se segue que a verdadeira educação consiste menos em preceitos do que em exercícios. Começamos a nos instruir quando começamos a viver; nossa educação começa junto conosco; nosso primeiro preceptor é nossa ama de leite. Além disso, a palavra *educação* tinha entre os antigos um sentido diferente, que já não lhe damos: significava alimentação. Diz Varrão: *Educit obstetrix, educat nutrix, instituit paedagogus, docet magister.*[10] Assim, a educação, a instituição e a instrução são três coisas tão diferentes no que concerne ao seu objeto quanto a governanta, o preceptor e o mestre.

---

9 "Antecipei-me a ti, Fortuna, capturei-te; fechei todo acesso teu, então não podes vir até mim" (Cícero, *Tusculanas*, V, ix, 27). (N. T.)

10 "A parteira traz para fora do ventre, a ama conduz, o pedagogo institui, o mestre ensina" (Varrão citado por Nonius Marcellus, *De compendiosa doctrina*, V, 447). (N. T.)

Contudo, essas distinções são mal entendidas e, para ser bem conduzida, a criança deve seguir somente um guia.

É preciso, pois, generalizar nossos pontos de vista e considerar em nosso aluno o homem abstrato, o homem exposto a todos os acidentes da vida humana. Se os homens nascessem vinculados ao solo local, se a mesma estação durasse o ano inteiro, se cada um se prendesse ao seu destino de maneira a jamais poder mudá-lo, a prática estabelecida seria boa sob certos aspectos. A criança educada para sua condição, jamais saindo dela, não poderia ser exposta aos inconvenientes de uma outra. Mas, devido à mobilidade das coisas humanas, devido ao espírito inquieto e agitado deste século que bagunça tudo a cada geração, pode-se conceber um método mais insensato do que educar uma criança como se tivesse de jamais sair de seu quarto, como se devesse ser sempre cercada pelos seus? Se a infeliz der um único passo sobre a terra, se descer um único degrau, estará perdida. Isso não é ensiná-la a suportar a dor: é exercitá-la para senti-la.

Só se pensa em conservar sua criança: isso não basta. Deve-se ensiná-la a se conservar sendo homem, a suportar os golpes da sorte, a enfrentar a opulência e a miséria, a viver, se preciso for, nas geleiras da Islândia ou sob o rochedo escaldante de Malta. Mesmo que tomeis precauções para que ela não morra, será preciso que ela morra. E, mesmo que sua morte não seja obra de vossos cuidados, ainda assim eles seriam mal entendidos. Trata-se menos de impedir a morte do que fazer viver. Viver não é respirar, mas agir; é fazer uso de nossos órgãos, de nossos sentidos, de nossas faculdades, de todas as partes de nós mesmos que nos dão o sentimento de nossa existência. O homem que mais viveu não é o que contou mais anos, mas aquele que mais sentiu a vida. Há quem seja enterrado aos cem anos, mas que já havia morrido desde seu nascimento. Melhor seria ter ido ao túmulo na juventude, se pelo menos tivesse vivido até então.

Toda a nossa sabedoria consiste em preconceitos servis; todos os nossos usos são apenas sujeição, embaraço e constrangimento. O homem civil nasce, vive e morre na escravidão: ao nascer, ele é enrolado em um cueiro; ao morrer, encerram-no em um caixão. Enquanto conservar a figura humana, está acorrentado por nossas instituições.

Dizem que muitas parteiras pretendem, ao modelar a cabeça das crianças recém-nascidas, dar a elas uma forma mais conveniente, e isso é tolerado! Nossas cabeças seriam defeituosas tal como feitas pelo Autor de nosso ser: precisamos moldá-las por fora pelas parteiras e por dentro pelos filósofos. Os caraíbas são duas vezes mais felizes do que nós.

> Mal a criança sai do seio da mãe, mal ela goza da liberdade de mover e estender seus membros, logo lhe dão novas amarras. Enrolam-na em um cueiro, deitam-na com a cabeça presa e as pernas esticadas, os braços pendentes ao lado do corpo; envolvem-na com panos e bandagens de toda espécie, que não lhe permitem mudar de posição. Felizes aquelas que não foram apertadas a ponto de serem impedidas de respirar, e que, por precaução, foram deitadas de lado, para que as águas que voltam pela boca possam cair sozinhas! Pois não haveria liberdade para virar a cabeça de lado para facilitar o escorrimento.[11]

A criança recém-nascida tem necessidade de estender e mover seus membros para tirá-los do entorpecimento em que, embolados como um novelo, permanecem por muito tempo. É verdade que os estendemos, mas os impedimos de se moverem; chegamos a prender a cabeça com testeiras.[12] Parece que temos que dê sinais de vida.

Assim, o impulso das partes internas de um corpo que tende ao crescimento encontra, no que concerne a seus movimentos, um obstáculo insuperável. A criança faz continuamente esforços inúteis que esgotam suas forças ou retardam seu progresso. Estava menos apertada, menos incomodada, menos comprimida no âmnio do que em suas fraldas. Não vejo o que ganhou ao nascer.

A inação e o constrangimento em que se mantêm os membros de uma criança só podem atrapalhar a circulação do sangue e dos humores, impedindo

---

11 *Histoire naturelle*, t. IV, p.190, in-12.
12 No tocante à liberdade dos movimentos e do aleitamento, Rousseau segue de perto as críticas do médico Jean-Charles Desessartz na obra *Traité de l'éducation corporelle des enfans en bas âge*, Paris, 1760. O ponto de vista de diversos filósofos encontra-se no verbete "Emmaillotter", escrito por Jaucourt para o tomo V da *Enciclopédia*. (N. T.)

a criança de se fortificar, de crescer e alterar sua constituição. Nos lugares em que não se têm precauções extravagantes, os homens são todos grandes, fortes, bem-proporcionados.[13] As regiões em que se amarram as crianças em cueiros são aquelas lotadas de corcundas, mancos, cambaios, franzinos, raquíticos, gente com todo tipo de deficiência. Por medo de que os corpos se deformem por movimentos livres, apressam-se em prensá-los, deformando-os. Para impedi-los de se estropiarem, de bom grado os tornariam paralíticos.

Poderia um constrangimento tão cruel não influir em seu humor, bem como em seu temperamento? Seu primeiro sentimento é de dor e sofrimento: encontram só obstáculos para todos os movimentos de que necessitam. Mais infelizes do que um criminoso encarcerado, fazem vãos esforços, irritam-se, gritam. Suas primeiras vozes, dizei, são choros? Acredito: vós as contrariais desde o nascimento. Os primeiros presentes que recebem de vós são correntes; os primeiros cuidados que experimentam são torturas. Não tendo nada de livre senão a voz, como não se serviriam dela para se queixarem? Gritam por causa do mal que vós lhes fazeis: garroteados assim, gritaríeis com mais força do que eles.

De onde vem esse costume insensato? De um costume desnaturado. Desde que as mães, desprezando seu primeiro dever, não quiseram mais amamentar seus filhos, foi preciso confiá-los a mulheres mercenárias, que, vendo-se assim mães de crianças estranhas por quem a natureza nada lhes dizia, só buscaram se poupar do sofrimento. Seria preciso vigiar incessantemente uma criança em liberdade, mas, estando bem atada, jogam-na em um canto sem se incomodarem com seus gritos. Contanto que não haja provas da negligência da ama de leite, contanto que o lactente não quebre o braço nem a perna, que importa, no final das contas, que ele morra ou que permaneça enfermo o resto de seus dias? Conservam-se seus membros à custa de seu corpo, e, aconteça o que acontecer, a ama de leite é desculpada.

Essas doces mães que, livres de suas crianças, se entregam alegremente às diversões da cidade, sabem, no entanto, qual tratamento a criança em seu

---

13 Veja a nota 29 da página 41.

cueiro recebe na aldeia? Diante da menor confusão ocorrida, suspendem-na em um prego como uma trouxa de roupas. Enquanto a ama de leite, sem pressa, cuida de seus afazeres, a infeliz permanece assim crucificada. Todas as que foram encontradas nessa situação tinham o rosto roxo; o peito fortemente comprimido não permitia ao sangue circular, fazendo-o voltar à cabeça; e o paciente, por não ter força para gritar, era tido por muito tranquilo. Ignoro quantas horas uma criança pode permanecer nesse estado sem perder a vida, mas duvido que isso possa durar muito. Eis, penso, uma das maiores comodidades do enfaixamento.

Sustenta-se que as crianças em liberdade pudessem adotar as más posições e praticar movimentos capazes de prejudicar a boa conformação de seus membros. Aí está um dos vãos raciocínios de nossa falsa sabedoria, que jamais experiência alguma confirmou. Dessa profusão de crianças que, entre povos mais sensatos do que nós, são criadas com seus membros totalmente livres, não vemos uma única que se machuque ou se estropie. Não poderiam dar a seus movimentos a força que pode torná-los perigosos. E quando adotam uma posição violenta, a dor logo os adverte para mudá-la.

Não tivemos a ideia de enfaixar os filhotes de cães e gatos. Observamos neles algum inconveniente que resulte dessa negligência? É certo que as crianças são mais pesadas, mas também são proporcionalmente mais fracas. Só se movem com dificuldade; como se estropiariam? Se as deitássemos de costas, morreriam nessa posição sem jamais poderem se virar, como a tartaruga.

Não contentes de terem deixado de amamentar seus filhos, as mulheres deixam de querer fazê-lo. A consequência é natural. No momento em que a condição de mãe se torna onerosa, logo se encontra um meio para se livrar completamente dela. Volta-se contra a espécie a atração dada para multiplicá-la: quer-se uma obra inútil a fim de recomeçá-la sempre. Esse expediente, acompanhado das outras causas de despovoamento, anuncia o destino próximo da Europa. As ciências, as artes, a filosofia e os costumes que engendra não tardarão em torná-la um deserto. Será povoada por animais ferozes: pouco terá mudado de habitantes.

Vi algumas vezes a pequena manobra das jovens mulheres que fingem querer amamentar seus filhos. Sabem instigar para que a façam desistir dessa fantasia: habilmente incitam a intervenção dos esposos, dos médicos[14] e sobretudo das mães. Um marido que ousasse consentir que sua mulher amamentasse sua criança seria um homem perdido; seria considerado um assassino que deseja se livrar dela. Maridos prudentes, é preciso imolar o amor paterno em troca da paz. Felizes os que encontram no campo mulheres mais continentes do que as vossas! Mais felizes ainda se o tempo que estas ganham não for destinado a outros que não vós.

O dever das mulheres não é duvidoso, mas o que se discute é se, com o desprezo que elas têm por ele, faz diferença para as crianças serem amamentadas por seu leite ou por outro. Considero essa questão, cujos juízes são os médicos, como decidida em favor das mulheres. E, para mim, também pensaria que é melhor a criança mamar o leite de uma ama saudável do que de uma mãe mimada, se houver algum novo mal a temer do mesmo sangue de que é formada.

Mas deve a questão ser considerada somente pelo aspecto físico? Tem a criança menos necessidade de uma mãe do que de suas tetas? Outras mulheres, e até animais, poderiam lhe dar o leite que ela nega: a solicitude materna não se supre. Aquela que amamenta a criança de outra em lugar da sua é uma mãe má: como seria uma boa ama de leite? Ela poderia tornar-se uma, mas lentamente. Seria preciso que o hábito mudasse a natureza, e a criança malcuidada morrerá muito antes de que sua ama de leite adquira por ela uma ternura de mãe.

Dessa mesma vantagem resulta um inconveniente que, por si só, deveria desencorajar toda mulher sensível a fazer seu filho ser amamentado por outra: partilhar o direito de mãe, ou antes, aliená-lo; ver seu filho amar outra mulher tanto quanto ela, ou mais; sentir que a ternura que ele conserva por sua própria mãe é uma graça, e aquela que ele tem por mãe adotiva, um dever. Pois, onde encontrei os cuidados de uma mãe, não devo também encontrar o apego de um filho?

---

14 A liga das mulheres e dos médicos sempre me pareceu uma das mais engraçadas singularidades de Paris. É por causa das mulheres que os médicos adquirem sua reputação, e é por causa dos médicos que as mulheres fazem suas vontades. Por aí se vê qual é o tipo de habilidade que um médico de Paris precisa ter para se tornar célebre.

A maneira como se remedia esse inconveniente é inspirar nas crianças o desprezo pelas amas de leite tratando-as como verdadeiras servas. Quando termina seu serviço, retira-se a criança ou despede-se a ama. De tanto recebê-la mal, faz-se que desanime em ver seu lactente. Ao final de alguns anos, ele não mais a vê, não mais a conhece. A mãe, que acredita substituir a ama e reparar sua negligência por sua crueldade, engana-se. Em lugar de fazer um filho terno de um lactente desnaturado, ela o exercita na ingratidão; ela lhe ensina a um dia desprezar aquela que lhe deu a vida, assim como aquela que com seu leite o alimentou.

Quanto eu insistiria sobre esse ponto, se fosse menos desencorajador repetir em vão assuntos úteis! Isso diz respeito a mais coisas do que se pensa. Quereis que cada um volte a seus primeiros deveres? Começai pelas mães; ficareis admirados com as mudanças que produzireis. Tudo vem sucessivamente dessa primeira depravação: a ordem moral inteira fica alterada; o natural se apaga em todos os corações; o interior das casas adquire um ar menos vivo; o espetáculo tocante de uma família nascente não mais atrai os maridos, não mais impõe mais deferência aos estranhos; respeita-se menos a mãe cujos filhos não se veem; não há residência nas famílias; o hábito não mais reforça os laços de sangue; não há mais pais, nem mães, nem crianças, nem irmãos, nem irmãs; todos mal se conhecem; como se amariam? Ninguém mais pensa senão em si mesmo. Quando a casa não passa de uma triste solidão, é preciso alegrar-se em outro lugar.

Mas, se as mães se dignarem a amamentar seus filhos, os costumes reformar-se-ão por si mesmos, os sentimentos da natureza despertarão em todos os corações; o Estado se repovoará. Esse primeiro ponto, tão somente esse ponto, irá reunir tudo. O atrativo da vida doméstica é o melhor contraveneno para os maus costumes. A agitação das crianças, que acreditamos importuna, faz-se agradável. Ela torna o pai e a mãe mais necessários, mais queridos um ao outro; aperta entre eles o laço conjugal. Quando a família é viva e animada, os cuidados domésticos constituem a mais cara ocupação da mulher e o mais doce divertimento do marido. Assim, da correção desse único abuso, logo resultaria uma reforma geral, logo a natureza reassumiria todos os seus direitos. Se as mulheres voltassem a ser mães, logo os homens voltariam a ser pais e maridos.

Discursos supérfluos! O próprio tédio dos prazeres mundanos jamais reconduz a isso. As mulheres deixaram de ser mães: não mais o serão, não querem mais sê-lo. Mesmo que quisessem, dificilmente conseguiriam. Hoje que o costume contrário está estabelecido, cada uma teria de combater a oposição de todas aquelas que compõem seu entorno, coligadas contra um exemplo que umas não deram e que outras não querem seguir.

Todavia, ainda se podem encontrar jovens de boa índole[15] que, ousando desafiar nesse ponto o império da moda e os clamores de seu sexo, cumprem com virtuosa intrepidez esse dever tão doce que a natureza lhes impõe. Possa seu número aumentar pelo atrativo dos bens destinados às que se entregam a tal dever! Baseado nas consequências tiradas do mais simples raciocínio, e nas observações que jamais vi desmentidas, ouso prometer a essas dignas mães um apego sólido e constante da parte de seus maridos, uma ternura verdadeiramente filial da parte de suas crianças, a estima e o respeito do público, partos felizes sem acidentes nem sequelas, uma saúde firme e vigorosa, e enfim, o prazer de se ver um dia imitada por suas filhas, e citada como exemplo às filhas de outrem.

Sem mãe, nada de filho. Entre eles os deveres são recíprocos e, se forem mal cumpridos por uma parte, serão desdenhados pela outra. O filho deve amar sua mãe antes de saber que deve fazê-lo. Se a voz do sangue não for fortalecida pelo hábito e pelos cuidados, ela desaparece nos primeiros anos, e o coração morre, por assim dizer, antes de nascer. Eis-nos, desde os primeiros passos, fora da natureza.

Também saímos dela por uma rota oposta, quando, em vez de negligenciar os cuidados de mãe, uma mulher os exagera; quando faz de seu filho seu ídolo, aumenta e alimenta sua fraqueza impedindo-o de senti-la e, esperando fazê-lo escapar das leis da natureza, afasta dele alguns agravos

---

15 No original, *"bon naturel"*. A palavra *naturel* com sentido de disposições congênitas da personalidade do indivíduo será traduzida por "índole". Quando se refere ao trabalho como preceptor do sr. de Mably, Rousseau escreve nas *Confissões*: "A suavidade de minha índole [*mon naturel*] tornara-me muito apto para esse ofício [...]" (cf. *Confessions*, VI, in *Œuvres complètes de J.-J. Rousseau*, t. I. Paris: Gallimard/Pléiade, 1959, p.267). (N. T.)

penosos, sem pensar quantos perigos e acidentes acumula para depois ao preservá-lo de alguns incômodos por um momento, e quão bárbara é a precaução de prolongar a fraqueza da infância sob as fadigas dos adultos. Tétis, diz a fábula, para tornar invulnerável seu filho, mergulhou-o nas águas do Estige. Essa alegoria é bela e clara. As mães cruéis de que falo agem de outro modo: de tanto mergulhar os filhos na indolência, preparam-nos para o sofrimento; abrem-lhes os poros para males de toda espécie, dos quais não deixarão de ser presas ao crescerem.

Observai a natureza e segui a rota que ela vos traça. Ela exercita continuamente as crianças, enrijece seu temperamento com provas de toda espécie e desde cedo lhes ensina o que é sofrimento e dor. Os dentes que nascem lhes dão febre, cólicas agudas dão-lhes convulsões, longas tosses as sufocam, os vermes atormentam-nas, a pletora corrompe seu sangue e leveduras diversas ali fermentam e causam erupções perigosas. Quase toda a primeira idade é doença e perigo: a metade das crianças que nascem morre antes do oitavo ano. Passadas as provas, a criança ganhou forças, e, assim que pode fazer uso da vida, seu princípio torna-se mais seguro.

Eis a regra da natureza. Por que a contrariais? Não vedes que, pensando corrigi-la, destruís sua obra, impedis o efeito de seus cuidados? Fazer por fora o que ela faz por dentro é, segundo vós, duplicar o perigo; mas, ao contrário, é fazê-lo divergir, é extenuá-lo. A experiência ensina que morrem ainda mais crianças educadas delicadamente do que as outras. Contanto que não se ultrapassem as medidas de suas forças, arrisca-se menos lhes dando ocupação do que as poupando. Exercitai-as, pois, para os agravos que um dia terão de suportar. Enrijecei seus corpos para as intempéries das estações, dos climas, dos elementos, para a fome, para a sede, para a fadiga; mergulhai-as na água do Estige. Antes que o hábito do corpo seja adquirido, dá-se a ele o que se quer, sem perigo; mas, uma vez adquirida sua consistência, qualquer alteração será perigosa para ele. Uma criança suportará mudanças que um homem não suportaria: as fibras da primeira, moles e flexíveis, recebem facilmente o feitio que lhes damos. As do homem, mais duras, só com violência mudam o feitio que receberam. Podemos, portanto, tornar robusta uma criança sem expor sua vida e sua saúde; e, mesmo que houvesse algum risco, ainda assim não seria preciso ponderar. Em se tratando de riscos inseparáveis da vida humana, podemos fazer algo melhor do que os retroceder no tempo transcorrido até o momento em que esses riscos eram menos desvantajosos?

Uma criança torna-se mais estimada à medida que a idade avança. Ao valor de sua pessoa soma-se o dos cuidados que custou; à perda de sua vida soma-se o sentimento da morte. Portanto, é preciso pensar sobretudo no futuro ao zelar por sua conservação. É contra os males da juventude que precisamos armá-la antes que cheguem a ela, pois, se o valor da vida aumenta até a idade de torná-la útil, que loucura é poupar alguns males na infância para depois os multiplicar na idade da razão! São essas as lições do mestre?

O destino do homem é sofrer em todos os tempos. O próprio cuidado com sua conservação está ligado ao sofrimento. Feliz aquele que, na infância, conhece apenas os males físicos, males bem menos cruéis, bem menos dolorosos do que os outros, e que bem mais raramente do que eles nos fazem renunciar à vida! Ninguém se mata devido às dores da gota; somente as da alma produzem o desespero. Lamentamos o destino da infância, mas é o nosso que precisaríamos lamentar. Nossos maiores males são decorrentes de nós mesmos.

Ao nascer, uma criança grita; ela passa sua primeira infância a chorar. Ora a sacodem e a acariciam para acalmá-la, ora a ameaçam e lhe batem para fazê-la calar-se. Ou fazemos o que lhe agrada, ou exigimos dela o que nos agrada; ou nos submetemos às suas fantasias, ou a submetemos às nossas. Não há meio-termo, é preciso que ela dê ordens ou que as receba. Assim, suas primeiras ideias são as de império[16] e de servidão. Antes de saber falar, ela comanda; antes de poder agir, ela obedece; e, às vezes, castigam-na antes que possa conhecer suas faltas, ou melhor, cometê-las. É assim que, desde cedo, infundimos em seu jovem coração as paixões que mais tarde

---

16 A palavra *empire* diz respeito à autoridade exercida sobre outrem. Rousseau transpõe para seu discurso sobre a educação um termo usual no registro da filosofia política. Transposição similar se verifica com a palavra *gouverneur*. (N. T.)

imputamos à natureza, e depois de trabalharmos para torná-la má, queixamo-nos por encontrá-la desse jeito.

Uma criança passa seis ou sete anos dessa maneira nas mãos das mulheres, vítima dos caprichos delas e do seu próprio, e, depois de terem lhe ensinado isso e aquilo, ou seja, depois de terem carregado sua memória com palavras que não pode entender, ou com coisas que não lhe servem para nada, depois de terem sufocado a índole com as paixões que fizeram nascer, põem esse ser factício nas mãos de um preceptor que acaba desenvolvendo os germes artificiais que já encontra completamente formados, e lhe ensina tudo, exceto conhecer-se, exceto tirar partido de si mesmo, exceto saber viver e se tornar feliz. Enfim, quando essa criança, escrava e tirana, cheia de ciência e desprovida de senso, igualmente débil de corpo e de alma, é lançada no mundo, ali mostrando sua inépcia, seu orgulho e todos os seus vícios, faz que se deplorem a miséria e a perversidade humanas. Engana-se: aí está o homem de nossas fantasias, o da natureza é feito de outra maneira.

Quereis então que a criança mantenha sua forma original? Conservai-a desde o instante em que vem ao mundo. Assim que nasce, apropriai-vos dela e não a deixeis até que seja adulta; jamais tereis êxito de outra maneira. Assim como a verdadeira ama de leite é a mãe, o verdadeiro preceptor é o pai. Que estejam de acordo na ordem de suas funções e em seu sistema; que a criança passe das mãos de uma para as mãos do outro. Ela seria mais bem educada por um pai judicioso e limitado do que pelo mais hábil mestre do mundo, pois o zelo suprirá melhor o talento do que o contrário.

Mas os negócios, as funções, os deveres... Ah! Os deveres, sem dúvida o último deles é o de pai![17] Não nos espantemos que um homem, cuja

---

17 Quando lemos em Plutarco que Catão, o censor, que governou Roma com tanta glória, educou pessoalmente seu filho desde o berço, e com tal zelo que abandonava tudo para estar presente quando a ama de leite, isto é, a mãe, o balançava e o lavava; quando lemos em Suetônio que Augusto, senhor do mundo, que havia conquistado e regia pessoalmente, ensinava pessoalmente seus netos a escrever, a nadar, ensinava-lhes os elementos das ciências e tinha-os o tempo todo ao seu redor, não conseguimos deixar de rir das pessoinhas boas daquele tempo, que se divertiam com tais

mulher desdenhou amamentar o fruto de sua união, desdenhe educá-lo. Não há quadro mais encantador do que o da família, mas um só traço faltoso desfigura todos os outros. Se a mãe tiver muito pouca saúde para amamentar, o pai terá afazeres demais para ser preceptor. Os filhos, afastados, dispersos nas pensões, nos conventos, nos colégios, levarão o amor da casa paterna para outros lugares, ou, melhor dizendo, produzirão na casa paterna o hábito de não estarem apegados a nada. Os irmãos e as irmãs mal se conhecerão. Quando todos estiverem reunidos em cerimônia, poderão ser muito polidos entre si, mas irão se tratar como estranhos. Como não há mais intimidade entre os pais, como a sociedade da família não faz mais a doçura da vida, é preciso recorrer aos maus costumes para substituir essas coisas. Onde está o homem tão estúpido para não ver o encadeamento de tudo isso?

Um pai, quando gera e alimenta filhos, só realiza com isso um terço de sua tarefa. Ele deve homens à sua espécie, deve à sociedade homens sociáveis, deve cidadãos ao Estado. Todo homem que pode pagar essa tripla dívida e não o faz é culpado, e talvez ainda mais culpado quando a paga pela metade. Quem não pode cumprir os deveres de pai não tem o direito de tornar-se um. Não há pobreza, nem trabalhos, nem respeito humano que o dispensem de alimentar seus filhos e de educá-los ele próprio. Leitores, podeis acreditar em mim. Para qualquer um que tenha entranhas e negligencie tão santos deveres, prevejo que, por muito tempo, verterá por sua culpa lágrimas amargas e jamais se consolará disso.

Mas o que faz esse homem rico, esse pai de família tão atarefado e, segundo ele mesmo, forçado a abandonar seus filhos? Paga um outro homem para encarregar-se desses cuidados que lhe cabem. Alma venal! Acreditas dar, com o dinheiro, um outro pai a teu filho? Não te enganes; não é nem mesmo um mestre que lhe dás, mas um lacaio. Um segundo logo será formado.

---

ninharias. Sem dúvida, limitadas demais para tomarem conta dos grandes negócios dos grandes homens de nossos dias.*

* Referências a Plutarco, *Vidas paralelas*, e Suetônio, *Vidas dos doze Césares*. (N. T.)

Emílio ou Da educação

Muito se discute sobre as qualidades de um bom governante.[18] A primeira que eu exigiria dele, e só esta supõe muitas outras, é a de não ser um homem à venda. Há ofícios tão nobres que não se pode realizá-los por dinheiro sem se mostrar indigno de fazê-los. É o caso do homem de guerra, é o caso do instituidor. Quem, então, educará meu filho? Já te disse: tu mesmo. Não posso. Não podes?... Arruma então um amigo. Não vejo outro recurso.

Um governante! Oh, que alma sublime!... Na verdade, para fazer um homem, é preciso ser pai ou mais do que um homem. Eis a função que confiais tranquilamente a mercenários.

Quanto mais pensamos nisso, mais percebemos dificuldades novas. Seria preciso que o governante tivesse sido educado para seu aluno, que seus domésticos tivessem sido educados para seu mestre, que todos os que se aproximam dele tivessem recebido as impressões que devem comunicar-lhe. Seria preciso, de educação em educação, remontar até não se sabe onde. Como é possível que uma criança seja bem educada por quem não tenha sido bem educado?

Esse raro mortal é inencontrável? Ignoro-o. Nestes tempos de aviltamento, quem sabe a que ponto de virtude uma alma humana ainda pode chegar? Mas suponhamos encontrado esse prodígio. É considerando o que ele deve fazer que veremos o que ele deve ser. O que acredito ver de antemão é que um pai que sentisse todo o valor de um bom governante tomaria o partido de dispensá-lo, pois teria maiores dificuldades para consegui-lo do que para ele próprio tornar-se um. Quer, então, procurar um amigo? Que ele eduque seu filho para sê-lo; estarás dispensado de buscá-lo alhures, e a natureza terá feito metade da obra.

Alguém de quem só conheço a posição social propôs-me que educasse seu filho. Foi sem dúvida muita honra para mim, mas, longe de se queixar de minha recusa, ele deve louvar meu discernimento. Se tivesse aceitado

---

18 A palavra *gouverneur* será traduzida como "governante" para não se confundir com "preceptor", que Rousseau também utiliza. No *Emílio*, *gouverneur* é equivalente a *maître*, ou seja, aquele que conduz e controla tudo, porém, com o adicional do sentido político, como observa Gilbert Fauconnier, *Le Vocabulaire pédagogique de J.-J. Rousseau*. Genève: Slatkine, 1993, p.263. (N. T.)

a oferta e errasse em meu método, seria uma educação falha; se tivesse sucesso, teria sido bem pior, pois seu filho teria renegado seu título e não mais quereria ser príncipe.

Estou muito convencido da grandeza dos deveres de um preceptor, e sinto demais minha incapacidade para aceitar semelhante emprego, de qualquer parte que me seja oferecido. O próprio interesse da amizade seria para mim apenas um novo motivo de recusa. Acredito que, depois de terem lido este livro, poucas pessoas serão tentadas a me fazer essa oferta, e rogo a quem poderia sê-lo que não se preste a esse inútil trabalho. Fiz outrora um ensaio suficiente desse ofício para ter certeza de que não possuo aptidão para isso, e minha condição me dispensaria dele ainda que meus talentos me tornassem capaz. Acreditei dever essa declaração pública aos que não parecem ter por mim estima bastante para crer que sou sincero e firme em minhas resoluções.

Sem condições de cumprir a tarefa mais útil, ousarei ao menos tentar a mais fácil: a exemplo de tantos outros, não porei mãos à obra, mas escreverei e, em lugar de fazer o que é preciso, esforçar-me-ei em dizê-lo.

Sei que, em empreendimentos semelhantes a esse, o autor, sempre confortável nos sistemas que está dispensado de pôr em prática, não sofre para enunciar muitos belos preceitos impossíveis de serem seguidos, e, na falta de detalhes e exemplos, até mesmo o que diz de praticável permanece sem uso se não mostrar sua aplicação.

Tomei, portanto, o partido de dar-me um aluno imaginário, de supor em mim a idade, a saúde, os conhecimentos e todos os talentos convenientes para trabalhar em sua educação e conduzi-la desde o momento de seu nascimento até que, tornado adulto, não mais precise de outro guia que não ele mesmo. Esse método me parece útil para impedir que um autor que desconfia de si mesmo se perca em visões. Afinal, a partir do momento em que se afasta da prática comum, somente lhe resta por sua prática à prova com seu aluno, e ele logo sentirá, ou o leitor sentirá por ele, se segue o progresso da infância e a marcha natural do coração humano.

Eis o que busquei fazer em todas as dificuldades que se apresentaram. Para não engrossar inutilmente o livro, contentei-me em apresentar os princípios cuja verdade cada qual devia sentir. Mas, quanto às regras que podiam precisar de provas, apliquei-as todas ao meu Emílio ou a outros exemplos, e mostrei em detalhes bem extensos como podia ser praticado o que eu estabelecia. Este, ao menos, é o plano que me propus seguir. Cabe ao leitor julgar se tive sucesso.

Disso decorreu que, de início, pouco falei de Emílio, pois minhas primeiras máximas de educação, embora contrárias àquelas estabelecidas, são de uma evidência a que é difícil para todo homem razoável recusar seu consentimento. Mas, à medida que avanço, meu aluno, conduzido de modo diferente em relação aos vossos, já não é uma criança comum; é preciso um regime expresso para ele. Ele então aparece com mais frequência em cena e, mesmo próximo dos instantes finais, não o perco de vista em nenhum momento, até que, diga ele o que disser, não tenha mais nenhuma necessidade de mim.

Não falo aqui das qualidades de um bom governante; eu as suponho, e eu mesmo me suponho dotado de todas essas qualidades. Ao lerem esta obra, verão o quanto de liberalidade uso para comigo mesmo.

Apenas observarei, contra a opinião comum, que o governante de uma criança deve ser jovem, e até mesmo tão jovem quanto pode sê-lo um homem sábio. Gostaria que ele mesmo fosse criança, se isso fosse possível, para que pudesse tornar-se o companheiro de seu aluno, e conquistar sua confiança ao compartilhar suas diversões. Não há muitas coisas em comum entre a infância e a maturidade para que, a essa distância, um apego bem sólido se forme. As crianças às vezes bajulam os velhos, mas jamais os amam.

Desejar-se-ia que o governante já tivesse conduzido uma educação. É demasiado: um mesmo homem não pode conduzir mais do que uma. Se fosse preciso ser bem-sucedido em duas, com que direito empreenderia a primeira?

Com mais experiência, saber-se-ia fazer melhor, mas não se conseguiria mais. Quem quer que tenha alguma vez desempenhado esse papel bem o bastante para sentir todas as suas aflições, não tenta empreendê-lo novamente, e, se o tiver desempenhado mal na primeira vez, é um mau preconceito para a segunda.

Concordo que é muito diferente acompanhar um jovem homem durante quatro anos, ou conduzi-lo durante vinte e cinco. Dais um governante para vosso filho quando já está formado; quanto a mim, quero que ele tenha um antes de nascer. Vosso homem pode trocar de aluno por quinquênio; o meu jamais terá mais do que um. Distinguis o preceptor do governante: outra loucura! Distinguis o discípulo do aluno? Só há uma ciência a ensinar às crianças: é a dos deveres do homem. Essa ciência é una e, diga Xenofonte o que disser da educação dos persas, ela não se divide.[19] De resto, chamo preferencialmente de governante, e não de preceptor, o mestre dessa ciência, pois trata-se menos, para ele, de instruir do que de conduzir. Não se deve dar preceitos, mas fazê-los encontráveis.

Se é preciso com tanto cuidado escolher o preceptor, é permitido a este também escolher seu aluno, sobretudo quando se trata de um modelo a propor. Essa escolha não pode recair nem sobre o gênio nem sobre o caráter da criança, que só se conhece ao final da obra, e que eu adoto antes que nasça. Se eu pudesse escolher, tomaria apenas um espírito comum, tal como suponho meu aluno. Só é preciso educar os homens vulgares; só sua educação deve servir de exemplo à de seus semelhantes. Os outros se educam apesar de tudo.

A região não é indiferente à cultura dos homens; eles são tudo o que podem ser somente nos climas temperados. Nos climas extremos, a desvantagem é visível. Um homem não é plantado em uma região como uma árvore, para ali permanecer sempre, e quem parte de um dos extremos para chegar ao outro é forçado a percorrer o dobro do caminho percorrido por alguém que, para chegar ao mesmo termo, parta do ponto médio.

Se o habitante de uma região temperada percorrer sucessivamente os dois extremos, sua vantagem ainda é evidente, pois, embora seja tão modificado quanto quem vai de um extremo ao outro, ele no entanto se afasta apenas a meio-termo de sua constituição natural. Um francês vive na Guiné e na Lapônia, mas um negro não viverá igualmente em Tornea, nem um samoiedo em Benin. Parece ainda que a organização do cérebro é menos perfeita nos dois extremos. Nem os negros nem os lapões possuem o senso dos

---

19 Xenofonte, *Ciropédia*, I, 2. (N. T.)

europeus. Assim, se quero que meu aluno possa ser um habitante da Terra, eu o escolherei em uma zona temperada. Na França, por exemplo, mais do que em outro lugar.

No Norte, os homens consomem muito sobre um solo ingrato; no Sul, consomem pouco sobre um solo fértil. Disso surge uma nova diferença que torna uns laboriosos e outros contemplativos. A sociedade oferece-nos em um mesmo lugar a imagem dessas diferenças entre os pobres e os ricos: os primeiros habitam em um solo ingrato, e os outros, na região fértil.

O pobre não carece de educação; a que decorre de sua situação é inelutável, não poderia ter outra. Ao contrário, a educação que o rico recebe por sua condição é a que menos lhe convém, tanto para ele mesmo quanto para a sociedade. De resto, a educação natural deve tornar um homem apropriado para todas as condições humanas. Ora, é menos razoável educar um pobre para ser rico do que um rico para ser pobre, pois, na proporção do número das duas situações, há mais arruinados do que enriquecidos. Escolhamos, pois, um rico; ao menos estaremos certos de ter feito um homem a mais, ao passo que um pobre pode tornar-se homem por si mesmo.

Pela mesma razão, não me desagradarei que Emílio tenha bom nascimento. Será sempre uma vítima arrancada do preconceito.

Emílio é órfão. Não importa que tenha pai e mãe. Encarregado dos deveres deles, sou sucessor de todos os seus direitos. Deve honrar seus pais, mas só a mim ele deve obedecer. Essa é minha primeira, ou melhor, minha única condição.

A essa condição devo acrescentar outra, que não passa de uma consequência daquela: que nunca nos separem a não ser por nosso consentimento. Essa cláusula é essencial, e até gostaria que o aluno e o governante se vissem de tal modo inseparáveis, que o destino de seus dias fosse sempre entre eles um objeto comum. A partir do momento em que, quando se encontrarem afastados, considerem sua separação, assim que prevejam o momento que deve torná-los estranhos um ao outro, já o serão. Cada qual faz seu pequeno sistema à parte, e ambos, ocupados com a época em que não estarão mais juntos, só permanecem unidos a contragosto. O discípulo só vê o mestre como a insígnia e o flagelo da infância; o mestre vê o discípulo apenas como um pesado fardo de que anseia se aliviar; aspiram em concerto pelo momento de se verem livres um do outro, e, como nunca há entre eles um verdadeiro apego, um deve ter pouca vigilância e o outro, pouca docilidade.

Mas quando enxergam que devem passar os dias juntos, importa-lhes que se façam amar um pelo outro, e por isso mesmo se tornam queridos. O aluno não se enrubesce por seguir na infância o amigo que deverá ter quando adulto; o governante interessa-se por cuidados cujo fruto deverá colher, e todo o mérito que dá a seu aluno é um investimento do qual se beneficiará em sua velhice.

Esse trato feito antecipadamente supõe um parto feliz, uma criança bem formada, vigorosa e sadia. Um pai não tem escolha e não deve ter preferências na família que Deus lhe dá: todos os seus filhos são igualmente seus filhos, deve a todos os mesmos cuidados e a mesma ternura. Sejam aleijados ou não, lânguidos ou robustos, cada um deles é um depósito de que deve prestar contas a quem lho entrega, e o casamento é um contrato feito com a natureza, bem como entre os cônjuges.

Mas quem quer que se imponha um dever que a natureza não lhe impôs deve antes se assegurar dos meios para cumpri-los. De outro modo, torna-se responsável até mesmo por aquilo que não tiver podido fazer. Quem se encarrega de um aluno enfermo e valetudinário troca sua profissão de governante pela de cuidador de doentes; perde o tempo destinado a aumentar o valor da vida, cuidando de uma que é inútil; arrisca-se a ver uma mãe às lágrimas censurá-lo, um dia, pela morte de um filho que ele terá conservado por muito tempo.

Não me encarregarei de uma criança doente e debilitada, mesmo que ela viva oitenta anos. Não quero um aluno sempre inútil para si mesmo e para os outros, que só se ocupe com a própria conservação e cujo corpo atrapalhe a educação da alma. Que faria eu se lhe prodigasse em vão meus cuidados, a não ser duplicar a perda da sociedade e lhe tirar dois homens em vez de um? Que outro em minha ausência se encarregue desse enfermo, isso consinto e aprovo sua caridade. Mas meu talento não é esse: não sei ensinar a viver quem só pensa em evitar morrer.

É preciso que o corpo tenha vigor para obedecer à alma: um bom servidor deve ser robusto. Sei que a intemperança excita as paixões; ela, a longo prazo, também extenua o corpo. As macerações e os jejuns produzem sempre o mesmo efeito por uma causa oposta. Quanto mais fraco é o corpo, mais ele comanda; quanto mais forte ele é, mais obedece. Todas as paixões sensuais habitam os corpos efeminados; tanto mais irritam-se com elas quanto menos podem satisfazê-las.

Um corpo débil enfraquece a alma. Daí vem o império da medicina, arte mais perniciosa aos homens do que todos os males que pretende curar. Quanto a mim, não sei de que doença nos curam os médicos, mas sei que nos dão algumas bem funestas: a covardia, a pusilanimidade, a credulidade, o terror da morte. Se curam o corpo, matam a coragem. Que nos importa que façam andar os cadáveres? É de homens que precisamos, e não os vemos saírem de suas mãos.

A medicina está na moda entre nós, e assim deve ser. É a diversão das pessoas ociosas e desocupadas, que, não sabendo o que fazer com seu tempo, passam-no a se tratar. Se tivessem tido a infelicidade de nascerem imortais, seriam os mais miseráveis dos seres: uma vida que nunca tivessem medo de perder não teria para eles nenhum valor. Essas pessoas precisam de médicos que as ameacem para lisonjeá-las, e que lhes deem a cada dia o único prazer de que são suscetíveis: o de não estarem mortas.

Não tenho nenhum intuito de me estender aqui sobre a vaidade da medicina. Meu objetivo é apenas considerá-la pelo lado moral. Não posso, entretanto, impedir-me de observar que os homens fazem sobre seu uso os mesmos sofismas que sobre a busca da verdade. Sempre supõem que, em se tratando um doente, ele se cura, e que ao se procurar uma verdade, ela é encontrada. Não veem que é preciso ponderar a vantagem de uma cura que o médico opera com a morte de cem doentes que ele matou, e a utilidade de uma verdade descoberta graças ao engano causado pelos erros que se tornam correntes ao mesmo tempo. A ciência que instrui e a medicina que cura são, sem dúvida, muito boas; mas a ciência que engana e a medicina que mata são más. Aprendamos a distingui-las, portanto. Eis o nó da questão. Se soubéssemos ignorar a verdade, jamais seríamos pegos pela mentira; se soubéssemos não querer sarar apesar da natureza, nunca morreríamos pela mão do médico. Essas duas abstinências seriam sensatas; evidentemente, ganharíamos se nos submetêssemos a elas. Assim, não discuto que a medicina seja útil para alguns homens, mas digo que ela é funesta para o gênero humano.

Dir-me-ão, como não cessam de fazê-lo, que as falhas são do médico, mas a medicina em si mesma é infalível. Que bom! Mas, então, que ela venha sem médico, pois enquanto vierem juntos serão cem vezes mais temíveis os erros do artista do que esperar os socorros da arte.

Essa arte mentirosa, mais feita para os males do espírito do que para os do corpo, não é mais útil a uns do que a outros. Ela nos cura de nossas doenças menos do que nos imprime pavor por elas; recua a morte menos do que a faz ser sentida antecipadamente, usa a vida em vez de prolongá-la e, mesmo quando a prolonga, isso ocorre com prejuízo da espécie, pois ela nos afasta da sociedade pelos cuidados que nos impõe e de nossos deveres pelos temores que cria em nós. É o conhecimento dos perigos que nos faz temê-los: aquele que acreditasse ser invulnerável não teria medo de nada. De tanto armar Aquiles contra o perigo, o poeta tira dele o mérito do valor; qualquer outro em seu lugar teria sido igualmente um Aquiles.

Quereis encontrar homens de verdadeira coragem? Procurai-os nos lugares onde não há médicos, onde se ignoram as consequências das doenças e onde não se pensa na morte. Naturalmente o homem sabe sofrer com constância e morre em paz. São os médicos com suas receitas, os filósofos com seus preceitos, os padres com suas exortações que aviltam seu coração e o fazem desaprender a morrer.

Deem-me um aluno que não precise de toda essa gente, ou o recusarei. Não quero que outros estraguem minha obra; quero educá-lo sozinho, ou então não me envolver nisso. O sábio Locke, que passara uma parte de sua vida no estudo da medicina, recomenda fortemente que jamais se droguem as crianças, nem por precaução, nem por causa de leves incômodos. Irei mais longe: declaro que, nunca chamando médicos para mim, não o chamarei jamais para meu Emílio, a menos que sua vida esteja em perigo evidente, pois então não lhe pode fazer pior do que matá-lo.

Sei bem que o médico não deixará de tirar vantagem dessa delonga. Se a criança morrer, ele terá sido chamado tarde demais; se escapar, é ele que a terá salvado. Muito bem! Que o médico triunfe, mas, acima de tudo, que só seja chamado em caso extremo.

Não sabendo se curar, que a criança saiba estar doente: essa arte supre a outra e sempre dá resultados muito melhores; é a arte da natureza. Quando o animal está doente, sofre em silêncio e permanece quieto. Ora, não se veem mais animais abatidos do que homens. Quantas pessoas a impaciência, o temor, a inquietação e sobretudo os remédios mataram, que a doença teria poupado e somente o tempo teria curado! Dir-me-ão que os animais, vivendo de uma maneira mais conforme à natureza, devem estar sujeitos a menos males do que nós. Pois bem! Essa maneira de viver é precisamente a que quero dar a meu aluno, que dela deve tirar o mesmo proveito.

A única parte útil da medicina é a higiene, e mesmo assim a higiene é menos uma ciência do que uma virtude. A temperança e o trabalho são os dois verdadeiros médicos do homem: o trabalho aguça seu apetite e a temperança impede que abuse dela.

Para saber qual é o regime mais útil à vida e à saúde, basta saber que regime observam os povos que se cuidam melhor, que são mais robustos e vivem por mais tempo. Se pelas observações gerais não se acha que o uso da medicina dê aos homens uma saúde mais firme ou uma vida mais longa, é exatamente por essa arte não ser útil que ela é nociva, já que emprega o tempo, os homens e as coisas para nada. Não somente o tempo que se passa para preservar a vida é perdido, como, para dela fazer uso, é preciso deduzi-lo. Mas, quando esse tempo é empregado para nos atormentar, ele é menos do que nulo, é negativo; e, para calcular com equidade, é preciso descontar o tanto do tempo que nos resta. Um homem que vive dez anos sem médicos vive mais para si mesmo e para os outros do que aquele que vive trinta anos como vítima deles. Tendo atestado ambas as situações, acredito ter mais direito do que ninguém de chegar a essa conclusão.

Eis minhas razões para querer apenas um aluno robusto e sadio, e meus princípios para mantê-lo assim. Não me deterei em provar nos pormenores a utilidade dos trabalhos manuais e dos exercícios do corpo para fortalecer o temperamento e a saúde. Eis o que ninguém discute: os exemplos das vidas mais longas são quase todos tirados de homens que mais fizeram exercícios e mais suportaram a fadiga e o trabalho.[20] Tampouco entrarei em longos detalhes sobre os cuidados que tomarei acerca desse único objeto. Ver-se-á que eles entram tão necessariamente em minha prática, que basta entender o espírito da coisa para não se precisar de outra explicação.

Com a vida, começam as carências. É preciso uma ama de leite para o recém-nascido. Se a mãe consente em cumprir seu dever, que bom! Receberá por escrito suas orientações, pois essa vantagem tem sua contrapartida e mantém o governante um pouco afastado de seu aluno. Mas é preciso crer que o interesse da criança e a estima por aquele a quem ela dispõe a confiar um tão caro depósito tornarão a mãe atenta aos conselhos do mestre, e tudo o que ela quiser fazer certamente fará melhor do que outra. Se precisamos de uma ama de leite que não conhecemos, iniciemos por bem escolhê-la.

Uma das misérias dos ricos é serem enganados em tudo. Deveríamos nos espantar que pensam mal dos homens? São as riquezas que os corrompem, e, por uma justa recompensa, eles são os primeiros a sentir a falta do único instrumento que conhecem. Tudo é malfeito entre eles, exceto o que eles próprios o fazem, e eles quase nunca fazem nada. Quando se trata de procurar uma ama de leite, fazem que o parteiro a escolha. Que acontece, então? Que a melhor é sempre aquela a quem mais se paga. Portanto, não irei consultar um parteiro quanto à ama de Emílio, mas cuidarei de escolhê-la eu

---

20 Eis um exemplo tirado de documentos ingleses, o qual não posso deixar de relatar, tantas são as reflexões que oferece relativas a meu assunto:
"Um particular chamado Patrice Oneil, nascido em 1647, acaba de se casar em 1760 pela sétima vez. Ele serviu nos dragões no décimo sétimo ano do reinado de Carlos II, e em diferentes regimentos até 1740, quando obteve sua aposentadoria. Fez todas as campanhas do rei Guilherme e do duque de Marlborough. Esse homem nunca bebeu a não ser cerveja comum; sempre se alimentou de vegetais e só comeu carne em algumas refeições que oferecia à sua família. Seu costume sempre foi levantar-se e deitar-se com o sol, a menos que os deveres o impedissem. Está atualmente em seu centésimo décimo terceiro ano, ouvindo bem, em boa forma e caminhando sem bengala. Apesar da idade avançada, não permanece ocioso um só momento, e todos os domingos vai à sua paróquia, acompanhado dos filhos, netos e bisnetos."

mesmo. Sobre isso, talvez eu não raciocine tão eruditamente quanto um cirurgião, mas com certeza terei mais boa-fé, e meu zelo me enganará menos do que a avareza dele.

Essa escolha não é um mistério tão grande. Suas regras são conhecidas, mas não sei se não deveríamos dar um pouco mais de atenção à idade do leite, assim como à sua qualidade. O leite novo é completamente seroso, deve ser quase um aperitivo para purgar o resto do *meconium* que se espessou nos intestinos da criança que vem a nascer. Pouco a pouco o leite toma consistência e fornece um alimento mais sólido à criança que vai se tornando mais forte para digeri-lo. Certamente não é sem razão que nas fêmeas de todas as espécies a natureza muda a consistência do leite de acordo com a idade do lactente.

Seria preciso, pois, uma ama que acabou de parir para uma criança que acabou de nascer. Sei que isso tem suas dificuldades, mas, assim que se sai da ordem natural, tudo tem suas dificuldades para ser bem-feito. O único expediente cômodo é agir mal, e é também este o que se escolhe.

Seria preciso uma ama tão sadia de coração quanto de corpo: a intempérie das paixões pode, assim como a dos humores, alterar seu leite. Além disso, atentar-se unicamente ao físico é ver apenas a metade do objeto. O leite pode ser bom, e a ama, má; um bom caráter é tão essencial quanto um bom temperamento. Se tomarmos uma mulher viciosa, não digo que seu lactente contrairá seus vícios, mas que ela os sofrerá. Não lhe deve ela, junto com seu leite, cuidados que exigem zelo, paciência, doçura e limpeza? Se ela for gulosa ou intemperante, logo terá estragado seu leite; se for negligente ou levada, o que se tornará à sua mercê um pobre infeliz que não pode nem se defender nem se queixar? Nunca, em nenhuma hipótese, os maus são bons para algo de bom.

A escolha da ama de leite é tão importante que seu lactente não deve ter outra ama além dela, assim como não deve ter outro governante. Esse era o costume dos antigos, menos raciocinadores e mais sábios do que nós. Depois de terem amamentado as crianças de seu sexo, as amas de leite não as deixavam mais. Eis por quê, em suas peças de teatro, a maior parte das confidentes são amas. É impossível que uma criança seja bem-educada passando sucessivamente por tantas mãos diferentes. A cada mudança, ela faz secretas comparações que tendem sempre a diminuir sua estima por aqueles que a governam e, consequentemente, a autoridade destes sobre ela. Se alguma vez chegar a pensar que há pessoas grandes que não têm mais razão do que as crianças, toda a autoridade da idade estará perdida e a educação, malograda. Uma criança não deve conhecer outros superiores além de seu pai e sua mãe, ou, na falta destes, sua ama de leite e seu governante; ainda assim, um dos dois já é mais do que suficiente. Mas essa divisão é inevitável, e tudo o que se pode fazer para remediá-la é que as pessoas dos dois sexos que a governam estejam tão de acordo quanto a seu respeito que, para ela, os dois sejam um só.

É preciso que a ama de leite viva com um pouco mais de comodidade, que coma alimentos um pouco mais substanciosos, mas que não mude completamente sua maneira de viver, pois uma mudança repentina e total, mesmo que seja para melhor, é sempre perigosa para a saúde. E, visto que seu regime regular a manteve ou a tornou sadia e bem constituída, de que valeria fazer que ela o mudasse?

As camponesas comem menos carne e mais legumes do que as mulheres da cidade, e esse regime vegetal parece mais favorável do que contrário a elas e a suas crianças. Quando elas cuidam de lactentes burgueses, recebem guisados, acreditando-se que a sopa e o caldo lhes proporcionam um melhor quilo[21] e fornecem mais leite. Discordo dessa opinião e tenho, de minha parte, a experiência que nos ensina que as crianças assim alimentadas são mais sujeitas do que as outras à cólica e aos vermes.

Isso não nos espanta, uma vez que na substância animal em putrefação pululam vermes; isso não ocorre na substância vegetal. Embora elaborado no corpo do animal, o leite é uma substância vegetal.[22] Sua análise o demonstra, pois ele facilmente se torna ácido e, longe de apresentar algum

---

21 O quilo [*chyle*] é um líquido de aspecto leitoso produzido no intestino durante a digestão; contém os nutrientes que, transportados pelos vasos linfáticos, podem ser absorvidos pelo organismo. (N. T.)

22 As mulheres comem pão, legumes e laticínios. As fêmeas dos cães e dos gatos também; as lobas até pastam. Vêm daí os sucos vegetais para seu leite. Resta examinar o

vestígio de álcali volátil, como as substâncias animais, produz, como as plantas, um sal neutro essencial.

O leite das fêmeas herbívoras é mais doce e mais salutar do que o das carnívoras. Formado de uma substância homogênea à sua, conserva melhor sua natureza e se torna menos sujeito à putrefação. Se considerarmos a quantidade, sabemos todos que os farináceos dão mais sangue do que a carne; devem, portanto, também dar mais leite. Não posso acreditar que uma criança que não seja desmamada muito cedo, ou que só seja desmamada com alimentos vegetais e cuja ama de leite também só viva de vegetais, algum dia venha a ter vermes.

É possível que os alimentos vegetais deem um leite que se azede mais rapidamente, mas estou muito longe de considerar o leite azedo como um alimento prejudicial à saúde: povos inteiros que não têm outro alimento encontram-se muito bem com ele, e todo esse aparato de absorventes me parece uma pura charlatanice. Existem temperamentos aos quais o leite não convém, e nesse caso nenhum absorvente o tornará suportável; os outros o suportam sem absorventes. Teme-se o leite filtrado ou coalhado; é uma loucura, já que se sabe que o leite sempre coalha no estômago. É assim que ele se torna um alimento suficientemente sólido para alimentar as crianças e os filhotes de animais; se não se coalhasse, apenas passaria e não os alimentaria.[23] Pode-se cortar o leite de mil maneiras, usar mil absorventes, quem quer que coma leite digere queijo, e quanto a isso não há exceção. O estômago é tão bem-feito para coalhar o leite, que é com o estômago do vitelo que se faz a coalheira.[24]

---

das espécies que não podem absolutamente se alimentar a não ser de carne, se é que tais espécies existem, o que duvido.

23 Embora os sucos que nos alimentam sejam líquidos, devem ser extraídos de alimentos sólidos. Um trabalhador que só vivesse de caldo não demoraria muito para desfalecer. Ele se sustentaria muito melhor com leite, porque ele se coalha.

24 No original, *présure*, a saber, um coagulante feito com enzimas como a quimosina – encontrada no estômago do bezerro – usado na produção de coalhada fresca, queijos etc. (N. T.)

Penso, portanto, que em vez de mudar a alimentação regular das amas de leite, basta dar-lhes alimentação mais abundante e mais bem escolhida em sua espécie. Não é pela natureza dos alimentos que as dietas magras causam inflamações, mas é tão somente seu tempero que as torna malsãs. Reformai as regras de vossa cozinha e não useis nem *roux*[25] nem fritura; que nem a manteiga, nem o sal, nem os laticínios passem pelo fogo, e os legumes cozidos na água só sejam temperados quando chegarem quentes à mesa. Assim, a dieta magra, longe de causar inflamações na ama, fornecer-lhe-á leite em abundância e da melhor qualidade.[26] Será possível que, sendo o regime vegetal reconhecidamente o melhor para a criança, o regime animal seja o melhor para a ama de leite? Há nisso uma contradição.

É sobretudo nos primeiros anos da vida que o ar age sobre a constituição das crianças. Em uma pele delicada e mole, ele penetra por todos os poros, afeta poderosamente esses corpos nascentes e deixa neles impressões que nunca se apagam. Assim, eu não concordaria em que se tirasse uma camponesa de sua aldeia para fechá-la em um quarto na cidade e fazê-la amamentar a criança em casa; prefiro que a criança vá respirar o bom ar do campo a que respire o mau ar da cidade. Assumirá a condição de sua nova mãe, morará em sua casa rústica e seu governante a acompanhará. O leitor vai se lembrar que esse governante não é um empregado, mas o amigo do pai. "Mas se esse amigo não se encontra, se essa mudança não for fácil, se nada do que aconselhais for realizável, que fazer então?", perguntam-me... Já o disse: aquilo que fazeis. Não é preciso conselho para isso.

Os homens não são feitos para ser amontoados em formigueiros, mas para se espalharem pela terra que devem cultivar. Quanto mais se reúnem,

---

25 Tradicional na gastronomia francesa, o *roux* é um creme feito com manteiga e farinha cozidas; é usado como espessante. (N. T.)

26 Aqueles que quiserem discutir mais detalhadamente as vantagens e os inconvenientes do regime pitagórico poderão consultar os tratados que os drs. Cocchi e Bianchi, seu adversário, compuseram sobre esse importante assunto.*

* Rousseau se refere aos médicos italianos: Antonio Celestino Cocchi (1695-1758), autor de *Del vitto pitagorico per uso della medicina* (1743), e Giovanni Bianchi (1693-1775), autor de *Se il vitto pittagorico di soli vegetabili sia giovevele per conservare la sanità e per la cura d'alcune malatie* (1752). (N. T.)

mais se corrompem. As enfermidades do corpo, assim como os vícios da alma, são o efeito infalível desse concurso demasiadamente numeroso. De todos os animais, o homem é aquele que menos pode viver em rebanho. Homens amontoados como carneiros morreriam todos em pouquíssimo tempo. O hálito do homem é mortal para seus semelhantes; isso não é menos verdadeiro no sentido próprio do que no figurado.

As cidades são o precipício da espécie humana. Ao cabo de algumas gerações, as raças morrem ou degeneram. É preciso renová-las, e é sempre o campo que traz essa renovação. Enviai, pois, vossos filhos para que se renovem, por assim dizer, por si mesmos, e que retomem em meio aos campos o vigor que se perde no ar malsão dos lugares demasiadamente povoados. As mulheres grávidas que estão nos campos apressam-se em vir dar à luz na cidade; deveriam fazer exatamente o contrário, sobretudo as que pretendem amamentar seus filhos. Teriam menos a lamentar do que pensam, e, em uma estada mais natural para a espécie, os prazeres unidos aos deveres da natureza logo lhes tirariam o gosto por aqueles com quem ela não se relaciona.

Em primeiro lugar, depois do parto, lava-se a criança com água morna, à qual ordinariamente mistura-se vinho. Essa adição de vinho parece-me pouco necessária. Como a natureza nada produz de fermentado, não é de se acreditar que um licor artificial seja importante para a vida das criaturas.

Pela mesma razão, essa precaução de se amornar a água tampouco é indispensável. Na verdade, inúmeros povos lavam as crianças recém-nascidas nos rios ou no mar, sem maiores cuidados. Mas as nossas, amolecidas antes de nascer pela molícia dos pais e das mães, ao vir ao mundo trazem um temperamento já mimado, que não se deve expor de pronto a todas as provas que devem revigorá-lo. Só gradualmente é que se pode reconduzi-las ao vigor primitivo. Assim, começai por seguir o uso, e só aos poucos afastai-vos dele. Lavai sempre as crianças: sua sujeira mostra a necessidade disso. Quando são apenas enxugadas, elas se ferem. À medida, porém, que forem se fortalecendo, diminuí gradualmente a tepidez da água, até que, enfim, as laveis, no verão ou no inverno, na água fria e até mesmo gelada. Como, para não as expor, é importante que essa diminuição seja lenta, sucessiva e insensível, podemos nos servir do termômetro para medi-la com exatidão.

Livro I

Uma vez estabelecido o uso do banho, ele não deve mais ser interrompido, e é importante conservá-lo por toda a vida. Considero-o não apenas do ponto de vista da limpeza e da saúde atual, mas também como uma precaução salutar para tornar mais flexível a textura das fibras e fazê-las ceder sem esforço e sem risco aos diversos graus de calor e de frio. Para isso, gostaria que, durante o crescimento, fosse firmado pouco a pouco o costume de se banhar algumas vezes em águas quentes, de todos os graus suportáveis, e sempre em águas frias, de todos os graus possíveis. Assim, depois de habituados a suportar as diversas temperaturas da água, que, sendo um fluido mais denso, toca em mais pontos e afeta mais, iríamos nos tornar quase insensíveis às temperaturas do ar.

No momento em que a criança respira ao sair de seus invólucros, não deixeis que lhe deem outros que a prendam com mais aperto. Nada de testeiras, nada de faixas, nada de cueiros; fraldas frouxas e largas deixando todos os seus membros em liberdade, nem muito pesadas para atrapalhar seus movimentos, nem quentes demais para impedir que sinta as impressões do ar.[27] Ajeitai-a em um grande berço[28] bem acolchoado, onde ela possa mover-se à vontade e sem perigo. Quando começar a se fortalecer, deixai-a engatinhar pelo quarto. Deixai que a criança se desenvolva e estique seus pequenos membros; vereis que ela se fortalece a cada dia. Comparai-a com uma criança bem enfaixada, da mesma idade, e ficareis admirados com a diferença de seus progressos.[29]

---

27 Nas cidades, sufocam as crianças de tanto mantê-las fechadas e vestidas. Aqueles que as governa ainda não sabem que o ar frio, longe de lhes fazer mal, as fortalece, e que o ar quente as enfraquece, causa-lhes febre e as mata.

28 Digo um *berço* [*berceau*] para empregar uma palavra usual, na falta de outra, pois, aliás, estou persuadido de que jamais é necessário embalar [*bercer*] as crianças, e de que esse costume lhes é sempre pernicioso.

29 "Os antigos peruanos deixavam os braços das crianças livres, envoltos em um cueiro bem largo; quando as tiravam dali, punham-nas em liberdade em um buraco feito na terra e guarnecido de panos, no qual as desciam até a metade do corpo. Dessa maneira, mantinham os braços livres e podiam mexer sua cabeça e dobrar o corpo à vontade, sem que caíssem nem se ferissem. Logo que podiam dar um passo, mostravam-lhes a teta de um pouco longe, como uma isca para obrigá-las a andar. Os negrinhos ficam às vezes em uma situação bem mais cansativa para mamar: abraçam uma

Emílio ou Da educação

Devemos esperar grandes oposições por parte das amas de leite, para quem a criança bem garroteada dá menos trabalho do que aquela que é preciso vigiar incessantemente. Aliás, sua sujeira torna-se mais perceptível em uma roupa aberta: é preciso limpá-la com mais frequência. Enfim, o costume é um argumento que jamais se refutará em certos países, segundo a vontade do povo de todos os estados.

Não discutais com as amas de leite. Ordenai, vede fazer e nada poupai para facilitar na prática os cuidados que houverdes prescrito. Por que não os compartilharíeis? Nas alimentações ordinárias, em que só se enxerga o físico, contanto que a criança viva e não morra, o resto não importa. Mas aqui, onde a educação começa com a vida, ao nascer a criança já é discípula, não do governante, mas da natureza. Sob orientação desse primeiro mestre, o governante apenas estuda e impede que seus cuidados sejam contrariados. Vigia o lactente, observa-o, segue-o, espreita com vigilância o primeiro lampejo de seu fraco entendimento, como os muçulmanos espreitam o momento do nascer da lua quando o quarto crescente se aproxima.

Nascemos capazes de aprender, mas sem nada saber e nada conhecendo. A alma, acorrentada a órgãos imperfeitos e semiformados, não tem nem mesmo o sentimento de sua própria existência. Os movimentos, os gritos da criança que acaba de nascer são efeitos puramente mecânicos, desprovidos de conhecimento e de vontade.

---

das ancas da mãe com seus joelhos e seus pés, e a apertam tão bem que conseguem se sustentar sem o auxílio dos braços da mãe. Agarram a teta com as mãos e a sugam constantemente sem se perturbarem e sem cair, apesar dos diferentes movimentos da mãe, que, enquanto isso, trabalha normalmente. Essas crianças começam a andar a partir do segundo mês, ou melhor, a se arrastar sobre os joelhos e sobre as mãos. Esse exercício dá-lhes mais tarde facilidade para correr nessa situação quase tão rapidamente quanto se estivessem em pé". (*Histoire naturelle*, t.IV, in-12, p.192.)
A esses exemplos, o sr. de Buffon* poderia acrescentar o da Inglaterra, onde a prática extravagante e bárbara dos cueiros vem sendo abolida a cada dia. Veja também La Loubère, *Voyage de Siam*; o sr. Le Beau, *Voyage du Canada* etc. Eu encheria vinte páginas com citações se precisasse confirmar isso com fatos.

* Georges-Louis Leclerc, conde de Buffon (1707-1788). Naturalista francês e autor de *L'Histoire Naturelle, générale et particulière, avec la description du Cabinet du Roi*, cujos 36 volumes foram impressos entre 1749-1789. (N. T.)

Livro I

Suponhamos que uma criança tivesse, ao nascer, a estatura e a força de um adulto, e que saísse, por assim dizer, completamente armada do ventre de sua mãe, como Palas saiu do cérebro de Júpiter. Esse homem-criança seria um perfeito imbecil, um autômato, uma estátua imóvel e quase insensível; nada veria, nada ouviria, não conheceria ninguém, não seria capaz de voltar os olhos para o que precisasse ver. Não somente não perceberia nenhum objeto fora dele, como nem mesmo relacionaria algum objeto com o órgão do sentido que lho fizesse perceber. As cores não estariam em seus olhos, os sons não estariam em seus ouvidos, os corpos que tocasse não estariam no seu, e nem mesmo saberia que tem um corpo; o contato de suas mãos estaria em seu cérebro. Todas as suas sensações se reuniriam em um único ponto; ele só existiria no comum *sensorium*[30] e só teria uma única ideia, a de eu, à qual relacionaria todas as suas sensações; e essa ideia, ou antes, esse sentimento, seria a única coisa que ele teria a mais que uma criança ordinária.

Esse homem, formado de repente, tampouco seria capaz de erguer-se sobre seus pés. Precisaria de muito tempo para aprender a se manter em equilíbrio, e talvez nem mesmo fizesse a tentativa. Veríeis então esse grande corpo, forte e robusto, permanecer parado como uma pedra, ou então rastejar e se arrastar como um filhote de cão.

Ele sentiria o mal-estar das necessidades sem conhecê-las e sem imaginar meio algum de satisfazê-las. Não existe comunicação imediata entre os músculos do estômago e os dos braços e das pernas para que, mesmo cercado de alimentos, pudesse dar um passo para se aproximar deles ou estender a mão para pegá-los. E, como seu corpo já teria crescido e seus membros estariam totalmente desenvolvidos, ele não teria, por conseguinte, nem as

---

30 O *sensorium commun* (ou, conforme aqui grafado, o *commun sensorium*) é uma noção derivada do paradigma orgânico, representando a sede das sensações. Seria, em suma, um centro reunidor de todas as partes e local a partir do qual todas elas se articulariam. O conceito vinha sendo objeto de reflexões por Rousseau em outros escritos políticos, figurando tanto no verbete *Economia (moral e política)* quanto no *Manuscrito de Genebra*, uma primeira versão da obra *Do contrato social*. Para o uso dos "paradigmas versáteis" (mecânico, químico, orgânico) por Rousseau, cf. B. Bernardi, *La Fabrique des concepts*. Paris: Honoré Champion, 2006. (N. T.)

inquietações nem os movimentos contínuos das crianças, e poderia morrer de fome antes de ter se mexido para buscar sua subsistência. Por pouco que tenhamos refletido sobre a ordem e o progresso de nossos conhecimentos, não podemos negar que tal tenha sido aproximadamente o estado primitivo de ignorância e de estupidez natural do homem antes que tivesse aprendido algo da experiência e de seus semelhantes.

Conhece-se, então, ou pode-se conhecer, o primeiro ponto de onde cada um de nós parte para chegar ao grau comum do entendimento. Mas quem conhece a outra extremidade? Cada qual avança mais ou menos segundo seu gênio, seu gosto, suas carências, seus talentos, seu zelo e as ocasiões que tem para se entregar a isso. Até agora não sei de nenhum filósofo que tenha sido suficientemente ousado para dizer: eis o termo a que o homem pode chegar e não seria capaz de ultrapassar. Ignoramos o que nossa natureza nos permite ser; nenhum de nós mediu a distância que pode se achar entre um homem e outro homem. Qual alma baixa nunca foi inflamada por essa ideia e que alguma vez não disse em seu orgulho: quantos homens já ultrapassei! Quantos ainda posso alcançar! Por que meu igual iria mais longe do que eu?

Repito: a educação do homem começa com seu nascimento. Antes de falar, antes de ouvir, ele já se instrui. A experiência precede as lições; no momento em que conhece sua ama de leite, ele já adquiriu muitas coisas. Ficaríamos surpresos com os conhecimentos mais grosseiros do homem se acompanhássemos seu progresso desde o momento em que nasceu até onde chegou. Se dividíssemos toda a ciência humana em duas partes, uma comum a todos os homens, outra particular aos sábios, esta seria muito pequena em comparação com a outra. Mas pouco nos preocupamos com as aquisições gerais, pois elas se realizam sem que se pense nelas e até mesmo antes da idade da razão. Aliás, o saber só se faz notar por suas diferenças e, como nas equações de álgebra, as quantidades comuns não contam nada.

Os próprios animais fazem muitas aquisições. Têm sentidos, e é preciso que aprendam a fazer uso deles; têm carências, e é preciso que aprendam a satisfazê-las; é preciso que aprendam a comer, a andar, a voar. Os quadrúpedes que se firmam sobre os pés desde o nascimento nem por isso sabem andar; vemos pelos seus primeiros passos que são tentativas inseguras. Os canários que escapam das gaiolas não sabem voar porque nunca voaram. Tudo é instrução para os seres animados e sensíveis. Se as plantas tivessem um movimento progressivo, seria preciso que tivessem sentidos e adquirissem conhecimentos; de outro modo, as espécies logo pereceriam.

As primeiras sensações das crianças são puramente afetivas; elas só percebem o prazer e a dor. Não podendo nem andar nem pegar, elas precisam de muito tempo para formar pouco a pouco as sensações representativas que lhes mostram os objetos exteriores a elas. Mas, enquanto esperam que esses objetos se estendam e se afastem, por assim dizer, de seus olhos, e tomem para elas dimensões e figuras, o retorno das sensações afetivas começa a submetê-las ao império do hábito. Vemos seus olhos voltarem-se incessantemente para a luz e, se ela lhes vier de lado, imperceptivelmente tomarem essa direção, de sorte que devemos ter o cuidado de contrapor o rosto à claridade para que não fiquem vesgas nem se acostumem a olhar de lado. É preciso também que desde cedo se acostumem às trevas, senão choram e gritam assim que ficam na escuridão.[31] A alimentação e o sono, medidos com muita exatidão, tornam-se necessários ao final dos mesmos intervalos, e logo o desejo já não vem mais da necessidade, e sim do hábito, ou melhor, o hábito acrescenta uma nova carência à da natureza: eis o que é preciso prevenir.

O único hábito que devemos deixar a criança adquirir é o de não contrair nenhum. Que não a carreguem mais sobre um braço do que sobre o outro, que não a acostumem a oferecer mais uma das mãos do que a outra, a utilizar uma com mais frequência do que a outra, a querer comer, dormir, agir às mesmas horas, a não poder ficar sozinha nem de noite nem de dia. Preparai de longe o reinado de sua liberdade e o uso de suas forças, deixando em seu corpo o hábito natural, pondo-a em condições de sempre ser senhora de si mesma e de fazer em todas as coisas sua vontade, assim que tiver uma.

A partir do momento em que a criança começa a distinguir os objetos, é importante permitir a escolha daqueles que lhe são mostrados.

---

31 Foi o que se fez na educação dos espartanos quando crianças: faziam a ceia nos lugares comuns para depois voltarem à noite para a casa, em meio ao breu, a fim de se acostumarem à escuridão. Plutarco descreve tal expediente na vida de Licurgo, em *Vidas paralelas*. (N. T.)

Emílio ou Da educação

Naturalmente todos os novos objetos interessam ao homem. Sente-se tão fraco que tem medo de tudo o que não conhece: o hábito de ver objetos novos sem ser afetado por eles destrói esse medo. As crianças educadas em casas limpas, onde não há aranhas, têm medo de aranhas, e esse medo sempre as acompanha até a idade adulta. Nunca vi camponeses, nem homem, nem mulher, nem criança, que tivesse medo de aranhas.

Por que, então, a educação de uma criança não começaria antes que ela fale ou entenda, dado que a escolha dos objetos que lhe são apresentados já serve para torná-la tímida ou corajosa? Quero que a habituem a ver objetos novos, animais feios, repugnantes, bizarros, mas aos poucos, de longe, até que se acostume a eles e, de tanto vê-los serem manipulados por outros, ela, enfim, manipule-os também. Se durante a infância viu sem terror sapos, serpentes, crustáceos, quando adulto verá sem horror qualquer animal. Já não há objetos horrorosos para quem os vê todos os dias.

Todas as crianças têm medo de máscaras. Começo mostrando a Emílio uma máscara de figura agradável; depois, alguém põe essa máscara sobre o rosto diante dele; começo a rir, todos riem e a criança ri como os outros. Pouco a pouco, acostumo-o a máscaras menos agradáveis e, enfim, a figuras pavorosas. Se administrei bem minha gradação, longe de se assustar com a última máscara, ele rirá dela como da primeira. Depois disso, já não temo mais que o assustem com máscaras.

Quando, na despedida de Andrômaca e de Heitor, o pequeno Astíanax, assustado com o penacho que tremula sobre o elmo de seu pai, não o reconhece, joga-se aos prantos sobre o seio de sua ama de leite e arranca de sua mãe um sorriso misturado com lágrimas.[32] Que é preciso fazer para curar esse medo? Justamente o que faz Heitor: pôr o elmo no chão e em seguida acariciar a criança. Em um momento mais tranquilo, não se ficaria nisso: aproximar-se-iam do elmo, brincariam com as plumas e fariam que a criança mexesse nelas; enfim, a ama de leite pegaria o elmo e, rindo, pô-lo-ia em sua própria cabeça, se é que a mão de uma mulher ousasse tocar nas armas de Heitor.

---

32 Referência ao canto VI da *Ilíada*, de Homero. (N. T.)

Livro I

Trata-se de acostumar Emílio com o barulho de uma arma de fogo? Começo queimando uma espoleta em uma pistola. A chama brusca e passageira, espécie de relâmpago, diverte-o; repito a mesma coisa com mais pólvora; pouco a pouco, acrescento na pistola uma pequena carga sem bucha, e depois uma maior; enfim, eu o acostumo aos tiros de fuzil, de canhões, e às detonações mais terríveis.

Observei que as crianças raramente têm medo de trovão, a menos que as explosões sejam assustadoras e firam realmente o órgão da audição. De outro modo, esse medo só lhes vem quando aprendem que o trovão às vezes fere ou mata. Quando a razão começa a assustá-las, fazei que o hábito as acalme. Com uma gradação lenta e mensurada, tornamos o homem e a criança intrépidos em tudo.

No início da vida, quando a memória e a imaginação ainda estão inativas, a criança só é atenta ao que afeta seus sentidos instantaneamente. Sendo as sensações os primeiros materiais de seus conhecimentos, oferecê-las em uma ordem conveniente é preparar sua memória para um dia apresentá-las na mesma ordem ao seu entendimento. Mas como a criança só é atenta às suas sensações, basta inicialmente mostrar-lhe de maneira bem distinta a ligação dessas mesmas sensações com os objetos que as causam. A criança quer tocar em tudo, pegar em tudo: não vos oponhais a essa inquietação, ela lhe sugere um aprendizado muito necessário. É assim que ela aprende a sentir o calor, o frio, a dureza, a moleza, o peso, a leveza dos corpos, a julgar sua grandeza, sua figura e todas as suas qualidades sensíveis, olhando, apalpando,[33] escutando e, sobretudo, comparando a visão com o tato, estimando com o olho a sensação que produziriam em seus dedos.

É apenas pelo movimento que aprendemos que existem coisas que não são nós, e é apenas por nosso próprio movimento que adquirimos a ideia da extensão. É porque a criança não possui essa ideia que ela estende indiferentemente a mão para pegar o objeto que a toca e o que está a cem passos dela.

---

33 O olfato é, de todos os sentidos, o que se desenvolve mais tarde nas crianças. Até a idade de 2 ou 3 anos, não parece que elas sejam sensíveis nem aos bons nem aos maus cheiros; a esse respeito, são indiferentes, ou antes, insensíveis, como se observa em diversos animais.

Esse esforço que ela faz vos parece um sinal de império, uma ordem que ela dá ao objeto para que se aproxime, ou que dá a vós para trazê-lo até ela, mas não é nada disso: simplesmente, os mesmos objetos que de início via em seu cérebro e depois nos olhos ela vê agora na ponta dos braços, e apenas imagina a extensão que pode alcançar. Cuidai, pois, para que ela caminhe sempre, transportai-a de um lugar para outro, fazei que sinta a mudança de lugar a fim de ensiná-la a julgar distâncias. Quando ela começar a conhecê-las, será então preciso mudar de método e só carregá-la como vos agradar, e não como ela se agrada, pois, assim que não for mais enganada pelos sentidos, seu esforço muda de causa. Essa mudança é notável e exige explicação.

O mal-estar das carências exprime-se por sinais quando o auxílio de outrem é necessário para satisfazê-las. Daí os gritos das crianças. Choram muito, e assim deve ser. Uma vez que todas as suas sensações são afetivas, quando são agradáveis desfrutam-nas em silêncio; quando são penosas, as crianças o dizem na sua linguagem e pedem alívio. Ora, enquanto estão despertas, não podem permanecer muito tempo em um estado de indiferença; ou dormem, ou são afetadas.

Todas as nossas línguas são obras da arte. Durante muito tempo, procurou-se saber se havia uma língua natural e comum a todos os homens. Sem dúvida, existe uma: é a que as crianças falam antes de saber falar. Essa língua não é articulada, mas acentuada, sonora e inteligível. O uso das nossas fez que a negligenciássemos, a ponto de esquecê-la por completo. Estudemos as crianças e logo a reaprenderemos com elas. As amas de leite são nossas mestras nessa língua: entendem tudo o que os lactentes lhes dizem. Elas lhes respondem e mantêm com eles diálogos muito consistentes. Embora pronunciem algumas palavras, tais palavras são perfeitamente inúteis, pois não é o sentido da palavra que os bebês entendem, mas o acento que as acompanha.

À linguagem da voz junta-se a do gesto, não menos enérgica. Esse gesto não está nas frágeis mãos das crianças, mas em seus rostos. É espantoso como essas fisionomias que mal se formaram já apresentam expressões. Seus traços mudam a cada instante, com uma rapidez inconcebível; neles vedes o sorriso, o desejo e o terror nascerem e passarem como relâmpagos, e a cada vez credes ver um rosto diferente. Certamente elas têm os músculos da face mais móveis do que nós. Em compensação, seus olhos baços não dizem quase nada. Tal deve ser o gênero de seus sinais em uma idade em que só têm necessidades corporais. A expressão das sensações está nas caretas e a expressão dos sentimentos está nos olhares.

Como o primeiro estado do homem é a miséria e a fraqueza, suas primeiras vozes são a queixa e os choros. A criança sente suas carências e, não podendo satisfazê-las, implora o auxílio de outrem por meio de gritos: se tem fome ou sede, chora; se sente muito frio ou muito calor, chora; se precisa de movimento, mas é mantida em repouso, chora; se quer dormir, mas a agitam, chora. Quanto menos dispõe de sua maneira de ser, com mais frequência ela exige que a mudem. Só tem uma linguagem, porque só tem, por assim dizer, um tipo de mal-estar: na imperfeição de seus órgãos, não distingue suas impressões diversas. Todos os males formam para ela uma sensação de dor.

Desses choros, que acreditaríamos serem tão pouco dignos de atenção, nasce a primeira relação do homem com tudo o que o cerca. Aqui se forja o primeiro elo da longa cadeia de que é formada a ordem social.

Quando a criança chora, não está bem à vontade, tem alguma necessidade que não é capaz de satisfazer: examinamos, procuramos, encontramos e suprimos essa necessidade. Quando não a encontramos e não podemos ajudar a criança, os choros continuam e nos importunam. Adulamos a criança para fazê-la calar-se, nós a embalamos, cantamos para fazê-la dormir. Se ela se obstina, perdemos a paciência e a ameaçamos; às vezes, amas brutais lhe desferem tapas. Eis aí estranhas lições para sua entrada na vida.

Jamais esquecerei de ter visto um desses incômodos chorões apanhar assim de sua ama de leite. Calou-se de imediato; acreditei que estivesse intimidado. Dizia para mim mesmo: será uma alma servil da qual nada se obterá, a não ser mediante o rigor. Enganava-me: o infeliz sufocava de cólera, tinha perdido a respiração, vi-o tornar-se roxo. Logo depois vieram os gritos agudos; todos os sinais do ressentimento, do furor, do desespero dessa idade estavam em seus acentos. Temi que padecesse naquela agitação. Se eu tivesse dúvida de que o sentimento do justo e do injusto é inato no coração do homem, apenas esse exemplo já me teria convencido. Estou seguro de que um tição ardente que caísse por acaso na mão dessa criança teria sido para ela menos sensível do que esse golpe bastante leve, mas dado com a intenção manifesta de ofendê-la.

Essa disposição das crianças para os arroubos, para o rancor, para a cólera exige diligência excessiva. Boerhaave[34] pensa que as doenças das crianças são em sua maioria da classe das convulsivas, porque, tendo a cabeça proporcionalmente maior e o sistema dos nervos mais extenso do que os adultos, o gênero nervoso é mais suscetível de irritação. Afastai delas com o maior cuidado os criados que as provocam, irritam e impacientam: são cem vezes mais perigosos e mais funestos para elas do que as injúrias do ar e das estações. Enquanto as crianças só encontrarem resistência nas coisas e nunca nas vontades, não se tornarão nem desobedientes nem coléricas, e permanecerão melhor em saúde. Essa é uma das razões por que as crianças do povo, mais livres e mais independentes, geralmente são menos enfermas, menos delicadas e mais robustas do que aquelas que se pretende educar melhor pela contrariedade contínua. Mas é preciso sempre considerar que há muita diferença entre lhes obedecer e não as contrariar.

Os primeiros choros das crianças são súplicas; se não tomarmos cuidado, logo se tornarão ordens. Começam por se fazer assistir e acabam por se fazer servir. Assim, de sua própria fraqueza, de onde vem inicialmente o sentimento de sua dependência, nasce em seguida a ideia de império e dominação. Mas, sendo essa ideia provocada menos pelas suas necessidades do que por nossos favores, começa-se aqui a perceber os efeitos morais cuja causa imediata não está na natureza, e já se vê por quê, desde essa primeira idade, importa distinguir a intenção secreta que dita o gesto ou o grito.

---

34 Hermann Boerhaave (1668-1738), professor na Universidade de Leiden. Seus escritos nas áreas de fisiologia, química e botânica tiveram grande repercussão entre os filósofos europeus do século XVIII. Foi autor de um dos grandes compêndios de medicina da época, as *Institutiones rei medicae* (1708). Em particular, Rousseau utiliza, de Boerhaave, o *Traité sur les maladies des enfants* (1759), versão francesa da seção sobre as doenças das crianças dos *Aphorismi de cognoscendi et curandis morbis* (1709). (N. T.)

Livro I

Quando a criança estende a mão com esforço sem dizer nada, ela acredita alcançar o objeto porque não estima sua distância. Está errada, mas, quando se queixa e grita estendendo a mão, não se engana então quanto à distância, mas ordena ao objeto para se aproximar dela, ou a vós para trazê-lo. No primeiro caso, levai-a até o objeto lentamente e a passos curtos; no segundo, façais apenas que não a ouvis; quanto mais gritar, menos deveis escutá-la. É importante acostumá-la desde cedo a não mandar nem nos homens, pois não é senhora deles, nem nas coisas, pois elas não a entendem. Assim, quando uma criança deseja algo que vê e que queremos lhe dar, é melhor levá-la ao objeto do que trazer o objeto até a criança: ela tira dessa prática uma conclusão própria à sua idade, que não há outro meio de lhe sugerir.

O abade de Saint-Pierre chamava os homens de crianças grandes;[35] poderíamos, reciprocamente, chamar as crianças de homens pequenos. Essas proposições têm sua verdade como sentenças; como princípios, precisam de esclarecimento. Mas, quando Hobbes chamava o mau de criança robusta,[36] dizia uma coisa absolutamente contraditória. Toda maldade vem da fraqueza. A criança só é má porque é fraca; tornai-a forte e ela se tornará boa: aquele que tudo pudesse jamais praticaria o mal. De todos os atributos da divindade todo-poderosa, a bondade é aquele sem o qual menos podemos concebê-la. Todos os povos que reconheceram dois princípios sempre viram o mau como inferior ao bom, sem o que teriam feito uma suposição absurda. Vede adiante a profissão de fé do vigário saboiano.

Só a razão nos ensina a conhecer o bem e o mal. A consciência que nos faz amar a um e odiar ao outro, embora independente da razão, não pode, pois, desenvolver-se sem ela. Antes da idade da razão, fazemos o bem e o mal sem o saber, e não há moralidade em nossas ações, embora às vezes ela exista no sentimento das ações de outrem em relação a nós. Uma criança quer desarrumar

---

35 Cf. *Annales politiques*, Première Partie (Londres, 1757, p.128), de Charles-Irénée Castel, abade de Saint-Pierre (1658-1743). Veja também a menção que Rousseau faz a Saint-Pierre no Livro IX das *Confissões*, cf. *Œuvres complètes de J.-J. Rousseau*, t.I. Paris: Gallimard/Pléiade, 1959, p.407. (N. T.)

36 Cf. Prefácio do *De Cive*, de Thomas Hobbes (1588-1679). (N. T.)

tudo o que vê: quebra e despedaça tudo o que pode alcançar; segura um pássaro como seguraria uma pedra e o sufoca sem saber o que faz.

Por que isso? Inicialmente, a filosofia o justificará falando dos vícios naturais: o orgulho, o espírito de dominação, o amor-próprio, a maldade do homem. O sentimento de sua fraqueza, poderá acrescentar ela, torna a criança ávida de incorrer a atos de força e de provar para si mesma seu próprio poder. Mas vede aquele velho enfermo e alquebrado, reconduzido à fraqueza da infância pelo círculo da vida humana: ele não apenas permanece imóvel e sereno, mas ainda quer que assim permaneça tudo ao seu redor; a menor mudança perturba-o, inquieta-o, ele gostaria de ver reinar uma calma universal. Como a mesma impotência aliada às mesmas paixões produziria efeitos tão diferentes nas duas idades, se a causa primitiva não houvesse mudado? E onde podemos buscar essa diversidade de causas a não ser no estado físico dos dois indivíduos? O princípio ativo, comum a ambos, desenvolve-se em um e extingue-se no outro; um se forma e o outro se destrói; um tende para a vida, o outro para a morte. A atividade desfalecente concentra-se no coração do velho; no da criança, ela é superabundante e estende-se para fora. A criança sente-se, por assim dizer, com vida suficiente para animar tudo o que a entorna. Que faça ou desfaça, isso pouco importa; basta que mude o estado das coisas, e toda mudança é uma ação. Pois, se parece ter uma tendência maior para destruir, não é por maldade, mas porque a ação que forma é sempre lenta, e a que destrói, sendo mais rápida, melhor convém à sua vivacidade.

Ao mesmo tempo que o autor da natureza dá às crianças esse princípio ativo, cuida para que ele seja pouco nocivo, deixando-lhes pouca força para se entregarem a ele. Mas logo que podem considerar as pessoas ao seu redor como instrumentos dos quais esse princípio depende para agir, servem-se delas para seguir sua inclinação e suplantar sua fraqueza. É assim que se tornam incômodas, tiranas, imperiosas, más e indomáveis, progresso que não vem de um espírito natural de dominação, mas que dá tal espírito a elas, pois não é preciso uma longa experiência para sentir quão agradável é agir pelas mãos de outrem e só precisar mexer a língua para fazer o universo se mover.

Livro I

Ao crescer, adquirimos forças, tornamo-nos menos inquietos, menos agitados e nos fechamos mais em nós mesmos. A alma e o corpo ficam, por assim dizer, em equilíbrio, e a natureza não nos exige mais do que o movimento necessário para nossa conservação. Contudo, o desejo de mandar não se extingue com a carência que o fez nascer; o império[37] desperta e adula o amor-próprio, e o hábito o fortalece. Assim, a fantasia assume o lugar da carência; assim, os preconceitos da opinião adquirem suas primeiras raízes.

Uma vez conhecido o princípio, vemos claramente o ponto onde abandonamos a rota da natureza. Vejamos o que é preciso fazer para nela nos mantermos.

Longe de terem forças supérfluas, as crianças sequer têm forças suficientes para tudo o que delas a natureza exige. É preciso, portanto, consentir-lhes o uso de todas aquelas que a natureza lhes dá e das quais não poderiam abusar. Primeira máxima.

É preciso ajudá-las a suprir o que lhes falta, quer em inteligência, quer em força, em tudo o que concerne à carência física. Segunda máxima.

É preciso, no auxílio a elas prestado, limitar-se unicamente ao útil real, sem nada conceder à fantasia ou ao desejo sem razão, pois a fantasia não as atormentará enquanto não a tivermos feito nascer, dado que ela não é natural. Terceira máxima.

É preciso estudar com cuidado sua linguagem e seus sinais, para que, em uma idade em que elas não sabem dissimular, se possa distinguir em seus desejos o que vem imediatamente da natureza e o que vem da opinião. Quarta máxima.

O espírito dessas regras é conceder às crianças mais liberdade verdadeira e menos império, deixar que façam mais por si mesmas e exijam menos dos outros. Assim, acostumando-se desde cedo a limitar seus desejos às suas forças, sentirão pouco a privação do que não estiver em seu poder.

Eis, portanto, uma razão nova e muito importante para deixar os corpos e os membros das crianças absolutamente livres, com a única precaução de afastá-las do perigo das quedas e de tirar de suas mãos tudo o que possa feri-las.

---

37 Aqui, como observado antes, *empire* com sentido de "autoridade exercida sobre outrem". (N. T.)

Uma criança com corpo e braços livres infalivelmente chorará menos do que uma criança enfaixada em um cueiro. Quem conhece apenas carências físicas, só chora quando sofre, e isso é uma grande vantagem, pois então sabemos com exatidão quando precisa de ajuda, o que não devemos tardar para fazer, se possível. Mas, se não podeis aliviá-la, ficai tranquilo, sem a adular, para apaziguá-la. Vossos carinhos não curarão sua cólica. No entanto, ela se lembrará do que é preciso fazer para ser adulada, e, uma vez que saiba fazer que vos ocupes dela segundo sua vontade, então ela já se tornou vosso mestre. Tudo está perdido.

Menos contrariadas em seus movimentos, as crianças chorarão menos; menos importunadas por seus choros, iremos nos atormentar menos para fazê-las se calarem; ameaçadas ou aduladas com menos frequência, serão menos medrosas ou menos obstinadas e ficarão melhor em seu estado natural. É menos deixando as crianças chorarem do que nos apressando em acalmá-las que fazemos que contraiam hérnias, e a prova disso é que as crianças mais negligenciadas são bem menos sujeitas às hérnias do que as outras. Longe de mim querer por isso que sejam negligenciadas. Ao contrário, é importante preveni-las, e não deixar que sejam seus gritos a nos alertar sobre suas necessidades. Mas tampouco quero que os cuidados que lhes prestamos sejam mal compreendidos. Por que deixariam de chorar quando veem que seus choros servem para tantas coisas? Instruídas sobre o preço que damos a seu silêncio, elas evitarão prodigalizá-lo. Por fim, elas o valorizam de tal maneira que não podemos mais pagá-lo, e é então que, de tanto chorar sem sucesso, elas se esforçam, se esgotam e se matam.

Os longos choros de uma criança que não está nem enfaixada nem doente, e que não se deixa ter falta de nada, são apenas choros de hábito e de obstinação. Não são obra da natureza, mas da ama de leite, que, por não saber lidar com a importunação, multiplica-a, sem pensar que, ao fazer a criança calar-se hoje, estimula-a a chorar mais amanhã.

O único meio de curar ou prevenir esse hábito é não lhe dar nenhuma atenção. Ninguém gosta de trabalhar inutilmente, nem mesmo as crianças. São obstinadas em suas tentativas, mas, se tiverdes mais constância do que elas têm de obstinação, ficarão desencorajadas e não recomeçarão. É assim que lhes poupamos o choro e as acostumamos a só recorrer a isso quando a dor forçá-las a tanto.

De resto, quando choram por fantasia ou por obstinação, um meio seguro de impedi-las de continuar é distraindo-as com algum objeto agradável e impressionante que as faça esquecer que queriam chorar. A maior parte das amas é excelente nessa arte e, bem administrada, ela é muito útil. Mas é da maior importância que a criança não perceba a intenção de distraí-la, e que se divirta sem acreditar que pensam nela: eis onde todas as amas são desastradas.

Todas as crianças são desmamadas cedo demais. O tempo em que se deve desmamá-las é indicado pela erupção dos dentes, e essa erupção é geralmente sofrida e dolorosa. Por um instinto maquinal, a criança leva frequentemente à boca tudo o que segura para mastigar. Pensa-se em facilitar a operação dando-se a ela como chocalho algum corpo duro, como o marfim ou o dente de lobo. Creio ser um engano. Esses corpos duros aplicados sobre as gengivas, longe de amolecê-las, tornam-nas calosas, endurecem-nas e preparam um dilaceramento mais sofrido e mais doloroso. Tomemos sempre o instinto como exemplo. Não vemos os filhotes de cães exercitarem seus dentes nascentes em pedras, ferro, ossos, mas em madeira, couro, trapos, materiais moles que cedem e onde o dente se imprime.

Não se sabe mais ser simples em nada, nem mesmo quanto às crianças. Guizos de prata, de ouro, coral, cristais facetados, chocalhos de todos os preços e de todo tipo. Quantos apetrechos inúteis e perniciosos! Nada disso. Nada de guizos, nada de chocalhos; raminhos de árvores com seus frutos e suas folhas, uma cabeça de papoula dentro da qual se ouve o som dos grãos e um bastão de alcaçuz que a criança pode chupar e mastigar vão diverti-la tanto quanto essas magníficas quinquilharias, e não terão o inconveniente de acostumá-las ao luxo desde o nascimento.

Foi reconhecido que a papa não é um alimento muito saudável. O leite cozido e a farinha crua dão muita saburra e convêm pouco ao nosso estômago. Na papa, a farinha é menos cozida do que no pão, e além disso não fermenta. A açorda e o creme de arroz parecem-me preferíveis. Se se fizer questão de preparar a papa, convém antes assar um pouco a farinha. Em minha terra, faz-se da farinha assim torrada uma sopa muito agradável e muito saudável. O caldo de carne e a sopa são ainda alimentos medíocres, os quais é preciso utilizar o mínimo possível. É importante que as crianças primeiramente se acostumem a mastigar; esse é o verdadeiro meio de facilitar a erupção dos dentes. E, quando começam a engolir, os sucos salivares misturados com os alimentos facilitam sua digestão.

Eu as faria então mastigar frutas secas, cascas. Como brinquedo, eu lhes ofereceria bastonetes de pão duro ou de biscoito semelhantes ao pão do Piemonte, que no local são chamados de *grisses*. De tanto amolecerem esse pão na boca, acabariam engolindo um pouco dele, seus dentes apareceriam e elas se veriam desmamadas um pouco antes de perceberem isso. Os camponeses em geral têm um estômago muito bom, e não são desmamados com maiores cuidados.

Desde o nascimento, as crianças ouvem falar. Falam-lhes não somente antes que compreendam o que lhes dizem, mas antes que possam reproduzir as vozes que escutam. Seu órgão, ainda entorpecido, só pouco a pouco se presta às imitações dos sons que lhes são ditados, e nem mesmo é certo que tais sons cheguem a seus ouvidos de modo tão distinto quanto nos nossos. Não desaprovo que a ama de leite divirta a criança com cantos e acentos muito alegres e muito variados, mas desaprovo que ela a atordoe incessantemente falando uma profusão de inutilidades, das quais a criança não compreende nada a não ser o tom. Gostaria que as primeiras articulações que a fazemos ouvir fossem poucas, fáceis, distintas, sempre repetidas, e que as palavras que elas exprimem só se relacionassem com objetos sensíveis que pudessem ser mostrados à criança de antemão. A infeliz facilidade que temos para nos contentar com palavras vazias que não entendemos começa mais cedo do que se pensa. O estudante escuta na aula a verborragia de seu regente da mesma forma como escutava, no tempo dos cueiros, o balbucio da ama de leite. Acho que seria instrução muito útil educá-lo para não compreender nada daquilo.

As reflexões nascem aos montes quando queremos nos ocupar com a formação da linguagem e com os primeiros discursos das crianças. Façamos o que for, elas aprendem sempre a falar da mesma maneira, e todas as especulações filosóficas são, aqui, da maior inutilidade.

De início, as crianças possuem, por assim dizer, uma gramática para sua idade, cuja sintaxe tem regras mais gerais do que a nossa. Se prestássemos bastante atenção, ficaríamos espantados com a exatidão de certas analogias que elas seguem, muito defeituosas talvez, mas muito regulares, e que só são chocantes por sua dureza ou porque o uso não as admite. Acabo de ouvir uma pobre criança que levou um pito do pai por dizer a ele: *mon père, irai-je-t-y?* Ora, vê-se que essa criança seguia melhor a analogia do que nossos gramáticos, pois, já que lhe diziam *vas-y*, por que não dizer *irai-je-t-y?* Notai, além disso, a habilidade com que ela evitava o hiato de *irai-je-y* ou *y irai-je?* É culpa da pobre criança se despropositadamente tiramos da frase o advérbio determinante *y* porque não sabíamos o que fazer com ele?[38] É um pedantismo insuportável e um cuidado dos mais supérfluos empenharmo-nos em corrigir nas crianças todas essas pequenas faltas contra o uso, as quais, com o tempo, nunca deixam de se corrigir elas próprias. Falai sempre corretamente diante delas, fazei que se comprazam mais convosco do que com qualquer outro e tereis certeza de que imperceptivelmente sua linguagem se purificará com a vossa sem que jamais a tenhais repreendido.

Mas um abuso de maior importância, e que não é menos fácil de se prevenir, consiste em nos apressarmos demais para fazer as crianças falarem, como se receássemos de que não aprendessem a falar por si mesmas. Essa afobação indiscreta produz um efeito diretamente contrário ao que buscamos. As crianças falam mais tarde e mais confusamente: a extrema atenção que prestamos a tudo o que dizem as dispensa de bem articular e, como dificilmente se dignam a abrir a boca, muitas delas conservam a vida inteira um vício de pronúncia e um falar confuso que as torna quase ininteligíveis.

Vivi muito em meio aos camponeses e nunca ouvi nenhum deles, homem, mulher, menina ou menino, pronunciar o erre guturalmente.[39] De onde vem isso? São os órgãos dos camponeses construídos de maneira diferente dos nossos? Não, mas eles se exercitam de maneira diferente. À frente de minha janela existe uma colina onde se reúnem para brincar as crianças do lugar.

---

38 Referência ao problema da haplologia no uso do pronome *y* em língua francesa. (N. T.)
39 No original, *grasseyer*. (N. T.)

Embora fiquem bastante longe de mim, distingo perfeitamente tudo o que dizem e, com frequência, guardo boas recordações para este escrito. Todos os dias meu ouvido me engana sobre a idade delas. Ouço vozes de crianças de 10 anos, mas, quando olho, vejo a estatura e os traços de crianças de 3 a 4 anos. Não limito essa experiência a mim mesmo: os citadinos que vêm me ver e que consulto a respeito caem todos no mesmo erro.

Isso se produz porque, até os 5 ou 6 anos, as crianças das cidades, educadas no quarto e sob as asas de uma governanta, só precisam resmungar para se fazerem ouvir. Tão logo movem os lábios, alguém já se empenha em escutá-las; ditam-lhes palavras que elas reproduzem mal, e, de tanto se prestar atenção nelas, como são sempre as mesmas pessoas que estão incessantemente em seu entorno, adivinham antes aquilo que elas quiseram dizer do que aquilo que elas disseram.

No campo, tudo é diferente. Uma camponesa não fica constantemente junto ao filho; ele é forçado a aprender a dizer bem claramente e bem alto o que precisa fazê-la ouvir. Nas campinas, as crianças dispersas, longe do pai, da mãe e das outras crianças, exercitam-se ao se fazerem ouvir à distância e ao medirem a força da voz pelo intervalo que as separa daqueles por quem querem ser ouvidas. Eis como verdadeiramente se aprende a pronunciar, e não gaguejando algumas vogais no ouvido de uma governanta atenta. Assim, quando se interroga o filho de um camponês, a vergonha pode impedi-lo de responder, mas aquilo que diz, ele o diz claramente, ao passo que para a criança da cidade é preciso que a criada sirva de intérprete, sem o que não se entende nada do que ela resmunga entre seus dentes.[40]

Ao crescerem, os meninos deveriam corrigir-se desse defeito nos colégios, e as meninas nos conventos. Com efeito, uns e outros falam, em geral, mais distintamente do que os que foram sempre educados na casa paterna.

---

40 Há exceções a isso, e não raro as crianças que de início menos se fazem ouvir tornam-se a seguir as mais ensurdecedoras quando começam a elevar a voz. Mas, se fosse preciso entrar em todas essas minúcias, eu nunca acabaria. Todo leitor sensato há de ver que o excesso e a falta, derivados do mesmo erro, são igualmente corrigidos por meu método. Considero inseparáveis estas duas máximas: sempre bastante, e nunca demais. Bem estabelecida a primeira, a outra segue necessariamente.

Mas o que os impede de adquirir uma pronúncia tão clara quanto a dos camponeses é a necessidade de aprender de cor muitas coisas, e de recitar em voz alta o que aprenderam, pois, ao estudar, habituam-se a resmungar e a pronunciar negligentemente e mal. Recitando, é pior ainda: esforçam-se para procurar as palavras, arrastam e alongam as sílabas. Não é possível que, quando a memória vacila, também a língua não balbucie. Assim se contraem ou se conservam os vícios de pronúncia. Veremos em seguida que Emílio não os terá, ou ao menos, não os terá contraído pelas mesmas causas.

Concordo que o povo e os aldeãos caem em um outro extremo: que falam quase sempre mais alto do que é preciso; que, ao pronunciar com demasiada exatidão, possuam articulações fortes e rudes; que tenham acento em demasia, que escolham mal seus termos etc.

Mas, primeiramente, esse extremo parece-me muito menos vicioso do que o outro, visto que, sendo a primeira lei do discurso a de se fazer ouvir, o maior erro a ser cometido é o de falar sem ser ouvido. Vangloriar-se de não ter nenhum acento é vangloriar-se de tirar das frases sua graça e sua energia. O acento é a alma do discurso, dá-lhe o sentimento e a verdade. O acento mente menos do que a palavra; é talvez por isso que as pessoas bem-educadas o temem tanto. É do costume de dizer tudo no mesmo tom que veio o de zombar das pessoas sem que elas o sintam. Ao acento proscrito sucedem maneiras ridículas de pronunciar, afetadas e sujeitas à moda, tais como as que se observam sobretudo nos jovens da corte. Essa afetação da fala e da atitude é o que geralmente torna o contato com o francês repugnante e desagradável para as outras nações. No lugar de utilizar o acento em seu falar, insinua de modo empolado. Não é esse o meio de criar predisposição.

Todos esses pequenos defeitos de linguagem que tanto tememos que as crianças contraiam nada são. Nós os prevenimos ou corrigimos com a maior facilidade. Mas jamais se corrigem aqueles que as fazemos contrair tornando seu falar surdo, confuso, tímido ao criticarmos continuamente seu tom, e escarafunchando todas as suas palavras. Um homem que só aprendeu a falar nas alcovas não será bem ouvido à frente de um batalhão, e não conseguirá se impor perante o povo em uma insurreição. Ensinai às crianças falar primeiramente aos homens: elas saberão bem falar às mulheres quando for preciso.

Criados no campo com toda a rusticidade campestre, vossas crianças possuirão uma voz mais sonora e não adquirirão o confuso gaguejar das crianças da cidade. Tampouco vão adquirir as expressões e o tom da aldeia, ou ao menos os perderão facilmente quando o mestre, vivendo com elas desde o nascimento e a cada dia mais exclusivamente, evitará ou suprimirá, pela correção de sua linguagem, a impressão da linguagem dos camponeses. Emílio falará um francês tão puro quanto o posso conceber, mas ele o falará mais distintamente, e o articulará muito melhor do que eu.

A criança que quer falar só deve escutar as palavras que pode entender, e só dizer as que pode articular. Os esforços que faz para isso levam-na a dobrar a mesma sílaba, como em um exercício para pronunciá-la mais distintamente. Quando ela começar a balbuciar, não vos atormenteis tanto para adivinhar o que diz. Pretender ser sempre escutado é também uma forma de império, e a criança não deve exercer nenhum. A vós basta prover, com muita diligência, o necessário; compete à criança tentar fazer que entendais aquilo que não o é. Bem menos ainda é preciso ter pressa para exigir que ela fale; a criança saberá falar bem por si mesma à medida que sentir a utilidade disso.

Observa-se, é verdade, que as crianças que começam a falar muito tarde jamais falam tão distintamente quanto as outras. Mas não é pelo fato de terem falado tarde que o órgão fica prejudicado. Ao contrário, é porque nasceram com um órgão prejudicado que começam a falar tarde, pois, se não fosse por isso, por que falariam mais tarde do que as outras? Terão menos ocasiões para falar e serão menos exercitadas nisso? Ao contrário, a inquietação que esse atraso causa tão logo é percebido faz que nos atormentemos muito mais em fazê-las balbuciar do que no caso daquelas que falam mais cedo. Essa pressa equívoca pode contribuir muito para tornar confuso seu falar, o qual, com menos precipitação, teriam tido tempo para aperfeiçoar.

As crianças cujo falar nós apressamos não têm tempo para aprender a bem pronunciar, nem para bem conceber o que lhes fazemos dizer, ao passo que, quando as deixamos por si mesmas, exercitam-se inicialmente nas sílabas mais fáceis de pronunciar e, acrescentando a elas pouco a pouco alguma significação que entendemos por seus gestos, elas vos dão suas palavras antes de receberem as vossas. Isso faz que só as recebam depois de as terem entendido.

Livro I

Não tendo pressa para delas se servirem, as crianças começam por bem observar que sentido lhes dais e, quando estão seguras quanto a isso, adotam-nas.

O maior mal da precipitação ao se fazer as crianças falarem antes da hora não é que os primeiros discursos que lhes dirigimos e as primeiras palavras que elas dizem sejam sem sentido para elas, mas é o de terem um sentido diferente do nosso, sem que saibamos perceber isso; de modo que, parecendo estarem nos respondendo muito exatamente, elas nos falam sem nos entender e sem que as entendamos. Comumente, deve-se a equívocos desse tipo a surpresa que às vezes elas nos causam, já que atribuímos aos seus dizeres ideias que as crianças não associam. Essa desatenção de nossa parte para com o verdadeiro sentido que as palavras têm para as crianças parece-me ser a causa de seus primeiros erros; e esses erros, mesmo depois de curados, influem sobre o espírito pelo resto da vida. Na sequência, terei mais de uma ocasião para esclarecer esse ponto com exemplos.

Que, portanto, restrinja-se o tanto quanto possível o vocabulário da criança. É um inconveniente imenso que ela tenha mais palavras do que ideias, e que ela saiba dizer mais coisas do que pode pensar. Creio que uma das razões por que os camponeses geralmente possuem ideias mais justas do que os citadinos é que seu dicionário é menos extenso. Têm poucas ideias, mas as comparam muito bem.

Os primeiros desenvolvimentos da infância ocorrem quase todos a uma só vez. A criança aprende a falar, a comer e a andar aproximadamente ao mesmo tempo. Esta é, propriamente falando, a primeira época de sua vida. Antes, não é nada mais do que aquilo que era no ventre da mãe. Não tem nenhum sentimento, nenhuma ideia; mal tem sensações e nem mesmo sente sua própria existência:

Vivit, et est vitae nescius ipse suae.[41]

Fim do primeiro livro.

---

41 Ovídio, *Tristes*, I, 3.*

* "Vive e é ignorante de sua própria vida." (N. T.)

Hermes gravando nas colunas os elementos das ciências. Gravura de Charles Eisen para a edição "chez Jean Néaulme" de 1762.

Livro II

Aqui começa o segundo período da vida, aquele em que a infância termina, propriamente falando; pois as palavras *infans* e *puer* não são sinônimas. A primeira está compreendida na outra e significa *quem não pode falar*: donde vem que, em Valério Máximo, se encontra *puerum infantem*.[1] Mas continuo a me servir dessa palavra segundo o uso em nossa língua, até a idade em que ela tem outros nomes.

Quando as crianças começam a falar, elas choram menos. Esse progresso é natural: uma linguagem é substituída pela outra. Uma vez que, com palavras, conseguem dizer que sofrem, por que diriam isso com gritos, a não ser quando a dor é intensa demais para que a fala possa exprimi-la? Se então continuam a chorar, é por culpa das pessoas ao seu redor. A partir do momento em que Emílio tiver dito: *Tenho dor*, será preciso dores bem vivas para forçá-lo a chorar.

Se a criança é delicada, sensível, se naturalmente se põe a chorar por nada, ao tornar esses gritos inúteis e sem efeito, logo farei secar a fonte. Enquanto chora, não irei até ela; corro para acudi-la assim que tiver se calado. Em pouco tempo sua maneira de me chamar será calando-se, ou no máximo soltando um único grito. É pelo efeito sensível dos sinais que as crianças julgam seus sentidos; não há outra convenção para elas. Seja como for que se machuque, a criança raramente chorará quando estiver sozinha, a menos que tenha a esperança de ser ouvida.

Se ela cai, se faz um galo na cabeça, se sangra pelo nariz, se corta os dedos, em vez de acudi-la com ar de alarme, permanecerei tranquilo, pelo menos durante algum tempo. O mal está feito, enfrentá-lo é uma necessidade.

---

1 Valerius Maximus, *Factorum ac dictorum memorabilium*, I, vi, 5. (N. T.)

Todo o meu empenho só serviria para assustá-la ainda mais e aumentar sua sensibilidade. No fundo, quando nos ferimos é menos o golpe do que o temor que nos atormenta. Irei poupá-la ao menos dessa última angústia, pois muito certamente julgará sua dor segundo a perspectiva de como eu a julgo. Se me vir acorrer com inquietude, consolá-la, ter pena dela, ela irá se considerar perdida. Se me vir conservar o sangue-frio, logo retomará o seu e acreditará estar curada quando não sentir mais dor. É nessa idade que se toma as primeiras lições de coragem e que, suportando pequenas dores sem pavor, se aprende pouco a pouco a suportar as grandes.

Longe de estar atento para evitar que Emílio se machuque, eu ficaria aborrecido se ele nunca se ferisse e crescesse sem conhecer a dor. Sofrer é a primeira coisa que deve aprender, e a que mais precisará saber. Parece que as crianças são pequenas e fracas somente para aprenderem essas importantes lições sem perigo. Se a criança cair de sua altura, ela não quebrará a perna. Se ela se der uma paulada, não quebrará o braço. Se agarrar um ferro cortante, não o apertará muito e não se cortará demais. Nunca soube de criança em liberdade que tenha se matado, se estropiado, ou feito a si mesma um mal considerável, a menos que tenha sido abandonada impensadamente em lugares altos, ou sozinha perto do fogo, ou que tenham deixado instrumentos perigosos ao seu alcance. O que dizer dessas máquinas que acumulamos em torno de uma criança para dar a ela armas contra todo tipo de dor, até que, tendo crescido, permanece à mercê delas, sem coragem e sem experiência, acreditando-se morta à primeira picada e desmaiando ao ver a primeira gota de seu sangue?

Nossa mania professoral e pedantesca é sempre ensinar às crianças o que elas aprenderiam melhor por si mesmas, e esquecer o que só nós mesmos teríamos podido ensinar. Há algo mais tolo do que nosso esforço para ensiná-las a andar, como se tivéssemos visto alguém que, por negligência de sua ama de leite, não soubesse andar quando adulto? Ao contrário, quanta gente vemos andar mal por toda a vida porque lhe ensinaram mal a andar!

Emílio não terá toucas acolchoadas, nem cestos rolantes, nem carruagens, nem cordões puxadores. Ou, pelo menos, a partir do momento em que souber pôr um pé à frente do outro, só o protegeremos nos lugares

Livro II

pavimentados, e, ainda assim, passaremos por eles rapidamente.[2] Em vez de deixá-lo estagnar no ar viciado de um quarto, que seja levado diariamente até um prado. Que ali ele corra e brinque, que caia cem vezes por dia: melhor assim, pois aprenderá mais cedo a se levantar. O bem-estar da liberdade compensa muitos machucados. Meu aluno terá frequentes contusões; em contrapartida, estará sempre alegre. Se os vossos tiverem menos contusões, estarão sempre contrariados, sempre encadeados, sempre tristes. Duvido que o proveito esteja do lado deles.

Outro progresso torna a queixa das crianças menos necessária: é o de suas forças. Podendo mais por si mesmas, precisam recorrer aos outros com menos frequência. Com sua força, desenvolve-se o conhecimento que as deixa em condições para dirigi-la. É nesse segundo grau que propriamente começa a vida do indivíduo; é então que ele toma consciência de si mesmo. A memória estende o sentimento da identidade sobre todos os momentos de sua existência. Ele se torna verdadeiramente uno, o mesmo e, por conseguinte, já capaz de felicidade e de miséria. É importante, pois, começar a considerá-lo um ser moral.

Embora se determine aproximadamente o limite da vida humana e a probabilidade de cada época para se chegar perto desse limite, nada é mais incerto do que a duração da vida de cada homem em particular. Pouquíssimos chegam a esse limite. Os maiores riscos da vida estão no começo: quanto menos se viveu, menos se deve esperar viver. Das crianças que nascem, metade, no máximo, chega à adolescência. E é provável que vosso aluno não atinja a idade adulta.

O que devemos pensar dessa educação bárbara que sacrifica o presente por um futuro incerto, que prende uma criança a correntes de todo tipo e começa por torná-la miserável, para lhe preparar antecipadamente não sei que pretensa felicidade da qual acreditamos que jamais gozará? Ainda que eu supusesse essa educação razoável em seu objetivo, como ver sem

---

2 Não há nada mais ridículo e mais incerto do que o caminhar das pessoas que foram muito conduzidas pelos cordões puxadores quando pequenas. É mais uma dessas observações triviais de tão justas, e que são justas em mais de um sentido.

indignação essas pobres desafortunadas submetidas a um jugo insuportável e condenadas a trabalhos contínuos como galeotes,[3] sem ter certeza de que tantos cuidados um dia lhes serão úteis? A idade da alegria passa em meio a lágrimas, castigos, ameaças, escravidão. Atormenta-se a infeliz para seu próprio bem, sem ver que ela é chamada e pega pela morte no meio desse triste aparato. Quem sabe quantas crianças morrem vítimas da extravagante sabedoria de um pai ou de um tutor? Felizes por escaparem de sua crueldade, a única vantagem que tiram dos males impostos a elas é morrer sem ter saudades da vida, de que só conheceram os tormentos.

Homens, sede humanos, este é vosso primeiro dever; sede humanos para todas as condições, para todas as idades, para tudo o que não é estranho ao homem. Que sabedoria há para vós fora da humanidade? Amai a infância; favorecei seus jogos, seus prazeres, seu amável instinto. Quem de vós não teve alguma vez saudade dessa idade em que o riso está sempre nos lábios e a alma está sempre em paz? Por que quereis privar esses pequenos inocentes do gozo de um tempo tão curto que lhes escapa, e de um bem tão precioso do qual não poderiam abusar? Por que quereis encher de amargura e de dores esses primeiros anos tão rápidos, que não mais voltarão para eles, assim como não podem voltar para vós? Pais, sabeis o momento em que a morte espera vossos filhos? Não prepareis remorsos para vós mesmos retirando os poucos instantes que a natureza lhes dá. Assim que eles puderem sentir o prazer de existir, fazei que o gozem; fazei com que, a qualquer hora que Deus os chamar, não morram sem terem saboreado a vida.

Quantas vozes irão se erguer contra mim! Ouço de longe os clamores dessa falsa sabedoria que nos lança incessantemente para fora de nós mesmos, que sempre considera nulo o valor do presente e, perseguindo infatigavelmente um porvir que foge à medida que buscamos alcançá-lo, de tanto nos transportar para onde não estamos, transporta-nos para onde jamais estaremos.

---

3 No original, *galeote*: era o indivíduo condenado a remar nas embarcações, nas galés. No livro *Emílio e Sophie, ou os solitários*, Emílio, já adulto, vira marinheiro e, em seguida, é feito de escravo, sendo submetido a trabalhos contínuos. (N. T.)

Livro II

Este é, respondereis, o tempo de corrigir as más inclinações do homem; é na idade da infância, quando os sofrimentos são menos sensíveis, que é preciso multiplicá-los para evitá-los na idade da razão. Mas quem de vós diz que todo esse arranjo está à vossa disposição, e que todas essas belas instruções com que atormentais o fraco espírito de uma criança não lhe serão um dia mais perniciosos do que úteis? Quem vos assegura que evitais alguma coisa pelas aflições que lhe prodigais? Por que lhe dais mais males do que sua condição suporta, sem estar certo de que esses males presentes resultarão em alívio no futuro? E como me provareis que essas más inclinações de que pretendeis curá-la não provêm de vossos cuidados mal compreendidos, bem mais do que da natureza? Infeliz previdência, que torna um ser atualmente miserável na esperança, bem ou mal fundada, de torná-lo feliz um dia! Se esses raciocinadores vulgares confundem a licença com a liberdade, e a criança a ser tornada feliz com a criança que se mima, ensinemo-los a distingui-las.

Para não corrermos atrás de quimeras, não nos esqueçamos do que convém à nossa condição. A humanidade tem seu lugar na ordem das coisas; a infância tem o seu na ordem da vida humana. É preciso considerar o homem no homem e a criança na criança. Determinar para cada qual seu lugar e ali fixá-lo, ordenar as paixões humanas de acordo com a constituição do homem, é tudo o que podemos fazer por seu bem-estar. O resto depende de causas estranhas que não estão em nosso poder.

Não sabemos o que seja a felicidade ou a infelicidade absolutas. Tudo está misturado nessa vida. Não experimentamos nenhum sentimento puro, não permanecemos dois momentos na mesma condição. As afecções de nossas almas, assim como as modificações de nossos corpos, estão em um fluxo contínuo. O bem e o mal são comuns a todos nós, mas em diferentes medidas. O mais feliz é o que sente menos sofrimentos; o mais miserável é o que sente menos prazeres. Sempre mais sofrimentos do que gozos: eis a diferença comum a todos. A felicidade do homem na terra é, portanto, apenas uma condição negativa; devemos medi-la pela menor quantidade de males que ele sofre.

Todo sentimento de sofrimento é inseparável do desejo de se livrar dele; toda ideia de prazer é inseparável do desejo de gozá-lo; todo desejo supõe privação, e todas as privações que sentimos são penosas. Portanto, é na desproporção entre nossos desejos e nossas faculdades que consiste nossa miséria. Um ser sensível cujas faculdades igualassem os desejos seria um ser absolutamente feliz.

Em que consiste, então, a sabedoria humana ou o caminho da verdadeira felicidade? Não exatamente em diminuir nossos desejos, pois, se eles estivessem abaixo de nossa potência, uma parte de nossas faculdades permaneceria ociosa, e não gozaríamos de todo o nosso ser. Tampouco consiste em estender nossas faculdades, pois, se nossos desejos se estendessem todos na mesma proporção, apenas nos tornaríamos mais miseráveis, mas em diminuir o excesso de desejos sobre as faculdades e pôr em perfeita igualdade a potência e a vontade. Somente então, estando todas as forças em ação, a alma permanecerá plácida e o homem se encontrará bem ordenado.

É assim que a natureza, que tudo faz do melhor modo, inicialmente o instituiu. Ela lhe dá de imediato apenas os desejos necessários à sua conservação e as faculdades suficientes para satisfazê-los. Ela pôs todas as outras como que em reserva no fundo de sua alma, para que se desenvolvessem conforme à necessidade. Somente nesse estado primitivo é que o equilíbrio entre o poder e o desejo se encontra e o homem não é infeliz. Tão logo suas faculdades virtuais se põem em ação, a imaginação, a mais ativa de todas, desperta e as ultrapassa. É a imaginação que amplia para nós a medida dos possíveis, tanto para o bem quanto para o mal, e que, por conseguinte, estimula e alimenta os desejos pela esperança de satisfazê-los. Mas o objeto que parecia, de início, ao alcance da mão, foge com mais rapidez do que pode ser perseguido; quando acreditamos alcançá-lo, ele se transforma e se mostra ao longe diante de nós. Não vendo mais a grande distância já percorrida, não lhe damos valor algum. O que resta a percorrer aumenta, estende-se sem cessar. Assim, esgotamo-nos sem chegar ao fim; e quanto mais gozos nos proporcionamos, mais a felicidade se afasta de nós.

Ao contrário, quanto mais o homem permanece próximo à sua condição natural, mais a diferença entre suas faculdades e seus desejos será pequena e, por conseguinte, menos distante estará de ser feliz. Ele nunca é menos miserável do que quando parece desprovido de tudo, pois a miséria não consiste na privação das coisas, mas na necessidade que delas se faz sentir.

O mundo real tem seus limites, o mundo imaginário é infinito. Não podendo alargar um, restrinjamos o outro, pois é unicamente da diferença entre eles que nascem todos os sofrimentos que nos tornam verdadeiramente infelizes. Tirai a força, a saúde, o bom testemunho de si: todos os bens desta vida estão na opinião. Tirai as dores do corpo e os remorsos da consciência: todos os nossos males são imaginários. Esse princípio é comum, dirão. Concordo. Mas sua aplicação prática não é comum, e é unicamente da prática que se trata aqui.

Quando se diz que o homem é fraco, o que se quer dizer? Essa palavra fraqueza indica uma relação, uma relação do ser ao qual se aplica. Aquele cuja força sobrepuja as carências, seja um inseto ou um verme, é um ser forte; aquele cujas carências sobrepujam a força, seja um elefante, um leão, um conquistador, um herói, ou até mesmo um deus, é um ser fraco. O anjo rebelde que depreciou sua natureza era mais fraco do que o feliz mortal que vive em paz segundo a sua. O homem é muito forte quando se contenta em ser o que é; é muito fraco quando quer se elevar acima da humanidade. Não penseis, porém, que ao ampliar vossas faculdades, ampliareis vossas forças: vós as diminuís, ao contrário, se vosso orgulho se estende mais do que elas. Meçamos o raio de nossa esfera e permaneçamos no centro, como o inseto no meio de sua teia. Sempre nos bastaremos a nós mesmos e não teremos de nos queixar de nossa fraqueza, pois nunca a sentiremos.

Todos os animais têm exatamente as faculdades necessárias para se conservarem. Só o homem possui faculdades supérfluas. Não é estranho que esse supérfluo seja o instrumento de sua miséria? Em todas as regiões, os braços de um homem valem mais do que sua subsistência. Se fosse bastante sábio para avaliar esse excedente como nada, ele teria sempre o necessário, porque nunca teria nada em demasia. As grandes carências, dizia Favorino,[4] nascem dos grandes bens; e muitas vezes o melhor meio de dar a si mesmo as coisas faltantes é abrir mão daquelas que se têm. É de tanto trabalharmos para aumentar nossa felicidade que a transformamos em miséria. Todo

---

4 Aulus Gelius, *Noctes Atticae*, IX, 8.

homem que não quisesse viver, viveria feliz; por conseguinte, seria bom, pois que vantagem teria em ser mau?

Se fôssemos imortais, seríamos seres muito miseráveis. É duro morrer, sem dúvida; mas é doce esperar que não se viverá para sempre, e que uma vida melhor acabe com os sofrimentos desta. Se nos oferecessem a imortalidade na terra, quem[5] gostaria de aceitar esse triste presente? Que recurso, que esperança, que consolo nos restaria contra os rigores da sorte e contra as injustiças dos homens? O ignorante, que nada prevê, pouco aprecia o valor da vida e pouco teme perdê-la; o homem esclarecido vê bens de maior valor, aos quais prefere em detrimento daquela. Somente o meio saber e a falsa sabedoria que, prolongando nossas vistas até a morte, e não além, dela fazem para nós o pior dos males. A necessidade de morrer é para o homem sábio apenas uma razão para suportar os sofrimentos da vida. Se não estivéssemos certos de perdê-la um dia, ela nos custaria demais para ser conservada.

Nossos males morais estão todos na opinião, exceto um, que é o crime, e este depende de nós: nossos males físicos destroem-se ou nos destroem. O tempo ou a morte são nossos remédios. Contudo, tanto mais sofremos quanto menos sabemos sofrer, e nos atormentamos mais para curar nossas doenças do que o faríamos para suportá-las. Vive segundo a natureza, sê paciente e expulsa os médicos; não evitarás a morte, mas só a sentirás uma vez, ao passo que eles a põem diariamente em tua imaginação perturbada, e sua arte mentirosa, em vez de prolongar teus dias, tira-te o gozo deles. Perguntarei sempre que bem verdadeiro essa arte fez aos homens. Alguns dos que ela cura morreriam, é verdade; mas milhões que ela mata permaneceriam vivos. Homem sensato, não apostes nessa loteria onde tantas chances estão contra ti. Sofre, morre ou sara; mas, acima de tudo, vive até tua última hora.

Tudo é apenas loucura e contradição nas instituições humanas. Inquietamo-nos mais com nossa vida à medida que ela perde seu valor. Os velhos a lamentam mais do que os jovens, não querem perder os preparativos que fizeram para gozá-la. Aos 60 anos, é bem cruel morrer antes de ter começado a viver. Acredita-se que o homem tem um vivo amor por sua

---

5 Compreende-se que falo aqui dos homens que refletem, e não de todos os homens.

conservação, e isso é verdade; mas não se vê que esse amor, tal como o sentimos, é em grande parte obra dos homens. Naturalmente, o homem só se inquieta quanto a se conservar na medida em que os meios para isso estão em seu poder. Tão logo esses meios lhe escapem, ele se tranquiliza e morre sem se atormentar inutilmente. A primeira lei da resignação nos vem da natureza. Os selvagens, assim como os animais, debatem-se muito pouco contra a morte, e a enfrentam quase sem se queixar. Destruída essa lei, forma-se outra que vem da razão; mas pouco sabem elaborá-la, e essa resignação factícia nunca é tão plena e inteira quanto a primeira.

A previdência! A previdência que sem cessar nos leva para além de nós mesmos, e muitas vezes nos põe onde nunca chegaremos, eis a verdadeira fonte de todas as nossas misérias. Que mania tem um ser tão passageiro como o homem de sempre olhar para longe, em um futuro que vem tão raramente, e negligenciar o presente de que tem certeza! Mania tanto mais funesta quanto aumenta sem cessar com a idade; e os velhos, sempre desconfiados, previdentes, avaros, preferem recusar hoje o necessário a não ter o supérfluo daqui a cem anos. Assim, apegamo-nos a tudo, agarramo-nos a tudo; os tempos, os lugares, os homens, as coisas, tudo o que é, tudo o que será importa a cada um de nós mesmos. Cada qual se estende, por assim dizer, sobre a terra inteira e se torna sensível sobre toda essa grande superfície. É de se admirar que nossos males se multipliquem em todos os pontos por onde podem nos ferir? Quantos príncipes se desolam com a perda de um país que nunca viram! Quantos mercadores há que, bastando tocar nas Índias, vão gritar em Paris![6]

Será a natureza que leva os homens assim para tão longe de si mesmos? Será que ela quer que cada um aprenda seu destino pelos outros e algumas vezes seja o último a conhecê-lo, de modo que tal homem morre feliz ou miserável, sem jamais ter sabido de nada? Vejo um homem jovem, alegre, vigoroso, saudável; sua presença inspira o júbilo; seus olhos anunciam o contentamento, o bem-estar; ele traz consigo a imagem da felicidade. Chega

---

6 Referência aos mercadores ambulantes que vendiam seus produtos pelas ruas gritando determinadas frases conhecidas como *"les cris de Paris"*. (N. T.)

uma carta do correio; o homem feliz a olha, ela tem seu endereço, ele a abre, ele a lê. No mesmo instante, seu ar muda; ele empalidece e cai desmaiado. De volta a si, chora, agita-se, geme, arranca os cabelos, faz ressoar seus gritos, parece atacado de convulsões medonhas. Insensato! Que mal te fez esse papel? Que membro te amputou? Que crime te levou a cometer? Enfim, que mudou ele em ti mesmo para te pôr no estado em que te vejo?

Se a carta tivesse se perdido, se uma caridosa mão a tivesse lançado ao fogo, a sorte desse mortal, feliz e infeliz ao mesmo tempo, teria sido, parece-me, um estranho problema. Sua infelicidade, direis, era real. Muito bem. Mas ele não a sentia. Onde estava ele, então? Sua felicidade era imaginária. Entendo. A saúde, a alegria, o bem-estar, o contentamento de espírito não passam de visões. Não mais existimos onde estamos, só existimos onde não estamos. Vale a pena ter um tão grande medo da morte, se isso em que vivemos permanece?

Ó homem! Fecha tua existência dentro de ti e não mais serás miserável. Permanece no lugar que a natureza te atribui na cadeia dos seres, nada poderá te fazer sair dali. Não te revoltes contra a dura lei da necessidade, e não esgotes, querendo lhe resistir, forças que o céu não te deu para estender ou prolongar tua existência, mas apenas para conservá-la como lhe agrada e enquanto lhe agrada. Tua liberdade, teu poder se estendem apenas até onde chegam tuas forças naturais, e não além; todo o resto não passa de escravidão, ilusão e prestígio. A própria dominação é servil quando se prende à opinião, pois dependes dos preconceitos daqueles que governas pelos preconceitos. Para conduzi-los como te agrada, é preciso que te conduzas como lhes agrada. Basta que mudem a maneira de pensar e serás forçado a mudar tua maneira de agir. Àqueles que se aproximam de ti, basta saber governar as opiniões do povo que tu acreditas governar, ou dos favoritos que te governam, ou de tua família, ou as tuas próprias. Esses vizires, esses cortesãos, esses padres, esses soldados, esses lacaios, esses bufões, e até crianças, mesmo se tivesses o gênio de um Temístocles,[7] vão te conduzir

---

7 Esse menino que vedes aí, dizia Temístocles a seus amigos, é o árbitro da Grécia, pois governa sua mãe, sua mãe me governa, eu governo os atenienses e os atenienses

como uma criança no meio de legiões. Por melhor que faças, tua autoridade real jamais irá mais longe do que tuas faculdades reais. Assim que for preciso ver pelos olhos dos outros, será preciso querer por suas vontades. Meus povos são meus súditos, dizes altivamente. Que seja. Mas tu, quem és? O súdito de teus ministros. E teus ministros, por sua vez, o que são? Os súditos de seus subalternos, de suas amantes, os lacaios de seus lacaios. Tomai conta de tudo, usurpai tudo, e depois, esbanjai dinheiro a mancheias; erguei baterias de canhões; levantai patíbulos e rodas; promulgai leis, éditos; multiplicai os espiões, os soldados, os carrascos, as prisões, as cadeias: pobres homenzinhos, de que vos serve tudo isso? Não sereis mais bem servidos, nem menos roubados, nem menos enganados, nem mais absolutos. Direis sempre: queremos, e fareis sempre o que quiserem os outros.

O único que realiza sua vontade é aquele que, para realizá-la, não precisa pôr o braço de outrem na ponta dos seus. Donde se segue que o primeiro de todos os bens não é a autoridade, mas a liberdade. O homem verdadeiramente livre só quer o que pode e faz o que lhe agrada. Eis minha máxima fundamental. Trata-se apenas de aplicá-la à infância, e todas as regras da educação dela irão decorrer.

A sociedade fez o homem mais fraco, não apenas lhe tirando o direito que tinha sobre suas próprias forças, mas sobretudo tornando-as insuficientes para ele. Eis o porquê de seus desejos se multiplicarem com sua fraqueza, e eis o que faz a fraqueza da infância comparada à idade adulta. Se o homem é um ser forte, e se a criança é um ser fraco, não é porque o primeiro tenha mais força absoluta do que a segunda, mas porque o primeiro pode naturalmente bastar-se a si mesmo e a criança não. Portanto, o homem deve ter mais vontades e a criança, mais fantasias; palavra pela qual entendo todos os desejos que não são verdadeiras necessidades e que só podem ser satisfeitos com o auxílio de outrem.

---

governam os gregos. Oh! Que pequenos líderes encontraríamos sempre nos maiores impérios, se do príncipe descêssemos gradualmente até a primeira mão que, em segredo, dá o primeiro impulso.*

* Plutarco, *Vida de Temístocles*, XVIII. (N. T.)

Falei da razão desse estado de fraqueza. A natureza o supre por meio do apego dos pais e das mães. Mas esse apego pode ser excessivo, falho e abusado. Pais que vivem no estado civil transportam antecipadamente sua criança para ele. Dando a ela mais necessidades do que tem, eles não aliviam sua fraqueza, mas a aumentam. Aumentam-na ainda exigindo dela o que a natureza não exigia, ao submeterem às suas vontades o pouco de força que ela tem para servir às suas próprias, transformando em escravidão, de um jeito ou de outro, a dependência recíproca na qual a criança se prende à fraqueza, e os pais, ao apego.

O homem sábio sabe permanecer em seu lugar, mas a criança, que não conhece o seu, não será capaz de manter-se nele. Estando entre nós, ela tem mil expedientes para dele sair; cabe aos que a governam mantê-la em seu lugar, e essa tarefa não é fácil. Ela não deve ser nem animal nem homem, mas criança. É preciso que ela sinta sua fraqueza e não que a sofra; é preciso que ela dependa, e não que obedeça; é preciso que ela peça, não que mande. Ela só está submetida aos outros por conta de suas necessidades, e porque estes veem melhor do que ela o que lhe é útil, o que pode favorecer ou prejudicar sua conservação. Ninguém tem o direito, nem mesmo o pai, de mandar a criança fazer algo que não lhe sirva para nada.

Antes que os preconceitos e as instituições humanas tenham alterado nossas inclinações naturais, a felicidade das crianças e dos homens consiste no uso de sua liberdade. Mas essa liberdade, nas primeiras, é limitada pela fraqueza. Quem faz o que quer é feliz quando se basta a si mesmo: é o caso do homem que vive no estado de natureza. Quem faz o que quer não é feliz quando suas necessidades ultrapassam suas forças: é o caso da criança no mesmo estado. As crianças, mesmo no estado de natureza, gozam apenas de uma liberdade imperfeita, semelhante àquela de que gozam os homens no estado civil. Não podendo mais prescindir dos outros, cada um de nós volta a ser, a esse respeito, fraco e miserável. Éramos feitos para sermos homens; as leis e a sociedade nos mergulharam novamente na infância. Os ricos, os grandes, os reis, são todos crianças que, vendo que nos esforçamos para aliviar a miséria deles, tiram daí uma vaidade pueril, e orgulham-se dos cuidados que não lhes prestaríamos se fossem adultos.

Essas considerações são importantes e servem para resolver todas as contradições do sistema social. Há dois tipos de dependência: a das coisas, que é da natureza, e a dos homens, que é da sociedade. A dependência das coisas, por não ter nenhuma moralidade, não prejudica a liberdade e não engendra vícios; a dependência dos homens, sendo desordenada,[8] engendra todos os vícios, e é por ela que o senhor e o escravo se depravam mutuamente. Se há algum meio de remediar esse mal na sociedade, esse meio é substituir o homem pela lei e armar as vontades gerais de uma força real, superior à ação de qualquer vontade particular. Se as leis das nações pudessem ter, como as da natureza, uma inflexibilidade que nunca alguma força humana pudesse vencer, a dependência dos homens voltaria então a ser a das coisas; reunir-se-iam na república todas as vantagens do estado natural e do estado civil; juntar-se-ia à liberdade, que mantém o homem isento de vícios, a moralidade, que o educa para a virtude.

Conservai a criança unicamente na dependência das coisas e tereis seguido a ordem da natureza no progresso de sua educação. Nunca ofereçais a suas vontades indiscretas senão obstáculos físicos ou punições que nasçam das próprias ações, e que isso seja memorizado na ocasião; sem lhes proibir de agir mal, basta que seja impedida. Só a experiência e a impotência devem fazer as vezes de lei para a criança. Nada concedei a seus desejos porque ela o pede, mas porque precisa. Que ela não saiba o que é obediência quando age, nem o que é império quando agem por ela. Que sinta de igual modo sua liberdade em suas próprias ações e nas vossas. Supri a força que lhe falta exatamente na medida em que precisa dela para ser livre, e não imperiosa; que, recebendo vossos serviços com uma espécie de humilhação, ela aspire ao momento em que poderá dispensá-los e ter a honra de servir a si mesma.

Para fortalecer o corpo e fazê-lo crescer, a natureza dispõe de meios que nunca devemos contrariar. Não devemos obrigar uma criança a ficar

---

8 Nos meus *Princípios do direito político* fica demonstrado que nenhuma vontade particular pode ser ordenada no sistema social.*

* Rousseau refere-se à obra *Do contrato social*. (N. T.)

quando quer sair, ou a sair quando quer ficar. Quando a vontade das crianças não está mimada por nossa culpa, elas nada querem inutilmente. Elas devem pular, correr, gritar quando têm vontade. Todos os seus movimentos são necessidades de sua constituição, que procura fortalecer-se. Devemos, porém, desconfiar do que desejam sem que possam fazê-lo elas mesmas, sendo outros obrigados a fazê-lo por elas. É preciso, então, distinguir com cuidado a verdadeira necessidade, a necessidade natural, da necessidade de fantasia que começa a nascer, ou então daquela que provém da superabundância de vida de que falei.

Já disse o que se deve fazer quando uma criança chora para conseguir isso ou aquilo. Apenas acrescentarei que, a partir do momento em que ela pode, falando, pedir o que deseja e, para obtê-lo mais rapidamente ou para evitar uma recusa, faz que o choro acompanhe o pedido, deve ter seu pedido irrevogavelmente recusado. Se a necessidade a fez falar, deveis sabê-lo e fazer imediatamente o que ela pede, mas ceder algo pelas lágrimas é provocá-la para que as derrame, é ensinar-lhe a duvidar de vossa boa vontade e a acreditar que a importunação pode mais sobre vós do que a benevolência. Se ela não acreditar que sois bom, logo se tornará má; se acreditar que sois fraco, logo se tornará teimosa. É importante que sempre concedais ao primeiro sinal o que não quereis recusar. Não sejais pródigo na recusa, mas não a revogueis jamais.

Evitai principalmente dar à criança vãs fórmulas de polidez, que se necessário lhe servem de palavra mágica para submeter à sua vontade tudo o que a rodeia e para obter imediatamente o que lhe agrada. Na hipócrita educação dos ricos, nunca se deixa de torná-los polidamente imperiosos, prescrevendo-lhes os termos de que devem servir-se para que ninguém ouse resistir-lhes; seus filhos não têm nem tons nem maneiras suplicantes; todos eles são tão arrogantes, e até mais, ao pedir quanto ao mandar, por estarem muito certos de ser obedecidos. Vemos desde logo que *por favor* significa, em sua boca, *em meu favor*, e que *eu lhe peço* significa *eu lhe ordeno*. Admirável polidez, que para eles só acaba mudando o sentido das palavras e não permitindo que se fale de uma maneira que não seja imperiosa! De minha parte, eu, que temo menos que Emílio seja grosseiro do que arrogante, prefiro que ele diga pedindo *faça isso* a que fale mandando *eu lhe peço*. Não é o termo que ele emprega que me importa, mas sim a acepção que acrescenta a ele.

Há um excesso de rigor e um excesso de indulgência, e ambos devem ser evitados. Se deixardes as crianças sofrerem, exporeis sua saúde, sua vida. Ireis torná-las efetivamente miseráveis; se lhes poupardes toda espécie de mal-estar com demasiada solicitude, ireis preparar-lhes grandes misérias; vós as tornais delicadas, sensíveis; vós as retirais de sua condição de homens, à qual voltarão apesar de vós. Para não as expordes a alguns males da natureza, forjais os males que ela não lhes deu. Ireis dizer que caio no caso daqueles maus pais aos quais censurava por sacrificarem a felicidade dos filhos em consideração a um tempo distante que pode não chegar jamais.

Não, pois a liberdade que concedo a meu aluno compensa-o amplamente dos leves incômodos aos quais o deixo exposto. Vejo meninos brincando na neve, roxos, trêmulos, mal podendo mexer os dedos. Só depende deles irem aquecer-se, mas nada fazem; se fossem forçados a isso, sentiriam cem vezes mais os rigores da obrigação do que os rigores do frio. De que vos queixais, então? Tornarei vosso filho miserável ao expô-lo somente aos incômodos que ele quiser suportar? Ajo para seu bem no momento presente, deixando-o livre; ajo para seu bem no futuro, armando-o contra os males que deverá suportar. Se ele pudesse escolher entre ser meu aluno ou vosso, achais que ele hesitaria um instante?

Concebeis alguma verdadeira felicidade possível para algum ser fora de sua constituição? E não equivale a sair o homem de sua constituição querer afastá-lo igualmente de todos os males de sua espécie? Sim, eu afirmo: para sentir os grandes bens, ele deve conhecer os pequenos males. Assim é a natureza. Se o físico vai bem demais, o moral corrompe-se. O homem que não conhecesse a dor não conheceria nem a ternura da humanidade nem a doçura da comiseração. Seu coração não se emocionaria com nada, ele não seria sociável, seria um monstro entre seus semelhantes.

Sabeis qual é o meio mais seguro de tornar miserável vosso filho? É acostumá-lo a obter tudo, pois, seus desejos crescendo sem cessar pela facilidade de satisfazê-los, mais cedo ou mais tarde a impotência vos forçará, ainda que contra a vontade, a usar da recusa. E essa recusa inabitual lhe dará um tormento maior do que a própria privação do que deseja. Primeiro ele irá querer a bengala que segurais; logo irá querer vosso relógio; em seguida, irá querer o passarinho que voa; irá querer a estrela que vê brilhando; quererá tudo o que vir. A menos que sejais Deus, como o contentareis?

É uma disposição natural do homem encarar como seu tudo o que está a seu poder. Nesse sentido, o princípio de Hobbes é verdadeiro até certo ponto: multiplicai com nossos desejos os meios de satisfazê-los, e cada um fará de si o senhor de tudo.[9] Portanto, a criança que, para obter, só precisa querer, acreditará ser a proprietária do universo; encarará todos os homens como escravos, e quando, enfim, formos forçados a recusar-lhe algo, ela, acreditando tudo ser possível quando manda, tomará a recusa por um ato de rebelião. Todas as razões que lhe apresentarmos, em uma idade incapaz de raciocínio, serão a seu ver apenas pretextos. Verá a má vontade em todo lugar: o sentimento de uma pretensa injustiça, irritando sua índole, fará que tenha ódio de todo mundo e, sem nunca se agraciar com a complacência, se indignará com a oposição.

Como conceber que uma criança assim dominada pela cólera e devorada pelas paixões mais irascíveis possa ser feliz? Feliz, ela? É um déspota, a um tempo o mais vil dos escravos e a mais miserável das criaturas. Vi crianças educadas dessa maneira que queriam que se derrubasse a casa com um golpe de ombro, que se lhes desse o galo que viam sobre um campanário, que se detivesse um regimento em marcha para ouvirem mais os tambores por mais tempo, e que estremeciam o ar com gritos, sem quererem ouvir ninguém, assim que se demorasse em obedecê-las. Todo mundo se apressava em vão para agradar-lhes; seus desejos se irritam pela facilidade de se realizarem, obstinavam-se nas coisas impossíveis e só encontravam ao redor delas contradições, obstáculos, sofrimentos e dores. Sempre resmungonas, sempre teimosas, sempre furiosas, passavam os dias gritando e se queixando. Eram crianças bem-afortunadas? A fraqueza e a dominação reunidas

---

9 "A natureza deu a cada um o direito a tudo [...] a natureza deu tudo a todos" (Hobbes, *De cive*, I, 10). (N. T.)

só engendram loucura e miséria. De duas crianças assim mimadas, uma bate na mesa e a outra chicoteia o mar; muito terão de chicotear e bater antes de viverem contentes.[10]

Se essas ideias de império e tirania as tornam miseráveis desde a infância, o que ocorrerá quando crescerem e suas relações com os outros homens começarem a se estender e a se multiplicar? Acostumadas a ver tudo dobrar-se diante delas, que surpresa não terão ao entrarem no mundo e sentirem que tudo lhes resiste, e se acharem esmagadas pelo peso desse universo que pensavam movimentar segundo sua vontade! Seus ares insolentes e sua vaidade pueril só lhes trazem mortificações, desprezos, zombarias; bebem as afrontas como água; provas cruéis logo lhes ensinam que não conhecem nem sua condição nem suas forças; não podendo tudo, acreditam que nada podem. Tantos obstáculos inabituais as desanimam, tanto desprezo as aviltam: tornam-se covardes, medrosas, rastejantes e caem tanto mais abaixo de si mesmas quanto mais alto se elevaram.

Voltemos à regra primitiva. A natureza fez as crianças para serem amadas e socorridas; mas será que as fez para serem obedecidas e temidas? Deu-lhes ela um ar imponente, um olhar severo, uma voz rude e ameaçadora para se fazerem temer? Compreendo que o rugido de um leão apavore os animais, e que estes tremam ao verem sua fronte terrível. Mas, se algum dia se viu um espetáculo indecente, odioso, risível, este é um corpo de magistrados com o chefe à frente, em traje de cerimônia, prosternados diante de uma criança no cueiro, com quem arengam em termos pomposos, e que grita e baba sempre como resposta.

Considerando-se a infância em si mesma, haverá no mundo um ser mais frágil, mais miserável, mais à mercê de tudo ao seu entorno, que mais precise de piedade, de cuidados e de proteção do que uma criança? Não parece que só mostra uma figura tão doce e um ar tão tocante a fim de que tudo que dela se aproxime se interesse por sua fraqueza e se apresse em socorrê-la? O que há, portanto, de mais chocante, de mais contrário à ordem, do que ver uma criança imperiosa e desobediente comandar tudo que a cerca e

---

10 Heródoto, *Histórias*, VII, 35; Plutarco, *Sobre o domínio da ira*, 5. (N. T.)

adotar despudoradamente o tom de senhor com aqueles que só precisariam abandoná-la para fazê-la perecer?

Por outro lado, quem não vê que a fraqueza da primeira idade acorrenta as crianças de tantas maneiras, que é bárbaro acrescentar a tal sujeição aquela de nossos caprichos, tirando delas uma liberdade tão limitada, de que tão pouco podem abusar e cuja privação é pouco útil a elas e a nós? Se não há objeto tão digno de riso quanto uma criança altiva, não há objeto mais digno de piedade do que uma criança medrosa. Se com a idade da razão começa a servidão civil, por que antecipá-la com a servidão privada? Suportemos que um momento da vida seja isento desse jugo que a natureza não nos impôs, e deixemos à infância o exercício da liberdade natural, que a afasta, ao menos por algum tempo, dos vícios que se contraem na escravidão. Que esses instituidores severos, que esses pais subservientes a seus filhos venham, portanto, com suas objeções frívolas, e que antes de se vangloriarem de seus métodos, aprendam de uma vez o da natureza.

Volto à prática. Já disse que vosso filho nada deve obter porque o pede, e sim porque precisa,[11] nada fazer por obediência e sim por necessidade. Assim, as palavras obedecer e mandar serão proscritas de seu dicionário e, mais ainda, as de dever e de obrigação; mas as de força, de necessidade, de impotência e de constrangimento nele devem encontrar grande espaço. Antes da idade da razão não se pode ter nenhuma ideia dos seres morais nem das relações sociais. Portanto, é preciso evitar empregar, na medida do possível, palavras que as exprimam, por medo de que a criança atribua, a tais palavras, falsas ideias que não saberemos ou não poderemos mais destruir. A primeira falsa ideia que entra em sua cabeça é, para ela, germe do erro e do vício; é sobretudo a esse primeiro passo que precisamos prestar atenção.

---

11 Deve-se sentir que, como o sofrimento é sempre uma necessidade, o prazer é algumas vezes uma necessidade. Não há, portanto, senão um só desejo das crianças que nunca devemos satisfazer: o de se fazerem obedecer. Do que segue que, em tudo o que pedem, é sobretudo no motivo que as leva a pedir que precisamos prestar atenção. Concedei-lhes, tanto quanto possível, tudo o que possa lhes proporcionar um prazer real; recusai-lhes sempre o que só pedem por fantasia ou para manifestar autoridade.

Fazei com que, enquanto se impressionar somente com coisas sensíveis, todas as suas ideias se detenham nas sensações. Fazei que de todas as maneiras ela só perceba ao seu redor o mundo físico; sem o que, podeis ter certeza de que não vos ouvirá de modo algum, ou terá do mundo moral, de que lhes falais, noções fantásticas que não apagareis da vida.

Raciocinar com as crianças era a grande máxima de Locke.[12] É a mais em voga hoje. Seu sucesso, todavia, não me parece explicar muito seu crédito. De minha parte, não vejo nada de mais tolo do que essas crianças com quem tanto se raciocinou. De todas as faculdades do homem, a razão, que é apenas, por assim dizer, um composto de todas as outras, é a que se desenvolve com mais dificuldade e mais tardiamente, e é dela que se quer fazer uso para desenvolver as primeiras! A obra-prima de uma boa educação é fazer um homem razoável, e pretende-se educar uma criança pela razão! Isso é começar pelo fim, é querer fazer da obra o instrumento. Se as crianças ouvissem a razão, não precisariam ser educadas; mas, ao falarem com elas desde a primeira idade em uma língua que não entendem, estarão acostumando-as a se contentarem com palavras, a controlarem tudo o que lhes é dito, a se acreditarem tão sábias quanto seus mestres, a se tornarem altercadoras e desobedientes. E tudo o que se pensa obter delas por meio de motivos razoáveis nunca se obtém senão mediante cobiça, ou medo, ou vaidade, que sempre se é forçado a acrescentar.

Eis a fórmula a que se podem reduzir, aproximadamente, todas as lições de moral que se dão ou que podem se dar às crianças.

O mestre.
Não se deve fazer isso.
A criança.
E por que não se deve fazer isso?
O mestre.

---

12 Locke, *Pensamentos sobre a educação*, §81: "Talvez seja surpreendente que eu fale em raciocinar com crianças: no entanto, não posso deixar de pensar ser esse o verdadeiro modo de lidar com elas. Elas entendem isso tão logo aprendem a linguagem; e, se não observo mal, elas amam ser tratadas como criaturas racionais mais cedo do que se imagina". (N. T.)

Porque é errado.
A criança.
Errado? Que é que é errado?
O mestre.
O que te proíbem.
A criança.
Que mal há em fazer o que me proíbem?
O mestre.
Punem-te por ter desobedecido.
A criança.
Farei de maneira que ninguém saiba nada.
O mestre.
Te espiarão.
A criança.
Eu me esconderei.
O mestre.
Te questionarão.
A criança.
Eu mentirei.
O mestre.
Não se deve mentir.
A criança.
Por que não se deve mentir?
O mestre.
Porque é errado etc.

Eis o círculo inevitável. Saí dele e a criança não vos entenderá mais. Não são instruções muito úteis? Tenho muita curiosidade de saber o que se poderia pôr no lugar deste diálogo. O próprio Locke, por certo, teria se sentido bastante embaraçado. Conhecer o bem e o mal, sentir a razão dos deveres do homem, nada disso convém a uma criança.

A natureza quer que as crianças sejam crianças antes de serem homens. Se quisermos perverter essa ordem, produziremos frutos precoces, que não estarão maduros nem terão sabor, e que não tardarão em se corromper; teremos jovens doutores e crianças velhas. A infância tem maneiras de ver, de pensar, de sentir que lhe são próprias; nada menos sensato do que querer substituí-las pelas nossas. Para mim daria no mesmo exigir que uma criança tivesse 5 pés de altura ou que tivesse juízo aos 10 anos. Com efeito, de que lhe serviria ter razão nessa idade? Ela é o freio da força, e a criança não precisa desse freio.

Ao tentar persuadir vossos alunos do dever da obediência, juntais a essa pretensa persuasão a força e as ameaças, ou, o que é pior, a adulação e as promessas. Assim, pois, atraídos pelo interesse ou constrangidos pela força, eles fingem estar convencidos pela razão. Veem muito bem que a obediência lhes é vantajosa e a rebelião, nociva, assim que os fazeis perceber uma ou outra. Porém, como só exigis deles o que lhes desagrada, e como é sempre penoso fazer as vontades de outrem, eles se escondem para fazer as deles, persuadidos de que agem bem quando se ignora sua desobediência, mas prontos para, se forem descobertos, concordar que agem mal por temerem um mal maior. A razão do dever não sendo de sua idade, não há homem no mundo capaz de lhes torná-la verdadeiramente sensível; mas o medo do castigo, a esperança do perdão, a importunidade, o embaraço em responder arrancam-lhes todas as confissões que se exige deles. Acredita-se tê-los convencido, quando somente se aborreceram ou se intimidaram.

Que decorre disso? Primeiro que, impondo-lhes um dever que não sentem, vós os indispondes contra vossa tirania e impedis que vos amem. Vós os ensinais a se tornarem dissimulados, falsos, mentirosos, a fim de extorquirem recompensas ou fugirem dos castigos. Enfim, acostumando-os a cobrir sempre com um motivo aparente um motivo secreto, vós lhes dais, vós mesmos, o meio de vos enganarem sem cessar, de impossibilitar a vós o conhecimento de seus caracteres verdadeiros, de engambelar vós e outros com palavras vãs eventualmente. As leis, direis, embora obrigatórias para a consciência, usam igualmente o constrangimento contra os adultos. Concordo. Mas o que são esses homens, senão crianças mimadas pela educação? Eis precisamente o que é preciso prevenir. Empregai a força com as crianças e a razão com os homens: tal é a ordem natural. O sábio não precisa de leis.

Tratai vosso aluno de acordo com a idade. Situai-o de início em seu lugar e conservai-o tão bem que dali ele não tente mais sair. Então, antes de saber o que é sabedoria, ele praticará a mais importante lição dela. Nunca o mande fazer algo, seja o que for no mundo, absolutamente nada. Não lhe deixeis sequer imaginar que pretendeis ter alguma autoridade sobre ele. Que ele saiba apenas que é fraco e que vós sois forte; que, devido ao seu estado e ao vosso, ele está necessariamente à vossa mercê; que ele o saiba, que o aprenda, que o sinta; que sinta desde cedo sobre sua cabeça altiva o jugo que a natureza impõe ao homem, o pesado jugo da necessidade, diante do qual todo ser finito deve dobrar-se; que veja essa necessidade nas coisas, nunca no capricho[13] dos homens; que o freio que o detém seja a força, e não a autoridade. Não lhe proibais nada do que deve abster-se; impedi que o faça, sem explicações, sem raciocínios; o que lhe concedeis, concedei-o a seu primeiro pedido, sem solicitações, sem súplicas, e sobretudo, sem condições. Concedei-o com prazer, só recusai com repugnância; mas que todas as vossas recusas sejam irrevogáveis; que nenhuma importunidade vos abale; que o *não* pronunciado seja um muro de bronze, contra o qual a criança, depois de se extenuar em cinco ou seis investidas, não tentará mais derrubar.

É assim que tornareis vosso aluno paciente, constante, resignado, pacífico, mesmo quando não tiver o que quis. Pois está na natureza do homem enfrentar pacientemente a necessidade das coisas, mas não a má vontade de outrem. A frase *"não tem mais"* é uma resposta contra a qual nunca uma criança se rebelou, a menos que acreditasse ser uma mentira. De resto, não há aqui meio-termo: é preciso nada exigir dela ou compeli-la de antemão à mais perfeita obediência. A pior educação consiste em deixá-lo hesitando entre suas vontades e as vossas, e ficar sempre disputando para saberdes quem, entre ele e vós, será o senhor; preferiria cem vezes mais que ela o fosse sempre.

---

13 Deve-se ter a certeza de que a criança tratará como capricho toda vontade contrária à sua e cuja razão ela não sentir. Ora, uma criança não sente a razão de nada em tudo que choca suas fantasias.

É muito estranho que, uma vez que se trata de educar crianças, não se tenha imaginado outro instrumento para guiá-las senão o da emulação, do ciúme, da inveja, da vaidade, da avidez, do temor vil, e o de todas as paixões mais perigosas, mais prontas para fermentar, mais próprias para corromper a alma, antes mesmo de o corpo estar formado. A cada instrução precoce que se quer enfiar na cabeça delas, planta-se um vício no fundo de seu coração. Instrutores insensatos pensam realizar maravilhas tornando-as más para ensinar-lhes o que é bondade; e depois nos dizem gravemente: assim é o homem. Sim, assim é o homem que fizestes.

Tentaram-se todos os instrumentos, exceto um, o único precisamente que pode dar certo: a liberdade bem regrada. Ninguém deve meter-se a educar uma criança se não souber conduzi-la para onde se quer somente pelas leis do possível e do impossível. Sendo-lhe igualmente desconhecidas as esferas de um e de outro, nós estendemos ou restringimos uma e outra ao seu redor como quisermos. Podemos prendê-la, empurrá-la, retê-la unicamente pelo laço da necessidade, sem que ela murmure; podemos torná-la flexível e dócil unicamente pela força das coisas, sem que nenhum vício jamais tenha a ocasião de germinar nela. Pois as paixões jamais se animam enquanto for nulo seu efeito.

Não deis a vosso aluno nenhuma espécie de lição verbal; ele só deve receber lições da experiência. Não lhe inflijais nenhuma espécie de castigo, pois ele não sabe o que é ser culpado; não lhe façais nunca pedir perdão, pois ele não pode vos ofender. Desprovido de qualquer moralidade em suas ações, ele nada pode fazer que seja moralmente mal e que mereça castigo ou reprimenda.

Já vejo o leitor assustado julgar essa criança pelas nossas: engana-se. O embaraço perpétuo em que conservais vossos alunos irrita sua vivacidade; quanto mais forem constrangidos à vossa vista, mais turbulentos serão quando escaparem; é inevitável que busquem compensar, quando possível, o duro constrangimento em que a mantendes. Dois estudantes da cidade farão mais estragos em um local do que todos os jovens de uma aldeia. Encerrai um senhorzinho e um camponesinho em um quarto; o primeiro terá tudo derrubado e tudo quebrado antes de o segundo ter saído de seu lugar. Por que isso, senão pelo fato de um ter pressa em abusar de um momento de licença enquanto o outro, sempre seguro de sua liberdade, nunca se apressa para fazer uso dela? Contudo, os filhos dos aldeões, muitas vezes adulados ou contrariados, ainda estão bem longe do estado em que desejo que os mantenham.

Estabeleçamos como máxima incontestável que os primeiros movimentos da natureza sejam sempre retos: não há perversidade original no coração humano. Não se encontra nele um único vício de que não possamos dizer como e por onde ali entrou. A única paixão natural do homem é o amor de si mesmo, ou o amor-próprio tomado em sentido estendido. Esse amor-próprio, em si ou relativamente a nós, é bom e útil, e, como não tem relação necessária com outrem, é a esse respeito naturalmente indiferente. Só se torna bom ou mau pela aplicação que fazemos dele e pelas relações que damos a ele. Até que o guia do amor-próprio, que é a razão, possa nascer, importa, pois, que uma criança não faça nada porque é vista ou ouvida; nada, em poucas palavras, por causa dos outros, mas somente o que a natureza lhe pede; e então, nada fará a não ser o bem.

Não quero dizer com isso que nunca fará estragos, que não se machucará, que nunca quebrará um móvel valioso que achar ao seu alcance. Ela poderá errar muito sem agir mal, porque a má ação depende da intenção de prejudicar, e ela nunca terá tal intenção. Se a tivesse, ainda que fosse uma única vez, tudo já estaria perdido; seria má quase sem recurso.

Tal coisa é má aos olhos da avareza e não o é aos olhos da razão. Deixando as crianças em plena liberdade para exercerem sua imprudência, convém afastar delas tudo o que possa torná-la dispendiosa e não deixar ao seu alcance nada frágil ou precioso. Que sua sala íntima seja provida de móveis grosseiros e sólidos; nada de espelhos, nada de porcelanas, nada de objetos de luxo. Quanto a meu Emílio, eu o educo no campo e seu quarto nada terá que o distinga daquele de um camponês. Para que enfeitá-lo com tanto cuidado se nele a criança deve ficar tão pouco? Mas eu me engano: ela mesma o decorará, e veremos logo com o quê.

Se, apesar de vossas precauções, a criança chegar a fazer alguma desordem, a quebrar alguma peça útil, não a castigueis por vossa negligência, não a repreendais. Que ela não ouça uma só palavra de reprovação; não a deixeis perceber sequer que ela vos aborreceu; agi exatamente como se o móvel tivesse se quebrado sozinho. Enfim, tereis feito muito, acredites, se puderdes não dizer nada.

Ousarei expor aqui a maior, a mais importante, a regra mais útil de toda educação? Não se trata de ganhar tempo, mas de perdê-lo. Leitores vulgares, perdoai meus paradoxos; é preciso cometê-los quando se reflete; e, digam o que disserem, prefiro ser homem de paradoxos do que homem de preconceitos. O mais perigoso intervalo da vida humana é aquele que vai do nascimento à idade de 12 anos. É o tempo em que germinam os erros e os vícios, sem que se tenha, ainda, algum instrumento para destruí-los; e quando o instrumento aparece, as raízes são tão profundas que não é mais hora de arrancá-las. Se as crianças pulassem de repente das tetas para a idade de razão, a educação que lhes damos poderia convir-lhes; mas, segundo o progresso natural, precisam de uma totalmente contrária. Seria necessário que nada fizessem de sua alma até que ela tivesse todas as suas faculdades, pois é impossível que ela perceba a chama que lhe apresentais enquanto é cega, e que siga, na imensa planície das ideias, uma rota que a razão ainda traça tão levemente, até mesmo para os melhores olhos.

A primeira educação deve ser, portanto, puramente negativa. Consiste, não em ensinar a virtude ou a verdade, mas em proteger o coração contra o vício e o espírito contra o erro. Se pudésseis nada fazer e nada deixar que fizessem, se pudésseis conduzir vosso aluno são e robusto até a idade de 12 anos sem que ele soubesse distinguir sua mão direita de sua mão esquerda, os olhos de seu entendimento se abririam para a razão desde vossas primeiras lições. Sem preconceitos, sem hábitos, ele nada teria em si que pudesse contrariar o efeito de vossos cuidados. Logo se tornaria em vossas mãos o mais sábio dos homens; e, começando por nada fazer, teríeis feito um prodígio de educação.

Fazei o contrário do uso, e quase sempre fareis bem. Como não se quer fazer de uma criança uma criança e sim um doutor, os pais e os mestres nunca acham cedo demais para ralhar, corrigir, repreender, adular, ameaçar, prometer, instruir, apelar à razão. Fazei melhor: sede razoável e não raciocineis com vosso aluno, sobretudo para fazerdes que ele aprove o que lhe desagrada, pois trazer sempre a razão nas coisas desagradáveis só serve para torná-la maçante, e desqualificá-la desde cedo em um espírito que ainda não tem condições para compreendê-la. Exercitai seu corpo, seus órgãos, seus sentidos, suas forças, mas conservai sua alma ociosa por tanto tempo quanto for possível. Receai de todos os sentimentos anteriores ao julgamento que os aprecia. Retende, parai as impressões estranhas e, para impedirdes que nasça o mal, não vos apresseis em fazer o bem, porquanto este só é tal quando a razão o esclarece. Vede todas as delongas como vantagens: avançar em direção ao fim sem nada perder é ganhar muito; deixai a infância amadurecer nas crianças. Enfim, faz-se necessária alguma lição para elas? Evitai dá-la hoje se puderdes adiá-la para amanhã sem perigo.

Outra consideração que confirma a utilidade desse método está no gênio particular da criança, o qual é preciso conhecer bem para saber que regime moral lhe convém. Cada espírito tem sua forma própria, segundo a qual precisa ser governado; e, para o sucesso dos cuidados que se toma, é importante que seja governado por uma forma e não por outra. Homem prudente, espiai longamente a natureza, observai bem vosso aluno antes de lhe dizer a primeira palavra. Deixai inicialmente que o germe de seu caráter se revele em plena liberdade, não o constranjais, de modo algum, a fim de melhor vê-lo por inteiro. Pensais que esse tempo de liberdade seja perdido para ele? Ao contrário, será o mais bem empregado, pois é assim que ensinareis a não perder um só momento de um tempo tão precioso; ao passo que, se começardes a agir antes de saber o que é preciso fazer, agireis ao acaso; sujeito ao engano, será preciso retornar; estareis mais afastado do alvo do que se tivésseis sido menos apressado em atingi-lo. Não façais, pois, como o avaro que perde muito por não querer perder nada. Sacrificais na primeira idade um tempo que recuperareis com usura em uma idade mais avançada. O sábio médico não dá receitas à primeira vista, levianamente, mas antes estuda o temperamento do doente e só depois lhe prescreve algo; começa tarde a tratá-lo, mas o cura, ao passo que o médico apressado demais o mata.

Mas onde poremos essa criança para educá-la assim como um ser insensível, como um autômato? Na lua, em uma ilha deserta? Iremos afastá-la de todos os humanos? Não terá ela continuamente no mundo o espetáculo e o exemplo das paixões dos outros? Não verá nunca outras crianças de sua idade? Não verá seus pais, seus vizinhos, sua ama de leite, sua governanta, seu criado, nem mesmo seu governante, que, afinal, não será um anjo?

Essa objeção é forte e sólida. Mas terei vos dito que era empreendimento fácil uma educação natural? Ó homens! Será minha culpa se tornastes difícil tudo o que é bom? Sinto essas dificuldades, concordo; talvez sejam insuperáveis, mas também é certo que nos aplicando para preveni-las, prevenimo-las até certo ponto. Mostro o alvo que precisamos estabelecer; não digo que possamos alcançá-lo, mas digo que aquele que mais se aproximar dele será o mais bem-sucedido.

Lembrai-vos de que, antes de ousar empreender a formação de um homem, é preciso ter-se feito homem sozinho; é preciso encontrar em si o exemplo que se deve propor. Enquanto a criança ainda não tem conhecimento, temos o tempo de preparar tudo o que a rodeia para só impressionar seus primeiros olhares com objetos que lhe convém ver. Tornai-vos respeitável a todo mundo: começai fazendo-vos amar, a fim de que todos busquem agradá-lo. Não sereis senhor da criança se não o fordes de tudo o que a cerca, e essa autoridade nunca será suficiente se não estiver baseada na estima pela virtude. Não se trata de esvaziar a bolsa e distribuir o dinheiro prodigamente; nunca vi o dinheiro fazer amar alguém. Não se deve ser avaro e duro, nem lamentar a miséria que se pode aliviar; mas, por mais que abrais vossos cofres, se não abrirdes também vosso coração, o dos outros permanecerá sempre fechado a vós. É vosso tempo, são vossos cuidados, vossas afeições, é vós mesmo que é preciso dar; pois, o que quer que possais fazer, sentir-se-á sempre que não sois vosso dinheiro. Há testemunhos de interesse e de benevolência que produzem mais efeito e são realmente mais úteis do que todos os dons: quantos infelizes e doentes precisam mais de consolos que de esmolas! Quantos oprimidos aos quais a proteção serve mais do que o dinheiro! Reconciliai as pessoas que se altercam, evitai os processos, conduzi as crianças ao dever e os pais à indulgência; favorecei casamentos felizes, impedi os vexames, empregai, prodigai o crédito dos pais de vosso aluno em favor do fraco a quem se recusa justiça, e que o poderoso esmaga. Declarai-vos em alta voz que sois o protetor dos infelizes. Sede justo, humano, benevolente. Não deis somente esmola, praticai a caridade; tais obras de misericórdia aliviam mais males do que o dinheiro; amai os outros e eles vos amarão; servi-los e eles vos servirão; sede seu irmão, e eles serão vossos filhos.

Aqui ainda, uma das razões por que quero educar Emílio no campo, longe da canalha dos lacaios, os últimos dos homens depois de seus senhores; longe dos obscuros costumes das cidades, que o verniz com que se cobrem torna sedutores e contagiosos para as crianças; ao passo que os vícios dos camponeses, sem afetação e com toda a sua rusticidade, são mais próprios para repelir do para seduzir, quando não se tem nenhum interesse em imitá-los.

Na aldeia, um governante será muito mais senhor dos objetos que quiser apresentar à criança; sua reputação, seus discursos, seu exemplo terão uma autoridade que não poderiam ter na cidade. Sendo útil a todo mundo, todos se esforçarão para agradá-lo, para serem estimados por ele, para se mostrarem ao discípulo tal como o mestre gostaria que fossem de fato; e, ainda que não se corrijam do vício, hão de se abster do escândalo. É tudo de que precisamos para nosso objeto.

Cessai de apontar nos outros vossos próprios erros: o mal que as crianças veem as corrompe menos do que aquele que lhes ensinais. Sempre admoestadores, sempre moralistas, sempre pedantes, por uma ideia que lhes dais acreditando ser boa, dais a elas ao mesmo tempo vinte outras que não valem nada: cheio do que se passa em vossa cabeça, não vedes o efeito que produzis nas delas. Em meio ao longo fluxo de palavras com que as abarrotam incessantemente, pensais que haja uma só que não compreendam mal? Pensais que não comentam à sua maneira vossas explicações difusas, e que não criam a partir disso um sistema a seu alcance, o qual oportunamente poderão opor a vós?

Escutai um bom rapazinho que acaba de ser doutrinado. Deixai-o tagarelar, questionar, extravagar à vontade, e ficareis surpreso com as distorções que vossos raciocínios sofreram em seu espírito: confunde tudo, inverte tudo, impacienta-vos e às vezes vos desola com objeções imprevistas. Ele vos reduz ao silêncio ou a fazê-lo calar-se; e o que pode ele pensar desse silêncio da parte de um homem que gosta tanto de falar? Se alguma vez levar essa vantagem e dela não se aperceber, adeus educação: a partir desse momento, tudo estará terminado. Ele não mais procurará se instruir, procurará refutar-vos.

Mestres zelosos, sede simples, discretos, contidos: não vos apresseis jamais em agir, a não ser para impedir que outros ajam. Não cessarei de repetir: adiai, se possível, uma boa instrução, por medo de dar outra que seja má. Nesta terra, onde a natureza teria criado o primeiro paraíso do homem, temei exercer o papel do tentador querendo dar à inocência o conhecimento do bem e do mal. Não podendo impedir que a criança se instrua por fora mediante exemplos, limitai toda a vossa vigilância em imprimir esses exemplos em seu espírito sob a imagem que lhe convém.

As paixões impetuosas produzem um grande efeito na criança que as testemunha, porque elas têm sinais muito sensíveis que a impressionam e a forçam a prestar atenção. A cólera, sobretudo, é tão ruidosa em seus arrebatamentos que é impossível não a perceber estando por perto. Não é preciso perguntar se essa é, para um pedagogo, a ocasião de se pronunciar um belo discurso. Ah!, nada de belos discursos, nada mesmo, nem uma só palavra. Deixai que a criança venha a vós: espantada com o espetáculo, ela não deixará de questionar-vos. A resposta é simples, ela vem dos próprios objetos que impressionam seu espírito. Ela vê um rosto inflamado, olhos faiscantes, um gesto ameaçador, ela ouve gritos, todos os sinais de que o corpo não está em sua disposição habitual. Dizei-lhe calmamente, sem mistério: este pobre homem está doente, tem um acesso de febre. Podeis, partindo disso, aproveitar a ocasião para lhe dar, em poucas palavras, uma ideia das doenças e de seus efeitos; pois isso também é da natureza, e é um dos laços da necessidade aos quais ela deve sentir-se submetida.

Será possível que, com essa ideia, que não é falsa, ela não contraia desde cedo certa repugnância de se entregar aos excessos das paixões, que encarará como doenças? E não acreditais que semelhante noção, dada a propósito, não produzirá um efeito tão salutar quanto o mais maçante sermão de moral? Mas vede no futuro as consequências dessa noção: eis que estareis autorizado, se alguma vez tenhais sido constrangido a isso, a tratar uma criança rebelde como uma criança doente; a fechá-la em seu quarto, em sua cama se preciso for, a mantê-la em regime, a assustá-la com seus próprios vícios nascentes, a torná-los odiosos e temíveis para ela, sem que jamais ela possa encarar como um castigo a severidade que sereis talvez forçado a usar para curá-la. Se, em algum momento de vivacidade, acontecer-vos de perder o sangue-frio e a moderação com os quais deveis realizar vosso estudo, não procureis disfarçar vosso erro. Dizei-lhe francamente, em um tom de reprovação carinhosa: meu amigo, tu me fizeste mal.

De resto, é importante que todas as ingenuidades que podem ser produzidas em uma criança pela simplicidade das ideias com que é educada nunca sejam apontadas em sua presença, nem citadas de maneira que venha a saber. Uma gargalhada indiscreta pode estragar o trabalho de seis meses, e causar um prejuízo irreparável para toda a vida. Nunca será demais repetir que, para ser o mestre da criança, é preciso ser mestre para si mesmo. Imagino meu pequeno Emílio, no auge de uma briga entre duas vizinhas, avançando para a mais furiosa e dizendo-lhe em um tom de comiseração: *Minha cara, estais doente, lamento por isso.* Com certeza, esse brusco movimento não terá sido sem efeito sobre os espectadores, nem, talvez, sobre as atrizes. Sem rir, sem o repreender, sem o louvar, tiro-o dali, queira ele ou não, antes que possa perceber tal efeito, ou, ao menos, antes que pense nisso, e apresso-me em distraí-lo com outros objetos que o façam rapidamente esquecer.

Meu desígnio não é entrar em todos os detalhes, mas apenas expor as máximas gerais e dar exemplos para as ocasiões mais difíceis. Considero impossível que, no seio da sociedade, possa-se conduzir uma criança até a idade dos 12 anos sem lhe dar alguma ideia das relações entre os homens e da moralidade das ações humanas. Basta que nos apliquemos em tornar tais noções necessárias para a criança o mais tarde possível, e que, quando se tornarem inevitáveis, sejam limitadas à utilidade presente, apenas para que ela não se acredite senhora de tudo e não faça mal a outrem sem escrúpulo e sem sabê-lo. Há caracteres suaves e tranquilos que podemos levar longe sem perigo em sua primeira inocência; mas há também índoles violentas, cuja ferocidade se desenvolve cedo. Nesse caso, precisamos nos apressar em fazer homens para não sermos obrigados a acorrentá-los.

Livro II

Nossos primeiros deveres dizem respeito a nós; nossos sentimentos primitivos concentram-se em nós mesmos; todos os nossos movimentos naturais se relacionam inicialmente à nossa conservação e ao nosso bem-estar. Assim, o primeiro sentimento da justiça não vem daquela que nós devemos, mas da que nos é devida; e é ainda um dos contrassensos das educações comuns que, falando de início às crianças sobre seus deveres, e jamais sobre seus direitos, começamos por lhes dizer o contrário do que é preciso, o que não são capazes de entender nem lhes pode interessar.

Portanto, se eu tivesse de conduzir uma dessas crianças que acabo de supor, dir-me-ia: uma criança não ataca pessoas,[14] e sim coisas; e logo aprende pela experiência a respeitar quem quer a supere em idade e em força. Mas as coisas não se defendem por si mesmas. A primeira ideia que precisamos lhe oferecer é, pois, menos a da liberdade do que a da propriedade; e, para que possa ter essa ideia, é preciso que tenha alguma coisa que lhe seja própria. Citar-lhes seus trapos, seus móveis, seus brinquedos, é nada lhe dizer, porquanto, embora disponha dessas coisas, não sabe nem por que nem como as tem. Dizer-lhe que as tem porque lhe foram dadas não é muito melhor, pois para dar é preciso ter: eis, portanto, uma propriedade anterior à dela; e é o princípio da propriedade que se lhe quer explicar, sem contar que o dom é uma convenção, e que a criança não pode saber ainda o que é uma convenção.[15] Leitores, observai, rogo-vos, neste exemplo e em cem mil outros, como, recheando a cabeça das crianças com palavras sem nenhum sentido acessível para elas, acreditamos, não obstante, tê-las instruído muito bem.

---

14 Nunca devemos admitir que uma criança trate os adultos como seus inferiores, nem mesmo como seus iguais. Se ousar bater seriamente em alguém, seja seu lacaio, seja seu carrasco, fazei que sempre lhe devolvam seus golpes com usura, de maneira a tirar-lhe a vontade de recomeçar. Vi governantas imprudentes animarem a rebeldia de uma criança, incitarem-na a bater, elas próprias deixarem-se bater, rindo dos golpes fracos, sem pensarem que, na intenção do pequeno furioso, cada um deles era uma tentativa de assassinato, e que, quem quer bater sendo jovem, vai querer matar quando grande.

15 Eis por que a maioria das crianças quer reaver o que deu e chora quando não se lhe quer devolver. Isso não lhe acontecerá mais quando tiverem bem compreendido o que é o dom; só que então elas serão mais circunspectas em dar.

Emílio ou Da educação

Trata-se, portanto, de remontar à origem da propriedade; pois é daí que a primeira ideia deve nascer. Vivendo no campo, a criança terá tido alguma noção dos trabalhos campestres; para isso, é preciso apenas olhos e lazer, e ela os terá tanto um quanto o outro. É de todas as idades, sobretudo da sua, querer criar, imitar, produzir, dar sinais de poder e de atividade. Não terá visto duas vezes lavrarem um jardim, semearem, germinarem e crescerem legumes, que, de sua parte, desejará cultivar um jardim.

Pelos princípios aqui estabelecidos, não me oponho a seu desejo. Ao contrário, favoreço-o, compartilho seu gosto, trabalho com ela, não pelo seu prazer, mas pelo meu; é assim ao menos que ela acredita. Torno-me seu ajudante de jardineiro; enquanto espero que tenha braços, lavro por ela a terra; dela toma posse plantando ali uma fava; e essa posse é certamente mais sagrada e mais respeitável do que a que Núñez Balboa tomava da América meridional em nome do rei da Espanha, plantando seu estandarte nas costas do mar do Sul.[16]

Vimos todos os dias regar as favas, vemo-las germinar com arrebatamentos de alegria. Aumento essa alegria dizendo: isto te pertence, e, explicando-lhe então o termo pertencer, faço-a sentir que pôs ali seu tempo, seu trabalho, seu sofrimento, sua pessoa, enfim; que há nessa terra alguma coisa dela própria e que pode reclamar contra quem quer que seja, como poderia retirar seu braço da mão de outro homem que quisesse retê-la contra sua vontade.

Um belo dia ela chega apressada, com o regador na mão. Ó espetáculo! Ó dor! Todas as favas foram arrancadas, todo o terreno está revirado, nem mesmo se reconhece mais o lugar. Ah! Que aconteceu com meu trabalho, minha obra, o doce fruto de meus cuidados e de meu suor? Quem

---

16 Vasco Núñes de Balboa (1475-1519) foi um conquistador espanhol. Rousseau também se refere a Balboa no capítulo dedicado à propriedade em *Do contrato social*, livro I, cap.IX. Trata-se de uma figura recorrente na crítica de Rousseau aos colonizadores que, pretendendo apropriar-se de uma terra longínqua e já ocupada pelas populações originárias, ignoram as condições que integram as noções primitivas de propriedade, como o trabalho ou o direito do primeiro ocupante, explicados mais adiante. (N. T.)

me arrebatou meu bem? Quem pegou minhas favas? O jovem coração se revolta, o primeiro sentimento de injustiça nele verte seu triste amargor; as lágrimas correm em riachos; a criança desolada enche o ar com gemidos e gritos. Tomamos parte de seu sofrimento, de sua indignação; procuramos, informamo-nos, fazemos perquisições. Finalmente, descobrimos que o jardineiro fez aquilo: nós o chamamos.

Mas eis que estávamos longe do ocorrido. O jardineiro, sabendo de que nos queixávamos, começa a queixar-se mais alto do que nós. "Como!, senhores, fostes vós que estragastes assim minha obra! Eu tinha semeado aqui melões de Malta, cuja baga me fora dada como um tesouro; eu esperava presentear-vos quando estivessem maduros, mas eis que para plantardes vossas miseráveis favas destruístes meus melões já germinados, que nunca substituirei. Causastes-me um prejuízo irreparável e vos privastes, vós mesmos, do prazer de comer melões deliciosos".

Jean-Jacques.

Desculpai-nos, meu pobre Roberto. Pusestes nisso vosso trabalho, vosso esforço. Bem vejo que erramos ao estragar vossa obra, mas faremos vir outra baga de Malta, e não trabalharemos mais na terra antes de saber se alguém já não pôs a mão nela antes de nós.

Roberto.

Oh, pois bem, meus senhores, podeis então ficar tranquilos, porque não há mais terra não cultivada. Quanto a mim, trabalho naquela que meu pai preparou; cada qual faz o mesmo de seu lado, e todas as terras que vedes estão ocupadas há muito tempo.

Emílio.

Sr. Roberto, então geralmente há muita semente de melão perdida?

Roberto.

Perdoai-me, meu jovem caçula, pois não aparecem sempre senhorezinhos tão tontos como vós. Ninguém toca no jardim do vizinho; cada qual respeita o trabalho dos outros a fim de que o seu esteja em segurança.

Emílio.

Mas eu não tenho jardim.

Roberto.

Que me importa? Se estragais o meu, não vos deixarei mais passear por ele; porque, vede, não quero mais perder meu esforço.

Jean-Jacques.

Não poderíamos propor um arranjo ao bom Roberto? Que ele nos conceda, a meu amiguinho e a mim, um canto de seu jardim para o cultivá-lo, com a condição de que terá a metade do produto.

Roberto.

Concedo-o sem condição. Mas lembrai-vos de que irei lavrar vossas favas se tocardes nos meus melões.

Nesse ensaio sobre a maneira de inculcar nas crianças as noções primitivas, vê-se como a ideia de propriedade remonta naturalmente ao direito do primeiro ocupante pelo trabalho. Isso é claro, nítido, simples e sempre ao alcance da criança. Daí até o direito de propriedade e as trocas não vai mais do que um passo, depois do qual é preciso parar, sem mais.

Vê-se ainda que uma explicação, que encerro aqui em duas páginas, será talvez algo de um ano na prática, pois no caminho das ideias morais não se pode avançar demasiado lentamente, nem se firmar bem demais a cada passo. Jovens mestres, pensai nesse exemplo, rogo-vos, e lembrai-vos de que em tudo vossas lições devem ser mais em ações do que em discursos, porquanto as crianças esquecem facilmente do que disseram e do que lhes dissemos, mas não do que fizeram ou o que lhes fizemos.

Tais instruções devem ser dadas, como disse, mais cedo ou mais tarde, na medida em que a índole tranquila ou turbulenta do aluno acelere ou atrase a necessidade; seu uso é de uma evidência que salta aos olhos. Mas, para nada omitir de importante nas coisas difíceis, damos mais um exemplo ainda.

Vosso filho díscolo estraga tudo o que toca: não vos zangueis, deixai fora de seu alcance tudo que possa estragar. Quebra os móveis que utiliza? Não vos apresseis em dar-lhe outros: deixai-a sentir o prejuízo da privação. Quebra as janelas do quarto? Deixai o vento soprar dia e noite sem vos preocupardes com resfriados, pois é melhor que fique resfriado do que louco. Não vos queixeis nunca dos incômodos que ele vos causa, mas fazei que seja o primeiro a senti-los. Por fim, fareis que os vidros sejam consertados, sem nunca dizerdes nada. Quebra-os de novo? Mudai então de método. Dizei-lhe secamente, mas sem raiva: "As janelas são minhas, aí foram postas graças aos meus cuidados; quero preservá-las". Depois o fechareis no escuro, em um local sem janela. Diante desse novo procedimento, ele começará por gritar, trovejar; ninguém o ouve. Dentro em breve ele se cansa e muda de tom; queixa-se, lamenta-se. Então um criado se apresenta, o rebelde pede-lhe que o liberte. Sem procurar pretextos para nada fazer, o criado responde: *também tenho vidros para conservar*. E vai-se embora. Enfim, depois que a criança assim tiver ficado várias horas, o bastante para aborrecer-se e lembrar-se disso, alguém lhe sugerirá de propor-vos um acordo mediante o qual lhe devolveríeis a liberdade e ela não quebraria mais vidros. Ela não pedirá mais nada. Ela vos pedirá para que venhais vê-la; vós ireis. Ela vos fará sua proposta, e vós a aceitareis dizendo-lhe no mesmo instante: "muito bem pensado; ambos ganharemos; como não tivestes essa boa ideia antes?". E depois, sem pedirdes nem declaração nem confirmação de sua promessa, vós a beijareis com alegria e a levareis imediatamente para o quarto dela, encarando esse acordo como sagrado e inviolável, tanto quanto se tivesse sido formalmente jurado. Que ideia pensais que ela terá, a partir desse procedimento, da fé dos compromissos e de sua utilidade? Engano-me se houver na terra uma só criança, ainda não estragada, que tenha provado essa conduta e, depois, ainda pense em quebrar um vidro de janela de propósito.[17] Segui o encadeamento de tudo isso. O malvadinho não pensava absolutamente, ao

---

17 De resto, quando esse dever de manter seus compromissos não se tivesse firmado no espírito da criança pelo peso de sua utilidade, logo o sentimento interior, começando a brotar, impor-se-lhe-ia como uma lei da consciência, como um princípio inato que, para se desenvolver, aguarda apenas os conhecimentos aos quais se aplica. Esse primeiro traço não é marcado pela mão dos homens, e sim gravado em nossos corações pelo autor de toda justiça. Tirai a lei primitiva das convenções e a obrigação que ela impõe, e tudo será ilusório e vão na sociedade humana. Quem só mantém a promessa por seu próprio proveito, não está mais ligado do que se nada houvesse prometido; ou, quando muito, será, do poder de violá-la, como a vantagem [*bisque*] dos jogadores que só tardam em valer-se dela para aguardar o momento de valer-se dela com mais vantagem. Esse princípio é da maior importância e merece ser aprofundado; pois é aqui que o homem começa a se pôr em contradição consigo mesmo.*

fazer um buraco para plantar sua fava, que cavava uma masmorra onde sua ciência não tardaria em encerrá-lo.

Eis-nos no mundo moral, eis a porta aberta ao vício. Com as convenções e os deveres nascem o logro e a mentira. A partir do momento em que se pode fazer o que não se deve, quer-se esconder o que não se deveria ter feito. A partir do momento em que um interesse faz prometer, um interesse maior pode fazer violar a promessa. Não se trata mais de violá-la impunemente: o recurso é natural; esconde-se e mente-se. Não tendo podido prevenir o vício, eis-nos já no caso de puni-lo. E eis as misérias da vida humana que começam com seus erros.

Já disse bastante para que se entenda que nunca precisamos infligir às crianças o castigo como castigo, mas que este deve sempre ocorrer-lhe como consequência natural de sua má ação. Assim, não declamareis contra a mentira, não as punireis precisamente por ter mentido; mas fareis que os maus efeitos da mentira, como o de não ser acreditado quando se diz a verdade, o de ser acusado do mal que não se cometeu, embora defendendo-se deles, acumulem-se sobre suas cabeças quando tiverem mentido. Mas expliquemos o que é mentir para as crianças.

Há duas espécies de mentira: a de fato, que diz respeito ao passado, e a de direito, que diz respeito ao futuro. A primeira ocorre quando se nega ter feito o que se fez, ou quando se afirma ter feito o que não se fez, e em geral quando se fala cientemente contra a verdade das coisas. A outra ocorre quando se promete o que não se tem o propósito de cumprir e, em geral, quando se mostra uma intenção contrária à que se tem. Essas duas mentiras podem algumas vezes juntar-se na mesma,[18] mas eu as considero aqui pelo que têm de diferente.

Aquele que sente a necessidade que tem do auxílio dos outros, e não cessa de experimentar sua benevolência, não tem nenhum interesse em enganá-los;

---

* A *"bisque"* era uma vantagem de pontos no *jeu de paume* – o antecessor do tênis, muito popular na Paris do Antigo Regime – que um jogador concedia ao outro, permitindo-lhe lançar mão dessa vantagem em algum momento da partida. (N. T.)

18 Como quando, acusado de uma má ação, o culpado se defende dizendo ser homem de bem. Mente, então, de fato e de direito.

ao contrário, tem um interesse sensível para que vejam as coisas como são, de medo que se enganem em seu prejuízo. Está claro, portanto, que a mentira de fato não é natural às crianças; mas é a lei da obediência que produz a necessidade de mentir, porque, sendo a obediência penosa, dispensa-se dela em segredo o mais que se pode, e porque o interesse presente de evitar o castigo ou a censura ultrapassa o interesse remoto de expor a verdade. Na educação natural e livre, porque então vosso filho vos mentiria? Que tem a esconder-vos? Não o repreendei, não o puni de nada, nada exigi dele. Por que não vos diria tudo o que fez tão ingenuamente quanto diria a seu camarada? Ele não pode ver nessa confissão mais perigo de um lado do que de outro.

A mentira de direito é menos natural ainda, porquanto as promessas de fazer ou de se abster são atos convencionais, que saem do estado de natureza e derrogam à liberdade. Há mais: todos os compromissos das crianças são nulos por si mesmos, uma vez que, não podendo sua visão limitada estender-se para além do presente, elas não sabem o que fazem ao se comprometerem. A criança dificilmente pode mentir quando se compromete; pois, só pensando em resguardar-se no momento presente, todo meio que não tenha um efeito presente torna-se, para ela, indiferente. Prometendo para um tempo futuro, não promete nada e sua imaginação ainda adormecida não é capaz de estender seu ser sobre dois tempos diferentes. Se pudesse evitar o chicote ou obter um pacote de balas,[19] prometendo jogar-se amanhã pela janela, ela o prometeria de imediato. Eis porque as leis não levam em consideração os compromissos das crianças; e quando os pais e os mestres mais severos exigem que elas os cumpram, é somente o que a criança deveria fazer, ainda que não o tivesse prometido.

A criança, não sabendo o que faz quando se compromete, não pode, portanto, mentir em se comprometendo. Não é a mesma coisa quando falta à sua promessa, o que ainda é uma espécie de mentira retroativa: porque ela se

---

19 Um *cornet de dragées* era uma embalagem em forma de cone contendo uma guloseima, as drágeas, que eram feitas com amêndoa envolta em uma camada de açúcar caramelizado. (N. T.)

lembra muito bem de ter feito essa promessa, mas o que não vê é a importância de mantê-la. Sem condições de ler o futuro, não pode prever as consequências das coisas; e quando viola seus compromissos, nada faz contra a razão de sua idade.

Decorre disso que as mentiras das crianças são todas obra dos mestres, e que querer ensinar-lhes a dizer a verdade nada mais é do que lhes ensinar a mentir. No afã que se tem para dar-lhes regras, governá-las e instruí-las, nunca encontramos instrumentos suficientes para triunfarmos. Quer-se dar novas perspectivas ao seu espírito mediante máximas sem fundamento, preceitos sem razão, e preferimos que saibam suas lições e mintam, em vez de permanecerem ignorantes e verdadeiras.

Quanto a nós, que damos a nossos alunos somente lições práticas e que preferimos que sejam bons em vez de sábios, não exigimos deles a verdade por medo que a disfarcem, e nada lhes fazemos prometer que sejam tentados a não cumprir. Se aconteceu em minha ausência algum mal cujo autor eu ignore, evito acusar Emílio ou dizer-lhe: *é você?*[20] Pois, com isso, que outra coisa eu faria senão lhe ensinar a negá-lo? Se sua índole difícil me forçar a firmar com ele alguma convenção, cuidarei muito bem para que a proposição venha sempre dele, nunca de mim; que, quando se comprometer, tenha sempre um interesse presente e sensível para cumprir o prometido; e que, se ele algum dia faltar à promessa, essa mentira atraia sobre ele males que ele veja saírem da própria ordem das coisas, e não da vingança de seu governante. Mas, longe de ter necessidade de expedientes tão cruéis, estou quase certo de que Emílio aprenderá, bem tarde, o que é mentir e que, aprendendo-o, ficará muito espantado, não podendo conceber para que pode servir a mentira. Está muito claro que quanto mais eu tornar seu bem-estar independente, seja das vontades, seja dos julgamentos dos outros, mais eu tirarei dele todo interesse em mentir.

---

20 Nada é mais indiscreto do que semelhante questão, sobretudo quando a criança é culpada: se então acreditar que sabeis o que ela fez, ela verá que lhe preparais uma armadilha, e essa opinião não pode deixar de indispô-la contra vós. Se não o acreditar, ela se dirá: por que desvelaria eu o meu erro? E eis a primeira tentação da mentira decorrente de vossa imprudente questão.

Livro II

Quando não se tem pressa em instruir, não se tem pressa em exigir, e emprega-se o tempo para só exigir o que for adequado. A criança então se forma na medida em que não se mima. Mas, quando um preceptor leviano, não sabendo como empregá-lo, a faz prometer isto ou aquilo a cada instante, sem distinção, sem escolha, sem medida, a criança aborrecida, sobrecarregada de todas as suas promessas, negligencia-as, esquece-as, desdenha-as enfim, e, encarando-as como fórmulas vãs, cria para si um jogo que consiste em fazê-las e violá-las. Então, se quereis que ela seja fiel no cumprimento de sua palavra, sede discreto ao exigir-lhe isso.

O detalhe acima exposto sobre a mentira pode, sob muitos aspectos, aplicar-se a todos os outros deveres, que só se prescrevem às crianças ao custo de se tornarem não somente odiosos, mas também impraticáveis. Para parecer que lhes pregamos a virtude, fazemos que amem todos os vícios: oferece-se o vício a elas ao proibi-las de os terem. Queremos torná-las piedosas e as levamos à igreja para que se entediem; fazendo que murmurem preces incessantemente, forçamo-las a aspirar à felicidade de não mais rezar a Deus. Para inspirar-lhes a caridade, fazemos que deem esmolas, como se nós mesmos desdenhássemos dá-las. Ah! Não é a criança que deve dar, é o mestre: por maior apego que tenha a seu aluno, deve disputar com ele essa honra; deve fazê-lo julgar que na sua idade ainda não é digno disso. A esmola é uma ação do homem que conhece o valor do que dá e a necessidade que seu semelhante tem daquilo. A criança, que não sabe nada disso, não pode ter nenhum mérito em dar; dá sem caridade, sem benevolência; quase tem vergonha de dar quando, fundamentada em seu exemplo e no vosso, acredita que somente as crianças dão, e que não se dá mais esmola sendo adulto.

Observai que só se faz a criança dar coisas cujo valor ignora, moedas de metal que tem no bolso e que não servem senão para isso. Uma criança daria mais facilmente cem luíses[21] do que um doce. Mas fazei que esse pródigo

---

21 *Luís* era uma moeda de ouro utilizada entre o século XVI e o XVIII na França. Seu nome vem de Luís XIII, primeiro rei responsável por ordenar a cunhagem da moeda. (N. T.)

distribuidor se comprometa em dar as coisas que lhe são caras: brinquedos, bombons, sua merenda, e logo saberemos se vós a tornastes verdadeiramente liberal.

Encontra-se ainda um expediente para isso, que consiste em devolver bem depressa à criança o que ela deu, de maneira que se acostuma a dar tudo o que sabe que lhe será devolvido. Nunca vi nas crianças senão estas duas espécies de generosidade: dar o que não lhes serve para nada, ou dar o que estão seguras de que lhes será devolvido. Fazei, diz Locke, que elas sejam convencidas pela experiência de que o mais liberal é sempre quem fica com a melhor parte.[22] Isso torna uma criança liberal na aparência e avarenta de fato. Ele acrescenta que as crianças contrairão assim o hábito da liberalidade. Sim, de uma liberalidade usurária, que dá um ovo para ter um boi. Mas quando se tratar de dar realmente, adeus hábito; quando deixarem de lhe devolver, ela logo deixará de dar. É preciso considerar o hábito da alma mais do que o das mãos. Todas as outras virtudes que se ensinam às crianças assemelham-se a essa. E é porque lhes pregamos essas sólidas virtudes que seus jovens anos são usados na tristeza! Essa não é uma educação sábia!

Mestres, deixai as macaquices, sede virtuosos e bons, que vossos exemplos se gravem na memória de vossos alunos na esperança de que possam entrar em seus corações. Em vez de me apressar em exigir de meu aluno atos de caridade, prefiro fazê-lo na presença dele e até tirar-lhe o meio de me imitar nisso, como uma honra que não é própria de sua idade; pois é importante que não se acostume a encarar os deveres dos homens somente como deveres de crianças. Se, ao me ver assistir os pobres, ele me questionar a respeito disso, sendo já o tempo de lhe responder,[23] eu lhe direi: "Meu amigo, é que, quando os pobres consentiram que houvesse ricos, os ricos prometeram sustentar todos os que não tivessem do que viver, nem por seus bens, nem por seu trabalho". "Então, também prometestes isso?",

---

22 Locke, *Pensamentos sobre a educação*, § 110. (N. T.)

23 Deve-se compreender que não soluciono suas questões quando isso lhe apraz, e sim quando me apraz; de outro modo, eu cederia às suas vontades e pôr-me-ia na mais perigosa das dependências em que um governante poderia se pôr em relação a seu aluno.

ele questionará. "Sem dúvida. Apenas sou dono dos bens que passam por minhas mãos com a condição que se liga à sua propriedade."

Depois de ter ouvido esse discurso, e já se viu como se pode predispor uma criança para ouvi-las, um outro que não Emílio seria tentado a me imitar e conduzir-se como um homem rico. Em tal caso, eu o impediria de fazê-lo, ao menos com ostentação; preferiria que me tomasse meu direito e se escondesse para dar esmolas. É uma fraude de sua idade, e a única que lhe perdoaria.

Sei que todas essas virtudes por imitação são virtudes de macaco, e que nenhuma boa ação é moralmente boa a não ser quando feita enquanto tal, e não porque outros a fazem. Mas, em uma idade em que o coração nada sente ainda, é preciso conduzir as crianças a imitarem os atos que queremos tornar habituais, enquanto não puderem praticá-los por discernimento e por amor ao bem. O homem é imitador, o próprio animal o é; o gosto pela imitação é da natureza bem ordenada, mas degenera em vício na sociedade. O macaco imita o homem que ele teme, e não imita os animais que ele despreza; julga bom o que faz um ser melhor do que ele. Entre nós, ao contrário, nossos arlequins de toda espécie imitam o belo para degradá-lo, para torná-lo ridículo; buscam no sentimento de sua baixeza igualar-se ao que vale mais do que eles; ou, quando se esforçam para imitar o que admiram, vemos na escolha dos objetos o falso gosto dos imitadores: querem mais impressionar os outros ou fazer que aplaudam seu talento do que se tornarem melhores ou mais sábios. O fundamento da imitação entre nós vem do desejo de se transportar sempre para fora de si. Se eu tiver êxito em minha empresa, Emílio não terá esse desejo. É preciso, portanto, abrir mão do bem aparente que ele pode produzir.

Aprofundai todas as regras de vossa educação, e assim as achareis todas absurdas, sobretudo no que concerne às virtudes e aos costumes. A única lição de moral que convém à infância, e a mais importante em qualquer idade, é a de jamais fazer mal a alguém. O próprio preceito de fazer o bem, se não for subordinando àquele, é perigoso, falso, contraditório. Quem não faz o bem? Todos o fazem, tanto o homem mau quanto os demais; ele faz um homem feliz à custa de cem miseráveis; e disso provêm todas as nossas calamidades. As mais sublimes virtudes são negativas: são também as mais difíceis, porque são sem ostentação e estão acima mesmo desse prazer tão doce ao coração do homem, que é o de deixarmos alguém ir embora contente conosco. Oh, que bem faz necessariamente a seus semelhantes aquele dentre eles, se é que existe, que nunca lhes faz mal! Que intrepidez de alma, que vigor de caráter precisa para isso! Não é raciocinando sobre essa máxima, é esforçando-se para praticá-la que sentimos quanto é grande e penoso consegui-lo.[24]

Eis algumas fracas ideias das precauções com as quais eu gostaria que déssemos às crianças as instruções que não podemos às vezes recusar-lhes sem expô-las a se prejudicarem ou prejudicarem os outros e, sobretudo, a contraírem maus hábitos que teríamos dificuldade, mais tarde, para corrigir. Mas tenhamos certeza de que essa necessidade se apresentará raramente para as crianças educadas como o devem ser, pois é impossível que se tornem indóceis, más, mentirosas, ávidas, se não tivermos semeado em seu coração os vícios que as tornam tais. Assim, o que eu disse sobre esse ponto serve mais às exceções do que às regras; mas essas exceções são mais frequentes na medida em que as crianças têm mais ocasiões de sair de seu estado e de contrair os vícios dos homens. É preciso dar necessariamente às que se educam no mundo instruções mais precoces do que às que se educam no retiro. Essa educação solitária seria, pois, preferível, ainda que fosse apenas para dar à infância o tempo de amadurecer.

Há outro gênero de exceções contrárias para aqueles que uma índole feliz eleva acima de sua idade. Assim como há homens que nunca saem da

---

24 O preceito de nunca prejudicar outra pessoa implica no de se prender o menos possível à sociedade humana; pois, no estado social, o bem de um faz necessariamente o mal do outro. Essa relação está na essência da coisa, e nada poderia modificá-la. Que se verifique, com esse princípio, o que é melhor: o homem social ou o solitário. Um autor ilustre diz que somente o mau é só; eu digo que somente o bom é só. Se essa proposição é menos sentenciosa, é, por outro lado, mais verdadeira e melhor arrazoada do que a precedente. Se o mau fosse só, que mal faria ele? É na sociedade que ele arma suas maquinações para prejudicar os outros. Se quiserem redirecionar esse argumento ao homem de bem, eu responderei com o artigo ao qual pertence esta nota.*

* Referência a Denis Diderot (1713-1784) e a sua peça *Le Fils naturel* (1757), ato 4, cena 3. (N. T.)

infância, há outros que, por assim dizer, não passam por ela e são homens quase ao nascerem. O mal é que esta última exceção é muito rara, muito difícil de se conhecer, e que cada mãe, imaginando que uma criança pode ser um prodígio, não duvida que seu filho seja um. Fazem mais: tomam como indícios extraordinários os mesmos que marcam a ordem usual; a vivacidade, os saltos, a imprudência, a ingenuidade picante, todos sinais característicos da idade e que mais mostram que uma criança é apenas uma criança. Será espantoso que aquele a quem muito se faz falar, a quem tudo se permite dizer, que não é perturbado por nenhuma deferência, por nenhum decoro, faça por acaso algum achado feliz? Seria muito mais espantoso se nunca fizesse um, como o seria um astrólogo que, entre mil mentiras, nunca predissesse alguma verdade. Mentirão tanto, dizia Henrique IV, que no final dirão uma verdade.[25] Quem quer encontrar alguma frase espirituosa deve apenas dizer muitas tolices. Deus protege do mal as pessoas da moda, que não têm outro mérito para serem festejadas!

Os pensamentos mais brilhantes podem baixar no cérebro das crianças, ou melhor, as melhores palavras baixar em sua boca, como os diamantes mais valiosos podem recair em suas mãos, sem que, com isso, nem pensamentos nem diamantes sejam seus. Não há verdadeira propriedade para essa idade, de nenhum gênero. As coisas que uma criança diz não são para ela o que são para nós; ela não lhes vincula as mesmas ideias. Essas ideias, se é que as tem, não comportam, em sua cabeça, nem sequência nem ligação; nada de fixo, nada de seguro em tudo o que pensa. Examinai vosso pretenso prodígio. Em certos momentos, achareis nele móbiles de extrema atividade, uma clareza de espírito capaz de atravessar as nuvens. No mais das vezes, esse mesmo espírito vos parecerá frouxo, morno e como que envolvido em espessa névoa. Ora ele vos ultrapassa, ora permanece imóvel. Em um instante, diríeis: é um gênio; no instante seguinte: é um tolo. Enganar-vos-íeis sempre: é uma criança. É um filhote de águia que fende o ar por um instante e, no instante seguinte, volta a cair no ninho.

---

25 Cf. Pierre Bayle, *Pensées diverses sur la comète*, XVIII. (N. T.)

Tratai-a, portanto, de acordo com sua idade, apesar das aparências, e cuidai para não lhe esgotar as forças por querer exercitá-las demais. Se esse jovem cérebro se esquenta, se vedes que começa a ferver, deixai-o primeiramente fermentar em liberdade, mas não o exciteis nunca, para que nem tudo se exale; e quando os primeiros espíritos[26] tiverem se evaporado, retende, comprimi os outros até que, com os anos, tudo se torne calor vivificante e verdadeira força. De outro modo, perdereis vosso tempo e vossos cuidados, destruireis vossa própria obra; e depois de terdes indiscretamente vos embriagado com todos esses vapores inflamáveis, só vos restará um resíduo sem vigor.

Das crianças levianas saem os homens vulgares: não conheço observação mais geral e mais certa do que essa. Nada é mais difícil do que distinguir, na infância, a estupidez real dessa aparente e enganadora estupidez que é o anúncio das almas fortes. Parece de início estranho que os dois extremos apresentem sinais tão semelhantes: e, no entanto, assim deve ser; pois, em uma idade na qual o homem ainda é nulo de verdadeiras ideias, toda a diferença que se encontra entre o que tem gênio e o que não o tem está no fato de o último só admitir falsas ideias, e o primeiro, por não encontrar senão estas, não admitir nenhuma: assemelha-se, pois, ao estúpido na medida em que um não é capaz de nada, e que ao outro nada convém. O único sinal que pode distingui-los depende do acaso, que pode oferecer ao último alguma ideia a seu alcance, ao passo que o primeiro é sempre o mesmo em todo lugar. O jovem Catão parecia, durante sua infância, um imbecil na casa. Era taciturno e obstinado: eis todo o julgamento que se fazia dele. Foi somente na antecâmara de Sila que seu tio aprendeu a conhecê-lo. Se não tivesse entrado nessa antecâmara, talvez tivesse passado por bruto até a idade de razão. Se César não tivesse vivido, talvez tivessem tratado esse mesmo Catão como visionário; ele que compreendeu o gênio funesto de César e previu todos os seus projetos de muito longe.[27] Ah, como os que julgam tão

---

26 Referência aos "espíritos animais" da medicina escolástica. Trata-se de uma noção que serve para descrever as funções da alma de um ponto de vista mecanicista; embora seja pouco clara, ela é amplamente utilizada nos escritos de fisiologia dos séculos XVII e XVIII. (N. T.)

27 Plutarco, *Vida de Catão de Útica*. (N. T.)

precipitadamente as crianças estão sujeitos a se enganar! Muitas vezes são mais crianças do que elas. Vi, em uma idade bastante avançada, um homem que me honrava com sua amizade ser visto na sua família e em casa de amigos como um espírito limitado: essa excelente cabeça amadurecia em silêncio. De repente, ele se mostrou filósofo, e não duvido que a posteridade lhe reserve um lugar honroso e distinto entre os melhores raciocinadores e os mais profundos metafísicos de seu século.[28]

Respeitai a infância e não vos apresseis em julgá-la, seja para bem, seja para mal. Deixai as exceções se indicarem, se provarem, se confirmarem muito tempo antes de adotardes para elas métodos particulares. Deixai a natureza agir durante muito tempo, antes de procurardes se intrometer agindo em lugar dela, temendo contrariar suas operações. Conheceis o valor do tempo, dizeis, e não quereis perdê-lo. Não vedes que ireis perdê-lo muito mais empregando-o mal do que nada fazendo, e que uma criança mal instruída se encontra mais longe da sabedoria do que aquela que não teve nenhuma instrução. Ficastes alarmado por vê-lo consumir seus primeiros anos sem fazer nada. Como! Ser feliz é nada? Saltar, brincar, correr o dia inteiro, isso é nada? Em sua vida, não estará mais ocupada. Platão, em sua *República*, que se acredita tão austera, só educa as crianças com festas, jogos, canções, passatempos:[29] dir-se-ia que terminou tudo quando as ensinou a se divertirem. Sêneca, falando da antiga juventude romana, diz: ela estava sempre em pé e nada se lhe ensinava que devesse aprender sentada.[30] E valia ela menos ao alcançar a idade viril? Não vos assusteis muito, portanto, diante dessa pretensa ociosidade. Que diríeis de um homem que, para tirar total proveito da vida, jamais quisesse dormir? Diríeis: esse homem é insensato; não goza do tempo, perde-o; a fim de fugir do sono, corre para a morte. Pensai, pois, que aqui é a mesma coisa, e que a infância é o sono da razão.

A facilidade aparente de aprender é causa da perda das crianças. Não se vê que essa facilidade mesma é a prova de que elas nada aprendem. Seu cérebro

---

28 Referência a Étienne Bonnot de Condillac (1714-1780), autor de obras como *Ensaio sobre a origem dos conhecimentos humanos* (1746) e *Tratado das sensações* (1754). (N. T.)
29 Cf. Montaigne, *Ensaios*, I, 26. (N. T.)
30 Sêneca, *Cartas a Lucílio*, LXXXVIII, 19. (N. T.)

liso e polido devolve como um espelho os objetos que são a ele apresentados; mas nada permanece, nada compreende. A criança retém as palavras, as ideias se refletem; os que as ouvem entendem-nas, só ela não as entende.

Embora a memória e o raciocínio sejam faculdades essencialmente diferentes, uma não se desenvolve verdadeiramente sem a outra. Antes da idade da razão, a criança não recebe ideias, mas imagens; e há esta diferença entre umas e outras: as imagens são apenas pinturas absolutas dos objetos sensíveis, e as ideias são noções dos objetos, determinadas por relações. Uma imagem pode existir sozinha no espírito que a representa, mas toda ideia supõe outras. Quando imaginamos, não fazemos senão ver; quando concebemos, comparamos. Nossas sensações são puramente passivas, ao passo que todas as nossas percepções ou ideias nascem de um princípio ativo que julga. Isso será demonstrado logo em seguida.

Digo, portanto, que as crianças, não sendo capazes de juízo, não têm verdadeira memória. Retêm sons, figuras, sensações, raramente ideias, mais raramente ainda suas ligações. Objetando-me que aprendem alguns elementos de geometria, acreditam que me refutam bem. Muito ao contrário, é a meu favor que provam: mostram que, longe de saberem raciocinar por si mesmas, as crianças não sabem nem ao menos reter os raciocínios de outrem. Acompanhai esses pequenos geômetras em seu método; logo vereis que só retiveram a exata impressão da figura e os termos da demonstração. À menor objeção nova, eles já não conseguem acompanhar; invertei a figura, eles já não compreendem. Todo o seu saber está na sensação, nada passou ao entendimento. Sua memória mesma não é muito mais perfeita do que as outras faculdades, pois precisam quase sempre reaprender, quando grandes, as coisas que aprenderam na infância.

Todavia, estou bem longe de pensar que as crianças não tenham nenhuma espécie de raciocínio.[31] Ao contrário, vejo que raciocinam muito bem em tudo

---

31 Fiz cem vezes a reflexão, ao escrever, de que é impossível, em uma obra longa, dar sempre os mesmos sentidos às mesmas palavras. Não há língua rica o bastante para fornecer tantos termos, tantas expressões e frases quanto as modificações que nossas ideias podem ter. O método de definir todos os termos e substituir incessantemente a definição no lugar do definido é belo, mas impraticável; pois como evitar o

Livro II

o que conhecem e que se relaciona com o interesse presente e sensível delas. Mas é sobre seus conhecimentos que nos enganamos, ao lhes atribuirmos os que não têm, e fazendo-as raciocinar sobre o que não conseguem compreender. Enganamo-nos ainda querendo torná-las atentas a considerações que não as tocam de maneira nenhuma, como as de seu interesse futuro, de sua felicidade quando adultas, da estima que terão por elas quando crescerem; discursos que, pronunciados a seres desprovidos de toda previdência, não significam absolutamente nada para eles. Ora, todos esses estudos forçados desses pobres desafortunados tendem para esses objetos inteiramente estranhos a seus espíritos. Que se julgue a atenção que elas lhes podem prestar.

Os pedagogos que nos exibem com grande aparato as instruções que dão a seus discípulos são pagos para possuírem outra linguagem. Entretanto, vê-se, por sua própria conduta, que pensam exatamente como eu. Pois o que lhes ensinam, enfim? Palavras, palavras ainda, e sempre palavras. Entre as diversas ciências que se vangloriam de lhes ensinar, evitam escolher as que lhes seriam verdadeiramente úteis, pois seriam ciências de coisas, e elas não teriam êxito nesse caso; mas escolhem as que parecemos saber quando se sabem os termos: a heráldica, a geografia, a cronologia, as línguas etc.; todos estudos tão distantes do homem, e sobretudo da criança, que seria uma maravilha se alguma coisa disso tudo puder ser-lhe útil uma única vez em sua vida.

Ficarão surpresos que eu inclua o estudo das línguas em meio às inutilidades da educação. Mas, lembremo-nos de que não falo aqui dos estudos da primeira infância; e, digam o que disserem, não acredito que até a idade de 12 ou 15 anos, prodígios à parte, alguma criança tenha algum dia aprendido verdadeiramente duas línguas.

---

círculo? As definições poderiam ser boas se não se empregassem palavras para enunciá-las. Apesar disso, estou persuadido de que se pode ser claro, mesmo na pobreza de nossa língua, não dando sempre as mesmas acepções às mesmas palavras, mas fazendo de tal maneira que, todas as vezes que se emprega uma palavra, a acepção que se dá a ela seja suficientemente determinada pelas ideias que a ele se reportam, e que cada período em que tal palavra se encontre lhe sirva, por assim dizer, de definição. Ora digo que as crianças são incapazes de raciocínio, ora faço-as raciocinarem com bastante finura. Não creio com isso contradizer-me em minhas ideias, mas não posso deixar de convir que eu sempre me contradiga em minhas expressões.

Estou de acordo que, se o estudo das línguas fosse apenas o das palavras, isto é, das figuras ou dos sons que as exprimem, ele poderia convir às crianças; mas, modificando os sinais, as línguas modificam também as ideias que representam. As cabeças se formam sobre as linguagens, os pensamentos tomam as nuanças dos idiomas. Só a razão é comum: o espírito tem sua forma particular em cada língua. Diferença que poderia bem ser, em parte, a causa ou o efeito dos caracteres nacionais; e o que parece confirmar essa conjetura é que, em todas as nações do mundo, a língua segue as vicissitudes dos costumes e, assim como estes, conserva-se ou altera-se.

O uso dá à criança apenas uma dessas formas diversas, e é a única que ela guarda até à idade de razão. Para ter duas, seria preciso que ela soubesse comparar ideias; e como as compararia se mal tem condições de concebê-las? Cada coisa pode ter, para ela, mil sinais diferentes; mas cada ideia só pode ter uma forma: portanto, ela só pode aprender a falar uma língua. Contudo, aprende várias, dizem-me. Nego-o. Vi alguns desses pequenos prodígios que acreditavam falar cinco ou seis línguas. Ouvi-os falarem sucessivamente alemão em termos latinos, em termos franceses, em termos italianos; serviam-se na verdade de cinco ou seis dicionários, mas só falavam alemão, sempre. Em uma palavra: dai às crianças quantos sinônimos quiserdes; mudareis as palavras, não a língua; jamais saberão mais do que uma.

É para esconder a inaptidão das crianças nisso que as exercitamos, de preferência, nas línguas mortas, as quais não têm mais juízes irrecusáveis. Como o uso familiar dessas línguas está perdido há muito tempo, contentamo-nos em imitar o que encontramos escrito nos livros; e chamamos isso de falar. Se é assim o grego ou o latim dos mestres, julgue-se como será o das crianças! Elas mal aprenderam por memorização os rudimentos,[32] de que não compreendem absolutamente nada, e já lhes ensinamos a verterem em palavras latinas um discurso francês; depois, quando estiverem mais adiantadas, a costurar em prosa frases de Cícero e, em verso, centões de Virgílio. Acreditam, então, falar latim: quem irá contradizê-las?

---

32 Referência aos *rudimenta grammaticae*, manuais de ensino simplificado da gramática latina populares durante o Antigo Regime. (N. T.)

Em qualquer estudo que seja, sem a ideia das coisas representadas, os sinais representantes nada são. Contudo, limitamos a criança sempre a esses sinais, sem nunca fazê-la compreender nenhuma das coisas que representam. Pensando ensinar-lhe a descrição da terra, não lhe ensinamos senão a conhecer mapas; ensinamos-lhe nomes de cidades, de países, de rios, que em sua concepção só existem no papel onde lhos mostramos. Lembro-me de ter visto em algum lugar uma geografia que começava assim: *Que é o mundo? É um globo de papelão.* Tal é, precisamente, a geografia das crianças. Tomo por fato que, depois de dois anos de esfera e de cosmografia, não há uma só criança de 10 anos que, de acordo com as regras que lhe deram, saiba ir de Paris a Saint-Denis. Tomo por fato que não há uma sequer que, com um mapa do jardim de seu pai, fosse capaz seguir-lhe as curvas sem se perder. Eis os doutores que sabem, no momento oportuno, onde estão Pequim, Ispaão, o México e todos os locais da terra.

Ouço dizer que convém ocupar as crianças com estudos em que só precisem de olhos: poderia ser, se houvesse algum estudo em que não se precisasse de olhos; mas não conheço nenhum assim.

Por um erro ainda mais ridículo, fazem-nas estudar a história: imaginam que a história está a seu alcance porque é apenas uma coletânea de fatos. Mas, o que se entende por essa palavra, fatos? Será que acreditam que as relações que determinam os fatos históricos sejam tão fáceis de apreender, que as ideias deles se formem sem dificuldade no espírito das crianças? Será que acreditam que o verdadeiro conhecimento dos acontecimentos seja separável daquele de suas causas, daquele de seus efeitos, e que o histórico diga respeito tão pouco ao moral que se possa conhecer um sem o outro? Se vedes nas ações dos homens apenas os movimentos exteriores e puramente físicos, que aprendeis com a história? Absolutamente nada; e esse estudo, desprovido de todo interesse, não vos dá mais prazer do que instrução. Se quiserdes apreciar tais ações por suas relações morais, tentai fazer que vossos alunos entendam essas relações, e vereis então se a história é para a idade deles.

Leitores, lembrai-vos sempre de que aquele que vos fala não é um sábio nem um filósofo, mas um homem simples, amigo da verdade, sem partido, sem sistema; um solitário que, vivendo pouco com os homens, tem menos ocasiões para imbuir-se de seus preconceitos, e mais tempo para refletir sobre o que o impressiona em sua relação com eles. Meus raciocínios são menos fundamentados em princípios do que em fatos; e creio não poder deixar-vos em melhor condição para julgá-los a não ser vos relatando muitas vezes algum exemplo das observações que os sugerem para mim.

Havia ido eu passar alguns dias no campo, na casa de uma boa mãe de família que cuidava muito de seus filhos e da educação deles. Em uma manhã, quando eu estava presente às lições do mais velho, seu governante, que o havia instruído muito bem acerca da história antiga, retomando a de Alexandre, caiu no caso conhecido do médico Filipe,[33] que foi retratado em uma pintura e que seguramente valia muito a pena. O governante, homem de mérito, fez sobre a intrepidez de Alexandre várias reflexões que não me agradaram, mas que evitei contestar para não o desacreditar no espírito de seu aluno. À mesa, não se deixou de fazer, segundo o método francês, que o fedelho muito tagarelasse. A vivacidade natural à sua idade e a espera de um aplauso certo fizeram que dissesse mil tolices, em meio às quais apareciam de vez em quando algumas palavras felizes que nos faziam esquecer o resto. Enfim, chegou a história do médico Filipe: ele a contou de modo muito claro e com muita graça. Depois do costumeiro tributo de elogios que a mãe exigia e que o filho esperava, refletiram sobre o que ele havia dito. A maioria censurou a temeridade de Alexandre; alguns, a exemplo do governante, admiravam sua firmeza, sua coragem; o que me fez compreender que nenhum dos presentes via em que consistia a verdadeira beleza desse retrato. Para mim, disse-lhes, parece que, se há na ação de Alexandre alguma coragem, alguma firmeza, isso não passa de extravagância. Então todos se reuniram e convieram em que era uma extravagância. Ia eu responder e me esquentar, quando uma mulher que estava ao meu lado e que não tinha aberto a boca, inclinou-se até minha orelha e me disse bem baixo: cala-te, Jean-Jacques, eles não te entenderão. Olhei-a, fiquei impressionado, e me calei.

---

33 Filipe de Acarnânia, médico grego e amigo próximo de Alexandre, o Grande. Referência ao episódio descrito por Plutarco em "Vida de Alexandre", nas *Vidas paralelas*, e narrado por Montaigne, *Ensaios*, I, 24. (N. T.)

Depois do jantar, suspeitando, baseado em diversos indícios, que meu jovem doutor nada compreendera da história que tão bem contara, tomei-o pela mão, dei com ele uma volta no parque e, tendo-o questionado à vontade, descobri que ele admirava mais do que ninguém a coragem tão celebrada de Alexandre. Mas sabeis onde ele via essa coragem? Unicamente no ato de engolir, de uma só vez, uma bebida de gosto ruim, sem hesitar, sem demonstrar a menor repugnância. A pobre criança, a quem tinham feito tomar remédio menos de quinze dias antes, e que só tomara com sofrimento infinito, ainda tinha o gosto desagradável na boca. Em seu espírito, a morte e o envenenamento não passavam de sensações desagradáveis, e ele não concebia outro veneno senão o sene. Entretanto, é preciso admitir que a firmeza do herói impressionara muito seu jovem coração, e que ele resolvera ser um Alexandre na ocasião do primeiro remédio que precisasse tomar. Sem entrar em esclarecimentos que evidentemente ultrapassariam seu alcance, apoiei-o nessas disposições louváveis e voltei rindo comigo mesmo da alta sabedoria dos pais e dos mestres que pensam ensinar história às crianças.

É fácil enfiar em suas bocas as palavras de reis, de impérios, de guerras, de conquistas, de revoluções, de leis; mas, quando se tratar de associar a essas palavras ideias claras, estaremos longe da conversa do jardineiro Roberto com essas explicações.

Alguns leitores, descontentes com o *cala-te, Jean-Jacques*, perguntarão, eu o prevejo, o que afinal acho de tão belo na ação de Alexandre. Infelizes! Se é preciso dizer-vos, como o compreendereis? É que Alexandre acreditava na virtude; nela acreditava acima de sua cabeça, acima de sua própria vida; é que sua grande alma era feita para acreditar na virtude. Oh, que bela profissão de fé era esse remédio engolido! Não, mortal nenhum jamais fez uma tão sublime. Se existe algum Alexandre moderno, que me mostrem casos parecidos.

Se não há ciência de palavras, não há estudo próprio às crianças. Se estas não têm verdadeiras ideias, não têm verdadeira memória; pois não chamo assim aquilo que só retém sensações. Para que serve inscrever em sua cabeça um catálogo de sinais que nada representam para elas? Aprendendo as coisas, não aprenderão elas os sinais? Por que lhes dar o sofrimento inútil de aprender os sinais duas vezes? E, no entanto, que preconceitos perigosos não começam a inspirar-lhes, fazendo que tomem por ciência palavras sem nenhum sentido para elas! É com a primeira palavra que contenta a criança, é com a primeira coisa que aprende na fala de outrem sem ver ela própria a utilidade, que seu julgamento se perde; precisará brilhar muito tempo aos olhos dos tolos antes de se recuperar de tal perda.[34]

Não, se a natureza dá ao cérebro de uma criança essa flexibilidade que a torna apta a receber todos os tipos de impressões, não é para que nele se gravem nomes de reis, datas, termos de heráldica, de esfera, de geografia, e todas essas palavras, sem nenhum sentido para sua idade e sem nenhuma utilidade para qualquer idade, com que sobrecarregam sua triste e estéril infância; mas é para que todas as ideias que pode conceber e que lhe são úteis, todas aquelas que se relacionam com sua felicidade e devem esclarecê-la um dia acerca de seus deveres, nele se gravem desde cedo em caracteres inapagáveis, e lhe sirvam para se conduzir durante a vida de uma maneira conveniente a seu ser e a suas faculdades.

Mesmo sem estudar nos livros, a espécie de memória que pode ter uma criança não permanece ociosa; tudo o que vê, tudo o que ouve a impressiona, e ela faz lembrança disso; registra em si mesma ações e discursos dos homens; e tudo o que a cerca é o livro com que, sem pensar, ela enriquece continuamente sua memória, na esperança de que seu juízo possa aproveitar-se disso. É na escolha desses objetos, é no cuidado de lhe apresentar sem cessar os que ela pode conhecer e esconder-lhe os que deve ignorar, que consiste a verdadeira arte de cultivar nela essa primeira faculdade; e é assim que precisamos tentar formar para ela um armazém de conhecimentos que sirvam à

---

34 A maioria dos sábios o são à maneira das crianças. A vasta erudição resulta menos de uma multidão de ideias do que de uma multidão de imagens. As datas, os nomes próprios, os lugares, todos os objetos isolados ou desprovidos de ideias se retêm unicamente pela memória dos sinais, e raramente nos lembramos de uma dessas coisas sem ver, ao mesmo tempo, o *recto* ou o *verso* da página em que lemos, ou a figura sob a qual vimos pela primeira vez. Tal era mais ou menos a ciência em voga nos últimos séculos. A de nosso século é outra coisa: não se estuda mais, não se observa mais; sonha-se e dão-nos gravemente por filosofia os sonhos de algumas noites más. Dir-me-ão que também sonho; concordo. Mas, coisa que os outros não procuram fazer, ofereço meus sonhos como sonhos, deixando que o leitor procure ver se têm algo útil para as pessoas acordadas.

sua educação durante a juventude e à sua conduta em todos os tempos. Tal método, é verdade, não forma pequenos prodígios e não faz brilharem os governantes e os preceptores, mas forma homens judiciosos, robustos, são de corpo e de entendimento que, sem se terem feito admirar quando jovens, se fazem honrar quando adultos.

Emílio nunca aprenderá nada de cor, nem mesmo fábulas, nem mesmo as de La Fontaine, por mais ingênuas e encantadoras que sejam; pois, as palavras das fábulas são fábulas tanto quanto as palavras da história são a história. Como podemos ser tão cegos a ponto de chamar as fábulas de a moral das crianças, sem pensar que o apólogo, ao diverti-las, engana-as; que, seduzidas pela mentira, elas deixam escapar a verdade, e que o que fazem para torná-lhes a instrução agradável as impede de tirar proveito dela? As fábulas podem instruir os homens, mas é preciso dizer a verdade nua às crianças: uma vez que as cobrimos com um véu, elas não se dão ao trabalho de retirá-lo.

Ensinam as fábulas de La Fontaine a todas as crianças e não há uma só que as entenda. E se as entendesse seria pior ainda, pois a moral é tão mesclada e tão desproporcionada para sua idade, que ela levaria a criança mais ao vício do que à virtude. Trata-se, mais uma vez, de paradoxos, direis. Seja. Mas vejamos se não são verdades.

Digo que uma criança não entende as fábulas que lhe ensinam porque, qualquer que seja o esforço que se faça para torná-las simples, a instrução que delas queremos extrair acaba forçando a entrada de ideias que a criança não pode apreender, e o próprio aspecto da poesia, ao torná-las mais fáceis de serem retidas, torna-as mais difíceis de serem concebidas, de maneira que compramos o deleite à custa da clareza. Sem citar a profusão de fábulas que nada têm de inteligível nem de útil para as crianças, e que ensinam indiscretamente com as outras, porque se encontram mescladas, vamos nos limitar às que o autor parece ter feito especialmente para elas.

Conheço na coletânea de La Fontaine apenas cinco ou seis fábulas em que brilha eminentemente a ingenuidade pueril. Dessas cinco ou seis, tomo como exemplo a primeira de todas,[35] por ser aquela cuja moral é a mais

---

35 É a segunda, e não a primeira, como muito bem observou o sr. Formey.

adequada para qualquer idade, aquela que as crianças apreendem melhor, com mais prazer, enfim, aquela que, por isso mesmo, o autor preferiu pôr no início de seu livro. Supondo que realmente tenha o objetivo de ser entendida pelas crianças, de agradar-lhes e instruí-las, essa fábula é seguramente sua obra-prima: que me permitam, portanto, segui-la e examiná-la em poucas palavras.

O CORVO E A RAPOSA – FÁBULA

Mestre corvo, sobre uma árvore empoleirado,
Mestre! Que significa esta palavra em si mesma? Que significa diante de um nome próprio? Que sentido tem nesta ocasião?
Que é um corvo?
Que é *uma árvore empoleirado*? Não se diz *sobre uma árvore empoleirado*, e sim *empoleirado sobre uma árvore*. Por conseguinte, é preciso falar das inversões da poesia; é preciso dizer o que é prosa e o que é verso.
Tinha no bico um queijo
Que queijo? Era um queijo da Suíça, de Brie, ou da Holanda? Se a criança nunca viu corvos, que adianta lhe falar deles? Se viu, como poderá concebê-los com um queijo no bico? Façamos sempre imagens segundo a natureza.
Mestre raposo, pelo odor incitado
Mais um mestre! Mas, neste caso, merecedor do título: é mestre outorgado nos ardis de seu ofício. É preciso dizer o que é um raposo e distinguir sua verdadeira natureza do caráter convencional que assume nas fábulas.
Incitado. Essa palavra não é comumente empregada. É preciso explicá-la; é preciso dizer que não nos servimos mais dela, a não ser em versos. A criança perguntará por que se fala em verso diferentemente do que em prosa. Que lhe respondereis?
Incitado pelo odor de um queijo! Esse queijo, mantido por um corvo empoleirado em uma árvore, devia ter muito cheiro para ser sentido pelo raposo em uma moita ou em sua toca! É assim que exercitais vosso aluno no espírito da crítica judiciosa que se dobra apenas diante de boas confirmações e que sabe discernir a verdade da mentira nas narrativas dos outros?
Empregou mais ou menos essa linguagem

Essa linguagem? Então as raposas falam? E falam a mesma língua que os corvos? Sábio preceptor, toma cuidado; pesa bem tua resposta antes de dá-la; ela importa mais do que pensas.

Ei! Bom dia, senhor corvo!

Senhor! Título que a criança vê cair no ridículo antes mesmo de saber o que é um título de honra. Aqueles que dizem *senhor do Corvo* muito terão de penar antes de explicar esse *do*.

Como sois bonito! Como me pareceis belo!

Repetição, redundância inútil. A criança, vendo repetir a mesma coisa em outros termos, aprende a falar frouxamente. Se disserdes que essa redundância é um artifício do autor, que ela faz parte do desígnio do raposo que quer parecer multiplicar os elogios com palavras, essa desculpa será boa para mim, mas não para meu aluno.

Sem mentir, se vosso canto

Sem mentir! Mente-se então algumas vezes? Onde irá parar a criança se lhe explicardes que o raposo só diz *sem mentir* porque mente?

Correspondesse a vossa plumagem,

Correspondesse! Que significa esta palavra? Ensinai a criança a comparar qualidades tão diferentes quanto a voz e a plumagem; vereis como ela vos compreenderá.

Seríeis a fênix dos hóspedes deste bosque

A fênix! Que é uma fênix? Eis-nos subitamente jogados na mentirosa Antiguidade, quase na mitologia.

Os hóspedes deste bosque! Que discurso figurado! O adulador enobrece sua linguagem e lhe dá mais dignidade para torná-la mais sedutora. Uma criança compreenderá tal finura? Sabe, ou pode ela saber, o que é um estilo nobre e um estilo baixo?

Com essas palavras, o corvo fica tomado de alegria

É preciso já ter experimentado muitas paixões bem vivas para sentir esta expressão proverbial.

E para mostrar sua bela voz

Não vos esqueçais de que, para entender este verso e toda a fábula, a criança deve saber o que é a bela voz do corvo.

Abre um largo bico e deixa cair sua presa

O verso é admirável, a harmonia por si só faz a imagem. Vejo um grande e feio bico aberto; ouço o queijo cair através dos galhos; mas as crianças não prestam atenção a esses tipos de beleza.

Pega-o a raposa e diz: Meu bom senhor,

Eis, portanto, a bondade transformada em tolice. Seguramente, não se perde tempo para instruir as crianças.

Aprendei que todo adulador

Máxima geral; não podemos mais.

Vive a expensas de quem o escuta

Nunca uma criança de 10 anos entendeu este verso.

Esta lição vale bem um queijo, sem dúvida.

Isto se entende, e o pensamento é muito bom. Contudo, ainda haverá poucas crianças que saibam comparar uma lição com um queijo, e que não prefiram o queijo à lição. É preciso, portanto, fazer que entendam tratar-se apenas de uma zombaria. Quanta finura para crianças!

O corvo, envergonhado e confuso,

Outro pleonasmo; mas este, indesculpável.

Jurou, um pouco tarde, que noutra não cairia.

Jurou! Que tolo mestre ousaria explicar a uma criança o que seja um juramento?

Eis aí muitos detalhes, bem menos, entretanto, do que precisaríamos para analisar todas as ideias dessa fábula, e reduzi-las às ideias simples e elementares de que cada uma delas é composta. Mas quem acredita precisar dessa análise para se fazer entender pela juventude? Nenhum de nós é bastante filósofo para saber pôr-se no lugar de uma criança. Passemos agora à moral.

Pergunto se é preciso ensinar a crianças de 10 anos que há homens que adulam e mentem em benefício próprio. Poder-se-ia quando muito ensinar-lhes que há zombadores que escarnecem dos meninos e, em segredo, ridicularizam sua tola vaidade; mas o queijo estraga tudo; nós as ensinamos menos a não deixarem cair de seu bico do que a fazerem-no cair do bico de outrem. Eis meu segundo paradoxo, e não o menos importante.

Observai as crianças aprendendo suas fábulas e vereis que, quando em condições de aplicá-las, elas o fazem quase sempre de modo contrário à intenção do autor, e que, em vez de observarem o erro de que queremos curá-las ou preservá-las, elas se inclinam a amar o vício com o qual se tira proveito dos erros dos outros. Na fábula precedente, as crianças ridicularizam o corvo, mas todas se afeiçoam ao raposo. Na fábula seguinte, pensais dar-lhes a cigarra como exemplo, e nada disso: é a formiga que escolherão. Ninguém gosta de se humilhar: assumirão sempre o melhor papel; é a escolha do amor-próprio, uma escolha muito natural. Ora, que horrível lição para a infância! O mais odioso de todos os monstros seria uma criança avara e dura, que soubesse o que lhe pedem e o que recusa. A formiga faz mais ainda: ensina-lhe a zombar no ato de suas recusas.

Em todas a fábulas em que o leão é um dos personagens, como geralmente é o mais brilhante, a criança não deixa de se fazer de leão; e quando preside alguma partilha, bem instruída por seu modelo, tem o grande cuidado de se apossar de tudo. Mas, quando o mosquito derruba o leão, a coisa é diferente; a criança, então, não é mais o leão, e sim o mosquito. Aprende a matar um dia a golpes de ferrão aqueles que não ousaria atacar de frente.

Na fábula do lobo magro e do cão gordo, em vez de uma lição de moderação que se lhe pretende dar, ela toma uma de licença. Nunca esquecerei de ter visto uma menina chorar muito porque a haviam desolado com essa fábula, pregando-lhe sempre a docilidade. Custaram a saber a causa de seus choros, mas conseguiram. A pobre criança se aborrecia por estar acorrentada, sentia o pescoço em carne viva; chorava por não ser lobo.

Assim, pois, a moral da primeira fábula citada é, para a criança, uma lição da mais baixa adulação; a da segunda, uma lição de desumanidade; a da terceira, uma lição de injustiça; a da quarta, uma lição de sátira; a da quinta, uma lição de independência. Essa última lição, por ser supérflua a meu aluno, não é muito mais conveniente aos vossos. Quando lhes dais preceitos que se contradizem, que fruto esperais de vossos cuidados? Mas, talvez, com tais exceções, toda essa moral que me serve de objeção contra as fábulas forneça outras tantas razões para que as conservem. É preciso uma moral em palavras e uma em ações na sociedade, e essas duas morais não se assemelham. A primeira está no catecismo, onde a deixam; a outra está nas fábulas de La Fontaine, para as crianças e em seus contos para as mães. O mesmo autor basta para tudo.

Arranjemo-nos, sr. La Fontaine. Prometo ler-vos com cuidado, amar-vos e instruir-me com vossas fábulas, pois espero não me enganar quanto ao objetivo delas. Mas, quanto a meu aluno, permiti que não lhe deixe estudar uma só até que me tenhais provado que é bom para ele aprender coisas de que não compreende nem uma quarta parte; e que, naquelas que poderá compreender, nunca se deixará enganar nem se formará com o patife em vez de se corrigir com o otário.

Suprimindo assim todos os deveres da criança, suprimo os instrumentos de sua maior miséria, a saber, os livros. A leitura é o flagelo da infância e é quase a única ocupação que sabem dar-lhe. Aos 12 anos, Emílio mal saberá o que é um livro. Mas, é preciso, dirão, que ele ao menos saiba ler. Concordo: é preciso que saiba ler quando a leitura lhe for útil; até então, ela só servirá para aborrecê-lo.

Se nada se deve exigir das crianças pela obediência, deduz-se que elas não podem aprender nada de que não sintam a vantagem atual e presente, seja para deleite, seja para utilidade; de outro modo, que motivo as levariam a aprender? A arte de falar aos ausentes e de entendê-los, a arte de lhes comunicar ao longe, sem mediador, nossos sentimentos, nossas vontades, nossos desejos, é uma arte cuja utilidade pode ser tornada sensível em todas as idades. Por qual prodígio essa arte tão útil e tão agradável se fez tormento para a infância? Porque a forçam a se aplicar nisso contra sua vontade, e a empregam em usos que a criança não compreende. Uma criança não é muito curiosa para aperfeiçoar o instrumento com o qual a atormentam; mas fazei que esse instrumento sirva a seus prazeres e, em pouco tempo, ela se aplicará a ele a despeito de vós.

Faz-se um grande negócio da busca por melhores métodos para ensinar a ler; inventam-se escrivaninhas e mapas; faz-se do quarto da criança um ateliê de impressão. Locke quer que ela aprenda a ler com dados. Não está aí uma invenção bem pensada? Que pena! Um meio mais seguro do que tudo isso e que sempre se esquece é o desejo de aprender. Dai à criança esse desejo e, depois, deixai de lado vossas escrivaninhas e vossos dados, pois qualquer método lhe será bom.

O interesse presente, eis o grande móvel, o único que leva com segurança e longe. Às vezes Emílio recebe de seu pai, de sua mãe, de seus parentes, de seus amigos, bilhetes convidando para um jantar, um passeio, uma diversão na água, para ver alguma festa pública. Esses bilhetes são curtos, claros, bem escritos. É preciso encontrar alguém que os leia; esse alguém ou não se encontra sempre disponível, ou devolve à criança a pouca complacência que dela recebeu na véspera. Passa, assim, a ocasião, o momento. Por fim, leem-lhe o bilhete, mas não há mais tempo. Ah, se ela soubesse ler sozinha! Mais bilhetes recebidos: são tão curtos, o assunto é tão interessante! Ela gostaria de decifrá-los; e ora encontra auxílio, ora recusa. Esforça-se, decifra-se, enfim, metade de um bilhete: trata-se de ir amanhã comer creme... não sabe onde nem com quem... Quanto esforço se faz para ler o resto! Não creio que Emílio precise de escrivaninha. Falarei já da escrita? Não, tenho vergonha de me divertir com essas ninharias em um tratado da educação.

Acrescentarei apenas uma única palavra que constitui uma máxima importante: em geral, obtém-se mais seguramente e mais depressa o que não se tem pressa de obter. Tenho quase certeza de que Emílio saberá perfeitamente ler e escrever antes dos 10 anos, precisamente porque me importa muito pouco que o saiba antes dos 15. Eu, porém, preferiria que ele nunca soubesse ler a ter de pagar essa ciência pelo preço de tudo o que lhe possa torná-la útil. De que lhe servirá a leitura se a tiverem tornado chata para sempre? *Id imprimis cavere oportebit, ne studia, qui amare nondum potest, oderit, et amaritudinem semel perceptam etiam ultra rudes annos reformidet.*[36]

Quanto mais insisto em meu método inativo, mais sinto as objeções se reforçarem. Se vosso aluno não aprende nada de vós, aprenderá dos outros. Se não prevenirdes o erro com a verdade, ele aprenderá mentiras; os preconceitos que temeis lhe dar, ele os receberá de tudo ao seu entorno, eles

---

36 Quintiliano, *Instituição oratória*, I, 1, 20.*

* "Deve-se sobretudo prestar atenção para não lhe tornar odiosos os estudos de que ele ainda não pode gostar, e impedir que essa aversão, uma vez percebida, afaste-o deles depois do tempo em que era ignorante". (N. T.)

entrarão por meio de todos os seus sentidos; ou corromperão sua razão antes mesmo que esteja formada, ou seu espírito, entorpecido por uma longa inação, se absorverá na matéria. A falta de hábito de pensar na infância suprime a faculdade de fazê-lo durante o resto da vida.

Parece-me que poderia facilmente responder a isso; mas por que sempre respostas? Se meu método responde por si mesmo às objeções, ele é bom; se não responde, não vale nada. Continuo.

Se, no plano que comecei a traçar, seguirdes regras diretamente contrárias às que se acham estabelecidas; se, em vez de levardes para longe o espírito de vosso aluno; se, em lugar de fazê-lo se desviar incessantemente por outros locais, outros climas, outros séculos, pelas extremidades do globo terrestre e até pelos céus, vos aplicardes a mantê-lo sempre em si mesmo e atento a tudo o que o toca imediatamente, então, vós o achareis capaz de percepção, de memória e até mesmo de raciocínio; é a ordem da natureza. Na medida em que o ser sensível se torna ativo, adquire um discernimento proporcional a suas forças; e é somente com a força superabundante em relação àquela que tem necessidade para se conservar que se desenvolve nele a faculdade especulativa própria para empregar esse excesso de força para outros usos. Quereis, então, cultivar a inteligência de vosso aluno? Cultivai as forças que ela deve governar. Exercitai continuamente seu corpo; tornai-o robusto e são para torná-lo sábio e razoável; que trabalhe, que aja, que corra, que grite, que esteja sempre em movimento; que seja homem pelo vigor, e logo ele o será pela razão.

Vós o embruteceríeis, é verdade, com esse método, se fosses sempre o diretor, se sempre lhe dissésseis: "vai, vem, fica, faz isso, não faças aquilo". Se vossa cabeça sempre conduz os braços dele, a cabeça dele se tornará inútil para ele mesmo. Lembrai-vos, porém, de nossas convenções: se sois apenas um pedante, não vale a pena ler-me.

É um erro bem lamentável imaginar que o exercício do corpo prejudique as operações do espírito; como se essas duas ações não devessem andar em concerto, e como se uma não devesse sempre dirigir a outra!

Há dois tipos de homens cujos corpos encontram-se em um exercício contínuo e que, seguramente, pensam tão pouco quanto os outros em cultivar sua alma: os camponeses e os selvagens. Os primeiros são rústicos, grosseiros, desajeitados; os outros, conhecidos por seu grande discernimento, o são ainda pela sutileza de seu espírito. Em geral, não há nada mais pesado do que um camponês, nem nada mais fino do que um selvagem. De onde vem essa diferença? É que o primeiro, fazendo sempre o que lhe mandam ou o que viu o pai fazer, ou o que ele próprio fez desde sua juventude, só se conduz por rotina; e, em sua vida quase automática, incessantemente ocupado com os mesmos trabalhos, o hábito e a obediência tomam o lugar da razão.

Com o selvagem é outra coisa: não estando preso a nenhum lugar, não tendo tarefa prescrita, não obedecendo a ninguém, sem outra lei que não a da sua vontade, é forçado a raciocinar em cada ação de sua vida; não faz um movimento, não dá um passo sem ter antecipadamente considerado as consequências. Assim, quanto mais seu corpo se exercita, mais seu espírito se alumia; sua força e sua razão crescem ao mesmo tempo e se ampliam uma pela outra.

Sábio preceptor, vejamos qual de nossos alunos se assemelha ao selvagem e qual ao camponês. Submetido em tudo a uma autoridade sempre docente, o vosso nada faz além do que lhe dizem; não ousa comer quando tem fome, nem rir quando está alegre, nem chorar quando triste, nem mostrar uma das mãos em vez da outra, nem mexer o pé a não ser como lhe é prescrito; em pouco tempo, não ousará respirar senão de acordo com vossas regras. Em que quereis que pense, se pensais em tudo por ele? Certo de vossa previdência, para que precisaria tê-la? Vendo que vos encarregais de sua conservação, de seu bem-estar, sente-se dispensado de tal cuidado; seu juízo repousa sobre o vosso; tudo o que não lhe proibis ele o faz sem reflexão, sabendo bem que o faz sem risco. Por que precisaria aprender a prever a chuva? Sabe que olhais o céu para ele. Para que precisaria planejar seu passeio? Ele não teme que deixeis passar a hora do jantar. Enquanto não lhe proibis comer, ele come; quando o proibis, não come mais; não mais ouve as advertências de seu estômago: escuta as vossas. Por mais que possais amolecer-lhe o corpo na inação, não tornareis seu entendimento mais flexível. Ao contrário, acabareis desacreditando a razão em seu espírito, fazendo-lhe usar o pouco que tem em coisas que lhe parecem as mais inúteis. Não vendo nunca para que ela serve, acaba julgando que não serve para nada. O pior que poderá acontecer-lhe quando raciocinar mal será ser repreendido, e ele o é com tanta recorrência que nem pensa nisso; um perigo tão comum não o assusta mais.

Achais, entretanto, que tem espírito; ele o tem para tagarelar com as mulheres no tom de que já falei. Mas, que se encontre no caso de ter que prestar contas de si mesmo, de tomar partido em uma ocasião difícil, vós o vereis cem vezes mais estúpido e mais tolo do que o filho do mais grosseiro campesino.

Quanto a meu aluno, ou melhor, o da natureza, exercitado desde cedo para bastar-se a si mesmo na medida do possível, não se acostuma a recorrer incessantemente aos outros e, menos ainda, a exibir-lhes seu grande saber. Em compensação, julga, prevê, raciocina em tudo que se lhe diz respeito imediatamente. Não fala à toa, mas age; não sabe uma palavra do que se faz na sociedade, mas sabe muito bem fazer o que lhe convém. Como está a todo tempo em movimento, é forçado a observar muitas coisas e a conhecer muitos efeitos; adquire desde cedo uma grande experiência; toma lições da natureza e não dos homens; e tanto melhor se instrui quanto menos vê, em algum lugar, intenção de instruí-lo. Assim, seu corpo e seu espírito se exercitam ao mesmo tempo. Agindo sempre segundo seu pensamento e não segundo o de outrem, une continuamente duas operações; quanto mais se torna forte e robusto, mais se torna sensato e judicioso. É o meio de ter um dia aquilo que se julga incompatível e o que quase todos os grandes homens conseguiram reunir: a força do corpo e a da alma, a razão de um sábio e o vigor de um atleta.

Jovem instituidor, eu vos prego uma arte difícil, a de governar sem preceitos e de tudo fazer sem nada fazer. Essa arte, concordo, não é própria de vossa idade; não serve para fazer brilhar vossos talentos em primeiro lugar, nem para vos valorizar junto aos pais; mas é a única adequada para ser exitosa. Jamais conseguireis fazer sábios se não fizerdes antes moleques. Era a educação dos espartanos: em vez de colá-los aos livros, começavam por ensinar-lhes a roubar seu jantar. Eram por isso grosseiros os espartanos quando adultos? Quem não conhece a força e o espírito de suas réplicas? Sempre feitos para vencer, esmagavam seus inimigos em qualquer espécie de guerra, e os atenienses tagarelas temiam tanto suas palavras quanto seus golpes.

Nas educações mais cuidadas, o mestre comanda e acredita governar; mas, de fato, quem governa é a criança. Ela se vale do que exigis dela para obter o que lhe agrada; e sabe sempre fazer-vos pagar uma hora de assiduidade com oito dias de complacência. A cada instante é preciso pactuar com ela. Esses tratados que lhe propondes à vossa maneira, e que ela executa à dela, acabam sempre servindo a suas fantasias, sobretudo quando se tem a inépcia de estabelecer como condição para seu proveito o que ela está bem segura de obter, cumprindo ou não a condição que lhe é imposta em troca. A criança, em geral, lê muito melhor no espírito do mestre do que o mestre no coração da criança. E assim deve ser, porque toda a sagacidade que a criança entregue a si mesma teria empregado para prover à conservação de sua pessoa, ela a emprega para salvar sua liberdade natural das cadeias de seu tirano; ao passo que este, não tendo nenhum interesse tão urgente para compreender o outro, acha às vezes mais cômodo deixar a criança com sua preguiça ou sua vaidade.

Segui uma rota oposta com vosso aluno; que ele acredite sempre ser o mestre, e que sempre o sejais vós. Não há sujeição mais perfeita do que aquela que conserva a aparência da liberdade: cativa-se assim a própria vontade. A pobre criança que nada sabe, que nada pode, que nada conhece, não está à vossa mercê? Não dispondes em relação a ela de tudo o que a cerca? Não sois senhor de afetá-la como vos agrada? Seus trabalhos, seus jogos, seus prazeres, seus sofrimentos, não está tudo em vossas mãos sem que ela o saiba? Sem dúvida, ela só deve fazer o que quer; mas, ela só deve querer o que quiserdes que ela faça; ela não deve dar um passo que não tenhais previsto; não deve abrir a boca sem que saibais o que vai dizer.

Então é que poderá entregar-se aos exercícios do corpo, que sua idade exige, sem embrutecer seu espírito; é então que, em vez de aguçar sua astúcia para evitar um incômodo império, vós a vereis ocupar-se unicamente com tirar de tudo o que a cerca o partido mais vantajoso para seu bem-estar atual; é então que ficareis espantado com a sutileza de todas as suas invenções para se apropriar dos objetos que pode alcançar e desfrutar verdadeiramente das coisas sem o auxílio da opinião.

Deixando-a assim, senhora de suas vontades, não fomentareis seus caprichos. Não fazendo jamais senão o que lhe convém, em pouco tempo ela só fará o que deve fazer; e, embora seu corpo esteja em um movimento contínuo, enquanto se tratar de seu interesse presente e sensível, vereis toda a razão de que ela é capaz desenvolver-se muito melhor e de maneira muito mais apropriada a ela do que nos estudos de pura especulação.

Assim, não vos vendo atento em contrariá-la, não desconfiando de vós, nada tendo a vos esconder, ele não vos enganará, não mentirá a vós; ela se mostrará tal como é, sem medo; podereis estudá-la bem à vontade e dispor ao redor dela todas as lições que quiserdes dar-lhe sem que, em algum momento, ela pense estar recebendo alguma.

Tampouco espreitará vossos hábitos com um curioso despeito, e não terá nenhum prazer secreto em flagrar vossos erros. Esse inconveniente que prevenimos é muito grande. Um dos primeiros cuidados das crianças é, como o disse, descobrir o ponto fraco dos que as governam. Essa inclinação leva à maldade, mas não vem dela: vem da necessidade de evitar uma autoridade que as importuna. Sobrecarregadas pelo jugo que lhes é imposto, procuram sacudi-lo; e os defeitos que encontram nos mestres fornecem-lhes bons meios para isso. Entretanto, adquirem o hábito de observar as pessoas por seus defeitos e de se deleitarem encontrando-os. É claro que aí está mais uma fonte de vícios estancada no coração de Emílio: não tendo nenhum interesse em achar defeitos em mim, não os procurará e será pouco tentado a procurá-los nos outros.

Todas essas práticas parecem difíceis porque não se presta atenção nelas. Mas, no fundo, não devem ser assim. Tem-se o direito de supor em vós as luzes necessárias para exercer o ofício que escolhestes; deve-se supor que conheceis a marcha natural do coração humano, que sabeis estudar o homem e o indivíduo; que sabeis de antemão a que se dobrará a vontade de vosso aluno exposto a todos os objetos interessantes para sua idade, os quais fareis passar diante de seus olhos. Ora, ter os instrumentos e conhecer bem seu uso não é ser senhor da operação?

Fareis objeção aos caprichos da criança, mas estareis equivocado. O capricho das crianças é obra de uma má disciplina, nunca da natureza: que tenham obedecido ou comandado, já disse cem vezes que não deveria ocorrer nem uma coisa nem outra. Vosso aluno só terá, portanto, os caprichos que lhe tiverdes dado: é justo que carregueis o fardo de vossos erros. Mas, direis, como remediar isso? Isso ainda é possível, com uma conduta melhor e muita paciência.

Eu me encarregara durante algumas semanas de um menino que era não somente acostumado a fazer todas as suas vontades, como ainda a fazer que todo mundo as fizesse; um menino, por conseguinte, cheio de fantasia. Desde o primeiro dia, para pôr à prova minha complacência, quis levantar-se à meia-noite. Em meu sono mais profundo, ele salta da cama, pega seu roupão e me chama. Levanto-me, acendo a vela; ele não queria mais do que isso; ao fim de um quarto de hora é vencido pelo sono, ele volta a deitar-se, contente com sua experiência. Dois dias depois ele a repete com o mesmo sucesso e, de minha parte, sem o menor sinal de impaciência. Como me beijasse ao voltar a deitar-se, disse-lhe muito calmamente: "Meu amiguinho, está tudo muito bem, mas não recomeces". Essa palavra estimulou sua curiosidade e, no dia seguinte, querendo ver um pouco como eu ousaria desobedecer-lhe, não deixou de se levantar à mesma hora e me chamar. Perguntei-lhe o que queria. Disse-me que não conseguia dormir. *Que pena*, respondi e fiquei quieto. Pediu-me para acender a vela. *Para quê?*, e fiquei quieto. Esse tom lacônico começava a embaraçá-lo. Foi tateando buscar o fuzil fazendo parecer acioná-lo, e eu não podia impedir-me de rir ouvindo-o dar golpes nos dedos. Convencido enfim de que não o conseguiria, trouxe-me o isqueiro até minha cama; disse-lhe que não tinha nada o que fazer com aquilo e voltei-me para o outro lado. Então, ele pôs-se a correr distraidamente pelo quarto, gritando, cantando, fazendo muito barulho, batendo na mesa e nas cadeiras com pancadas que tinha muito cuidado em moderar, sem deixar de gritar bem forte, na esperança de causar-me inquietação. Tudo isso foi em vão, e vi que, contando com belas exortações ou com a cólera, não se preparara de modo algum para esse sangue-frio.

Entretanto, resolvido a vencer minha paciência à força da obstinação, prosseguiu em sua algazarra com tal sucesso que finalmente fiquei zangado; e, pressentindo que iria estragar tudo com um arroubo fora de propósito, decidi agir de outra maneira. Levantei-me sem nada dizer, procurei o fuzil que não encontrei; pedi-lhe, ele o entregou, faiscante de alegria por ter enfim triunfado sobre mim. Aciono o fuzil, acendo a vela, pego meu homenzinho pela mão, levo-o tranquilamente a um gabinete vizinho cujas venezianas estavam bem fechadas e onde não havia nada que se pudesse quebrar. Aí deixei-o sem luz; depois, fechando-lhe a porta com chave, voltei a deitar-me sem lhe dizer uma palavra. Não é preciso perguntar se houve barulho de início; eu o esperava e não me comovi. Enfim, o ruído cessou; escuto, ouço-o ajeitar-se, tranquilizo-me. No dia seguinte, entro ao raiar do sol no gabinete; encontro meu pequeno rebelde deitado em um sofá e dormindo um sono profundo de que, após tanta fadiga, devia estar precisando muito.

O caso não acabou aí. A mãe soube que o filho passara dois terços da noite fora de sua cama. De imediato, tudo se perdeu; era como se o menino estivesse morto. Observando que a ocasião era boa para se vingar, fez-se de doente sem prever que não ganharia nada com isso. O médico foi chamado. Infelizmente para a mãe, esse médico era um brincalhão que, para se divertir com seus temores, aplicava-se em aumentá-los. Contudo, disse-me ao ouvido: "Deixai por minha conta, prometo-vos que a criança ficará curada por algum tempo da fantasia de estar doente". Com efeito, prescreveu-lhe dieta e repouso, e recomendou-lhe o boticário. Eu lamentava ver essa pobre mãe assim ludibriada por todos ao seu redor, menos por mim, que ela passou a odiar, precisamente porque não a enganava.

Depois de censuras bastante firmes, ela me disse que seu filho era delicado, que era o único herdeiro da família, que era preciso conservá-lo a qualquer custo, e que ela não queria que ele fosse contrariado. Nisso eu estava de acordo com ela, mas, por contrariar, ela entendia não lhe obedecer em tudo. Vi que era preciso falar com a mãe no mesmo tom que com o filho. "Senhora", disse-lhe, bastante friamente, "não sei como se educa um herdeiro e, mais do que isso, não quero aprendê-lo; podeis tomar providências a esse respeito." Precisavam de mim por algum tempo ainda: o pai tudo apaziguou; a mãe escreveu ao preceptor para que apressasse seu retorno; e a criança, vendo que nada ganhava perturbando meu sono ou ficando doente, tomou enfim a decisão de dormir também e ficar bem.

Não se poderia imaginar a quantos caprichos semelhantes o pequeno tirano escravizara seu infeliz governante; pois a educação se fazia sob o olhar da mãe, que não suportava que o herdeiro fosse desobedecido em coisa alguma. A qualquer hora que quisesse sair, era preciso estar pronto para levá-lo, ou melhor, para segui-lo, e ele tinha sempre muito cuidado para escolher o momento em que via seu governante mais ocupado. Ele quis exercer sobre mim o mesmo império, e vingar-se durante o dia do repouso que era forçado a me dar à noite. Prestei-me de bom grado a tudo, e comecei a fazer que ele mesmo constatasse o prazer que eu tinha em agradar-lhe; depois disso, quando se tratou de curá-lo de sua fantasia, agi de maneira diferente.

Foi necessário, de início, fazer que ele estivesse errado, e isso não foi difícil. Sabendo que as crianças sempre pensam apenas no presente, adotei diante dele a fácil vantagem da previdência. Tive o cuidado de procurar para ele, em casa, um divertimento que eu sabia ser muito de seu gosto; e, no momento em que o vi mais entretido, fui propor-lhe uma caminhada; ele me mandou embora; insisti, ele não me ouviu; foi preciso render-me, e ele registrou preciosamente para si esse sinal de sujeição.

No dia seguinte, foi minha vez. Ele se entediou, como eu havia previsto. Quanto a mim, ao contrário, fiz parecer estar profundamente ocupado. Não era preciso tanto para determiná-lo. Não deixou de vir arrancar-me de meu trabalho para levá-lo a passear com urgência. Recusei; ele se obstinou. Não, disse-lhe: "Ao fazer vossa vontade, ensinastes-me a fazer a minha: não quero sair." "Pois bem", retrucou-me vivamente, "sairei sozinho." "Como quiserdes." E retomei meu trabalho.

Ele se veste, um pouco inquieto por ver que o deixava agir e não o imitava. Pronto para sair, vem cumprimentar-me; eu o cumprimento; ele tenta alarmar-me com a narrativa dos passeios que vai fazer; ao ouvi-lo, era de se crer que fosse para o fim do mundo. Sem me comover, desejo-lhe boa viagem. Seu embaraço duplica. Entretanto, ele se mostra resolvido e, prestes a sair, ordena ao seu lacaio que o siga. O lacaio, já prevenido, responde que não tem tempo e que, ocupado com ordens minhas, deve obedecer-me mais do que a ele. Esse golpe surpreendeu o menino. Como conceber que o deixem sair sozinho, ele que acredita ser importante para todos os outros, e que pensa que o céu e a terra estão interessados em sua conservação? Entretanto, começa a sentir sua fraqueza; compreende que vai encontrar-se só no meio de pessoas que não conhece; vê de antemão os riscos que vai correr; somente a obstinação o sustenta ainda; desce a escada lentamente e muito contrariado. Chega enfim à rua, consolando-se um pouco do mal que lhe pode acontecer pela esperança de que me tornarão responsável por isso.

Aguardei que ele chegasse até esse ponto. Tudo estava preparado de antemão; e, como se tratava de uma espécie de cena pública, eu me precavi com o consentimento do pai. Mal deu alguns passos quando começou a ouvir, de um lado e de outro, diferentes comentários a seu respeito. "Vizinho, olha o senhorzinho! Onde vai sozinho? Vai perder-se. Vou pedir-lhe que entre em nossa casa." "Vizinha, evitai fazerdes isso. Não vedes que é um pequeno libertino que expulsaram da casa do pai porque não queria valer nada? Não se deve recolher um libertino; deixai-o ir para onde quiser." "Pois bem, então! Que Deus o conduza! Aborrecer-me-ia se algum mal lhe acontecesse." Um pouco mais longe, ele encontra moleques mais ou menos de sua idade, que o provocam e zombam dele. Quanto mais avança, mais embaraços encontra. Sozinho e sem proteção, ele se vê o joguete de todo mundo e verifica com muita surpresa que sua fita no ombro e seu adorno dourado não fazem que o respeitem mais.

Entretanto, um de meus amigos que ele não conhecia e que eu encarregara de protegê-lo seguia-o passo a passo sem que ele o percebesse, e, quando chegou a hora, aproximou-se. Esse papel, que se assemelhava ao de Sbrigani em *Pourceaugnac*,[37] exigia um homem de espírito, e foi perfeitamente desempenhado. Sem intimidar ou amedrontar a criança impressionando-a com um terror demasiado, fez-lhe sentir tão bem a imprudência de sua escapada que, depois de meia hora, trouxe-a de volta a mim, dócil, confusa, não ousando erguer os olhos.

Para completar o desastre de sua expedição, precisamente no momento em que entrava, seu pai descia a escada para sair e o encontrou. Foi preciso

---

37 Referência à peça de Molière, na qual Sbrigani é responsável por criar a má fama do sr. de Pourceaugnac. (N. T.)

dizer de onde vinha e por que eu não saíra com ele.[38] O pobre menino preferia achar-se a 100 pés sob a terra. Sem se divertir com uma longa reprimenda, o pai disse-lhe mais secamente do que eu teria esperado: "Quando quiserdes sair sozinho, podeis fazê-lo, pois a decisão cabe a vós; mas, como não quero um bandido em minha casa, se isso vos acontecer, cuidai de não mais voltar".

De minha parte, recebi-o sem censura nem zombaria, mas com um pouco de gravidade; temendo que ele suspeitasse o fato de tudo não ter passado de um jogo, não quis levá-lo a passear no mesmo dia. No dia seguinte, vi com grande prazer que ele passava com um ar de triunfo diante das mesmas pessoas que se riam dele por encontrarem-no sozinho na véspera. Não é difícil acreditar que ele não mais me ameaçou de sair sem mim.

Foi por esses meios e outros semelhantes que, durante o pouco tempo em que estive com ele, consegui fazer que fizesse tudo o que eu queria, sem nada lhe prescrever, nada lhe proibir, sem sermões, sem exortações, sem aborrecê-lo com lições inúteis. Por isso, enquanto eu falava, ele ficava contente; mas meu silêncio o intimidava; ele compreendia que alguma coisa não ia bem, e sempre a lição vinha-lhe da própria coisa. Mas retornemos.

Esses exercícios contínuos, assim deixados unicamente sob a direção da natureza, não somente fortalecem o corpo sem embrutecer o espírito, mas também, ao contrário, formam em nós a única espécie de razão que a primeira idade pode ter, e a mais necessária em qualquer idade. Ensinam-nos a conhecer bem o uso de nossas forças, as relações de nossos corpos com os corpos que nos rodeiam, o uso dos instrumentos naturais que estão ao nosso alcance e que convêm a nossos órgãos. Haverá estupidez como a de uma criança educada sempre no quarto e aos olhos da mãe, e que, ignorando o que sejam peso e resistência, quer arrancar uma grande árvore ou erguer um rochedo? Na primeira vez que saí de Genebra, eu queria acompanhar um cavalo a galope e jogava pedras contra a montanha do Salève, que estava

---

38 Em casos semelhantes, pode-se, sem risco, exigir de uma criança a verdade, pois ela bem sabe que não poderia disfarçá-la e que, se ousasse dizer uma mentira, seria desmascarada no mesmo instante.

a 2 léguas de mim; joguete de todas as crianças da aldeia, eu era um verdadeiro idiota para elas. Aos 18 anos, aprende-se em filosofia o que é uma alavanca; não há camponesinho de 12 que não saiba servir-se de uma alavanca melhor do que o primeiro mecânico da Academia. As lições que os estudantes dão uns aos outros no pátio do colégio são-lhes cem vezes mais úteis do que tudo o que jamais lhes será dito em sala de aula.

Vede um gato entrar pela primeira vez em um quarto; ele visita, olha, fareja, não fica um instante sequer em repouso, não confia em nada a não ser depois de ter tudo examinado, tudo conhecido. Assim faz uma criança quando começa a andar, entrando, por assim dizer, no espaço do mundo. Toda a diferença está em que, à visão, comum à criança e ao gato, a primeira acrescenta, para observar, as mãos que a natureza lhe deu, e o outro, o olfato sutil de que esta o dotou. Essa disposição, bem ou mal cultivada, é o que torna as crianças hábeis ou lerdas, pesadas ou ágeis, tontas ou prudentes.

Sendo, pois, os primeiros movimentos naturais do homem os de medir-se com tudo ao seu redor, e de experimentar em cada objeto que percebe todas as qualidades sensíveis que podem lhe dizer respeito, seu primeiro estudo é um tipo de física experimental relativa à sua própria conservação, de que é desviado por meio de estudos especulativos antes que tenha tomado conhecimento de seu lugar neste mundo. Enquanto seus órgãos delicados e flexíveis se podem ajustar aos corpos sobre os quais devem agir, enquanto seus sentidos ainda puros são isentos de ilusão, é tempo de exercitar uns e outros às funções que lhes são próprias; é tempo de ensinar a conhecer as relações sensíveis que as coisas têm conosco. Como tudo que entra no entendimento humano ali chega pelos sentidos, a primeira razão do homem é uma razão sensitiva; é ela que serve de base à razão intelectual: nossos primeiros mestres de filosofia são nossos pés, nossas mãos, nossos olhos. Substituir tudo isso por livros não é ensinar-nos a raciocinar; é ensinar-nos a nos servir da razão de outrem; é ensinar-nos a acreditar muito e a nunca saber coisa alguma.

Para exercer uma arte, é preciso começar por obter os instrumentos e, para poder empregar utilmente tais instrumentos, é preciso que sejam feitos sólidos o bastante para que resistam ao uso. Para aprender a pensar precisamos, portanto, exercitar nossos membros, nossos sentidos, nossos órgãos, que são os instrumentos de nossa inteligência; e para tirar todo o proveito possível desses instrumentos é preciso que o corpo, que os fornece, seja robusto e são. Assim, longe de a verdadeira razão do homem se formar independentemente do corpo, a boa constituição do corpo é que torna as operações do espírito fáceis e seguras.

Mostrando em que devemos empregar a longa ociosidade da infância, entro em um detalhe que parecerá ridículo. Dir-se-á: deleitosas lições que, caindo sob vossa própria crítica, se limitam a ensinar o que ninguém precisa aprender! Por que consumir o tempo com instruções que chegam sempre por si mesmas e que não custam sofrimentos nem cuidados? Que criança de 12 anos não conhece tudo o que quereis ensinar à vossa e mais o que os mestres dela lhe ensinaram?

Senhores, vós vos enganais: ensino a meu aluno uma arte muito longa, muito penosa, que, por certo, os vossos não têm; é a arte de ser ignorante, pois, a ciência de quem só acredita saber o que sabe reduz-se a bem pouca coisa. Dais a ciência desde cedo; eu me ocupo do instrumento próprio para adquiri-la. Dizem que um dia, tendo os venezianos mostrado com grande pompa seu tesouro de São Marco a um embaixador da Espanha, este, tendo olhado embaixo das mesas, cumprimentou-os dizendo unicamente: *qui non c'è la radice*.[39] Nunca vejo um preceptor exibir o saber de seu discípulo sem ser tentado a dizer-lhe a mesma coisa.

Todos os que refletiram sobre a maneira de viver dos antigos atribuem aos exercícios da ginástica esse vigor de corpo e de alma que os distingue mais sensivelmente dos modernos. A maneira como Montaigne[40] apoia esse sentimento mostra que estava fortemente convicto disso; volta ao assunto sem cessar e de mil formas. Falando da educação de uma criança, diz que, para enrijecer-lhe a alma, é preciso endurecer-lhe os músculos. Acostumando-a ao trabalho, acostumam-na à dor: é preciso exauri-la na rudeza

---

39 "Aqui não há raiz". (N. T.)
40 Michel Eyquem de Montaigne (1533-1592), escritor francês, autor dos *Ensaios* (1580). (N. T.)

Emílio ou Da educação

dos exercícios para habilitá-la a enfrentar a rudeza das luxações, da cólica e de todos os males. O sábio Locke, o bom Rollin, o sábio Fleury, o pedante Crouzas, tão diferentes entre si em tudo o mais, concordam todos neste único ponto: exercitar muito o corpo das crianças.[41] É o mais judicioso dos preceitos deles; é e sempre será o mais negligenciado. Já falei suficientemente de sua importância, e como não é possível dar a esse respeito melhores razões nem regras mais sensatas do que as que se encontram no livro de Locke, contentar-me-ei em recomendá-lo, depois de tomar a liberdade de acrescentar algumas observações às suas.

Os membros de um corpo que cresce devem estar todos folgados nas roupas; nada deve incomodar seus movimentos nem seu crescimento, nada de muito apertado, nada que cole ao corpo; nada de ligaduras. A vestimenta francesa, incômoda e malsã para os homens, é perniciosa sobretudo às crianças. Os humores, estagnados, detidos em sua circulação, deterioram-se em um repouso que aumenta a vida inativa e sedentária, corrompem-se e causam o escorbuto, doença cada vez mais comum entre nós, mas quase ignorada pelos antigos, cuja maneira de vestir-se e de viver dela os preservava. A vestimenta de tipo hussardo, longe de remediar esse inconveniente, aumenta-o e, para poupar as crianças de algumas ligaduras, aperta-lhe o corpo todo. O que se pode fazer de melhor é deixá-la de camisão tanto quanto possível, depois dar-lhe uma roupa bem folgada, e não procurar marcar seu corte, o que só serve para deformá-la. Seus defeitos do corpo e do espírito vêm quase todos da mesma causa: querem fazer as crianças adultas antes do tempo.

Há cores alegres e cores tristes: as primeiras são mais do gosto das crianças; também caem melhor nelas, e não sei por que não observar nisso conveniências tão naturais. Mas, a partir do momento em que preferem um tecido porque é caro, seus corações já estão entregues ao luxo e a todas as fantasias da opinião; e esse gosto seguramente não lhes veio delas mesmas.

---

41 Charles Rollin (1661-1741), Claude Fleury (1640-1723) e Jean-Pierre de Crousaz (1663-1750) escreveram obras voltadas para a educação de crianças. Nos *Ensaios*, Montaigne trata do tema da educação de crianças no Livro I, cap.26. (N. T.)

Não se poderia dizer o quanto a escolha das roupas e os motivos dessa escolha influem na educação. Não somente mães cegas prometem a seus filhos enfeites como recompensa, mas vemos até mesmo governantes insensatos ameaçarem seus alunos com vestimentas mais grosseiras e mais simples como castigo: "Se não estudardes melhor, se não conservardes melhor vossos trapos, sereis vestidos como esse camponesinho". É como se lhes dissessem: "Sabei que o homem não é nada a não ser por suas roupas, que vosso valor está todo nelas". Será de se espantar que tão sábias lições façam sucesso em meio à juventude, que esta só estime o enfeite e que só julgue o mérito unicamente pelo exterior?

Se eu tivesse de corrigir a cabeça de uma criança assim mimada, faria que suas roupas mais caras fossem as mais incômodas, que nelas estivesse sempre desconfortável, sempre tolhida de mil maneiras; faria que a liberdade e a alegria fugissem diante de sua magnificência; se ela quisesse se juntar a outras crianças mais simplesmente vestidas para brincar, tudo cessaria, tudo desapareceria no mesmo instante. Enfim, eu a aborreceria, eu a fartaria de tal modo com seu fausto, eu a tornaria de tal modo escrava de sua veste dourada, que desta eu faria o flagelo de sua vida; ela veria com menos pavor a mais escura cela do que os adornos de seu paramento. Enquanto não sujeitamos a criança a nossos preconceitos, estar à vontade e livre é sempre seu primeiro desejo; a roupa mais simples e mais cômoda, a que menos a constrange, é sempre a mais preciosa para ela.

Há um hábito do corpo conveniente aos exercícios e outro mais conveniente à inação. Este, deixando aos humores um curso igual e uniforme, deve proteger o corpo contra as alterações do ar; o outro, fazendo-o passar incessantemente da agitação ao repouso e do calor ao frio, deve acostumá-lo às mesmas alterações. Segue-se daí que as pessoas caseiras e sedentárias devem vestir-se com roupas quentes em qualquer tempo, a fim de conservarem o corpo em uma temperatura uniforme, a mesma mais ou menos em todas as estações e em todas as horas do dia. Ao contrário, os que vão e vêm ao vento, ao sol, sob chuva, que agem muito e passam a maior parte de seu tempo *sub dio*, devem estar sempre vestidos com roupas leves, a fim de se habituarem a todas as vicissitudes do ar e a todos os graus de temperatura, sem se sentirem incomodados com isso. Aconselharia a uns e outros que não mudassem de hábitos segundo as estações; isso será prática constante de meu Emílio; não pretendo dizer com isso que vista, no verão, roupas de inverno, como as pessoas sedentárias, mas que use no inverno suas roupas de verão, como as pessoas laboriosas. Esse último costume foi o do cavaleiro Newton durante toda a sua vida, e ele viveu oitenta anos.

Pouca ou nenhuma touca em qualquer estação. Os antigos egípcios tinham sempre a cabeça nua; os persas a cobriam com grandes tiaras e ainda a cobrem de pesados turbantes, cujo uso, segundo Chardin,[42] o ar do país torna necessário. Observei noutro lugar[43] a distinção que fez Heródoto em um campo de batalha entre os crânios dos persas e os dos egípcios. Importa que os ossos da cabeça se tornem mais duros, mais compactos, menos frágeis e menos porosos, para melhor escudar o cérebro, não somente contra os ferimentos, mas também contra os resfriados, as fluxões e todas as impressões do ar. Acostumai, portanto, vossas crianças a manterem a cabeça sempre nua, no verão e no inverno, de dia e de noite. Se, por causa da limpeza ou para manter seus cabelos em ordem, quiserdes dar a elas uma touca para a noite, que seja um boné fino e com abertura, semelhante à rede com que os bascos envolvem seus cabelos. Bem sei que a maioria das mães, mais impressionadas com a observação de Chardin do que com minhas razões, acreditarão encontrar em toda parte o ar da Pérsia; mas, quanto a mim, não escolhi meu aluno europeu para fazer dele um asiático.

Em geral, vestimos demais as crianças, sobretudo durante a primeira idade. Seria preciso torná-las resistentes antes ao frio do que ao calor. O frio forte não as incomoda nunca, se a ele as deixamos expostas desde cedo; mas o tecido de sua pele, ainda tenro e frouxo demais, deixando uma passagem muito livre para a transpiração, entrega-as, pelo calor extremo, a um esgotamento inevitável. Observa-se ainda que morrem mais crianças no mês de agosto do que em qualquer outro mês. De resto, parece frequente, pela

---

42 Jean Chardin (1643-1713), autor de *Voyages de monsieur le chevalier Chardin en Perse et autres lieux de l'Orient* (1711). (N. T.)

43 *Carta a d'Alembert sobre os espetáculos*, p.189, primeira edição.*

* *Œuvres complètes de J.-J. Rousseau*, t. V. Paris: Gallimard/Pléiade, 1995, p.92-3. (N. T.)

comparação entre os povos do Norte e os do Sul, que se tornam mais robustos aqueles que suportam mais o excesso de frio do que o excesso de calor. Entretanto, na medida em que a criança cresce e que suas fibras se fortalecem, acostumai-a pouco a pouco a enfrentar os raios do sol; indo a eles gradualmente, vós a tornareis, sem perigo, resistente aos ardores da zona tórrida.

Locke, em meio aos preceitos viris e sensatos que nos dá, cai em contradições que não se esperariam de um raciocinador tão exato. Esse mesmo homem que quer que, no verão, as crianças se banhem na água gelada, não quer, quando estão aquecidas, que bebam refrescos, nem que se deitem no chão em lugares úmidos.[44] Mas, se ele quer que os sapatos das crianças fiquem molhados a todo tempo, ficarão menos molhados quando a criança sentir calor? E não se poderá fazer do corpo, em relação aos pés, as mesmas induções que ele faz dos pés em relação às mãos, e do corpo em relação ao rosto? Se quereis que o homem seja todo rosto, diria eu, por que me censurais por querer que ele seja todo pés?

Para impedir que as crianças bebam quando sentem calor, ele prescreve acostumá-las a comer um pedaço de pão antes de beber. É bem estranho que, quando a criança tem sede, seja preciso dar-lhe de comer; seria o mesmo que lhe dar de beber quando tem fome. Nunca me persuadirão de que nossos primeiros apetites sejam tão desregrados que não possamos satisfazê-los sem correr risco de morte. Se assim fosse, o gênero humano teria sido destruído cem vezes antes que se houvesse aprendido o que é preciso fazer para conservá-lo.

Todas as vezes que Emílio tiver sede, quero que lhe deem o que beber; quero que lhe deem água pura e sem nenhum preparo, nem mesmo o de amorná-la, ainda que ele se mostre muito suado ou ainda que se esteja em pleno inverno. O único cuidado que recomendo é o de distinguir a qualidade da água. Se for água de rio, dai-lhe imediatamente, tal qual é tirada do rio; se for água de fonte, é preciso deixá-la algum tempo exposta ao ar

---

44 Como se os pequenos camponeses escolhessem a terra bem seca para sentar-se ou deitar-se, e como se alguma vez tivéssemos ouvido dizer que a umidade da terra fez mal a algum deles. Ouvindo os médicos a esse respeito, acreditaríamos que os selvagens são todos vítimas de reumatismos.

antes que ele a beba. Nas estações quentes, os rios estão quentes; o mesmo não acontece com as fontes, que não ficam em contato com o ar; é preciso aguardar que cheguem à temperatura da atmosfera. No inverno, ao contrário, a água de fonte é, nessa questão, menos perigosa do que a do rio. Mas não é natural nem frequente que se transpire no inverno, sobretudo ao ar livre, pois o frio, impressionando sem cessar a pele, repercute para dentro o suor e impede os poros de se abrirem o bastante para lhe dar passagem. Ora, eu não pretendo que Emílio se exercite no inverno ao lado de uma lareira, mas fora de casa, em pleno campo, no meio do gelo. Enquanto ele só se aquecer fazendo e atirando bolas de neve, deixemo-lo beber quando tiver sede; que ele continue a se exercitar depois de ter bebido e não tememos nenhum acidente. Se, por causa de algum outro exercício, ele começar a transpirar e tiver sede, que beba algo gelado nesse momento. Tende apenas o cuidado de levá-lo para longe e a curtos passos para buscar sua água. Com o frio que se supõe, terá se refrescado o suficiente ao chegar para bebê-la, sem nenhum perigo. Sobretudo, tomai tais precauções sem que ele o perceba. Preferiria que algumas vezes ficasse doente a que atentasse incessantemente para sua saúde.

É preciso um longo sono para as crianças, porque elas se exercitam ao extremo. Uma coisa serve de corretivo à outra; assim, vê-se que precisam de ambas as coisas. O tempo de repouso é o da noite, é marcado pela natureza. É uma observação comum que o sono é mais tranquilo e mais suave quando o sol se encontra sob o horizonte, e que o ar aquecido por seus raios não mantém nossos sentidos em tão grande calma. Assim, o hábito mais salutar é certamente o de se levantar e se deitar com o sol. Donde segue que, em nossos climas, o homem e todos os animais precisam, em geral, dormir mais tempo no inverno do que no verão. Mas a vida civil não é bastante simples, bastante natural, bastante isenta de revoluções e de acidentes, para que se deva acostumar o homem a essa uniformidade, a ponto de torná-la necessária para ele. Sem dúvida, é preciso sujeitar-se às regras; mas a primeira é a de poder infringi-las sem risco quando a necessidade assim exige. Portanto, não amolecei indiscretamente vosso aluno na continuidade de um sono sereno que nunca seja interrompido. Entregai-o, em primeiro lugar, sem incômodo, à lei da natureza; mas não vos esqueçais de que, entre nós, ele deve estar acima dessa lei. Deve poder deitar-se tarde, levantar-se cedo, ser despertado bruscamente, passar noites em pé, sem se sentir incomodado com isso. Começando bem cedo, indo sempre devagar e gradualmente, formamos um temperamento com as mesmas coisas que o destroem quando a elas o submetemos estando ele já formado.

É importante acostumá-lo, de início, a deitar-se mal; é o meio de não mais achar uma cama ruim. Em geral, a vida dura, uma vez transformada em hábito, multiplica as sensações agradáveis; a vida fácil reserva uma infinidade de desprazeres. As pessoas educadas com delicadeza demais só encontram o sono sobre o saco de plumas; as pessoas acostumadas a dormir sobre pranchas o encontram em toda parte: não há cama dura para quem adormece ao deitar-se.

Uma cama macia, em que se afunda nas plumas ou no acolchoado, funde e dissolve o corpo, por assim dizer. Os rins demasiadamente envolvidos pelo calor se esquentam. Daí resultam, não raras vezes, a pedra ou outros incômodos e, infalivelmente, uma compleição delicada que propicia tais coisas.

A melhor cama é a que oferece um sono melhor. Eis o que preparamos, Emílio e eu, durante o dia. Não precisamos que nos tragam escravos da Pérsia para fazerem nossas camas; trabalhando a terra, preparamos nossos colchões.

Sei por experiência que, quando uma criança está com saúde, pode-se fazê-la dormir ou ficar acordada quase à vontade. Quando a criança está deitada e aborrece sua babá com tagarelice, ela lhe diz: *durma*; é como se lhe dissesse: *passe bem!*, quando está doente. O verdadeiro meio de fazê-la dormir é aborrecê-la. Falai-lhe tanto que ela seja forçada a calar-se e, em pouco tempo, ela dormirá; os sermões são sempre bons para alguma coisa; tanto faz pregar ou balançar; mas, se empregardes esse narcótico à noite, evitai empregá-lo durante o dia.

Eu despertarei Emílio às vezes, menos temendo que ele se habitue a dormir por tempo demais do que para acostumá-lo a tudo, inclusive a ser acordado bruscamente. Além disso, eu teria muito pouco talento para meu trabalho se não soubesse forçá-lo a acordar por si mesmo, e a levantar-se, por assim dizer, de acordo com minha vontade sem que eu lhe diga uma só palavra.

Se não dorme bastante, deixo que vislumbre para o dia seguinte uma manhã entediante, e ele próprio pensará estar ganhando com tudo o que puder deixar para o sono; se dorme demais, mostro-lhe ao despertar um divertimento de que goste. Quero que acorde na hora marcada? Digo-lhe: amanhã, às seis horas, partimos para a pesca, vamos passear em tal lugar; quereis ir? Ele concorda e me pede que o desperte; prometo, ou não prometo, de acordo com a necessidade; se ele acorda tarde demais, já terei partido. Passará por infelicidade se não aprender logo a despertar sozinho.

De resto, se acontece, o que é raro, que alguma criança indolente tenha tendência para estagnar na preguiça, é preciso não a deixar entregar-se a essa inclinação, na qual se embotaria por completo, mas, em vez disso, administrar-lhe algum estimulante que a desperte. Nota-se bem que não se trata de fazê-la agir por força, mas de comovê-la por algum apetite que a leve a agir; e esse apetite, escolhido com cuidado na ordem da natureza, nos conduz ao mesmo tempo a dois fins.

Não imagino nada cujo gosto, ou até mesmo o furor, não possamos insuflar, com um pouco de habilidade, nas crianças, e isso sem vaidade, sem emulação, sem inveja. Bastam sua vivacidade, seu espírito imitador e, sobretudo, sua alegria natural, instrumento de eficácia segura, mas do qual nenhum preceptor se lembrou. Em todos os jogos em que estão bem persuadidas de que se trata apenas de jogo, elas sofrem sem se queixar, rindo mesmo, o que não sofreriam nunca de outro modo sem derramar torrentes de lágrimas. Os longos jejuns, as pancadas, a queimadura, as fadigas de toda espécie são os divertimentos dos jovens selvagens; prova de que a própria dor tem seu tempero que pode tirar-lhes a amargura; mas não é facultado a todos os mestres saber preparar esse ragu, nem, talvez, a todos os discípulos poder saboreá-lo sem caretas. Eis-me de novo, se não tomar cuidado, perdido nas exceções.

No entanto, o que não tolera exceção é a sujeição do homem à dor, aos males de sua espécie, aos acidentes, aos perigos da vida, enfim, à morte. Quanto mais o familiarizarmos com todas essas ideias, mais o curaremos da importuna sensibilidade que acrescenta ao mal a impaciência de suportá-lo; quanto mais o familiarizarmos com os sofrimentos que podem atingi-lo, mais lhe tiraremos, como diria Montaigne, a picada do estranhamento; e mais tornaremos sua alma invulnerável e dura; seu corpo será a couraça que repelirá todos os golpes que poderiam atingi-la mortalmente. Até mesmo a proximidade da morte, não sendo a morte, ela dificilmente a sentirá enquanto tal; não morrerá, por assim dizer, mas estará vivo ou morto, e nada mais. É dele que o mesmo Montaigne teria podido dizer, como disse de um rei do Marrocos, que nenhum homem viveu tão adiantado à morte.[45] A constância e a firmeza são, assim como as outras virtudes, aprendizados da infância. Mas não é ensinando esses nomes às crianças que faremos que elas aprendam sobre eles: é fazendo-as saboreá-los sem que saibam o que são.

Mas, quanto a morrer, como nos conduziremos perante nosso aluno em relação ao perigo da varíola? Faremos que a inoculem nele com pouca idade ou aguardaremos que a contraia naturalmente? A primeira decisão, mais conforme à nossa prática, preserva do perigo a idade em que a vida é mais preciosa, transferindo o risco para outra idade, se é que se pode chamar de risco uma inoculação bem administrada.[46]

Mas a segunda decisão está mais de acordo com nossos princípios gerais, de deixar em tudo a natureza agir quanto aos cuidados que ela gosta de tomar sozinha, e que ela abandona tão logo o homem queira se intrometer. O homem da natureza está sempre preparado: deixemos esse mestre inocular, pois ele escolherá o momento melhor do que nós.

Não concluais disso que censuro a inoculação; pois o raciocínio que faço para isentar dela meu aluno não serviria muito bem aos vossos. Vossa educação prepara-os para não escapar da varíola quando forem atacados por ela; se a deixais vir ao acaso, é provável que eles morram. Vejo que em diferentes países resistem tanto mais à inoculação quanto mais ela se torna necessária; a razão disso se percebe facilmente. Tampouco me darei o trabalho de tratar dessa questão no caso de meu Emílio. Ele será inoculado ou não o será, segundo os tempos, os lugares, as circunstâncias: isso é quase indiferente

---

45 As citações são dos *Ensaios* de Montaigne, respectivamente I, 20 e II, 21. (N. T.)

46 Referência ao procedimento de inoculação para tratamento da varíola, o qual será aperfeiçoado por Edward Jenner no final do século XVIII. Ver o verbete "Inoculation" no tomo VIII da *Enciclopédia*. (N. T.)

para ele. Se lhe dermos a varíola, teremos a vantagem de prever e conhecer seu mal de antemão; isso é alguma coisa. Mas, se ele a contrair naturalmente, teremos evitado o médico, o que é ainda melhor.

Uma educação exclusiva, que tende somente a distinguir do povo aqueles que a receberam, prefere sempre as instruções mais dispendiosas às mais comuns e, por isso mesmo, às mais úteis. Assim, os jovens educados com cuidado aprendem todos a montar a cavalo, porque isso lhes custa muito, mas quase nenhum aprende a nadar, porque não custa nada e um artesão pode saber nadar tão bem quanto quem quer que seja. Entretanto, sem ter passado pela academia, um viajante monta a cavalo, mantém-se nele, e serve-se dele o bastante para o que precisa; mas, na água, ou nadamos ou nos afogamos, e não nadamos sem termos aprendido. Enfim, não se é obrigado a montar a cavalo sob risco de vida, ao passo que ninguém está seguro de evitar um perigo a que tão constantemente se expõe. Emílio estará na água como na terra. Possa ele viver em todos os elementos! Se pudéssemos aprender a voar, faria dele uma águia; faria dele uma salamandra se pudéssemos nos endurecer ao fogo.

Receia-se que uma criança se afogue aprendendo a nadar; que se afogue aprendendo ou que se afogue por não ter aprendido, isso será sempre vossa culpa. Somente a vaidade nos torna temerários; não somos vaidosos quando ninguém nos vê: Emílio não o seria, ainda que fosse visto por todo o universo. Como o exercício não depende do risco, ele aprenderia, em um canal do parque de seu pai, a atravessar o Helesponto. Mas é preciso familiarizar-se ao risco para não se perturbar com ele; é uma parte essencial do aprendizado de que falei há pouco. De resto, atento em medir o perigo pelas suas forças e a compartilhá-lo com ele, não terei de temer nenhuma imprudência se eu regular o cuidado de sua conservação pelo que devo à minha.

Uma criança é menor do que um homem; não tem nem sua força nem sua razão, mas vê e entende tão bem quanto ele, ou quase tão bem. Tem o gosto igualmente sensível, embora o tenha menos delicado, e distingue da mesma maneira os odores, embora não ponha aí a mesma sensualidade. As primeiras faculdades que se formam e se aperfeiçoam em nós são as dos sentidos. São, portanto, as primeiras que precisaríamos cultivar; são as únicas que esquecemos ou as que mais negligenciamos.

Exercitar os sentidos não é somente fazer uso deles: é aprender a bem julgar por meio deles, é aprender, por assim dizer, a sentir; pois não sabemos nem tocar, nem ver, nem ouvir a não ser da maneira como aprendemos.

Há um exercício puramente natural e mecânico que serve para tornar o corpo robusto sem dar nenhum ensejo para o julgamento: nadar, correr, saltar, chicotear um pião, jogar pedras. Tudo isso é muito bom, mas será que temos somente braços e pernas? Não teremos também olhos e ouvidos? E esses órgãos são supérfluos ao uso dos primeiros? Não exerciteis, portanto, somente as forças, exercitai todos os sentidos que as dirigem; tirai de cada um deles todo o proveito possível e, depois, verificai o resultado de um pelo outro. Medi, contai, pesai, comparai. Não empregueis a força senão depois de terdes estimado a resistência; fazei sempre de modo que a estimativa do efeito preceda o uso dos meios. Interessai a criança a nunca fazer esforços insuficientes ou supérfluos. Se a acostumais a prever assim o efeito de todos os seus movimentos, e a corrigir seus erros pela experiência, não fica claro que, quanto mais ela agir, mais se tornará judiciosa?

Trata-se de mover certa quantidade de massa? Se ela pegar uma alavanca longa demais, despenderá movimento demais; se pegar uma curta demais, não terá força suficiente. A experiência pode ensinar-lhe a escolher precisamente o bastão de que precisa. Essa sabedoria não está, portanto, acima de sua idade. Trata-se de carregar um fardo? Se ela quiser pegar o mais pesado que consegue carregar e não tentar erguê-lo, não será forçada a estimar o peso daquilo pela vista? Se souber comparar massas da mesma matéria e de diferentes tamanhos, que escolha entre massas do mesmo tamanho e de diferentes matérias; será preciso que se aplique em comparar seus pesos específicos. Vi um jovem muito bem-educado que só quis acreditar depois de verificar que um balde cheio de grossas lascas de carvalho fosse menos pesado do que o mesmo balde cheio de água.

Não somos senhores do uso de todos os nossos sentidos por igual. Há um deles, o tato, cuja ação nunca cessa durante a vigília; foi espalhado por todo o nosso corpo, como um guardião contínuo para avisar-nos de tudo o que possa ofendê-lo. É também aquele cuja experiência adquirimos bem cedo, queiramos ou não, mediante esse exercício contínuo e ao qual, por conseguinte, não precisamos cultivar em particular. Contudo, observamos que os cegos têm o tato mais seguro e mais fino do que nós, porque, não sendo mais guiados pela visão, são forçados a aprender a tirar unicamente do primeiro sentido os juízos que o outro nos fornece. Por que então não nos exercitam a andar como eles na escuridão, a conhecer os corpos que podemos alcançar, a julgar os objetos que nos rodeiam, ou, em uma palavra, a fazer à noite e sem luz tudo o que eles fazem durante o dia e sem olhos? Enquanto o sol brilha, levamos vantagem sobre eles; nas trevas eles são, por sua vez, nossos guias. Somos cegos a metade da vida; com a diferença de que os verdadeiros cegos sabem sempre conduzir-se, e nós não ousamos dar um passo no meio da noite. Temos luz, dir-me-ão. O quê? Sempre máquinas! Quem vos assegura que elas vos seguirão por toda parte quando precisardes? Quanto a mim, prefiro que Emílio tenha olhos na ponta de seus dedos a que os tenha na loja de um vencedor de candelabros.

 Se estiverdes fechado em um edifício no meio da noite, batei palmas; pela ressonância no lugar percebereis se o espaço é grande ou pequeno, se estais no centro ou em um canto. A meio pé de uma parede, o ar menos circundante e mais refletido causa-vos outra sensação no rosto. Permanecei no lugar e voltai-vos sucessivamente para todos os lados; se houver uma porta aberta, uma leve corrente de ar vo-lo indicará. Se estiverdes em um barco, sabereis, pela maneira como o ar vos bate no rosto, não somente em que sentido ides, como ainda se a correnteza do rio vos arrasta devagar ou rapidamente. Essas observações e mil outras semelhantes só podem ser bem-feitas à noite; por mais atenção que quiséssemos lhes dar durante o dia, seremos auxiliados ou distraídos pela visão, e elas nos escaparão. Entretanto, não há ainda aqui nem mãos nem bastão. Quantos conhecimentos oculares podemos adquirir pelo tato, mesmo sem tocarmos em absolutamente nada!

 Muitos jogos noturnos. Esse conselho é mais importante do que parece. A noite assusta naturalmente os homens e, às vezes, os animais.[47] A razão, os conhecimentos, o espírito e a coragem libertam poucas pessoas desse tributo. Vi pensadores, espíritos fortes, filósofos e militares intrépidos

---

47 Esse pavor torna-se muito manifesto nos grandes eclipses do sol.

Livro II

durante o dia tremerem à noite como mulheres ao ruído de uma folha de árvore. Atribuem esse medo aos contos das amas. Enganam-se: existe uma causa natural. Que causa é essa? A mesma que torna os surdos desconfiados e o povo supersticioso: a ignorância das coisas que nos cercam e do que se passa ao redor de nós.[48] Acostumado a perceber de longe os objetos

---

48 Eis ainda aqui outra causa bem explicada por um filósofo cujo livro sempre cito e cuja grande visão me instrui mais frequentemente ainda.
"Quando, devido a circunstâncias particulares, não podemos ter uma ideia justa da distância e que só podemos julgar os objetos pela grandeza do ângulo, ou melhor, da imagem que formam em nossos olhos, nós então nos enganamos necessariamente acerca do tamanho desses objetos. Todo mundo verificou que, viajando à noite, tomamos um arbusto perto de nós por uma grande árvore que está longe, ou então, tomamos uma grande árvore distante por um arbusto ao nosso lado. Do mesmo modo, se não conhecemos os objetos por sua forma e não podemos ter por esse meio nenhuma ideia da distância, nós também nos enganaremos necessariamente. Uma mosca que passar com rapidez a algumas polegadas de distância de nossos olhos parecerá a nós, nesse caso, um pássaro a uma grande distância; um cavalo que esteja parado no meio de um campo e na atitude semelhante, por exemplo, à de um carneiro, parecerá a nós apenas um carneiro grande, enquanto não reconhecermos tratar-se de um cavalo; mas, assim que o tivermos reconhecido, parecerá a nós, de imediato, grande como um cavalo, e retificaremos ali mesmo nosso primeiro juízo.
"Todas as vezes que nos encontrarmos à noite em lugares desconhecidos onde não possamos julgar a distância, e onde não pudermos reconhecer a forma das coisas por causa da escuridão, será perigoso incorrermos a todo instante em erro concernente a juízos que faremos sobre os objetos que se apresentarão. Daí é que vem o pavor e a espécie de medo interior que a escuridão da noite faz quase todos os homens sentirem; é nisso que se fundamenta a aparição de espectros e de figuras gigantescas e aterrorizantes que tantas pessoas dizem ter visto. Responde-se a elas comumente que essas figuras estavam em sua imaginação; entretanto, elas podiam estar realmente em seus olhos, e é muito possível que de fato tenham visto o que dizem ter visto; pois deve acontecer necessariamente, todas as vezes que só pudermos julgar um objeto pelo ângulo que forma no olho, que esse objeto desconhecido cresça e engrandeça na medida em que nos acharmos mais perto dele; e, se de início ele pareceu ao espectador, que não pode conhecer o que vê nem julgar a que distância o vê, se lhe pareceu, digo, de início, da altura de alguns pés quando se achava a uma distância de 20 ou 30 passos, deve parecer-lhe alto de muitas toesas quando só estiver a alguns pés de distância; o que deve, com efeito, espantá-lo e atemorizá-lo até que possa enfim tocar o objeto ou reconhecê-lo; pois, no mesmo instante em que reconhece o que é, esse objeto, que se lhe afigurava gigantesco, diminuirá de repente e não lhe parecerá mais ter senão seu tamanho real; mas, se fugir ou não ousar aproximar-se, é certo

e a prever antecipadamente suas impressões, como, não vendo mais nada do que me rodeia, não suporei mil seres, mil movimentos que podem me molestar e dos quais não posso me proteger? Por mais que eu saiba estar em segurança no lugar em que me encontro, nunca o saberei tão bem quanto se o visse no momento. Portanto, tenho sempre um motivo de temor que não tinha durante o dia. Sei, é verdade, que um corpo estranho não pode agir sobre meu sem se anunciar por algum ruído; assim, quão alerta mantenho meu ouvido o tempo todo! Ao menor ruído cuja causa não posso discernir, o interesse de minha conservação me leva, de início, a supor tudo o que mais deve me pôr em guarda, e, por conseguinte, tudo o que é mais próprio para me pode amedrontar.

Se não ouço absolutamente nada, nem por isso fico tranquilo; pois, afinal, mesmo sem ruído posso ainda ser surpreendido. É preciso que eu suponha as coisas tais como eram antes, tais como devem ainda ser, que eu veja o que não vejo. Assim, forçado a pôr em jogo minha imaginação, dentro em pouco não sou mais o senhor dela, e o que fiz para me tranquilizar só serve para me alarmar ainda mais. Se ouço barulho, ouço ladrões; se não ouço nada, vejo fantasmas; a vigilância que o cuidado de me conservar me inspira só me dá motivos de temor. Tudo o que deve apaziguar-me existe apenas em minha razão; em relação a ela, o instinto, mais forte, fala-me de um

---

que não terá desse objeto outra ideia senão a da imagem formada em seu olho, e terá realmente visto uma figura gigantesca ou apavorante pelo tamanho e pela forma. O preconceito dos espectros é, portanto, fundamentado na natureza, e essas aparições não dependem, como acreditam os filósofos, unicamente da imaginação". (*Hist. nat.*, t.VI, p.22, in-12.)

Procurei mostrar no texto como se depende sempre em parte da imaginação, e quanto à causa explicada nessa passagem, vê-se que o hábito de andar à noite deve nos ensinar a distinguir as aparências que a semelhança das formas e a diversidade das distâncias fazem que os objetos tomem aos nossos olhos na escuridão; pois, quando o ar ainda está bastante claro para nos deixar perceber os contornos dos objetos, como há mais ar interposto em uma distância maior, devemos sempre ver esses contornos menos marcados quando o objeto se encontra mais longe de nós; o que basta, graças ao hábito para nos garantir contra o erro que aqui explica o sr. de Buffon. Seja qual for a explicação preferida, meu método é, portanto, sempre eficaz, e é o que a experiência confirma perfeitamente.

jeito totalmente diferente. Para que pensar que não se tem nada a temer, se então nada se tem a fazer?

A descoberta da causa do mal indica o remédio. Em todas as coisas, o hábito mata a imaginação; só os objetos novos a despertam. Naqueles que vemos todos os dias, não é mais a imaginação que age, mas a memória; e eis a razão do axioma: *ab assuetis non fit passio*,[49] pois é somente sob o fogo da imaginação que as paixões se acendem. Não raciocineis, portanto, com aquele que quereis curar do horror das trevas; levai-o com frequência a elas e estejais seguro de que todos os argumentos da filosofia não valerão essa praxe. Os telhadores sobre os telhados não sentem vertigem, e não se vê ter medo da escuridão quem está acostumado a nela estar.

Eis, portanto, outra vantagem acrescida à primeira para nossos jogos noturnos. Mas, para o sucesso desses jogos, nunca é demais que eu recomende a alegria. Nada é tão triste quanto as trevas; portanto, não fecheis vossa criança em um calabouço. Que ela ria ao entrar na escuridão; que ela volte a rir antes de sair de lá; que, enquanto ali estiver, a ideia das diversões que deixou e das que vai reencontrar a proteja das imaginações fantásticas que poderiam ir procurá-la ali.

Existe um período da vida para além do qual se retrocede avançando. Sinto que ultrapassei esse período. Recomeço, por assim dizer, outra carreira. O vazio da maturidade que se fez sentir em mim retraça o doce tempo da primeira idade. Ao envelhecer, volto a ser criança, e lembro-me com mais facilidade do que fiz aos 10 anos do que aos 30. Leitores, perdoai-me, então, por às vezes tirar meus exemplos de mim mesmo, pois, para fazer bem este livro, é preciso que eu o faça com prazer.

Estava eu no campo, em pensão na casa de um ministro chamado sr. Lambercier. Tinha por camarada um primo mais rico do que eu, que tratavam como herdeiro; quanto a mim, afastado do meu pai, eu nada mais era do que um pobre órfão. Meu primo Bernard era singularmente medroso, sobretudo à noite. Zombei tanto de seu pavor que o sr. Lambercier, aborrecido com minhas bravatas, quis pôr à prova minha coragem. Em uma noite de outono,

---

49 Coisas usuais não causam paixão. (N. T.)

muito escura, deu-me a chave do templo e disse-me para ir buscar no púlpito a Bíblia que ali deixara. Acrescentou, para provocar minha honra, algumas palavras que me impediam de recuar.

Saí sem luz; se tivesse uma, teria sido pior ainda. Era preciso passar pelo cemitério: atravessei-o impavidamente, pois, sentindo-me ao ar livre, nunca tive terrores noturnos.

Ao abrir a porta, ouvi certo ressoar na abóbada, que pensei assemelhar-se ao de vozes, o que começou a abalar minha firmeza romana. Aberta a porta, quis entrar; mas, não dei sequer alguns passos, e parei. Percebendo a escuridão profunda que reinava no vasto local, fui tomado por um terror que me fez arrepiar os cabelos; retrocedo, saio, ponho-me a fugir tremendo. Encontro no pátio um cãozinho chamado Sultão, cujas carícias me tranquilizam. Envergonhado de meu pavor, volto sobre meus passos, porém, procurando levar comigo Sultão, que não quis me acompanhar. Atravesso bruscamente a porta, entro na igreja. Mal me encontro dentro e o terror me toma de novo, mas com tanta força que perdi a cabeça; e, embora o púlpito fosse à direita e eu o soubesse muito bem, tendo-me voltado sem perceber, procurei-o por muito tempo à esquerda, atrapalhei-me com os bancos. Não sabia mais onde me encontrava e, não podendo achar nem o púlpito nem a porta, caí em uma inexprimível confusão. Enfim, percebo a porta, consigo sair do tempo, e afasto-me, como da primeira vez, bem resolvido a nunca mais ali entrar sozinho, a não ser durante o dia.

Volto para casa. Prestes a entrar, noto a voz do sr. Lambercier às gargalhadas. Antecipo que sejam para mim e, confuso por me ver exposto a elas, hesito em abrir a porta. Nesse entretempo, ouço a srta. Lambercier, inquieta a meu respeito, dizer à criada para pegar a lanterna, e o sr. Lambercier dispor-se a me procurar, escoltado por meu intrépido primo, ao qual, depois, não deixariam de atribuir toda a honra da expedição. No mesmo instante, todos os meus pavores cessam, sobrando apenas o de ser surpreendido em minha fuga; corro, voo até o templo; sem me perder, sem tatear, chego ao púlpito; subo nele, pego a Bíblia, lanço-me para baixo; em três saltos estou fora do templo, e até me esqueço de fechar a porta; entro no quarto, sem fôlego, jogo a Bíblia sobre a mesa, assustado, mas palpitando de alegria por ter prevenido o socorro que me era destinado.

Perguntar-me-ão se falo desse caso como modelo a ser seguido e como um exemplo da alegria que exijo nesses tipos de exercícios. Não; falo dele como prova de que nada é mais capaz de acalmar alguém assustado com as sombras da noite do que ouvir no quarto vizinho um grupo reunido a rir e a conversar tranquilamente. Desejaria assim que, em vez de divertir-se a sós com seu aluno, fossem reunidas à noite muitas crianças de bom humor; que elas, a princípio, não fossem enviadas sozinhas, mas em bom número e juntas; e que nenhuma se aventurasse completamente sozinha antes de estarmos bem seguros de que ela não se sentiria assustada demais.

Não imagino nada tão agradável e tão útil quanto semelhantes jogos quando se quer usar um pouco de habilidade para ordená-los. Eu faria de uma grande sala uma espécie de labirinto com mesas, poltronas, cadeiras e biombos. Nas inextricáveis tortuosidades desse labirinto, poria no meio de oito ou dez caixas de armadilhas outra caixa quase igual repleta de bombons; designaria em termos claros, mas sucintos, onde se encontra a caixa certa; daria a informação suficiente a gente mais atenta e menos avoada do que as crianças para distingui-la;[50] em seguida, depois de ter sorteado os pequenos concorrentes, eu os enviaria todos, um depois do outro, até que a caixa certa fosse encontrada; tomaria o cuidado de tornar isso difícil na proporção de suas habilidades.

Imaginai um pequeno Hércules chegando com uma caixa na mão, muito orgulhoso de sua expedição. A caixa é colocada sobre a mesa e aberta com cerimônia. Ouço daqui as gargalhadas, as vaias do bando alegre, quando, em lugar dos confeitos esperados, se encontram, bem propriamente arranjados sobre musgo ou algodão, um besouro, um caramujo, pedaços de carvão, bolotas de carvalho, nabos ou alimentos semelhantes. Outras vezes, em um cômodo recém-pintado, poder-se-á suspender, perto da parede, algum brinquedo, algum pequeno móvel que deverá ser buscado sem que se encoste no muro. Por pouco que tenha falhado quanto à condição, a aba do chapéu

---

50 Para exercitar a atenção delas, sempre lhes digais coisas de que elas tenham interesse sensível e presente para ouvirem bem; acima de tudo, nada de lenga-lenga, nunca uma palavra supérflua; mas não deixeis, tampouco, nem obscuridade nem equívoco em vossos discursos.

esbranquiçada, a ponta dos sapatos, a borda de sua roupa, sua manga trairão sua falta de habilidade. Eis o bastante, demais talvez, para fazer o espírito entender esses tipos de jogos. Se é preciso dizer-vos mais, então não me leiais.

Quantas vantagens um homem assim educado terá, à noite, sobre os outros homens! Seus pés acostumados a se firmarem nas trevas, suas mãos exercitadas em se aplicar facilmente a todos os corpos ao seu redor o conduzirão sem dificuldade na mais espessa escuridão. Sua imaginação, repleta dos jogos noturnos de sua juventude, dificilmente se voltará para objetos apavorantes. Se acreditar ouvir gargalhadas, não serão dos espíritos brincalhões, mas de seus antigos camaradas; se imaginar uma assembleia, não será ela um sabá, mas o quarto de seu governante. A noite, só lhe fazendo lembrar ideias alegres, não lhe será nunca horrenda; em vez de temê-la, ele a amará. Quando tratar-se de uma expedição militar, estará disposto a qualquer hora, tanto sozinho quanto com sua tropa. Entrará no campo de Saul e o percorrerá sem se perder; irá até a tenda do rei sem acordar ninguém e voltará sem ser percebido.[51] Se for preciso roubar os cavalos de Reso, dirigi-vos a ele sem medo. Entre as pessoas educadas de modo diferente, dificilmente encontrareis um Ulisses.[52]

Vi pessoas querendo acostumar as crianças, por meio de surpresas, a não se assustarem com nada à noite. Esse método é muito ruim; produz um efeito contrário ao que se busca e só serve para torná-las mais medrosas sempre. Nem a razão nem o hábito podem tranquilizar quanto à ideia de um perigo presente, de que não se pode conhecer nem o grau nem a espécie, e tampouco as surpresas que repetidas vezes se experimentou. Entretanto, como garantir que mantereis vosso aluno sempre isento de acidentes semelhantes? Eis o melhor conselho, parece-me, com que se pode preveni-lo a respeito. Estais, então, direi a meu Emílio, no caso de uma legítima defesa; pois, o agressor não vos deixa julgar se quer vos fazer mal ou assustar, e, como ele assegurou suas vantagens, a própria fuga não é um refúgio para vós. Portanto, agarrai com audácia aquele que vos surpreende à noite,

---

51 *I Samuel*, XXVI. (N. T.)
52 Reso é o rei da Trácia que aparece no Canto X da *Ilíada* de Homero. (N. T.)

homem ou animal, não importa; apertai-o, segurai-o com toda a vossa força; se ele se debater, batei, não poupeis as pancadas; e, o que quer que diga ou faça, não o largueis nunca antes de saberdes o que é. O esclarecimento vos mostrará provavelmente que não havia muito que temer, e essa maneira de tratar os brincalhões deve naturalmente dissuadi-los de voltar.

Embora o tato seja, de todos os nossos sentidos, o que exercitamos de modo mais contínuo, seus juízos permanecem, todavia, mais imperfeitos e grosseiros do que qualquer outro, porque ao seu uso misturamos, continuamente, o da visão; e, porque o olho alcança o objeto antes da mão, o espírito julga quase sempre sem ela. Por outro lado, os juízos do tato são os mais seguros, precisamente porque são os mais limitados; pois, não se estendendo senão até onde nossas mãos podem alcançar, retificam os desatinos dos outros sentidos, que se lançam ao longe sobre objetos que mal percebem, ao passo que tudo o que o tato percebe, ele o percebe bem. Acrescentai que, juntando, quando queremos, a força dos músculos à ação dos nervos, unimos, em uma sensação simultânea, o juízo sobre o peso e a solidez ao juízo sobre a temperatura, os tamanhos e as figuras. Assim, o tato, sendo de todos os sentidos o que melhor nos instrui acerca da impressão que os corpos estranhos podem causar sobre o nosso, é aquele cujo uso é o mais frequente, e nos dá mais imediatamente o conhecimento necessário à nossa conservação.

Como o tato exercitado supre a vista, por que não poderia suprir até certo ponto também a audição, posto que os sons excitam nos corpos sonoros vibrações sensíveis ao tato? Pondo uma das mãos no corpo de um violoncelo, pode-se, sem o auxílio dos olhos nem dos ouvidos, distinguir, unicamente pela maneira como a madeira vibra e treme, se o som produzido é grave ou agudo, se vem da prima ou do bordão. Se exercitarmos os sentidos para essas diferenças, não duvido que, com o tempo, seja possível alguém se tornar sensível a ponto de ouvir uma ária inteira com os dedos. Ora, isso posto, fica claro que se poderia facilmente falar aos surdos em música; pois os tons e os tempos, não sendo menos suscetíveis de combinações regulares do que as articulações e as vozes, podem da mesma forma ser tomados como elementos do discurso.

Há exercícios que embotam o sentido do tato e o tornam mais obtuso; outros, ao contrário, o aguçam e o tornam mais delicado e mais fino. Os primeiros, juntando muito movimento e força à contínua impressão dos corpos duros, tornam a pele rude, calosa e tiram-lhe o sentimento natural; os segundos são os que variam esse mesmo sentimento por meio de um tato leve e frequente, de modo que o espírito, atento a impressões incessantemente repetidas, adquire a facilidade de julgar todas as suas modificações. Essa diferença é sensível no uso dos instrumentos de música: o toque duro e contundente do violoncelo, do contrabaixo, do próprio violino, ao tornar os dedos mais flexíveis, endurece as extremidades. O toque liso e polido do cravo torna-as igualmente flexíveis e mais sensíveis ao mesmo tempo. Nisso, portanto, o cravo é preferível.

É importante que a pele se enrijeça às impressões do ar e possa enfrentar suas alterações; pois é ela que defende todo o resto. Tirando isso, não gostaria que a mão, demasiado servilmente aplicada aos mesmos trabalhos, venha a endurecer-se, nem que sua pele, tornada quase esquelética, perca o sentimento delicado que permite conhecer os corpos sobre os quais a passamos, e que, segundo a espécie de contato, nos faz às vezes arrepiar de diversas maneiras na escuridão.

Por que meu aluno precisa ser forçado a ter sempre sob seus pés uma pele de boi? Que mal haveria em que a sua própria pudesse, quando preciso, servir-lhe de sola? É claro que, nessa parte, a delicadeza da pele nunca pode ser útil a nada, e pode muitas vezes prejudicar. Despertados à meia-noite, no coração do inverno pelo inimigo em sua cidade, os genebrinos encontraram mais depressa seus fuzis do que seus sapatos. Se nenhum deles soubesse andar descalço, quem sabe se Genebra não teria sido tomada?[53]

Armemos sempre o homem contra os acidentes imprevistos. Que Emílio corra nas manhãs descalço, em qualquer estação, pelo quarto, pelas escadas, pelo jardim; longe de repreendê-lo, eu o imitarei; apenas terei o cuidado de

---

[53] Referência ao episódio conhecido como "Escalada", quando os católicos da Saboia tentaram atacar os protestantes de Genebra em uma noite de dezembro de 1602 subindo as muralhas com escadas. (N. T.)

afastar os vidros. Falarei em breve dos trabalhos e dos jogos manuais. De resto, que ele aprenda a dar todos os passos que favorecem as evoluções do corpo, a tomar em todas as atitudes uma posição cômoda e sólida; que saiba saltar em distância e em altura, subir em uma árvore, pular um muro; que sempre encontre seu equilíbrio; que todos os seus movimentos e seus gestos sejam ordenados segundo as leis da ponderação, muito antes que a estática chegue para explicá-los. Pela maneira como seu pé encosta no chão e seu corpo pesa sobre a perna, ele deve sentir se está bem ou mal. Uma pose segura tem sempre graça, e as posturas mais firmes são também as mais elegantes. Se eu fosse professor de dança, não faria todas as macaquices de Marcel,[54] boas para o local onde as faz; mas, em vez de ocupar eternamente meu aluno com cambalhotas, eu o conduziria ao pé de um rochedo. Lá eu lhe mostraria que atitude é preciso tomar, como é preciso manter o corpo e a cabeça, que movimento é preciso fazer, de que maneira é preciso pôr, ora o pé, ora a mão, para seguir com ligeireza as trilhas escarpadas, ásperas e rudes, e lançar-se de ponta a ponta, tanto subindo como descendo. Faria dele o rival de um cabrito, mais do que um dançarino da Ópera.

Assim como o tato concentra suas operações em torno do homem, a visão estende as suas para além dele. É o que torna enganadoras as operações desta: em um golpe de vista, o homem abarca a metade de seu horizonte. Nessa multidão de sensações simultâneas e de juízos por elas incitados, como não errar em nenhum? Assim, a visão é, de todos os sentidos, o mais falível, precisamente por ser o mais amplo e porque, precedendo de longe todos os outros, suas operações são demasiadamente rápidas e vastas para poderem ser corrigidas por eles. Há mais: as próprias ilusões da perspectiva nos são necessárias para conseguirmos conhecer a extensão e comparar suas

---

54 Célebre professor de dança em Paris que, conhecendo bem sua sociedade, fazia-se extravagante por astúcia e dava à sua arte uma importância que as pessoas fingiam achar ridícula, mas pela qual, no fundo, o respeitavam grandemente. Em uma outra arte, não menos frívola, vê-se ainda hoje um artista comediante fazer-se de importante e de louco e não ter menos sucesso. Esse método é sempre seguro na França. O verdadeiro talento, mais simples e menos charlatão, lá não faz fortuna. A modéstia é ali a virtude dos tolos.

partes. Sem as falsas aparências, nada veríamos à distância; sem as gradações de tamanho e de luz, não poderíamos estimar nenhuma distância ou, antes, não haveria distância para nós. Se, de duas árvores iguais, a que está a 100 passos de nós nos parecesse tão grande e tão distinta quanto a que está a 10, nós as colocaríamos uma ao lado da outra. Se percebêssemos todas as dimensões dos objetos nas suas medidas reais, não veríamos nenhum espaço e tudo pareceria estar em nossos olhos.

Para julgar o tamanho dos objetos e sua distância, o sentido da visão só tem uma medida, a saber, a abertura do ângulo que fazem em nosso olho; e, como essa abertura é um efeito simples de uma causa composta, o juízo que ela incita em nós deixa cada causa particular indeterminada, ou se torna necessariamente falível. Pois como distinguir apenas com a visão, se o ângulo pelo qual vejo um objeto menor do que um outro é assim porque o primeiro objeto é efetivamente menor, ou porque está mais afastado?

Portanto, é preciso seguir aqui um método contrário ao precedente: em vez de simplificar a sensação, duplicá-la, verificá-la sempre por meio de outra, sujeitar o órgão visual ao órgão tátil e reprimir, por assim dizer, a impetuosidade do primeiro sentido pela marcha pesada e regrada do segundo. Se não nos submetermos a essa prática, nossas medidas por estimativa serão muito inexatas. Não temos nenhuma precisão no golpe de vista para julgar as alturas, os comprimentos, as profundidades, as distâncias; e a prova de que a culpa é menos do sentido do que de seu uso está em que os engenheiros, os agrimensores, os arquitetos, os pedreiros, os pintores têm, em geral, um golpe de vista muito mais seguro do que o nosso, e apreciam as medidas da extensão com muito mais exatidão; porque, como seu ofício lhes dá nisso a experiência que negligenciamos adquirir, eles suprimem o equívoco do ângulo pelas aparências que o acompanham, e que determinam mais exatamente a seus olhos a relação das duas causas desse ângulo.

Tudo o que dá movimento ao corpo sem o constranger é sempre fácil de obter das crianças. Há mil meios de interessá-las por medir, conhecer e estimar as distâncias. Eis uma cerejeira muito alta: como faremos para colher as cerejas? A escada da granja servirá para isso? Eis um riacho bem largo: como o atravessaremos? Uma das pranchas do pátio poderá tocar as duas margens? Estando em nossas janelas, gostaríamos de pescar nos fossos do castelo: quantas braças deverá ter nossa linha? Gostaria de montar um balanço entre essas duas árvores: uma corda de 2 toesas será suficiente? Dizem-me que na outra casa nosso quarto terá 25 pés quadrados: acreditais que nos convirá? Será maior do que este? Estamos com muita fome; eis duas aldeias: em qual das duas chegaremos mais cedo para jantar? etc.

Tratava-se de exercitar na corrida um menino indolente e preguiçoso, que não se entregava por si mesmo a esse exercício nem a nenhum outro, embora o destinassem à carreira militar. Ele estava persuadido, não sei como, de que um homem de sua posição social não devia fazer nada nem saber nada, e que sua nobreza devia servir no lugar de braços e de pernas, bem como de qualquer espécie de mérito. Para fazer desse fidalgo um Aquiles de pés ligeiros, nem mesmo a habilidade de um Quíron seria suficiente. A dificuldade era tanto maior na medida em que eu não queria prescrever-lhe absolutamente nada; tinha banido de meus direitos as exortações, as promessas, as ameaças, a emulação, o desejo de brilhar; como dar-lhe o desejo de correr sem nada lhe dizer? Correr eu mesmo teria sido um meio pouco seguro e sujeito a inconvenientes. Além disso, tratava-se ainda de tirar desse exercício algum assunto de instrução para ele, a fim de acostumar as operações da máquina e as do juízo a funcionarem sempre em concerto. Eis como fiz, eu, isto é, quem fala neste exemplo.

Passeando com ele à tarde, punha às vezes em meu bolso dois doces de uma espécie que ele gostava muito; comíamos um cada um durante o passeio[55] e voltávamos muito contentes. Certo dia, ele percebeu que eu tinha três doces; ele poderia comer seis sem se incomodar; devorou rapidamente o seu para me pedir o terceiro. Não, digo-lhe: irei comê-lo eu mesmo, ou o repartiremos; mas prefiro que seja disputado por aqueles dois meninos em uma corrida. Chamei-os, mostrei-lhes o doce e propus-lhe a condição. Não

---

55 Passeio campestre, como se verá logo. Os passeios públicos nas cidades são perniciosos às crianças de ambos os sexos. Neles é que elas começam a tornar-se vaidosas e a querer ser olhadas: é no Luxemburgo, nas Tulherias, e principalmente no Palais Royal, que a bela juventude de Paris vai adquirir aquele ar impertinente e fátuo que a torna tão ridícula e que faz que seja vaiada e detestada em toda a Europa.

queriam outra coisa. O doce foi colocado em uma pedra grande que serviu de chegada; o percurso foi marcado e fomos nos sentar. Dado o sinal, os meninos partiram; o vitorioso pegou o doce e comeu-o sem misericórdia aos olhos dos espectadores e do vencido.

Essa diversão valia mais do que o doce; mas, de início, não funcionou nem produziu nada. Não desanimei nem me apressei: a instrução das crianças é um ofício em que é preciso saber perder tempo para ganhá-lo. Continuamos nossos passeios; muitas vezes levávamos três doces, às vezes quatro, e de vez em quando havia até dois para os que corriam. Como o prêmio não era grande, os que o disputavam não eram ambiciosos: quem o ganhava era elogiado, festejado; tudo se fazia com solenidade. Para provocar revoluções e aumentar o interesse, eu marcava corridas mais longas e aceitava diversos concorrentes. Mal apareciam na pista e os transeuntes paravam para vê-los; as aclamações, os gritos, as palmas os animavam. Via às vezes meu rapazinho tremer, levantar-se, gritar quando um deles se achava prestes a alcançar ou ultrapassar o outro; para ele, aquilo eram os jogos olímpicos.

Entretanto, os concorrentes às vezes usavam de trapaças; seguravam-se mutuamente, ou se derrubavam, ou jogavam pedras na passagem um do outro. Isso me deu o ensejo de separá-los e fazê-los partir de diferentes pontos igualmente afastados da chegada; ver-se-á em breve a razão dessa previdência, pois devo tratar dessa importante questão com muitos detalhes.

Aborrecido por ver os doces de que gostava muito serem sempre comidos à sua frente, o distinto cavalheiro começou enfim a suspeitar que correr bem poderia ser útil para alguma coisa e, vendo que também tinha duas pernas, começou a treinar em segredo. Evitei ver o que quer que fosse, mas compreendi que meu estratagema tivera êxito. Quando se acreditou bastante forte, e eu li antes dele seu pensamento, fingiu importunar-me para ter o doce restante. Recuso-o, ele se obstina e, com ar de despeito, diz-me ao fim: "Pois bem! Botai-o sobre a pedra, marcai a pista, e veremos". "Bem", digo-lhe rindo, "um cavalheiro sabe correr? Ganhareis mais apetite, e não o que vai satisfazê-lo". Incitado por minha zombaria, ele se esforça e ganha o prêmio com extrema facilidade, isso porque eu havia fixado um percurso muito curto e tomado cuidado de afastar o melhor corredor. Concebe-se como, dado esse primeiro passo, me foi fácil mantê-lo interessado. Em pouco tempo, tomou tanto gosto por esse exercício que, sem ajuda, estava quase certo de vencer meus moleques na corrida, por mais longa que fosse a carreira.

Essa vantagem obtida produziu outra que eu não havia previsto. Quando eram raras as vezes que vencia, ele comia o doce quase sempre só, como o faziam seus concorrentes; mas, acostumando-se à vitória, tornou-se generoso e, muitas vezes, partilhava com os vencidos. Isso me proporcionou uma observação moral, e aprendi com isso qual era o verdadeiro princípio da generosidade.

Continuando com ele a marcar em diferentes lugares os pontos de onde cada um devia partir, estabeleci, sem que o percebesse, distâncias desiguais, de modo que um, precisando percorrer mais caminho do que outro para chegar ao mesmo alvo, tinha uma desvantagem visível. Embora eu deixasse a escolha a meu discípulo, ele não sabia valer-se dela. Sem se importar com a distância, ele preferia sempre o caminho mais belo; de maneira que, prevendo facilmente sua escolha, eu era mais ou menos senhor de fazê-lo perder ou ganhar o doce segundo minha vontade; e essa habilidade também podia ser usada em mais de um fim. Entretanto, como meu desígnio era que ele notasse a diferença, procurei torná-la perceptível para ele; mas, embora indolente na calma, era tão vivo nos jogos e desconfiava tão pouco de mim, que tive toda a dificuldade do mundo para fazê-lo ver que eu trapaceava. Finalmente consegui, apesar de sua desatenção, e ele me repreendeu. Disse-lhe: "De que vos queixais? Em uma dádiva que quero fazer não posso decidir minhas condições? Quem vos obriga a correr? Prometi a vós fazer os percursos iguais? Não podeis escolher? Tomai a mais curta, nada vos impede disso. Como não vedes que eu vos favoreço e que a desigualdade, da qual reclamais, ser-vos-á totalmente vantajosa se souberdes valer-se dela?". Isso era claro; ele o compreendeu e, para escolher, precisou olhar tudo mais de perto. Em primeiro lugar, quis contar os passos; mas, a medida dos passos de uma criança é lenta e falível. Além disso, lembrei-me de multiplicar as corridas em um mesmo dia, e, então, com o divertimento tornando-se uma espécie de paixão, era de se lamentar ter de perder tempo medindo as pistas em vez de percorrê-las. A vivacidade da infância não se ajusta bem a tais lentidões; por isso, exercitou-se em ver melhor, em estimar melhor uma distância à vista. Então, tive pouca dificuldade para estender e alimentar esse gosto. Enfim, alguns meses de experiências e de erros corrigidos formaram nela de tal modo o compasso visual que, quando eu punha pelo pensamento um doce em algum objeto longínquo, ele tinha o golpe de vista quase tão seguro quanto a trena de um agrimensor.

Como a visão é, de todos os sentidos, aquele em que menos se pode separar os juízos do espírito, é preciso muito tempo para aprender a ver. É preciso ter comparado por muito tempo a vista ao tato para acostumar o primeiro desses dois sentidos a dar-nos um relato fiel das figuras e das distâncias; sem o tato, sem o movimento progressivo, os mais perspicazes olhos do mundo não poderiam dar-nos nenhuma ideia da extensão. Para uma ostra, o universo inteiro não deve passar de um ponto; não lhe pareceria mais do que isso, ainda que uma alma humana informasse essa ostra. É somente à força de andar, de apalpar, de numerar, de medir as dimensões que se aprende a estimá-las; mas também, se medíssemos sempre, o sentido, repousando sobre o instrumento, não adquiriria nenhuma exatidão. Tampouco se deve fazer a criança passar de repente da medida à estimativa; é preciso de início que, continuando a comparar por partes o que não poderia comparar de uma só vez, ela substitua alíquotas precisas por alíquotas de aproximação, e que, em vez de aplicar sempre com a mão a medida, ela se acostuma a aplicá-la somente com os olhos. Eu gostaria, entretanto, que suas primeiras operações fossem verificadas por meio de medidas reais, a fim de que ela corrigisse seus erros e que, se sobrasse no sentido alguma falsa aparência, aprendesse a corrigi-la mediante um melhor juízo. Têm-se medidas naturais que são mais ou menos as mesmas em todos os lugares: os passos de um homem, o comprimento de seus braços, sua estatura. Quando a criança estima a altura de um pavimento, seu governante pode servir-lhe de toesa; se estima a altura de um campanário, ela a mede pelas casas; se quer saber as léguas de estrada, que conte as horas de marcha; e, acima de tudo, que nada disso se faça no lugar dela, mas que ela mesma o faça.

Não se poderia aprender a bem julgar a extensão e a grandeza dos corpos sem aprender a conhecer também suas figuras e até mesmo a imitá-las; pois, no fundo, essa imitação só diz respeito às leis da perspectiva; e não se pode estimar a extensão com base em aparências sem que se tenha algum sentimento dessas leis. As crianças, grandes imitadoras, tentam todas desenhar: gostaria que a minha cultivasse essa arte, não precisamente pela própria arte, mas para tornar seu olho justo e sua mão flexível. E, em geral, importa bem pouco que ela saiba tal ou qual exercício, desde que adquira a perspicácia do sentido e o bom hábito do corpo que se ganha por meio desse exercício. Evitarei, pois, dar-lhe um professor de desenho, que só a levaria a imitar imitações e a desenhar sobre desenhos: não quero que ela tenha outro professor senão a natureza, nem outro modelo senão os objetos. Quero que tenha diante dos olhos o próprio original, e não o papel que o representa; que rabisque uma casa diante de uma casa, uma árvore diante de uma árvore, um homem diante de um homem, a fim de que se acostume a bem observar os corpos e suas aparências, e não a tomar imitações falsas e convencionais por verdadeiras imitações. Farei até mesmo que não esboce nada de memória na ausência dos objetos, até que, por meio de observações frequentes, suas figuras exatas se imprimam bem em sua imaginação; pois temo que, substituindo a verdade das coisas por figuras bizarras e fantásticas, ela perca o conhecimento das proporções e o gosto pelas belezas da natureza.

Bem sei que, dessa maneira, ela rabiscará durante muito tempo sem nada fazer de reconhecível, que apreenderá tarde a elegância dos contornos e do traço leve dos desenhistas, talvez nunca o discernimento dos efeitos pitorescos e o bom gosto do desenho. Em compensação, adquirirá certamente um golpe de vista mais justo, a mão mais segura, o conhecimento das verdadeiras relações de grandeza e de figura que existem entre os animais, as plantas, os corpos naturais, e uma experiência mais rápida do jogo da perspectiva. Eis precisamente o que desejei fazer, e minha intenção é menos que a criança saiba imitar os objetos do que que os conheça. Prefiro que me mostre uma planta de acanto e que não desenhe tão bem a folhagem de um capitel.

De resto, nesse exercício como em todos os outros, não pretendo que meu aluno se divirta sozinho. Quero tornar-lhe mais agradável ainda o divertimento partilhando-o sem cessar com ele. Não quero que tenha outro rival senão eu, mas eu serei seu rival sem trégua e sem risco; isso fará que se interesse em suas ocupações sem criar ciúmes entre nós. Pegarei o lápis como ele e, de início, o empregarei tão desastradamente quanto ele. Mesmo que eu fosse um Apeles,[56] iria me passar por um rabiscador. Começarei desenhando um homem como os lacaios os desenham nos muros: um traço para cada braço, um traço para cada perna, e dedos mais grossos do que o braço. Muito tempo depois perceberemos, um ou outro, essa desproporção; notaremos que uma perna tem espessura, que esta não é a mesma em toda parte; que o braço tem seu comprimento determinado em relação ao corpo etc. Nesse progresso, avançarei bem próximo a ele, ou apenas um pouco à frente, de tal maneira que sempre lhe seja fácil alcançar-me e, muitas vezes, ultrapassar-me. Teremos tintas e pincéis; trataremos de imitar o colorido dos objetos e toda a sua aparência, assim como sua figura. Ilustraremos, pintaremos, rabiscaremos; mas, em nossos rabiscos, nunca cessaremos de olhar para a natureza; nunca faremos nada a não ser sob os olhos do mestre.

Os ornamentos em nosso quarto estavam em falta, e eis que os encontramos. Mando enquadrar nossos desenhos; faço cobri-los com belos vidros a fim de que não se toque mais neles, e que, vendo-os assim, cada qual tenha interesse em não negligenciar os seus. Eu os arranjo em ordem ao redor do quarto, cada desenho repetido vinte, trinta vezes, com cada exemplar mostrando o progresso do autor, do momento em que a casa não passa de um quadrado quase informe até aquele em que sua fachada, seu perfil, suas proporções e suas sombras se encontram na mais exata verdade. Essas gradações não podem deixar de nos oferecer sem cessar quadros interessantes para nós, curiosos para outros, excitando cada vez mais nossa emulação. Nos primeiros, nos mais grosseiros desses desenhos, ponho molduras bem brilhantes, bem douradas, que os realcem; mas, quando a imitação se torna mais exata e o desenho é verdadeiramente bom, dou-lhes apenas uma moldura preta muito simples; não precisa embelezar-se, basta-se a si mesmo, e seria uma pena que a moldura desviasse a atenção que o objeto merece. Assim, cada um de nós aspira à honra da moldura simples, e quando um quer desdenhar o desenho

---

56 Apeles de Cós, pintor grego do século IV a.C. É mencionado por Plínio, o Velho, na *História natural*. (N. T.)

do outro, ele o condena à moldura dourada. Talvez um dia essas molduras douradas se tornem provérbio entre nós, e admiraremos quantos homens fazem justiça a si mesmos ao se mostrarem enquadrados assim.

Eu disse que a geometria não estava ao alcance das crianças; mas é nossa culpa. Não sentimos que seu método não é o nosso, e que o que se torna a arte de raciocinar para nós deve ser para elas apenas a arte de ver. Em vez de lhes dar nosso método, faríamos melhor empregando o delas; pois nossa maneira de aprender a geometria é tanto uma questão de imaginação quanto de raciocínio. Quando a proposição é enunciada, é preciso imaginar a demonstração, isto é, encontrar de que proposição já sabida aquela deve ser consequência e, de todas as consequências que se podem tirar dessa mesma proposição, escolher precisamente a de que se trata.

Dessa maneira, o raciocinador mais exato não irá longe se não for inventivo. Que decorre disso? Em vez de nos fazerem encontrar as demonstrações, ditam-nas; em vez de nos ensinar a raciocinar, o professor raciocina por nós e só exercita nossa memória.

Desenhai figuras exatas, combinai-as, colocai-as uma sobre a outra, examinai suas relações. Encontrareis toda a geometria elementar indo de observação em observação, sem necessidade de definições nem de problemas, nem de qualquer outra forma demonstrativa senão a da simples superposição. Quanto a mim, não pretendo ensinar a geometria a Emílio: ele é que me ensinará; procurarei relações e ele as encontrará, pois irei procurá-las de maneira a fazê-lo encontrá-las. Por exemplo, em vez de me servir de um compasso para traçar um círculo, eu o traçarei com uma ponta presa a um fio girando em volta de um eixo. Depois disso, quando eu quiser comparar os raios entre si, Emílio zombará de mim e me fará compreender que o mesmo fio sempre esticado não pode ter traçado distâncias desiguais.

Se quiser medir um ângulo de 60 graus, traçarei no vértice desse ângulo, não um arco, mas um círculo inteiro, pois, com as crianças nada se deve subentender. Verifico que a parte do círculo compreendida entre os dois lados do ângulo é a sexta parte do círculo. Depois disso, traço no mesmo vértice outro círculo maior e verifico que este segundo arco é também a sexta parte de seu círculo. Traço um terceiro círculo concêntrico sobre o qual faço a mesma experiência, e a continuo com novos círculos, até que Emílio, chocado com minha estupidez, me advirta de que cada arco, grande ou pequeno, compreendido sob o mesmo ângulo, será sempre a sexta parte de seu círculo etc. E eis que, até há pouco, usávamos o transferidor.

Para provar que os ângulos adjacentes são iguais a dois retos, traça-se um círculo. Eu, ao contrário, faço de maneira que Emílio note isso primeiramente no círculo, e depois lhe digo: se tirássemos o círculo e as linhas retas, teriam os ângulos mudado de grandeza? etc...

Negligencia-se a exatidão das figuras: supõe-se isso e apega-se à demonstração. Entre nós, ao contrário, nunca teremos necessidade de demonstração; nossa questão mais importante será traçar linhas bem retas, bem exatas, bem iguais; fazer um quadrado bem perfeito, traçar um círculo bem redondo. Para verificar a exatidão da figura, nós a examinaremos por todas as suas propriedades sensíveis; e isso nos dará a oportunidade de descobrirmos a cada dia outras novas. Dobraremos pelo diâmetro dois semicírculos; pela diagonal, as duas metades do quadrado; compararemos nossas duas figuras para ver aquela cujas bordas coincidem mais exatamente e, por conseguinte, a mais bem-feita; discutiremos se essa igualdade de divisão deve ocorrer sempre nos paralelogramos, nos trapézios etc. Tentaremos por vezes prever o sucesso da experiência antes de realizá-la; trataremos de encontrar razões etc.

A geometria, para meu aluno, é apenas a arte de se servir bem da régua e do compasso; ele não deve confundi-la com o desenho, no qual não empregará nenhum desses instrumentos. A régua e o compasso estarão fechados à chave e só lhe será permitido usá-los raramente e por pouco tempo, a fim de que não se acostume a rabiscar; mas poderemos de vez em quando levar nossas figuras no passeio e conversar sobre o que tivermos feito ou sobre o que queremos fazer.

Nunca me esquecerei de ter visto em Turim um rapaz ao qual, em sua infância, haviam lhe ensinado as relações dos contornos e das superfícies fazendo-o escolher todos os dias *gaufres*[57] isoperimétricos dentre todas as

---

57 Ou *wafel*. (N. T.)

figuras geométricas. O pequeno guloso esgotara a arte de Arquimedes para encontrar aqueles em que tinha mais o que comer.

Quando uma criança brinca com o volante,[58] exercita o olho e o braço na precisão; quando roda um pião, aumenta sua força servindo-se dela, mas sem nada aprender. Perguntei algumas vezes por que não se ofereciam às crianças os mesmos jogos de habilidade dos homens: a pela, a malha, o bilhar, o arco, a bola, os instrumentos de música. Responderam-me que alguns desses jogos estavam acima de suas forças e que seus membros e seus órgãos não estavam suficientemente formados para os outros. Acho ruins essas explicações: uma criança não tem a estatura de um homem e não deixa de usar uma roupa feita como a daquele. Não pretendo que ela brinque com nossos tacos em um bilhar de 3 pés de altura; não pretendo que vá jogar pela em nossas baiucas nem que façam sua mãozinha carregar uma raquete de pela; mas que brinque em uma sala cujas vidraças estejam protegidas; que de início só use bolas moles, que suas primeiras raquetes sejam de madeira, depois de pergaminho depois, e finalmente de cordas de tripa, na proporção de seu progresso. Vós preferis o volante porque cansa menos e é sem perigo. Enganai-vos por ambas as razões. O volante é um jogo de mulher; mas não há nenhuma que uma bola em movimento não faça fugir. Suas peles brancas não devem enrijecer-se com ferimentos e não são contusões o que seus rostos esperam. Mas nós, feitos para sermos vigorosos, acreditamos sê-lo assim sem sofrimento? E de que defesa seremos capazes se nunca formos atacados? Jogamos sempre covardemente os jogos em que podemos ser desastrados sem risco; um volante que cai não faz mal a ninguém; mas nada reabilita os braços como quando temos de cobrir a cabeça, nada torna o golpe de vista tão certo como quando temos de cobrir os olhos. Atirar-se de um lado da sala para o outro, julgar o pulo de uma bola ainda no ar, devolvê-la com a mão forte e segura; tais jogos convêm menos ao homem do que servem para formá-lo.

As fibras de uma criança, dizem, são moles demais! Elas têm menos força, mas são mais flexíveis; seu braço é fraco, mas é, enfim, um braço.

---

58 No original, *volant*, jogo que conhecemos como *badminton*. (N. T.)

Deve-se fazer dela, com as devidas proporções, tudo o que se faz com outra máquina semelhante. As crianças não têm habilidade nenhuma nas mãos, e é por isso que quero lhes dar alguma: um homem tão pouco exercitado quanto elas não teria muito mais habilidade. Só podemos conhecer o uso de nossos órgãos depois de os termos empregado. Só uma longa experiência nos ensina a tirar proveito de nós mesmos, e essa experiência é o verdadeiro estudo em que nunca é cedo demais para nos aplicarmos.

Tudo o que se faz é factível. Ora, nada é mais comum do que ver crianças hábeis e desembaraçadas terem nos membros a mesma agilidade que pode ter um homem. Em quase todas as feiras vemos que praticam equilibrismo, andam sobre as mãos, saltam, dançam na corda. Durante quantos anos grupos de crianças não atraíram com suas danças espectadores à Comédia italiana? Quem não ouviu falar na Alemanha e na Itália da companhia de pantomima do célebre Nicolini?[59] Alguém já observou nessas crianças movimentos menos desenvolvidos, atitudes menos graciosas, um ouvido menos justo, uma dança menos leve do que nos dançarinos formados? Que tenhamos de início os dedos espessos, curtos e pouco móveis, as mãos gorduchas e pouco capazes de segurar alguma coisa: isso impede que muitas crianças saibam escrever ou desenhar na idade em que outras ainda não sabem pegar o lápis ou a pena? Toda Paris se lembra ainda da pequena inglesa que, aos 10 anos, fazia prodígios no cravo.[60] Na casa de um magistrado, vi seu filho, um menino de 8 anos, que era posto sobre a mesa depois da refeição, como uma estátua no meio dos pratos, para tocar um violino quase tão grande quanto ele, e surpreender com sua execução os próprios artistas.

Todos esses exemplos e cem mil outros provam, parece-me, que a inaptidão que supomos nas crianças quanto aos nossos exercícios é imaginária, e que, se não os vemos terem êxito em alguns, é porque nunca os exercitamos neles.

---

59 Filippo Nicolini foi um ator de origem italiana que se tornou célebre ao percorrer, a partir de 1742, cidades holandesas, francesas e germânicas com seu grupo infantil de pantomima. Em 1749, Nicolini fundou o teatro da "Opera Pantomima di Piccoli Hollandesi", em Hamburgo. (N. T.)

60 Depois disso, um menino de 7 anos fez prodígios ainda mais espantosos.*

* Referência a Mozart. (N. T.)

Dir-me-ão que caio aqui, em relação ao corpo, no erro da cultura prematura que, em relação ao espírito, censuro nas crianças. A diferença é muito grande, pois um desses progressos é aparente, e o outro é real. Provei que o espírito que parecem ter, não o têm, ao passo que tudo o que parecem fazer, elas o fazem. Além disso, deve-se pensar sempre que tudo isso é, ou deve ser, apenas jogo, direção fácil e voluntária dos movimentos que a natureza lhes exige, arte de variar seus divertimentos para torná-los mais agradáveis, sem que jamais o menor constrangimento transforme-os em trabalho. Pois, afinal, o que os divertirá que eu não possa tornar um objeto de instrução para eles? E ainda que eu não o pudesse, desde que se divertissem sem inconveniente e que o tempo passasse, seu progresso em todas as coisas pouco importa no presente; ao passo que, quando é preciso necessariamente ensinar-lhes isso ou aquilo, custe o que custar, é sempre impossível que se tenha sucesso sem constrangimento, sem divergência e sem aborrecimento.

O que eu disse sobre os dois sentidos cujo uso é o mais contínuo e o mais importante pode servir de exemplo da maneira de exercitar os outros. A visão e o tato aplicam-se igualmente sobre os corpos em repouso e sobre os corpos que se movem. Mas como só o movimento do ar pode comover o sentido da audição, só um corpo em movimento faz ruído ou som; e, se tudo estivesse em repouso, nunca ouviríamos coisa alguma. À noite, portanto, quando nos movemos apenas na medida em que isso nos agrada, só temos a temer os corpos que se movem: é importante termos o ouvido atento e podermos julgar, pela sensação que nos impressiona, se o corpo que a causa é grande ou pequeno, distante ou próximo, se seu movimento é violento ou fraco. O ar movido é sujeito a repercussões que o refletem, que produzem ecos, repetem a sensação e fazem que se ouça o corpo ruidoso ou sonoro em outro lugar diferente daquele em que está. Se, em uma planície ou em um vale, pusermos o ouvido no chão, ouviremos a voz dos homens e o passo dos cavalos de muito mais longe do que se permanecermos em pé.

Como comparamos a visão ao tato, é bom compará-la também com a audição e saber qual das duas impressões, partindo ao mesmo tempo do mesmo corpo, chegará mais rapidamente a seu órgão. Quando se vê o fogo de um canhão, ainda se pode pôr-se ao abrigo do tiro; mas, quando se ouve o ruído, não há mais tempo, a bala já está perto. Pode-se julgar a distância em que ocorre o trovão pelo intervalo de tempo que se passa entre o relâmpago e o estrondo. Fazei de tal maneira que a criança conheça todas essas experiências; que realize as que estão a seu alcance e que descubra as outras por indução. Porém, prefiro muito mais que ela as ignore a ter de vos ouvir dizê-las.

Temos um órgão que corresponde à audição, a saber, o da voz; não temos, de modo equivalente, um que corresponda ao da visão: as cores não nos chegam como os sons. É mais um meio para cultivar o primeiro sentido, exercitando o órgão ativo e o órgão passivo um pelo outro.

O homem tem três tipos de voz, quais sejam, a voz falante ou articulada, a voz cantante ou melodiosa, e a voz patética ou acentuada, que serve de linguagem às paixões e que anima o canto e a palavra. A criança tem esses três tipos de voz, assim como o homem, sem saber aliá-las da mesma maneira. Assim como nós, ela tem o riso, os gritos, as queixas, a exclamação, os gemidos, mas não sabe misturar suas inflexões às duas outras vozes. Uma música perfeita é a que melhor reúne essas três vozes. As crianças são incapazes dessa música, e seu canto nunca tem alma. Da mesma forma, na voz falada sua linguagem não tem acento; gritam, mas não acentuam; e, assim como há pouco acento em seus discursos, há também pouca energia em sua voz. Nosso aluno terá a fala mais uniforme, mais simples ainda, porque suas paixões, por não estarem ainda despertas, não misturarão sua linguagem à dele. Não lhe deis papéis de tragédia e de comédia para recitar, nem queirais que aprenda, como se diz, a declamar. Ele terá bom senso demais para ser capaz de dar um tom a coisas que não pode entender, e expressão a sentimentos que nunca experimentou.

Ensinai-o a falar de modo uniforme e claro, a bem articular, a pronunciar exatamente e sem afetação, a conhecer e a seguir o acento gramatical e a prosódia, a sempre falar alto o bastante para ser ouvido, mas nunca mais do que o necessário: defeito comum às crianças educadas nos colégios. Em tudo, nada de supérfluo.

Do mesmo modo, tornai-lhe, no canto, sua voz justa, regular, flexível, sonora; seu ouvido sensível à medida e à harmonia, e nada mais. A música imitativa e teatral não é para sua idade. Não gostaria sequer que cantasse palavras; se quisesse cantar, eu procuraria fazer-lhe canções expressas, interessantes para sua idade e tão simples quanto suas ideias.

É de se pensar que, tendo tão pouca pressa em ensinar-lhe a ler a escrita, eu tampouco a teria para ensinar-lhe a ler a música. Afastemos de seu cérebro toda atenção penosa demais, e não nos apressemos em fixar seu espírito em sinais de convenção. Isso, confesso, parece ter certa dificuldade; pois, se o conhecimento das notas, para saber cantar, de início não se mostra mais necessário do que o das letras para saber falar, há, contudo, a diferença de que, falando, exprimimos nossas próprias ideias e, cantando, exprimimos apenas as de outrem. Ora, para exprimi-las é preciso lê-las.

Mas, primeiramente, em vez de lê-las, pode-se ouvi-las, e um canto se apresenta ao ouvido ainda mais fielmente do que aos olhos. Além disso, para saber bem a música, não basta executá-la: é preciso compô-la, e uma coisa deve ser aprendida com a outra, sem o que nunca a saberemos bem. Exercitai vosso pequeno músico a fazer, de início, frases bem regulares, bem cadenciadas; em seguida, a ligá-las por meio de uma modulação muito simples, e enfim, a marcar suas diferentes relações por uma pontuação correta, o que se faz pela boa escolha das cadências e das pausas. Acima de tudo, nada de canto bizarro, nada de patético nem de expressão. Uma melodia sempre cantante e simples, sempre derivada das cordas essenciais do tom, e sempre indicando o baixo de tal maneira que ele o sinta e o acompanhe sem dificuldade; pois, para se formar a voz e o ouvido, ele só deve cantar ao cravo.

Para melhor marcar os sons, nós o articulamos ao pronunciá-los; daí o costume de solfejar com certas sílabas. Para distinguir os graus, é preciso dar nomes, tanto para esses graus quanto para seus diferentes termos fixos; daí os nomes dos intervalos e também das letras do alfabeto com que assinalam as teclas do teclado e as notas da gama. C e A designam sons fixos invariáveis, sempre expressos pelas mesmas teclas. *Dó* e *lá* são outra coisa. *Dó* é constantemente a tônica de um modo maior, ou a mediante de um modo menor. *Lá* é constantemente a tônica de um modo menor, ou a sexta nota de um modo maior. Assim, as letras marcam os termos imutáveis das relações de nosso sistema musical, e as sílabas marcam os termos homólogos das relações semelhantes em diversos tons. As letras indicam as teclas do teclado e as sílabas os graus do modo. Os músicos franceses embaralharam estranhamente essas distinções; confundiram o sentido das sílabas com o sentido das letras; e, dobrando inutilmente os sinais das teclas, não deixaram nenhum para exprimir as cordas dos tons; de maneira que, para eles, *dó* e C são sempre a mesma coisa, o que não é nem deve ser, pois, então, para que serviria C? Assim, a maneira de solfejarem é de uma dificuldade excessiva sem ser de nenhuma utilidade, sem fornecer nenhuma ideia nítida ao espírito, uma vez que, por esse método, as duas sílabas *dó* e *mi*, por exemplo, podem igualmente significar uma terça maior, menor, supérflua ou atenuada. Por qual estranha fatalidade o país do mundo onde se escrevem os mais belos livros sobre a música é precisamente aquele onde se aprende com mais dificuldade?

Sigamos com nosso aluno uma prática mais simples e mais clara; que para ele só haja dois modos cujas relações sejam sempre as mesmas e sempre indicadas pelas mesmas sílabas. Quer ele cante, quer ele toque um instrumento, que saiba estabelecer seu modo em cada um dos doze tons que podem lhe servir de base e que, quer se module em D, ou em C, ou em G etc., o final seja sempre *lá* ou *dó*, segundo o modo. Dessa maneira, ele vos compreenderá sempre; as relações essenciais do modo justo para cantar e tocar estarão sempre presentes em seu espírito, sua execução será mais nítida e seu progresso mais rápido. Não há nada mais bizarro do que aquilo a que os franceses chamam de solfejar ao natural: é afastar as ideias da coisa para substituí-las por outras estranhas que só desnorteiam. Nada é mais natural do que solfejar por transposição, quando o modo é transposto. Mas já falamos demais sobre a música: ensinai-a como quiserdes, desde que não passe de um divertimento.

Eis-nos bem prevenidos acerca do estado dos corpos estranhos em relação ao nosso, de seu peso, de sua forma, de sua cor, de sua solidez, de seu tamanho, de sua distância, de sua temperatura, de seu repouso, de seu movimento. Estamos instruídos acerca dos que convém aproximar ou afastar de nós, da maneira pela qual devemos nos conduzir para vencer sua resistência, ou para opor-lhes uma que nos preserve de sermos por eles ofendidos, mas não é o bastante; nosso próprio corpo se esgota sem cessar, precisa sem cessar ser renovado. Embora tenhamos a faculdade de transformar outros em

Livro II

nossa própria substância, a escolha não é indiferente: nem tudo é alimento para o homem; e, das substâncias que podem sê-lo, há as que são mais ou menos convenientes, segundo a constituição de sua espécie, segundo o clima em que habite, segundo seu temperamento particular, e segundo a maneira de viver que sua condição lhe prescreve.

Morreríamos de fome ou envenenados se, para escolher os alimentos que nos convêm, tivéssemos de esperar a experiência nos ensinar a conhecê-los e a escolhê-los; mas a suprema bondade, que fez do prazer dos seres sensíveis o instrumento de sua conservação, adverte-nos, pelo que agrada ao nosso paladar, do que convém a nosso estômago. Não há naturalmente, para o homem, médico mais seguro que seu próprio apetite; e, tomando-o em seu estado primitivo, não duvido que os alimentos que achasse mais agradáveis lhe fossem também os mais saudáveis.

Há mais. O autor das coisas não provê apenas as necessidades que ele nos dá, mas ainda as que damos a nós mesmos; e foi para pôr sempre o desejo ao lado da carência que fez que nossos gostos mudem e se alterem com nossas maneiras de viver. Quanto mais nos afastamos do estado de natureza, mais perdemos nossos gostos naturais; ou melhor, o hábito produz em nós uma segunda natureza que substituímos de tal modo à primeira, que esta nenhum de nós conhece mais.

Decorre disso que os gostos mais naturais devem ser também os mais simples, pois são os que se transformam mais facilmente; por outro lado, ao se aguçarem e se irritarem com nossas fantasias, adquirem uma forma que não muda mais. O homem que ainda não é de nenhum país irá se adaptar sem dificuldade aos usos de qualquer país; mas o homem de um país não pode mais se tornar o homem de outro.

Isso me parece verdadeiro em todos os sentidos, e mais ainda aplicado ao gosto propriamente dito. Nosso primeiro alimento é o leite; só nos acostumamos aos sabores fortes gradualmente; de início, eles nos repugnam. Frutas, legumes, ervas e, enfim, algumas carnes grelhadas, sem tempero e sem sal, fizeram os banquetes dos primeiros homens.[61] A primeira vez que

---

61 Veja a *Arcádia* de Pausânias; veja também o trecho de Plutarco transcrito adiante.

um selvagem bebe vinho, faz careta e rejeita-o; e, mesmo entre nós, quem viveu até aos 20 anos sem provar líquidos fermentados, não é mais capaz de se acostumar a eles. Seríamos todos abstêmios se não nos fosse dado vinho na juventude. Enfim, quanto mais simples nossos gostos, mais universais eles são; as repugnâncias mais comuns recaem nos pratos complicados. Alguma vez se viu uma pessoa ter nojo de água e pão? Eis a marca da natureza, eis também nossa regra. Conservemos na criança seu gosto primitivo o mais possível; que sua alimentação seja comum e simples, que seu paladar só se familiarize com sabores pouco marcantes e que não adquira um gosto exclusivo.

Não examino aqui se essa maneira de viver é mais sadia ou não; não é por esse aspecto que a encaro. Basta-me saber, para preferi-la, que é a mais conforme à natureza, e a que mais facilmente se pode dobrar a qualquer outra. Aqueles que dizem que é preciso acostumar as crianças aos alimentos que lhes serão usuais quando grandes não raciocinam bem, parece-me. Por que sua alimentação deverá ser a mesma, se sua maneira de viver é tão diferente? Um homem esgotado de trabalho, de preocupações, de sofrimentos, precisa de alimentos suculentos que lhe tragam novos espíritos ao cérebro; uma criança que mal engatinha e cujo corpo cresce, carece de uma alimentação abundante que produza muito quilo. Além disso, o adulto já tem sua condição, seu emprego, seu domicílio; mas quem pode estar certo do que a fortuna reserva à criança? Em nada lhe demos uma forma tão determinada que lhe custe demais mudar, se isso for preciso. Não façamos que morra de fome em outros países se não levar consigo por toda parte um cozinheiro francês, nem que diga um dia que só se sabe comer na França. Eis, entre parênteses, um elogio divertido! De minha parte, eu diria, ao contrário, que somente os franceses não sabem comer, uma vez que é preciso uma arte tão particular para tornar seus pratos comíveis.

Entre nossas diversas sensações, o gosto dá as que geralmente nos afetam mais. Por isso estamos mais interessados em bem julgar substâncias que devem fazer parte da nossa do que as que somente a cercam. Mil coisas são indiferentes ao tato, à audição, à visão; mas quase nenhuma é indiferente ao gosto.

Mais do que isso, a atividade desse sentido é inteiramente física e material. É o único que nada diz à imaginação, ao menos aquele em cujas sensações ela entra menos; ao passo que a imitação e a imaginação misturam muitas vezes o moral à impressão de todos os outros. Por isso, em geral, os corações ternos e voluptuosos, os caracteres apaixonados e verdadeiramente sensíveis, fáceis de se comoverem pelos outros sentidos, são bastante indiferentes a esse. Do próprio fato que parece pôr o gosto abaixo deles e tornar mais desprezível a inclinação que nos entrega a ele, eu concluiria, ao contrário, que o meio mais conveniente de governar as crianças é conduzi-las pela boca. O motor da gulodice é acima de tudo preferível ao da vaidade, porquanto a primeira é um apetite da natureza, imediatamente vinculado ao sentido, e a segunda é uma obra da opinião, sujeita ao capricho dos homens e a todo tipo de abuso. A gulodice é a paixão da infância. Essa paixão não resiste a nenhuma outra; desaparece diante da menor concorrência. Ah! Acreditai-me: a criança deixará sempre cedo demais de pensar no que come; e quando seu coração estiver demasiado ocupado, seu paladar definitivamente não o preocupará. Quando for grande, mil sentimentos impetuosos tomarão o lugar da gulodice e só irritarão a vaidade; pois esta última paixão sozinha tira seu proveito das outras e, ao fim, engole-as todas. Examinei algumas vezes essas pessoas que davam importância aos bons pratos, que pensavam, ao despertarem, no que comeriam durante o dia, e que descreviam uma refeição com mais exatidão do que Políbio para descrever um combate; achei que esses pretensos homens não passavam de crianças de 40 anos, sem vigor e sem consistência, *fruges consumere nati*.[62] A gulodice é o vício dos corações sem nenhum tecido. A alma de um guloso está toda em seu paladar; ele só é feito para comer. Em sua estúpida incapacidade, só está em seu lugar à mesa, só sabe julgar pratos. Deixemo-lo sem lamentar esse emprego; mais vale esse do que um outro, tanto para nós como para ele.

Temer que a gulodice se enraíze em uma criança capaz de alguma coisa é uma precaução de mentes estreitas. Na infância, só pensamos no que comemos; na adolescência não pensamos mais nisso: tudo é bom para nós

---

62 Horácio, *Epístolas*, I, ii, 27: "nascidos para consumir frutos da terra". (N. T.)

e temos outras coisas na cabeça. No entanto, não gostaria que uma motivação tão baixa fosse usada indiscriminadamente, nem que a honra de praticar uma bela ação fosse apoiada em uma porção de comida. Mas, sendo, ou devendo ser, toda a infância apenas jogos e divertimentos galhofeiros, não vejo por que exercícios puramente corporais não teriam um valor material e sensível. Não será justo que um pequeno maiorquino, ao ver um cesto no alto de uma árvore, derrube-o a golpes de funda e tire proveito disso, e que um bom almoço renove a força que gastou para ganhá-lo?[63] Se um jovem espartano, correndo o risco de levar cem chicotadas, se introduz habilmente em uma cozinha, vê um filhote de raposa vivo, e ao carregá-lo em sua vestimenta é arranhado, mordido, sangrado, e para não sofrer a vergonha de ser surpreendido, deixa suas entranhas serem diaceradas sem dar um único grito, não será justo que aproveite enfim sua presa e a coma depois de ter sido comido por ela? Nunca uma boa refeição deve ser uma recompensa; mas por que não seria por vezes o efeito dos cuidados tomados para consegui-la? Emílio não encara o doce que coloquei sobre a pedra como o prêmio por ter corrido bem; sabe apenas que o único meio de ter esse doce é chegar à meta antes dos outros.

Isso não contradiz as máximas que propus há pouco sobre a simplicidade dos pratos, pois, para provocar o apetite das crianças, não se trata de estimular sua sensualidade, mas apenas de satisfazê-las; e isso se obterá pelas coisas mais comuns do mundo, se não se tentar refinar seu gosto. O apetite contínuo, que a necessidade de crescer estimula, é um tempero seguro que substitui muitos outros. Frutas, laticínios, alguma coisa de forno um pouco mais delicada que o pão comum, e principalmente a arte de distribuir sobriamente tudo isso: eis com que conduzir exércitos de crianças ao fim do mundo sem que desenvolvam o gosto pelos sabores vivos, e sem que se corra o risco de lhes estragar o paladar.

Uma das provas de que o gosto pela carne não é natural no homem é a indiferença das crianças em relação a esse alimento e a preferência que dão

---

63 Há muitos séculos os maiorquinos abandonaram esse costume; ele é do tempo em que os fundibulários eram célebres.

a alimentos vegetais, como os laticínios, a pastelaria, as frutas etc. Importa sobretudo não desnaturar esse gosto primitivo, e não tornar as crianças carnívoras. Se não for por sua saúde, que seja por seu caráter, pois, como quer que se explique a experiência, é certo que os grandes comedores de carne são, em geral, cruéis e ferozes mais do que os outros homens. Essa observação vale para todos os lugares e todos os tempos. A barbárie inglesa é conhecida;[64] os gauros, ao contrário, são os mais afáveis dos homens.[65] Todos os selvagens são cruéis e seus costumes não os levam a sê-lo: essa crueldade vem de seus alimentos. Vão à guerra como vão à caça, e tratam os homens como ursos. Na própria Inglaterra os açougueiros não são aceitos como testemunhas,[66] como não o são os cirurgiões. Os grandes celerados tornam-se insensíveis ao assassínio bebendo sangue. Homero faz dos Ciclopes,[67] comedores de carne, homens horrendos, e dos Lotófagos, um povo tão amável que, assim que se experimentava de seu comércio, chegava-se a esquecer do próprio país para se viver com eles.[68]

"Perguntas-me", dizia Plutarco, "por que Pitágoras se abstinha de comer carne de animais; mas eu te pergunto, ao contrário, que viril coragem teve o primeiro que aproximou de sua boca uma carne assassinada, que quebrou com os dentes os ossos de um animal agonizante, que fez servirem diante de si corpos mortos, cadáveres, e afundou em seu estômago membros de

---

64 Bem sei que os ingleses louvam muito sua humanidade e a boa índole de sua nação, a que chamam *good natured people*; mas, por mais que o proclamem tanto quanto podem, ninguém o repete com eles.

65 Os banianos, que se abstêm de carne mais severamente do que os gauros, são quase tão mansos quanto estes; mas, como sua moral é menos pura e seu culto menos razoável, eles não são tão boa gente.*

* Gauro é o nome dado na Pérsia aos sectários de Zoroastro, que em árabe significa "infiel" (cf. verbete "Gaures" na *Encyclopédie*, t. VII). Banianos eram os mercadores brâmanes na Índia. (N. T.)

66 Um dos tradutores ingleses deste livro anotou meu engano, e ambos o corrigiram. Os açougueiros e os cirurgiões são aceitos como testemunhas; mas os primeiros não são admitidos como jurados ou pares no julgamento dos crimes, ao passo que os segundos o são.

67 Homero, *Odisseia*, IX. (N. T.)

68 Rousseau cita a seguir o texto *Se é lícito comer carne*, de Plutarco. (N. T.)

animais que, momentos antes, baliam, mugiam, andavam e enxergavam. Como pôde sua mão afundar um ferro no coração de um ser sensível? Como seus olhos puderam suportar um assassínio? Como pôde ver sangrar, esfolar, desmembrar um pobre animal sem defesa? Como pôde suportar o aspecto das carnes palpitantes? Como o cheiro delas não lhe provocou náuseas? Como não ficou enojado, repugnado, tomado de horror quando chegou a tocar na imundície dessas feridas, a limpar o sangue negro e coagulado que as cobria?

> *As peles partiam-se sobre a terra, esfoladas,*
> *As carnes ao fogo mugiam no espeto;*
> *O homem não pôde comê-las sem fremir,*
> *E em seu seio as ouviu gemerem.*[69]

"Eis o que ele deve ter imaginado e sentido da primeira vez que venceu a natureza para fazer essa horrível refeição, a primeira vez que teve fome de um animal vivo, que quis se alimentar de um animal que ainda pastava, e que disse como era preciso degolar, esquartejar, cozinhar a ovelha que lhe lambia as mãos. É dos que iniciaram esses cruéis banquetes, e não dos que os abandonam, que devemos nos espantar: e esses ainda poderiam justificar sua barbárie com desculpas que faltam à nossa, e cuja ausência nos torna cem vezes mais bárbaros do que eles.

"Mortais bem-amados dos deuses, dir-nos-iam esses primeiros homens, comparai os tempos, vede como sois felizes e nós éramos miseráveis. A terra recém-formada e os ares carregados de vapores eram ainda indóceis à ordem das estações; o curso incerto dos rios destruíram-lhes as margens por toda parte; lagoas, lagos, pântanos profundos inundavam os três quartos da superfície do mundo; a outra era coberta por bosques e florestas estéreis. A terra não produzia nenhum fruto bom; não tínhamos nenhum instrumento de lavração; ignorávamos a arte de empregá-los e o momento da colheita nunca chegava para quem não havia semeado nada. Por isso, a fome não nos

---

69 Adaptação inspirada por Amyot da *Odisseia*, XII, 395-6. (N. T.)

abandonava. No inverno, o musgo e a casca das árvores eram nossos alimentos ordinários. Algumas raízes verdes de grama e de urzes eram para nós um regalo; e quando os homens conseguiam encontrar faias, nozes ou bolotas, dançavam de alegria ao redor de um carvalho ou de uma faia ao som de alguma canção rústica, chamando à terra sua nutriz e sua mãe; essa era sua única festa, eram seus únicos jogos; todo o resto da vida humana não passava de dor, sofrimento e miséria.

"Enfim, quando a terra despojada e nua nada mais nos oferecia, forçados a ultrajar a natureza para nos conservarmos, preferíamos comer os companheiros de nossa miséria a morrer com eles. Mas vós, homens cruéis, quem vos obriga a derramar sangue? Vede que afluência de bens vos cerca! Quantos frutos a terra produz para vós! Quantas riquezas vos dão os campos e os vinhedos! Quantos animais vos oferecem seu leite para vos alimentar e sua lã para vos vestir! Que mais lhes pedis? E que furor vos leva a cometer tantos assassínios, fartos de bens e com abundância de víveres? Por que mentis contra vossa mãe acusando-a de não poder alimentar-vos? Por que pecais contra Ceres, inventora das santas leis, e contra o gracioso Baco, consolador dos homens? Como se seus dons prodigalizados não bastassem à conservação do gênero humano! Como tendes a coragem de misturar em vossas mesas ossadas a seus doces frutos, e comer o sangue dos animais com o leite que dão a vós? As panteras e os leões, a que chamais animais ferozes, seguem seu instinto forçosamente e matam os outros animais para viver. Mas vós, cem vezes mais ferozes do que eles, combateis o instinto sem necessidade, para vos entregardes a vossas cruéis delícias. Os animais que comeis não são os que comem os outros; vós não comeis esses animais carnívoros, vós os imitais; só tendes fome dos bichos inocentes e mansos que não fazem mal a ninguém, que se apegam a vós, que vos servem, e que devorais como prêmio de seus serviços.

"Ó assassino contra a natureza! Se te obstinas em afirmar que ela te fez para devorar teus semelhantes, seres de carne e ossos, sensíveis e vivos como tu, sufoca então o horror que ela te inspira por tão medonhas refeições; mata tu mesmo os animais, com tuas próprias mãos, sem ferros nem facão; despedaça-os com tuas unhas, como fazem os leões e os ursos; morde o boi e põe-no em pedaços; afunda tuas garras em sua pele; come vivo o cordeiro, devora suas carnes ainda quentes, bebe sua alma com seu sangue. Tremes! Não ousas sentir palpitar entre os dentes uma carne viva! Homem lastimável! Começas matando o animal e depois o comes, como que para fazê-lo morrer duas vezes. E isso não basta: a carne morta ainda te repugna, tuas entranhas não a podem suportar; é preciso transformá-la pelo fogo, cozê-la, assá-la, temperá-la com drogas que a disfarçam. Precisas de salsicheiros, de cozinheiros, de assadores, de pessoas para tirar de ti o horror do assassínio e vestir os corpos mortos, a fim de que, iludido por esses disfarces, o sentido do paladar não rejeite o que lhe é estranho e saboreie com prazer cadáveres cujo aspecto o próprio olho mal suportaria."

Embora esse trecho seja estranho a meu assunto, não pude resistir à tentação de transcrevê-lo, e acredito que poucos leitores ficarão incomodados comigo por isso.

De resto, qualquer que seja o regime que deis às crianças, desde que as acostumeis a alimentos comuns e simples apenas, deixai-as que comam, corram e brinquem tanto quanto lhes agrade, e tende certeza de que nunca comerão demais e não terão indigestões. Mas, se as deixardes com fome metade do tempo e elas acharem um meio de escapar à vossa vigilância, elas se recompensarão com todas as suas forças, comerão até se encherem, até estourarem. Nosso apetite só é desmedido porque queremos dar-lhe outras regras diferentes das da natureza; sempre regrando, prescrevendo, acrescentando, cortando, nada fazemos sem a balança na mão; mas essa balança mede nossas fantasias, e não nosso estômago. Volto sempre a meus exemplos. Entre os camponeses, o guarda-pães e a fruteira estão sempre abertos, e nem as crianças nem os adultos sabem o que são indigestões.

Se, no entanto, acontecesse de uma criança comer demais, o que não acredito ser possível com meu método, facilmente conseguiríamos distraí-la mediante divertimentos de que gosta, a ponto de sermos capazes de exauri-la até a inanição sem que ela se desse conta. Como meios assim tão seguros e tão fáceis escapam a todos os instituidores? Heródoto conta que os lídios, premidos por extrema penúria, resolveram inventar jogos e outros divertimentos com os quais enganavam a fome e passavam dias inteiros sem pensar em comer.⁷⁰ Vossos sábios instituidores talvez tenham lido cem vezes esse trecho sem perceberem a aplicação que dele podemos fazer em relação às crianças. Talvez algum deles me dirá que uma criança não larga de bom grado seu jantar para ir estudar sua lição. Mestre, tendes razão: não estou pensando nesse divertimento.

O sentido do olfato está para o do paladar como o da visão para o do tato. Antecipa o paladar e adverte-o da maneira pela qual esta ou aquela substância deve afetá-lo, e dispõe-no a procurá-la ou a evitá-la segundo a impressão que dela recebe previamente. Ouvi dizer que os selvagens têm o olfato bem diferente do nosso, e julgam de outro modo os bons e os maus odores. De minha parte, acredito que seja assim. Os odores em si mesmos são sensações fracas; abalam mais a imaginação do que os sentidos, e afetam menos por seus dados do que pelo que fazem esperar. Suposto isso, tornando-se os gostos de uns, por sua maneira de viver, diferentes dos gostos de outros, eles devem levar a juízos bem opostos dos sabores e, por conseguinte, dos odores que os anunciam. Um tártaro deve farejar com tanto prazer um pedaço fétido de cavalo morto quanto nossos caçadores farejam uma perdiz meio podre.

Nossas sensações vãs, como a de sermos perfumados pelas flores de um canteiro, devem ser imperceptíveis a homens que andam demais para gostarem de passear, e que não trabalham bastante para fazerem do descanso uma volúpia. Pessoas sempre esfomeadas não podem ter grande prazer em perfumes que não anunciam algo para comer.

O olfato é o sentido da imaginação; dando aos nervos um tom mais forte, deve agitar muito o cérebro. É por isso que reanima momentaneamente o temperamento e o esgota ao longo do tempo. Tem no amor efeitos

---

70 Os historiadores antigos são cheios de observações de que poderíamos fazer uso, ainda que os fatos apresentados fossem falsos. Mas não sabemos tirar nenhum verdadeiro proveito da história. A crítica de erudição absorve tudo; como se fosse muito importante que um fato seja verdadeiro, desde que se possa tirar dele uma instrução útil. Os homens sensatos devem encarar a história como uma trama de fábulas, cuja moral é muito apropriada ao coração humano.*

* Heródoto, *Histórias*, I, 94. (N. T.)

bastante conhecidos: o perfume suave de um toucador não é uma armadilha tão fraca quanto se pensa; e não sei se devemos felicitar ou lamentar um homem sábio e pouco sensível que jamais teve palpitações com o odor das flores trazidas no seio por sua amante.

O olfato não deve, pois, ser muito ativo na primeira idade, quando a imaginação, ainda animada por poucas paixões, não é muito suscetível de emoção, e quando não se tem ainda suficiente experiência para prever com um sentido o que nos promete outro. Assim, essa consequência é perfeitamente confirmada pela observação; e é certo que esse sentido é ainda mais obtuso e quase embotado na maioria das crianças. Não porque a sensação nelas não é tão fina e, talvez, mais do que nos homens, mas porque, não juntando a ela nenhuma outra ideia, não são facilmente afetadas por um sentimento de prazer ou de dor, e não são nem aduladas nem feridas como nós. Creio que, sem sair do mesmo sistema e sem recorrer à anatomia comparada dos dois sexos, encontraríamos facilmente a razão por que as mulheres em geral se afetam mais vivamente pelos odores do que os homens.

Dizem que os selvagens do Canadá tornam, desde a juventude, seu olfato tão sensível que, embora tenham cães, não se dignam a servir-se deles na caça: eles mesmos são seus próprios cães. Admito, com efeito, que se ensinássemos as crianças a farejar seu jantar como o cão fareja e levanta a presa, chegaríamos talvez a aperfeiçoar-lhes o olfato no mesmo nível; mas, no fundo, não vejo que possamos com elas tirar desse sentido um uso muito útil, a não ser para fazê-las conhecer suas relações com o sentido do paladar. A natureza cuidou de nos forçar a prestar atenção nessas relações. Ela tornou a ação deste último sentido quase inseparável da do outro, fazendo vizinhos seus órgãos e pondo na boca uma comunicação imediata entre ambos, de modo que nada degustamos sem cheirar. Gostaria apenas que não se alterassem essas relações naturais a fim de enganar uma criança, por exemplo, cobrindo com um aroma agradável o sabor desagradável de um remédio; pois a discordância entre os dois sentidos é aí grande demais para poder enganá-la. Ela não toma o remédio com menos desgosto apenas porque o sentido mais ativo absorve o efeito do outro; esse desgosto se estende a todas as sensações que a atingem ao mesmo tempo; à presença da mais fraca, sua imaginação lembra-lhe também a outra. Um perfume muito suave não é mais, para ela, senão um odor repugnante; e é assim que nossas precauções indiscretas aumentam a soma das sensações desagradáveis à custa das agradáveis.

Resta-me falar nos livros seguintes da cultura de uma espécie de sexto sentido, chamado senso comum, menos por ser comum a todos os homens do que por resultar do uso bem regrado dos outros sentidos, e por nos instruir acerca da natureza das coisas pelo concurso de todas as suas aparências. Esse sexto sentido não tem, por conseguinte, um órgão particular: reside apenas no cérebro, e suas sensações, puramente internas, chamam-se percepções ou ideias. É pelo número dessas ideias que se mede a extensão de nossos conhecimentos: o que faz a justeza de nosso espírito é sua nitidez, sua clareza; é a arte de compará-las entre si que chamamos razão humana. Assim, o que eu chamava de razão sensitiva ou pueril consiste em formar ideias simples pelo concurso de diversas sensações; e o que chamo de razão intelectual ou humana consiste em formar ideias complexas pelo concurso de diversas ideias simples.

Supondo, portanto, que meu método seja o da natureza e que eu não tenha me enganado na aplicação, teremos levado nosso aluno pelo país das sensações até os confins da razão pueril: o primeiro passo que vamos dar além deve ser um passo de homem. Mas, antes de entrar nesse novo caminho, voltemos momentaneamente nossos olhares sobre o que acabamos de percorrer. Cada idade, cada estado da vida tem sua perfeição conveniente, seu tipo de maturidade que lhe é própria. Muitas vezes ouvimos falar de um homem feito: consideremos, porém, uma criança feita; esse espetáculo será mais novo para nós e não será talvez menos agradável.

A existência dos seres finitos é tão pobre e tão limitada, que, quando só vemos o que existe, jamais nos comovemos. São as quimeras que enfeitam os objetos reais; e se a imaginação não acrescenta um encanto ao que nos impressiona, o estéril prazer que disso tiramos limita-se ao órgão e deixa sempre o coração frio. A terra adornada com os tesouros do outono ostenta uma riqueza que o olho admira; mas essa admiração não é tocante: ela vem mais da reflexão do que do sentimento. Na primavera, o campo quase nu não se acha ainda coberto de nada, os bosques não oferecem sombra, o verdor apenas desponta, e o coração é tocado por seu aspecto. Vendo renascer assim a natureza, a gente também se sente reanimar; a imagem do prazer nos envolve; essas companheiras da volúpia, as doces lágrimas, sempre prontas para juntar-se a todo sentimento delicioso, já se encontram nas bordas de nossas pálpebras; mas o aspecto das vindimas, por mais que seja animado, vivo e agradável, nós o vemos sempre com os olhos secos.

Por que essa diferença? É que, ao espetáculo da primavera, a imaginação junta o das estações seguintes; aos tenros brotos que o olho percebe, ela acrescenta as flores, os frutos, as sombras e, às vezes, os mistérios que elas podem cobrir. Ela reúne em um ponto tempos que devem se suceder, e vê os objetos menos como serão do que como os deseja, porque depende dela escolhê-los. No outono, ao contrário, só temos para ver o que é. Se queremos chegar à primavera, o inverno nos detém, e a imaginação congelada expira sobre a neve e a geada.

Tal é a fonte do encanto que encontramos em contemplar uma bela infância preferivelmente à perfeição da maturidade. Quando experimentamos um verdadeiro prazer em ver um homem? É quando a memória de suas ações nos faz recuar em sua vida e o rejuvenesce, por assim dizer, aos nossos olhos. Se somos levados a considerá-lo tal qual é, ou a supô-lo tal qual será em sua velhice, a ideia da natureza declinante apaga todo o nosso prazer. Não há nenhum em ver avançar um homem a passos largos para sua tumba, e a imagem da morte enfeia tudo.

Mas quando imagino uma criança de 10 a 12 anos sadia, vigorosa, bem formada para sua idade, ela não faz surgir em mim uma ideia que não seja agradável, tanto no presente quanto no futuro: eu a vejo viva, animada, sem preocupação que a perturbe, sem longa e penosa previdência, inteiramente voltada para seu ser atual, e gozando de uma plenitude de vida que parece querer estender-se para fora dela. Eu a prevejo em uma outra idade exercitando seus sentidos, o espírito, as forças que se desenvolvem diariamente, e de que ele dá a cada instante novos indícios; contemplo-a criança e ela me agrada; imagino-a adulta e ela me agrada mais ainda; seu sangue ardente parece aquecer o meu; acredito viver sua vida, e sua vivacidade me rejuvenesce.

A hora soa: que mudança! Em um instante, seu olho perde o brilho, sua alegria se apaga; adeus, alegria; adeus, jogos galhofeiros. Um homem severo e zangado toma-a pela mão e diz-lhe gravemente: *vamos, senhor*, e a leva. No quarto onde entram entrevejo livros. Livros! Que triste mobiliário para sua idade! A pobre criança deixa-se arrastar, lança um olhar de lamento para tudo o que a cerca, cala-se e parte, os olhos cheios de lágrimas que não ousa verter, e o coração cheio de suspiros que não ousa exalar.

Ó tu, que nada de semelhante tens a temer, tu para quem nenhum tempo da vida é um tempo de aborrecimento e de tédio, tu que vês chegar o dia sem inquietação, a noite sem impaciência, e só contas as horas por teus prazeres, vem, meu felizardo, meu amável aluno, consolar-nos com tua presença da partida desse desafortunado; vem... Ele chega e, em sua aproximação, sinto um movimento de alegria que o vejo compartilhar. É seu amigo, seu camarada, é o companheiro de seus jogos que ele encontra; ao me ver, está seguro de que não ficará muito tempo sem divertimento; nunca dependemos um do outro, sempre concordamos, e com ninguém estamos tão bem como quando estamos juntos.

Sua figura, seu porte, sua atitude anunciam a segurança e o contentamento; a saúde brilha em seu rosto; seus passos firmes dão-lhe um ar de vigor; sua tez, ainda delicada sem ser pálida, nada tem de uma languidez efeminada; o ar e o sol nela já imprimiram a marca honrosa de seu sexo; seus músculos, ainda arredondados, começam a acentuar alguns traços de uma fisionomia nascente; seus olhos, que o fogo do sentimento ainda não anima, têm ao menos toda a sua serenidade nativa,[71] longas tristezas não os obscureceram, lágrimas sem fim não sulcaram suas bochechas. Vede em seus movimentos ágeis, mas seguros, a vivacidade de sua idade, a firmeza da independência, a experiência dos exercícios multiplicados. Ele se mostra aberto e livre, mas não insolente nem vão; seu rosto, que não se colou sobre livros, não lhe cai sobre o estômago; não é preciso dizer-lhe: *erguei a cabeça*. Nem a vergonha nem o temor a fizeram jamais baixar.

---

71 *Natia*. Emprego essa palavra em uma acepção italiana por não encontrar um sinônimo em francês. Se erro, pouco importa, contanto que me entendam.

Encontremos para ele um lugar no meio da assembleia: senhores, examinai-o, interrogai-o com toda confiança; não temais nem suas importunidades nem seus balbucios, nem suas perguntas indiscretas. Não tenhais medo de que ele vos conquiste, que pretenda ser ele sozinho vossa ocupação, e que não possais mais desfazer-vos dele.

Não espereis dele tampouco propósitos agradáveis, nem que vos diga o que eu lhe houver ditado; esperai somente a verdade ingênua e simples, sem ornamento, sem adornos e sem vaidade. Ele vos dirá o mal que tiver feito, ou aquele em que pensa, tão livremente quanto o bem, sem se embaraçar de jeito nenhum com o efeito que terá sobre vós aquilo que houver dito: falará com toda a simplicidade de sua primeira instituição.

Gostamos de pressagiar o bem para as crianças e sempre lamentamos o fluxo de inépcias que quase sempre vem reverter as esperanças que gostaríamos de ter de algum feliz achado que sai por acaso da boca delas. Meu aluno raramente dá tais esperanças, porém nunca dará essa lamentação; pois não diz nunca uma palavra inútil, não se esgota em uma tagarelice que sabe que ninguém ouve. Suas ideias são limitadas, mas nítidas; ele nada sabe de cor, mas sabe muito por experiência; não lê tão bem em nossos livros quanto outras crianças, mas lê melhor no da natureza; seu espírito não está em sua língua, mas em sua cabeça; tem menos memória do que juízo; só sabe falar uma linguagem, mas entende o que diz; e se não diz tão bem quanto os outros, em contrapartida, faz melhor do que eles fazem.

Não sabe o que é rotina, uso, hábito; o que fez ontem não influi no que faz hoje:[72] nunca segue uma fórmula, não atende nem à autoridade nem ao exemplo, e não age nem fala senão como lhe convém. Assim, não espereis

---

72 O atrativo do hábito vem da preguiça natural do homem, e essa preguiça aumenta ao nos entregarmos a ela. Fazemos mais facilmente o que já fizemos: o caminho estando aberto torna-se mais fácil de seguir. Assim, podemos notar que o império do hábito é muito grande nos velhos e nas pessoas indolentes, muito pequeno na juventude e nas pessoas ativas. Tal regime só é bom para as almas fracas: enfraquece-as mais a cada dia. O único hábito útil às crianças é sujeitar-se sem esforço à necessidade das coisas, e o único hábito útil aos homens é sujeitar-se sem esforço à razão. Qualquer outro hábito é um vício.

dele discursos ditados nem maneiras estudadas, mas sempre a expressão fiel de suas ideias e a conduta que nasce de suas inclinações.

Encontrareis nele um pequeno número de noções morais que se relacionam ao seu estado atual, nenhuma sobre o estado relativo dos homens; e de que lhe serviriam, se uma criança não é ainda um membro ativo da sociedade? Falai-lhe de liberdade, de propriedade, até mesmo de convenções: até esse ponto, pode saber algo. Sabe porque o que é seu é seu, e porque o que não é seu não é seu; para além disso, não sabe mais nada. Falai-lhe de dever, de obediência, ela não sabe o que quereis dizer; ordenai-lhe alguma coisa, ela não compreenderá. Mas dizei-lhe: "Se me concedêsseis tal prazer, eu vos retribuiria oportunamente", e no mesmo instante ela se apressará em vos agradar, pois tudo o que deseja é estender seu domínio e adquirir sobre vós direitos que sabe serem invioláveis. Talvez nem mesmo se desgoste por ter um lugar, fazer número, por ser contado para alguma coisa; mas, se tiver esse último motivo, ei-lo já fora da natureza, e não tereis fechado bem de antemão todas as portas da vaidade.

Por seu lado, se precisar de alguma assistência, ele a pedirá indiferentemente ao primeiro que encontrar; tanto a pediria ao rei como a seu lacaio: todos os homens ainda são iguais a seus olhos. Vedes, pela atitude com que pede, que sente que nada lhe devem; sabe que o que pede é um favor. Sabe também que a humanidade faz que lhe concedam. Suas expressões são simples e lacônicas. Sua voz, seu olhar e seu gesto são de um ser igualmente acostumado à complacência e à recusa. Não é nem a rastejante e servil submissão do escravo nem o tom imperioso de um senhor: é uma modesta confiança em seu semelhante, é a nobre e comovente doçura de um ser livre, mas sensível e fraco, que implora a assistência de um ser livre, mas forte e benevolente. Se lhe concederdes o que pede, ele não vos agradecerá, mas sentirá que contraiu uma dívida. Se o recusardes, não se queixará, não insistirá, sabe que seria inútil. Não dirá a si mesmo "recusaram-me", e sim "aquilo não podia ser". E, como eu já o disse, ninguém se rebela contra a necessidade bem reconhecida.

Deixai-o sozinho em liberdade, e vede-o agir sem nada lhe dizer; considerai o que fará e como se arranjará. Não precisando provar a si mesmo que é livre, nada faz avoadamente, nem para realizar um ato de poder sobre si mesmo: não sabe ele que é sempre senhor de si? Ele é alerta, rápido, disposto; seus movimentos têm todo o vigor de sua idade, mas não vereis nenhum que não tenha uma finalidade. O que quer que queira fazer, nada empreenderá que esteja acima de suas forças, pois experimentou-as bem e conhece-as; seus meios serão sempre adequados a seus desígnios e raramente agirá sem estar assegurado do sucesso. Terá o olho atento e judicioso: não se conduzirá tolamente interrogando os outros acerca de tudo o que vê, mas examinará ele próprio e se fadigará para encontrar o que quer aprender, antes de perguntar. Se tiver de enfrentar problemas imprevistos, perturbar-se-á menos do que outro; se houver risco, assustar-se-á menos também. Como sua imaginação continua ainda inativa e como nada se fez para animá-la, ele só vê o que existe, só avalia os perigos pelo que valem e mantém sempre seu sangue-frio. A necessidade pesa demasiadas vezes sobre ele para que ainda se rebele contra ela; carrega seu jugo desde o nascimento, está acostumado com ele; está sempre pronto para tudo.

Que se ocupe ou que se divirta, as duas coisas são equivalentes para ele; seus divertimentos são suas ocupações, ele não sente diferença entre elas. Em tudo o que faz, demonstra um interesse que provoca riso e uma liberdade que agrada, mostrando ao mesmo tempo seu espírito e a esfera de seus conhecimentos. Não é o espetáculo dessa idade, um espetáculo encantador e doce, ver uma criança bonita, de olho vivo e alegre, com um ar contente e sereno, com a fisionomia aberta e sorridente, fazer brincando as coisas mais sérias, ou profundamente ocupada com os divertimentos mais frívolos?

Quereis agora julgá-lo por comparação? Misturai-o com outras crianças e deixai-o agir. Vereis logo qual a mais verdadeiramente formada, qual delas mais se aproxima da perfeição de sua idade. Entre as crianças da cidade, nenhuma é mais habilidosa do que ele, ele é mais forte do que qualquer outra. Entre os jovens camponeses, ele os iguala em força e os ultrapassa em habilidade. Em tudo o que está ao alcance da infância, ele julga, raciocina, prevê melhor do que todos os outros. Trata-se de agir, de correr, de pular, de sacudir corpos, de carregar pesos, de calcular distâncias, de inventar jogos, de ganhar prêmios? Dir-se-ia que a natureza está às suas ordens, tal a maneira como ele sabe submeter tudo às suas vontades. Ele é feito para guiar, para governar seus iguais: o talento e a experiência substituem o direito e a autoridade. Dai-lhe o traje e o nome que vos agradar, pouco importa: ele se destacará em toda parte, em toda parte se tornará chefe dos outros; estes sentirão sempre sua superioridade: sem querer comandar, ele será o senhor; sem acreditarem obedecer, eles obedecerão.

Ele chegou à maturidade da infância, viveu a vida de uma criança, não adquiriu sua perfeição à custa de sua felicidade; ao contrário, uma coisa cooperou com a outra. Tendo alcançado toda a razão de sua idade, foi feliz e livre tanto quanto sua constituição o permitia. Se a foice fatal vier colher nele a flor de nossas esperanças, não teremos de chorar a uma só vez sua vida e sua morte, não amargaremos nossas dores com a lembrança daquelas que lhe tivermos causado. Diremos a nós mesmos: ao menos gozou sua infância; nada lhe fizemos perder do que a natureza lhe dera.

O grande inconveniente dessa primeira educação é que ela só é apreciada pelos homens clarividentes e, em uma criança educada com tanto cuidado, olhos vulgares veem apenas um moleque. Um preceptor pensa em seu interesse mais que no de seu discípulo; procura provar que não perde seu tempo, e que merece ganhar o dinheiro que lhe dão. Ele o provê com conteúdos de fácil ostentação que possam ser mostrados quando se quiser; não lhe importa se o que ensina é útil, contanto que seja facilmente visível. Acumula, sem escolha e sem discernimento, mil coisas em sua memória. Quando se trata de examinar a criança, fazem que exponha sua mercadoria; ele a exibe e ficam contentes; depois, recolhe seu malote e vai embora. Meu aluno não é tão rico assim, nada tem a mostrar a não ser ele mesmo. Ora, uma criança, assim como um homem, não se vê em um instante. Onde estão os observadores que sabem apreender ao primeiro golpe de vista os traços que a caracterizam? Eles existem, mas são poucos; e, em meio a cem mil pais, não se encontrará nenhum desse tipo.

As perguntas multiplicadas em demasia aborrecem e cansam todo mundo, e com maior razão as crianças. Ao fim de alguns minutos, sua atenção se exaure, não ouvem mais o que um obstinado questionador lhes pergunta e não mais respondem, a não ser por acaso. Essa maneira de examiná-las é vã e pedante. Muitas vezes, uma palavra apanhada no ar pinta melhor seu sentido e seu espírito do que longos discursos; mas é preciso cuidar para que essa palavra não seja nem ditada nem fortuita. É preciso que tenhamos muito juízo para apreciarmos o de uma criança.

Ouvi o falecido milorde Hyde contar que um de seus amigos, de volta da Itália depois de três anos de ausência, quis examinar os progressos de seu filho com idade entre 9 e 10 anos. Em um fim de tarde vão passear com seu governante por uma planície onde estudantes se divertiam empinando pipas. O pai, de passagem, diz a seu filho: *onde está a pipa cuja sombra aqui se vê?* Sem hesitar, sem erguer a cabeça, a criança diz: *na estrada*. E, com efeito, acrescentava o milorde Hyde, a estrada estava entre o sol e nós. Ao ouvir essas palavras, o pai beija seu filho e, acabando o exame, vai embora sem nada mais dizer. No dia seguinte, mandou ao governante os papéis de uma pensão vitalícia, além de seus pagamentos.

Que homem esse pai! E que filho lhe era prometido! A pergunta é precisamente para a idade; a resposta é bem simples, mas vede que precisão de julgamento infantil ela demonstra. É assim que o aluno de Aristóteles domava o célebre corcel que nenhum escudeiro pudera domesticar.[73]

Fim do segundo livro.

---

73 Referência a Alexandre, o Grande, e seu cavalo Bucéfalo (cf. Plutarco, *Vida de Alexandre*). (N. T.)

Livro III

Embora até a adolescência todo o curso da vida seja um tempo de fraqueza, há um momento na duração dessa primeira idade em que o progresso das forças ultrapassa o das necessidades, e o animal em crescimento, ainda absolutamente fraco, torna-se forte por comparação. Por não estarem suas necessidades todas desenvolvidas, as que ele tem são mais do que suficientemente providas por suas forças atuais. Como homem, seria muito fraco; como criança, é muito forte.

De onde vem a fraqueza do homem? Da desigualdade que se encontra entre sua força e seus desejos. São nossas paixões que nos tornam fracos, pois, para contentá-las seria preciso mais forças do que a natureza nos dá. Diminuí, portanto, os desejos: será como se aumentásseis as forças. Aquele que pode mais do que deseja tem forças de sobra; é certamente um ser muito forte. Eis o terceiro estado da infância, aquele de que devo falar agora. Continuo a chamá-lo infância na falta de um termo adequado para exprimi-lo, pois essa idade aproxima-se da adolescência sem ser ainda a da puberdade.

Aos 12 ou 13 anos, as forças da criança se desenvolvem muito mais rapidamente do que suas necessidades. O mais violento, o mais terrível não se fez ainda sentir; o próprio órgão permanece imperfeito e, para deixar de sê-lo, parece esperar que sua vontade o force a isso. Pouco sensível às injúrias do ar e das estações, a criança as enfrenta sem dificuldade: seu calor nascente serve-lhe de vestimenta; seu apetite serve-lhe de tempero; tudo que pode alimentar é bom em sua idade; se tem sono, deita-se no chão e dorme. Vê-se por toda parte cercada de tudo que lhe é necessário; nenhuma necessidade imaginária a atormenta; a opinião nada pode contra ela; seus desejos não vão além de seus braços. Não somente ela pode bastar-se a si mesma, como tem ainda mais força do que precisa; é o único tempo de sua vida em que isso ocorre.

    Pressinto a objeção. Não dirão que a criança tem mais necessidades do que as que lhe dou, mas negarão que ela tenha a força que lhe atribuo: não pensarão que falo de meu aluno, mas sim dessas bonecas ambulantes que viajam de um quarto ao outro, que lavram em um caixote e carregam fardos de papelão. Dir-me-ão que a força viril só se manifesta com a virilidade; que só os espíritos vitais, elaborados nos vasos convenientes, e expandidos por todo o corpo, podem dar aos músculos a consistência, a atividade, o tom, a tensão de que resulta uma força verdadeira. Eis a filosofia de gabinete; quanto a mim, apelo à experiência. Vejo em vossos campos rapagões que lavram, binam, conduzem o arado, enchem o tonel de vinho, guiam o carro exatamente como seu pai; poderíamos considerá-los adultos se o som de sua voz não os traísse. Em nossas próprias cidades, jovens trabalhadores, ferreiros, cuteleiros, ferradores, são quase tão robustos quanto seus mestres, e não seriam menos hábeis se tivessem sido exercitados antes. Se há diferença, e admito que há, ela é muito menor, repito-o, do que a que existe entre os desejos fogosos de um homem e os desejos limitados de uma criança. De resto, não se trata aqui apenas de forças físicas, mas sobretudo, da força e da capacidade do espírito que as supre e que as dirige.

    Esse intervalo em que o indivíduo pode mais do que deseja, embora não seja o tempo de sua maior força absoluta, é, como eu o disse, o de sua maior força relativa. É o tempo mais precioso da vida, tempo que ocorre apenas uma vez; tempo muito curto, e tanto mais curto, como se verá a seguir, quanto mais lhe importa bem empregá-lo.

    Que fará ele, então, desse excedente de faculdades e de forças que possui em demasia no presente, e que lhe faltará em outra idade? Ele procurará empregá-lo em cuidados que lhe possam ser úteis oportunamente. Jogará, por assim dizer, para o futuro o supérfluo de seu ser atual. A criança robusta fará provisões para o homem fraco, mas não estabelecerá seus estoques nem em cofres que lhe podem roubar nem em granjas que lhe são estranhas; para desfrutar verdadeiramente sua aquisição, é nos braços, na cabeça, que ele a guardará. Eis portanto o tempo dos trabalhos, das instruções, dos estudos, e observai que não sou eu que faço arbitrariamente essa escolha: é a própria natureza que a indica.

A inteligência humana tem seus limites; e não somente um homem não pode saber tudo, como não pode sequer saber na íntegra o pouco que sabem os outros homens. Como a contraditória de cada posição falsa é uma verdade, o número de verdades é inesgotável, assim como o dos erros. Há, portanto, uma escolha quanto às coisas que devemos ensinar, bem como quanto ao tempo adequado para aprendê-las. Dos conhecimentos que estão ao nosso alcance, uns são falsos, outros são inúteis e outros servem para alimentar o orgulho de quem os tem. O pequeno número dos que contribuem realmente para nosso bem-estar é o único digno das pesquisas de um homem sábio e, por conseguinte, de uma criança que desejamos tornar tal. Não se trata de saber o que é, mas somente o que é útil.

Desse pequeno número, é preciso ainda suprimir aqui as verdades que, para ser compreendidas, exigem um entendimento já totalmente formado; aquelas que pressupõem o conhecimento das relações do homem que uma criança não pode adquirir; aquelas que, embora verdadeiras em si mesmas, dispõem uma alma inexperiente a pensar de modo falso sobre outros assuntos.

Eis-nos reduzidos a um círculo bem pequeno relativamente à existência das coisas; mas como esse círculo constitui ainda uma esfera imensa para a medida do espírito de uma criança! Trevas do entendimento humano, que mão temerária ousou tocar em vosso véu? Quantos abismos vejo serem cavados por nossas vãs ciências ao redor desse jovem desafortunado! Ó tu que vais conduzi-lo por essas perigosas trilhas, e tirar da frente de seus olhos a cortina sagrada da natureza, treme! Primeiramente, assegura-te bem da cabeça dele e da tua, teme que nem uma nem a outra se perturbe, ou talvez as duas. Teme a atração especiosa da mentira e os vapores embriagantes do orgulho. Lembra-te, lembra-te sem cessar de que a ignorância nunca fez mal, de que só o erro é funesto, e de que ninguém se perde pelo que não sabe, mas pelo que acredita saber.

Seus progressos na geometria poderiam servir-vos de prova e de medida certa para o desenvolvimento de sua inteligência: mas logo que ele possa discernir o que é útil do que não é, importa usar de muita cautela e arte para conduzi-lo aos estudos especulativos. Quereis, por exemplo, que ele procure uma média proporcional entre duas linhas. Começai fazendo de modo que ele precise encontrar um quadrado equivalente a um retângulo dado; em se tratando de duas médias proporcionais, seria preciso de início tornar o problema da duplicação do cubo interessante para ele etc. Vede como nos aproximamos gradualmente das noções morais que distinguem o bem e o mal. Até aqui, não conhecemos outra lei que não a da necessidade; agora nos deparamos com o que é útil; em breve, chegaremos ao que é conveniente e bom.

O mesmo instinto anima as diversas faculdades do homem. À atividade do corpo, que procura desenvolver-se, sucede a atividade do espírito, que procura instruir-se. De início, as crianças são apenas turbulentas, depois se tornam curiosas; e essa curiosidade bem dirigida é o motor da idade a que chegamos. Distingamos sempre as inclinações que vêm da natureza das que vêm da opinião. Existe um ardor de saber que se fundamenta apenas no desejo de ser considerado sábio; existe outro que nasce de uma curiosidade natural ao homem por tudo o que pode interessar de perto ou de longe. O desejo inato do bem-estar e a impossibilidade de contentar plenamente esse desejo fazem que procure sem cessar novos meios de contribuir para isso. Tal é o primeiro princípio da curiosidade; princípio natural ao coração humano e cujo desenvolvimento só se dá proporcionalmente a nossas paixões e a nossas luzes. Suponde um filósofo relegado em uma ilha deserta com instrumentos e livros, certo de aí passar sozinho o resto de seus dias; não se incomodará mais com o sistema do mundo, das leis da atração, do cálculo diferencial; talvez não abra em sua vida um só livro, mas nunca deixará de visitar sua ilha até o último recanto, por maior que ela possa ser. Rejeitemos, portanto, de nossos primeiros estudos também os conhecimentos cujo gosto não é natural ao homem, e limitemo-nos àqueles que o instinto nos leva a procurar.

A ilha do gênero humano é a terra; o objeto que mais impressiona nossos olhos é o sol. Assim que começamos a nos afastar de nós, nossas primeiras observações devem recair sobre aquela e sobre este. Assim, a filosofia de quase todos os povos selvagens se desenvolve unicamente sobre divisões imaginárias da terra e sobre a divindade do sol.

"Que desvio!", dirão talvez. Há pouco estávamos ocupados com o que nos toca, com o que nos cerca imediatamente; de repente, eis-nos percorrendo o globo e pulando para as extremidades do universo! Esse desvio é efeito do progresso de nossas forças e da inclinação de nosso espírito. No estado de fraqueza e de insuficiência, o cuidado com nossa conservação concentra-nos dentro de nós mesmos; no estado de potência e de força, o desejo de estender nosso ser nos leva para além, e faz que nos lancemos tão longe quanto possível. Mas como o mundo intelectual ainda nos é desconhecido, nosso pensamento não vai mais longe do que nossos olhos, e nosso entendimento só se estende com o espaço que mede.

Transformemos nossas sensações em ideias, mas não saltemos de repente dos objetos sensíveis aos objetos intelectuais. É pelos primeiros que devemos chegar aos outros. Que os sentidos sejam sempre os guias nas primeiras operações do espírito: nenhum outro livro senão o mundo, nenhuma outra instrução senão os fatos. A criança que lê não pensa, apenas lê; não se instrui, aprende palavras.

Tornai vosso aluno atento aos fenômenos da natureza e logo o tornareis curioso; mas, para alimentar sua curiosidade, não vos apresseis nunca em satisfazê-la. Apresentai as questões a ele, e deixai-o resolvê-las. Que nada saiba porque lhe houvestes dito, mas porque ele próprio o compreendeu. Que ele não aprenda por meio da ciência, mas que a invente. Se algum dia substituirdes em seu espírito a razão pela autoridade, ele não raciocinará mais; não será mais do que o joguete da opinião dos outros.

Quereis ensinar geografia a essa criança e a fazeis procurar globos, esferas, mapas: quantas máquinas! Por que todas essas representações? Por que não começais lhe mostrando o próprio objeto a fim de que ele saiba, ao menos, de que lhe falais?

Uma bela tarde vamos passear em um lugar favorável, onde o horizonte bem descoberto deixa ver por inteiro o sol se pondo, e observam-se os objetos que tornam reconhecível o lugar onde ele se põe. No dia seguinte, para respirar o ar fresco, voltamos ao mesmo local, antes que o sol se levante. Vemo-lo anunciar-se de longe pelos traços de fogo que lança à sua frente. O incêndio aumenta, o oriente parece em chamas; por seu brilho, aguardamos o astro durante muito tempo antes que se mostre; a cada instante acreditamos vê-lo aparecer; enfim o vemos. Um ponto brilhante parte como um relâmpago e rapidamente preenche todo o espaço; o véu das trevas apaga-se e cai. O homem reconhece seu lugar e o acha serenado. A verdura tomou, durante a noite, um novo vigor; o dia nascente que a clareia, os primeiros raios que a douram, mostram-na coberta de uma brilhante renda de orvalho que reflete para os olhos a luz e as cores. Os pássaros em coro reúnem-se e saúdam em concerto o pai da vida; nesse momento, nenhum sequer se cala. Seu gorjeio, ainda fraco, é mais lento e mais suave do que durante o resto do dia: ressente-se da languidez de um despertar plácido. O concurso de todos esses objetos leva aos sentidos uma impressão de frescor que parece penetrar até a alma. Há nisso uma meia hora de encantamento a que nenhum homem resiste; um espetáculo tão grande, tão belo, tão delicioso não deixa ninguém permanecer com sangue-frio.

Cheio do entusiasmo que experimenta, o mestre quer comunicá-lo à criança; pensa comovê-la tornando-a atenta às sensações com que ele próprio se comove. Pura tolice! É no coração do homem que está a vida do espetáculo da natureza; para vê-lo, é preciso senti-lo. A criança percebe os objetos, mas não pode perceber as relações que os ligam, não pode ouvir a doce harmonia de seu concerto. É preciso uma experiência que não adquiriu, é preciso sentimentos que não experimentou, para sentir a impressão composta que resulta de todas as sensações ao mesmo tempo. Se não percorreu durante muito tempo as planícies áridas, se areias ardentes não lhe queimaram os pés, se a reverberação sufocante dos rochedos expostos ao sol nunca o oprimiu, como poderá apreciar o ar fresco de uma bela manhã? Como encantarão seus sentidos o perfume das flores, o encanto da verdura, o vapor úmido do orvalho, o andar macio e suave sobre o gramado? Como o canto dos pássaros lhe causará uma emoção voluptuosa, se os acentos do amor e do prazer lhe são ainda desconhecidos? Com que transportes verá nascer um tão belo dia, se sua imaginação não sabe pintar-lhe aqueles com que se pode preenchê-la? Finalmente, como se enternecerá com a beleza do espetáculo da natureza, se ignora que mão teve o cuidado de orná-lo?

Não façais à criança discursos que ela não pode entender. Nada de descrições, nada de eloquência, nada de figuras, nada de poesia. Não se trata agora de sentimento nem de gosto. Continuai a ser claro, simples e frio; o tempo de adotar outra linguagem não tardará.

Educada no espírito de nossas máximas, acostumada a tirar todos os seus instrumentos de si mesma, e a só recorrer a outrem depois de ter reconhecido sua insuficiência, a cada novo objeto que vê, ela o examina por muito tempo sem nada dizer. Ela é pensativa e não questionadora. Contentai-vos em apresentar-lhe os objetos de modo apropriado; depois, quando virdes sua curiosidade suficientemente ocupada, proponde-lhe alguma pergunta lacônica que a coloque no caminho para respondê-la.

Nessa ocasião, depois de terdes bem contemplado com ela o levantar do sol, depois de a terdes feito observar do mesmo lado as montanhas e os outros objetos vizinhos, depois de a terdes deixado falar à vontade sobre o assunto, conservai-a por alguns instantes em silêncio, como um homem que sonha e, em seguida, dizei-lhe: penso que ontem à tarde o sol se deitou aqui, e que ali se levantou esta manhã. Como pode ser isso? Não acrescenteis mais nada: se vos fizer perguntas, não respondais; falai de outra coisa. Deixai-a entregue a si mesma e podeis ter a certeza de que ela pensará nisso.

Para que uma criança se acostume a estar atenta e possa ser bem impressionada por alguma verdade sensível, é preciso que essa verdade lhe dê alguns dias de inquietação antes que a descubra. Se não a concebe suficientemente dessa maneira, há um meio de torná-la mais sensível ainda, e esse meio consiste em inverter a questão. Se ela não sabe como o sol vai de seu poente ao seu nascente, sabe ao menos como vai de seu nascente ao seu poente: seus próprios olhos a ensinam isso. Esclarecei, portanto, a primeira questão pela outra; ou vosso aluno é absolutamente estúpido, ou a analogia é clara demais para que lhe escape. Eis sua primeira lição de cosmografia.

Como procedemos sempre lentamente, de ideia sensível em ideia sensível, como nos familiarizamos durante muito tempo com a mesma antes de passar a outra, e como, enfim, nunca forçamos nosso aluno a estar atento, essa primeira lição está longe do conhecimento sobre o curso do sol e sobre a forma da terra; mas, como todos os movimentos aparentes dos corpos celestes participam do mesmo princípio, e como a primeira observação leva a todas as outras, é preciso menos esforço, embora seja preciso mais tempo, para ir de uma revolução diurna ao cálculo dos eclipses, do que para bem compreender o dia e a noite.

Dado que o sol gira ao redor do mundo, ele descreve um círculo, e todo círculo deve ter um centro; já sabemos disso. Esse centro não pode ser visto porque está no coração da terra, mas podemos, na superfície, marcar dois pontos opostos que lhe correspondem. Um espeto que passe pelos três pontos e que se prolongue até o céu de um lado ao outro será o eixo do mundo e do movimento diário do sol. Um pião redondo girando sobre a ponta representa o céu girando sobre seu eixo; as duas pontas do pião são os dois polos. A criança ficará com vontade de conhecer um; eu o mostro na cauda da Ursa Menor. Eis um divertimento para a noite; vamos aos poucos nos familiarizando com as estrelas, e daí nasce o primeiro gosto por conhecer os planetas e observar as constelações.

Vimos o nascer do sol no dia de São João;[1] vamos vê-lo também no Natal ou em qualquer outro belo dia de inverno, pois sabe-se que não somos preguiçosos e que para nós é um jogo enfrentar o frio. Cuido de fazer essa segunda observação no mesmo lugar onde fizemos a primeira; e mediante alguma habilidade em preparar o comentário, um ou outro não deixará de exclamar: Oh! Oh! Que engraçado! O sol não nasce mais no mesmo lugar! Aqui estão nossas antigas informações, e agora ele nasce lá etc. Há, portanto, um oriente de verão e um oriente de inverno etc. Jovem mestre, eis-vos no caminho. Esses exemplos devem vos bastar para ensinardes muito claramente a esfera,[2] tomando o mundo como mundo e o sol como sol.

Em geral, não deveis nunca substituir a coisa pelo signo, a menos que vos seja impossível mostrá-la, pois o signo absorve a atenção da criança e a faz esquecer a coisa representada.

A esfera armilar parece-me uma máquina mal composta e executada em más proporções. Essa confusão de círculos e as figuras bizarras que nela se marcam dão-lhe um aspecto de grimório que intimida o espírito das

---

1 O dia de São João corresponde ao solstício de verão no hemisfério norte, em 24 de junho. (N. T.)
2 Ou astronomia. (N. T.)

crianças. A terra é pequena demais, os círculos são grandes demais, numerosos demais; alguns, como os coluros, são perfeitamente inúteis; cada círculo é mais largo do que a terra; a espessura do papelão confere-lhes um ar de solidez que faz que pareçam massas circulares realmente existentes; e, quando dizeis à criança que tais círculos são imaginários, ela não sabe o que vê, não entende mais nada.

Nunca sabemos nos pôr no lugar das crianças. Não penetramos em suas ideias, mas lhes emprestamos as nossas; e, seguindo sempre nossos próprios raciocínios, com cadeias de verdades só enchemos suas cabeças de extravagâncias e erros.

Discute-se sobre a escolha da análise ou da síntese para estudar as ciências; nem sempre é preciso escolher. Às vezes pode-se resolver e compor nas mesmas pesquisas, e guiar a criança pelo método de ensino quando ela acreditar fazer apenas análise. Então, empregando ao mesmo tempo uma coisa e outra, elas serviriam de prova mutuamente. Partindo ao mesmo tempo dos dois pontos opostos, sem pensar em seguir o mesmo caminho, a criança se surpreenderia com se encontrar, e essa surpresa só poderia ser muito agradável. Eu gostaria, por exemplo, de pegar a geografia por esses dois termos e juntar ao estudo das revoluções do globo a medida de suas partes, começando do lugar em que se habita. Enquanto a criança estuda a esfera e se transporta assim aos céus, trazei-a de volta à divisão da terra e mostrai-lhe primeiramente seu próprio lugar.

Seus dois primeiros pontos de geografia serão a cidade onde mora e a casa de campo de seu pai, depois os lugares intermediários, em seguida os rios da vizinhança, e enfim, o aspecto do sol e a maneira de se orientar. É aqui o ponto de reunião. Que desenhe ela mesma o mapa disso tudo; mapa muito simples e, de início, formado por dois únicos objetos, aos quais acrescentará pouco a pouco os outros, na medida em que sabe ou estima sua distância e sua posição. Já podeis ver que vantagem lhe outorgamos de antemão ao lhe pôr um compasso nos olhos.

Apesar disso, sem dúvida será preciso guiá-la um pouco; mas muito pouco, e sem que o pareça. Se ela se enganar, deixai-a fazer, não corrijais seus erros, esperai em silêncio que ela esteja em condição de vê-los e de corrigi-los ela própria; ou, quando muito, em uma ocasião favorável, empreendei alguma operação que a faça senti-los. Se ela nunca se enganasse, não aprenderia tão bem. De resto, não se trata de fazê-la conhecer exatamente a topografia de sua terra, mas do meio de se instruir a respeito. Pouco importa que tenha mapas na cabeça, desde que conceba bem o que representam e tenha uma ideia nítida da arte que serve para traçá-los. Vede desde já a diferença que existe entre o saber de vossos alunos e a ignorância do meu! Eles conhecem os mapas, o meu os faz. Eis alguns novos ornamentos para seu quarto.

Lembrai-vos sempre de que o espírito de minha instituição não é ensinar à criança muitas coisas, mas só deixar entrar em seu cérebro ideias justas e claras. Mesmo que ela não saiba nada, pouco me importa, contanto que não se engane, e só ponho verdades em sua cabeça para protegê-la dos erros que aprenderia em seu lugar. A razão e o juízo chegam lentamente, mas os preconceitos acorrem em turba: é destes que é preciso preservá-la. Mas se encarais a ciência em si mesma, entrais em um mar sem fundo, sem margens, cheio de recifes, do qual jamais escapareis. Quando vejo um homem tomado pelo amor dos conhecimentos deixar-se seduzir por seu encanto e correr de um ao outro sem saber parar, acredito ver uma criança na praia colhendo conchas, começando por carregá-las, e depois, tentado por outras mais que vê, jogá-las fora, tornar a pegá-las até que, esmagado pela quantidade e não sabendo mais o que escolher, termina por jogar tudo fora, voltando de mãos vazias.

Durante a primeira idade, o tempo era longo: só procurávamos perdê-lo temendo empregá-lo mal. Agora é o contrário, e não temos mais tempo suficiente para fazer tudo que seria útil. Pensai em que as paixões se aproximam e que, logo que baterem à porta, vosso aluno só dará atenção a elas. A idade tranquila da inteligência é tão curta, passa tão rapidamente, tem tantos outros usos necessários, que seria loucura querer que ela baste para tornar sábia uma criança. Não se trata de ensinar-lhe as ciências, mas de dar-lhe gosto para amá-las e, quando esse gosto estiver mais bem desenvolvido, métodos para aprendê-las. Está aí, muito certamente, um princípio fundamental de toda boa educação.

Eis também o tempo de acostumá-la, pouco a pouco, a prestar atenção contínua sobre o mesmo objeto. Não é nunca o constrangimento, mas sempre o prazer ou o desejo, que deve produzir essa atenção; é preciso ter grande cuidado para que ela não a canse e não chegue ao tédio. Ficai sempre de olhos abertos e, aconteça o que acontecer, abandonai tudo antes que ela se entedie; pois não importa tanto que ela aprenda, mas sobretudo que não faça nada contra a vontade.

Se ela própria vos questionar, respondei tanto quanto for preciso para nutrir sua curiosidade, mas não para fartá-la; e, acima de tudo, quando virdes que, em vez de questionar para se instruir ela começa a divagar e a sobrecarregar-vos com perguntas tolas, deixai imediatamente de responder, com a certeza de que, nesse caso, ela está preocupada não mais com a coisa, e sim somente com vossa sujeição às interrogações dela. É preciso considerar menos as palavras que ela pronuncia do que o motivo que a faz falar. Essa advertência, até aqui menos necessária, passa a ser da maior importância tão logo a criança comece a raciocinar.

Há uma cadeia de verdades gerais por meio da qual todas as ciências se ligam a princípios comuns e se desenvolvem sucessivamente: essa cadeia é o método dos filósofos. Não é disso que se trata aqui. Existe uma cadeia bem diferente pela qual cada objeto particular atrai outro e mostra sempre o que o segue. Essa ordem, que alimenta a atenção que todos exigem mediante uma curiosidade contínua, é aquela que a maioria dos homens seguem e, acima de tudo, aquela que as crianças precisam. Ao nos orientarmos para desenhar nossos mapas, foi preciso traçar meridianas. Dois pontos de interseção entre as sombras iguais da manhã e da tarde dão uma meridiana excelente para um astrônomo de 13 anos. Mas essas meridianas apagam-se, é preciso tempo para traçá-las; elas obrigam a trabalhar sempre no mesmo lugar: tantos cuidados e tantos embaraços o aborreceriam no final das contas. Já previmos isso e já nos prepararemos de antemão.

Eis-me de novo com meus longos e minuciosos detalhes. Leitores, ouço vossos murmúrios e enfrento-os: não quero sacrificar à vossa impaciência a parte mais útil deste livro. Resolvei o que fazer quanto às minhas lentidões, pois, de minha parte, eu me resolvo quanto às vossas queixas.

Há muito tempo tínhamos percebido, meu aluno e eu, que o âmbar, o vidro, a cera, diversos corpos atraem as palhas quando esfregados, e que outros não as atraem. Por acaso encontramos um que tem uma virtude ainda mais singular: atrair a alguma distância, e sem ser esfregado, a limalha e outros pedaços de ferro. Quanto tempo essa qualidade nos diverte sem que vejamos nela nada de mais? Enfim, descobrimos que ela se comunica ao próprio ferro, imantado em certo sentido. Um dia vamos à feira;[3] um prestidigitador atrai com um pedaço de pão um pato de cera flutuando em uma bacia d'água. Embora muito surpresos, não dizemos "é um feiticeiro", pois não sabemos o que é um feiticeiro. Continuamente impressionados por efeitos cujas causas ignoramos, não nos apressamos em julgar nada, e permanecemos quietos em nossa ignorância até acharmos a ocasião de sair dela.

Chegando em casa, de tanto falar do pato da feira, resolvemos imitá-lo: pegamos uma boa agulha bem imantada, envolvemo-la em cera branca, que moldamos do melhor modo possível em forma de pato, de maneira que a agulha atravessasse o corpo e que a cabeça fosse o bico. Pousamos o pato sobre a água, aproximamos do bico um anel de chave, e vemos, com uma alegria fácil de se compreender, que nosso pato segue a chave precisamente como o da feira seguia o pedaço de pão. Observar em que direção o pato se detém na água quando o deixamos em repouso é o que poderemos fazer em uma outra vez. Nesse momento, totalmente ocupados com nosso objeto, não queremos mais nada.

Na mesma noite voltamos à feira com pão preparado em nossos bolsos; e logo que o prestidigitador faz seu número, meu pequeno doutor, que mal se contínha, lhe diz que esse número não é difícil, e que ele próprio fará

---

3 Não pude deixar de rir ao ler uma fina crítica do sr. Formey sobre esse pequeno conto: "Esse prestidigitador, diz ele, que se vangloria de emulação contra uma criança e admoesta gravemente seu instrutor, é um indivíduo do mundo dos Emílios". O espirituoso sr. Formey não pôde supor que essa pequena cena era arranjada, e que o saltimbanco estava instruído sobre o papel que devia desempenhar; pois isso, com efeito, é o que eu não disse. Mas, em contrapartida, quantas vezes declarei que eu não escrevia para as pessoas às quais é preciso tudo dizer!

o mesmo. O desafio é aceito: no mesmo instante, ele tira de seu bolso o pão em que se esconde o pedaço de ferro; aproximando-se da mesa, bate-lhe o coração; ele apresenta o pão quase tremendo; o pato vem e segue-o; a criança grita e vibra de alegria. Com as palmas e as aclamações da assembleia, sente vertigem, está fora de si. Embora espantado, o saltimbanco vem abraçá-lo, felicitá-lo e pedir-lhe que o honre mais uma vez no dia seguinte com sua presença, acrescentando que cuidará de reunir mais gente ainda para aplaudir sua habilidade. Envaidecido, meu pequeno naturalista quer falar, mas de imediato eu lhe fecho a boca e arrasto-o coberto de elogios.

A criança, até o dia seguinte, conta os minutos com risível inquietação. Convida todos os que encontra; gostaria que todo o gênero humano fosse testemunha de sua glória; mal consegue aguardar a hora, antecipa-se a ela. Voamos ao encontro marcado; a sala já está cheia. Ao entrar, seu jovem coração desabrocha. Outros jogos devem preceder; o prestidigitador se supera e faz coisas surpreendentes. A criança não vê nada daquilo; agita-se, sua, mal respira; passa o tempo mexendo no pedaço de pão que tem no bolso, com a mão trêmula de impaciência. Chega enfim sua vez: o mestre a anuncia ao público pomposamente. Ela se aproxima um pouco envergonhada, tira o pão... Nova vicissitude das coisas humanas! O pato, tão dócil na véspera, tornou-se agora selvagem; em vez de mostrar o bico, vira a cauda e foge; evita o pão e a mão que o oferece tão cuidadosamente quanto antes o fazia para segui-los. Depois de mil tentativas inúteis e sempre vaiadas, a criança se queixa, diz que a enganam e que substituíram o primeiro pato por outro, e desafia o prestidigitador a atrair o que ali está.

O prestidigitador, sem responder, pega um pedaço de pão e o mostra ao pato; no mesmo instante, o pato segue o pão e chega até a mão que o retira. A criança pega o mesmo pedaço de pão, mas, longe de ter maior êxito do que antes, vê o pato zombar dela e fazer piruetas ao redor do tanque. Por fim, afasta-se completamente confusa, e não ousa mais se expor às vaias.

Então, o prestidigitador pega o pedaço de pão que a criança trouxera e dele se serve com tanto sucesso quanto se servira do seu; tira de dentro dele o ferro na frente de todos: mais risos à nossa custa. Depois, com esse pão assim esvaziado, atrai o pato como antes. Faz a mesma coisa com outro pedaço cortado diante de todo mundo por uma terceira pessoa; faz o mesmo com sua luva, com a ponta de seu dedo. Por fim, afasta-se até o meio da câmara e, com um tom enfático típico dessa gente, declara que seu pato obedecerá à sua voz tanto quanto ao seu gesto: fala, e o pato obedece; diz-lhe que vá à direita, e ele vai; que volte, e ele volta; que vire, e ele vira; o movimento é tão rápido quanto a ordem. Os aplausos redobrados são outras tantas afrontas para nós. Saímos sem sermos percebidos, e nos encerramos em nosso quarto, sem irmos contar nosso sucesso a todo mundo, como havíamos projetado.

No dia seguinte de manhã, batem à nossa porta; abro: é o prestidigitador. Ele se queixa modestamente de nossa conduta. Que nos fizera ele para empenharmo-nos a querer desacreditar seus jogos e tirar-lhe seu ganha-pão? Que há de tão maravilhoso na arte de atrair um pato de cera para se querer tal honra à custa da subsistência de um homem de bem? "Por Deus, senhores, que se eu tivesse outro talento para viver, não me vangloriaria deste. Deveríeis acreditar que um homem que passou a vida a exercitar-se nessa diminuta indústria sabe sobre ela mais do que vós, que só vos ocupais dela durante alguns momentos. Se não vos mostrei de início meus golpes de mestre, é porque não devemos nos apressar para exibir avoadamente tudo o que sabemos; tive sempre cuidado de conservar os melhores números para as ocasiões adequadas, e além deste, tenho ainda outros para confundir os jovens indiscretos. De resto, senhores, venho de bom grado ensinar-vos o segredo que tanto vos embaraçou, pedindo-vos que não abuseis dele para me prejudicar, e que sejais mais discretos da próxima vez."

Ele então nos mostra sua máquina, e vemos com grande surpresa que consiste apenas em um ímã muito forte e bem disposto, que uma criança escondida embaixo da mesa fazia mover-se sem que isso fosse percebido.

O homem guarda sua máquina e, depois de lhe ofertarmos nossos agradecimentos e pedidos de desculpa, queremos dar-lhe um presente; ele recusa. "Não, senhores, não vos louvo o bastante para aceitar vossas dádivas. Eu vos deixo devendo-me favores a contragosto: é minha única vingança. Aprendei que há generosidade em todas as condições; faço que paguem meus números, não minhas lições."

Livro III

Ao sair, ele dirige a mim expressamente e em voz alta uma reprimenda. "Desculpo de bom grado, diz-me, essa criança; pecou somente por ignorância. Mas vós, senhor, que devíeis conhecer seu erro, por que a deixaste cometê-lo? Uma vez que viveis juntos, vós, como o mais velho, lhe deveis cuidados e conselhos; vossa experiência é a autoridade que deve conduzir a criança. Quando for adulta e censurar-se a si mesma pelos erros de juventude, ela vos censurará sem dúvida por aqueles de que não a tenhais prevenido."[4]

Ele parte e deixa-nos ambos muito confusos. Culpo-me por minha transigência; prometo à criança que, da próxima vez, irei sacrificá-la em nome de seu interesse, e adverti-la de seus erros antes que os cometa; pois vai chegar o tempo em que nossas relações vão mudar, quando a severidade do mestre deverá suceder à complacência do camarada. Essa mudança deverá ocorrer de modo gradual; é preciso tudo prever, e tudo prever de muito longe.

No dia seguinte, voltamos à feira para rever o número cujo segredo aprendemos. Abordamos com profundo respeito nosso Sócrates saltimbanco; mal ousamos erguer os olhos para ele; ele nos cobre de gentilezas e nos localiza com uma distinção que nos humilha mais ainda. Faz seus números como de costume; mas se diverte e se compraz durante muito tempo com o do pato, olhando-nos frequentemente com ar altivo. Sabemos de tudo e nada dizemos. Se meu aluno ousasse abrir a boca, seria uma criança digna de ser esmagada.

Todo detalhe desse exemplo é mais importante do que parece. Quantas lições em uma só! Quantas consequências mortíferas são trazidas pelo primeiro movimento de vaidade! Jovem mestre, vigiai esse primeiro movimento com cuidado. Se souberdes fazer que ressaltem dele humilhação e

---

4 Terei suposto algum leitor bastante estúpido para não sentir nessa reprimenda um discurso ditado palavra por palavra pelo governante para que suas ideias fossem confirmadas? Terão suposto que sou eu mesmo bastante estúpido para atribuir naturalmente tal linguagem a um prestidigitador? Eu acreditava ao menos ter dado prova do talento bem medíocre de fazer as pessoas falarem de acordo com o espírito de sua condição. Veja ainda o fim da alínea seguinte. Não seria isso dizer tudo para qualquer outro que não o sr. Formey?

desgraças,[5] podereis ter certeza de que uma repetição demorará para acontecer. "Quantos preparativos!", direis. Concordo: e tudo para termos uma bússola que nos sirva de meridiana.

Tendo aprendido que o ímã age através de outros corpos, nada temos mais urgente do que fazer uma máquina semelhante à que vimos: uma mesa oca, uma bacia bem rasa ajustada à mesa, e enchida com algumas linhas[6] de água, um pato feito com um pouco mais de cuidado etc. Sempre atentos à bacia, observamos que o pato em repouso fica sempre mais ou menos na mesma direção. Seguimos com a experiência e examinamos tal direção: verificamos que ela é do Sul para o Norte. Não é preciso mais: encontramos nossa bússola, ou algo equivalente; e eis-nos na física.

Ha diversos climas na terra e diversas temperaturas nesses climas. As estações variam mais perceptivelmente à medida que nos aproximamos do polo. Todos os corpos se encolhem no frio e se dilatam no calor; esse efeito é mais mensurável nos líquidos, e mais perceptível nos licores alcóolicos; daí o termômetro. O vento bate no rosto; o ar é, portanto, um corpo, um fluido; sentimo-lo, embora não tenhamos nenhum meio de vê-lo. Virai um copo dentro da água, a água não o preencherá, a menos que deixeis uma saída para o ar; o ar é, portanto, capaz de resistência. Afundai mais o copo, a água ganhará espaço sobre o ar, sem, entretanto, conseguir preencher inteiramente esse espaço; o ar é, portanto, capaz de compressão até certo ponto. Um balão cheio de ar comprimido pula mais do que quando cheio de qualquer outra matéria; o ar é, portanto, um corpo elástico. Estendido no banho, erguei horizontalmente o braço fora da água, e sentireis terrivelmente seu peso; o ar é, portanto, um corpo que pesa. Pondo o ar em equilíbrio com outros fluidos, pode-se medir-lhe o peso: daí o barômetro, o sifão, o tubo para soprar o vidro, a máquina pneumática. Todas as leis da estática

---

[5] Essa humilhação e essas desgraças são, portanto, obra minha, e não do prestidigitador. Uma vez que, estando eu ainda vivo, o sr. Formey queria apossar-se de meu livro e mandá-lo imprimir sem outro feito senão o de tirar meu nome e estampar o seu, devia ao menos se dar ao trabalho, já não digo de compô-lo, mas de lê-lo.

[6] No original, *lignes*. Trata-se da antiga medida utilizada em relojoaria equivalente a 1/12 da polegada. (N. T.)

e da hidrostática se encontram mediante experiências igualmente grosseiras. Não quero que se entre para tudo isso em um gabinete de física experimental; todo aquele aparato de instrumentos e de máquinas me desagrada. A atitude científica mata a ciência. Ou todas essas máquinas assustam uma criança, ou suas figuras fragmentam ou roubam a atenção desta, que deveria estar voltada para seus efeitos.

Quero que nós mesmos façamos todas as nossas máquinas, e não quero começar por fazer o instrumento antes da experiência. Mas quero que, depois de ter entrevisto a experiência como que por acaso, inventemos aos poucos o instrumento que deve verificá-la. Prefiro que nossos instrumentos não sejam tão perfeitos e tão precisos, e que tenhamos ideias mais nítidas acerca do que devem ser e das operações que deles devem resultar. Para minha primeira lição de estática, em lugar de ir buscar balanças, ponho um bastão de atravessado no dorso de uma cadeira, meço o comprimento das duas partes do bastão em equilíbrio, acrescento, de um lado e de outro, pesos ora iguais e ora diferentes; e, puxando-o ou empurrando-o quanto for necessário, descubro afinal que o equilíbrio resulta de uma proporção recíproca entre a quantidade dos pesos e o comprimento das alavancas. Eis já meu pequeno físico capaz de retificar balanças antes de tê-las visto.

Sem dúvida adquirimos noções bem mais claras e bem mais seguras das coisas que aprendemos assim, por nós mesmos, do que das que obtivemos dos ensinamentos de outrem. E, além de não acostumarmos nossa razão a submeter-se servilmente à autoridade, tornamo-nos mais engenhosos em encontrar relações, em ligar ideias, em inventar instrumentos do que quando, adotando tudo isso tal qual nos é dado, deixamos que nosso espírito se apague na indolência; da mesma forma que o corpo de um homem, sempre vestido, calçado, servido por seus criados e levado por seus cavalos, acaba perdendo a força e o uso de seus membros. Boileau vangloriava-se de ter tido dificuldade para ensinar Racine a fazer rimas.[7] Entre tantos

---

7 Nicolas Boileau (1636-1711), poeta, escritor e crítico francês; Jean Racine (1639-1699), dramaturgo e poeta francês. (N. T.)

métodos admiráveis para abreviar o estudo das ciências, teríamos grande necessidade de alguém que nos desse um para aprendê-las com esforço.

A vantagem mais perceptível dessas lentas e laboriosas pesquisas está em manter, em meio aos estudos especulativos, o corpo em sua atividade, os membros em sua flexibilidade, e formar sem cessar as mãos ao trabalho e aos usos úteis ao homem. Tantos instrumentos inventados para guiar-nos em nossas experiências e suprir a justeza de nossos sentidos fazem que negligenciemos seu exercício. O grafômetro dispensa-nos de estimar o grau dos ângulos; o olho que media as distâncias com precisão confia na fita que as mede por ele; a romana me dispensa de julgar com a mão o peso que conheço por meio dela. Quanto mais nossos instrumentos são engenhosos, mais nossos órgãos se tornam grosseiros e inábeis: de tanto reunir máquinas ao nosso redor, não mais as encontramos em nós mesmos.

No entanto, quando dispensamos à fabricação dessas máquinas a habilidade que faria as vezes dessas mesmas máquinas, quando empregamos, para fazê-las, a sagacidade de que precisávamos para as dispensarmos, ganhamos sem nada perder, acrescentamos a arte à natureza e tornamo-nos mais engenhosos sem nos tornarmos menos hábeis. Se, em vez de colar uma criança nos livros, eu a ocupar em uma oficina, suas mãos trabalharão em proveito de seu espírito: torna-se filósofa e acredita ser apenas uma trabalhadora. Finalmente, esse exercício tem outros usos de que falarei adiante; e veremos como, dos jogos da filosofia, podemos nos elevar às verdadeiras funções do homem.

Já disse que os conhecimentos puramente especulativos não convinham às crianças, mesmo quando próximas da adolescência. Mas, sem fazê-las entrar muito antes na física sistemática, fazei, entretanto, que todas as suas experiências se liguem uma à outra por algum tipo de dedução, a fim de que, com a ajuda desse encadeamento, elas possam ordená-las em seu espírito, e delas se lembrar de acordo com a necessidade; pois é bem difícil que fatos, e até mesmo raciocínios isolados, permaneçam durante muito tempo na memória quando se carece de meios para conduzi-los até ela.

Na procura das leis da natureza, começai sempre pelos fenômenos mais comuns e mais sensíveis, e acostumai vosso aluno a tomar esses fenômenos, não como razões, mas como fatos. Pego uma pedra, finjo deixá-la no ar; abro a mão, a pedra cai. Vejo Emílio atento ao que faço, e digo-lhe: por que esta pedra caiu?

Que criança não saberá responder a essa pergunta? Nenhuma, nem mesmo Emílio, se eu não tiver tomado muito cuidado em prepará-lo para não saber responder. Todas dirão que a pedra cai porque é pesada. E que é pesado? É o que cai. Então, a pedra cai porque cai? Aqui meu pequeno filósofo não avança mais. Eis sua primeira lição de física sistemática, e, quer ela lhe seja útil ou não nesse sentido, será sempre uma lição de bom senso.

À medida que a criança progride em inteligência, outras considerações importantes nos obrigam a mais escolhas em suas ocupações. Logo que ela chega a conhecer-se a si mesma o bastante para conceber em que consiste seu bem-estar, logo que pode apreender relações bastante extensas para julgar o que lhe convém e o que não lhe convém, ela se acha em condições de sentir a diferença entre o trabalho e o divertimento, e encarar este como descanso daquele. Então, objetos de utilidade real podem entrar em seus estudos e levá-la a dar-lhes uma aplicação mais constante da que daria a simples diversões. A lei da necessidade, sempre renascente, ensina o homem a fazer desde cedo o que não lhe agrada a fim de prevenir um mal que lhe desagradaria mais ainda. Tal é o uso da previdência: e, dessa previdência bem ou mal regrada, nasce toda a sabedoria ou toda a miséria humana.

Todo homem quer ser feliz; mas, para chegar a sê-lo, seria preciso começar por saber o que é a felicidade. A felicidade do homem natural é tão simples quanto sua vida. Ela consiste em não sofrer: a saúde, a liberdade, o necessário a constituem. A felicidade do homem moral é outra coisa; mas não é ele que está aqui em questão. Nunca será demais repetir que só os objetos puramente físicos podem interessar as crianças, sobretudo aquelas cuja vaidade não se despertou e que não se corromperam antecipadamente pelo veneno da opinião.

Quando preveem suas necessidades antes de senti-las, sua inteligência já está bastante avançada, começam a conhecer o valor do tempo. Importa então acostumá-las a dirigir o emprego deste para objetos úteis, mas de uma utilidade sensível à sua idade, e ao alcance de suas luzes. Tudo que diz respeito à ordem moral e ao uso da sociedade não deve ser-lhes apresentado tão cedo, pois elas não estão em condições de entendê-lo. É uma inépcia exigir delas que se apliquem a coisas que, de modo vago, lhes dizemos serem para seu bem, sem que saibam que bem é esse, e das quais lhes asseguramos que tirarão proveito quando forem grandes, sem que tenham agora qualquer interesse por esse pretenso proveito, que não são capazes de compreender.

Que a criança nada faça sob comando de voz; nada é bom para ela a não ser o que ela sente ser assim. Lançando-a sempre à frente de sua capacidade de esclarecimento, acreditais usar de previdência e careceis dela. Para armá-la com alguns vãos instrumentos de que talvez jamais fará uso, estareis lhe tirando o instrumento mais universal do homem, que é o bom senso; acostumá-la-eis a sempre se deixar conduzir, a nunca ser mais do que uma máquina nas mãos de outrem. Quereis que seja dócil quando pequena: é querer que seja crédula e tola quando grande. Dizeis-lhe sem cessar: *tudo o que vos peço é para vosso proveito; mas não estais em condições de conhecê-lo. Que me importa que façais ou não o que exijo? É para vós apenas que trabalhais.* Com todos esses belos discursos que agora lhe fazeis para torná-la sábia, preparais o sucesso daqueles que um dia lhe farão um visionário, um patife, um charlatão, um hipócrita ou um louco de qualquer espécie, para pegá-la na armadilha deles ou para fazer que adote sua loucura.

É importante que um homem saiba muitas coisas cuja utilidade uma criança não seria capaz de compreender. Mas será preciso, e possível, que uma criança aprenda tudo o que importa a um homem saber? Tratai de ensinar à criança tudo o que é útil para sua idade e vereis que todo o seu tempo estará mais do que preenchido. Por que quereis, em detrimento dos estudos que hoje lhe convêm, fazê-la se consagrar aos de uma idade a qual é tão pouco certo que alcance? Mas, direis, haverá tempo para aprender o que se deve saber quando chegar o momento de empregá-lo? Ignoro-o. O que sei é que é impossível aprendê-lo antes, pois nossos verdadeiros mestres são a experiência e o sentimento, e o adulto só sente bem o que convém ao adulto nas relações em que se encontra. Uma criança sabe que é feita para se tornar adulta, todas as ideias que pode ter da condição de adulto são ocasiões de instrução para ela. Mas, acerca das ideias sobre essa condição, que não estão a seu alcance, ela deve permanecer em uma ignorância absoluta. Todo o meu livro não passa de uma prova contínua desse princípio de educação.

Tão logo conseguimos dar a nosso aluno uma ideia da palavra *útil*, temos mais um grande meio para governá-lo; pois essa palavra o impressiona muito, dado que tem para ele apenas um sentido relativo à sua idade, e que nela ele vê claramente a relação com seu bem-estar atual. Vossos filhos não se impressionam com essa palavra porque não tivestes o cuidado de lhes dar uma ideia que estivesse ao alcance deles, e porque, outros se encarregando sempre de prover aquilo que lhes é útil, eles nunca precisaram pensar nisso eles próprios, e não sabem o que seja utilidade.

Para que serve isso? Eis, a partir de agora, a palavra sagrada determinante entre mim e ele em todas as ações de nossa vida; eis a pergunta que, de minha parte, segue-se inevitavelmente a todas as suas perguntas, e que serve de freio à multidão de interrogações tolas e fastidiosas com que as crianças aborrecem incansavelmente e sem resultado todos os que as cercam, mais para exercer sobre os outros algum tipo de império do que para tirar algum proveito. Aquele a quem, como sua mais importante lição, ensina-se a nada querer saber a não ser o útil, interroga como Sócrates; não faz uma pergunta sem dar a si mesma, antes de respondê-la, a razão que vão lhe pedir.

Vede que poderoso instrumento ponho em vossas mãos para agirdes sobre vosso aluno. Não sabendo as razões de nada, ei-lo quase reduzido ao silêncio quando isso vos agrada; e vós, ao contrário, quantas vantagens vossos conhecimentos e vossa experiência vos dá para lhe mostrardes a utilidade de tudo o que lhe propondes! Pois, não vos enganeis, fazer-lhe essa pergunta é ensiná-la, por sua vez, a fazê-la a vós; e deveis antecipar que a tudo o que propuserdes depois disso, ela não deixará de dizer seguindo vosso exemplo: *para que serve isso?*

Aqui está talvez a armadilha mais difícil de evitar para um governante. Se, diante da pergunta da criança, buscando apenas vos safar disso, a derdes uma só razão que ela não esteja em condição de entender, vendo que raciocinais com vossas ideias e não as suas, ela acreditará que o que lhe dizeis seja bom para vossa idade, e não para a sua; não confiará mais em vós, e tudo estará perdido. Mas onde está o mestre que consente em não responder e admitir seus erros perante seu aluno? Todos têm como lei não admitir nem mesmo os que têm; e eu teria a lei de admitir até mesmo os que eu não tenha, quando não puder pôr minhas razões a seu alcance. Assim, minha conduta, sempre nítida em seu espírito, nunca lhe será suspeita, e conservarei mais crédito atribuindo-me erros do que eles, que escondem os seus.

Primeiro, vede bem que raramente vos cabe propor-lhe o que deve aprender. Cabe a ele desejá-lo, procurá-lo, encontrá-lo; a vós, pô-lo ao seu alcance, fazer nascer habilmente esse desejo e fornecer-lhe os meios de satisfazê-lo. Segue-se daí que vossas perguntas devem ser pouco frequentes, mas bem escolhidas; e, como ele terá muito mais perguntas a vos apresentar do que vós a ele, estareis sempre menos exposto e tereis mais ocasiões para lhe dizer: *em que isso que me perguntais é útil de se saber?*

Além disso, como importa pouco que ele aprenda isso ou aquilo, contanto que conceba bem o que aprende e o uso do que aprende, quando, sobre o que lhe dizeis, não tenhais que lhe dar um esclarecimento que seja bom para ele, não lhe deis nenhum. Dizei-lhe sem escrúpulo: não tenho boa resposta para vos dar; errei, deixemos isso de lado. Se vossa instrução era realmente inoportuna, não haverá mal em abandoná-la inteiramente; se não o era, com um pouco de cuidado encontrareis logo a ocasião de tornar-lhe perceptível sua utilidade.

Não gosto das explicações em discursos; os jovens prestam pouca atenção nelas e não as retêm. As coisas! As coisas! Nunca repetirei bastante que damos poder demais às palavras; com nossa educação tagarela, fazemos apenas tagarelas.

Suponhamos que, enquanto estudo com meu aluno o curso do sol e a maneira de me orientar, de repente ele me interrompa para me perguntar para que serve tudo isso. Que belo discurso vou lhe fazer! Para quantas coisas aproveito a ocasião de instruí-lo respondendo a sua pergunta, sobretudo se tivermos testemunhas de nossa conversa.[8] Irei lhe falar da uti-

---

[8] Notei muitas vezes que, nas doutas instruções que damos às crianças, pensamos em nos fazer ouvir menos por elas do que pelos adultos presentes. Estou muito seguro disso que digo, pois observei-o em mim mesmo.

lidade das viagens, das vantagens do comércio, das produções particulares em cada clima, dos costumes dos diferentes povos, do uso do calendário, do cômputo do retorno das estações para a agricultura, da arte da navegação, da maneira de se conduzir no mar e de seguir exatamente sua rota sem saber onde se está. A política, a história natural, a astronomia, a própria moral, e o direito das gentes entrarão em minha explicação de maneira a dar a meu aluno uma grande ideia de todas as ciências e um grande desejo de aprendê-las. Quando eu tiver dito tudo, terei feito a exibição de um verdadeiro pedante, da qual ele não terá compreendido uma única ideia. Ele teria grande vontade de me perguntar, como antes, para que serve orientar-se, mas não ousa por ter medo que eu me zangue. Opta por fingir que entende o que o forçaram a ouvir. Assim se praticam as belas educações!

Mas nosso Emílio, mais rusticamente educado, e a quem damos com tanto esforço uma concepção dura, não ouvirá nada disso. À primeira palavra que não entender, fugirá, irá brincar no quarto e me deixará discursar sozinho. Busquemos uma solução mais grosseira; meu aparato científico não vale nada para ele.

Observávamos a posição da floresta ao norte de Montmorency, quando ele me interrompeu com sua importuna pergunta: *para que serve isso?* Tendes razão, digo-lhe, é preciso pensar nisso demoradamente; e se achamos que esse trabalho não serve para nada, não o retomaremos, pois não nos faltam divertimentos úteis. Ocupamo-nos com outra coisa e não falamos mais em geografia pelo resto do dia.

No dia seguinte pela manhã eu lhe proponho um passeio antes do almoço; ele não quer outra coisa: as crianças estão sempre prontas para correr, e esta tem boas pernas. Subimos à floresta, percorremos os Champeaux, perdemo-nos, não sabemos mais onde estamos; e, quando chega a hora de voltarmos, não conseguimos encontrar nosso caminho. O tempo passa, o calor vem, temos fome; apressamo-nos, erramos em vão de um lado e de outro, por toda parte só encontramos bosques, pedreiras, planícies, nenhuma informação para nos localizarmos. Muito exasperados, esgotados, famintos, com nossas corridas fizeram apenas que nos perdêssemos mais. Sentamo-nos, enfim, para descansar, para deliberar. Emílio, que suponho educado como outra criança, não delibera, mas chora; não sabe que estamos à porta de Montmorency, e que um simples matagal a esconde de nós. Mas esse matagal é uma floresta para ele: um homem de sua estatura se enterra entre arbustos.

Depois de alguns momentos de silêncio, digo-lhe com um ar inquieto: meu caro Emílio, como faremos para sair daqui?

Emílio, muito suado e chorando copiosamente.

Não sei. Estou cansado; tenho fome; tenho sede; não aguento mais.

Jean-Jacques.

Acreditais, porventura, que estou em melhor estado? E pensais que não deixaria de chorar se pudesse almoçar minhas lágrimas? Não se trata de chorar, trata-se de se localizar. Vejamos vosso relógio: que horas são?

Emílio.

Meio-dia, e estou em jejum.

Jean-Jacques.

É verdade, é meio-dia, e estou em jejum.

Emílio.

Ah, como deveis ter fome!

Jean-Jacques.

A desgraça é que meu almoço não virá me buscar aqui. É meio-dia, precisamente a hora em que observávamos ontem, de Montmorency, a posição da floresta. Se da mesma forma pudéssemos observar, da floresta, a posição de Montmorency!

Emílio.

Sim, mas ontem víamos a floresta, e daqui não vemos a cidade.

Jean-Jacques.

Eis o problema... Se pudéssemos não precisar vê-la para descobrir sua posição!

Emílio.

Ó meu bom amigo!

Jean-Jacques.

Não dizíamos que a floresta se achava...

Emílio.

Ao norte de Montmorency.

Jean-Jacques.

Por conseguinte, Montmorency deve estar...

Emílio.

Ao sul da floresta.

Jean-Jacques.

Temos algum meio de encontrar o Norte ao meio-dia?

Emílio.

Sim, pela direção da sombra.

Jean-Jacques.

Mas o Sul?

Emílio.

Como fazer?

Jean-Jacques.

O Sul é oposto ao Norte.

Emílio.

É verdade; basta então procurar o lado oposto da sombra. Ah! Eis o Sul! Eis o Sul! Montmorency seguramente é deste lado.

Jean-Jacques.

Podeis ter razão; sigamos essa trilha através do bosque.

Emílio, batendo palmas e dando um grito de alegria.

Ah! Vejo Montmorency! Aí, bem à nossa frente, bem à vista. Vamos almoçar, vamos comer, corramos; a astronomia serve para alguma coisa.

Considerai que, se ele não disser essa última frase, ele a pensará; pouco importa, contanto que não seja eu quem a diga. Ora, tende certeza de que ele não esquecerá a lição desse dia por toda a vida; ao passo que, se eu apenas o tivesse levado a supor tudo isso em seu quarto, meu discurso teria sido esquecido no dia seguinte. É preciso falar tanto quanto possível pelas ações, e só dizer o que não se pode fazer.

O leitor não espera que eu o despreze tanto que lhe dê um exemplo de cada espécie de estudo. Mas, seja qual for a questão, nunca exortarei demais o governante a bem medir sua prova de acordo com a capacidade do aluno;

pois, novamente, o mal não está no que ele não entende, mas no que acredita entender.

Lembro-me de que, querendo despertar na criança o gosto pela química, depois de lhe ter mostrado várias precipitações metálicas, eu lhe explicava como se fazia a tinta. Dizia-lhe que a negrura provinha apenas de um ferro pulverizado, separado do vitríolo, e precipitado por um líquido alcalino. No meio de minha douta explicação, o pequeno traidor me deteve de repente com o que eu lhe ensinara: e eis-me bastante embaraçado.

Depois de ter pensado um pouco, tomei meu partido: mandei buscar vinho na adega do dono da casa, e outro vinho de 8 soldos de um mercador de vinhos. Em um pequeno frasco, peguei uma solução de álcali fixo; depois, tendo à minha frente dois copos dos dois vinhos diferentes,[9] assim lhe falei:

Falsificam-se muitos mantimentos para fazer que pareçam melhores do que são. Essas falsificações enganam o olho e o paladar; mas são nocivas, e tornam a coisa falsificada pior, com sua bela aparência, do que o era antes.

Falsificam-se sobretudo as bebidas, e sobretudo os vinhos, porque a enganação é mais difícil de se descobrir, e dá mais lucro ao enganador.

A falsificação dos vinhos verdes ou azedos faz-se com litargírio,[10] e o litargírio é um preparado de chumbo. O chumbo unido aos ácidos produz um sal muito doce que corrige, ao paladar, o verdor do vinho, mas é um veneno para os que o bebem. Importa, portanto, antes de beber o vinho suspeito, saber se contém litargírio ou não. Ora, eis como raciocino para descobrir isso.

O líquido do vinho não contém somente o espírito inflamável, como vistes pela aguardente que dele se extrai; contém ainda ácido, como podeis perceber pelo vinagre e o tártaro que dele também se extrai.

O ácido se relaciona com as substâncias metálicas e une-se a elas por dissolução, para formar um sal composto, como por exemplo a ferrugem, que

---

9 A cada explicação que se desejar dar à criança, um pequeno aparato que a preceda é muito útil para torná-la atenta.

10 No original, *litarge*, um óxido de chumbo utilizado nas parreiras que resultava no mascaramento da acidez do vinho. (N. T.)

Livro III

não passa de um ferro dissolvido pelo ácido contido no ar ou na água, e como o azinhavre, que não passa de um cobre dissolvido pelo vinagre.

Mas esse mesmo ácido se relaciona ainda mais com as substâncias alcalinas do que com as substâncias metálicas, de maneira que, pela intervenção das primeiras nos sais compostos de que acabo de vos falar, o ácido é forçado a largar o metal a que está unido para se prender ao álcali.

Então, a substância metálica, desprendida do ácido que a mantinha dissolvida, precipita-se e torna o líquido opaco.

Portanto, se um desses dois vinhos contém litargírio, este é mantido por seu ácido em dissolução. Jogando nele um líquido alcalino, este forçará o ácido a desprender-se para se unir a ele; o chumbo, não estando mais mantido em dissolução, reaparecerá, turvará o líquido, e, por fim, se precipitará no fundo do copo.

Se não houver chumbo[11] nem outro metal no vinho, o álcali unir-se-á tranquilamente[12] ao ácido, tudo permanecerá dissolvido, e não ocorrerá nenhuma precipitação.

Depois disso, derramei meu líquido alcalino nos dois copos sucessivamente: o do vinho de casa ficou claro e diáfano; o outro no mesmo instante ficou turvo e, ao fim de uma hora, viu-se claramente o chumbo precipitado no fundo do copo.

Eis aí, continuei, o vinho natural e puro que se pode beber, e eis aqui o vinho falsificado que envenena. Isso se descobre pelos mesmos conhecimentos sobre cuja utilidade me perguntastes: quem sabe bem como se faz tinta também sabe conhecer os vinhos adulterados.

---

11 Os vinhos vendidos no varejo pelos mercadores de vinhos de Paris, embora não sejam todos com litargírio, são raramente isentos de chumbo, porque os balcões desses mercadores são guarnecidos desse metal, e o vinho ultrapassa a medida, passando e permanecendo sobre o chumbo, sempre dissolve uma parte deste. É estranho que um abuso tão manifesto e tão perigoso seja tolerado pela polícia. Mas é verdade que as pessoas abastadas, não bebendo tais vinhos, estão pouco sujeitas a ser envenenadas por ele.

12 O ácido vegetal é muito doce. Se fosse um ácido mineral e menos diluído, a união não se faria sem efervescência.

Eu estava muito contente com meu exemplo e, no entanto, percebi que aquilo não impressionava a criança. Precisei de um certo tempo para sentir que eu tinha feito apenas uma tolice, pois, sem falar da impossibilidade de uma criança de 12 anos poder acompanhar minha explicação, a utilidade dessa experiência não entrava em seu espírito porque, tendo provado os dois vinhos e achado ambos bons, não juntava nenhuma ideia à palavra falsificação, que eu pensava lhe ter tão bem explicado. As outras palavras, *malsão*, *veneno*, nem mesmo tinham algum sentido para ela. Ele se encontrava, a este respeito, na situação do historiador do médico Filipe:[13] essa é a situação de todas as crianças.

As relações entre as causas e os efeitos, cuja ligação não percebemos, os bens e os males de que não temos nenhuma ideia, as necessidades que nunca sentimos, são nulos para nós; é impossível interessarmo-nos por essas coisas, uma vez que não nos dizem respeito. Vê-se aos 15 anos a felicidade de um homem sábio, como aos 30, a glória do paraíso. Se não concebemos bem nem um nem outro, pouco faremos para adquiri-las; e ainda que as concebêssemos, pouco faríamos se não as desejássemos, se não as sentíssemos convenientes a nós. É fácil convencer uma criança de que aquilo que buscamos lhe ensinar é útil; mas de nada serve convencê-la quando não se sabe persuadi-la. Em vão, a tranquila razão nos leva a aprovar ou culpar; somente a paixão nos faz agir; e como nos apaixonar por interesses que ainda não temos?

Não mostreis nunca à criança algo que ela não possa ver. Enquanto a humanidade lhe é quase estranha, não podendo elevá-la ao estado de adulto, rebaixai para ela o adulto ao estado de criança. Pensando no que pode lhe ser útil noutra idade, não lhe faleis senão daquilo cuja utilidade ela vê desde o presente. De resto, assim que ela começar a raciocinar, nunca façais comparações com outras crianças, nada de rivais, nada de concorrentes, nem mesmo na corrida; prefiro cem vezes que não aprenda nada do que só aprenderia por meio da inveja ou da vaidade. Apenas anotarei todos os anos os

---

13 Filipe de Acarnânia, mencionado por Plutarco e Montaigne, cf. nota do livro II de *Emílio*. (N. T.)

progressos que tiver realizado; compará-los-ei com os que vier a fazer no ano seguinte. Dir-lhe-ei: "Crescestes tantas linhas;[14] eis o fosso que saltáveis, o peso que carregáveis; eis a distância que lançáveis uma pedra, o trecho que percorríeis de um fôlego etc.; vejamos agora o que fareis". Assim a estimulo sem que sinta inveja de ninguém. Ela desejará superar-se, e deve fazê-lo; não vejo inconveniente em que seja rival de si mesma.

Odeio os livros; eles só ensinam a falar do que não se sabe. Dizem que Hermes gravou em colunas os elementos das ciências para pôr suas descobertas ao abrigo de um dilúvio.[15] Se os tivesse bem imprimido na cabeça dos homens, teriam ali se conservado por tradição. Cérebros bem preparados são os monumentos onde se gravam mais seguramente os conhecimentos humanos.

Não haveria um meio de reunir tantas lições esparsas em tantos livros em um objeto comum que pudesse ser fácil de ver, interessante de seguir, e que pudesse servir de estimulante até mesmo nessa idade? Se pudermos inventar uma situação em que todas as necessidades naturais do homem se mostrem de maneira perceptível ao espírito de uma criança, e em que os meios de atender a essas mesmas necessidades se desenvolvam sucessivamente com a mesma facilidade, é pela pintura viva e ingênua desse estado que precisamos dar o primeiro exercício à sua imaginação.

Filósofo ardoroso, já vejo vossa imaginação se alumiar. Não busqueis a sombra; essa situação é conhecida, está descrita e, sem vos desmerecer, muito melhor do que vós mesmo poderíeis descrevê-la, com mais verdade e simplicidade, ao menos. Uma vez que precisamos absolutamente de livros, existe um que fornece, a meu ver, o mais feliz tratado de educação natural. Esse livro será o primeiro que meu Emílio lerá; sozinho, constituirá durante muito tempo toda a sua biblioteca, e sempre ocupará nela um lugar de distinção. Será o texto a que todas as nossas conversações sobre as ciências

---

14 Uma *ligne* equivale a 1/12 de polegada. (N. T.)
15 Provável referência a Hermes da Babilônia, inventor da escrita e das ciências, identificado como antepassado de Noé tanto pelos hebreus (Enoque no *Antigo testamento*) quanto pelos muçulmanos (Idris no *Alcorão*). Cf. K. Van Bladel. *The Arabic Hermes*: From Pagan Sage to Prophet of Science. Oxford University Press, 2009, p.129-30. (N. T.)

naturais servirão apenas como comentários. Servirá para comprovar nos progressos que realizarmos o estado de nosso juízo; e, enquanto nosso gosto não se estragar, sua leitura nos agradará sempre. Qual será esse livro maravilhoso? Aristóteles? Plínio? Buffon? Não: é *Robinson Crusoé*.[16]

Robinson Crusoé em sua ilha, sozinho, desprovido da assistência de seus semelhantes e dos instrumentos de todas as artes, não obstante provendo sua subsistência, sua conservação, e até mesmo alcançando um tipo de bem-estar, eis um objeto interessante para qualquer idade, e que temos mil meios de tornar agradável às crianças. Eis como realizamos a ilha deserta que, de início, me servia de comparação. Concordo que esse estado não é o do homem social; provavelmente não deve ser o de Emílio; mas é segundo esse mesmo estado que deve apreciar todas os outros. O meio mais seguro de elevar-se acima dos preconceitos e ordenar seus juízos sobre as verdadeiras relações das coisas está em pôr-se no lugar de um homem isolado e julgar tudo como esse homem deve ele mesmo julgar o que diz respeito à sua própria utilidade.

Esse romance, despojado de toda a sua engambelação, começando com o naufrágio de Robinson perto de sua ilha e terminando com a chegada do navio que vai resgatá-lo, será ao mesmo tempo o divertimento e a instrução de Emílio durante a época de que se trata aqui. Quero que fantasie, que se ocupe sem cessar com seu castelo, suas cabras, suas plantações; que aprenda em detalhes, não nos livros mas com as coisas, tudo o que é preciso saber em tais casos; que pense ser o próprio Robinson; que se veja vestido de peles, com uma grande boina, um grande sabre, todo o equipamento grotesco do personagem, salvo o guarda-sol de que não precisará. Quero que se inquiete com as medidas a ser tomadas, com isso ou aquilo que venha a lhe faltar, que examine a conduta de seu herói, que investigue se nada foi omitido, se não há nada melhor que poderia fazer; que anote atentamente seus erros e que disso se aproveite para não os repetir em casos parecidos, pois não duvideis de que ele planeja lançar-se em um empreendimento semelhante;

---

16 Do escritor inglês Daniel Defoe (1660-1731). (N. T.)

é o verdadeiro castelo na Espanha dessa idade feliz, em que não se conhece outra felicidade senão o necessário e a liberdade.

Que recurso essa loucura para um homem hábil que só foi capaz de fazê-la nascer para dela tirar proveito! A criança, apressada em fazer um armazém para sua ilha, terá mais ardor em aprender do que o mestre em ensinar. Desejará saber tudo que é útil, e só desejará saber isso; não precisareis mais guiá-la, apenas retê-la. De resto, tratemos de estabelecê-la nessa ilha enquanto ali ela restringe sua felicidade; pois aproxima-se o dia em que, se ainda quiser viver nela, não desejará mais viver só. Sexta-Feira, que agora não o impressiona muito, em breve não mais lhe bastará.

A prática das artes naturais a que um só homem pode bastar leva à procura das artes de indústria, que precisam do concurso de diversas mãos. As primeiras podem ser exercidas por solitários, por selvagens; mas as outras só podem nascer na sociedade, tornando esta necessária. Enquanto só se conhece a carência física, cada homem basta a si mesmo. A introdução do supérfluo torna indispensável a divisão e a distribuição do trabalho; pois, embora um homem trabalhando sozinho ganhe apenas a subsistência de um homem, cem homens trabalhando em concerto ganharão pela subsistência de duzentos. Portanto, quando uma parte dos homens descansa, é preciso que o concurso dos braços daqueles que trabalham supra a ociosidade dos que não fazem nada.

Vosso maior cuidado deve ser o de afastar do espírito de vosso aluno todas as noções das relações sociais que não estejam a seu alcance. Mas, quando o encadeamento dos conhecimentos vos forçar a mostrar-lhe a mútua dependência dos homens, em vez de mostrá-la pelo lado moral, voltai de início toda a sua atenção para a indústria e as artes mecânicas, que as tornam úteis umas às outras. Fazendo-o passar de oficina em oficina, não tolerais nunca que ele veja algum trabalho sem que ele próprio ponha mãos à obra, nem que saia sem saber perfeitamente a razão de tudo que ali se faz, ou, ao menos, de tudo o que observou. Para isso, trabalhai vós mesmo, dai-lhe em toda parte o exemplo: para torná-lo mestre, sede em toda parte aprendiz, e podeis estar certo de que uma hora de trabalho lhe ensinará mais coisas do que reteria de um dia de explicações.

Há uma estima pública ligada às diferentes artes na razão inversa de sua utilidade real. Essa estima mede-se diretamente por sua própria inutilidade, e assim deve ser. As artes mais úteis são as que dão menos ganho, porque o número dos trabalhadores é proporcional à necessidade dos homens, e o trabalho necessário a todo mundo permanece forçosamente a um preço que o pobre pode pagar. Ao contrário, essas pessoas importantes a que não chamam de artesãos, mas de artistas, trabalhando unicamente para os ociosos e os ricos, estabelecem um preço arbitrário aos seus bibelôs; e, como o mérito desses vãos trabalhos depende apenas da opinião, seu próprio preço mesmo faz parte desse mérito, e são estimados proporcionalmente àquilo que custam. O caso que deles faz o rico não vem de seu uso, mas do fato de que o pobre não pode pagá-los. *Nolo habere bona nisi quibus populus inviderit.*[17]

Que se tornarão vossos alunos se os deixardes adotar esse tolo preconceito, se vós mesmo os favorecerdes, se vos virem, por exemplo, entrar com mais consideração na loja de um ourives do que na de um serralheiro? Que juízo farão do verdadeiro mérito das artes e do verdadeiro valor das coisas quando virem por toda parte o preço da extravagância em contradição com o preço tirado da utilidade real, ou que quanto mais a coisa custa, menos ela vale? Desde o primeiro momento em que deixardes essas ideias entrarem em suas cabeças, abandonai o resto de sua educação. Apesar de vós, serão educados como todo mundo: tereis perdido catorze anos de cuidados.

Emílio, pensando em mobiliar sua ilha, terá outras perspectivas. Robinson teria dado muito mais atenção à loja do cuteleiro do que a todos os penduricalhos de Saïd.[18] O primeiro lhe pareceria um homem muito respeitável, e o outro, um pequeno charlatão.

---

17 Petrônio.*

* "Só quero ter bens que o povo possa invejar" (Petrônio, *Satiricon*, 100). (N. T.)

18 Gostaríamos de sugerir referência a Saïd al-Andalusi (1029-1070), cádi muçulmano da Península Ibérica, autor de uma história das ciências: o *Livro das categorias das nações*. Todavia, não podemos afirmar tal referência, pois não há notícia de tradução dessa obra no século XVIII. Cf. *Science in the Medieval World: Book of the Categories of Nations.* Ed. S. Salem & A. Kumar. Austin: University of Texas Press, 1991. (N. T.)

Livro III

Meu filho é feito para viver na sociedade; não viverá com sábios, mas com loucos; é preciso, portanto, que conheça suas loucuras, uma vez que é por meio delas que querem ser conduzidos. O conhecimento real das coisas pode ser bom, mas o dos homens e de seus juízos vale ainda mais; pois, na sociedade humana, o maior instrumento do homem é o homem, e o mais sábio é aquele que melhor se serve desse instrumento. De que serve dar às crianças a ideia de uma ordem imaginária inteiramente contrária à que encontrarão estabelecida e de acordo com a qual precisarão se regular? Dai-lhes primeiramente lições para serem sábios, e depois lhes dareis lições para julgarem em que os outros são loucos.

Eis as máximas especiosas segundo as quais a falsa prudência dos pais opera para tornar seus filhos escravos dos preconceitos com que os alimentam, e joguetes eles próprios da turba insensata de que pensam fazer o instrumento de suas paixões. Para chegar a conhecer o homem, quantas coisas precisamos conhecer antes! O homem é o último estudo do sábio, e pretendeis fazer dele o primeiro de uma criança! Antes de instruí-la acerca de nossos sentimentos, começai por ensiná-la a apreciá-los. Conhecer uma loucura será o mesmo que tomá-la pela razão? Para ser sábio, é preciso discernir o que não o é. Como vosso filho conhecerá os homens, se não sabe nem julgar seus juízos nem discernir seus erros? É um mal saber o que pensam quando se ignora se o que pensam é verdadeiro ou falso. Ensinai-lhe, pois, primeiramente, o que são as coisas em si mesmas, e lhe ensinareis depois o que elas são aos nossos olhos. É assim que saberá comparar a opinião com a verdade e elevar-se acima do vulgo, pois não conhecemos os preconceitos quando os adotamos e não conduzimos o povo quando a ele nos assemelhamos. Mas se começardes por instruir o aluno acerca da opinião pública antes de ensiná-lo a apreciá-la, podeis ter certeza de que, a despeito do que fizerdes, ela se tornará a opinião dele e não a destruireis mais. Concluo que, para tornar judicioso um jovem, é preciso bem formar seus juízos em vez de ditar-lhe os nossos.

Vede que até aqui não falei dos homens a meu aluno: ele teria tido bom senso demais para me entender. Suas relações com sua espécie não são ainda bastante sensíveis para que possa julgar os outros por si. Ele não conhece outro ser humano senão ele próprio, e ainda assim, está bem longe de se conhecer; mas, se ele lança poucos juízos sobre sua pessoa, ao menos só lança juízos justos. Ele ignora qual seja o lugar dos outros, mas sente o seu e nele se mantém. Em lugar das leis sociais que não pode conhecer, nós o ligamos às cadeias da necessidade. Até agora, quase não passa de um ser físico: continuemos a tratá-lo como tal.

É pela relação sensível com sua utilidade, sua segurança, sua conservação, seu bem-estar, que ele deve apreciar todos os corpos da natureza e todos os trabalhos dos homens. Assim, o ferro deve valer a seus olhos muito mais do que o ouro; e o vidro, muito mais do que o diamante. Do mesmo modo, ele honra muito mais um sapateiro ou um pedreiro do que um Lempereur, ou um Leblanc,[19] ou qualquer outro joalheiro da Europa. Um confeiteiro, sobretudo, é a seus olhos um homem muito importante, e ele daria toda a academia das ciências pelo menor doceiro da rua dos Lombardos. Os ourives, os gravadores, os douradores e os bordadores não são, de seu ponto de vista, senão vagabundos que se divertem com jogos perfeitamente inúteis; não faz muito caso nem mesmo da relojoaria. A feliz criança goza o tempo sem ser sua escrava: aproveita-o e não conhece seu valor. A calma das paixões que torna para ela seu curso sempre igual serve-lhe como instrumento para medi-lo quando preciso.[20] Dando-lhe um relógio ou fazendo-o chorar, eu criaria um Emílio vulgar, para ser útil e fazer-me compreender; pois, quanto ao verdadeiro, uma criança tão diferente das outras não serviria de exemplo para nada.

Há uma ordem, não menos natural e mais judiciosa ainda, pela qual se consideram as artes segundo as relações de necessidade que as ligam, pondo-se no primeiro lugar as mais independentes e, no último, as que dependem de maior número de outras. Essa ordem, que fornece importantes considerações sobre a da sociedade geral, é semelhante à precedente, e sujeita à mesma inversão na estima dos homens; de modo que o emprego

---

19 Jean-Daniel Lempereur e Sébastien-Louis Leblanc eram joalheiros de Paris. (N. T.)
20 O tempo perde para nós sua medida quando nossas paixões querem regular o curso dele como lhes agrada. O relógio do sábio é a igualdade de humor e a paz da alma: ele está sempre em sua hora, e ele a conhece sempre.

das matérias-primas se faz em ofícios sem honra, quase sem lucro, e que, quanto mais mudam de mãos, mais a mão de obra aumenta de preço e mais honrosa se torna. Não examino se é verdade que a indústria seja maior e mereça mais recompensa nas artes minuciosas que dão a última forma a tais matérias, em comparação com o primeiro trabalho que as converte ao uso dos homens; mas digo que, em cada coisa, a arte cujo uso é mais geral e mais indispensável é, incontestavelmente, a que merece mais estima, e que aquela para a qual um menor número das outras artes se faz necessário, merece-a acima de todas as mais subordinadas, porque é mais livre e está mais perto da independência. Eis as verdadeiras regras da apreciação das artes e da indústria; todo o resto é arbitrário e depende da opinião.

A primeira e a mais respeitável de todas as artes é a agricultura: eu deixaria a forja em segundo lugar, a carpintaria em terceiro, e assim por diante. A criança que não tiver sido seduzida pelos preconceitos vulgares julgará precisamente assim. Quantas reflexões importantes não tirará nosso Emílio a esse respeito de seu Robinson! Que pensará vendo que as artes só se aperfeiçoam ao se subdividirem, multiplicando ao infinito os instrumentos de umas e outras? Dirá a si mesmo: toda essa gente é tolamente engenhosa. Acreditar-se-ia que temem que seus braços e seus dedos sirvam para alguma coisa, a tal ponto que inventam instrumentos para dispensá-los. Para exercer uma só arte, submetem-se a mil outras; é preciso uma cidade para cada trabalhador. Quanto a mim e a meu camarada, aplicamos nosso gênio a nossa habilidade; fazemos instrumentos que sejamos capazes de carregar conosco por toda parte. Em nossa ilha, toda essa gente tão orgulhosa de seus talentos em Paris nada saberia: seriam, por sua vez, nossos aprendizes.

Leitor, não vos detenhais para ver aqui o exercício do corpo e a habilidade das mãos de nosso aluno, mas considerai que orientação damos a suas curiosidades infantis; considerai o sentido, o espírito inventivo, a previdência; considerai que cabeça vamos formar nele. Em tudo o que ele verá, em tudo o que fará, desejará tudo conhecer, desejará saber a razão de tudo; de instrumento em instrumento, desejará sempre remontar ao primeiro; nada admitirá por suposição; recusar-se-á a aprender o que exigiria um conhecimento anterior que não tenha; se vir fazer uma mola, desejará saber como o aço foi tirado da mina; se vir juntarem-se as peças de um baú, desejará saber como a árvore foi cortada; se trabalhar ele próprio, para cada instrumento de que se servir, não deixará de dizer a si mesmo: se eu não tivesse esse instrumento, como me arranjaria para fazer um semelhante ou para dispensá-lo?

De resto, um erro difícil de evitar nas ocupações pelas quais o mestre se apaixona está em supor sempre o mesmo gosto na criança: evitai, quando o divertimento do trabalho vos empolgar, que ela se aborreça sem, no entanto, ousar demonstrá-lo. A criança deve estar inteiramente voltada à coisa, e vós deveis estar inteiramente voltado à criança, observá-la, espiá-la sem cessar e sem parecer fazer isso, pressentir todos os seus sentimentos e prevenir os que ela não deve ter, ocupá-la, enfim, de maneira que não somente se sinta útil à coisa, como ainda que dela se agrade por ter bem compreendido para que serve o que faz.

A sociedade das artes consiste em trocas de indústrias; a do comércio, em trocas de coisas; a dos bancos, em trocas de sinais e de dinheiro. Todas essas ideias se ligam e as noções elementares já foram adquiridas; lançamos os fundamentos disso tudo já na primeira idade, com a ajuda do jardineiro Roberto. Só nos resta agora generalizar essas mesmas ideias e estendê-las com mais exemplos para fazê-la compreender o jogo do tráfico considerado em si mesmo, e tornado sensível pelos detalhes da história natural concernentes às produções particulares de cada país, pelos detalhes das artes e das ciências que dizem respeito à navegação, e por fim, pela maior ou menor dificuldade do transporte, segundo a distância dos lugares, segundo a situação das terras, dos mares, dos rios etc.

Nenhuma sociedade pode existir sem troca, nenhuma troca sem medida comum e nenhuma medida comum sem igualdade. Assim, toda sociedade tem como primeira lei alguma igualdade convencional, seja entre os homens, seja entre as coisas.

A igualdade convencional entre os homens, bem diferente da igualdade natural, torna necessário o direito positivo, isto é, o governo e as leis. Os conhecimentos políticos de uma criança devem ser nítidos e limitados; ela só deve conhecer do governo em geral o que se relaciona com o direito de propriedade, de que já tem alguma ideia.

A igualdade convencional entre as coisas fez que a moeda fosse inventada, pois a moeda não passa de um termo de comparação para o valor das coisas de diferentes espécies. E, nesse sentido, a moeda é o verdadeiro laço da sociedade. Porém, tudo pode ser moeda: outrora o gado o era, conchas ainda o são em diversos povos; o ferro foi moeda em Esparta, o couro na Suécia, o ouro e a prata o são entre nós.

Os metais, por serem de mais fácil transporte, foram geralmente escolhidos como termos médios de todas as trocas, e esses metais foram convertidos em moeda para evitar a medida ou o peso em cada troca. Pois a marca da moeda é apenas um atestado de que a peça assim marcada é de tal peso; só o príncipe tem direito de cunhar moeda, uma vez que só ele tem direito de exigir que seu testemunho exerça autoridade em meio ao povo todo.

Assim explicado, o uso dessa invenção faz-se sentir até ao mais estúpido. É difícil comparar de imediato coisas de naturezas diferentes: por exemplo, tecido com trigo. Mas quando se encontra uma medida comum, a saber, a moeda, é fácil ao fabricante e ao lavrador relacionar o valor das coisas que querem trocar com essa medida comum. Se tal quantidade de tecido vale tal soma em dinheiro, e se tal quantidade de trigo também vale a mesma soma em dinheiro, segue-se que o mercador, recebendo esse trigo por seu tecido, faz uma troca equitativa. Assim, é por meio da moeda que os bens de espécies diversas se tornam comensuráveis e podem se comparar.

Não avanceis mais do que isso, não entreis na explicação dos efeitos morais dessa instituição. Em qualquer assunto, é importante expor bem os usos antes de mostrar os abusos. Se pretendêsseis explicar às crianças como os signos fazem que as coisas sejam negligenciadas, como da moeda nasceram todas as quimeras da opinião, como os países ricos de dinheiro devem ser pobres de tudo, estareis tratando essas crianças, não somente como filósofos, mas como homens sábios, e pretendereis fazê-las entender o que até mesmo poucos filósofos conceberam bem.

Sobre que abundância de assuntos interessantes não se pode voltar, assim, a curiosidade de um aluno, sem nunca abandonar as relações reais e materiais que se encontram ao seu alcance, nem permitir que se apresente a seu espírito uma só ideia que ele não possa conceber! A arte do mestre consiste em jamais insistir em observações minuciosas que não se ligam a nada, mas em aproximar incessantemente o aluno das grandes relações que deverá conhecer um dia para bem julgar a boa e a má ordem da sociedade civil. É preciso saber adequar as conversas com as quais o divertimos ao tipo de espírito que lhe demos. Uma pergunta que não poderia sequer tocar de leve a atenção de um outro, vai atormentar Emílio durante seis meses.

Vamos almoçar em uma casa opulenta; encontramos os preparativos de um banquete, muita gente, muitos lacaios, muitos pratos, um serviço elegante e fino. Todo esse aparato de prazer e de festa tem algo de embriagante, que sobe à cabeça quando não se está acostumado. Pressinto o efeito de tudo isso sobre meu jovem aluno. Enquanto a refeição se prolonga, enquanto os pratos se sucedem, enquanto reinam à mesa mil comentários barulhentos, aproximo-me de seu ouvido e digo-lhe: "Por quantas mãos estimais que passou tudo o que vedes nesta mesa antes de chegar nela?". Que turba de ideias não desperto em seu cérebro com essas poucas palavras! No mesmo instante, eis que todos os vapores do delírio se dissipam. Ele sonha, reflete, calcula, inquieta-se. Enquanto os filósofos, alegrados pelo vinho, ou talvez por suas vizinhas, dizem bobagens e passam por crianças, ei-lo filosofando sozinho em seu canto; interroga-me, mas me recuso a responder, adio para outra hora. Ele se impacienta, esquece de comer e de beber, fica aflito para sair da mesa a fim de conversar comigo à vontade. Que objeto para sua curiosidade! Que texto para sua instrução! Com um julgamento sadio, que nada pôde corromper, que pensará do luxo, quando verificar que todas as regiões do mundo contribuíram naquilo, que 20 milhões de mãos trabalharam, talvez durante muito tempo, que isso talvez tenha custado a vida de milhares de homens, e tudo para apresentar-lhe pomposamente ao meio-dia o que à noite vai depositar em sua privada?

Observai com cuidado as conclusões secretas que ele tira em seu coração sobre todas essas observações. Se o preservastes não tão bem quanto suponho, ele pode ser tentado a orientar suas reflexões noutro sentido e a se encarar como um personagem importante na sociedade, vendo tantos cuidados concorrerem para o preparo de sua refeição. Se pressentis esse raciocínio, podeis facilmente evitá-lo antes que ele o faça, ou, ao menos, apagar imediatamente a impressão que ele deixe. Não sabendo ainda apropriar-se das coisas senão mediante um gozo material, ele não pode julgar de sua conveniência ou inconveniência a não ser pelas relações sensíveis. A comparação de um almoço simples e rústico preparado pelo exercício, temperado pela fome, pela liberdade, pela alegria, com seu banquete tão magnífico e tão bem regrado, bastará para fazê-lo sentir que todo o aparato do banquete, não lhe tendo proporcionado nenhum proveito real, e saindo seu estômago tão contente da mesa do camponês quanto da do financista, não havia nada mais em um do que no outro a que pudesse chamar de verdadeiramente seu.

Imaginemos o que em caso semelhante um governante poderá lhe dizer. Recorda bem as duas refeições e decidi por vós mesmo qual delas fizestes com mais prazer; em qual observastes maior alegria? Em qual se comeu com mais apetite, bebeu-se mais alegremente, riu-se com melhor ânimo? Qual durou mais tempo sem aborrecimento e sem necessidade de ser renovada com outros pratos? Entretanto, vede a diferença: esse pão de rala que achais tão bom vem do trigo colhido por esse camponês; seu vinho escuro e grosseiro, mas que mata a sede e é saudável, vem de seu vinhedo; a toalha vem de seu cânhamo filado no inverno por sua mulher, por suas filhas, por sua criada; nenhuma outra mão a não ser as de sua família prepararam a mesa; o moinho mais próximo e o mercado vizinho são para ele os limites do universo. Em que realmente gozastes de tudo o que forneceram a mais a terra longínqua e a mão dos homens na outra mesa? Se tudo isso não vos deu uma melhor refeição, que ganhastes com essa abundância? Que havia lá que tivesse sido feito para vós? Se fôsseis o dono da casa, poderá acrescentar, tudo isso teria vos parecido ainda mais estranho, pois o cuidado de exibir aos olhos dos outros vosso gozo teria acabado por tirá-lo de vós: teríeis tido o trabalho e eles, o prazer.

Esse discurso pode até ser muito belo, mas não vale nada para Emílio, pois não está ao alcance dele, cujas reflexões não são ditadas por outros. Falai-lhe, portanto, com mais simplicidade. Depois dessas duas experiências, dizei-lhe algum dia: "Onde jantaremos hoje? Ao redor da montanha de prata que cobre três quartos da mesa, e dos canteiros de flores de papel servidos na sobremesa sobre espelhos; entre essas mulheres de largos guarda-infantes que vos tratam como marionetes e querem que digais o que não sabeis; ou ainda, nessa aldeia a 2 léguas daqui, na casa dessa boa gente que nos recebe tão alegremente e nos serve tão boa nata?". A escolha de Emílio não é duvidosa, pois ele não é nem tagarela nem fútil. Não suporta o constrangimento e nenhum de nossos guisados finos lhe agrada, mas está sempre disposto a correr no campo e gosta muito das boas frutas, dos bons legumes, da boa nata e da boa gente.[21] Ao longo do caminho, a reflexão vem por si só. Vejo que essas turbas de homens que trabalham para essas grandes refeições desperdiçam seu trabalho ou simplesmente não pensam em nossos prazeres.

Meus exemplos, bons talvez para um sujeito, serão maus para mil outros. Se os compreendermos por seu espírito, será fácil variá-los como for preciso; a escolha diz respeito ao estudo do gênio próprio de cada um, e esse estudo diz respeito às ocasiões que lhes damos para se mostrarem. Não se imaginará que, no espaço de três ou quatro anos com que devemos nos ocupar aqui, possamos dar à criança mais bem-nascida uma ideia de todas as artes e de todas as ciências naturais que seja suficiente para um dia ela poder aprendê-las por si mesma. Mas, fazendo passar assim diante dela todos os objetos que lhe importa conhecer, nós propiciamos a ela que desenvolva seu gosto, seu talento, que dê os primeiros passos rumo ao objeto a que seu gênio conduz, e a indicar-nos o caminho que precisamos seguir para ajudar a natureza.

Outra vantagem desse encadeamento de conhecimentos limitados, mas justos, está em mostrá-los por suas ligações, por suas relações, de pô-los todos em seu lugar em sua estima, e de prevenir nele os preconceitos que os homens, em sua maioria, têm pelos talentos que cultivam contra os que negligenciaram. Aquele que vê bem a ordem do todo vê o lugar onde cada

---

21 O gosto pelo campo, que suponho em meu aluno, é fruto natural de sua educação. De resto, não tendo nada desse ar ufano e requintado que tanto agrada às mulheres, é devido a isso menos mimado por elas do que outras crianças; por conseguinte, compraz-se menos junto a elas e se estraga menos em sua companhia, cujo encanto ainda não está em condições de sentir. Evitei ensiná-lo a beijar-lhes a mão, a dizer-lhes baboseiras, e até a dar-lhes de preferência aos homens as atenções que lhes são devidas. Adotei como lei inviolável nada exigir dele cuja razão não estivesse a seu alcance, e não há boa razão para uma criança tratar um sexo de modo diferente do outro.

Livro III

parte deve estar; aquele que vê bem uma parte e a conhece a fundo pode ser um homem sábio: o outro é um homem judicioso; e vós vos lembrais de que o que nos propomos adquirir é menos a ciência do que o juízo.

Seja como for, meu método é independente de meus exemplos. Ele se fundamenta na medida das faculdades do homem em suas diferentes idades, e na escolha das ocupações que convêm a suas faculdades. Creio que se encontraria facilmente outro método com o qual pareceríamos fazer coisa melhor; mas se fosse menos apropriado à espécie, à idade ou ao sexo, duvido que tivesse o mesmo êxito.

Ao começar este segundo período, valemo-nos da superabundância de nossas forças sobre nossas necessidades para nos projetarmos para além de nós; lançamo-nos aos céus; medimos a terra; colhemos as leis da natureza. Em poucas palavras, percorremos a ilha inteira: agora voltamos a nós; aproximamo-nos insensivelmente de nossa habitação. Muito felizes, nessa volta, por não encontrarmos ainda em sua posse o inimigo que nos ameaça e que se dispõe a apoderar-se dela!

Que nos resta fazer depois de termos observado tudo o que nos cerca? Converter para nosso uso tudo aquilo de que podemos nos apropriar, e tirar proveito de nossa curiosidade pela vantagem de nosso bem-estar. Até aqui fizemos provisão de instrumentos de toda espécie, sem sabermos de quais deles precisaríamos. Talvez, embora inúteis a nós mesmos, os nossos possam servir a outros; e talvez, por nossa vez, precisaremos dos deles. Assim, teríamos toda a vantagem com essas trocas; mas, para as fazermos, é preciso conhecer nossas necessidades mútuas, é preciso que cada um saiba do que outros dispõem para seu uso, e o que pode oferecer-lhes em retribuição. Suponhamos dez homens, cada um dos quais com dez espécies de necessidades. É preciso que cada um, para o que lhe é necessário, dedique-se a dez tipos de trabalho; mas, por conta da diferença de gênio e de talento, um terá menor êxito em algum desses trabalhos, outro em outro. Aptos para diversas coisas, todos farão as mesmas e serão mal servidos. Formemos uma sociedade com esses dez homens, e que cada qual se dedique, para ele só e para os nove outros, no gênero de ocupação que melhor lhe convém. Cada qual se aproveitará dos talentos dos outros como se só ele os tivesse todos; cada qual aperfeiçoará o seu através de um exercício contínuo; e acontecerá que os dez, perfeitamente bem providos, ainda terão excedentes para os outros. Eis o princípio aparente de todas as nossas instituições. Não faz parte de meu assunto examinar aqui as consequências disso: é o que fiz em outro escrito.[22]

Segundo esse princípio, um homem que quisesse se ver como um ser isolado, não dependendo de absolutamente nada, e bastando-se a si mesmo, só poderia ser miserável. Ser-lhe-ia até mesmo impossível subsistir, pois encontrando a terra inteira coberta com o teu e o meu, e tendo de seu apenas seu corpo, de onde tiraria o necessário para si? Saindo do estado de natureza, forçamos nossos semelhantes a saírem também; ninguém pode permanecer nesse estado contra a vontade dos outros; e, na impossibilidade de viver nele, querer permanecer seria realmente sair dele: pois a primeira lei da natureza é o cuidado de se conservar.

Assim se formam aos poucos no espírito de uma criança as ideias das relações sociais, mesmo antes de que ela possa ser realmente membro ativo da sociedade. Emílio observa que, para ter instrumentos úteis para si, precisa ainda ter os que sejam úteis para os outros, mediante os quais possa obter em troca as coisas que lhe são necessárias e que estão em poder deles. Levo-o facilmente a sentir a necessidade dessas trocas e a ficar em condição de aproveitá-las.

Monsenhor, é preciso que eu viva, dizia um infeliz autor satírico ao ministro que lhe censurava a infâmia do ofício. – *Não vejo a necessidade disso*, retorquiu friamente o homem de posição.[23] Essa resposta, excelente para um ministro, teria sido bárbara e falsa em qualquer outra boca. É preciso que todo homem viva. Esse argumento, ao qual cada um dá maior ou menor força na proporção em que tem mais ou menos humanidade, parece-me sem réplica para quem o faz relativamente a si próprio. Uma vez que, de todas as aversões que a natureza nos dá, a mais forte é a de morrer, segue-se daí que, por ela, tudo é permitido a quem não tem nenhum outro meio possível para viver. Os princípios

---

22 No *Discurso sobre a origem e os fundamentos da desigualdade entre os homens*. (N. T.)
23 Referência ao abade Guyot-Desfontaines, cuja súplica é retrucada pelo conde d'Argenson. O diálogo é descrito no "Discurso preliminar" de *Alzire, ou les Americains*, de Voltaire. (N. T.)

de acordo com os quais o homem virtuoso aprende a desprezar sua vida e a imolá-la por seu dever estão bem longe da simplicidade primitiva. Felizes os povos entre os quais se pode ser bom sem esforço e justo sem virtude! Se há algum miserável estado no mundo onde ninguém possa viver sem fazer o mal e onde os cidadãos sejam patifes por necessidade, não é o malfeitor que deve ser enforcado, mas aquele que o força a se tornar assim.

Assim que Emílio souber o que é a vida, meu primeiro cuidado será ensiná-lo a conservá-la. Até aqui, não distingui as condições, as posições, as fortunas; e não as distinguirei daqui em diante porque o homem é o mesmo em qualquer condição. O rico não tem o estômago maior do que o pobre e não digere melhor do que ele; o senhor não tem braços mais longos nem mais fortes do que seu escravo; um grande não é maior do que um homem do povo; e, enfim, sendo as necessidades naturais as mesmas em toda parte, iguais em toda parte devem ser os meios de satisfazê-las. Tornai apropriada ao homem a educação do homem, e não ao que não é ele. Não vedes que, trabalhando para formá-lo exclusivamente para uma condição, vós o tornais inútil a qualquer outra e que, se a fortuna quiser, só tereis trabalhado para torná-lo infeliz? Haverá coisa mais ridícula do que um grande senhor que virou mendigo carregando em sua miséria os preconceitos de seu nascimento? Que haverá de mais vil do que um rico empobrecido que, lembrando-se do desprezo que se deve ter pela pobreza, se sente o último dos homens? Um tem como último recurso a profissão de patife público, o outro o de lacaio rastejante com esta bela frase: *é preciso que eu viva*.

Confiais na ordem atual da sociedade sem pensar que essa ordem está sujeita a revoluções inevitáveis, e que é impossível prever ou evitar a que possa dizer respeito a vossos filhos. O grande torna-se pequeno, o rico torna-se pobre, o monarca torna-se súdito: os golpes da sorte serão tão raros que possais esperar estar livre deles? Aproximamo-nos do estado de crise e do século das revoluções.[24] Quem pode dizer o que vos tomareis

---

24 Considero impossível que as grandes monarquias da Europa ainda durem muito tempo; todas brilharam, e todo Estado que brilha está em seu declínio. De minha parte, tenho razões mais particulares do que esta máxima; mas não é o caso de dizê--las, e todos as conhecem até demais.

então? Tudo o que os homens fizeram, os homens podem destruir: só são indeléveis os caracteres que a natureza imprime, e a natureza não faz nem príncipes, nem ricos, nem grandes senhores. Que fará então na desgraça esse sátrapa que educastes unicamente para a grandeza? Que fará na pobreza esse publicano que só sabe viver de ouro? Que fará, desprovido de tudo, esse faustoso imbecil que não sabe valer-se de si mesmo e só põe seu ser no que lhe é estranho? Feliz então de quem sabe largar a condição que o abandona e permanecer homem, a despeito da má sorte! Que louvem quanto quiserem esse rei vencido que quer se enterrar como furioso sob os destroços de seu trono; eu o desprezo. Vejo que só existe por sua coroa e que, se não for rei, nada é: mas quem a perde e a dispensa está acima dela. Da posição de rei, que um covarde, um mau, um louco pode assumir tanto quanto qualquer outro, ele se eleva à condição de homem, que tão poucos homens sabem assumir. Então, ele triunfa sobre a fortuna, ele a enfrenta; nada deve senão a si mesmo; e quando só lhe resta mostrar a si mesmo, ele não é nulo: é alguma coisa. Sim, prefiro cem vezes o rei de Siracusa professor de escola em Corinto, e o rei da Macedônia escrivão em Roma,[25] a um infeliz Tarquínio que não sabe o que se tornar se não for para reinar; prefiro-os ao herdeiro e filho de um rei dos reis,[26] joguete de quem quer que ouse insultar sua miséria, errando de corte em corte, procurando por toda parte auxílio e por toda parte encontrando afrontas pelo fato de não saber fazer outra coisa senão um ofício que já não está em seu poder.

O homem e o cidadão, qualquer que seja, não tem outro bem a dar à sociedade senão ele próprio. Todos os seus outros bens nela se encontram a despeito de sua vontade; e quando um homem é rico, ou não goza de sua riqueza ou o público goza dela também. No primeiro caso, rouba dos outros aquilo de que se priva; e no segundo, nada lhes dá. Assim sua dívida social permanece inteira, enquanto só a paga com seus bens. "Mas meu pai,

---

25 Referência à comparação entre Timoleão e Aemilius Paullus nas *Vidas* de Plutarco. (N. T.)
26 A variante nesse trecho é "o herdeiro do senhor de três reinos", o que seria uma alusão a Charles Edward Stuart (1720-1788), neto de James II da Inglaterra e pretendente ao trono. (N. T.)

ganhando-os, serviu a sociedade...". Pois bem: pagou sua dívida, mas não a vossa. Deveis mais aos outros do que se tivésseis nascido sem bens, porque nascestes favorecido. Não é justo que o que um homem fez para a sociedade isente outro do que lhe deve; porque cada qual, devendo-se a si próprio inteiramente, só pode pagar por si, e nenhum pai pode transmitir a seu filho o direito de ser inútil a seus semelhantes. Ora, é, no entanto, o que faz, a vosso ver, transmitindo-lhe suas riquezas que são a prova e o preço do trabalho. Quem come na ociosidade o que não ganhou por si mesmo, rouba-o; e um rentista que o Estado paga para não fazer nada não difere muito, a meus olhos, de um bandido que vive à custa dos viajantes. Fora da sociedade, o homem isolado, nada devendo a ninguém, tem o direito de viver tal como lhe apraz; mas na sociedade, onde vive necessariamente à custa dos outros, deve-lhes em trabalho o preço de sua manutenção; isso sem exceção. Trabalhar é, portanto, um dever indispensável ao homem social. Rico ou pobre, poderoso ou fraco, todo cidadão ocioso é um patife.

Ora, de todas as ocupações que podem fornecer a subsistência ao homem, a que mais se aproxima do estado de natureza é o trabalho das mãos; de todas as condições, a mais independente da fortuna e dos homens é a do artesão. O artesão só depende de seu trabalho; ele é livre, tão livre quanto o lavrador é escravo; porque este se acha preso a seu campo, cuja colheita está à mercê de outrem. O inimigo, o príncipe, um vizinho poderoso, um processo, podem fazê-lo perder a terra; por esse campo podem atormentá-lo de mil maneiras. Mas, onde quer que se deseje atormentar o artesão, suas malas estão prontas; pega seus braços e vai-se embora. Entretanto, a agricultura é o primeiro ofício do homem: é o mais honesto, o mais útil, e por conseguinte, o mais nobre que possa exercer. Não digo a Emílio "aprende a agricultura": ele a conhece. Todos os trabalhos rústicos lhe são familiares; foi por eles que começou, a eles é que volta sem cessar. Digo-lhe, portanto: "Cultiva a herança de teus pais. Mas se perderes essa herança, ou nenhuma tiveres, que fazer? Aprende um ofício".

"Um ofício para meu filho! Meu filho artesão! Senhor, pensais nisso?" Penso mais do que vós, senhora, que quereis reduzi-lo a não ser senão um lorde, um marquês, um príncipe e, talvez um dia, menos do que nada:

quanto a mim, quero dar-lhe uma posição que ele não possa perder, uma posição que o honre em qualquer tempo; quero elevá-lo à condição de homem; e, a despeito do que possais dizer, ele terá menos pares com esse título do que com todos os que receber de vós.

A letra mata e o espírito vivifica. Trata-se menos de aprender um ofício para saber um ofício do que para vencer os preconceitos que o desprezam. Nunca sereis reduzido a trabalhar para viver. Ah, tanto pior, tanto pior para vós! Mas não importa; não trabalheis por necessidade, trabalhai por glória. Abaixai-vos à condição de artesão para que fiqueis acima da vossa. Para vos submeterdes à fortuna e às coisas, começai tornando-vos independente. Para reinardes pela opinião, começai por reinar sobre ela.

Lembrai-vos de que não é um talento que vos peço: é um ofício, um verdadeiro ofício, uma arte puramente mecânica em que as mãos trabalham mais do que a cabeça, e que não leva à fortuna, mas que pode torná-la dispensável. Em certas casas onde o pão dificilmente falta, vi pais serem tão previdentes a ponto de acrescentar ao cuidado de instruir os filhos, o de prové-los de conhecimentos com os quais, em qualquer circunstância, pudessem tirar proveito para viver. Esses pais previdentes acreditam fazer muito; mas não fazem nada, porque os recursos que pensam reservar para seus filhos dependem dessa mesma fortuna acima da qual querem situá-los. De modo que, com todos esses belos talentos, aquele que não se encontrar em circunstâncias favoráveis para empregá-los, morrerá na miséria como se não tivesse nenhum.

Em se tratando de arranjos e intrigas, tanto faz empregá-los para se manter na abundância ou para reconquistar, em meio à miséria, o que o faz voltar à sua primeira condição. Se cultivais artes cujo sucesso decorre da reputação do artista; se vos preparais para cargos que só se obtêm mediante o favor, de que vos servirá tudo isso quando, justamente desgostoso da sociedade, desprezareis os meios sem os quais nela não se pode ter êxito? Estudastes a política e os interesses dos príncipes. Até aí, tudo bem; mas, o que fareis desses conhecimentos se não sabeis chegar aos ministros, às mulheres da corte, aos chefes de gabinete; se não descobrirdes como lhes agradar, se nem todos encontram em vós o patife que lhes convém? Sois arquiteto ou pintor, muito bem; mas é preciso tornar vosso talento conhecido. Pensais que podeis expor, assim tão facilmente, uma obra no Salão? Oh!, não é bem assim! É preciso ser da Academia; até mesmo para obter um lugar obscuro em um canto de parede é preciso ser protegido. Deixai de lado a régua e o pincel; tomai um carro e ide de porta em porta; assim é que se adquire celebridade. Ora, deveis saber que todas essas ilustres portas têm seguranças ou porteiros que só entendem gestos e cujos ouvidos estão nas mãos. Quereis ensinar o que aprendestes e vos tornar professor de geografia, de matemática, de línguas, de música ou de desenho? Até mesmo para isso é preciso encontrar estudantes e, por conseguinte, aduladores. Reparai que importa mais ser charlatão do que hábil e, se não souberdes outro ofício além do vosso, nunca sereis nada além de um ignorante.

Vede, portanto, como esses brilhantes recursos são pouco sólidos, e como outros recursos vos são necessários para tirar proveito daqueles. E depois, que será de vós nesse covarde rebaixamento? Os reveses vos aviltam sem vos instruírem; joguete constante da opinião pública, como vos ergue-reis acima dos preconceitos, árbitros de vossa sorte? Como desprezareis a baixeza e os vícios de que necessitais para subsistir? Dependíeis somente das riquezas, e agora dependeis dos ricos; nada fizestes além de aumentar vossa escravidão e sobrecarregá-la com vossa miséria. Ei-vos pobre sem ser livre; é a pior condição em que um homem pode cair.

Mas se em vez de recorrer para viver a esses conhecimentos elevados, feitos para alimentar a alma e não o corpo, recorrerdes, quando preciso, a vossas mãos e ao uso que delas sabeis fazer, todas as dificuldades desaparecem, todas as maquinações se tornam inúteis; o recurso está sempre à mão no momento de empregá-lo; a probidade, a honra não são mais um obstáculo à vida; não precisais mais ser covarde e mentiroso diante dos grandes, manso e rastejante diante dos patifes, vil complacente para com todo mundo, devedor ou ladrão, o que é mais ou menos a mesma coisa quando não se tem nada; a opinião dos outros não vos toca, não precisais cortejar ninguém, nenhum tolo para bajular, nenhum segurança para subornar, nenhuma cortesã para pagar nem, o que é pior, para incensar. Que malandros dirijam os grandes negócios, pouco vos importa: isso não vos impedirá, em vossa vida obscura, de ser homem de bem e ter pão. Entrais no primeiro ateliê do ofício que aprendestes: "Mestre, preciso de trabalho". "Companheiro, instalai-vos e trabalhai." Tereis ganhado vosso jantar antes que chegue a hora da janta. Se fordes diligente e sóbrio, antes que oito dias se passem, já tereis com que viver outros oito dias: e tereis vivido de modo livre, são, laborioso e justo. Não é perder tempo ganhá-lo assim.

Quero absolutamente que Emílio aprenda um ofício. Um ofício honesto, ao menos, direis. Que significa esta palavra? Não é honesto todo ofício útil ao público? Não quero que seja bordador, nem dourador, nem envernizador como o fidalgo de Locke; não quero que seja músico, nem comediante, nem fazedor de livros.[27] Com exceção dessas profissões e outras que se assemelham a elas, que escolha a que ele quiser; não pretendo perturbá-lo com nada. Prefiro que seja sapateiro a poeta; prefiro que pavimente estradas a que faça flores de porcelana. Mas direis: os arqueiros, os espiões, os carrascos são pessoas úteis. Só depende do governo fazer que não sejam assim. Porém, deixemos isso de lado; eu estava errado. Não basta escolher um ofício útil, é preciso ainda que não exija das pessoas que o exercem qualidades de alma odiosas e incompatíveis com a humanidade. Voltemos, então, ao primeiro ponto e consideremos um ofício honesto; mas lembrai-vos sempre de que não há honestidade sem utilidade.

Um autor célebre deste século,[28] cujos livros são cheios de grandes projetos e de perspectivas estreitas, tinha feito o voto, como todos os padres de sua comunhão, de não ter mulher própria; mas, achando-se mais escrupuloso do que os outros acerca do adultério, dizem que se decidiu por ter bonitas criadas, com as quais corrigia da melhor maneira o ultraje que fizera a sua espécie por esse temerário compromisso. Ele via como um dever do cidadão dar outros à pátria, e com o tributo que assim pagava, povoava a

---

27 Vós o sois, dir-me-ão. Confesso que, para minha infelicidade, sou. E meus erros, que penso ter expiado o suficiente, não são para outrem razões para cometerem erros parecidos. Não escrevo para me desculpar de minhas faltas, mas para impedir que meus leitores as imitem.

28 Referência ao abade de Saint-Pierre. (N. T.)

classe dos artesãos. Logo que seus filhos alcançavam a devida idade, fazia-os aprenderem um ofício de seu agrado, excluindo apenas as profissões ociosas, fúteis ou sujeitas à moda, tais como, por exemplo, a de fazedor de perucas, que nunca é necessária e pode se tornar inútil de um dia para o outro, enquanto a natureza não se cansar de nos dar cabelos.

Eis o espírito que deve nos guiar na escolha do ofício de Emílio. Ou melhor, não cabe a nós fazermos essa escolha, mas a ele; pois as máximas de que está imbuído conservam nele o desprezo natural pelas coisas inúteis, de modo que ele nunca vai querer desperdiçar seu tempo em trabalhos de nenhum valor, e só reconhecerá o valor das coisas por sua utilidade real. Precisa de um ofício que pudesse servir a Robinson em sua ilha.

Fazendo passar em revista, diante de uma criança, as produções da natureza e da arte, estimulando sua curiosidade, seguindo-a até onde ela a leva, tem-se a vantagem de estudar seus gostos, suas inclinações, suas tendências, e de ver brilhar a primeira fagulha de seu gênio, se é que tem algum bem determinado. Mas um erro comum, e que é preciso evitar, está em atribuir ao ardor do talento o efeito da ocasião, e de tomar por uma inclinação acentuada, para tal ou tal arte, o espírito de imitação comum ao homem e ao macaco, que leva maquinalmente um e outro a querer fazer tudo o que veem fazer, sem saberem muito bem para quê. O mundo está cheio de artesãos e sobretudo de artistas que não têm o talento natural da arte que exercem, e para a qual foram direcionados desde a infância, quer por determinação de outras conveniências, quer pelo engano de um zelo aparente que os teria impelido da mesma maneira para qualquer outra arte tão logo a tivessem visto praticar. Fulano ouve um tambor e acredita ser general; outro vê uma construção e quer ser arquiteto. Todos são tentados pelo ofício que observam quando acreditam que este é estimado.

Conheci um lacaio que, vendo seu senhor pintar e desenhar, pôs na cabeça que seria pintor e desenhista. A partir do momento em que resolveu isso, pegou o lápis que nunca mais largou a não ser para pegar o pincel, que não abandonou por toda a vida. Sem lições e sem regras, pôs-se a desenhar tudo que lhe caía nas mãos. Passou três anos inteiros debruçado sobre seus rabiscos, de que somente seu serviço o arrancava, sem nunca desanimar com o pequeno progresso que suas medíocres disposições lhe permitiam. Vi-o durante seis meses de um verão muito quente em uma pequena antecâmara ao meio-dia, na qual se ficava sufocado só de passar, sentado, ou melhor, pregado o dia todo em sua cadeira diante de um globo, desenhando esse globo e o redesenhando, começando e recomeçando sem cessar com invencível obstinação, até ter conseguido reproduzir o relevo suficientemente bem para ficar contente com seu trabalho. Finalmente, protegido por seu mestre e guiado por um artista, chegou a largar o uniforme e viver de seu pincel. Até certo ponto, a perseverança supre o talento: ele atingiu esse ponto e jamais o ultrapassará. A constância e a emulação desse rapaz são louváveis. Ele sempre se fará estimado por sua assiduidade, sua fidelidade, seus costumes; mas nunca pintará senão enfeites de porta. Quem não teria sido enganado por seu zelo e não o teria tomado por um verdadeiro talento? Há muita diferença entre gostar de um trabalho e ser apto para ele. São necessárias observações mais finas do que se pensa para assegurar-se do verdadeiro gênio e do verdadeiro gosto de uma criança, que mostra muito mais seus desejos do que suas disposições, e que julgamos sempre pelos primeiros, por incapacidade de estudarmos estas outras. Gostaria que um homem judicioso escrevesse um tratado da arte de observar as crianças. Essa arte seria muito importante para ser conhecida: os pais e os mestres ainda não aprenderam seus elementos.

Mas talvez estejamos dando aqui importância demais à escolha de um ofício. Uma vez que se trata apenas de um trabalho das mãos, essa escolha não é nada para Emílio; e seu aprendizado já tem meio caminho andado pelos exercícios com que o ocupamos até o presente. Que quereis que ele faça? Ele está pronto para tudo: já sabe manejar a pá e a enxada; sabe servir-se do torno, do martelo, da plaina, da lima; os instrumentos de todos os ofícios já lhe são familiares. Trata-se tão somente de adquirir de algum desses instrumentos um uso bastante imediato, bastante fácil, para igualar em diligência os bons trabalhadores que deles se servem; e ele tem nesse ponto uma grande vantagem acima de todos, que é a de ter o corpo ágil e os membros flexíveis para tomar sem dificuldade todo tipo de atitudes e prolongar sem esforço todo tipo de movimentos. Além disso, ele tem os órgãos íntegros e bem treinados; toda a mecânica das artes já lhe é conhecida. Mas para trabalhar como mestre falta-lhe o hábito, e o hábito só se adquire com o tempo. Dentre os ofícios cuja escolha nos resta fazer, qual então dará bastante tempo para que alguém nele se torne diligente? Agora só se trata disso.

Dai ao homem um ofício que convenha a seu sexo, e ao jovem um ofício que convenha a sua idade: toda profissão sedentária e caseira, que efemina e amolece o corpo, não lhe agradará nem lhe convirá. Nunca um rapaz aspirou, por conta própria, a ser alfaiate; é preciso arte para levar a esse ofício de mulheres o sexo que a tal não se destina.[29] A agulha e a espada não podem ser manejadas pelas mesmas mãos. Se eu fosse soberano, não permitiria a costura e os ofícios da agulha senão às mulheres e aos coxos reduzidos a se ocuparem como elas. Supondo-se necessários os eunucos, acho os orientais bem loucos por fazê-los propositadamente. Por que não se contentam com os que a natureza fez, com essa multidão de homens covardes cujos corações ela mutilou? Teriam o bastante para suas necessidades. Todo homem fraco, delicado, tímido, é condenado por ela à vida sedentária; é destinado a viver com as mulheres ou à maneira delas. Que exerça desde cedo algum dos ofícios que convêm a elas; e se forem absolutamente necessários verdadeiros eunucos, que reduzam a esse estado os homens que desonram seu sexo exercendo empregos que não lhes convêm. Sua escolha anuncia o erro da natureza: corrigi esse erro de um modo ou de outro, e só tereis feito o bem.

Proíbo a meu aluno os ofícios malsãos, mas não os penosos, nem mesmo os perigosos. Estes exercitam de uma só vez a força e a coragem: convêm somente aos homens; as mulheres não os buscam. Como eles não têm vergonha de se intrometer nos que são próprios delas?

---

29 Não havia alfaiate entre os antigos; as roupas dos homens eram feitas em casa pelas mulheres.

Luctantur paucae, comedunt colliphia paucae.
Vos lanam trahitis, calathisque peracta refertis
Vellera[30]...

Na Itália não se veem mulheres nos ateliês; e não se pode imaginar nada mais triste do que a visão das ruas dessa terra quando se está acostumado a ver as ruas da França e da Inglaterra. Vendo mercadores de modas venderem às damas fitas, pompons, malhas e passamanes, eu achava esses delicados ornamentos bem ridículos em mãos grosseiras, feitas para soprar a forja ou marretar na bigorna. Dizia a mim mesmo: nesta terra as mulheres deveriam, como represália, montar ateliês de armeiros. Ah! Que cada qual faça e venda as armas de seu sexo. Para conhecê-las, é preciso empregá-las.

Jovem, imprime em teus trabalhos a mão do homem. Aprende a manejar, com braço vigoroso, o machado e a serra, a talhar uma viga, a subir em um telhado, a ajeitar a cumeeira, a firmá-la com escoras; depois, chama tua irmã para vir te ajudar na obra, assim como ela te pedia para auxiliá-la em seu tricô.

Sinto que estou falando demais para meus agradáveis contemporâneos; mas me deixo às vezes arrastar pela força das consequências. Se um homem, seja quem for, tem vergonha de trabalhar em público armado de um enxó e coberto com um avental de pele, não vejo nele mais do que um escravo da opinião, prestes a enrubescer por agir bem, uma vez que riem das pessoas honestas. Contudo, conformemo-nos com os preconceitos dos pais em tudo que não possa prejudicar o julgamento das crianças. Não é necessário exercer todas as profissões úteis para honrá-las todas; basta não estimar nenhuma que nos seja indigna. Quando se pode escolher sem que nada nos determine, por que não consultaríamos o prazer, a inclinação, a conveniência entre as profissões da mesma posição? Os trabalhos com metais são úteis, e até os mais úteis de todos. Entretanto, a menos que uma razão

---

30 Juvenal, *Sátiras*, II, 53-55.*

* "Poucas de nós somos lutadoras, poucas comem o alimento [*colliphia*] dos atletas. Vós, homens, fiais à lã e, depois de fazê-lo, trazem o cesto..." A palavra *colliphia* refere-se a uma ração feita com carne que era consumida pelos atletas. (N. T.)

particular me force, não farei de vosso filho um ferrador, um serralheiro, um ferreiro; prefiro não o ver em sua forja com aparência de ciclope. Tampouco faria dele um pedreiro, e menos ainda um sapateiro. É preciso que todos os ofícios se exerçam, mas quem pode escolher deve ter em vista o que lhe convém, pois isso não diz respeito à opinião pública; nesse ponto os sentidos nos fazem decidir. Finalmente, não gosto dessas profissões estúpidas em que os trabalhadores, sem indústria e quase autômatos, só exercitam suas mãos no mesmo trabalho; os tecelões, os fabricantes de meias, os talhadores de pedras: de que adianta empregar nesses ofícios homens de bom senso? É uma máquina que conduz outra.

Tudo bem considerado, o ofício que preferiria que fosse do gosto de meu aluno é o de marceneiro. É limpo, é útil, pode exercer-se em casa; cansa suficientemente o corpo; exige do trabalhador habilidade e indústria, e a elegância e o gosto não se excluem da forma das obras que a utilidade determina.

Se por acaso o gênio de vosso aluno se voltasse decididamente para as ciências especulativas, não censuraria que lhe dessem um ofício de acordo com suas inclinações; que aprendesse, por exemplo, a fazer instrumentos das matemáticas, lunetas, telescópios etc.

Quando Emílio aprender seu ofício, quero aprendê-lo com ele, pois estou convencido que só aprenderá bem o que aprendermos juntos. Seremos, então, ambos aprendizes, e não pretenderemos ser tratados como cavalheiros, mas como verdadeiros aprendizes que não estão brincando em serviço, pois por que não o seríamos de verdade? O czar Pedro era carpinteiro no canteiro de obras e tocador de tambor em sua própria tropa: pensais que esse príncipe não vos valesse pelo nascimento ou pelo mérito? Compreendeis por certo que não é a Emílio que digo isso; é a vós, quem quer que possais ser.

Infelizmente não podemos passar todo nosso tempo na bancada de trabalho. Não somos aprendizes para sermos trabalhadores, somos aprendizes para sermos homens; e o aprendizado deste último ofício é mais penoso e mais longo do que o outro. Como faremos então? Contrataremos um professor de plaina durante uma hora por dia, como se contrata um professor de dança? Não. Não seríamos aprendizes, mas discípulos; e nossa ambição

Emílio ou Da educação

é menos aprender a marcenaria do que nos elevarmos à condição de marceneiro. Sou de opinião, portanto, que devemos ir, ao menos uma ou duas vezes por semana, passar o dia inteiro com o mestre, que devemos levantar-nos à mesma hora e nos apresentarmos para o trabalho antes dele, comer à sua mesa, trabalhar sob suas ordens e, depois de termos tido a honra de jantar com sua família, voltarmos, se quisermos, para dormir em nossas camas duras. Eis como se aprende diversos ofícios ao mesmo tempo, e como se exercita no trabalho das mãos sem negligenciar o outro aprendizado.

Sejamos simples ao praticarmos o bem. Não caiamos na vaidade por meio dos cuidados para combatê-la. Orgulhar-se de ter vencido os preconceitos é submeter-se a eles. Dizem que, por um costume antigo da corte otomana, o Grande Senhor é obrigado a trabalhar com suas mãos; e todos sabem que as obras das mãos reais só podem ser obras-primas. Ele distribui, pois, magnificamente essas obras-primas aos grandes da Porta,[31] e a obra é paga segundo a qualidade do operário. O que vejo de mal nisso não é esse pretenso vexame; pois este é, ao contrário, um bem. Forçando os grandes a partilharem com ele os despojos do povo, o príncipe é menos obrigado a pilhar o povo diretamente. É um alívio necessário ao despotismo, sem o qual esse horrível governo não poderia subsistir.

O verdadeiro mal de semelhante prática está na ideia que dá a esse pobre homem de seu mérito. Como o rei Midas, ele vê transformar-se em ouro tudo o que toca, mas não percebe as orelhas que isso faz crescer.[32] Para conservar o tamanho das orelhas de nosso Emílio, preservemos suas mãos de tão rico talento; que o que faz tire seu preço da obra, e não do obreiro. Não toleremos nunca que julguem sua obra somente comparando-a àquela dos bons mestres. Que seu trabalho seja apreciado pelo próprio trabalho, e não por ser dele. Dizei do que é bem feito: *Eis algo bem-feito*; mas não acrescenteis:

---

[31] A Sublime Porta era o monumento de honra do palácio do sultão no Império Otomano. A anedota encontra-se em *Nouvelle relation de l'intérieur du serrail du Grand Seigneur* (1675), de Jean-Baptiste Tavernier. (N. T.)

[32] Referência a dois episódios envolvendo o rei Midas: a do poder em transformar em ouro tudo o que toca e as orelhas de asno que lhe cresceram após um castigo de Apolo. (N. T.)

Quem fez isso? Se ele mesmo disser com orgulho e contente de si: *Fui eu que fiz*, acrescentai friamente: *Vós ou outro, não importa; de todo modo é um trabalho bem-feito.*

Boa mãe, guarda-te sobretudo das mentiras que te preparam. Se teu filho sabe muitas coisas, desconfia de tudo o que ele sabe; se ele tem a infelicidade de ser educado em Paris e ser rico, está perdido. Enquanto aí se encontrarem artistas hábeis, ele terá todos os talentos; mas, longe deles, não terá mais nenhum. Em Paris, o rico sabe tudo; só o pobre é ignorante. Essa capital está repleta de amadores e, sobretudo, de amadoras que fazem suas obras como o sr. Guillaume inventava suas cores.[33] Conheço três exceções honrosas entre os homens, e pode haver mais; mas não conheço nenhuma entre as mulheres, e duvido que haja. Em geral, conquista-se um nome nas artes como na magistratura; torna-se artista ou juiz dos artistas assim como se torna doutor em direito e magistrado.

Assim, se ficasse um dia estabelecido que é bom saber um ofício, vossos filhos logo o saberiam sem aprendê-lo; passariam a ser mestres como os conselheiros de Zurique.[34] Nada desse cerimonial com Emílio; nada de aparências, mas a realidade sempre. Que não digam que ele sabe, mas que aprende em silêncio. Que faça sempre sua obra-prima, e que nunca vire mestre; que não se mostre trabalhador por seu título, mas por seu trabalho.

Se até aqui me fiz entender, deve-se conceber de que maneira, com o hábito do exercício do corpo e do trabalho das mãos, dou insensivelmente a meu aluno o gosto pela reflexão e pela meditação, a fim de equilibrar nele a preguiça que resultaria de sua indiferença pelos julgamentos dos homens e da calma de suas paixões. É preciso que ele trabalhe como camponês e que pense como filósofo, para não ser tão vagabundo quanto um selvagem. O grande segredo da educação está em fazer que os exercícios do corpo e os do espírito sirvam sempre de distração uns para os outros.

---

33 Referência ao sr. Guillaume da peça *L'Avocat Patelin* (1706), adaptação de *La Farce de Maître Pathelin* (século XV). (N. T.)

34 Referência a Hans Waldmann (século XV), burgomestre de Zurique que concedeu privilégios políticos às corporações de ofício: os conselheiros eram eleitos pelos mestres artesãos. (N. T.)

Mas evitemos antecipar-nos acerca das instruções que exigem um espírito mais maduro. Emílio não será trabalhador por muito tempo sem sentir, por si mesmo, a desigualdade das condições que, de início, mal percebera. Com as máximas que lhe dou e que estão a seu alcance, vai querer examinar-me também. Ao receber tudo somente de mim, e vendo-se tão perto da pobreza, há de querer saber por que eu me acho tão longe desse estado. Far-me-á, talvez, inesperadamente, perguntas escabrosas. *Sois rico, vós o dissestes, e eu o vejo. Um rico também deve seu trabalho à sociedade, porque é homem. Mas vós, que fazeis por ela?* Que responderia um bom governante? Ignoro-o. Talvez fosse bastante tolo para falar à criança dos cuidados que lhe presta. Quanto a mim, o ateliê me safa: *Eis, meu caro Emílio, uma excelente pergunta; eu vos permito responder por mim, quando achardes uma resposta que vos satisfaça. Enquanto isso, cuidarei de devolver, a vós e aos pobres, o que tenho em demasia, e de fazer uma mesa ou um banco por semana, a fim de não ser totalmente inútil para tudo.*

Eis-nos de volta a nós mesmos. Eis nossa criança prestes a deixar de sê-lo, de volta ao seu indivíduo. Ei-la sentindo, mais do que nunca, a necessidade que a prende às coisas. Depois de ter começado por exercitar seu corpo e seus sentidos, exercitamos seu espírito e seu juízo. Finalmente unimos o uso de seus membros ao de suas faculdades; fizemos um ser ativo e pensante. Só nos resta, para finalizar o homem, fazer dele um ser amoroso e sensível, isto é, aperfeiçoar-lhe a razão pelo sentimento. Mas antes de entrar nessa nova ordem de coisas, lancemos o olhar sobre aquela de que saímos, e vejamos o mais exatamente possível até onde chegamos.

No início, nosso aluno tinha apenas sensações, e agora tem ideias. Ele apenas sentia, e agora julga. Pois, da comparação de diversas sensações sucessivas ou simultâneas, e do juízo que delas se faz, nasce uma espécie de sensação mista ou complexa que chamo de ideia.

A maneira de formar as ideias é o que dá um caráter ao espírito humano. O espírito que só forma suas ideias segundo relações reais é um espírito sólido; aquele que se contenta com relações aparentes é um espírito superficial; aquele que vê as relações tais quais são é um espírito justo; aquele que as aprecia mal é um espírito falso; aquele que inventa relações imaginárias, sem realidade nem aparência, é um louco; aquele que nada compara é um imbecil. A maior ou menor aptidão para comparar ideias e encontrar relações é o que constitui nos homens maior ou menor espírito etc.

As ideias simples não passam de sensações comparadas. Há juízos, tanto nas sensações simples quanto nas complexas, a que chamo ideias simples. Na sensação o juízo é puramente passivo, afirma que se sente o que se sente. Na percepção ou ideia, o juízo é ativo; aproxima, compara, determina relações que o sentido não determina. Eis toda a diferença, mas ela é grande. Nunca a natureza nos engana; somos sempre nós que nos enganamos.

Vejo servirem a uma criança de 8 anos um queijo gelado. Ela leva a colher à boca sem saber o que é, e sentindo o frio, exclama: *ah, isso me queima!* Experimenta uma sensação muito viva; não conhece outra mais viva do que a do fogo, e acredita sentir esta. No entanto, engana-se: a impressão do frio a fere, mas não a queima, e as duas sensações não são semelhantes, porquanto quem experimentou ambas não as confunde. Não é, portanto, a sensação que o engana, mas o juízo que faz dela.

O mesmo ocorre com quem vê pela primeira vez um espelho ou uma máquina de óptica, ou quem entra em uma gruta profunda em pleno inverno ou em pleno verão, ou quem mergulha na água morna a mão muito quente ou muito fria, ou quem faz girar entre dois dedos cruzados uma pequena bola etc. Se se contenta em dizer o que percebe ou o que sente, sendo seu juízo puramente passivo, é impossível que se engane; mas, quando julga a coisa pela aparência, é ativo, compara, estabelece por indução relações que não percebe; então se engana ou pode enganar-se. Para corrigir ou prevenir o erro, precisa de experiência.

Mostrai à noite, a vosso aluno, nuvens passando entre a lua e ele: acreditará que a lua é que passa em sentido contrário, e que as nuvens estão paradas. Ele acreditará nisso por uma indução precipitada, porque vê ordinariamente os pequenos objetos se moverem de preferência aos grandes, e as nuvens lhe parecem maiores do que a lua, cuja distância não pode estimar. Quando em um barco que navega ele olha de um pouco longe a orla, cai no erro contrário e acredita estar vendo a terra correr, porque, não se sentindo em movimento, olha o barco, o mar ou o rio, e todo o seu horizonte, como um todo imóvel, do qual a orla que vê correr parece-lhe somente uma parte.

A primeira vez que uma criança vê um bastão mergulhado pela metade na água, vê um bastão quebrado: a sensação é verdadeira, e não o deixaria de ser mesmo que não soubéssemos a razão dessa aparência. Por isso, se lhe perguntais o que vê, ela diz: um bastão quebrado; e diz a verdade, pois está muito segura de que tem a sensação de um bastão quebrado. Mas quando, enganado por seu juízo, vai mais longe e, depois de ter afirmado que vê um bastão quebrado, afirma ainda que o que vê é de fato um bastão quebrado, então o que diz é falso. Por quê? Porque então se torna ativo, e não julga mais por inspeção, mas por indução, afirmando o que não sente, a saber, que o juízo que recebe por um sentido seria confirmado por outro.

Uma vez que nossos erros vêm de nossos juízos, é claro que, se nunca precisássemos julgar, não teríamos nenhuma necessidade de aprender. Nunca seria o caso de nos enganarmos; estaríamos mais felizes com nossa ignorância do que poderíamos estar com nosso saber. Quem negará que os sábios sabem mil coisas verdadeiras que os ignorantes nunca saberão? Estarão por isso os sábios mais perto da verdade? Muito ao contrário, dela se afastam ao avançarem; porque, a vaidade de julgar fazendo mais progresso ainda do que as luzes, cada verdade que aprendem vem acompanhada de cem juízos falsos. É perfeitamente claro que as sociedades científicas da Europa não passam de escolas públicas de mentiras; e há com toda certeza mais erros na Academia de Ciências do que em todo um povo de hurões.

Dado que quanto mais sabem mais os homens se enganam, o único meio de evitar o erro é a ignorância. Não julgueis e nunca vos enganareis. É a lição da natureza, bem como a da razão. À exceção das relações imediatas, muito poucas e muito sensíveis, que as coisas têm conosco, não possuímos naturalmente senão profunda indiferença quanto a todo o resto. Um selvagem não daria um passo para ir ver o funcionamento da mais bela máquina e todos os prodígios da eletricidade. *Que me importa?* É a frase mais familiar ao ignorante e a mais conveniente ao sábio.

Mas, infelizmente, essa frase não nos serve mais. Tudo nos importa, uma vez que somos dependentes de tudo; e nossa curiosidade se alarga necessariamente com nossas necessidades. Eis por que atribuo uma curiosidade muito grande ao filósofo e nenhuma ao selvagem. Este não precisa de ninguém; o outro precisa de todo mundo, sobretudo de admiradores.

Dir-me-ão que saio da natureza; não creio. Ela escolhe seus instrumentos e os regula, não segundo a opinião, mas segundo as necessidades. Ora, as necessidades mudam de acordo com a situação dos homens. Há grande diferença entre o homem natural vivendo em estado de natureza, e o homem natural vivendo em estado de sociedade. Emílio não é um selvagem destinado aos desertos; é um selvagem feito para morar nas cidades. É preciso que nelas saiba encontrar o que necessita, tirar proveito de seus habitantes e viver, senão como eles, ao menos com eles.

Uma vez que, em meio a tantas relações novas das quais vai depender, ele precisará julgar mesmo contra sua vontade, ensinemos-lhe então a bem julgar.

A melhor maneira de ensinar a bem julgar é a que tende a simplificar mais nossas experiências, tornando-nos até mesmo capazes de dispensá-las sem cairmos no erro. Donde segue que, depois de ter durante muito tempo verificado as relações dos sentidos um pelo outro, é preciso ainda verificar as relações de cada sentido por si mesmo, sem precisar recorrer a um outro sentido; então, cada sensação se tornará para nós uma ideia, e esta será sempre conforme à realidade. Tal é a espécie de aquisição com que tentei preencher essa terceira idade da vida humana.

Essa maneira de proceder exige uma paciência e uma circunspeção que poucos mestres têm, e sem as quais o discípulo não aprenderá a julgar. Se, por exemplo, quando ele se engana sobre a aparência do bastão quebrado, para mostrar-lhe seu erro, vós vos apressais em tirar o bastão da água, talvez façais que ele deixe de se enganar, mas que lhe tereis ensinado? Nada que não teria aprendido sozinho. Oh! Não é isso que é preciso fazer. Trata-se menos de ensinar-lhe uma verdade do que de lhe mostrar como é preciso proceder para sempre descobrir a verdade. Para melhor instruí-lo, não devemos tirá-lo tão cedo do engano. Tomemos Emílio e eu como exemplo.

Primeiro, à segunda das duas perguntas supostas, qualquer aluno educado à maneira ordinária não deixará de responder afirmativamente. Decerto é um bastão quebrado, dirá. Duvido muito que Emílio me dê a mesma resposta. Não vendo a necessidade de ser sábio nem de o parecer, ele nunca se apressa em julgar; só julga de acordo com a evidência; e está bem longe de encontrá-la nessa ocasião, ele, que sabe o quanto nossos juízos sobre a aparência são sujeitos à ilusão, ainda mais pela perspectiva.

Aliás, como sabe por experiência que minhas perguntas mais frívolas têm sempre algum objetivo que ele não percebe de início, não adquiriu o hábito de responder avoadamente. Ao contrário, desconfia delas, presta atenção nelas, examina-as com muito cuidado antes de respondê-las. Nunca me dá uma resposta de que não esteja ele próprio satisfeito; e dificilmente se satisfaz. Enfim, não nos vangloriamos, nem ele nem eu, de conhecer a verdade das coisas, mas nos basta não errar. Ficaríamos muito mais confusos se apostássemos em uma razão ruim do que se não achássemos nenhuma. *Não sei* é uma frase que convém a nós ambos, e que repetimos tantas vezes que já não custa muito a nenhum dos dois. Mas que lhe escape uma tolice ou que responda com nosso cômodo *não sei*, minha réplica é a mesma: vejamos, examinemos.

Esse bastão mergulhado pela metade na água é fixado em uma posição perpendicular. Para saber se é quebrado como parece, quantas coisas não temos de fazer antes de tirá-lo da água ou antes de pôr a mão nele!

1. Primeiramente, giramos por todo o entorno do bastão e vemos que a quebra gira como nós. É então nosso olho apenas que a muda de lugar, e os olhares não movem os corpos.
2. Olhamos bem perpendicularmente a ponta do bastão que está fora da água; então, o bastão não é mais curvo, a ponta próxima de nosso olho esconde exatamente a outra ponta.[35] Terá nosso olho endireitado o bastão?
3. Agitamos a superfície da água; vemos o bastão dobrar-se em vários pedaços, mover-se em zigue-zague e acompanhar as ondulações da água. O movimento que damos a essa água bastará para quebrar, amolecer, fundir assim o bastão?

---

35 Descobri o contrário por uma experiência mais exata. A refração age circularmente, e o bastão parece mais grosso pela ponta que está dentro da água do que pela outra; mas isso não muda em nada a força do raciocínio, e a consequência não é menos justa.

4. Fazemos a água escoar e vemos o bastão endireitar-se pouco a pouco, na medida em que a água baixa. Não é isso mais do que suficiente para esclarecer o fato e descobrir a refração? Não é verdade, portanto, que a vista nos engana, posto que só precisamos dela para retificar os erros que lhe atribuímos.

Suponhamos a criança bastante estúpida para não perceber o resultado dessas experiências; será então o momento de chamar o tato para auxiliar a vista. Em lugar de tirar o bastão para fora da água, deixai-o em sua posição, e fazei que a criança passe a mão nele de uma ponta a outra: não sentirá ângulo; logo, o bastão não está quebrado.

Dir-me-eis que não há aqui somente juízos, mas raciocínios formais. É verdade. Mas não vedes que, logo que o espírito chega às ideias, todo juízo é um raciocínio? A consciência de toda sensação é uma proposição, um juízo. Assim, logo que se compara uma sensação a outra, raciocina-se. A arte de julgar e a arte de raciocinar são exatamente a mesma.

Emílio jamais saberá a dióptrica, ou quero que a aprenda em torno desse bastão. Não terá dissecado insetos; não terá contado as manchas do sol; não saberá o que é um microscópio ou um telescópio. Vossos doutos alunos zombarão da ignorância dele. Não estarão errados; pois, antes de se servir de tais instrumentos, quero que os invente, e sem dúvida, isso não acontecerá tão cedo.

Eis o espírito de todo o meu método nessa parte. Se a criança faz uma bolinha rolar entre seus dois dedos cruzados e acredita sentir duas bolas, não lhe permitirei olhar senão depois de estar convencida de que há apenas uma.

Penso que esses esclarecimentos bastarão para assinalar nitidamente o progresso feito até aqui pelo espírito de meu aluno, e o caminho que seguiu para realizá-lo. Mas talvez estejais assustado com a quantidade de coisas que fiz passar diante dele. Temeis que eu sobrecarregue seu espírito com a profusão dos conhecimentos dele, mas é exatamente o contrário: ensino-lhe bem mais a ignorá-los do que a sabê-los. Mostro-lhe o caminho da ciência, fácil para a verdade, mas longo, imenso e lento de se percorrer. Faço que dê os primeiros passos para que reconheça a entrada, mas nunca lhe permito ir longe.

Forçado a aprender por si mesmo, usa sua razão e não a de outrem; pois, para nada conceder à opinião, é preciso não conceder nada à autoridade; e a maioria de nossos erros vem bem menos de nós do que dos outros. Desse exercício contínuo deve resultar um vigor de espírito semelhante ao que damos ao corpo pelo trabalho e pela fadiga. Outra vantagem está em que só se avança na medida de suas forças. O espírito, tal qual o corpo, só carrega o que pode carregar. Quando o entendimento se apropria das coisas antes de depositá-las na memória, o que delas tira a seguir é seu; ao passo que, sobrecarregando a memória sem que o perceba, se expõe a nunca tirar nada delas que lhe seja próprio.

Emílio tem poucos conhecimentos, mas os que tem são verdadeiramente seus; nada sabe pela metade. No pequeno número de coisas que sabe, e que sabe bem, a mais importante é que há muitas que ignora e que pode vir a saber um dia, muitas mais do que outros homens sabem e que ele nunca saberá na vida, e uma infinidade de outras que nenhum homem jamais saberá. Ele tem um espírito universal, não por suas luzes, mas pela faculdade de adquiri-las; um espírito aberto, inteligente, preparado para tudo e, como diz Montaigne, se não for instruído, ao menos é suscetível de ser instruído.[36] Basta-me que saiba achar o *para quê* de tudo o que faz e o *porquê* de tudo o que crê. Pois, mais uma vez, meu objetivo não é dar-lhe a ciência, mas lhe ensinar a adquiri-la quando preciso, fazer que a estime exatamente pelo que vale, e levá-lo a amar a verdade acima de tudo. Com tal método avança-se pouco, mas nunca se dá um passo inútil, e não se é forçado a retroceder.

Emílio só tem conhecimentos naturais e puramente físicos. Não sabe sequer o nome da história, nem o que é metafísica e moral. Conhece as relações essenciais entre o homem e as coisas, mas nenhuma das relações morais entre o homem e o homem. Sabe pouco generalizar ideias ou fazer abstrações. Vê qualidades comuns a certos corpos sem raciocinar sobre tais qualidades em si mesmas. Conhece a extensão abstrata com a ajuda das figuras da geometria; conhece a quantidade abstrata com o auxílio dos sinais da

---

36 No original: "*sinon instruit, du moins instruisable*". Nos *Ensaios* (I, 56), Montaigne escreve: "*Comme les enfants proposent leurs essais, instruisables, non instruisants*". (N. T.)

álgebra. Essas figuras e esses sinais são os suportes dessas abstrações sobre os quais seus sentidos repousam. Não procura conhecer as coisas por sua natureza, mas somente pelas relações que o interessam. Não estima o que lhe é estranho senão em relação a si mesmo; mas essa estimativa é exata e segura. A fantasia e a convenção nada têm a ver com ela. Faz mais caso do que lhe é mais útil; e, não se afastando nunca dessa maneira de apreciar, nada concede à opinião.

Emílio é laborioso, moderado, paciente, firme, cheio de coragem. Sua imaginação, jamais avivada, nunca amplia os perigos; é sensível a poucos males e sabe sofrer com resignação porque não aprendeu a lutar contra o destino. Em relação à morte, não sabe bem ainda o que seja; mas, acostumado a sofrer sem resistir à lei da necessidade, quando precisar morrer, morrerá sem gemer e sem se debater. É tudo o que a natureza permite nesse momento odiado por todos. Viver livre e apegar-se pouco às coisas humanas é o melhor meio de aprender a morrer.

Em uma palavra, Emílio tem da virtude tudo o que diz respeito a ele próprio. Para ter também as virtudes sociais, falta-lhe unicamente conhecer as relações que as exigem; faltam-lhe apenas luzes que seu espírito está inteiramente pronto para receber.

Ele se considera sem deferências para com os outros e acha bom que os outros não pensem nele. Nada exige de ninguém e acredita nada dever a ninguém. Está só na sociedade humana e conta apenas consigo mesmo. Tem o direito de, mais do que ninguém, contar consigo mesmo, porque é tudo o que se pode ser na sua idade. Não tem erros, ou só tem os que nos são inevitáveis; não tem vícios, ou só tem aqueles de que nenhum homem pode se guardar. Tem o corpo sadio, os membros ágeis, o espírito justo e sem preconceitos, o coração livre e sem paixões. O amor-próprio, a primeira e a mais natural de todas as paixões, nele mal se acha exaltado ainda. Sem perturbar o repouso de ninguém, viveu contente, feliz e livre, tanto quanto a natureza o permitiu. Achais que uma criança que chegou assim aos seus 15 anos tenha perdido os precedentes?

Fim do terceiro livro.

Orfeu ensinando aos homens o culto dos deuses. Gravura de Charles Eisen para a edição "chez Jean Néaulme" de 1762.

Livro IV

Quão rapidamente passamos pela terra! O primeiro quarto da vida termina antes que tenhamos conhecido seu uso; o último quarto finda depois que já deixamos de gozá-la. De início, não sabemos viver; em pouco tempo, não mais o podemos; e, no intervalo que separa essas duas extremidades inúteis, três quartos do tempo que nos resta são consumidos pelo sono, pelo trabalho, pela dor, pelo constrangimento, pelos sofrimentos de toda espécie. A vida é curta, menos pelo pouco tempo que dura do que porque, desse pouco tempo, não temos quase nenhum para desfrutá-la. Por mais que a hora da morte esteja distante do nascimento, a vida é sempre curta demais quando esse espaço é mal preenchido.

Nascemos, por assim dizer, duas vezes: uma para existir e outra para viver; uma para a espécie e outra para o sexo. Sem dúvida, aqueles que encaram a mulher como um homem imperfeito erram; mas a analogia exterior é favorável a eles. Até a idade núbil, as crianças dos dois sexos nada têm de aparente que as distinga; mesmo rosto, mesma figura, mesma tez, mesma voz, tudo é igual. As meninas são crianças, os meninos são crianças; o mesmo nome basta para seres tão semelhantes. Os machos nos quais o desenvolvimento ulterior do sexo é impedido conservam essa conformidade durante toda a sua vida: são sempre crianças grandes; e as fêmeas, por não perderem essa mesma conformidade, parecem, em muitos aspectos, nunca ser outra coisa.

Mas o homem, em geral, não é feito para permanecer sempre na infância. Dela sai no tempo prescrito pela natureza; e esse momento de crise, embora bastante curto, tem longas influências.

Assim como o mugido do mar precede de longe a tempestade, essa tormentosa revolução se anuncia pelo murmúrio das paixões nascentes; uma fermentação imperceptível adverte quanto à aproximação do perigo. Uma mudança no humor, exaltações frequentes, uma contínua agitação do espírito, tornam o menino quase indisciplinável. Torna-se surdo à voz que o fazia ficar dócil; é um leão em sua febre; desconhece seu guia, não quer mais ser governado.

Aos sinais morais de um humor que se altera, juntam-se modificações perceptíveis na figura. Sua fisionomia desenvolve-se e nela se imprime um caráter; a pelugem rara e macia que cresce em suas faces escurece e adquire consistência. Sua voz se altera, ou antes, perde-se: não é criança nem homem, e não pode falar no tom de nenhum dos dois. Seus olhos, esses órgãos da alma, que nada diziam até então, encontram uma linguagem e uma expressão. Um fogo nascente os anima: seus olhares mais vivos ainda possuem uma santa inocência, mas já não têm sua primeira imbecilidade. Já sente que podem dizer demais, começa a saber baixá-los e enrubescer; torna-se sensível antes de saber o que sente; inquieta-se sem motivo. Tudo isso pode ocorrer lentamente e ainda vos dar tempo. Mas, se sua vivacidade se faz demasiado impaciente, se sua exaltação se transforma em furor, se em um mesmo instante irrita-se e se enternece, se verte lágrimas à toa, se, perto dos objetos que começam a tornar-se perigosos para ele, seu pulso se acelera e seu olhar se inflama, se a mão de uma mulher pousando na sua o faz tremer, se se perturba ou se intimida perto dela, Ulisses, ó sábio Ulisses, toma cuidado: os odres que mantinhas fechados com tanto zelo estão abertos; os ventos já se desencadearam; não largues um só momento o leme, ou tudo estará perdido.

Eis o segundo nascimento de que falei. Eis quando o homem nasce verdadeiramente para a vida, e quando nada de humano lhe é estranho.[1] Até aqui nossos cuidados não passaram de jogos de criança; só agora adquirem uma verdadeira importância. Essa época em que terminam as educações comuns é propriamente aquela em que a nossa deve começar. Mas, para bem expor esse novo plano, retomemos o estado das coisas que a ele se referem.

Nossas paixões são os principais instrumentos de nossa conservação: é, portanto, um empreendimento tão vão quanto ridículo querer destruí-las.

---

1 Referência à peça *Heautontimoroumenos*, de Terêncio. (N. T.)

É controlar a natureza, é reformar a obra de Deus. Se Deus dissesse ao homem para que aniquilasse as paixões que lhe dá, Deus quereria e não quereria; estaria em contradição consigo mesmo. Ordem tão insensata ele nunca deu, nada de semelhante está escrito no coração humano. E o que Deus quer que um homem faça não o faz dizer por outro homem; ele próprio o diz, escreve-o no fundo do coração do homem.

Aquele que quisesse impedir as paixões de nascerem eu acharia quase tão louco quanto quem as quisesse aniquilar; e os que acreditassem que minha intenção até aqui era essa, certamente teriam me entendido muito mal.

Mas raciocinaríamos bem se, por estar na natureza do homem ter paixões, concluíssemos que todas as paixões que sentimos em nós e vemos nos outros são naturais? É verdade que a fonte delas é natural, mas mil riachos estranhos ampliaram-na. É um grande rio que cresce sem cessar e no qual dificilmente encontraríamos algumas gotas de suas primeiras águas. Nossas paixões naturais são muito limitadas; são os instrumentos de nossa liberdade, tendem a conservar-nos. Todas as que nos subjugam e nos destroem vêm de alhures. Elas não nos são dadas pela natureza: nós nos apropriamos das paixões em detrimento da natureza.

A fonte de nossas paixões, a origem e o princípio de todas as outras, a única que nasce com o homem e não o deixa nunca durante sua vida é o amor de si; paixão primitiva, inata, anterior a qualquer outra, e da qual todas as outras são, em certo sentido, apenas modificações. Assim, se quisermos, todas são naturais. Mas a maioria dessas modificações tem causas estranhas sem as quais nunca ocorreriam; e essas mesmas modificações, longe de nos serem vantajosas, nos são nocivas. Mudam o primeiro objeto e vão contra seu princípio. É então que o homem se encontra fora da natureza e se põe em contradição consigo mesmo.

O amor de si mesmo é sempre bom e sempre conforme à ordem. Estando cada qual encarregado especialmente de sua própria conservação, o primeiro e o mais importante de seus cuidados é, e deve ser, o de vigiá-la o tempo todo: e como o faria se não dedicasse a isso seu maior interesse?

É preciso, portanto, que nos amemos para nos conservarmos, é preciso que nos amemos mais do que tudo; e, como consequência imediata do mesmo sentimento, nós amamos o que nos conserva. Toda criança se apega a sua ama: Rômulo devia se apegar à loba que o amamentou. De início, esse apego é puramente maquinal. O que favorece o bem-estar de um indivíduo atrai-o; o que o prejudica repele-o. Isso não passa de um instinto cego. O que transforma esse instinto em sentimento, o apego em amor, a aversão em ódio, é a intenção manifesta de nos prejudicar ou de nos ser útil. Não nos apaixonamos pelos seres insensíveis que somente seguem o impulso que lhes damos; mas aqueles de que esperamos um bem ou um mal por sua disposição interior, por sua vontade, aqueles que vemos agir livremente a favor ou contra, inspiram-nos sentimentos semelhantes aos que nos demonstram. O que nos serve, nós o procuramos; mas o que nos quer servir, nós o amamos. O que nos prejudica, nós o evitamos; mas o que nos quer prejudicar, nós odiamos.

O primeiro sentimento de uma criança é amar a si mesma. O segundo, que deriva do primeiro, é amar aos que dela se aproximam, pois, no estado de fraqueza em que se encontra, ela não conhece ninguém a não ser pela assistência e pelos cuidados que recebe. De início, o apego que tem por sua ama e sua governanta não passa de hábito. Procura-as porque precisa delas, e porque acha que é bom tê-las; é mais conhecimento do que benevolência. Precisa de muito tempo para compreender que, não somente elas lhe são úteis, como ainda querem sê-lo; e é então que começa a amá-las.

Uma criança, portanto, inclina-se naturalmente para a benevolência, pois vê que tudo que se aproxima dela é levado a assisti-la. Assim, ela tira dessa observação o hábito de um sentimento favorável à sua espécie. Mas, à medida que estende suas relações e suas necessidades, suas dependências ativas ou passivas, o sentimento de suas ligações com os outros desperta e produz o dos deveres e das preferências. Então, a criança torna-se imperiosa, ciumenta, enganadora, vingativa. Se a forçam à obediência, não vendo a utilidade do que lhe ordenam, atribui-o ao capricho, à intenção de atormentá-la, e se revolta. Se obedecem a ela, vê em qualquer coisa que lhe resista uma rebeldia, uma intenção de contrariá-la; bate a cadeira ou a mesa por lhe terem desobedecido. O amor de si, que só diz respeito a nós, fica contente quando nossas necessidades são satisfeitas. Mas o amor-próprio, que se compara, nunca está contente e não poderia estar, porque esse sentimento, preferindo-nos aos outros, exige também que os outros nos prefiram a eles; o que é impossível. Eis como as paixões doces e afetuosas nascem do amor de si, e como as paixões odientas e irascíveis nascem do amor-próprio. Assim, o que torna o homem essencialmente bom é ter poucas necessidades e pouco se comparar aos outros; e o que o torna essencialmente mau é ter muitas necessidades e se prender muito à opinião. Segundo esse princípio, é fácil ver como podemos dirigir para o bem ou para o mal todas as paixões das crianças e dos homens. É verdade que, não podendo viver sempre sozinhos, dificilmente viverão sempre bons: essa dificuldade mesma aumentará necessariamente com suas relações; e é nisso, sobretudo, que os perigos da sociedade nos tornam a arte e os cuidados mais indispensáveis para prevenir, no coração humano, a depravação que nasce de suas novas necessidades.

O estudo conveniente ao homem é o de suas relações. Enquanto ele só se conhece pelo seu ser físico, deve estudar-se em suas relações com as coisas: emprega-se para isso sua infância. Quando começa a sentir seu ser moral, deve estudar-se em suas relações com os homens: para isso se emprega sua vida inteira, a começar pelo ponto a que chegamos.

Logo que o homem necessita de uma companheira, não é mais um ser isolado, seu coração não está mais só. Todas as suas relações com sua espécie, todos os afetos de sua alma nascem daí. Sua primeira paixão faz rapidamente fermentarem as outras.

A inclinação do instinto é indeterminada. Um sexo é atraído pelo outro: eis o movimento da natureza. A escolha, as preferências, o apego pessoal são obra das luzes, dos preconceitos, do hábito. É preciso tempo e conhecimento para nos tornarmos capazes de amor: só se ama depois de ter julgado, só se prefere depois de ter comparado. Tais juízos ocorrem sem que nos apercebamos, mas nem por isso são menos reais. O verdadeiro amor, digam o que disserem, será sempre honrado pelos homens: pois, embora seus arroubos nos desorientem, ainda que ele não exclua qualidades odiosas do coração que o sente, e até mesmo as produza, ele no entanto sempre supõe outras estimáveis, sem as quais não estaríamos em condições de senti-lo. Essa escolha, que se põe em oposição à razão, nos vem desta. Fizeram o amor cego porque tem melhores olhos do que nós, e vê relações que não podemos perceber. Para quem não tivesse nenhuma ideia de mérito nem de beleza, qualquer mulher serviria, e a primeira que aparecesse seria sempre a mais amável. Longe de vir da natureza, o amor é a regra e o freio de suas tendências: é por ele que, excetuado o objeto amado, um sexo nada mais é para o outro.

Queremos obter a preferência que concedemos; o amor deve ser recíproco. Para ser amado é preciso tornar-se amável; para ser preferido é preciso tornar-se mais amável do que outro, mais amável do que qualquer outro, ao menos aos olhos do objeto amado. Daí os primeiros olhares para os semelhantes; daí as primeiras comparações com eles, daí a emulação, as rivalidades, o ciúme. Um coração cheio de um sentimento que transborda gosta de se alargar: da necessidade de uma amante logo nasce a de um amigo. Quem sente quanto é doce ser amado gostaria de sê-lo por todo mundo, e nem todos poderiam querer preferências sem que houvesse muitos descontentes. Com o amor e a amizade nascem as dissensões, a inimizade, o ódio. Do seio de tantas paixões diversas, vejo a opinião erguer para si mesma um trono inabalável, e os estúpidos mortais, submissos ao seu império, fundamentarem sua própria existência apenas nos juízos de outrem.

Estendei essas ideias e vereis de onde vem a forma que acreditamos natural para nosso amor-próprio; e como o amor de si, deixando de ser um sentimento absoluto, torna-se orgulho nas grandes almas, vaidade nas pequenas, e em todas se alimenta sem cessar à custa do próximo. A espécie dessas paixões, não tendo seu germe no coração das crianças, nele não pode nascer sozinha; somos nós que a levamos a ele, e as paixões nunca criam raízes ali a não ser por nossa culpa. Porém, o mesmo não ocorre com o coração do jovem: elas nascerão nele não importa o que fizermos para evitá-lo. É tempo, portanto, de mudar de método.

Comecemos por algumas reflexões importantes sobre o estado crítico de que se trata aqui. A passagem da infância à puberdade não é tão determinada pela natureza a ponto de não variar nos indivíduos segundo os temperamentos, e nos povos segundo os climas. Todo mundo conhece as distinções observadas a esse respeito entre os países quentes e os países frios, e todos veem que os temperamentos ardentes se formam mais cedo do que os outros. Mas é possível nos enganarmos a respeito das causas, e muitas vezes atribuirmos ao físico o que devemos imputar ao moral; é um dos abusos mais frequentes da filosofia de nosso século. As instruções da natureza são tardias e lentas; as dos homens são quase sempre prematuras. No primeiro caso, os sentidos despertam a imaginação; no segundo, a imaginação desperta os sentidos. Ela lhes dá uma atividade precoce que não pode deixar de enervar, de enfraquecer primeiramente os indivíduos e depois, a longo prazo, a própria espécie. Uma observação mais geral e mais segura que a do efeito dos climas é a de que a puberdade e a potência sexual são sempre mais precoces entre os povos instruídos e policiados do que entre os ignorantes e bárbaros.[2] As crianças possuem uma sagacidade singular para discernir, através de todas as macaquices da decência, os maus costumes que ela esconde. A linguagem depurada que lhes ditam, as lições de bom comportamento que lhes dão, o véu de mistério que pretendem estender diante de seus olhos, todas essas coisas aguçam sua curiosidade. Pela maneira como agem quanto a isso, fica claro que o que fingem esconder-lhes só serve para ensiná-las; e, de todas as instruções que lhes dão, é a que elas mais aproveitam.

---

2 "Nas cidades, diz o sr. Buffon, e em meio às pessoas abastadas, as crianças, acostumadas a alimentos abundantes e suculentos, chegam mais cedo a esse estado. No campo e em meio aos pobres, as crianças são mais tardias porque são mal e muito pouco alimentadas; precisam de dois ou três anos a mais". (*Hist. nat.*, t.IV, p.238, in-12.) Admito a observação, mas não a explicação, porquanto nas regiões em que o camponês se alimenta muito bem e come muito, como no Valais e até mesmo em certos cantões montanhosos da Itália como o Friul, a idade da puberdade nos dois sexos é igualmente mais tardia do que nas cidades onde, para satisfazer a vaidade, adota-se uma extrema parcimônia para comer, e as pessoas, em sua maioria, andam *com roupa de veludo e barriga de farelo*, como diz o provérbio. Nessas montanhas, espantamo-nos ao ver rapagões fortes como homens que ainda têm voz fina e o queixo sem barba, e moças grandes, bem formadas, sem nenhum sinal periódico de seu sexo. Diferença que me parece provir unicamente do seguinte fato: na simplicidade de seus costumes, sua imaginação, por mais tempo serena e calma, faz seu sangue fermentar mais tarde e torna seu temperamento menos precoce.

Consultai a experiência e compreendereis a que ponto esse método insensato acelera o trabalho da natureza e arruína o temperamento. Eis uma das principais causas que fazem que as raças degenerem nas cidades. Os jovens, esgotados desde cedo, permanecem pequenos, fracos e deformados, envelhecem em vez de crescer, como a videira que, feita para dar frutos na primavera, fenece e morre antes do outono.

É preciso ter vivido em meio aos povos grosseiros e simples para conhecer até que idade uma feliz ignorância pode prolongar a inocência das crianças. É um espetáculo a uma só vez tocante e risível ver os dois sexos, entregues à segurança de seus corações, prolongarem na flor da idade e da beleza ingênuos jogos da infância, e mostrarem por sua própria familiaridade a pureza de seus prazeres. Quando finalmente essa amável juventude se casa, os dois esposos, dando-se mutuamente as primícias de suas pessoas, tornam-se tanto mais caros um ao outro. Multidões de filhos sadios e robustos tornam-se o penhor de uma união que nada altera, e o fruto da sabedoria de seus primeiros anos.

Se a idade em que o homem adquire a consciência de seu sexo difere tanto por efeito da educação quanto pela ação da natureza, segue-se daí que podemos acelerar ou retardar essa idade segundo a maneira de criarmos as crianças; e, se o corpo ganha ou perde consistência na medida em que atrasamos ou aceleramos tal progresso, segue-se também que, quanto mais nos aplicarmos em retardá-lo, mais um jovem adquirirá vigor e força. Falo por ora apenas dos efeitos puramente físicos; logo mais veremos outros que não se restringem a isso.

De tais reflexões, tiro a solução desta questão tantas vezes posta: se convém esclarecer as crianças desde cedo acerca dos objetos de sua curiosidade, ou se é preferível enganá-las com pequenos erros. Penso que não temos de fazer nem uma coisa nem outra. Em primeiro lugar, essa curiosidade não lhes ocorre sem ter havido ocasião para ela. É preciso, portanto, agir de modo que não a tenham. Em segundo lugar, as questões que não somos forçados a resolver não nos obrigam a enganar quem as faz: é preferível impor silêncio do que responder mentindo. Essa lei vai surpreendê-la pouco se tivermos tido o cuidado de aplicá-la às coisas indiferentes. Enfim, se resolvermos responder, que isso seja feito com a maior simplicidade, sem mistério, sem embaraço, sem sorrir. Há muito menos perigo em satisfazer a curiosidade da criança do que em estimulá-la.

Que vossas respostas sejam sempre graves, curtas, decididas, e sem jamais parecer hesitar. Não preciso acrescentar que devem ser verdadeiras. Não se pode ensinar às crianças o perigo de mentir aos homens sem sentir da parte dos homens o perigo maior de mentir às crianças. Confirmada uma única mentira do mestre ao aluno, esta arruinaria para sempre todo o fruto da educação.

Uma ignorância absoluta sobre certas matérias é talvez o que melhor conviria às crianças; mas que aprendam desde cedo o que é impossível esconder-lhes sempre. É preciso que sua curiosidade não desperte de jeito nenhum, ou que seja satisfeita antes da idade em que não mais existiria sem perigo. Nisso vossa conduta para com vosso aluno depende muito de sua situação particular, das companhias que o rodeiam, das circunstâncias em que prevemos que poderá encontrar-se etc. Importa aqui nada deixar ao acaso; e se não tendes certeza de fazê-lo ignorar até 16 anos a diferença dos sexos, cuidai para que a aprenda antes dos 10.

Não gosto que se ostente para as crianças uma linguagem depurada demais nem que se lhes façam longos desvios, que elas percebem, para evitar de dar às coisas seus verdadeiros nomes. Nessas matérias, os bons costumes têm sempre muita simplicidade. Porém, imaginações poluídas pelo vício tornam o ouvido delicado e forçam o refinamento incessante das expressões. Os termos grosseiros são sem consequência; são as ideias lascivas que precisamos afastar.

Embora o pudor seja natural na espécie humana, as crianças não o possuem naturalmente. O pudor só nasce com o conhecimento do mal: e, como as crianças que não o possuem, nem deveriam possuí-lo, teriam o sentimento que dele resulta? Dar-lhes lições de pudor e de bom comportamento é ensiná-las que há coisas vergonhosas e indecorosas, é dar-lhes um desejo secreto de conhecer tais coisas. Cedo ou tarde elas as descobrirão, e a primeira fagulha que toca a imaginação acelera com certeza o abrasamento dos sentidos. Todo aquele que enrubesce já é culpado; a verdadeira inocência não tem vergonha de nada.

As crianças não têm os mesmos desejos que os homens. Mas, sujeitas como eles à imundície que fere os sentidos, podem, unicamente por causa dessa sujeição, receber as mesmas lições de decoro. Segui o espírito da natureza que, pondo nos mesmos lugares os órgãos dos prazeres secretos e os das necessidades repugnantes, inspira-nos os mesmos cuidados em diferentes idades, ora por uma ideia, ora por outra: ao homem pela modéstia, à criança pela limpeza.

Só vejo um bom meio de conservar a inocência das crianças: que todos ao redor delas respeitem e amem essa inocência. Sem isso, toda a discrição usada no trato da criança será desmentida mais cedo ou mais tarde. Um sorriso, uma piscadela, um gesto involuntário dizem-lhes tudo aquilo que procuram não falar para elas; para aprendê-lo, basta-lhes verem que se quis escondê-lo delas. A delicadeza de frases e expressões que as pessoas bem-educadas empregam entre si, supondo luzes que as crianças não devem ter, é inteiramente deslocada em relação a estas; mas quando se honra de fato sua simplicidade, ter-se-á facilmente, ao falar-lhes, a simplicidade dos termos que lhes convêm. Há uma certa ingenuidade de linguagem que cai bem e agrada à inocência: eis o verdadeiro tom que desvia uma criança de uma curiosidade perigosa. Falando-lhe simplesmente de tudo, não a deixamos suspeitar que haja algo mais a dizer-lhe. Juntando às palavras grosseiras as ideias desagradáveis que lhes convêm, apaga-se o primeiro fogo da imaginação: não a proibimos de pronunciar essas palavras e ter essas ideias, mas lhe damos, sem que o perceba, a repugnância de lembrá-las. E quantos embaraços essa liberdade ingênua não poupa àqueles que, tirando-a de seu próprio coração, dizem sempre o que é preciso dizer, e o dizem sempre como o sentiram!

Como se fazem as crianças? Pergunta embaraçosa que ocorre assaz naturalmente às crianças, e cuja resposta indiscreta ou prudente é por vezes decisiva para seus costumes e sua saúde para o resto da vida. A maneira mais direta que uma mãe imagina para sair do embaraço sem enganar o filho é impor-lhe silêncio. Isso seria bom, se, em relação a perguntas indiferentes, o tivessem acostumado para isso desde muito antes, de maneira que ele não suspeitasse do mistério com o novo tom. Mas raramente ela se contenta assim. *É o segredo das pessoas casadas*, dir-lhe-á; *crianças não devem ser tão curiosas*. Isso é muito bom para livrar a mãe, mas ela deveria saber que, despeitado com o ar de desprezo, o menino não repousará nem por um minuto enquanto não tiver descoberto o segredo das pessoas casadas, e não tardará em descobri-lo.

Que me permitam relatar aqui uma resposta bem diferente que ouvi quanto à mesma pergunta, e que me impressionou tanto mais por partir de uma mulher tão modesta em seus discursos quanto em suas maneiras, mas que, para o bem de seu filho e da virtude, sabia passar por cima, quando preciso, do falso temor da censura e dos comentários vãos dos engraçadinhos. Pouco tempo antes, o menino expulsara na urina uma pequena pedra que lhe rasgara a uretra; mas a dor passada fora já esquecida. *Mamãe*, disse o pequeno avoado, *como se fazem as crianças?* — *Meu filho*, respondeu a mãe sem hesitar, *as mulheres mijam-nas com dores que às vezes lhes custam a vida*. Riam os loucos e escandalizem-se os tolos, mas que os sábios verifiquem se jamais encontrarão resposta mais judiciosa e que melhor convenha a seus fins.

De início, a ideia de uma necessidade natural e conhecida da criança desvia a de uma operação misteriosa. As ideias acessórias da dor e da morte cobrem a outra com um véu de tristeza que amortece a imaginação e reprime a curiosidade; tudo conduz o espírito às consequências do parto, e não às suas causas. As enfermidades da natureza humana, objetos repulsivos, imagens de sofrimento, eis os esclarecimentos a que leva essa resposta, se é que a repugnância que inspira permite à criança pedi-los. Como as inquietações dos desejos teriam ocasião de nascer em meio a diálogos assim dirigidos? E, no entanto, bem vedes que a verdade não foi alterada, e que não se precisou enganar seu aluno em vez de instruí-lo.

Vossos filhos leem; tiram de suas leituras conhecimentos que não teriam se não houvessem lido. Se estudam, a imaginação acende e se aguça no silêncio do gabinete. Se vivem no mundo, ouvem um jargão bizarro, veem exemplos que os impressionam: tão bem lhes persuadiram de que eram homens, que em tudo o que fazem os homens em sua presença, eles logo buscam saber como isso lhes pode convir. É bem preciso que, quando os juízes dos outros lhes servem de lei, as ações dos outros lhes sirvam de modelo.

Criados que dependem deles, interessados portanto em agradar-lhes, fazem-lhes a corte à custa dos bons costumes; governantas sorridentes dizem-lhes aos 4 anos palavras que a mais impudente não ousaria dizer aos 15. Elas logo esquecem o que disseram, mas eles não esquecem o que ouviram. As conversas maliciosas preparam os costumes libertinos: o lacaio malandro torna o menino debochado; e o segredo de um serve de garantia ao do outro.

A criança educada de acordo com sua idade é sozinha. Não conhece apegos senão os do hábito; gosta da irmã como de seu relógio, e de seu amigo como de seu cão. Não se sente de sexo nenhum, de nenhuma espécie: o homem e a mulher são-lhe igualmente estranhos. Não relaciona a si mesma nada do que fazem ou dizem: não o vê nem o entende, ou não presta atenção. Seus discursos não lhe interessam mais do que seus exemplos: nada disso é feito para ela. Não é um erro artificial que lhe dão com tal método, é a ignorância da natureza. Vem o tempo em que a mesma natureza se encarrega de esclarecer seu aluno, e é somente então que ela o põe em condições de tirar proveito sem risco das lições que ela lhe dá. Eis o princípio: o pormenor das regras não diz respeito ao meu assunto; e os meios que proponho em vista de outros objetos servem ainda de exemplo para este.

Se quiserdes pôr ordem e regra nas paixões nascentes, ampliai o espaço durante o qual elas se desenvolvem, a fim de que tenham tempo para se arranjarem à medida que nascem. Então, não é mais o homem que as ordena, é a própria natureza; vosso zelo consiste apenas em deixá-la ajeitar seu trabalho. Se vosso aluno fosse só, nada teríeis a fazer; mas tudo ao seu redor inflama sua imaginação. A torrente dos preconceitos arrasta-o: para retê-lo, é preciso empurrá-lo em sentido contrário. É preciso que o sentimento acorrente a imaginação e que a razão faça calar a opinião dos homens. A fonte de todas as paixões é a sensibilidade, a imaginação determina sua tendência. Todo ser que sente suas relações deve ficar afetado, quer quando essas relações se alteram, quer quando imagina, ou acredita imaginar, outras mais convenientes à sua natureza. São os erros da imaginação que transformam em vícios as paixões de todos os seres limitados, até mesmo dos anjos, se é que eles as têm; pois seria preciso que conhecessem a natureza de todos os seres para saberem que relações convêm melhor à sua.

Eis, portanto, o sumário de toda a sabedoria humana no uso das paixões: 1. sentir as verdadeiras relações do homem, tanto na espécie quanto no indivíduo; 2. ordenar todos os afetos da alma segundo essas relações.

Mas será o homem capaz de ordenar seus afetos segundo tais ou tais relações? Sem dúvida, ele é capaz de dirigir sua imaginação para tal ou tal objeto, ou de lhe dar tal ou tal hábito. De resto, trata-se aqui menos do que um homem pode fazer consigo mesmo do que o que nós podemos fazer com nosso aluno pela escolha das circunstâncias em que o deixamos. Expor os meios adequados para mantê-lo na ordem da natureza já é o bastante para dizer como ele pode sair dela.

Enquanto sua sensibilidade permanece limitada a seu indivíduo, não há nada moral em suas ações. É só quando ela começa a estender-se para fora dele que ele adquire, de início, sentimentos, e em seguida, noções do bem e do mal que fazem dele um verdadeiro homem e parte integrante de sua espécie. É, portanto, nesse primeiro ponto que precisamos, de início, fixar nossas observações.

São difíceis, pois para fazê-las é preciso rejeitar os exemplos que se encontram diante de nossos olhos, e procurar aqueles em que os desenvolvimentos sucessivos se verificam segundo a ordem da natureza.

Uma criança educada, polida, civilizada, que só aguarda o poder para realizar as instruções prematuras que recebeu, jamais se engana quanto ao momento em que esse poder surge. Longe de esperá-lo, ela o acelera, faz seu sangue fermentar precocemente, sabe qual deve ser o objeto de seus desejos muito tempo antes de experimentá-los. Não é a natureza que excita a criança, é a criança que força a natureza; a natureza nada mais tem a ensinar-lhe ao torná-la adulta. A criança já o era pelo pensamento, muito antes de o ser efetivamente.

A verdadeira marcha da natureza é mais gradual e mais lenta. Pouco a pouco o sangue se inflama, os espíritos[3] elaboram-se, forma-se o temperamento. O sábio operário que dirige a fábrica tem o cuidado de aperfeiçoar todos os seus instrumentos antes de pô-los em uso. Uma longa inquietação

---

3 Referência aos "espíritos animais". (N. T.)

precede os primeiros desejos, uma longa ignorância os ilude: deseja-se sem saber o quê. O sangue fermenta e agita-se; uma superabundância de vida busca exteriorizar-se. O olhar se anima e examina os outros seres, começa-se a mostrar interesse pelos que nos cercam, começa-se a sentir que não se é feito para viver só: é assim que o coração se abre para os afetos humanos e torna-se capaz de apego.

O primeiro sentimento de que um jovem cuidadosamente educado é suscetível não é o amor, e sim a amizade. O primeiro ato de sua imaginação nascente é ensinar-lhe que tem semelhantes, e a espécie afeta-o antes do sexo. Eis portanto mais uma vantagem da inocência prolongada: a de tirar proveito da sensibilidade nascente para jogar no coração do jovem adolescente as primeiras sementes da humanidade. Vantagem muito preciosa na medida em que esse é o único momento da vida em que os mesmos cuidados podem ter um verdadeiro sucesso.

Sempre vi que os jovens corrompidos desde cedo, entregues às mulheres e à devassidão, eram inumanos e cruéis. O ardor do temperamento tornava-os impacientes, vingativos e furiosos; sua imaginação, tomada por um único objeto, recusava-se a todo o resto; não conheciam nem piedade nem misericórdia; teriam sacrificado pai, mãe e o universo inteiro ao menor de seus prazeres. Ao contrário, um jovem educado em uma feliz simplicidade é levado pelos primeiros movimentos da natureza às paixões ternas e afetuosas; seu coração compassivo comove-se com os sofrimentos de seus semelhantes; ele se arrepia de alegria quando revê seu camarada, seus braços sabem encontrar abraços carinhosos, seus olhos sabem verter lágrimas de ternura; ele é sensível à vergonha de desagradar, ao remorso de ter ofendido. Se o ardor de um sangue que se inflama o torna vivo, exaltado, colérico, vê-se no momento seguinte toda a bondade de seu coração na efusão de seu arrependimento. Ele chora, geme por causa do ferimento que causou; quisera à custa de seu sangue resgatar o que derramou; todo o seu arroubo se extingue, todo o seu orgulho se humilha diante do sentimento de sua falta. Quando ele próprio é ofendido, no ápice de seu furor uma desculpa ou uma palavra o desarma; perdoa os erros dos outros com o mesmo bom coração que corrige os seus. A adolescência não é a idade da vingança nem do ódio;

é a da comiseração, da clemência, da generosidade. Sim, sustento-o e não temo ser desmentido pela experiência: uma criança que não é malnascida e que conservou até os 20 anos sua inocência é, nessa idade, o mais generoso, o melhor, o mais amoroso e o mais amável dos homens. Nunca vos disseram algo semelhante, bem o creio; vossos filósofos, educados em meio a toda corrupção dos colégios, não cuidam de saber disso.

É a fraqueza do homem que o torna sociável. São nossas misérias comuns que levam nossos corações à humanidade: nada lhe deveríamos se não fôssemos homens. Todo apego é sinal de insuficiência: se nenhum de nós precisasse dos outros, ninguém pensaria em unir-se a alguém. Assim, de nossa própria enfermidade nasce nossa frágil felicidade. Um ser verdadeiramente feliz é um ser solitário. Só Deus goza de uma felicidade absoluta; mas quem de nós tem ideia do que seja isso? Se algum ser imperfeito pudesse bastar-se a si mesmo, de que, segundo nós, ele gozaria? Seria só e seria miserável. Não concebo que quem não precisa de nada possa amar alguma coisa: não concebo que quem não ama nada possa ser feliz.

Segue-se daí que nos apegamos a nossos semelhantes menos pelo sentimento de seus prazeres do que pelo de seus sofrimentos; pois, nestes, vemos bem melhor a identidade de nossa natureza e a garantia de seu apego por nós. Se nossas necessidades comuns nos unem por interesse, nossas misérias comuns nos unem por afeição. O aspecto de um homem feliz inspira aos outros menos amor do que inveja. De bom grado o acusariam de usurpar um direito que não tem ao criar para si uma felicidade exclusiva; e o amor-próprio ainda sofre fazendo-nos sentir que esse homem não precisa nem um pouco de nós. Mas quem não tem pena do infeliz que vê sofrer? Quem não desejaria libertá-lo de seus males, se bastasse um desejo para tanto? A imaginação nos põe no lugar do miserável mais do que no de um homem feliz; sentimos que um desses estados nos concerne mais do que o outro. A piedade é doce porque, quando nos pomos no lugar de quem sofre, sentimos, no entanto, o prazer de não sofrermos como ele. A inveja é amarga porque o aspecto de um homem feliz, longe de pôr o invejoso no lugar daquele, faz que lamente por não estar ali. Parece que um nos isenta dos males de que sofre, e que outro nos tira os bens de que goza.

Quereis, pois, estimular e nutrir no coração de um jovem os primeiros movimentos da sensibilidade nascente, e voltar seu caráter para a beneficência e a bondade? Não façais que nele germinem o orgulho, a vaidade, a inveja, pela enganosa imagem da felicidade dos homens; não exponhais a seus olhos desde o início a pompa das cortes, o fausto dos palácios, o atrativo dos espetáculos; não o leveis a andar pelos círculos, nas brilhantes assembleias, não lhe mostreis o exterior da grande sociedade, senão depois de o terdes posto em condições de apreciá-la em si mesma. Mostrar-lhe o mundo antes que conheça os homens não é formá-lo, é corrompê-lo; não é instruí-lo, é enganá-lo.

Os homens não são naturalmente nem reis, nem grandes, nem cortesãos, nem ricos; todos nascem nus e pobres, todos sujeitos às misérias da vida, às tristezas, aos males, às necessidades, às dores de toda espécie; enfim, todos estão condenados à morte. Eis o que verdadeiramente é do homem; eis aquilo de que nenhum mortal está isento. Começai, pois, por estudar o que é mais inseparável da natureza do homem, o que melhor constitui a humanidade.

Aos 16 anos, o adolescente sabe o que é sofrer, pois ele próprio já sofreu; mal sabe, porém, que outros seres também sofrem. Vê-lo sem o sentir não é sabê-lo e, como já o disse cem vezes, a criança, por não imaginar o que sentem os outros, só conhece seus próprios males. Mas quando o primeiro desenvolvimento dos sentidos acende nele o fogo da imaginação, ele começa a sentir-se em seus semelhantes, a comover-se com suas queixas, e a sofrer com suas dores. É então que o triste quadro da humanidade sofredora deve levar ao seu coração o primeiro enternecimento que jamais tenha experimentado.

Se esse momento não é fácil de notar em vossos filhos, a quem acusareis por isso? Vós os instruís desde tão cedo a encenar o sentimento, vós lhes ensinais tão logo essa linguagem que, falando sempre no mesmo tom, eles voltam vossas lições contra vós mesmos e não vos deixam nenhum meio de distinguir quando, cessando de mentir, começam a sentir o que dizem. Mas vede meu Emílio: até a idade em que o conduzi, nem sentiu nem mentiu. Antes de saber o que é amar, ele não disse a ninguém: *gosto de vós*. Não lhe prescreveram a atitude que devia ter ao entrar no quarto de seu pai, de sua mãe ou de seu governante doente; não lhe ensinaram a arte de simular a tristeza que não tinha. Não fingiu chorar a morte de ninguém, pois não sabe o que é morrer. A mesma insensibilidade que tem no coração está também em suas maneiras. Indiferente a tudo, com exceção de si mesmo, como todas as outras crianças, não demonstra interesse por ninguém; tudo o que o distingue é que não quer parecer interessar-se, e não é falso como os outros.

Emílio, tendo refletido pouco sobre os seres sensíveis, saberá tarde o que é sofrer e morrer. As queixas e os gritos começarão a agitar suas entranhas; o aspecto do sangue que corre o fará desviar o olhar; as convulsões de um animal expirando dar-lhe-ão uma angústia incerta antes que saiba de onde vêm essas novas emoções. Se tivesse permanecido estúpido e bárbaro, não as teria; se fosse mais instruído, conheceria a fonte; já comparou ideias demais para nada sentir, mas não o bastante para conceber o que sente.

Assim nasce a piedade, primeiro sentimento relativo que toca o coração humano segundo a ordem da natureza. Para tornar-se sensível e piedoso, é preciso que a criança saiba que há seres semelhantes a ela que sofrem o que ela sofreu, que sentem as dores que sentiu, e outras de que deve ter ideia de que poderá sentir também. De fato, como nos deixaremos comover pela piedade, a não ser transportando-nos para fora de nós e nos identificando com o animal sofredor, abandonando, por assim dizer, nosso ser para assumir o dele? Nós só sofremos na medida em que julgamos que ele sofre; não é em nós, é nele que sofremos. Assim, ninguém se torna sensível, a não ser quando sua imaginação se anima e começa a transportá-la para fora de si.

Para estimular e nutrir essa sensibilidade nascente, para guiá-la ou segui-la em sua tendência natural, que podemos fazer senão oferecer ao jovem objetos sobre os quais possa atuar a força expansiva de seu coração, que o dilatem, que o estendam aos outros seres, que o façam por toda parte encontrar-se fora de si; afastar com cuidado aqueles que o comprimem, que o concentram e que estiram a mola do eu humano. Isso significa, em outros termos, estimular nele a bondade, a humanidade, a comiseração, a beneficência, todas as paixões atraentes e doces que agradam naturalmente aos homens, e impedir que nasçam a inveja, a cobiça, o ódio, todas as paixões repugnantes e cruéis que tornam, por assim dizer, a sensibilidade não somente nula, mas negativa, e que fazem o tormento de quem as experimenta.

Creio poder resumir todas as reflexões precedentes em duas ou três máximas precisas, claras e fáceis de ser compreendidas.

PRIMEIRA MÁXIMA

Não pertence ao coração humano pôr-se no lugar das pessoas que são mais felizes do que nós, mas somente no daquelas que têm mais lamentos.

Se se encontram exceções a essa máxima, elas são mais aparentes do que reais. Assim, não nos pomos no lugar do rico ou do grande a quem nos apegamos; mesmo quando nos apegamos sinceramente, não fazemos mais do que nos apropriar de uma parte de seu bem-estar. Às vezes o amamos em suas infelicidades, mas, enquanto prospera, só tem como verdadeiro amigo quem não se ilude quanto às aparências, e que o lamenta mais do que o inveja, apesar de sua prosperidade.

Somos tocados pela felicidade de certas condições, como por exemplo, da vida campestre e pastoral. O encanto de ver essas pessoas felizes não é envenenado pela inveja; interessamo-nos por elas verdadeiramente. Por quê? Porque nos sentimos capazes de descer a essa condição de paz e de inocência, de gozar da mesma felicidade. É um expediente que só produz ideias agradáveis, porquanto basta querer desfrutar dele para poder fazê-lo. Há sempre prazer em ver seus recursos, em contemplar seu próprio bem, ainda que não se queira fazer uso dele.

Segue-se daí que, para levar um jovem à humanidade, longe de fazê-lo admirar a sorte brilhante dos outros, cumpre mostrá-la a ele por seus lados tristes. É preciso fazer que ele a tema. Então, por uma consequência evidente, ele deve abrir para si um caminho para a felicidade, que não siga as pegadas de ninguém.

SEGUNDA MÁXIMA

Só lamentamos nos outros os males dos quais não acreditamos estar nós mesmos isentos.

"*Nos ignara mali, miseris succurrere disco*".

Não conheço nada mais belo, mais profundo, mais comovente, mais verdadeiro do que esse verso.

Por que os reis não têm piedade para com seus súditos? É porque estão seguros de que nunca serão homens. Por que os ricos são tão duros com os pobres? É porque não têm medo de se tornar pobres. Por que a nobreza tem tão grande desprezo pelo povo? É porque um nobre nunca será plebeu. Por que os turcos são em geral mais humanos, mais hospitaleiros do que nós? É porque em seu governo puramente arbitrário, sendo a grandeza e a fortuna dos particulares sempre precárias e cambaleantes, eles não encaram o rebaixamento e a miséria como condições estranhas a eles:[4] cada um pode ser amanhã o que é hoje quem ele assiste. Essa reflexão, que se apresenta continuamente nos romances orientais, dá à sua leitura algo enternecedor que toda a afetação de nossa seca moral não possui.

Portanto, não acostumeis vosso aluno a olhar do alto de sua glória os sofrimentos dos infortunados, os trabalhos dos miseráveis; não espereis ensinar-lhe a lamentar aqueles se ele os considera como estranhos. Fazei que compreenda que o destino desses infelizes pode ser o dele, que todos os males deles encontram-se a seus pés, que mil acontecimentos imprevistos e inevitáveis podem mergulhá-lo neles de um momento para outro. Ensinai-lhe a não contar nem com o nascimento, nem com a saúde, nem com as riquezas; mostrai-lhe todas as vicissitudes da fortuna; ofercerei-lhe os exemplos, sempre muito frequentes, de pessoas que, de uma condição bem mais elevada do que a dele, caíram abaixo da dos infelizes. Que isso ocorra por culpa própria ou não, não se trata dessa questão aqui; e saberá ele o que seja uma culpa? Não vos intrometais nunca na ordem de seus conhecimentos, e só o esclareçais pelas luzes que se encontram ao seu alcance. Não precisa ser muito sábio para sentir que nem toda a prudência humana poderá lhe responder se dentro de uma hora estará vivo ou morrendo, se as dores renais não lhe farão ranger os dentes antes da noite; se dentro de um mês será rico ou pobre, se dentro de um ano, talvez, não remará sob o chicote nas galeras

---

4 Isso parece mudar um pouco agora: as condições parecem tornar-se mais fixas e os homens também se tornam mais duros.

de Argel. Sobretudo, não lhe digais todas essas coisas friamente, como em seu catecismo; que veja, que sinta as calamidades humanas: abalai, assustai sua imaginação com os perigos que todo homem incessantemente tem ao seu entorno. Que veja ao redor dele todos esses abismos e que, enquanto ele vo-los descreve, se aproxime de vós com medo de neles cair. Nós o tornaremos tímido e covarde, direis. Veremos a seguir. Por enquanto, comecemos por torná-lo humano. Eis o que nos importa acima de tudo.

TERCEIRA MÁXIMA

A piedade que se tem do mal de outrem não se mede pela quantidade desse mal, mas pelo sentimento que se atribui a quem o sofre.

Só lamentamos um infeliz na medida em que acreditamos que ele tem do que se lamentar. O sentimento físico de nossos males é mais limitado do que parece, mas pela memória sentimos a continuidade deles, pela imaginação os estendemos para o futuro, e nos tornamos verdadeiramente dignos de lamento. Eis, penso, uma das causas que nos tornam mais duros em relação aos males dos animais do que aos dos homens, embora a sensibilidade comum devesse igualmente identificar-nos com eles. Não lamentamos um cavalo de carroceiro no estábulo porque não supomos que, ao comer seu feno, pense nas pancadas recebidas nem nas fadigas que o esperam. Tampouco lamentamos um cordeiro que vemos pastar, embora saibamos que logo será degolado, porque julgamos que não prevê sua sorte. Por extensão, endurecemos em relação à sorte dos homens; e os ricos consolam-se do mal que fazem aos pobres ao supô-los bastante estúpidos a ponto de nada sentirem. Em geral, julgo o valor que cada um dá à felicidade de seus semelhantes pelo caso que parece fazer deles. É natural que estimemos pouco a felicidade das pessoas que desprezamos. Não deve, pois, causar espanto que os políticos falem do povo com tanto desdém, nem que os filósofos, em sua maioria, pretendam fazer o homem tão malvado.

É o povo que compõe o gênero humano; o que não é povo é tão pouca coisa que não vale a pena contá-lo. O homem é o mesmo em todos os estados: se assim for, os estados mais numerosos merecem mais respeito.

Diante daquele que pensa, todas as distinções civis desaparecem: ele vê as mesmas paixões, os mesmos sentimentos no rude e no homem ilustre; só discerne neles a linguagem, um colorido mais ou menos apresentável; e, se alguma diferença essencial os distingue, é em prejuízo dos mais dissimulados. O povo mostra-se tal como é, e não é amável. Mas é necessário que as pessoas do mundo se disfarcem: se se mostrassem como são, provocariam horror.

Há, dizem ainda nossos sábios, a mesma dose de felicidade e de sofrimento em todos os estados. Máxima tão funesta quanto insustentável, pois, se todos são igualmente felizes, por que preciso me incomodar com alguém? Que cada qual permaneça como é: que o escravo seja maltratado, que o enfermo sofra, que o mendigo pereça; eles não têm nada a ganhar mudando de estado. Eles enumeram os sofrimentos do rico e mostram a inanidade de seus vãos prazeres: que sofisma grosseiro! Os sofrimentos do rico vêm dele só, e não de seu estado, do qual abusa. Ainda que fosse mais infeliz do que o próprio pobre, não seria o caso de lamentá-lo, pois seus males são todos obra sua, e só depende dele ser feliz. Mas o sofrimento do miserável vem-lhe das coisas, do rigor da sorte que pesa sobre ele. Não há hábito que lhe possa tirar o sentimento físico da fadiga, do esgotamento, da fome: nem o bom espírito nem a sabedoria lhe servem para isentá-lo dos males de seu estado. Que ganha Epiteto por prever que seu senhor vai lhe quebrar a perna? Quebra-a menos por isso? Ele tem, além de seu mal, o mal da previdência. Se o povo fosse tão sensato quanto o supomos estúpido, poderia ser diferente do que é? Que poderia fazer além do que faz? Estudai as pessoas dessa ordem, e vereis que, com outra linguagem, têm mais espírito e mais bom senso do que vós. Respeitai, portanto, vossa espécie; pensai em que é essencialmente composta pela coleção dos povos; que, se todos os reis e todos os filósofos fossem retirados dela, isso mal se perceberia, e as coisas não seriam piores. Em uma palavra, ensinai vosso aluno a amar todos os homens, até mesmo aqueles que depreciam os homens; fazei de tal modo que ele não se ponha em nenhuma classe, mas que se encontre em todas; falai diante dele sobre o gênero humano com ternura e até com piedade, mas nunca com desprezo. Homem, não desonres o homem.

É por esses caminhos e outros semelhantes, bem contrários aos que são trilhados, que convém penetrar no coração de um jovem adolescente para nele estimular os primeiros movimentos da natureza, desenvolvê-lo e estendê-lo sobre seus semelhantes. A isso acrescento que importa juntar a tais movimentos o mínimo possível de interesse pessoal. Acima de tudo, nada de vaidade, nada de emulação, nada de glória, nada de sentimentos que nos forçam a compararmo-nos aos outros, pois tais comparações nunca se fazem sem alguma impressão de ódio contra aqueles que disputam conosco a preferência, mesmo que seja em nossa própria estima. Então, é preciso cegar-se ou irritar-se, ser um malvado ou um tolo: tratemos de evitar essa alternativa. Tais paixões tão perigosas nascerão cedo ou tarde, dizem, mesmo contra nossa vontade. Não o nego: cada coisa tem seu tempo e seu lugar. Digo apenas que não devemos ajudá-las a nascer.

Eis o espírito do método que é preciso prescrever a si mesmo. Aqui os exemplos e os pormenores são inúteis, porque aqui começa a divisão quase infinita dos caracteres, e cada exemplo que eu desse não conviria talvez a um em meio a cem mil. É nessa idade também que começa, no mestre hábil, a verdadeira função do observador e do filósofo, que conhece a arte de sondar os corações ao mesmo tempo que trabalha para formá-los. Enquanto o jovem ainda não pensa em se mascarar, nem o aprendeu ainda, veem em seu jeito, em seus olhos e em seu gesto a impressão que recebe a cada objeto que lhe apresentam; leem-se em seu rosto todos os movimentos de sua alma; de tanto espiá-los, chegamos a prevê-los e, finalmente, a dirigi-los.

Observa-se que, comumente, o sangue, os ferimentos, os gritos, os gemidos, o aparato das operações dolorosas, e tudo o que leva aos sentidos objetos de sofrimento, atingem mais cedo e mais geralmente todos os homens. A ideia de destruição, sendo mais complexa, não os atinge do mesmo modo. A imagem da morte toca-lhes mais tarde e mais fracamente, porque ninguém tem em relação a si mesmo a experiência de morrer; é preciso ter visto cadáveres para sentir as angústias dos agonizantes. Mas, estando bem formada essa imagem em nosso espírito, não há espetáculo mais horrível a nossos olhos, tanto pela ideia de destruição total que ela então dá pelos sentidos, quanto porque, sabendo que esse momento é inevitável para todos os homens, nos sentimos mais vivamente afetados por uma situação a que estamos certos de não poder escapar.

Essas impressões diversas têm suas modificações e seus graus, que dependem do caráter particular de cada indivíduo e de seus hábitos anteriores, mas são universais e ninguém está inteiramente isento delas. Há aquelas, mais tardias e menos gerais, que são mais próprias às almas sensíveis; são as que recebemos dos sofrimentos morais, das dores interiores, das aflições, dos langores, da tristeza. Há pessoas que só sabem comover-se com gritos e choros; os longos e surdos gemidos de um coração pungido de desgosto nunca lhes arrancaram suspiros. Nunca o aspecto de um porte abatido, de um rosto fadigado e cinzento, de um olhar apagado e que não consegue mais chorar, fez que, por sua vez, elas próprias chorassem. Os males da alma nada são para elas: estão condenadas, sua alma nada sente. Não espereis dessa gente senão rigor inflexível, endurecimento, crueldade. Poderão ser íntegras e justas, mas nunca clementes, generosas, piedosas. E digo que poderão ser justas, se é que um homem pode sê-lo quando não é misericordioso.

Mas não vos apresseis em julgar os jovens com essa regra, sobretudo aqueles que, tendo sido educados como devem ser, não têm nenhuma ideia dos sofrimentos morais que jamais os fizeram experimentar, pois, mais uma vez, só podem lamentar os males que conhecem. E essa aparente insensibilidade, que vem apenas da ignorância, logo se transforma em ternura, quando começam a sentir que há na vida humana mil dores que não conhecem. Quanto a meu Emílio, se teve simplicidade e bom senso em sua infância, estou certo de que terá alma e sensibilidade em sua juventude, pois a verdade dos sentimentos está muito ligada à justeza das ideias.

Mas por que o trazer à tona aqui? Sem dúvida, mais de um leitor me censurará pelo esquecimento de minhas primeiras resoluções e da felicidade constante que eu prometera a meu aluno. Infelizes, moribundos, espetáculos de dor e miséria! Que felicidade, que deleite para um jovem coração que nasce para a vida! Seu triste professor, que lhe destinava uma educação tão doce, só o faz nascer para sofrer: eis o que dirão. Que me importa! Prometi torná-lo feliz, não fazer que parecesse sê-lo. Será culpa minha se, sempre iludido pela aparência, vós a tomais como a realidade?

Tomemos dois jovens saindo da primeira educação e entrando na sociedade por duas portas diretamente opostas. Um sobe de repente ao Olimpo e passa a frequentar a sociedade mais brilhante; levam-no à corte, às casas dos grandes, dos ricos e das belas mulheres. Suponho-o festejado por toda parte, e não examino o efeito dessa acolhida sobre sua razão: suponho que ela resiste. Os prazeres voam à sua frente, todos os dias novos objetos o divertem; ele se entrega a tudo com um interesse que vos seduz. Vós o vedes atento, diligente, curioso; sua primeira admiração vos impressiona; estimais que esteja contente. Olhai, porém, para sua alma: acreditais que ele se regozija. Quanto a mim, creio que ele sofre.

Que percebe ele, de início, ao abrir os olhos? Profusões de pretensos bens que não conhecia, os quais, estando em sua maioria apenas por um momento ao seu alcance, não parecem mostrar-se a ele senão para que lamente ser privado deles. Se passeia em um palácio, vedes por sua curiosidade inquieta que pergunta a si mesmo por que sua casa paterna não é daquele jeito. Todas as suas perguntas vos dizem que ele se compara sem cessar ao senhor dessa casa, e tudo o que encontra de mortificante nesse paralelo aguça sua vaidade, revoltando-o. Quando se depara com um jovem mais bem vestido do que ele, vejo-o murmurar em segredo da avareza de seus pais. Está mais bem trajado do que outro, sente a dor de ser obscurecido pelo nascimento ou pelo espírito daquele, e todo o seu paramento humilhado diante de uma simples veste de pano. Quando brilha sozinho em uma assembleia, ergue-se na ponta dos pés para ser mais bem-visto. Quem não tem uma disposição secreta para aviltar o ar soberbo e vão de um jovem enfatuado? Tudo se junta logo como de concerto: os olhares inquietantes de um homem grave e as zombarias de um cáustico não tardam em chegar até ele; e ainda que fosse menosprezado por um único homem, o desprezo desse homem envenena de imediato os aplausos dos outros.

Demos-lhe tudo, prodiguemos-lhe os agrados e o mérito; que seja bem-feito, cheio de espírito, amável: será procurado pelas mulheres, mas, procurando-o antes que as ame, elas o tornarão um louco em vez de amoroso. Terá casos amorosos, mas não terá nem arroubos nem paixão para apreciá-los. Seus desejos, sendo sempre satisfeitos, nunca tendo tempo de nascer no meio dos prazeres, ele só sente o tédio do constrangimento: o sexo feito para a felicidade do seu desgosta-o e farta-o antes mesmo que o conheça. Se continua a vê-lo, é só por vaidade; e, ainda que a ele se apegasse de verdade, não seria o único jovem, o único brilhante, o único amável, e não encontraria sempre em suas amantes prodígios de fidelidade.

Não digo nada dos tormentos, das traições, das perfídias, dos arrependimentos de toda espécie inseparáveis de uma vida assim. A experiência do mundo nos faz perder o gosto por ele, eu o sei: falo apenas dos aborrecimentos ligados à primeira ilusão.

Que contraste para aquele que, encerrado até aqui no seio da família e de seus amigos, havia se enxergado como o único objeto de todas as suas atenções e entra de repente em uma ordem de coisas em que ele conta tão pouco; encontra-se como que mergulhado em uma esfera estranha, ele que foi durante tanto tempo o centro da sua! Quantas afrontas, quantas humilhações tem de suportar antes de perder, entre os desconhecidos, os preconceitos de sua importância, adquiridos e alimentados com os seus! Criança, todos cediam a ele, todos se apressavam para estar próximo dele; jovem, é preciso ceder diante de todo mundo; e, por pouco que se esqueça e conserve suas atitudes antigas, duras lições o farão voltar para seu lugar! O hábito de obter facilmente os objetos de seus desejos faz que deseje muito, e faz-lhe sentir privações contínuas. Tudo que lhe agrada, tenta-o; tudo que os outros têm, ele quer ter; tudo ambiciona, a todos inveja, desejaria dominar em toda parte. A vaidade o corrói, o ardor dos desejos desenfreados inflama-lhe o jovem coração; com eles nascem o ciúme e o ódio. Todas as paixões devoradoras nele desabrocham ao mesmo tempo, e ele leva sua agitação até o tumulto do mundo; volta com ela todas as noites, descontente consigo mesmo e com os outros; dorme cheio de mil projetos vãos, perturbado por mil fantasias. Seu orgulho pinta-lhe, até nos sonhos, os quiméricos bens com os quais o desejo atormenta-o, e que nunca possuirá durante sua vida. Eis vosso aluno! Vejamos o meu.

Se o primeiro espetáculo que o impressiona é um objeto de tristeza, o primeiro regresso sobre si mesmo é um sentimento de prazer. Vendo de quantos males está livre, sente-se mais feliz do que pensava ser. Compartilha os sofrimentos de seus semelhantes, mas essa partilha é voluntária e suave. Goza a um só tempo da piedade que tem pelos males deles e da felicidade de estar isento disso. Sente-se nesse estado de força que nos amplia para além de nós mesmos, e que nos faz levar alhures a atividade supérflua ao nosso bem-estar. Sem dúvida, para lamentar o mal de outrem é preciso conhecê-lo, mas não é preciso senti-lo. Quando se sofreu, ou quando se teme sofrer, lamentam-se os que sofrem; mas enquanto se sofre, só se lamenta a si mesmo. Ora, estando todos sujeitos às misérias da vida, dá-se aos outros apenas a sensibilidade de que não se precisa no presente: segue-se daí que a comiseração deve ser um sentimento muito suave, uma vez que depõe em nosso favor e, ao contrário, um homem duro é sempre infeliz, porquanto o estado de seu coração não lhe deixa nenhuma sensibilidade superabundante que possa conceder aos sofrimentos dos outros.

Julgamos demais a felicidade pelas aparências: supomo-la onde menos se encontra. Procuramo-la onde não poderia estar: a alegria não passa de um sinal muito equívoco. Um homem alegre é muitas vezes apenas um infeliz que busca enganar os outros e aturdir-se ele próprio. Essas pessoas tão risonhas, tão abertas, tão serenas quando em grupo, são quase todas tristes e rabugentas em casa, e seus criados pagam o preço do divertimento que elas dão à sociedade. O verdadeiro contentamento não é nem alegre nem festivo; ciumentos de um sentimento tão doce, pensamos nele ao experimentá-lo, saboreamo-lo, receamos que se evapore. Um homem feliz de verdade não fala muito, não ri muito: ele recolhe, por assim dizer, a felicidade no coração. Os jogos barulhentos e a alegria turbulenta encobrem os desgostos e o tédio. Mas a melancolia é amiga da volúpia; o enternecimento e as lágrimas acompanham os mais doces regozijos, e a alegria excessiva, ela própria, arranca mais lágrimas do que gritos.

Se, de início, a multidão e a variedade dos divertimentos parecem contribuir para a felicidade, se a uniformidade de uma vida regular parece, a princípio, tediosa, quando olhamos mais de perto, vemos, ao contrário, que o mais doce hábito da alma consiste em uma moderação do gozo sem deixar muito espaço para o desejo e o desgosto. A inquietude dos desejos produz a curiosidade, a inconstância: o vazio dos prazeres turbulentos produz o tédio. Nunca nos aborrecemos com nossa condição quando não conhecemos outra mais agradável. De todos os homens do mundo, os selvagens são os menos curiosos e os menos entediados. Tudo lhes é indiferente: gozam não das coisas, mas de si mesmos; passam a vida sem fazerem nada e jamais se aborrecem.

O homem do mundo está por inteiro em sua máscara. Não estando quase nunca em si mesmo, é sempre estrangeiro, e não fica à vontade quando é forçado a voltar a si. O que ele é não é nada; o que ele parece é tudo para ele.

Quanto ao jovem de quem falei antes, não deixo de observar, na representação de seu rosto, um não-sei-quê de impertinente, de melindroso, de afetado, que desagrada, que causa repulsa nas pessoas íntegras; ao passo que, no rosto de meu aluno, uma fisionomia interessante e simples, que revela o contentamento, a verdadeira serenidade da alma, a confiança, e que parece esperar somente o desabrochar da amizade para dar a sua àqueles que dele se aproximam. Acredita-se que a fisionomia é apenas um simples desenvolvimento de traços já marcados pela natureza. Quanto a mim, penso que, além desse desenvolvimento, os traços do rosto de um homem se formam imperceptivelmente e determinam a fisionomia pela impressão frequente e habitual de certos afetos da alma. Esses afetos marcam o rosto, isso é muito certo; e, quando se transformam em hábito, devem deixar nele impressões duradouras. Eis como concebo que a fisionomia anuncia o caráter, e como se pode às vezes julgar este por aquela, sem buscar explicações misteriosas, que supõem conhecimentos que não temos.

Uma criança só tem dois afetos bem definidos: a alegria e a dor. Ri ou chora; os intermediários nada são para ela. Ela passa incessantemente de um desses movimentos ao outro. Essa alternância contínua impede que deixem no rosto dela uma impressão constante que defina uma fisionomia; mas na idade em que, tornando-se mais sensível, o jovem é mais vivamente ou mais constantemente afetado, as impressões mais profundas deixam traços mais difíceis de destruir; e do estado habitual da alma resulta um arranjo de traços que o tempo torna indeléveis. Entretanto, não é raro ver homens mudarem de fisionomia em idades diferentes. Vi muitos casos assim, e sempre achei que os que pude bem observar e acompanhar tinham também mudado de paixões habituais. Essa única observação, bem confirmada, parece-me decisiva, e não é deslocada em um tratado de educação em que importa aprender a julgar movimentos da alma pelos sinais exteriores.

Não sei se, por não ter aprendido a imitar maneiras convencionais, nem a fingir sentimentos que não tem, meu rapaz será menos amável; não é disso que se trata aqui. Sei apenas que será mais amoroso, e custo a acreditar que quem só ama a si mesmo possa mascarar-se tão bem a ponto de agradar tanto quanto aquele que tira de seu apego pelos outros um novo sentimento de felicidade. Quanto a esse sentimento mesmo, creio ter dito bastante para orientar nesse ponto um leitor razoável, e mostrar que eu não me contradisse.

Volto, portanto, a meu método e digo: quando a idade crítica se aproxima, oferecei aos jovens espetáculos que os cativem, e não espetáculos que os estimulem. Enganai sua imaginação nascente com objetos que, longe de inflamar seus sentidos, lhes reprimam a atividade. Afastai-os das grandes cidades, onde os ornamentos e a imodéstia das mulheres apressam e antecipam as lições da natureza, onde tudo apresenta aos olhos prazeres que eles só devem conhecer quando souberem escolhê-los. Trazei-os de volta às suas primeiras habitações, onde a simplicidade campestre deixa as paixões de sua idade desenvolverem-se menos rapidamente; ou, se seu gosto pelas artes os prende ainda à cidade, preveni neles, por meio dessa própria inclinação, uma ociosidade perigosa. Escolhei com cuidado suas companhias, suas ocupações, seus prazeres: só lhes mostreis quadros tocantes, mas modestos, que os comovam sem os seduzir, e que alimentem sua sensibilidade sem lhes perturbar os sentidos. Pensai também que em toda parte há sempre excessos a temer, e que as paixões imoderadas fazem sempre mais mal do que aquele que se quer evitar. Não se trata de fazer de vosso aluno um enfermeiro, um irmão de caridade, de afligir continuamente seu olhar com objetos de dor e de sofrimento, de fazê-lo visitar um enfermo após o outro, de hospital em hospital, da Grève[5] às prisões: é preciso tocá-lo e não o endurecer fazendo-o

---

5 A Grève era uma praça em Paris onde, durante o Antigo Regime, desempregados ofereciam-se para trabalho. Era na Grève também que aconteciam os suplícios públicos

assistir às misérias humanas. Impactado durante muito tempo pelos mesmos espetáculos, não se sente mais nenhuma impressão. O hábito acostuma a tudo; o que se vê demais não mais se imagina, e é somente a imaginação que nos faz sentir os males dos outros. É assim que, de tanto verem morrer e sofrer, os padres e os médicos se tornam impiedosos. Que vosso aluno conheça, portanto, a sorte do homem e as misérias de seus semelhantes; mas que não seja testemunha delas por tempo demais. Um único caso bem escolhido e mostrado sob uma luz conveniente fará que se enterneça e reflita durante um mês. O que lhe determina o julgamento não é tanto o que vê quanto o retorno que faz sobre o que viu; e a impressão duradoura que recebe de um objeto vem-lhe menos do próprio objeto do que do ponto de vista a partir do qual é levado para que se lembre dele. Assim, misturando os exemplos, as lições e as imagens, tornareis menos pungente, durante muito tempo, o aguilhão dos sentidos, e enganareis a natureza seguindo suas próprias direções.

À medida que ele for adquirindo luzes, escolhei ideias que se relacionem com elas; à medida que os desejos se acenderem, escolhei quadros próprios para reprimi-los. Um velho militar, que se distinguiu por seus costumes tanto quanto por sua coragem, contou-me que, quando jovem, seu pai, homem de bom senso mas muito religioso, vendo seu temperamento nascente entregá-lo às mulheres, nada poupou para contê-lo. Finalmente, porém, percebendo que ele estava prestes a perdê-lo apesar de todos os esforços, teve a ideia de levá-lo a um hospital de sifilíticos e, sem o prevenir de nada, fez que entrasse em uma sala onde um grupo desses infelizes expiava, por meio de um tratamento pavoroso, a desordem que os expusera àquilo. Diante da cena horrenda, que revolta todos os sentidos de uma só vez, o jovem passou mal a ponto de quase desmaiar. "Vai, miserável devasso", disse-lhe então o pai em tom veemente, "segue a vil inclinação que te arrasta; logo mais serás ainda muito feliz por poderes entrar

---

e as penas capitais. A primeira decapitação na guilhotina da Revolução Francesa ocorreu ali. Localizava-se no lugar da atual Place de l'Hôtel-de-Ville, no Quatrième Arrondissement. (N. T.)

nessa sala onde, vítima das mais infames dores, forçarás teu pai a agradecer a Deus pela tua morte."

Essas poucas palavras, acrescidas ao quadro enérgico que impressionava o rapaz, causaram-lhe uma impressão que nunca mais se apagou. Condenado por sua condição a passar sua juventude em quartéis, preferiu suportar todas as zombarias de seus camaradas a imitar sua libertinagem. "Fui homem", disse-me, "tive fraquezas, mas cheguei à minha idade sem nunca ter podido ver uma prostituta sem horror." Mestre, poucos discursos; mas aprendei a escolher os lugares, os tempos, as pessoas, e depois dai todas as vossas lições com exemplos: podereis estar certo de que terão bom efeito.

O emprego da infância é pouca coisa: o mal que nela se introduz não é sem remédio, e o bem que se faz nela pode chegar mais tarde. O mesmo, porém, não ocorre na primeira idade, quando o homem começa a viver de verdade. Essa idade nunca dura o bastante para o uso que dela devemos fazer, e sua importância exige uma atenção contínua: eis por que insisto na arte de prolongá-la. Um dos melhores preceitos da boa cultura é retardar tudo enquanto isso é possível. Tornai os progressos lentos e seguros; impedi que o adolescente se torne homem até o momento em que nada mais lhe reste a fazer além disso. Enquanto o corpo cresce, os espíritos destinados a dar bálsamo ao sangue e força às fibras formam-se e se elaboram. Se fazeis que tomem uma direção diferente, e que o que se destina a aperfeiçoar um indivíduo sirva à formação de outro, ambos se mantêm em um estado de fraqueza e a obra da natureza permanece imperfeita. As operações do espírito, por sua vez, ressentem-se dessa alteração; e a alma, tão débil quanto o corpo, só possui funções fracas e lânguidas. Membros fortes e robustos não fazem a coragem nem o gênio; e concebo que a força da alma não acompanhe a do corpo, quando, aliás, os órgãos de comunicação entre as duas substâncias encontram-se maldispostos. Mas, por mais bem-dispostos que estejam, agirão sempre fracamente se tiverem por princípio apenas um sangue cansado, empobrecido e desprovido dessa substância que dá força e faz funcionar todas as molas da máquina. Em geral, percebemos mais vigor de alma nos homens que se preservaram de uma corrupção prematura durante a juventude do que naqueles cuja desordem se iniciou com o poder de se entregarem a ela. É sem dúvida uma das razões pelas quais os povos que têm bons costumes ultrapassam normalmente em bom senso e em coragem os que não os têm. Estes brilham unicamente por pequenas qualidades isoladas, que chamam de espírito, sagacidade, finura; mas essas grandes e nobres funções de sabedoria e de razão, que distinguem e honram o homem por belas ações, por virtudes, por cuidados verdadeiramente úteis, encontram-se apenas nos primeiros.

Os mestres queixam-se de que o fogo dessa idade torna a juventude indisciplinável, e vejo isso: mas não será culpa deles? Ignoram que, tão logo deixem esse fogo tomar seu rumo pelos sentidos, não se pode mais lhe apontar outro? Os longos e frios sermões de um pedante apagarão no espírito de seu aluno a imagem dos prazeres que este concebeu? Banirão de seu coração os desejos que o atormentam? Enfraquecerão o ardor de um temperamento cujo uso conhece? Não se irritará ele contra os obstáculos que se opõem à única felicidade de que tem ideia? E, na dura lei que lhe prescrevem sem que possa entendê-la, não verá ele apenas o capricho e o ódio de um homem que procura atormentá-lo? Será estranho que, por sua vez, se rebele e odeie-o?

Sei bem que, ao nos tornarmos fáceis, podemos ficar mais suportáveis e conservar uma autoridade aparente. Mas não vejo bem para que serve a autoridade que só se conserva sobre o aluno mediante o fomento de vícios que ele deveria reprimir. É como se, para acalmar um cavalo fogoso, o escudeiro o fizesse saltar em um precipício.

Esse fogo do adolescente, longe de ser um obstáculo à educação, é quem a consuma e a termina; é ele que vos dá controle sobre o coração de um jovem quando este deixa de ser menos forte do que vós. Seus primeiros afetos são as rédeas com as quais dirigis todos os seus movimentos: ele era livre e vejo-o subjugado. Enquanto não amava coisa nenhuma, ele só dependia de si mesmo e de suas necessidades; a partir do momento que ama, passa a depender de seus apegos. Assim se formam os primeiros laços que o unem a sua espécie. Dirigindo a ela sua sensibilidade nascente, não acrediteis que a espécie abarcará desde logo todos os homens, e que a expressão "gênero humano" signifique alguma coisa para ele. Não: essa sensibilidade limitar-se-á primeiramente a seus semelhantes; e seus semelhantes não serão para ele desconhecidos, mas aqueles com os quais tem ligações, aqueles que o hábito lhe tornou caros ou necessários, aqueles que ele vê, evidentemente, terem maneiras comuns de pensar e sentir, aqueles que vê sofrerem as dores que sofreu e serem sensíveis aos prazeres que experimentou; em poucas palavras, aqueles cuja identidade de natureza mais manifesta lhe dá uma maior disposição para se amar. Somente depois de ter cultivado sua índole de mil maneiras, após muitas reflexões sobre seus próprios sentimentos e sobre os que observará nos outros, é que poderá chegar a generalizar suas noções individuais na ideia abstrata de humanidade, e unir a seus afetos particulares aqueles que podem identificá-lo com sua espécie.

Tornando-se capaz de apego, ele se torna sensível ao apego dos outros;[6] por isso mesmo, torna-se atento aos sinais desse apego. Vedes que novo império ireis adquirir sobre ele? Quantas cadeias pusestes em torno de seu coração antes que ele o percebesse! O que ele não sentirá quando, abrindo os olhos sobre si mesmo, vir o que fizestes por ele; quando puder comparar-se aos outros jovens de sua idade e comparar-vos aos outros governantes! Digo quando o vir, mas evitai dizer-lhe; se lho disserdes, ele não mais o verá. Se exigirdes dele obediência em troca dos cuidados que lhe prestastes, ele acreditará que o surpreendestes: dirá a si mesmo que, ao fingir cuidar dele gratuitamente, pretendestes endividá-lo e prendê-lo mediante um contrato em que ele próprio não consentiu. Em vão acrescentareis que o que exigis dele é apenas para ele próprio: exigis afinal, e exigis em virtude do que fizestes sem sua permissão. Quando um infeliz pega o dinheiro que fingimos dar-lhe e se acha comprometido a contragosto, falais que isso é uma injustiça. Não sois mais injusto ainda ao cobrar de vosso aluno o preço dos cuidados que ele não aceitou?

---

6 O apego pode dispensar a reciprocidade; a amizade, nunca. Esta é uma troca, um contrato como os outros; mas é o mais santo de todos. A palavra *amigo* não tem outro correlativo senão ela própria. Todo homem que não é o amigo de seu amigo é certamente um patife, pois é somente retribuindo ou fingindo retribuir a amizade que podemos obtê-la.

A ingratidão seria mais rara se os benefícios por usura fossem menos conhecidos. Amamos o que nos faz bem; esse é um sentimento tão natural! A ingratidão não está no coração do homem, mas o interesse está: há menos devedores ingratos do que benfeitores interessados. Se me vendeis vossos dons, eu negociarei o preço; mas se fingis dar para vender logo após sua promessa, usais de fraude: é o fato de serem gratuitos que torna os dons inestimáveis. O coração só aceita leis de si mesmo; querendo acorrentá-lo, soltamo-lo; acorrentamo-lo deixando-o livre.

Quando o pescador lança a linha na água, o peixe vem e permanece ao redor dela sem desconfiança; mas quando preso ao anzol escondido sob a isca sente puxar a linha, procura fugir. É o pescador um benfeitor? O peixe, é ele ingrato? Viu-se alguma vez um homem esquecido por seu benfeitor esquecê-lo? Ao contrário, dele fala sempre com prazer, nele não pensa sem se enternecer; se encontra ocasião de mostrar a ele mediante algum serviço inesperado que se recorda sempre dos que recebeu, com que contentamento interior satisfaz então sua gratidão! Com que doce alegria faz-se reconhecer! Fica arrebatado quando diz: chegou minha vez. Eis aí, verdadeiramente, a voz da natureza: nunca um benefício verdadeiro fez um ingrato.

Se, portanto, o reconhecimento é um sentimento natural, e se não destruirdes seu efeito por vossa culpa, ficai certo de que vosso aluno, começando a perceber o valor de vossos cuidados, a eles será sensível conquanto não os tenhais vós mesmo negociado; vossos cuidados produzirão no coração dele uma autoridade que nada poderá destruir. Mas antes de estardes bem seguro dessa vantagem, evitai perdê-la valorizando-vos diante dele. Se vos vangloriardes de vossos serviços, eles se tornarão insuportáveis para ele; esquecê-los é fazê-lo lembrar-se deles. Até chegar o momento de tratá-lo como homem, que nunca seja o caso do que ele vos deve, mas do que ele deve a si mesmo. Para torná-lo dócil, deixai-lhe toda a liberdade; esquivai-vos para que ele vos procure; elevai sua alma até o nobre sentimento do reconhecimento, não lhe falando nunca senão de seu interesse. Jamais eu quis que lhe dissessem que o que fazem é para seu bem antes que estivesse em condição de entender isso. Nesse discurso, ele veria apenas vossa dependência e vos encararia como seu criado. Mas agora que começa a sentir o que é amar, sente também que doce laço pode unir um homem àquilo que ele ama; e no zelo com que vos ocupais dele sem cessar, ele vê menos o apego de um escravo do que a afeição de um amigo. Ora, nada tem tanto peso no coração humano quanto a voz da amizade bem reconhecida, pois bem sabemos que ela só fala a favor de nosso interesse. Podemos acreditar que um amigo se engane, mas não que queira nos enganar. Algumas vezes resistimos a seus conselhos, mas nunca os desprezamos.

Entramos finalmente na ordem moral: acabamos de dar um segundo passo de homem. Se fosse esse o lugar, tentaria mostrar como dos primeiros movimentos do coração se erguem as primeiras vozes da consciência, e como dos sentimentos de amor e de ódio nascem as primeiras noções do bem e do mal: mostraria que *justiça* e *bondade* não são apenas palavras abstratas, puros seres morais formados pelo entendimento, e sim verdadeiros afetos da alma esclarecida pela razão, não passando de um progresso ordenado de nossos afetos primitivos. Mostraria que apenas pela razão, independentemente da consciência, não se pode estabelecer nenhuma lei natural; e que todo o direito da natureza não passa de quimera se não for fundado sobre uma necessidade natural do coração humano.[7] Mas penso que não me cabe fazer aqui tratados de metafísica e de moral nem dar cursos de espécie

---

[7] O próprio preceito de agir com os outros como queremos que ajam conosco só tem como verdadeiro fundamento a consciência e o sentimento; pois, para mim, onde está a razão exata para agir, sendo eu mesmo, como se eu fosse outro, sobretudo quando estou moralmente certo de nunca me encontrar na mesma situação? E quem me garantirá que, seguindo bem fielmente essa máxima, conseguirei que a sigam da mesma maneira comigo? O mau tira proveito da probidade do justo e de sua própria injustiça; é muito cômodo que todo o mundo seja justo, exceto ele. Esse acordo, digam o que disserem, não é muito vantajoso para as pessoas de bem. Mas quando a força de uma alma expansiva me identifica com meu semelhante e me sinto, por assim dizer, nele, é para não sofrer que quero que ele não sofra. Interesso-me nele por amor a mim, e a razão do preceito está na própria natureza que me inspira o desejo de meu bem-estar onde quer que eu sinta que existo. Donde concluo que não é verdade que os preceitos da lei natural assentem sejam fundados sobre a razão somente: eles têm uma base mais sólida e mais segura. O amor dos homens derivado do amor de si é o princípio da justiça humana. O sumário de toda a moral é dado no Evangelho pelo sumário da lei.

alguma; basta-me assinalar a ordem e o progresso de nossos sentimentos e de nossos conhecimentos em relação à nossa constituição. Outros demonstrarão talvez o que apenas indico aqui.

Tendo meu Emílio olhado até agora apenas para si mesmo, o primeiro olhar que lança sobre seus semelhantes leva-o a comparar-se com eles; e o primeiro sentimento que essa comparação excita nele é o de desejar o primeiro lugar. Eis o momento em que o amor de si se transforma em amor-próprio, e em que começam a nascer todas as paixões que dependem desta. Mas, para saber se as paixões que dominam em seu caráter serão humanas e doces, ou cruéis e maléficas, se serão paixões de benevolência e de comiseração, ou de inveja e de cobiça, é preciso saber que lugar ele sente ter entre os homens e que tipos de obstáculos ele poderá acreditar ter de vencer para chegar ao lugar que deseja ocupar.

Para guiá-lo nessa procura, depois de lhe ter mostrado os homens pelos acidentes comuns da espécie, é preciso agora mostrá-los a ele por suas diferenças. Aqui surge a medida da desigualdade natural e civil, bem como o quadro de toda a ordem social.

É preciso estudar a sociedade pelos homens e os homens pela sociedade: aqueles que quiserem tratar separadamente a política e a moral nunca entenderão nada de nenhuma das duas. Prendendo-se de início às relações primitivas, vê-se como os homens devem ser afetados por elas, e que paixões delas devem nascer; vê-se que é em reciprocidade ao progresso das paixões que essas relações se multiplicam e se estreitam. É menos a força dos braços do que a moderação dos corações que torna os homens independentes e livres. Quem quer que deseje pouca coisa, prende-se a poucas pessoas; mas, confundindo sempre nossos vãos desejos com nossas necessidades físicas, os que fizeram destas os fundamentos da sociedade humana sempre tomaram os efeitos pelas causas e apenas se perderam em seus raciocínios.

Há no estado de natureza uma igualdade de fato real e indestrutível, porque é impossível nesse estado que a única diferença de homem para homem seja grande o bastante para tornar um dependente do outro. Há no estado civil uma igualdade de direito quimérica e vã, pois os meios destinados a mantê-la servem eles próprios para destruí-la, e a força pública acrescida ao

Emílio ou Da educação

mais forte para oprimir o fraco rompe a espécie de equilíbrio que a natureza pusera entre eles.[8] Dessa primeira contradição decorrem todas aquelas que se observam na ordem civil entre a aparência e a realidade. A multidão sempre será sacrificada para benefício da minoria, e o interesse público para benefício do interesse particular. Sempre esses nomes enganadores, justiça e subordinação, servirão de instrumentos à violência e de armas à iniquidade: segue-se daí que as ordens elevadas, que se pretendem úteis às outras, apenas à custa das outras são efetivamente úteis a elas próprias; por isso devemos julgar a consideração que lhes é devida segundo a justiça e a razão. Resta saber se a posição que deram a si mesmos é mais favorável à felicidade dos que a ocupam, para ver que juízo cada um de nós deve fazer acerca de sua própria sorte. Eis agora o estudo que nos importa; mas, para bem realizá-lo, é preciso começar por conhecer o coração humano.

Se se tratasse somente de mostrar aos jovens o homem por sua máscara, não seria preciso mostrá-lo a eles: eles o veriam sempre. Mas como a máscara não é o homem, e como é preciso que seu verniz não seduza, ao pintar-lhes os homens, pintai-os tais como são, não para que os odeiem, e sim para que os lamentem e não queiram assemelhar-se a eles. Esse é, a meu ver, o sentimento mais inteligente que o homem possa ter de sua espécie.

Nessa perspectiva, importa aqui tomar um caminho oposto ao que seguimos até agora e instruir o jovem mais pela experiência de outrem do que pela sua. Se os homens o enganam, ele os odiará; mas se, respeitado por eles, ele os vê se enganarem mutuamente, terá piedade deles. O espetáculo do mundo, dizia Pitágoras, é semelhante ao dos jogos olímpicos: uns se tornam comerciantes e só pensam em seus lucros; outros não poupam esforços e procuram a glória; outros, ainda, contentam-se com ver os jogos, e estes não são os piores.[9]

---

8 O espírito universal das leis de todos os países é favorecer sempre o forte contra o fraco, e aquele que tem contra aquele que nada tem: esse inconveniente é inevitável e sem exceção.

9 A referência para a fala de Pitágoras é Montaigne, *Ensaios*, I, 26. Descrição semelhante dessa comparação do geômetra encontra-se em Cícero, *Discussões Tusculanas*, Livro V. (N. T.)

Gostaria que as companhias do jovem fossem escolhidas de tal modo que ele só pensasse bem dos que vivem com ele; e que lhe ensinassem tão bem a conhecer o mundo, que ele pensasse mal de tudo que nele se faz. Que saiba que o homem é naturalmente bom, que ele o sinta, e que julgue o próximo por si mesmo, mas que veja como a sociedade deprava e perverte os homens; que encontre nos preconceitos deles a fonte de todos os seus vícios; que seja levado a estimar cada indivíduo, mas que despreze a multidão; que veja que todos os homens usam mais ou menos a mesma máscara, mas que saiba também que há rostos mais belos do que a máscara que os cobre.

É preciso confessar que esse método tem seus inconvenientes e não é fácil na prática; pois, se o jovem se torna observador cedo demais, se o ensinardes a espionar de bem perto as ações de outrem, vós o tomareis maledicente e satírico, resoluto e pronto para julgar; sentirá um odioso prazer em buscar interpretações sinistras para tudo, e em nada ver de bom nem mesmo no que é bom. Acostumar-se-á ao menos com o espetáculo do vício, a ver os maus sem horror, como nos acostumamos a ver sem piedade os infelizes. Em pouco tempo, a perversão generalizada lhe servirá menos de lição do que de desculpa; dir-se-á que, se o homem é assim, ele não deve querer ser diferente.

Se quiserdes instruí-lo por princípio e fazê-lo conhecer, com a natureza do coração humano, a aplicação das causas externas que transformam nossas inclinações em vícios, transportando-o assim bruscamente dos objetos sensíveis aos objetos intelectuais, empregareis uma metafísica que ele não tem condições de compreender. Recaireis no inconveniente, até aqui cuidadosamente evitado, de dar-lhe lições que parecem lições, de substituir em seu espírito sua própria experiência, e o progresso de sua razão pela experiência e pela autoridade do mestre.

Para evitar ao mesmo tempo esses dois obstáculos e para pôr o coração humano a seu alcance sem correr o risco de estragar o seu, gostaria de mostrar-lhe os homens de longe, de mostrá-los em outros tempos e outros lugares, de maneira que ele pudesse ver a cena sem nunca poder agir nela. Eis o momento da história: é por meio dela que, sem as lições da filosofia, ele lerá nos corações; é por meio dela que ele os verá, simples espectador, sem interesse e sem paixão, como juiz, não como cúmplice nem como acusador.

Para conhecer os homens é preciso vê-los agir. No mundo, ouvimo-los falar; mostram seus discursos e escondem suas ações. Mas, na história, elas estão sem véus e julgamo-las pelos fatos. Suas próprias palavras ajudam a apreciá-los, porque, comparando o que fazem com o que dizem, vemos ao mesmo tempo o que são e o que querem parecer: quanto mais se disfarçam, melhor os conhecemos.

Infelizmente esse estudo tem seus perigos, seus inconvenientes mais de uma espécie. É difícil situar-se em um ponto de vista de onde se possa julgar os semelhantes com equidade. Um dos grandes vícios da história é que ela pinta muito mais os homens pelas suas más qualidades do que pelas boas. Como ela só se interessa pelas revoluções e pelas catástrofes, enquanto um povo cresce e prospera na calma de um governo pacífico, ela nada diz; só começa a falar dele quando, não podendo mais bastar-se a si mesmo, toma parte nos negócios dos vizinhos ou deixa-os tomar parte nos seus. Ela só ilustra quando ele já está em declínio: todas as nossas histórias começam onde deveriam terminar. Temos com muita exatidão a história dos povos que se destroem; o que nos falta é a dos povos que se multiplicam. São bastante felizes e sábios para que ela nada tenha a dizer deles: e, de fato, vemos, mesmo em nossos dias, que os governos que melhor se conduzem são aqueles de que menos se fala. Sabemos apenas o mal, portanto; o bem mal dificilmente tem vez. Só os maus são célebres, os bons são esquecidos ou ridicularizados; e eis como a história, tal qual a filosofia, calunia sem cessar o gênero humano.

Além disso, os fatos descritos na história estão bem longe de ser a pintura exata dos próprios fatos tais como ocorreram: mudam de forma na cabeça do historiador, amoldam-se a seus interesses, ganham a cor de seus preconceitos. Quem sabe pôr o leitor exatamente no local da cena para ver um acontecimento tal qual se passou? Tudo é disfarçado pela ignorância ou pela parcialidade. Sem alterar um traço histórico sequer, aumentando ou diminuindo as circunstâncias que a ele se referem, quantos aspectos diferentes podemos dar-lhe! Apresentai um mesmo objeto sob diferentes pontos de vista, dificilmente parecerá o mesmo e, no entanto, nada terá mudado senão o olho do espectador. Bastará, para honrar a verdade, dizer-me um fato verdadeiro fazendo-me vê-lo de modo diferente de como ocorreu? Quantas vezes uma árvore a mais ou a menos, um rochedo à direita ou à esquerda, um turbilhão de poeira erguido pelo vento decidiram um combate sem que ninguém o percebesse! Será que isso impede que o historiador vos diga a causa da derrota ou da vitória com tanta segurança como se tivesse estado em toda parte? Ora, que me importam os fatos em si mesmos se a razão deles me permanece desconhecida? E que lições posso tirar de um acontecimento cuja verdadeira causa ignoro? O historiador me dá uma, mas ele a inventa; e a própria crítica, de que tanto se fala, não passa de uma arte de conjeturar, a arte de escolher entre diversas mentiras a que melhor se assemelha à verdade.

Nunca lestes *Cleópatra* ou *Cassandra*, ou outros livros da mesma espécie?[10] O autor escolhe um acontecimento conhecido, depois, acomodando-o aos seus pontos de vista, ornando-o de pormenores de sua invenção, de personagens que nunca existiram, e de retratos imaginários, acumula ficções e mais ficções para tornar a leitura agradável. Vejo pouca diferença entre esses romances e vossas histórias, a não ser pelo fato de que o romancista se entrega mais à sua própria imaginação, enquanto o historiador se prende mais à de outrem. Ao que acrescentarei, se quiserem, que o primeiro se propõe um objetivo moral, bom ou mau, com que o outro pouco se preocupa.

Dir-me-ão que a fidelidade da história interessa menos que a verdade dos costumes e dos caracteres. Contanto que o coração humano seja bem pintado, pouco importa que os acontecimentos sejam fielmente relatados: pois, afinal, acrescentam, o que temos a ver com fatos ocorridos há 2 mil anos? Têm razão se os retratos são bem-feitos segundo a natureza; mas, se a maioria tem seu modelo apenas na imaginação do historiador, não vamos cair no inconveniente que queríamos evitar, concedendo à autoridade dos escritores o que se queria tirar da do mestre? Se meu aluno só deve ver quadros fantasiosos, prefiro que sejam traçados por mim e não por outrem; ao menos eles lhe serão mais apropriados.

---

10 *Cassandra* e *Cleópatra* são romances de La Calprenède (1609-1663). Notáveis pelo tamanho: o primeiro, publicado de 1642 a 1645 em dez volumes, e o segundo, em doze volumes de 1646 a 1657. (N. T.)

Os piores historiadores para um jovem são os que julgam. Os fatos — entreguem-lhe os fatos! —, que ele próprio os julgue. É assim que ele aprende a conhecer os homens. Se o juízo do autor o guia sem cessar, ele nada faz além de ver pelo olho de um outro; e, quando esse olho lhe falta, ele não vê mais nada.

Deixo de lado a história moderna, não somente porque ela não tem mais fisionomia e todos os nossos homens se assemelham, mas também porque nossos historiadores, querendo apenas brilhar, só pensam em fazer retratos fortemente coloridos e que muitas vezes nada representam.[11] Em geral, os antigos fazem menos retratos, põem menos espírito e mais bom senso em seus juízos; ainda assim, cabe selecioná-los com cuidado e não tomar de início os mais judiciosos, e sim os mais simples. Não gostaria de pôr nas mãos de um jovem nem Políbio nem Salústio. Tácito é leitura para velhos: os jovens não conseguem entendê-lo. É preciso aprender a ver nas ações humanas os primeiros traços do coração do homem, antes de querer sondar as profundezas; é preciso saber ler bem nos fatos antes de ler nas máximas. A filosofia em máximas só convém à experiência. A juventude não deve generalizar nada: toda a sua instrução deve estar em regras particulares.

Tucídides é, a meu ver, o verdadeiro modelo dos historiadores. Relata os fatos sem os julgar, mas não omite nenhuma das circunstâncias próprias para nos permitir julgá-los nós mesmos. Põe tudo o que conta diante dos olhos do leitor; longe de se interpor entre os acontecimentos e os leitores, ele se retira; acreditamos que não estamos mais lendo, e sim vendo. Infelizmente, ele fala sempre em guerra, e quase não vemos em suas narrativas senão a coisa do mundo menos instrutiva, a saber, os combates. A *Retirada dos dez mil* e os *Comentários de César* têm mais ou menos a mesma sabedoria e o mesmo defeito. O bom Heródoto, sem retratos, sem máximas, mas corrente, ingênuo, cheio de pormenores mais capazes de interessar e de agradar, seria talvez o melhor dos

---

11 Veja Davila, Guicciardini, Strada, Solís, Maquiavel e, algumas vezes, o próprio de Thou. Vertot é um dos poucos que souberam pintar sem fazer retratos.*

* Enrico Caterino Davila (1576-1631), Francesco Guicciardini (1483-1540), Famiano Strada (1572-1649), Antonio de Solís y Ribadeneyra (1610-1686), Jacques-Auguste de Thou (1553-1617) e René Aubert de Vertot (1655-1735) escreveram livros de história. (N. T.)

historiadores se esses mesmos pormenores não degenerassem muitas vezes em simplicidades pueris, mais próprias para estragar o gosto da juventude do que formá-lo; é preciso ter discernimento para lê-lo. Nada digo de Tito Lívio, voltarei a ele; mas é político, é orador, é tudo o que não convém a essa idade.

A história, em geral, é defeituosa porque só registra os fatos sensíveis e marcantes, que se podem fixar com nomes, lugares, datas. Mas as causas lentas e progressivas desses fatos, que não se podem apontar da mesma maneira, permanecem sempre desconhecidas. Encontramos muitas vezes em uma batalha ganha ou perdida a razão de uma revolução que, até mesmo antes dessa batalha, se tornara inevitável. A guerra nada mais faz além de manifestar acontecimentos já determinados por causas morais que os historiadores raramente sabem ver.

O espírito filosófico voltou para esse lado as reflexões de diversos escritores de nosso século; mas duvido que a verdade tenha se beneficiado com esse trabalho. O furor dos sistemas se apossou de todos eles, e, por isso, ninguém procura ver as coisas como são, mas como se adaptam a seu sistema.

Acrescentai a todas essas reflexões que a história mostra muito mais as ações do que os homens, porque estes, ela só vê em certos momentos escolhidos, com suas vestimentas de gala. Ela só apresenta o homem público que se arranjou para ser visto: não o acompanha até sua casa, em seu gabinete, em sua família, em meio a seus amigos. Só o pinta quando ele representa: é muito mais sua vestimenta do que sua pessoa que ela retrata.

Preferiria a leitura das vidas particulares para dar início ao estudo do coração humano; pois então, por mais que o homem se retire, o historiador o segue por toda parte. Não lhe dá nenhum momento de descanso, não lhe deixa nenhum recanto para evitar o olhar penetrante do espectador; e, quando um acredita se esconder melhor, é que o outro torna-o mais bem conhecido. "Aqueles", diz Montaigne, "que escrevem as vidas na medida em que se divertem mais com os conselhos do que com os acontecimentos, mais com o que parte de dentro do que com o que chega de fora, são os que mais me convêm: eis porque, sob todos os aspectos, meu homem é Plutarco."[12]

---

12 Montaigne, *Ensaios*, II, 10. (N. T.)

É verdade que o gênio dos homens reunidos ou dos povos é muito diferente do caráter do homem em particular, e que seria conhecer muito imperfeitamente o coração humano não o examinando também na multidão. Mas não é menos verdade que é preciso começar por estudar o homem para julgar os homens, e que quem conhecesse perfeitamente as inclinações de cada indivíduo poderia prever todos os seus efeitos combinados no corpo do povo.

Ainda aqui é preciso mais uma vez recorrer aos antigos por razões que já disse e, ademais, porque, pelo fato de todos os pormenores familiares e baixos, mas verdadeiros e característicos, terem sido banidos do estilo moderno, os homens ficam tão adornados por nossos autores em suas vidas particulares quanto na cena do mundo. A decência, não menos severa nos escritos do que nas ações, não permite mais dizer em público o que permite fazer e, como só se pode mostrar os homens representando sempre, não os conhecemos mais em nossos livros do que em nossos teatros. Por mais que façamos e refaçamos cem vezes a vida dos reis, não teremos mais Suetônios.[13]

Plutarco é excelente por esses mesmos pormenores sobre os quais não ousamos mais falar. Tem uma graça inimitável para pintar os grandes homens em suas pequenas coisas; e é tão feliz na escolha dos traços que muitas vezes lhe basta uma palavra, um sorriso, um gesto, para caracterizar seu herói. Com uma palavra divertida, Aníbal tranquiliza seu exército aterrorizado e o faz marchar rindo para a batalha que lhe entregou a Itália; Agesilau, em um cavalo de brinquedo, fez-me gostar do vencedor do grande rei; César, atravessando uma pobre aldeia e conversando com seus amigos, expõe, sem se dar conta disso, o velhaco que dizia só querer ser o igual de Pompeu; Alexandre engole um remédio e não diz uma só palavra: é o mais belo momento de sua vida; Aristides escreve seu nome em uma concha e justifica assim seu apelido; Filofemo, tirando o manto, racha lenha na cozinha de seu anfitrião. Eis a verdadeira arte de retratar. A fisionomia não se mostra nos grandes traços nem o

---

13 Só um de nossos historiadores, que imitou a maneira de Tácito, ousou imitar Suetônio e, algumas vezes, transcrever Comines entre os pequenos; e exatamente isso, que dá maior valor a seu livro, levou-o a ser criticado por nós.*

* O historiador em questão é Charles Duclos (1704-1772). Philippe de Commines (1447-1511), nascido em Flandres, foi diplomata e historiador. (N. T.)

Livro IV

caráter nas grandes ações; é nas bagatelas que o natural se descobre. As coisas públicas ou são demasiado comuns ou demasiado arrumadas, e é quase unicamente nelas que a dignidade moderna permite a nossos autores se deterem.

Um dos grandes homens do século passado foi seguramente o sr. de Turenne. Tiveram a coragem de tornar sua vida interessante por minúcias que nos fazem conhecê-lo e amá-lo; mas quantas se esforçaram para suprimir, que o teriam feito ainda mais conhecido e amado! Citarei apenas uma delas que tenho de boa fonte e que Plutarco não teria omitido, mas que Ramsai não o teria escrito se soubesse.

Em um dia de verão muito quente, o visconde de Turenne, com uma vestezinha branca e boné, achava-se à janela de sua antecâmara. Um de seus empregados surgiu e, enganado pelas vestimentas, achou que fosse um auxiliar de cozinha com quem tinha familiaridade. Aproxima-se devagar por trás e, com a mão, que não era leve, aplica-lhe uma palmada nas nádegas. O homem vira-se no mesmo instante e o empregado vê, tremendo, o rosto de seu senhor. Lança-se de joelhos, desesperado: "Monsenhor, pensei que fosse George. — E ainda que fosse George", observou Turenne esfregando o traseiro, "não precisava ter batido com tanta força". Eis o que não ousais dizer, miseráveis? Continuai, pois, sem índole, sem entranhas; temperai e enrijecei vossos corações de ferro em vossa vil decência; tornai-vos desprezíveis por tanta dignidade. Mas tu, bom rapaz, que lês esse traço e que sentes com ternura toda a doçura de alma que mostra, mesmo no primeiro movimento, lê também as pequenezas desse grande homem quando se tratava de seu nascimento ou de seu nome. Pensa que é o mesmo Turenne que fazia questão de ceder sempre o lugar a seu sobrinho, a fim de que se visse bem que essa criança era chefe de uma casa soberana. Aproxima esses contrastes, ama a natureza, despreza a opinião e conhece o homem.

Há poucas pessoas em condições de conceber os efeitos que leituras assim dirigidas podem operar sobre o espírito tão novo de um jovem. Debruçados sobre livros desde nossa infância e acostumados a ler sem pensar, o que lemos nos impressiona ainda menos, já que carregando em nós mesmos as paixões e os preconceitos que enchem a história e as vidas dos homens, tudo o que fazem nos parece natural, pois estamos fora da natureza e julgamos os outros por nós. Mas que se represente um jovem educado segundo minhas máximas, que se figure meu Emílio, ao qual dezoito anos de cuidados assíduos só tiveram em vista conservar um juízo íntegro e um coração sadio. Que seja figurado ao erguerem-se as cortinas, lançando pela primeira vez os olhos sobre a cena do mundo, ou melhor, disposto atrás do teatro, vendo os atores pegar e largar suas roupas e contando as cordas e as polias cuja magia grosseira ilude os olhos dos espectadores: logo após sua primeira surpresa, sucederão movimentos de vergonha e de desdém por sua espécie; indignar-se-á por ver assim todo o gênero humano enganando-se a si mesmo e aviltando-se com esses jogos infantis; afligir-se-á por ver seus irmãos estraçalharem-se uns aos outros por sonhos, transformarem-se em animais ferozes por não terem sido capazes de se contentar com serem homens.

Certamente, com as disposições naturais do aluno, por pouco que o mestre introduza prudência e critério em suas leituras, por pouco que o oriente no caminho das reflexões que delas deve tirar, esse exercício será para ele um curso de filosofia prática, seguramente melhor e mais bem compreendido do que todas as vãs especulações com que perturbam o espírito dos rapazes nas escolas. Quando, depois de ter acompanhado os projetos romanescos de Pirro, Cinéas lhe pergunta que bem real lhe trará a conquista do mundo que possa gozar no presente sem tantos tormentos, vemos aí apenas uma boa pergunta que se esquece. Mas Emílio verá uma reflexão muito sábia, que ele teria sido o primeiro a fazer e que jamais se apagará em seu espírito, porque nele ela não encontra nenhum preconceito contrário que possa impedir a impressão. Quando em seguida, lendo a vida desse insensato, souber que todos os seus grandes desígnios culminaram em se deixar matar pela mão de uma mulher, ao invés de admirar o pretenso heroísmo, verá ele em todos os feitos de um tão grande capitão, em todas as intrigas de um tão grande político, apenas a receita para ir buscar uma maldita telha que devia acabar com sua vida e seus projetos mediante uma morte desonrosa?

Nem todos os conquistadores foram assassinados, nem todos os usurpadores fracassaram em suas empresas, vários parecerão felizes aos espíritos insuflados por opiniões vulgares. Mas aquele que, sem se deter nas aparências, só julga a felicidade dos homens pelo estado de seus corações, verá suas misérias em seus próprios êxitos; verá seus desejos e suas preocupações perturbadoras ampliarem-se e multiplicarem-se com sua fortuna; verá que perdem fôlego ao avançarem, sem nunca chegarem a seus termos, semelhantes àqueles viajantes inexperientes que, penetrando pela primeira vez nos Alpes, pensam tê-los atravessado a cada montanha, e alcançando o cume, descobrem com desânimo montanhas ainda mais altas à sua frente.

Augusto, depois de ter submetido seus concidadãos e destruído seus rivais, reinou durante quarenta anos sobre o maior império que já existiu. No entanto, todo esse imenso poder o impedia de bater com a cabeça nos muros e de encher seu vasto palácio com seus gritos, reivindicando a Varus suas legiões exterminadas? Ainda que tivesse vencido todos os seus inimigos, de que lhe teriam valido seus vãos triunfos enquanto sofrimentos de toda espécie nasciam sem cessar ao seu redor, enquanto seus mais caros inimigos atentavam contra sua vida, estando ele reduzido a chorar a vergonha ou a morte de todos os seus próximos? O infeliz quis governar o mundo e não soube governar sua casa! Que decorreu dessa negligência? Viu perecerem na flor da idade seu sobrinho, seu filho adotivo e seu genro; seu neto foi obrigado a comer o estofo do colchão para prolongar em algumas horas sua miserável vida; sua filha e sua neta, depois de o terem coberto de infâmia, morreram, uma de miséria e de fome em uma ilha deserta, outra na prisão pela mão de um arqueiro. Ele próprio enfim, último remanescente de sua infeliz família, se viu forçado por sua própria mulher a deixar junto de si um monstro para suceder-lhe. Tal foi a sorte desse senhor do mundo tão celebrado por sua glória e sua felicidade. Poderei acreditar que algum dos que o admiram quisesse adquiri-las pelo mesmo preço?

Tomei a ambição como exemplo, mas o jogo de todas as paixões humanas oferece lições semelhantes a quem quer estudar a história para conhecer-se e tornar-se sábio à custa dos mortos. Aproxima-se a hora em que a vida de Antônio[14] dará ao jovem uma instrução mais útil do que a de Augusto. Emílio mal se reconhecerá nos estranhos objetos que impressionarão seus olhos

---

14 Referência ao imperador Marco Antônio (83-30 a.C.), acusado de traição pelo Senado romano. (N. T.)

durante seus novos estudos. Porém, saberá de antemão afastar a ilusão das paixões antes que nasçam; e, vendo que em todos os tempos elas cegaram os homens, estará prevenido da maneira pela qual elas poderão, por sua vez, cegá-lo, sem jamais se entregar a elas.[15] Essas lições, bem o sei, não são muito adequadas a ele. Talvez sejam tardias e insuficientes, mas lembrai de que não são as que desejei tirar deste estudo. De início, eu me propunha um outro objetivo; e seguramente, se tal objetivo não foi alcançado, a culpa será do mestre.

Pensai que tão logo o amor-próprio esteja desenvolvido, o *eu* relativo se põe em jogo incessantemente, e que nunca o jovem observa os outros sem se voltar para si mesmo e comparar-se a eles. Trata-se, portanto, de saber em que posição se porá entre seus semelhantes depois de os haver examinado. Vejo, pela maneira como fazem os jovens ler a história, que os transformam, por assim dizer, em todos os personagens que veem, que se esforçam para que se tornem ora Cícero, ora Trajano, ora Alexandre; e para desencorajá-los a entrar em si mesmos, a fim de fazer cada qual lamentar ser apenas ele próprio. Tal método tem certas vantagens que não nego; mas, quanto a meu Emílio, se lhe acontecer uma única vez, nesses paralelos, preferir ser um outro em vez dele mesmo, ainda que esse outro seja Sócrates ou Catão, tudo estará perdido. Quem começa por tornar-se estranho a si mesmo não demora a esquecer-se por completo de si mesmo.

Não são os filósofos que melhor conhecem os homens; eles só os veem através dos preconceitos da filosofia; e não conheço nenhuma condição que tenha mais preconceitos. Um selvagem julga-nos mais sadiamente do que um filósofo. Este sente seus vícios, indigna-se com os nossos, e diz: somos todos maus. O outro olha-nos sem se comover e diz: sois loucos. Ele tem razão, pois ninguém faz o mal pelo mal. Meu aluno é esse selvagem, com a diferença de que, tendo refletido mais, comparado mais ideias, visto nossos erros mais de perto, mantém-se mais precavido contra si mesmo e julga apenas o que conhece.

---

15 É sempre o preconceito que fomenta em nossos corações a impetuosidade das paixões. Aquele que só vê o que é, e só estima o que conhece, quase não se apaixona. Os erros de nossos juízos produzem o ardor de todos os nossos desejos.

São nossas paixões que nos irritam contra as dos outros. É nosso interesse que nos faz odiar os maus; se não nos fizessem nenhum mal, teríamos por eles mais piedade do que ódio. O mal que os maus nos fazem leva-nos a esquecer o mal que fazem a si mesmos. Perdoaríamos mais facilmente seus vícios se pudéssemos conhecer o quanto seu próprio coração os pune. Sentimos a ofensa e não vemos o castigo; as vantagens são aparentes, o sofrimento é interior. Quem acredita gozar o fruto de seus vícios não é menos atormentado do que se não o conseguisse; o objeto mudou, a inquietação é a mesma; por mais que mostrem sua fortuna e escondam seu coração, sua conduta o mostra, apesar deles mesmos; mas para vê-lo é preciso não ter um coração semelhante.

As paixões que partilhamos nos seduzem; as que chocam nossos interesses nos revoltam, e, por uma inconsequência que nos vem delas, censuramos nos outros o que gostaríamos de imitar. A aversão e a ilusão são inevitáveis quando se é obrigado a sofrer por parte de outrem o mal que faríamos se estivéssemos em seu lugar.

O que seria preciso então para bem observar os homens? Um grande interesse em conhecê-los, uma grande imparcialidade para julgá-los, um coração bastante sensível para conceber todas as paixões humanas e bastante calmo para não as experimentar. Se existe na vida um momento favorável a esse estudo, é este que escolhi para Emílio: mais cedo, eles lhes teriam sido estranhos, e mais tarde, ele teria sido semelhante a eles. A opinião, de que percebe o jogo, ainda não adquiriu domínio sobre ele; as paixões, cujos efeitos sente, ainda não agitaram seu coração. Ele é homem, interessa-se por seus irmãos; é equânime, julga seus pares. Ora, se os julga bem, seguramente não desejará estar no lugar de nenhum deles, pois o alvo de todos os tormentos que os acometem, estando fundados em preconceitos que não possui, parece-lhe um alvo fugidio. Para ele, tudo que deseja está ao seu alcance. De quem dependeria, bastando-se a si mesmo e sendo livre de preconceitos? Tem braços, saúde,[16] moderação, necessidades poucas

---

16 Creio poder ousadamente contar a saúde e a boa constituição entre as vantagens adquiridas por sua educação, ou antes, entre os dons da natureza que sua educação conservou.

e com meios para satisfazê-las. Educado dentro da mais absoluta liberdade, o maior mal que concebe é a servidão. Lamenta-se dos miseráveis reis, escravos de tudo que lhes obedece; lamenta-se dos falsos sábios acorrentados à sua vã reputação; lamenta-se dos ricos tolos, mártires de seu fasto; lamenta-se dos voluptuosos exibidos que entregam por completo sua vida ao tédio para parecerem sentir prazer. Lamentar-se-ia até do inimigo que fizesse mal a si mesmo, porquanto veria a miséria em suas maldades. Refletiria: ao se dar o trabalho de me prejudicar, esse homem fez que sua sorte dependesse da minha.

Mais um passo e alcançaremos nosso objetivo. O amor-próprio é um instrumento útil, mas perigoso; muitas vezes fere a mão que dele se serve, e raramente faz o bem sem o mal. Emílio, considerando sua posição na espécie humana e vendo-se tão felizmente disposto, será tentado a honrar sua razão como se fosse obra da vossa, e atribuir ao seu mérito o efeito de sua felicidade. Refletirá: sou sábio e os homens são loucos. Lamentando-se deles, desprezá-los-á; felicitando-se, estimar-se-á ainda mais; e, sentindo-se mais feliz do que eles, acreditar-se-á mais digno de sê-lo. Eis o erro a ser mais temido, porque é o mais difícil de destruir. Se permanecesse nesse estado, pouco teria ganho com todos os nossos cuidados; e se eu precisasse optar, não sei se não preferiria a ilusão dos preconceitos em vez da do orgulho.

Os grandes homens não se enganam quanto à sua superioridade; eles a veem, sentem-na, e nem por isso são menos modestos. Quanto mais têm, mais conhecem tudo que lhes falta. São menos vaidosos por sua elevação sobre nós do que humilhados pelo sentimento de sua miséria; e, com os bens exclusivos que possuem, são demasiado sensatos para se envaidecerem com um dom que nada fizeram para receber. O homem de bem pode orgulhar-se de sua virtude porque ela é dele. Mas de que pode ter orgulho o homem de espírito? Que fez Racine para não ser Pradon? Que fez Boileau para não ser Cotin?[17]

---

17 Nicolas Pradon (1632-1698) e Charles Cotin (1604-1681), autores de obras que, por consenso, foram consideradas ruins. (N. T.)

Trata-se aqui, mais uma vez, de algo totalmente diferente. Permaneçamos sempre na ordem comum. Não supus em meu aluno nem um gênio transcendente nem um entendimento obtuso. Escolhi-o entre os espíritos vulgares para mostrar o que pode a educação sobre o homem. Todos os casos raros estão fora das regras. Quando, portanto, em consequência de meus cuidados, Emílio prefere sua maneira de ser, de ver, de sentir, à dos outros homens, Emílio tem razão. Mas quando acredita possuir uma natureza mais excelente e ser mais bem-nascido do que eles, Emílio erra: engana-se; é preciso tirá-lo do engano, ou antes, prevenir o erro, antes que seja tarde demais para destruí-lo.

Não há loucura que não possa ser curada em um homem que não é louco, à exceção da vaidade. Quanto a esta, nada senão a experiência a corrige, se é que alguma coisa pode corrigi-la; em seu nascimento pode-se, ao menos, impedi-la de crescer. Não vos percais em belos raciocínios para provar ao adolescente que ele é homem como os outros e sujeito às mesmas fraquezas. Fazei que sinta isso, ou jamais ele o saberá. É este mais um caso de exceção às minhas próprias regras; é o caso de expor voluntariamente meu aluno a todos os acidentes que podem provar-lhe que não é mais sábio do que nós. A aventura do saltimbanco ser-lhe-ia repetida de mil maneiras, eu deixaria que os aduladores o assediassem de todas as maneiras. Se alguns aturdidos o arrastassem para alguma extravagância, eu deixaria que corresse perigo; se trapaceiros o explorassem no jogo, eu deixaria que o fizessem de otário.[18] Deixaria que fosse incensado, depenado e roubado por eles; e quando,

---

18 De resto, nosso aluno raramente cairá nessa armadilha, ele que é cercado por tantos divertimentos, ele que nunca se aborreceu na vida, e que mal sabe para que serve o dinheiro. Sendo o interesse e a vaidade os dois móbiles com que conduzimos as crianças, são também os de que se valem as cortesãs e os escroques para tomar conta delas mais tarde. Quando vedes excitarem sua avidez com prêmios e recompensas, quando vedes aplaudi-las aos 10 anos em um ato público no colégio, já sabe como farão para que, aos 20 anos, deixem a bolsa em um carteado e a saúde em um mau lugar. Sempre se deve apostar que o mais esperto da classe se tornará o mais jogador e o mais libertino. Ora, os meios que não se usaram na infância não têm o mesmo perigo na juventude. Mas se deve aqui lembrar que minha máxima constante é de antecipar sempre o pior. Procuro primeiramente prevenir o vício; suponho-o, depois, a fim de remediá-lo.

Emílio ou *Da educação*

tendo-o deixado sem nada, acabassem zombando dele, eu os agradeceria, ainda na presença dele, pela lição que bem quiseram lhe dar. As únicas armadilhas contra as quais eu o protegeria com cuidado seriam as das cortesãs. O único cuidado que eu teria com ele seria o de partilhar todos os perigos que o deixasse enfrentar e todas as afrontas que lhe deixasse receber. Suportaria tudo em silêncio, sem queixa, sem censura, sem nunca lhe dizer uma só palavra, e podeis estar certos de que, com essa discrição constante, tudo o que ele vir que sofri por ele fará mais impressão em seu coração do que o que terá sofrido ele próprio.

Não posso impedir-me de apontar aqui a falsa dignidade dos governantes que, para se passarem tolamente por sábios, rebaixam seus alunos, insistem em tratá-los sempre como crianças e em buscar distinguir-se sempre deles em tudo o que os mandam fazer. Longe de diminuir assim suas jovens coragens, nada poupeis para elevar-lhes a alma. Fazei deles vossos iguais a fim de que se tornem iguais; e se eles não puderem ainda erguer-se até vós, descei a eles sem vergonha, sem escrúpulo. Pensai em que vossa honra não está mais em vós, mas em vosso aluno; compartilhai seus erros para corrigi-los; tomai para si sua vergonha para apagá-la; imitai esse bravo romano que, vendo seu exército fugir e não podendo detê-lo, pôs-se a fugir à frente de seus soldados gritando: "Não estão fugindo, seguem seu capitão". Ficou ele desonrado por isso? Pouco importa: sacrificando assim sua glória, aumentou-a. Mesmo contra nossa vontade, a força do dever e a beleza da virtude conquistam nossos sufrágios e subvertem nossos preconceitos insensatos. Se eu recebesse um tapa desempenhando minhas funções junto a Emílio, longe de me vingar desse tapa, iria vangloriar-me por toda parte; e duvido que houvesse no mundo um homem bastante vil[19] para não me respeitar ainda mais.

Não é que o aluno deva supor em seu mestre luzes tão limitadas quanto as suas próprias, nem a mesma facilidade em se deixar seduzir. Essa opinião é boa para uma criança que, não sabendo ver nada, nada comparar, põe todo mundo a seu alcance e só confia nos que de fato sabem assim se apresentar.

---

19 Enganava-me, descobri um: sr. Formey.

Mas um jovem da idade de Emílio, e tão sensato quanto ele, não é bastante tolo para se iludir assim, e não seria bom que o fosse. A confiança que deve ter em seu governante é de outra espécie: deve dizer respeito à autoridade da razão, à superioridade das luzes, às vantagens que o jovem está em condições de conhecer, das quais sente a utilidade para si. Uma longa experiência convenceu-o de que é amado por seu guia; de que esse guia é um homem sábio, esclarecido, que, querendo sua felicidade, sabe o que pode proporcioná-la. Ele deve saber que, para seu próprio interesse, convém escutar seus conselhos. Ora, se o mestre se deixasse enganar como o discípulo, perderia o direito de exigir sua deferência e de dar-lhe lições. Menos ainda deve o aluno supor que o mestre o deixa cair de propósito em armadilhas e arma emboscadas à sua simplicidade. Que é preciso fazer então para evitar a uma só vez esses dois inconvenientes? O que há de melhor e de mais natural: ser simples e verdadeiro como ele; adverti-lo dos perigos a que se expõe; mostrá-los claramente, de forma sensível, mas sem exagero, sem mau humor, sem ostentação pedantesca, e sobretudo, sem lhe dar vossos conselhos como ordens, até que assim se tenham tornado e até que o tom imperativo seja absolutamente necessário. Obstina-se ele depois disso, como o fará muitas vezes? E não digais mais nada. Deixai-o em liberdade, acompanhai-o, imitai-o, tudo alegremente, francamente; entregai-vos, diverti-vos tanto quanto ele, se possível. Se as consequências se tornam demasiado fortes, estais sempre por perto para contê-las; e, no entanto, quando esse rapaz, testemunha de vossa previdência e de vossa complacência, ficará a um tempo impressionado com uma coisa e comovido com a outra! Todos os seus erros são outros tantos laços que ele vos fornece para freá-lo quando preciso. Ora, a maior arte do mestre consiste aqui em provocar as ocasiões e dirigir as exortações de maneira que ele saiba de antemão quando o jovem cederá e quando se obstinará, a fim de cercá-lo por todos os lados com as lições da experiência, sem nunca o expor a perigos grandes demais.

Adverti-o de seus erros antes que ele os cometa: quando tiver cometido, não o reproveis; isso só serviria para inflamar e revoltar seu amor-próprio. Uma lição que revolta não é proveitosa. Não conheço nada de mais inepto do que esta frase: "Bem que eu vos disse". O melhor meio de fazer que se lembre do que lhe foi dito é parecer esquecê-lo. Ao contrário, quando o virdes envergonhado por não ter acreditado em vós, apagai docemente essa humilhação com boas palavras. Ele se afeiçoará seguramente a vós ao ver que lembrais dele antes do que de vós mesmo, e que, em vez de acabar de esmagá-lo, vós o consolais. Mas se à sua tristeza acrescentais censuras, ele vos odiará e fará questão de não mais vos ouvir, como que para vos provar que não pensa como vós acerca da importância de vossos conselhos.

Vosso consolo pode ainda servir para ele como uma instrução tanto mais útil quanto menos ele desconfiar dela. Dizendo-lhe, como suponho, que mil outros cometem as mesmas faltas, vós o deixais na condição de devedor: vós o corrigis parecendo ter pena dele; pois, para quem acredita valer mais do que os outros homens, é uma desculpa terrível consolar-se com o exemplo alheio; é conceber que o máximo a que pode pretender é que os outros não valem mais do que ele próprio.

O tempo dos erros é o das fábulas. Censurando o culpado sob uma máscara alheia, instruímo-lo sem o ofender; e ele compreende então, pela verdade que aplica a si mesmo, que o apólogo não é uma mentira. A criança, que nunca se enganou com adulações, nada entende da fábula que examinei anteriormente, mas o aturdido que fora vítima de um adulador concebe no mesmo instante que o corvo era apenas um tolo. Assim, de um fato ele tira uma máxima; e a experiência, que teria logo esquecido, grava-se, por meio da fábula, em seu juízo. Não há conhecimento moral que não se possa adquirir pela experiência de outrem ou pela própria. No caso em que a experiência é perigosa, em vez de nós mesmos a realizarmos, tiramos sua lição da história. Quando a provação não tem consequências, é bom que o jovem fique exposto a ela; depois, por meio do apólogo, redigimos em máximas os casos particulares que lhe são conhecidos.

Não penso, entretanto, que tais máximas devam ser desenvolvidas, e nem mesmo enunciadas. Nada é tão vão e tão mal compreendido quanto a moral com que se termina a maioria das fábulas; como se essa moral não estivesse ou não devesse estar exposta na própria fábula, de modo a torná-la perceptível ao leitor! Por quê, então, acrescentando essa moral no fim, tirar-lhe o prazer de encontrá-la por si mesmo? O talento de instruir está em fazer que

Livro IV

o discípulo tenha prazer na instrução. Ora, para que tenha prazer, é preciso que seu espírito não permaneça tão passivo a tudo o que lhe disserdes, que não fique sem absolutamente nada a fazer para vos entender. É preciso que o amor-próprio do mestre deixe sempre algo para o dele apreender. É preciso que ele possa dizer: concebo, percebo, ajo, instruo-me. Uma das coisas que tornam aborrecido o Pantalão da comédia italiana[20] é o cuidado que tem de interpretar, para a plateia, as trivialidades que já são demasiado conhecidas. Não quero que um governante seja um Pantalão, menos ainda um autor. É preciso fazer-se entender sempre, mas nem sempre dizer tudo: quem diz tudo diz pouca coisa, pois, ao fim, ninguém mais o ouve. Que significam os quatro versos que La Fontaine acrescenta à fábula da rã que se incha? Tem medo de que não compreendam? Tem esse grande pintor necessidade de escrever os nomes embaixo dos objetos que pinta? Longe de generalizar assim sua moral, ele a particulariza, restringe-a, de certa maneira, aos exemplos citados, e impede que a apliquem a outros. Gostaria que, antes de se entregar as fábulas desse autor inimitável às mãos de um jovem, fossem retiradas todas essas conclusões com as quais ele tem o trabalho de explicar o que acaba de dizer de modo tão claro quanto agradável. Se vosso aluno só entende a fábula com ajuda da explicação, podeis estar certo de que não a entenderá nem mesmo assim.

Seria importante também dar a essas fábulas uma ordem mais didática e mais conforme aos progressos dos sentimentos e das luzes do jovem adolescente. Seria concebível algo menos razoável do que seguir exatamente a ordem numérica do livro, sem atentar para a necessidade nem para a ocasião? Primeiro o corvo, depois a cigarra,[21] depois a rã, depois os dois burros etc. Nunca me esqueço dos dois burros porque me lembro de ter visto um menino educado para as finanças, e que atormentavam com o emprego que teria, ler essa fábula, aprendê-la, contá-la e recontá-la uma centena de vezes, sem nunca tirar dela nenhuma objeção à profissão à qual estava destinado.

---

20 *Pantalon*, ou *Pantalone* em italiano, é um personagem da *commedia dell'arte* cujos traços principais são: ser rico e estar sempre enganado. Seu nome também se refere ao fato de usar um calção. (N. T.)

21 Cabe ainda aplicar aqui a correção do sr. Formey. É a cigarra, depois o corvo etc.

Não somente nunca vi crianças fazerem qualquer aplicação das fábulas que aprendiam, como nunca vi ninguém se preocupar em fazê-las empenharem-se na aplicação. O pretexto desse estudo é a instrução moral; mas o verdadeiro objetivo da mãe e da criança é apenas o de fazer que esta seja admirada por todos enquanto recita suas fábulas. Assim, ela as esquece todas ao crescer, quando não se trata mais de recitá-las, mas de tirar proveito delas. Novamente, só cabe aos homens instruírem-se com fábulas; e eis agora, para Emílio, o momento de começar.

Tampouco eu quero dizer tudo. Por isso, mostro de longe os caminhos que se afastam do bom a fim de que aprendam a evitá-los. Acredito que seguindo o que indiquei, vosso aluno adquirirá o conhecimento dos homens e de si mesmo ao menor custo possível; que o poreis em condições de contemplar os jogos da fortuna sem invejar a sorte de seus favoritos, e estar contente consigo mesmo sem acreditar ser mais sábio do que os outros. Também começastes por fazê-lo ator para torná-lo espectador. É preciso terminar, pois da plateia vemos os objetos tais como parecem, mas do palco vemo-los tais como são. Para abarcar o todo, é preciso situar-se no ponto de vista certo; é preciso aproximar-se para ver os detalhes. Mas com que título um jovem entrará nos negócios do mundo? Que direito tem ele de ser iniciado nesses mistérios tenebrosos? Intrigas de prazer limitam os interesses de sua idade. Ele ainda só dispõe de si mesmo; é como se não dispusesse de nada. O homem é a mercadoria mais vil e, entre nossos importantes direitos de propriedade, o da pessoa é sempre o menor de todos.

Quando vejo que na idade da maior atividade os jovens são limitados a estudos puramente especulativos, e que depois, sem a menor experiência, eles de repente são lançados no mundo e nos negócios, acho que não se choca menos a razão do que a natureza, e não fico mais surpreso que tão pouca gente saiba conduzir-se. Que tipo bizarro de mentalidade almejam quando nos ensinam tantas coisas inúteis, enquanto a arte de agir é desprezada? Pretendem nos formar para a sociedade e instruem-nos como se cada um de nós devesse passar a vida a pensar sozinho em sua cela ou a tratar de assuntos vagos com indiferentes. Acreditais ensinar vossos filhos a viver ensinando-lhes certas contorções do corpo e certas fórmulas de palavras que nada significam. Eu também ensinei meu Emílio a viver, porque o ensinei a viver consigo mesmo e, além disso, a saber ganhar seu pão. Mas isso não basta. Para viver no mundo é preciso saber lidar com os homens, é preciso conhecer os instrumentos que influem sobre eles; é preciso calcular a ação e a reação do interesse particular na sociedade civil e prever com tanta justeza os acontecimentos a ponto de raramente nos enganarmos em nossos empreendimentos, ou, ao menos, que tenhamos adotado os melhores meios para termos êxito. As leis não permitem que os jovens realizem seus próprios negócios e que disponham de seus próprios bens. Mas de que serviriam tais precauções se até a idade prescrita eles não pudessem adquirir nenhuma experiência? Nada teriam ganhado com esperar, e seriam tão ingênuos aos 25 anos quanto aos 15. Sem dúvida é preciso impedir que um jovem ofuscado por sua ignorância, ou enganado por suas paixões, faça mal a si mesmo; mas em qualquer idade é permitido ser benfazejo, em qualquer idade pode-se proteger, sob a orientação de um homem sábio, os infelizes que só necessitam de apoio.

As amas, as mães apegam-se às crianças pelos cuidados que lhes prestam. O exercício das virtudes sociais leva ao fundo dos corações o amor à humanidade: é praticando o bem que nos tornamos bons; não conheço nenhuma prática mais segura. Ocupai vosso aluno com todas as boas ações a seu alcance; que o interesse dos indigentes seja sempre o dele; que não os ajude apenas com sua bolsa, mas também com seus cuidados; que os sirva, que os proteja, que lhes consagre sua pessoa e seu tempo; que faça de si mesmo o homem de negócios deles; nunca terá melhor emprego em sua vida. Quantos oprimidos que ninguém nunca teria ouvido obterão justiça quando ele a pedir para eles com a intrépida firmeza que nasce do exercício da virtude! Quando ele forçar as portas dos grandes e dos ricos, quando for, se preciso, até o pé do trono fazer que se ouça a voz dos desafortunados, a quem todas as vias são fechadas devido à miséria deles, e a quem o temor da punição pelos males que lhes fazem impede até de ousarem se queixar!

Mas faremos de Emílio um cavaleiro errante, um reparador de erros, um paladino? Irá ele meter-se nos negócios públicos, fazer-se o sábio e o defensor das leis junto aos grandes, aos magistrados, ao príncipe, fazer-se procurador junto aos juízes e advogado nos tribunais? Disso nada sei. Os nomes divertidos e ridículos nada mudam na natureza das coisas. Ele fará tudo que sabe ser útil e bom. Não fará nada de mais, e sabe que nada é útil e bom para ele se não convém à sua idade. Sabe que seu primeiro dever é para consigo mesmo; que os jovens devem desconfiar de si mesmos, ser circunspectos em sua conduta, respeitosos para com as pessoas mais idosas, reservados e discretos ao falarem assuntos quaisquer, modestos nas coisas indiferentes, mas ousados na prática do bem e corajosos para dizer a verdade. Assim eram esses ilustres romanos que, antes de serem admitidos em seus cargos, passavam a juventude perseguindo o crime e defendendo a inocência, sem outro interesse senão o de instruírem-se servindo a justiça e protegendo os bons costumes.

Emílio não gosta nem de barulho nem de querelas, não somente entre os homens,[22] mas até mesmo entre os animais. Nunca incitou dois cães a brigarem, nunca fez um cão perseguir um gato. Esse espírito pacífico é fruto de sua educação que, não tendo fomentado o amor-próprio e a alta opinião acerca de si mesmo, evitou que buscasse seus prazeres na dominação

---

22 Mas, se buscam briga com ele, como se comportará? Respondo que nunca haverá briga, que nunca se prestará o bastante para isso para provocá-las. Mas enfim, acrescentarão, quem está a salvo de um desafio ou de uma injúria da parte de um bruto, de um bêbado ou de um valentão que, para ter o prazer de matar um homem, começa por desonrá-lo? Isso é outra coisa: não é preciso que a honra ou a vida dos cidadãos esteja à mercê de um bruto, de um bêbado ou de um valentão; e não se pode mais preservar-se de semelhante acidente do que da queda de uma telha. Um desafio ou uma injúria recebidos têm efeitos civis que nenhuma sabedoria pode prevenir, e nenhum tribunal pode vingar o ofendido. A insuficiência das leis devolve-lhe, portanto, a esse respeito, sua independência; é ele então o único magistrado, o único juiz entre ele e o ofensor; é o único intérprete e ministro da lei natural. Deve justiça a si mesmo e só ele pode promovê-la, e não há sobre a terra nenhum governo tão insensato a ponto de puni-lo por tê-la feito em caso semelhante. Não digo que deva sair para brigar: é uma extravagância. Digo que deve justiça a si mesmo, e que é seu único dispensador. Sem tantos vãos éditos contra os duelos, se eu fosse soberano, digo que nunca haveria desafio nem injúria em meus Estados, e isso através de um meio muito simples de que os tribunais ficariam de fora. Seja como for, Emílio conhece, em casos semelhantes, a justiça que deve a si mesmo e o exemplo que deve à segurança das pessoas de honra. Não depende do homem mais decidido impedir que o insultem, mas depende dele impedir que se vangloriem durante muito tempo de tê-lo insultado.

dos outros e na infelicidade alheia. Ele sofre quando vê outros sofrerem; é um sentimento natural. O que torna duro um jovem e faz que tenha prazer em ver atormentarem um ser sensível é quando um ímpeto de vaidade o faz olhar-se como isento dos mesmos sofrimentos por sua sabedoria ou sua superioridade. Quem se preservou dessa mentalidade não poderia cair no vício que dela decorre. Emílio ama, pois, a paz. A imagem da felicidade agrada-lhe e, quando pode contribuir para produzi-la, é um meio a mais de compartilhá-la. Não supus que, ao ver infelizes, ele só tivesse por eles essa piedade estéril e cruel que se contenta com lamentar os males que pode curar. Sua beneficência ativa logo lhe dá luzes que ele não conseguiria adquirir com um coração mais duro, ou que teria adquirido muito mais tarde. Se vê reinar a discórdia entre seus camaradas, procura reconciliá-los; se vê aflitos, busca informar-se acerca de seus sofrimentos; se vê dois homens se odiarem, quer conhecer a causa de sua inimizade; se vê um oprimido gemer por causa de vexações do poderoso e do rico, busca saber que manobras cobrem tais vexações, e, no interesse que tem por todos os miseráveis, os meios de acabar com os males deles não lhe são nunca indiferentes. Que devemos fazer então para tirarmos proveito dessas disposições de maneira conveniente à sua idade? Regular seus cuidados e seus conhecimentos e empregar seu zelo para aumentá-los.

Não me canso de repetir: ponde todas as lições aos jovens em ações e não em discursos; que nada aprendam nos livros daquilo que a experiência possa lhes ensinar. Que projeto extravagante exercitá-los a falar sem que tenham o que dizer; pensar fazê-los sentir, nos bancos de um colégio, a energia da linguagem das paixões e toda a força da arte de persuadir, sem interesse em persuadir ninguém a nada! Todos os preceitos da retórica parecem apenas puro palavrório a quem não percebe o proveito que dela pode obter. Que importa a um estudante saber como Aníbal se arranjou para fazer que seus soldados atravessassem os Alpes? Se em lugar dessas magníficas arengas vós lhe dissésseis como deve fazer para levar seu diretor a dar-lhe folga, podeis ter certeza de que será mais atento a vossas regras.

Se eu quisesse ensinar retórica a um jovem cujas paixões todas já se estivessem desenvolvidas, eu incessantemente lhe apresentaria objetos próprios para agradar suas paixões, e examinaria com ele que linguagem deve ter com os outros homens, a fim de mobilizá-los a favorecer seus desejos. Mas meu Emílio não se encontra em situação tão vantajosa para a arte oratória; limitado quase que somente à necessidade física, precisa menos dos outros do que os outros dele; e nada tendo a lhes pedir para si mesmo, aquilo de que quer persuadi-los não lhe interessa o bastante a ponto de comovê-lo excessivamente. Segue-se daí que, em geral, ele deve ter uma linguagem simples e pouco figurada. Fala comumente em sentido próprio e apenas para ser entendido. É pouco sentencioso porque não prendeu a generalizar suas ideias: tem poucas imagens porque raramente se apaixona.

Isso, no entanto, não porque ele seja completamente fleumático e frio; nem sua idade, nem seus costumes, nem seus gostos o permitem. No fogo da adolescência, os espíritos vivificantes retidos e coobados[23] em seu sangue levam a seu jovem coração um calor que brilha em seus olhos, que se sente em seus discursos, que se vê em suas ações. Sua linguagem adquiriu acento e às vezes veemência. O nobre sentimento que o inspira dá-lhe força e elevação; tomado de terno amor pela humanidade, ao falar transmite os movimentos de sua alma; sua generosa franqueza tem algo que encanta mais do que a eloquência artificiosa dos outros; ou melhor, só ele é eloquente de verdade, porquanto lhe basta mostrar o que sente para comunicá-lo aos que o ouvem.

Quanto mais penso, mais acho que pondo assim a beneficência em ação e tirando de nossos bons ou maus sucessos reflexões sobre suas causas, há poucos conhecimentos úteis que não possamos cultivar no espírito de um jovem e que, com todo o verdadeiro saber que se pode aprender nos colégios, ele aprenderá, além disso, uma ciência ainda mais importante, que é a aplicação desse aprendizado nos usos da vida. Não é possível que, interessando-se tanto por seus semelhantes, não aprenda desde cedo a ponderar e apreciar suas ações, seus gostos, seus prazeres e a dar, em geral, um valor mais justo ao que pode ajudar ou prejudicar a felicidade dos homens do que aqueles que, não se interessando por ninguém, nunca fazem nada pelos

---

23 Quanto aos "espíritos", trata-se de fisiologia, como já notamos. Os humores coobados eram os fluidos destilados duas vezes. (N. T.)

outros. Os que não tratam de outra coisa a não ser seus próprios negócios apaixonam-se demais e não podem julgar sadiamente as coisas. Considerando tudo em relação a eles próprios e regulando as ideias do bem e do mal unicamente por seu interesse, enchem o espírito com mil preconceitos ridículos e, em tudo que lhes ameace a menor vantagem, veem logo a perturbação de todo o universo.

Estendamos o amor-próprio em direção aos outros seres e nós o transformaremos em virtude; não há coração humano em que essa virtude não tenha sua raiz. Quanto menos o objeto de nossos cuidados depender imediatamente de nós mesmos, menor é o temor quanto à ilusão do interesse particular. Quanto mais generalizamos esse interesse, mais ele se torna equitativo, e o amor ao gênero humano não é outra coisa em nós senão o amor à justiça. Se quisermos, portanto, que Emílio ame a verdade, se quisermos que ele a conheça, mantenhamo-lo, em seus negócios, sempre longe de si mesmo. Quanto mais seus cuidados forem consagrados à felicidade dos outros, mais serão esclarecidos e sábios, e menos ele se enganará acerca do bem e do mal; mas não admitamos nunca nele uma preferência cega, fundada unicamente em acepções de pessoas ou prevenções injustas. E por que ele prejudicaria um para servir o outro? Pouco lhe importa a quem cabe o maior quinhão da felicidade, contanto que concorra para a maior felicidade de todos. Aí está o primeiro interesse do sábio depois do interesse privado, pois cada qual é parte de sua espécie e não de outro indivíduo.

Para impedir que a piedade degenere em fraqueza, é preciso pois generalizá-la e estendê-la em direção a todo o gênero humano. Então, só nos entregamos a ela na medida em que está de acordo com a justiça, porque, de todas as virtudes, a justiça é a que mais concorre para o bem comum dos homens. Por razão e por amor a nós, é preciso ter piedade de nossa espécie mais ainda do que de nosso próximo; e é uma crueldade muito grande para com os homens a piedade pelos maus.

De resto, é preciso lembrar-se de que todos esses meios pelos quais projeto meu aluno para fora de si mesmo têm, contudo, uma relação direta com ele, posto que, não somente deles resulta um gozo interior, como também, tornando-o beneficente em favor dos outros, trabalho para sua própria instrução.

De início, dei os meios, e agora mostro o efeito deles. Que horizonte largo vejo abrir-se pouco a pouco em sua cabeça! Que sentimentos sublimes sufocam em seu coração o germe das pequenas paixões! Que nitidez de juízo e que justeza de razão vejo formar-se nele de suas tendências cultivadas, da experiência que concentra os anseios de uma alma grande no estreito limite dos possíveis, e faz que um homem superior aos outros, não podendo elevá-los à sua medida, saiba abaixar-se à deles! Os verdadeiros princípios do justo, os verdadeiros modelos do belo, todas as relações morais dos seres, todas as ideias da ordem gravam-se em seu entendimento. Ele vê o lugar de cada coisa e a causa que a afasta dali; ele vê aquilo que pode fazer o bem e aquilo que pode impedi-lo. Sem ter experimentado as paixões humanas, conhece suas ilusões e seu jogo.

Atraído pela força das coisas, avanço, mas sem me impor ao juízo dos leitores. Há muito eles me veem no país das quimeras; quanto a mim, vejo-os sempre no país dos preconceitos. Ao afastar-me com tanta força das opiniões vulgares, não deixo de tê-las presentes em meu espírito: examino-as, medito sobre elas, não para segui-las nem para fugir delas, mas para pesá-las na balança do raciocínio. Todas as vezes que este me força a afastar-me delas, instruído pela experiência, já tenho certeza de que eles não me imitarão: sei que, obstinando-se a imaginar apenas o que veem, tomarão o jovem que apresento como um ser imaginário e fantástico, porque difere daqueles com que o comparam. Sem pensarem que é preciso mesmo que ele seja diferente, porquanto, educado de modo bem dessemelhante, afetado de sentimentos totalmente contrários, instruído de maneira outra, seria muito mais surpreendente que se parecesse com eles em vez de ser como o suponho. Não é o homem do homem, é o homem da natureza. Seguramente deve ser bem estranho aos olhos deles.

Ao começar esta obra, nada supus que não pudesse ser observado por todos tanto quanto por mim, porque há um ponto, a saber, o nascimento do homem, de que todos partimos igualmente; porém, quanto mais avançamos, eu para cultivar a natureza e vós para depravá-la, mais nos distanciamos uns dos outros. Meu aluno com 6 anos pouco diferia dos vossos, os quais ainda não havíeis tido tempo para desfigurar. Agora eles nada mais têm de semelhante, e a idade de homem feito, de que ele se aproxima, deve mostrá-lo de forma absolutamente diferente, isso se meus cuidados não tiverem sido em vão. A quantidade de aprendizado talvez seja igual de uma parte e de outra, mas as coisas aprendidas não se assemelham. Vós vos espantais por, em um, encontrardes sentimentos sublimes que, nos outros, não existem nem em germe; mas considerai também que estes já são todos filósofos e teólogos, antes que Emílio saiba o que seja filosofia, ou até mesmo que tenha ouvido falar em Deus.

Se, pois, viessem me dizer: nada do que supondes existe; os jovens não são assim; eles têm tal ou tal paixão; fazem isso ou aquilo; é como se negassem que a pereira fosse uma árvore grande por só vermos pereiras anãs em nossos jardins.

Rogo a esses juízes tão dispostos à censura que considerem que aquilo que dizem eu conheço tão bem quanto eles, que provavelmente refleti sobre o assunto por mais tempo, e que, não tendo nenhum interesse em impor-lhes o que penso, tenho o direito de exigir que, ao menos, se deem o trabalho de procurar qual é meu engano. Que examinem bem a constituição do homem, que acompanhem os primeiros desenvolvimentos do coração em tal ou tal circunstância, a fim de verem quanto um indivíduo pode diferir de outro pela força da educação; que em seguida comparem minha educação aos efeitos que lhe atribuo; e que digam em que raciocinei mal. Nada terei a responder-lhes.

O que me torna mais afirmativo e, creio, mais desculpável de sê-lo, é que em lugar de me entregar ao espírito de sistema, concedo o mínimo possível ao raciocínio e só confio na observação. Não me baseio no que imaginei, mas no que vi. É verdade que não encerrei minhas experiências dentro dos muros de uma cidade nem em uma só ordem de pessoas. Mas, depois de ter comparado o maior número de posições e povos que pude ver em uma vida em que passei a observá-los, deixei de lado como artificial o que era de um povo e não de outro, de um estado e não de outro, e só encarei como incontestavelmente pertencente ao homem aquilo que era comum a todos, em qualquer idade, em qualquer posição e em qualquer nação.

Ora, se, de acordo com esse método, acompanhardes desde a infância um jovem que não receba forma particular e que dependa o menos possível da autoridade e da opinião de outrem, a quem pensais que se assemelhará mais:

a meu aluno ou aos vossos? Eis, parece-me, a questão que é preciso resolver para saber se me perdi.

Não é fácil para o homem começar a pensar, mas logo que começa, não para mais. Quem quer tenha pensado, pensará sempre, e o entendimento, uma vez exercitado na reflexão, não poderá mais permanecer em repouso. Poder-se-ia, nisso, acreditar que exagero para mais ou para menos, que o espírito humano não é, por natureza, tão pronto para se abrir, e que, depois de lhe ter dado facilidades que não possui, mantenho-o por muito tempo inscrito em um círculo de ideias que ele deve ter ultrapassado.

Mas considerai primeiramente que, querendo formar um homem da natureza, não se trata por isso de fazer dele um selvagem e de relegá-lo ao fundo dos bosques, mas que, envolvido no turbilhão social, basta que não se deixe arrastar pelas paixões nem pelas opiniões dos homens; que veja por seus olhos, que sinta com seu coração; que nenhuma autoridade o governe, exceto a de sua própria razão. Nessa posição, é claro que a profusão de objetos que o impressionam, os frequentes sentimentos que o afetam, os diversos meios de atender às suas necessidades reais, devem dar-lhe muitas ideias que jamais teria tido, ou que só poderia ter aprendido lentamente. O progresso natural do espírito é acelerado, mas não invertido. O mesmo homem que deve permanecer estúpido nas florestas deve tornar-se racional e sensato nas cidades, de modo que ali não passará de simples espectador. Nada mais próprio para tornar-se sábio do que as loucuras que vemos sem compartilharmos; e, mesmo aquele que as compartilha, ainda assim se instrui, contanto que não se iluda e não cometa o erro daqueles que as praticam.

Considerai também que, limitados por nossas faculdades às coisas sensíveis, quase não consideramos as noções abstratas da filosofia e as ideias puramente intelectuais. Para chegarmos a elas é preciso ou que nos desprendamos do corpo a que somos tão fortemente apegados, ou que façamos, de objeto em objeto, um progresso gradual e lento, ou enfim, que transponhamos o intervalo rapidamente e quase que por um salto, em um passo de gigante que a infância não é capaz de dar, e para o que até mesmo os homens necessitariam de degraus feitos especialmente para eles. A primeira ideia abstrata é o primeiro desses degraus; mas tenho dificuldade para ver como construí-lo.

O Ser incompreensível que tudo abarca, que dá o movimento ao mundo e forma todo o sistema dos seres, não é visível a nossos olhos nem palpável às nossas mãos; escapa a todos os nossos sentidos: a obra se mostra, mas o obreiro se esconde. Não é tarefa fácil saber, enfim, que ele existe, e quando concluímos isso e perguntamo-nos "o que ele é? onde ele está?", nosso espírito confunde-se, perde-se, e não sabemos mais o que pensar.

Locke pretende que se comece pelo estudo dos espíritos, e que se passe ao dos corpos em seguida. Esse método é o da superstição, dos preconceitos, do erro: não é o da razão, nem mesmo o da natureza bem ordenada; é como tapar os olhos para aprender a ver. É preciso ter estudado os corpos durante muito tempo para formar uma verdadeira noção dos espíritos e suspeitar que eles existem. A ordem contrária só serve para estabelecer o materialismo.

Como nossos sentidos são os primeiros instrumentos de nossos conhecimentos, os seres corporais e sensíveis são os únicos de que temos ideia imediatamente. A palavra *espírito* não tem nenhum sentido para quem não filosofou. Um espírito não passa de um corpo para o povo e para as crianças. Não imaginam eles espíritos que gritam, que falam, que batem, que fazem barulho? Ora, terão de confessar que espíritos que possuem braços e língua se assemelham muito a corpos. Eis por que todos os povos do mundo, sem excetuar os judeus, criaram deuses corporais. Nós mesmos com nossos termos espírito, trindade, pessoas, somos, em maioria, verdadeiros antropomorfitas. Confesso que nos ensinam a dizer que Deus está em toda parte, mas acreditamos também que o ar está em toda parte, ao menos em nossa atmosfera; e a palavra espírito, em sua origem mesma, significa apenas *sopro* e *vento*. Desde que acostumamos as pessoas a dizer palavras que não entendem, é fácil com isso fazê-las dizer tudo o que quisermos.

O sentimento de nossa ação sobre os outros corpos deve ter-nos levado a crer de início que, quando agiam sobre nós, era de maneira semelhante a como agíamos sobre eles. Assim, o homem começou por animar todos os seres cuja ação sentia. Sentindo-se menos forte do que a maioria desses seres, por desconhecer os limites do poder deles, ele supôs que tal poder fosse ilimitado, fazendo deles a uma só vez corpos e deuses. Durante as primeiras épocas, os homens, apavorados com tudo, nada viram de morto na natureza. A ideia de matéria não foi menos lenta em formar-se neles do que a de espírito, porquanto essa primeira ideia é ela própria uma abstração. Encheram assim o universo de deuses sensíveis. Os astros, os ventos, as montanhas, os rios, as árvores, as cidades, as próprias casas, tudo tinha sua alma, seu deus, sua vida. Os talismãs de Labão, os manitus dos selvagens, os fetiches dos negros, todas as obras da natureza e dos homens foram as primeiras divindades dos mortais; o politeísmo foi sua primeira religião, a idolatria, seu primeiro culto. Só puderam reconhecer um Deus único quando, generalizando mais e mais suas ideias, chegaram a poder remontar a uma causa primeira, a reunir o sistema total dos seres em uma única ideia, e a dar um sentido à palavra *substância*, que é no fundo a maior das abstrações. Toda criança que crê em Deus é, portanto, necessariamente idólatra, ou ao menos antropomorfita; e a partir do momento em que a imaginação tenha visto Deus, é bem raro que o entendimento o conceba. Eis precisamente o erro a que leva a ordem de Locke.

Chegando não sei como à ideia abstrata da substância, vemos que, para admitir uma substância única, é preciso supor-lhe qualidades incompatíveis que se excluem mutuamente, como o pensamento e a extensão, uma das quais é essencialmente divisível e a outra exclui qualquer divisibilidade. Concebe-se de resto que o pensamento, ou, se preferirem, o sentimento, é uma qualidade primitiva e inseparável da substância à qual pertence; que o mesmo vale para a extensão quanto à sua substância. Donde se conclui que os seres que perdem uma dessas qualidades perdem a substância a que ela pertence, que, por conseguinte, a morte é apenas uma separação de substâncias, e que os seres nos quais essas duas qualidades se reúnem são compostos de duas substâncias a que essas duas qualidades pertencem.

Ora, considerai agora que distância resta ainda entre a noção das duas substâncias e a da natureza divina; entre a ideia incompreensível da ação de nossa alma sobre nosso corpo e a ideia da ação de Deus sobre todos os seres. As ideias de criação, de aniquilação, de ubiquidade, de eternidade, de onipotência, a dos atributos divinos, todas as ideias que, por serem tão confusas e obscuras, poucos homens podem ver, e que nada têm de obscuro para o povo porque este não compreende absolutamente nada, como se apresentarão com toda a sua força, isto é, com toda a sua obscuridade a espíritos jovens ainda ocupados com as primeiras operações dos sentidos e que só concebem o que tocam? É em vão que os abismos do infinito se abrem ao redor de nós; uma criança não é capaz de se amedrontar com isso; seus olhos franzinos não podem sondar a profundidade. Tudo é infinito para as crianças; não sabem pôr limites a nada; não por fazerem a medida longa demais, mas porque possuem o entendimento curto. Observei mesmo que põem o infinito menos além do que aquém das dimensões que lhes são conhecidas. Estimarão um espaço imenso muito mais por seus pés do que por seus olhos: ele não se estenderá para elas mais longe do que podem ver, porém mais longe do que poderão ir. Se lhes falam do poder de Deus, elas o estimarão quase tão forte como seu pai. Em tudo, o conhecimento sendo para elas a medida dos possíveis, julgam aquilo que lhes é dito sempre como menor do que sabem. Tais são os juízos naturais à ignorância e à fraqueza de espírito. Ájax teria receado medir-se com Aquiles e desafia Júpiter ao combate, porque conhece Aquiles e não conhece Júpiter. Um camponês suíço que se acreditava o mais rico dos homens, e a quem tentavam explicar o que era um rei, perguntava com um ar altivo se o rei podia ter cem vacas na montanha.

Prevejo quantos leitores se surpreenderão ao me verem acompanhar toda a primeira idade de meu aluno sem lhe falar de religião. Aos 15 anos, ele não sabia se possuía uma alma, e talvez aos 18 não seja ainda o momento de aprendê-lo, pois, se o aprender antes da hora necessária, correrá o risco de jamais o saber.

Se tivesse de pintar a estupidez execrável, pintaria um pedante ensinando o catecismo a crianças; se quisesse tornar louca uma criança, obrigá-la-ia a explicar o que diz dizendo seu catecismo. Objetar-me-ão que, sendo os dogmas do cristianismo em sua maioria mistérios, esperar que o espírito humano seja capaz de concebê-los não é esperar que a criança seja homem, e sim esperar que não exista mais o homem. A isso, responderia primeiro que há mistérios que ao homem é impossível não apenas conceber, mas também acreditar, e que não vejo o que se ganha em ensiná-los às crianças, a não ser que se queira ensinar-lhes a mentir desde cedo. Digo ainda que, para admitir os mistérios, é preciso compreender, ao menos, que são incompreensíveis; e as crianças não são capazes sequer dessa concepção. Na idade em que tudo é mistério, não há mistérios propriamente ditos.

É preciso acreditar em Deus para ser salvo. Esse dogma mal entendido é o princípio da sanguinária intolerância e a causa de todas as vãs instruções com que aplicam um golpe mortal na razão humana acostumando-a a satisfazer-se com palavras. Sem dúvida, não se pode perder um minuto para merecer a salvação eterna: mas se, para obtê-la, basta repetir certas palavras, não vejo o que nos impede de povoar o céu com estorninhos e pegas, tanto quanto com crianças.

A obrigação da crença supõe sua possibilidade. O filósofo que não crê erra porque, tendo condições para entender as verdades que rejeita, emprega mal a razão que cultivou. Mas em que acredita a criança que professa a religião cristã? Acredita no que concebe, e concebe tão pouco o que lhe fazem dizer que, se lhe disserdes o contrário, ela o adotará de bom grado. A fé das crianças e de muitos homens é uma questão de geografia. Serão eles recompensados por terem nascido em Roma em vez de Meca? A um dizem que Maomé é o profeta de Deus, e ele diz que Maomé é o profeta de Deus; a outro dizem que Maomé é um vigarista, e ele diz que Maomé é um vigarista. Cada qual teria afirmado o que afirma o outro se estivessem em posições invertidas. Pode-se partir de duas disposições tão semelhantes para mandar um para o paraíso e o outro para o inferno? Quando uma criança diz que acredita em Deus, não é em Deus que acredita, mas em Pedro ou Tiago que lhe dizem que há alguma coisa chamada de Deus; e ela acredita nisso à maneira de Eurípides:

> *Ó Júpiter! Pois de ti nada*
> *Conheço a não ser o nome apenas.*[24]

---

24 Plutarco, *Tratado do amor*, tradução de Amyot. Era assim que começava a tragédia *Menalipo*; mas os clamores do povo de Atenas forçaram Eurípides a modificar este começo.*

* Rousseau reproduz *Ménalippe* (e não *Mélanippe*) como na edição de Amyot, cf. *Les Oeuvres morales et philosophiques de Plutarque*, t.II, Paris, 1618, p.604. (N. T.)

Consideramos que nenhuma criança morta antes da idade da razão será privada da felicidade eterna. Os católicos acreditam da mesma maneira com relação a todas as crianças que receberam o batismo, embora não tenham nunca ouvido falar de Deus. Há, portanto, casos em que podemos ser salvos sem acreditarmos em Deus, e tais casos ocorrem tanto na infância quanto na demência, quando o espírito humano é incapaz das operações necessárias para reconhecer a divindade. Toda a diferença que vejo aqui entre mim e vós é que vós pretendeis que as crianças aos 7 anos têm essa capacidade, enquanto eu não admito isso nem mesmo aos 15. Tenha eu razão ou não, não se trata aqui de um artigo de fé, mas de uma simples observação de história natural.

Pelo mesmo princípio, é claro que tal homem, chegando à velhice sem acreditar em Deus, não será por isso privado de sua presença na outra vida se sua cegueira não tiver sido voluntária; e afirmo que ela nem sempre o é. Quanto aos insanos, concordais que é por uma doença que estes são privados de suas faculdades espirituais, mas não de sua humanidade, nem, por conseguinte, do direito às benesses de seu criador. Por que então não admitir no caso daqueles que, tirados totalmente da sociedade desde a infância, teriam levado uma vida absolutamente selvagem, privados das luzes que só se adquirem no comércio dos homens?[25] Pois é de uma impossibilidade demonstrada que semelhante selvagem pudesse em algum momento elevar suas reflexões até o conhecimento do verdadeiro Deus. A razão nos diz que um homem só é punível pelos erros de sua vontade, e que uma ignorância invencível não poderia ser-lhe imputada como crime. Donde segue que, diante da justiça eterna, todo homem que crer, tendo as luzes necessárias, será considerado crente, e que só haverá incrédulos punidos entre aqueles cujo coração se fechar para a verdade.

Evitemos anunciar a verdade àqueles que não estão em condições de entendê-la, pois seria querer substituí-la pelo erro. Seria melhor não ter nenhuma ideia da divindade a ter dela ideias baixas, fantásticas, injuriosas, indignas; é um mal menor desconhecê-la em vez de ultrajá-la. Preferiria, diz

---

25 Acerca do estado natural do espírito humano e da lentidão de seus progressos, veja a primeira parte do *Discurso sobre a desigualdade*.

o bom Plutarco, que se acreditasse não haver Plutarco no mundo a que se dissesse que Plutarco é injusto, invejoso, ciumento, e tão tirânico a ponto de exigir mais do que permite fazer.

O grande mal das imagens disformes da divindade que traçamos no espírito das crianças é que isso permanece durante toda a vida, e elas não concebem, quando adultas, outro Deus senão o das crianças. Vi na Suíça uma boa e piedosa mãe de família tão convencida dessa máxima que não quis instruir o filho sobre a religião na primeira idade, temendo que, ficando contente com essa instrução grosseira, ele negligenciasse uma melhor na idade da razão. Esse menino nunca ouvia falar de Deus a não ser com resguardo e reverência, e quando ele próprio queria falar a respeito, impunham-lhe silêncio, como se se tratasse de um assunto sublime demais e demasiado grande para ele. Tal reserva estimulava-lhe a curiosidade e seu amor-próprio aspirava pelo momento de conhecer esse mistério que lhe escondiam com tanto cuidado. Quanto menos lhe falavam de Deus e menos admitiam que ele próprio falasse, mais ele pensava nisso: essa criança via Deus em toda parte. E o que eu temeria desse ar de mistério indiscretamente afetado seria que, ao atiçarem demais a imaginação de um jovem, sua cabeça se alterasse, de tal maneira a torná-lo um fanático em vez de um crente.

Mas não temamos nada de parecido para meu Emílio, que, recusando constantemente sua atenção a tudo o que esteja fora de seu alcance, ouve com a mais profunda indiferença as coisas que não entende. Há tantas coisas em relação às quais está acostumado a dizer: "isso não me diz respeito", que uma a mais não o perturba muito; e quando começa a inquietar-se com essas grandes questões, não é por tê-las ouvido de alguém, mas porque o progresso natural de suas luzes conduz suas pesquisas a essa direção.

Vimos por que caminho o espírito humano cultivado se aproxima desses mistérios; e de bom grado admito que só chega a eles naturalmente, no seio da própria sociedade, em uma idade mais avançada. Mas como há na mesma sociedade causas inevitáveis pelas quais o progresso das paixões é acelerado, se não fosse igualmente acelerado o progresso das luzes que servem para regular essas paixões, sairíamos então realmente da ordem da natureza e o equilíbrio seria rompido. Quando não se tem o poder de moderar um desenvolvimento demasiado rápido, é preciso conduzir com a mesma rapidez aqueles que devem lhe corresponder, de tal maneira que a ordem não seja invertida, que o que deve andar junto não fique separado, e que o homem, íntegro em todos os momentos de sua vida, não esteja em certo ponto devido a uma de suas faculdades, e em outro ponto devido às demais.

Que dificuldade vejo erguer-se aqui! Dificuldade tanto maior quanto menos encontra-se nas coisas do que na pusilanimidade daqueles que não ousam resolvê-la. Comecemos ao menos por ousar enunciá-la. Uma criança deve ser criada na religião de seu pai; provamos-lhe sempre muito bem que essa religião, seja qual for, é a única verdadeira; que todas as outras não passam de extravagância e absurdo. A força dos argumentos, nesse ponto, depende em absoluto do país em que são propostos. Que um turco, que acha o cristianismo tão ridículo em Constantinopla, vá ver o que pensam do maometismo em Paris! É sobretudo em matéria de religião que a opinião triunfa. Mas nós, que pretendemos sacudir-lhe o jugo em todas as coisas, nós que nada queremos conceder à autoridade, nós que não queremos ensinar a nosso Emílio nada que ele sozinho não pudesse aprender em qualquer país, em que religião o educaremos? Em que seita admitiremos o homem da natureza? A resposta parece-me muito simples: não o admitiremos nem nesta nem naquela, mas o deixaremos em condição de escolher a que sua razão melhor empregada deve conduzi-lo.

Incedo per ignes
Suppositos cineri doloso.[26]

Não importa: o zelo e a boa-fé fizeram em mim até agora as vezes da prudência. Espero que tais fiadores não me abandonem. Leitores, não temais de minha parte precauções indignas de um amigo da verdade: jamais esquecerei de minha divisa, mas tenho todo o direito de desconfiar de meus juízos. Em vez de dizer-vos aqui o que penso eu mesmo, dir-vos-ei o que pensava

---

26 "Atravesso um caminho de brasas cobertas por cinzas enganadoras" (Horácio, *Odes*, II, I). A citação exata de Horácio é "*Incedis...*", ou seja, "Tu atravessas...". (N. T.)

um homem que valia mais do que eu. Garanto a verdade dos fatos que serão relatados: eles realmente ocorreram com o autor do texto que transcreverei. Cabe a vós saberdes se é possível tirar dele reflexões úteis sobre o assunto em pauta. Não vos proponho como regra o sentimento de outrem ou o meu; ofereço-o para que vós mesmos possais examiná-lo.

Há trinta anos, em uma cidade da Itália, um jovem expatriado viu-se reduzido à miséria extrema. Nascera calvinista; mas, por uma leviandade, teve de fugir para terra estrangeira, e, sem recursos, mudou de religião para obter alimento. Havia nessa cidade uma hospedaria para prosélitos, na qual fora admitido. Instruíram-no na arte da controvérsia, incutiram-lhe dúvidas que ele não tinha, ensinaram-lhe o mal que ele ignorava: ouviu novos dogmas, viu costumes ainda mais novos; viu-os, e pouco faltou para ser vítima deles. Quis fugir, prenderam-no; queixou-se, puniram-no por suas queixas: à mercê de seus tiranos, viu-se tratado como criminoso por não querer ceder ao crime. Os que sabem o quanto a primeira exposição à violência e à injustiça é capaz de irritar um jovem coração inexperiente poderão imaginar qual não era o estado do seu. Lágrimas de raiva escorriam-lhe dos olhos, a indignação o sufocava: implorava ao céu e aos homens, suplicava a todos, mas ninguém o ouvia. Tudo o que encontrava eram lacaios vis, submetidos à infame que o ultrajava ou cúmplices do mesmo crime que o dela, que zombavam de sua resistência e o incitavam a imitá-los. Estaria perdido, não fosse um honesto eclesiástico chegado à hospedaria por conta de um negócio qualquer; consultou-o em segredo. O eclesiástico era pobre e contava com o auxílio de todos que quisessem ajudá-lo; mas o oprimido precisava dele ainda mais, e, por isso, ele não hesitou em facilitar sua fuga, ainda que com isso se arriscasse a criar um perigoso inimigo.

Tendo escapado do vício para voltar à indigência, o jovem lutou em vão contra seu destino. Em um dado momento, acreditou estar acima dele. Ao primeiro cintilar da fortuna, esqueceu-se de seus males e de seu benfeitor. Por essa ingratidão, não tardou a ser punido: todas as suas esperanças se dissiparam; e, por mais que sua juventude o favorecesse, suas ideias romanescas foram sua perdição. Como não tinha nem talento nem habilidade suficiente para abrir uma trilha com facilidade, e como não sabia

Livro IV

ser moderado nem mau, quis tantas coisas que não foi capaz de alcançar nenhuma. Voltou à sua desgraça inicial, sem pão, sem abrigo, à beira da morte por falta de comida. Lembrou-se, então, de seu benfeitor.

Procura por ele, encontra-o, é acolhido. Ao revê-lo, o eclesiástico recorda-se da boa ação que fizera: uma lembrança como essa é sempre um júbilo para a alma. Era uma pessoa naturalmente humana e compassiva; sentia os sofrimentos alheios pelos seus próprios, e o conforto ainda não lhe endurecera o coração; enfim, sua boa índole fora reforçada pelas lições da sabedoria e uma virtude esclarecida. Acolhe o jovem, busca por um abrigo, recomenda-o; divide com ele o mais necessário, que não chega a ser suficiente para dois. Faz mais: instrui-o, consola-o, ensina-lhe a difícil arte de suportar a adversidade com paciência. Pessoas preconceituosas, teríeis esperado tudo isso de um padre, e na Itália?

Esse honesto eclesiástico era um pobre vigário saboiano que uma aventura de juventude indispusera com seu bispo, e que atravessara os montes em busca de recursos que lhe faltavam em sua terra natal. Não carecia de espírito nem de letras; era uma figura interessante, que encontrara protetores que o puseram na casa de um ministro, para que educasse seu filho. Preferia a pobreza à dependência, e não sabia como se portar em meio aos grandes. Não permaneceu junto ao ministro por muito tempo; ao deixá-lo, não perdeu sua estima, e, como vivia sabiamente e fazia-se amar por todos, alimentava a pretensão de reconquistar as boas graças de seu bispo e obter para si uma pequena cúria nas montanhas, onde passaria o resto de seus dias. Sua ambição não ia para além desse ponto.

Uma inclinação natural levou-o a se interessar pelo fugitivo e a perscrutá-lo com atenção. Viu que a má fortuna maculara seu coração, que o opróbrio e o desprezo tinham abatido sua coragem, que sua altivez, transformada em amargo despeito, mostrava-lhe, na injustiça e na dureza dos homens, o vício da natureza humana e a quimera da virtude. O jovem vira que a religião serve apenas de máscara para o interesse, e o culto sagrado, de salvaguarda para a hipocrisia; vira, na sutileza das vãs disputas, o paraíso e o inferno postos a prêmio em jogos de palavras; vira a sublime e primitiva ideia da divindade, desfigurada pela imaginação fantasiosa dos homens; e, pensando que, para crer em Deus, era preciso renunciar ao juízo dele recebido, estendeu seu desdém aos nossos ridículos devaneios e ao objeto a que os dedicamos. Sem nada saber a respeito do que é, sem nada imaginar acerca da geração das coisas, mergulhou em sua estúpida ignorância com um profundo desprezo por todos os que pretendessem saber mais do que ele mesmo.

O esquecimento de toda religião conduz ao esquecimento dos deveres do homem. Esse progresso já estava a mais de meio caminho avançado no coração do libertino. Não era, no entanto, uma criança de mau nascimento; mas a incredulidade e a miséria, sufocando pouco a pouco sua índole, arrastavam-no rapidamente para sua perdição, e só lhe preparavam os costumes de um mendigo e a moral de um ateu.

O mal, quase inevitável, não estava absolutamente consumado. O jovem possuía conhecimentos, e sua educação não fora negligenciada. Ele estava nessa idade feliz em que o sangue em fermentação começa a aquecer a alma sem escravizá-la ao furor dos sentidos; a sua tinha ainda todo o seu vigor. Uma vergonha nativa e um caráter tímido remediavam nele o constrangimento e prolongavam essa época em que conservais vosso aluno com tantos cuidados. O exemplo odioso de uma depravação brutal e de um vício sem encanto, longe de animar sua imaginação, amorteceu-a. Durante muito tempo, o desgosto tomou o lugar da virtude para conservar sua inocência; ela só sucumbiria a seduções mais suaves.

O eclesiástico viu o perigo e os recursos. As dificuldades não o desanimaram; comprazia-se em sua obra; resolveu terminá-la e devolver à virtude a vítima que arrancara da infâmia. Planejou longamente a execução de seu projeto: a beleza do motivo animava sua coragem e inspirava-lhe meios dignos de seu zelo. Qualquer que fosse o sucesso, estava seguro de não haver perdido seu tempo. Sempre temos êxito quando só queremos fazer o bem.

Começou a conquistar a confiança do prosélito evitando barganhar suas benfeitorias com ele, não se tornando importuno, não lhe fazendo sermões, pondo-se sempre ao seu alcance, fazendo-se pequeno para igualar-se a ele. Era, parece-me, um espetáculo bem tocante ver um homem grave tornar-se camarada de um fedelho, e a virtude assumir o tom da licença para dela triunfar com mais segurança. Quando o leviano vinha lhe fazer suas loucas confidências e abrir-se para ele, o padre escutava-o e deixava-o à vontade. Sem aprovar o mal, interessava-se por tudo; nunca uma censura indiscreta vinha deter a tagarelice e premer seu coração; o prazer do jovem por acreditar ser ouvido aumentava o de empenhar-se em tudo dizer. Assim se fez sua confissão geral sem que ele pensasse em confessar algo.

Depois de ter bem estudado os sentimentos e o caráter do jovem, o padre viu claramente que, sem ser ignorante para sua idade, o rapaz havia esquecido tudo o que lhe importava saber, e que o opróbrio ao qual a fortuna o reduzira sufocava nele todo verdadeiro sentimento do bem e do mal. Há um grau de embrutecimento que tira a vida da alma, e a voz interior não consegue fazer-se ouvir por quem só pensa em se alimentar. Para proteger o jovem infortunado dessa morte moral tão próxima, o padre começou a despertar nele o amor-próprio e a estima de si mesmo: mostrava-lhe um futuro mais feliz mediante o bom emprego de seus talentos; reanimava em seu coração um ardor generoso pela narrativa das belas ações de outrem; fazendo-o admirar seus praticantes, devolvia-lhe o desejo de praticar ações semelhantes. Para afastá-lo imperceptivelmente de sua vida ociosa e vagabunda, mandava-o copiar excertos de livros escolhidos; e, fingindo ter necessidade de tais excertos, nutria nele o nobre sentimento do reconhecimento. Instruía-o indiretamente por meio desses livros; fazia-o recuperar a boa opinião de si mesmo para que não se acreditasse um ser inútil para qualquer bem, e para que não quisesse mais tornar-se desprezível a seus próprios olhos.

Uma bagatela fará que se julgue a arte empregada por esse benfeitor para elevar imperceptivelmente o coração de seu discípulo acima da baixeza, sem parecer pensar na instrução dele. O eclesiástico tinha uma probidade tão reconhecida e um discernimento tão seguro, que muitas pessoas preferiam dar esmolas em suas mãos em vez de fazerem-no nas dos ricos curas das cidades. Um dia, quando lhe haviam dado algum dinheiro para ser distribuído aos pobres, o jovem cedeu à fraqueza de pedir-lhe alegando ser pobre. Não, disse ele, somos irmãos, vós me pertenceis e não devo tocar nesse dinheiro para meu próprio uso. Em seguida, deu de seu próprio dinheiro ao rapaz o que lhe pedira. Lições dessa espécie raramente se perdem no coração dos jovens que não se encontram inteiramente corrompidos.

Canso-me de falar na terceira pessoa; e é um cuidado por demais supérfluo, pois bem sentis, caro concidadão, que esse infeliz fugitivo sou eu mesmo. Acredito-me bastante longe das desordens de minha juventude para ousar confessá-las, e a mão que delas me tirou bem merece, à custa de um pouco de vergonha, que eu preste ao menos alguma homenagem aos seus benefícios.

O que mais me impressionava era ver na vida particular de meu digno mestre a virtude sem hipocrisia, a humanidade sem fraqueza, discursos sempre retos e simples, e uma conduta sempre em conformidade a esses discursos. Jamais via-o preocupado em saber se aqueles a quem ajudava iam às orações de véspera, se sempre se confessavam, se jejuavam nos dias prescritos, se se abstinham de carne; tampouco lhes impunha outras condições semelhantes, sem as quais, ainda que se deva morrer de miséria, não se tem como esperar nenhuma assistência dos devotos.

Encorajado por suas observações, longe de exibir a seus olhos o zelo afetado de um novo convertido, eu pouco lhe escondia minhas maneiras de pensar, e nem por isso via-o escandalizado. Às vezes, eu poderia dizer a mim mesmo: ele perdoa minha indiferença pelo culto que abracei por conta da indiferença que vê em mim também pelo culto em que nasci; sabe que meu desdém já deixou de ser uma questão de partido. Mas o que deveria eu pensar quando, às vezes, ouvia-o aprovar dogmas contrários aos da Igreja romana e parecer estimar mediocremente todas as suas cerimônias? Teria acreditado que ele era um protestante disfarçado, se o tivesse visto menos fiel a esses mesmos usos de que parecia fazer bem pouco caso; mas, sabendo que cumpria sem testemunha seus deveres de padre tão pontualmente quanto aos olhos do público, não sabia mais como julgar suas contradições. Excetuado o erro que provocara sua desgraça e do qual não se corrigira muito bem, sua vida era exemplar, seus costumes irrepreensíveis, seus discursos honestos e judiciosos. Vivendo como ele na maior intimidade, eu aprendia a respeitá-lo mais a cada dia; e, sendo tantas as bondades que me haviam conquistado o coração, esperava com uma curiosa inquietação o momento de entender o princípio com que ele fundamentava a uniformidade de uma vida tão singular.

Esse momento não chegou tão depressa. Antes de abrir-se para seu discípulo, esforçou-se por fazer germinar na alma deste as sementes da razão e da bondade que plantava. O que havia de mais difícil em mim para destruir era uma orgulhosa misantropia, certa agrura contra os ricos e os felizes do mundo, como se eles assim fossem à minha custa, e como se sua pretensa felicidade tivesse sido usurpada da minha. A louca vaidade da juventude, que se revolta contra a humilhação, dava-me tão somente muita inclinação para esse humor colérico; e o amor-próprio, que meu mentor tratava de despertar em mim, conduzia-me à altivez e tornava os homens ainda mais vis a meus olhos, fazendo apenas com que, ao ódio por eles, eu acrescentasse o desprezo.

Sem combater diretamente esse orgulho, ele o impediu de transformar-se em dureza de alma; e, sem me tirar a estima a mim mesmo, ele a tornou menos desdenhosa em relação a meu próximo. Afastando sempre a vã aparência e mostrando-me os males reais que ela cobre, ele me ensinava a deplorar os erros de meus semelhantes, a enternecer-me perante suas misérias, a lastimá-los mais do que a invejá-los. Comovido de compaixão pelas fraquezas humanas pelo profundo sentimento das suas próprias, ele via por toda parte os homens vítimas dos próprios vícios e dos de outrem; via os pobres gemerem sob o jugo dos ricos, e os ricos sob o jugo dos preconceitos. Acreditai-me, dizia ele, que nossas ilusões, longe de ocultarem nossos males, os aumentam, valorizando o que não tem valor e tornando-nos sensíveis a mil privações falsas que não perceberíamos sem elas. A paz da alma consiste no desprezo a tudo que pode perturbá-la: o homem que mais caso faz da vida é aquele que menos sabe gozá-la, e aquele que aspira mais avidamente à felicidade é sempre o mais miserável.

"Ah!, que tristes retratos!", exclamava eu, com amargura. "Se é preciso recusar-se a tudo, qual o propósito de nascer? E se é preciso desprezar a própria felicidade, quem sabe ser feliz?" "Eu", respondeu um dia o padre, em um tom que me impressionou. "Feliz, vós? Tão pouco afortunado, tão pobre, exilado, perseguido, vós sois feliz? E o que fizestes para sê-lo?" "Meu filho", objetou ele, "eu vo-lo direi de bom grado."

Foi então que ele me fez entender que, depois de ter acolhido minhas confissões, queria fazer-me as suas. Abraçando-me, ele me disse: Confiarei ao vosso coração todos os sentimentos do meu. Vós me vereis, senão tal como sou, ao menos tal como me vejo. Quando tiverdes acolhido minha profissão de fé inteira, quando conhecerdes bem o estado de minha alma, sabereis porque me estimo feliz, e, se pensardes como eu, sabereis também o que tendes a fazer para sê-lo. Mas essas confissões não são coisa de um momento: é preciso tempo para vos expor tudo o que penso sobre a sorte do homem e sobre o verdadeiro valor da vida. Escolhamos uma hora e um lugar cômodos para nos entregarmos placidamente a essa conversa.

Manifestei pressa para ouvi-lo. O encontro não foi adiado para além do dia seguinte pela manhã. Estávamos no verão e nos levantamos ao raiar do dia. Ele me levou para fora da cidade, até uma alta colina, abaixo da qual passava o Pó, cujo curso víamos através das margens férteis que banha; ao longe, a imensa cadeia dos Alpes coroava a paisagem; os raios do sol nascente já deslizavam sobre as planícies, e, projetando nos campos as longas sombras das árvores, dos outeiros, das casas, enriqueciam com mil acidentes de luz o mais belo quadro capaz de impressionar o olho humano. Dir-se-ia que a natureza exibia a nossos olhos toda a sua magnificência para oferecer o mote a nossas conversações. Foi ali que, somente depois de ter contemplado tais objetos em silêncio, o homem de paz assim me falou:

PROFISSÃO DE FÉ DO VIGÁRIO SABOIANO

Meu filho, não espereis de mim nem discursos sábios nem profundos raciocínios. Não sou um grande filósofo e pouco me preocupo em sê-lo. Mas, às vezes, tenho bom senso, e sempre amo a verdade. Não quero argumentar convosco, nem mesmo tentar vos convencer; basta-me expor-vos o que penso na simplicidade de meu coração. Consultai o vosso durante meu discurso, é tudo o que vos peço. Se me engano, é de boa-fé; isso basta para que meu erro não me seja imputado como crime. Da mesma forma, se vós vos enganásseis, pouco mal haveria nisso. Pensando bem, a razão nos é comum e temos o mesmo interesse em escutá-la: por que não pensaríeis como eu?

Nasci pobre e camponês, destinado por minha condição ao cultivo da terra. Mas acreditaram que seria melhor que eu aprendesse a ganhar meu pão com o ofício de padre, e encontraram o meio de fazer-me estudar. Com certeza, nem meus pais nem eu importávamo-nos muito em perscrutar o que naquilo era bom, verdadeiro e útil; buscávamos apenas o que era preciso saber para ser ordenado. Aprendi o que queriam que eu aprendesse, disse o que queriam que eu dissesse, assumi os compromissos como queriam e fizeram-me padre. Mas não tardei a sentir que, ao me obrigar a não ser homem, eu prometera mais do que podia cumprir.

Dizem-nos que a consciência é obra dos preconceitos. No entanto, sei por minha experiência que ela se obstina em seguir a ordem da natureza contra todas as leis dos homens. Por mais que nos proíbam isso ou aquilo, o remorso sempre nos repreende um pouco o que a natureza bem ordenada nos permite, e com mais forte razão o que ela nos prescreve. Ó bom rapaz, ela ainda nada disse aos vossos sentidos; vivei por muito tempo no estado feliz em que sua voz é a da inocência. Lembrai-vos que a ofendemos ainda mais quando nos antecipamos a ela do que quando a combatemos; é preciso começar por aprender a resistir para saber quando podemos ceder sem crime.

Desde minha juventude respeitei o casamento como a primeira e a mais santa instituição da natureza. Tendo-me privado do direito de submeter-me a ele, resolvi não o profanar, pois, apesar de meus cursos e de meus estudos, tendo sempre levado uma vida uniforme e simples, eu havia conservado em meu espírito toda a clareza das luzes primitivas: as máximas do mundo não as haviam obscurecido, e minha pobreza me afastava das tentações que ditam os sofismas do vício.

Essa resolução foi precisamente o que me desencaminhou. Meu respeito pelo leito alheio trouxe à luz meus erros. Foi preciso expiar o escândalo; preso, interditado, expulso, fui bem mais a vítima de meus escrúpulos do que de minha incontinência, e pude compreender, pelas censuras de que minha desgraça foi acompanhada, que às vezes basta agravar o erro para escapar ao castigo.

Poucas experiências semelhantes levam tão longe um espírito que reflete. Vendo por tristes observações inverterem-se as ideias que eu tinha sobre o justo, o honesto e todos os deveres do homem, a cada dia eu desacreditava alguma das opiniões que recebera; as que me restavam não bastavam mais para formarem juntas um corpo que pudesse sustentar-se por si mesmo. Pouco a pouco sentia obscurecer-se em meu espírito a evidência dos princípios e, finalmente, reduzido a não saber mais o que pensar, cheguei ao mesmo ponto em que estais; com a diferença de que minha incredulidade, fruto tardio de uma idade mais madura, formara-se com mais sofrimento e devia ser mais difícil de destruir.

Eu estava naquelas disposições de incerteza e de dúvida que Descartes[27] exige para a busca da verdade. Tal estado não é feito para durar, é inquietante e penoso; apenas o interesse do vício ou a preguiça da alma entregam-nos a ele. Eu não tinha um coração tão corrompido a ponto de ter prazer nisso, e nada conserva melhor o hábito de refletir do que estar mais contente consigo mesmo do que com sua fortuna.

Eu meditava, pois, sobre a triste sorte dos mortais, flutuando no mar das opiniões humanas, sem leme, sem bússola, e abandonados às suas tempestuosas paixões, sem outro guia a não ser um piloto inexperiente que ignora sua rota e não sabe nem de onde vem nem aonde vai. Dizia a mim mesmo: amo a verdade, procuro-a, mas não posso reconhecê-la; mostrem-ma e permanecerei apegado a ela; por que precisa ela furtar-se à diligência de um coração feito para adorá-la?

Embora eu tenha sempre provado males maiores, nunca levei uma vida tão constantemente desagradável quanto nessa época de confusão e de ansiedades, em que, errando sem cessar de dúvida em dúvida, eu só obtinha de minhas longas meditações incertezas, obscuridade e contradições sobre a causa de meu ser e sobre a regra de meus deveres.

Como se pode ser cético por sistema e de boa-fé? Não sou capaz de compreendê-lo. Ou esses filósofos não existem, ou são os mais infelizes dos homens. A dúvida sobre as coisas que nos importa conhecer é um estado violento demais para o espírito humano: ele aí não resiste muito tempo; decide-se a contragosto de uma maneira ou de outra, e prefere enganar-se a não crer em nada.

---

27 René Descartes (1596-1650), filósofo francês, autor do *Discurso sobre o método* (1637). Figura emblemática da corrente filosófica da modernidade conhecida como racionalismo. (N. T.)

O que duplicava meu embaraço era que, tendo nascido em uma Igreja que decide tudo, que não permite nenhuma dúvida, um único ponto rejeitado me faria rejeitar todo o resto, e a impossibilidade de admitir tantas decisões absurdas fazia-me recusar também as que não o eram. Ao me dizerem: crede em tudo, impediam-me de crer em algo, e eu não sabia mais onde me deter.

Consultei os filósofos, folheei seus livros, examinei suas diversas opiniões. Achei-os todos altivos, afirmativos, dogmáticos, mesmo em seu pretenso ceticismo, nada ignorando, nada provando, zombando uns dos outros; e esse ponto comum a todos pareceu-me o único sobre o qual tinham todos razão. Triunfantes quanto atacam, carecem de vigor ao se defenderem. Se ponderardes as razões, vereis que eles só as têm para destruir; se contardes as vias, cada um está reduzido à sua; só entram em acordo para disputar. Escutá-los não era o meio de sair de minha incerteza.

Compreendi que a insuficiência do espírito humano é a primeira causa dessa prodigiosa diversidade de sentimentos, e que o orgulho é a segunda. Não temos a medida dessa máquina imensa, não podemos calcular as relações; não conhecemos nem suas primeiras leis nem a causa final; somos ignorantes acerca de nós mesmos; não conhecemos nem nossa natureza nem nosso princípio ativo; mal sabemos se o homem é um ser simples ou composto; mistérios impenetráveis cercam-nos por toda parte; eles estão acima da região sensível; para penetrá-los, acreditamos ter inteligência e só temos imaginação. Através desse mundo imaginário, cada qual abre para si uma rota que acredita ser a boa; ninguém pode saber se a sua leva ao alvo. Todavia, queremos penetrar tudo, tudo conhecer. A única coisa que não sabemos é ignorar o que não podemos saber. Preferimos ser condicionados ao acaso e acreditar no que não existe a confessar que nenhum de nós pode ver o que existe. Pequena parte de um grande todo cujos limites nos escapam, e que seu autor abandona a nossas loucas disputas, somos bastante vãos para querer decidir o que é esse todo em si mesmo, e o que somos em relação a ele.

Mesmo que os filósofos fossem aptos para descobrir a verdade, quem dentre eles teria interesse por ela? Cada um sabe bem que seu sistema não é mais bem fundamentado do que os outros, mas o defende porque lhe pertence. Não há entre eles nenhum que, vindo a conhecer o verdadeiro e o falso, não preferisse a mentira que encontrou à verdade descoberta por outro. Onde está o filósofo que, por sua glória, não enganaria de bom grado o gênero humano? Onde está aquele que, no segredo de seu coração, se proponha um outro objetivo que não o de se distinguir? Contanto que se eleve acima do vulgo, contanto que apague o brilho de seus concorrentes, que mais ele tem a pedir? O essencial é pensar de modo diferente dos outros. Entre os crentes, ele é ateu; entre os ateus, ele seria crente.

O primeiro fruto que obtive dessas reflexões foi aprender a limitar minhas investigações ao que me interessava imediatamente, a repousar-me sobre uma profunda ignorância acerca de todo o resto, e a só me inquietar até a dúvida com coisas que me importava saber.

Compreendi ainda que, longe de me libertar de minhas dúvidas inúteis, os filósofos nada fariam senão multiplicar as que me atormentavam e não resolveriam nenhuma. Adotei, então, outro guia e disse a mim mesmo: consultemos a luz interior, ela me desorientará menos do que eles me desorientam, ou, ao menos, meu erro será o meu, e irei me depravar menos seguindo minhas próprias ilusões do que me entregando às suas mentiras.

Então, repassando em meu espírito as diversas opiniões que, uma de cada vez, haviam me arrastado desde o nascimento, vi que, embora nenhuma delas fosse bastante evidente para produzir imediatamente a convicção, tinham graus diversos de verossimilhança, e o assentimento interior prestava-se ou recusava-se a elas em diferentes medidas. Sobre essa primeira observação, comparando todas aquelas diferentes ideias entre si no silêncio dos preconceitos, descobri que a primeira e a mais comum era também a mais simples e a mais razoável, e que, para reunir todos os sufrágios, só lhe faltava ter sido proposta por último. Imaginai todos os vossos filósofos antigos e modernos, tendo primeiro esgotado seus bizarros sistemas de força, de acasos, de fatalidade, de necessidade, de átomos, de mundo animado, de matéria viva, de materialismo de toda espécie, e depois deles todos, o ilustre Clarke[28] a esclarecer o mundo, a anunciar enfim o Ser dos

---

[28] Samuel Clarke (1675-1729), teólogo anglicano que buscou conciliar o sistema newtoniano em filosofia com suas crenças cristãs em *A Demonstration of the Being and Attributes of God* (1704) e *The Evidences of Natural and Revealed Religion* (1705). (N. T.)

seres e o dispensador das coisas: com que universal admiração, com que aplauso unânime não teria sido recebido esse novo sistema, tão grande, tão consolador, tão sublime, tão próprio para elevar a alma, para dar uma base à virtude, e ao mesmo tempo tão impressionante, tão luminoso, tão simples, e, parece-me, capaz de oferecer menos coisas incompreensíveis ao espírito humano do que os absurdos encontrados em qualquer outro sistema! Dizia a mim mesmo: as objeções insolúveis são comuns a todos, porque o espírito do homem é limitado demais para resolvê-las. Elas, portanto, nada provam contra nenhum preferencialmente; mas que diferença entre as provas diretas! O único que explica tudo não deve ser preferido se ele contém tantas dificuldades quanto os outros?

Trazendo então em mim o amor à verdade como filosofia, e como método uma regra fácil e simples que me dispensa da vã sutileza dos argumentos, retomo com essa regra o exame dos conhecimentos que me interessam, decidido a admitir como evidentes todos aqueles aos quais não poderei recusar meu consentimento na sinceridade de meu coração, como verdadeiros todos os que me pareçam ter uma ligação necessária com os primeiros, e a deixar todos os outros na incerteza, sem os rejeitar nem os admitir, e sem me atormentar para esclarecê-los quando não me conduzam a nada de útil para a prática.

Mas, quem sou eu? Que direito tenho de julgar as coisas? E o que determina meus juízos? Se eles são arrastados, forçados pelas impressões que recebo, canso-me em vão com essas investigações, elas não acontecerão, ou acontecerão por si mesmas sem que eu me intrometa para dirigi-las. É preciso, portanto, voltar o olhar de início sobre mim para conhecer o instrumento de que quero me servir, e até que ponto posso confiar em seu uso.

Existo e tenho sentidos pelos quais sou afetado. Eis a primeira verdade que me impressiona e diante da qual sou forçado a aquiescer. Tenho um sentimento próprio de minha existência, ou só a sinto por minhas sensações? Eis minha primeira dúvida, que me é, no tocante ao presente, impossível de resolver. Pois, sendo continuamente afetado por sensações, ou imediatamente, ou pela memória, como posso saber se o sentimento do *eu* é alguma coisa fora dessas mesmas sensações, e se pode ser independente delas?

Minhas sensações passam-se em mim, pois fazem-me sentir minha existência; mas sua causa me é estranha, pois elas me afetam querendo eu ou não, e não depende de mim nem as produzir nem as aniquilar. Concebo claramente, pois, que minha sensação, que é em mim, e sua causa ou seu objeto, que é fora de mim, não são a mesma coisa.

Assim, não apenas eu existo, mas existem outros seres, a saber, os objetos de minhas sensações; e mesmo que esses objetos não passassem de ideias, é sempre verdade que essas ideias não são eu.

Ora, tudo o que sinto fora de mim e que age sobre meus sentidos chamo de matéria, e todas as porções de matéria que concebo reunidas em seres individuais, chamo de corpos. Assim, todas as disputas dos idealistas e dos materialistas nada significam para mim: suas distinções sobre a aparência e a realidade dos corpos são quimeras.

Eis-me já tão seguro da existência do universo quanto da minha. A seguir, reflito sobre os objetos de minhas sensações e, achando em mim a faculdade de compará-las, sinto-me dotado de uma força ativa que outrora não sabia possuir.

Perceber é sentir; comparar é julgar; julgar e sentir não são a mesma coisa. Pela sensação, os objetos se oferecem a mim separados, isolados, tais como são na natureza. Pela comparação, desloco-os, transporto-os, por assim dizer, ponho-os um sobre o outro para me pronunciar acerca de sua diferença ou sua similitude, e, em geral, acerca de todas as suas relações. Para mim, a faculdade distintiva do ser ativo ou inteligente é poder dar um sentido à palavra *é*. Busco em vão no ser puramente sensitivo essa força inteligente que superpõe e depois se pronuncia; eu não poderia vê-la em sua natureza. Esse ser passivo sentirá cada objeto separadamente, ou até mesmo sentirá o objeto total formado pelos dois; mas, não tendo nenhuma força para dobrá-los um sobre o outro, nunca os comparará, não os julgará.

Ver dois objetos ao mesmo tempo não é ver suas relações nem julgar suas diferenças; perceber diversos objetos uns fora dos outros não é enumerá-los. Posso ter em um mesmo instante a ideia de um grande bastão e de um pequeno bastão sem os comparar, sem julgar que um é menor do que o outro, assim como posso ver ao mesmo tempo minha mão inteira sem

Livro IV

contar meus dedos.[29] Essas ideias comparativas, *maior*, *menor*, assim como as ideias numéricas de *um*, de *dois* etc., certamente não são sensações, embora meu espírito só as produza por ocasião de minhas sensações.

Dizem-nos que o ser sensitivo distingue as sensações umas das outras pelas diferenças que têm entre si essas mesmas sensações: isso demanda explicação. Quando as sensações são diferentes, o ser sensitivo as distingue por suas diferenças; quando elas são semelhantes, ele as distingue porque as sente umas fora das outras. De outro modo, como ele distinguiria dois objetos iguais em uma sensação simultânea? Seria preciso necessariamente que confundisse esses dois objetos e os tomasse como o mesmo, sobretudo em um sistema em que se pretende que as sensações representativas da extensão não são extensas.

Quando as duas sensações a comparar são percebidas, sua impressão acontece, cada objeto é sentido, as duas são sentidas, mas nem por isso sua relação é sentida. Se o juízo sobre essa relação não passasse de uma sensação e viesse-me unicamente do objeto, meus juízos nunca me enganariam, pois nunca é falso que eu sinta o que sinto.

Por que, então, engano-me sobre a relação entre esses dois bastões, sobretudo se eles não são paralelos? Por que digo, por exemplo, que o bastão pequeno é um terço do grande, enquanto ele é apenas um quarto? Por que a imagem, que é a sensação, não é conforme a seu modelo, que é o objeto? É porque sou ativo quando julgo, porque a operação que compara é errônea, e meu entendimento, que julga as relações, mistura seus erros à verdade das sensações, que mostram apenas os objetos.

Acrescentai a isso uma reflexão que vos impressionará, tenho certeza, quando tiverdes pensado nela: é que, se fôssemos puramente passivos no uso de nossos sentidos, não haveria entre eles nenhuma comunicação.

---

29 Os relatos do sr. de La Condamine* falam-nos de um povo que só sabia contar até três. No entanto, os homens que compunham esse povo, tendo mãos, tinham muitas vezes percebido seus dedos sem saber contar até cinco.

* Charles-Marie de La Condamine (1701-1774), geógrafo francês. Participou de uma das expedições geodésicas para o cálculo da curvatura da Terra. Autor de *Relation abrégée d'un voyage fait dans l'intérieur de l'Amérique méridionale* (1745). (N. T.)

Ser-nos-ia impossível conhecer que o corpo que tocamos e o objeto que vemos são o mesmo. Ou jamais sentiríamos nada fora de nós, ou haveria para nós cinco substâncias sensíveis, cuja identidade não teríamos nenhum meio de discernir.

Que se dê tal ou tal nome a essa força de meu espírito que aproxima e compara minhas sensações; que seja chamada atenção, meditação, reflexão, ou como se queira. Será sempre verdade que ela é em mim e não nas coisas, que sou eu apenas que a produzo, embora só a produza por ocasião da impressão que os objetos causam sobre mim. Sem poder controlar o que sinto e o que não sinto, posso, no entanto, examinar mais ou menos o que sinto.

Não sou, pois, simplesmente um ser sensitivo e passivo, mas um ser ativo e inteligente, e, a despeito do que a filosofia possa dizer sobre isso, ousarei aspirar à honra de pensar. Sei apenas que a verdade está nas coisas e não em meu espírito que as julga, e que, quanto menos ponho de meu nos juízos que lanço sobre elas, mais seguro estou de me aproximar da verdade. Assim, minha regra de me entregar mais ao sentimento do que à razão é confirmada pela própria razão.

Tendo-me, por assim dizer, assegurado de mim mesmo, começo a olhar para fora de mim, e, com uma espécie de tremor, considero-me jogado, perdido neste vasto universo, e como que afogado na imensidão dos seres, sem nada saber sobre o que são, nem relacionados entre si nem em relação a mim. Estudo-os, observo-os, e o primeiro objeto que se apresenta a mim para compará-los sou eu mesmo.

Tudo o que percebo pelos sentidos é matéria, e deduzo todas as propriedades essenciais da matéria das qualidades sensíveis que me fazem discerni-la e que são inseparáveis dela. Vejo-a ora em movimento, ora em repouso,[30] donde infiro que nem o repouso nem o movimento lhe são essenciais; mas, sendo o movimento uma ação, ele é o efeito de uma causa que tem no

---

30 Esse repouso é, se quiserem, apenas relativo. Mas, uma vez que observamos o mais ou o menos no movimento, concebemos muito claramente um dos dois termos extremos, que é o repouso, e o concebemos tão bem que até somos inclinados a tomar como absoluto o repouso, que é apenas relativo. Ora, não é verdade que o movimento seja essencial à matéria, se ela pode ser concebida em repouso.

repouso apenas o sinal de sua ausência. Quando, portanto, nada age sobre a matéria, ela não se move e, exatamente por ser indiferente ao repouso e ao movimento, seu estado natural é estar em repouso.

Percebo nos corpos dois tipos de movimentos, a saber, movimento comunicado e movimento espontâneo ou voluntário. No primeiro, a causa motriz é estranha ao corpo movido, e no segundo ela está nele mesmo. Não concluirei daí que o movimento de um relógio, por exemplo, é espontâneo, pois se nada de estranho à mola agisse sobre ela, ela não tenderia a endireitar-se e não puxaria a corrente. Pela mesma razão, tampouco estaria de acordo quanto à espontaneidade dos fluidos, nem do próprio fogo que faz a fluidez deles.[31]

Perguntar-me-eis se os movimentos dos animais são espontâneos; dir-vos-ei que nada sei sobre isso, mas que a analogia está para a afirmativa. Perguntar-me-eis ainda como sei então que há movimentos espontâneos; dir-vos-ei que o sei porque sinto-o. Quero mover meu braço e movo-o, sem que esse movimento tenha outra causa imediata que não minha vontade. Seria vão querer raciocinar para destruir em mim esse sentimento, pois ele é mais forte do que qualquer evidência; seria o equivalente a provar-me que não existo.

Se não houvesse nenhuma espontaneidade nas ações dos homens, nem no que se faz sobre a terra, só ficaríamos mais embaraçados para imaginar a primeira causa de todo movimento. Quanto a mim, sinto-me de tal forma persuadido de que o estado natural da matéria é estar em repouso, e de que ela não tem por si mesma nenhuma força para agir, que, ao ver um corpo em movimento, logo julgo que é um corpo animado, ou que esse movimento lhe foi comunicado. Meu espírito recusa qualquer aquiescência da ideia da matéria não organizada movendo-se por si mesma, ou produzindo alguma ação.

No entanto, esse universo visível é matéria, matéria esparsa e morta,[32] que em seu todo nada tem da união, da organização, do sentimento comum

---

31 Os químicos consideram o flogisto ou o elemento do fogo como esparso, imóvel e estagnado nos mistos do qual faz parte, até que causas estranhas o separem, reúnam-no, ponham-no em movimento e transformem-no em fogo.

32 Fiz todos os meus esforços para conceber uma molécula viva, sem o conseguir. A ideia da matéria que sente sem ter sentidos parece-me ininteligível e contraditória.

das partes de um corpo animado, uma vez que é certo que nós, que somos partes, não nos sentimos, de modo algum, no todo. Esse mesmo universo está em movimento, e em seus movimentos regulados, uniformes, sujeitos a leis constantes, nada há dessa liberdade que aparece nos movimentos espontâneos do homem e dos animais. O mundo não é, portanto, um grande animal que se move por si mesmo; há, pois, alguma causa de seus movimentos estranha a ele, a qual não percebo. Mas a persuasão interior torna-me essa causa de tal modo sensível, que não posso ver o sol rolar sem imaginar uma força que o empurre, ou, se a terra gira, acredito sentir a mão que a faz girar.

Se é preciso admitir leis gerais cujas relações essenciais com a matéria não percebo, em que terei avançado? Essas leis, não sendo seres reais nem substâncias, têm, portanto, algum outro fundamento que me é desconhecido. A experiência e a observação fizeram-nos conhecer as leis do movimento; essas leis determinam os efeitos sem mostrar as causas; elas não bastam para explicar o sistema do mundo e a marcha do universo. Descartes formava o céu e a terra com dados; mas não pôde dar o primeiro empurrão a esses dados, nem pôr sua força centrífuga em jogo, a não ser recorrendo a um movimento de rotação. Newton[33] descobriu a lei da atração, mas a atração sozinha logo reduziria o universo a uma massa imóvel: a essa lei foi preciso acrescentar uma força projétil para fazer os corpos celestes descreverem curvas. Que Descartes nos diga qual lei física fez seus turbilhões girarem; que Newton nos mostre a mão que lançou os planetas sobre a tangente de suas órbitas.

As primeiras causas do movimento não estão na matéria; ela recebe o movimento e comunica-o, mas não o produz. Quanto mais observo a ação e a reação das forças da natureza agindo umas sobre as outras, mais acho que, de efeito em efeito, é sempre preciso remontar a alguma vontade como primeira causa, pois supor um progresso de causas ao infinito é não supor

---

Para adotar ou rejeitar essa ideia, seria preciso começar por compreendê-la, e confesso que não tenho tal felicidade.

33 Isaac Newton (1643-1727), físico inglês, autor de *Philosophiae naturalis principia mathematica* (1687). Junto com John Locke, é uma das figuras emblemáticas da corrente filosófica da modernidade conhecida como empirismo. (N. T.)

progresso algum. Em poucas palavras, todo movimento que não é produzido por outro só pode vir de um ato espontâneo, voluntário; os corpos inanimados só agem pelo movimento, e não há verdadeira ação sem vontade. Eis meu primeiro princípio. Creio, portanto, que uma vontade move o universo e anima a natureza. Eis meu primeiro dogma, ou meu primeiro artigo de fé.

Como uma vontade produz uma ação física e corporal? Não sei, mas experimento em mim que ela a produz. Quero agir, e ajo; quero mover meu corpo, e meu corpo se move. Mas, que um corpo inanimado e em repouso venha a se mover por si mesmo ou produza o movimento, isso é incompreensível e sem exemplo. Conheço a vontade por seus atos, não por sua natureza. Conheço essa vontade como causa motriz, mas conceber a matéria produtora do movimento, isso é claramente conceber um efeito sem causa, é conceber absolutamente nada.

Não me é mais possível conceber como minha vontade move meu corpo, do que como minhas sensações afetam minha alma. Não sei nem mesmo por que um desses mistérios pareceu mais explicável do que o outro. De minha parte, quer quando sou passivo, quer quando sou ativo, o meio de união das duas substâncias parece-me absolutamente incompreensível. É bem estranho que se parta dessa incompreensibilidade mesma para confundir as duas substâncias, como se operações de naturezas tão diferentes se explicassem melhor em um só sujeito do que em dois.

O dogma que acabo de estabelecer é obscuro, é verdade; mas, enfim, ele oferece um sentido e nada tem que repugne à razão ou à observação. Pode-se dizer o mesmo do materialismo? Não é claro que, se o movimento fosse essencial à matéria, ele seria inseparável dela, estaria nela sempre em mesmo grau, sempre o mesmo em cada porção da matéria, seria incomunicável, não poderia nem aumentar nem diminuir e não poderíamos nem mesmo conceber a matéria em repouso? Quando me dizem que o movimento não lhe é essencial, mas necessário, querem me ludibriar com palavras que seriam mais fáceis de se refutar se tivessem um pouco mais de sentido. Pois ou o movimento da matéria vem dela mesma, e então lhe é essencial, ou, se vem de uma causa estranha, só é necessário à matéria na medida em que a causa motriz age sobre ela: retornamos à primeira dificuldade.

As ideias gerais e abstratas são a fonte dos maiores erros dos homens. O jargão da metafísica nunca fez descobrir uma só verdade, e ele encheu a filosofia com absurdos de que temos vergonha, tão logo os despojamos de suas grandes palavras. Dizei-me, meu amigo, se quando vos falam de uma força cega espalhada por toda a natureza levam alguma verdadeira ideia ao vosso espírito. Acreditam dizer alguma coisa por essas palavras vagas, força universal, movimento necessário, e não dizem absolutamente nada. A ideia do movimento não é outra coisa senão a ideia de transporte de um lugar para outro; não há movimento sem alguma direção, pois um ser individual não poderia mover-se ao mesmo tempo em todos os sentidos. Em que sentido, pois, a matéria se move necessariamente? Toda a matéria em corpo tem um movimento uniforme, ou cada átomo tem seu movimento próprio? De acordo com a primeira ideia, o universo inteiro deve formar uma massa sólida e indivisível; de acordo com a segunda, ele deve formar apenas um fluido esparso e incoerente, sem jamais ser possível que dois átomos se reúnam. Em que direção ocorrerá esse movimento comum de toda a matéria? Será em linha reta, para o alto, para baixo, para a direita ou para a esquerda? Se cada molécula de matéria tem sua direção particular, quais serão as causas de todas essas direções e de todas essas diferenças? Se cada átomo ou molécula de matéria apenas girasse ao redor de seu próprio centro, nunca algo sairia de seu lugar, e não haveria movimento comunicado; mesmo assim, seria preciso que esse movimento circular fosse determinado em algum sentido. Dar à matéria o movimento por abstração é dizer palavras que nada significam, e dar-lhe um movimento determinado é supor uma causa que o determine. Quanto mais multiplico as forças particulares, mais causas novas tenho a explicar, sem jamais encontrar algum agente comum que as dirija. Longe de poder imaginar alguma ordem no concurso fortuito dos elementos, não posso nem mesmo imaginar o combate, e o caos do universo é para mim mais inconcebível do que sua harmonia. Compreendo que o mecanismo do mundo possa não ser inteligível ao espírito humano, mas, uma vez que um homem se propõe explicá-lo, deve dizer coisas que os homens entendam.

Se a matéria movida me mostra uma vontade, a matéria movida segundo certas leis me mostra uma inteligência: esse é meu segundo artigo de fé.

Livro IV

Agir, comparar, escolher são as operações de um ser ativo e pensante; logo, esse ser existe. "Onde o vedes existir?", ireis me dizer. Não apenas nos céus que giram, no astro que nos ilumina; não apenas em mim mesmo, mas na ovelha que pasta, no pássaro que voa, na pedra que cai, na folha que o vento carrega.

Julgo a ordem do mundo, embora desconheça seu fim, porque para julgar essa ordem basta-me comparar as partes entre si, estudar seu concurso, suas relações, observar o concerto. Ignoro por que o universo existe, mas não deixo de ver como ele é modificado, não deixo de perceber a íntima correspondência pela qual os seres que o compõem prestam-se auxílio mútuo. Sou como um homem que visse pela primeira vez um relógio aberto e que, embora não conhecesse o uso da máquina e não tivesse visto o mostrador, não deixasse de admirar a obra. Não sei, diria ele, para que serve o todo, mas vejo que cada peça é feita para as outras; admiro o obreiro no detalhe de sua obra, e estou bem certo de que todas essas engrenagens só marcham assim em concerto para um fim comum que me é impossível perceber.

Comparemos os fins particulares, os meios, as relações ordenadas de toda espécie, e depois ouçamos o sentimento interior: que espírito sadio pode recusar seu testemunho? A que olhos desprevenidos a ordem sensível do universo não anuncia uma suprema inteligência? E quantos sofismas não seria preciso amontoar para desconhecer a harmonia dos seres e o admirável concurso de cada peça para a conservação das outras? Falem-me o quanto quiserem sobre combinações e acasos; de que vos serve me reduzir ao silêncio se não podeis me conduzir à persuasão? E como tirareis de mim o sentimento involuntário que, a despeito de mim, vos desmente sempre? Se os corpos organizados se combinaram fortuitamente de mil maneiras antes de assumirem formas constantes, se primeiro formaram-se estômagos sem bocas, pés sem cabeças, mãos sem braços, órgãos imperfeitos de toda espécie, que morreram por não terem sido capazes de se conservar, por que nenhuma dessas informes tentativas atinge mais nosso olhar? Por que, enfim, a natureza prescreveu para si mesma leis às quais não estava submetida inicialmente? Não devo ficar surpreso que uma coisa ocorra quando ela é possível, e que a dificuldade do acontecimento seja compensada pela quantidade de lances. Concordo com isso. No entanto, se viessem me dizer que alguns caracteres de imprensa lançados ao acaso formaram a *Eneida* toda pronta, não me dignaria a dar um passo para ir verificar a mentira. Esqueceis, dir-me-ão, a quantidade dos lances. Mas quantos desses lances é preciso que eu suponha para tornar verossímil a combinação? Para mim, que só vejo um único, aposto o infinito contra um que seu produto não é efeito do acaso. Acrescentai que combinações e chances jamais darão produtos que não sejam da mesma natureza que os elementos combinados, que a organização e a vida não resultarão de um lance de átomos, e que um químico combinando mistos não os fará sentir e pensar em seu cadinho.[34]

Li Nieuwentyt[35] com surpresa e quase com escândalo. Como pôde esse homem querer fazer um livro sobre as maravilhas da natureza que mostrem a sabedoria de seu autor? Mesmo que seu livro fosse tão grosso quanto o mundo, não esgotaria o assunto; basta que se queira entrar nos detalhes e a maior maravilha, que é a harmonia e o acordo do todo, escapa. A geração dos corpos vivos organizados é, por si só, o abismo do espírito humano; a barreira insuperável que a natureza dispôs entre as diversas espécies a fim de que elas não se confundissem mostra suas intenções com a maior evidência. Ela não se contentou com estabelecer a ordem: ela tomou medidas certas para que nada pudesse perturbá-la.

Não há no universo um único ser que não se possa considerar, sob algum aspecto, como o centro comum de todos os outros, em torno do qual todos eles são ordenados, de modo que são todos reciprocamente fins e meios

---

[34] Acreditar-se-ia, se não tivéssemos a prova disso, que a extravagância humana pôde ser levada a esse ponto? Amatus Lusitanus garantia ter visto um homúnculo de uma polegada de altura preso em um vidro que Julius Camilus, tal qual outro Prometeu, havia feito pela ciência alquímica. Paracelso, em *De natura rerum*, ensina a maneira de produzir esses homúnculos, e defende que os pigmeus, os faunos, os sátiros e as ninfas foram gerados pela química. De fato, não vejo doravante outra coisa a fazer para estabelecer a possibilidade de tais fatos, a não ser afirmar que a matéria orgânica resiste ao ardor do fogo, e que suas moléculas podem conservar-se em vida em um forno de reverberação.

[35] Bernard Nieuwentyt (1654-1718), médico, matemático e teólogo holandês. Na obra citada, demonstra a existência de Deus com argumentos da física. A versão francesa é *Le Véritable usage de la contemplation de l'univers pour la conviction des athées et des incrédules* (1725). (N. T.)

uns relativamente aos outros. O espírito se confunde e se perde nessa infinidade de relações, das quais nenhuma se confunde nem se perde na multidão. Quantas absurdas suposições para deduzir toda essa harmonia do cego mecanismo da matéria que se move fortuitamente! Aqueles que negam a unidade de intenção que se manifesta nas relações de todas as partes desse grande todo podem bem cobrir seus galimatias de abstrações, de coordenações, de princípios gerais, de termos emblemáticos; façam o que fizerem, é-me impossível conceber um sistema de seres tão constantemente ordenados sem que eu conceba uma inteligência que os ordene. Não depende de mim acreditar que a matéria passiva e morta tenha podido produzir seres vivos e sensíveis, que uma fatalidade cega tenha podido produzir seres inteligentes, que o que não pensa tenha podido produzir seres que pensam.

Acredito, pois, que o mundo é governado por uma vontade poderosa e sábia; vejo-o, ou melhor, sinto-o, e isso me importa saber. Mas será este mesmo mundo eterno ou criado? Há um princípio único das coisas? Ou há dois? Ou vários? E qual é a natureza deles? Sobre isso nada sei; e o que me importa? À medida que esses conhecimentos se tornarem interessantes para mim, esforçar-me-ei para adquiri-los; até lá, renuncio a questões ociosas que podem inquietar meu amor-próprio, mas que são inúteis para minha conduta e superiores à minha razão.

Lembrai sempre que não ensino meu sentimento: eu o exponho. Que a matéria seja eterna ou criada, que haja um princípio passivo ou não, sempre é certo que o todo é uno e anuncia uma inteligência única; pois nada vejo que não esteja ordenado no mesmo sistema, e que não concorra para o mesmo fim, qual seja, a conservação do todo na ordem estabelecida. Esse ser que quer e que pode, esse ser ativo por si mesmo, o ser, enfim, qualquer que seja ele, que move o universo e ordena todas as coisas, chamo-o Deus. Junto a esse nome as ideias de inteligência, de potência, de vontade, que reuni, e a de bondade, que é uma consequência necessária delas; mas nem por isso conheço melhor o ser a que dei esse nome. Ele se furta igualmente aos meus sentidos e ao meu entendimento; quanto mais penso nele, mais me confundo; sei com muita certeza que ele existe, e que existe por si mesmo; sei que minha existência é subordinada à sua, e que todas as coisas que conheço estão absolutamente no mesmo caso. Percebo Deus por toda parte em suas obras; sinto-o em mim, vejo-o em todo o meu redor; mas, assim que quero contemplá-lo em si mesmo, assim que quero procurar onde ele está, o que ele é, qual sua substância, ele me escapa e meu espírito perturbado não percebe mais nada.

Ciente de minha insuficiência, nunca raciocinarei sobre a natureza de Deus, a menos que seja forçado a isso pelo sentimento de suas relações comigo. Esses raciocínios são sempre temerários, um homem sábio só deve entregar-se a eles com tremor e certo de que não foi feito para aprofundá-los; pois o que há de mais injurioso para com a divindade não é não pensar nela, mas pensar mal sobre ela.

Depois de ter descoberto os atributos pelos quais concebo sua existência, volto a mim mesmo e procuro saber que posição ocupo na ordem das coisas que ela governa e que posso examinar. Encontro-me, por minha espécie, incontestavelmente na primeira, pois, por minha vontade e pelos instrumentos que estão em meu poder para executá-la, tenho mais força para agir sobre todos os corpos que me rodeiam ou para prestar-me ou furtar-me à sua ação conforme eu queira, do que qualquer um deles tem para agir sobre mim a despeito de minha vontade unicamente pelo impulso físico; e, por minha inteligência, sou o único que pode inspecionar o todo. Que ser aqui embaixo, exceto o homem, sabe observar todos os demais, medir, calcular, prever seus movimentos, seus efeitos, e somar, por assim dizer, o sentimento da existência comum ao de sua existência individual? O que há de tão ridículo em pensar que tudo é feito para mim, se sou o único que sabe tudo relacionar consigo mesmo?

É verdade, portanto, que o homem é o rei da terra que habita, pois não somente ele doma todos os animais, não somente dispõe dos elementos por sua indústria, mas também só ele na terra sabe dispor deles, e ainda se apropria, pela contemplação, até mesmo dos astros de que não pode aproximar-se. Mostrem-me outro animal na terra que saiba fazer uso do fogo e que saiba admirar o sol. Qual! Posso observar, conhecer os seres e suas relações; posso sentir o que é ordem, beleza e virtude; posso contemplar o universo, elevar-me até a mão que o governa; posso amar o bem e praticá-lo; e iria me comparar aos animais? Alma abjeta, é tua triste filosofia que te torna semelhante a eles; ou antes, queres em vão aviltar-te, teu gênio depõe contra teus princípios, teu coração benfazejo desmente tua doutrina, e o próprio abuso de tuas faculdades prova a excelência delas, apesar de ti.

Quanto a mim, que não tenho sistema a defender, eu, homem simples e verdadeiro, que nenhum furor de partido arrasta e que não aspira à honra de ser chefe de seita, contente com o lugar onde Deus me pôs, nada vejo, segundo ele, de melhor do que minha espécie; e se tivesse de escolher meu lugar na ordem dos seres, que poderia eu escolher de melhor do que ser homem?

Essa reflexão me orgulha menos do que me toca, pois esse estado não foi escolhido por mim, e não se deveu ao mérito de um ser que ainda não existia. Será que posso me ver assim distinguido sem me felicitar por preencher esse posto honroso e sem abençoar a mão que nele me dispôs? De meu primeiro retorno a mim, nasce em meu coração um sentimento de reconhecimento e de bênção ao autor de minha espécie, e desse sentimento, minha primeira homenagem à divindade benfazeja. Adoro a potência suprema e enterneço-me com seus benefícios. Não preciso que me ensinem esse culto: ele me é ditado pela própria natureza. Honrar o que nos protege e amar o que nos quer bem não é uma consequência natural do amor de si?

Mas o que acontece comigo quando considero as diversas posições e os homens que as ocupam para, depois, conhecer meu lugar individual em minha espécie? Que espetáculo! Onde está a ordem que tinha observado? O quadro da natureza só me oferecia harmonia e proporções, o do gênero humano só me oferece confusão e desordem! O concerto reina entre os elementos e os homens estão no caos! Os animais são felizes, só seu rei é miserável! Ó sabedoria, onde estão tuas leis? Ó providência, assim reges o mundo? Ser benfazejo, em que se transformou teu poder? Vejo o mal sobre a terra.

Acreditaríeis, meu bom amigo, que dessas tristes reflexões e dessas contradições aparentes formaram-se em meu espírito as sublimes ideias da alma, que até então não tinham resultado de minhas investigações? Meditando sobre a natureza do homem, acreditei descobrir nela dois princípios distintos, dos quais um elevava-o ao estudo das verdades eternas, ao amor da justiça e do belo moral, às regiões do mundo intelectual cuja contemplação faz as delícias do sábio, e o outro trazia-o de volta indignamente a si mesmo, submetia-o ao império dos sentidos, às paixões que são seus ministros, e contrariava por elas tudo o que lhe inspirava o sentimento do primeiro. Sentindo-me puxado e combatido por esses dois movimentos contrários, dizia a mim mesmo: não, o homem não é uno; eu quero e não quero, sinto-me ao mesmo tempo escravo e livre; vejo o bem, amo-o, e faço o mal; sou ativo quando ouço a razão, passivo quando minhas paixões me arrastam, e meu pior tormento quando sucumbo é sentir que pude resistir.

Jovem, ouvi com confiança, terei sempre boa-fé. Se a consciência é obra dos preconceitos, estou errado, sem dúvida, e não há moral demonstrada. Mas, se preferir a si antes de todas as coisas é uma inclinação natural ao homem, e se, contudo, o primeiro sentimento da justiça é inato no coração humano, então, que aquele que faz do homem um ser simples resolva essas contradições, e não reconhecerei mais do que uma substância.

Notareis que pela palavra substância entendo em geral o ser dotado de alguma qualidade primitiva, abstração feita de todas as modificações particulares ou secundárias. Se, portanto, todas as qualidades primitivas que nos são conhecidas podem reunir-se em um mesmo ser, não devemos admitir mais do que uma substância. Mas, se algumas delas se excluem mutuamente, há tantas substâncias diferentes quantas são as exclusões similares que se podem fazer. Refletireis sobre isso; quanto a mim, só preciso, diga Locke[36] o que disser, conhecer a matéria como extensa e divisível para estar seguro de que ela não pode pensar, e quando um filósofo vier dizer-me que as árvores sentem e que as rochas pensam,[37] por mais que ele me embarace

---

36 Referência ao *Ensaio sobre o entendimento humano* (1689), IV, iii, §6: "Possivelmente, jamais saberemos se um ser meramente material pensa ou não pensa" e, um pouco adiante, "Deus poderia, se quisesse, acrescentar à matéria a faculdade de pensar". Cf. a tradução de Pedro Paulo Pimenta, São Paulo: Martins Fontes, 2012, p.593. (N. T.)

37 Parece-me que, longe de dizer que os rochedos pensam, a filosofia moderna descobriu que, ao contrário, os homens não pensam. Ela só reconhece seres sensitivos na natureza, e toda a diferença que ela encontra entre um homem e uma pedra é que o homem é um ser sensitivo que tem sensações, e a pedra um ser sensitivo que não as tem. Mas, se é verdade que toda matéria sinta, onde concebere estar a unidade sensitiva ou o eu individual? Será em cada molécula de matéria ou nos corpos agregados?

Livro IV

com seus argumentos sutis, não poderei ver nele mais do que um sofista de má-fé, que prefere dar o sentimento às pedras em vez de conceder uma alma ao homem.

Suponhamos um surdo que negue a existência dos sons porque eles nunca impressionaram seu ouvido. Ponho diante de seus olhos um instrumento de cordas, cujo uníssono faço soar por meio de outro instrumento escondido. O surdo vê a corda tremer; digo-lhe: é o som que faz isso. Nada disso, responde ele; a causa do tremor da corda está nela mesma; é uma qualidade comum a todos os corpos tremerem assim. Mostre-me então, respondo, esse tremor nos outros corpos, ou, ao menos, sua causa nessa corda. Não posso, replica o surdo; mas, dado que não concebo como treme essa corda, por que teria eu de explicar isso por vossos sons, de que não tenho a menor ideia? Seria explicar um fato obscuro por uma causa ainda mais obscura. Ou me tornais sensíveis vossos sons, ou digo que não existem.

Quanto mais reflito sobre o pensamento e sobre a natureza do espírito humano, mais acho que o raciocínio dos materialistas se assemelha ao desse surdo. Eles são surdos, de fato, à voz interior que lhes grita em um tom difícil de desconsiderar: uma máquina não pensa, não há nem movimento, nem figura que produza a reflexão; alguma coisa em ti procura romper as amarras que o comprimem. O espaço não é tua medida, o universo inteiro não é

Colocarei igualmente essa unidade nos fluidos e nos sólidos, nos mistos e nos elementos? Dizem que só há indivíduos na natureza! Mas quais são esses indivíduos? Essa pedra é um indivíduo ou um agregado de indivíduos? Ela é um único ser sensitivo, ou conterá tantos seres quantos grãos de areia? Se cada átomo elementar é um ser sensitivo, como conceberei a íntima comunicação pela qual um se sente no outro, de sorte que seus dois *eus* se confundem em um? A atração pode ser uma lei da natureza cujo mistério é desconhecido para nós, mas sabemos ao menos que a atração, agindo segundo as massas, não tem nada de incompatível com a extensão e a divisibilidade. Concebeis a mesma coisa do sentimento? As partes sensíveis são extensas, mas o ser sensitivo é indivisível e uno; ele não se divide, é todo inteiro ou nulo; o ser sensitivo não é, portanto, um corpo. Não sei como o entendem nossos materialistas, mas parece-me que as mesmas dificuldades que fazem que rejeitem o pensamento deveriam fazer também que rejeitassem o sentimento, e não vejo por que, tendo dado o primeiro passo, não dariam eles também o outro. O que isso lhes custaria a mais? E, já que estão seguros de que não pensam, como ousam afirmar que sentem?

grande o suficiente para ti; teus sentimentos, teus desejos, tua inquietação, teu próprio orgulho têm um princípio diferente do corpo estreito dentro do qual te sentes acorrentado.

 Nenhum ser material é ativo por si mesmo, e eu o sou. Por mais que disputem comigo quanto a isso, sinto-o, e esse sentimento que me fala é mais forte do que a razão que o combate. Tenho um corpo sobre o qual os outros agem e que age sobre eles; essa ação recíproca não é duvidosa, mas minha vontade é independente de meus sentidos. Consinto ou resisto, sucumbo ou sou vencedor, e sinto perfeitamente em mim mesmo quando faço o que quis fazer ou quando apenas cedo às minhas paixões. Tenho sempre o poder de querer, não a força de executar. Quando me entrego às tentações, ajo segundo o impulso dos objetos externos. Quando me censuro por essa fraqueza, ouço apenas minha vontade. Sou escravo por meus vícios e livre por meus remorsos; o sentimento de minha liberdade só se apaga em mim quando me depravo e quando, enfim, impeço a voz da alma de se elevar contra a lei do corpo.

 Só conheço a vontade pelo sentimento da minha, e o entendimento não me é melhor conhecido. Quando me perguntam qual é a causa que determina minha vontade, pergunto por minha vez qual é a causa que determina meu juízo. Pois, é claro que essas duas causas são apenas uma, e, quando se compreende bem que o homem é ativo em seus juízos, que seu entendimento é apenas o poder de comparar e de julgar, ver-se-á que sua liberdade não passa de um poder semelhante ou derivado daquele; ele escolhe o bom como julgou o verdadeiro; se julga errado, escolhe mal. Qual é, então, a causa que determina sua vontade? É seu juízo. E qual é a causa que determina seu juízo? É sua faculdade inteligente, é sua potência de julgar; a causa determinante está nele mesmo. Além disso, não entendo mais nada.

 Sem dúvida, não sou livre para não querer meu próprio bem, não sou livre para querer meu mal. Mas minha liberdade consiste nisto mesmo: que eu só posso querer o que me é conveniente, ou que estimo enquanto tal, sem que nada de estranho a mim me determine. Segue-se disso que eu não seja senhor de mim mesmo por que não posso ser o senhor de outra pessoa que não eu mesmo?

O princípio de toda ação está na vontade de um ser livre; não poderíamos remontar além disso. Não é a palavra liberdade que nada significa, mas a palavra necessidade. Supor algum ato, algum efeito que não derive de um princípio ativo é realmente supor efeitos sem causa, é cair no círculo vicioso. Ou não há um primeiro impulso, ou todo primeiro impulso não tem nenhuma causa anterior, e não há verdadeira vontade sem liberdade. O homem é, portanto, livre em suas ações e, como tal, animado de sua substância imaterial: esse é meu terceiro artigo de fé. Desses três primeiros, deduzireis facilmente todos os outros, sem que eu continue a enumerá-los.

Se o homem é ativo e livre, ele age por si mesmo. Tudo o que faz livremente não entra no sistema ordenado da providência e não pode ser-lhe imputado. A providência não quer o mal que o homem pratica ao abusar da liberdade que ela lhe dá, mas não o impede de fazê-lo, seja porque da parte de um ser tão fraco esse mal é nulo a seus olhos, seja porque ela não poderia impedi-lo sem perturbar sua liberdade e causar um mal maior ao degradar sua natureza. Ela o fez livre para que ele praticasse não o mal, mas o bem por escolha. Deixou-o em condições de fazer essa escolha empregando bem as faculdades de que o dotou; mas limitou de tal modo suas forças, que o abuso da liberdade que ela lhe deixa não pode abalar a ordem geral. O mal que o homem faz recai sobre ele sem nada mudar no sistema do mundo, sem impedir que a própria espécie humana se conserve, apesar dela mesma. Murmurar dizendo que Deus não o impede de fazer o mal é murmurar porque o fez de uma natureza excelente, porque pôs em suas ações a moralidade que as enobrece, porque lhe deu direito à virtude. O supremo gozo está no contentamento consigo mesmo; é para merecer esse contentamento que somos postos na terra e dotados de liberdade, que somos tentados pelas paixões e contidos pela consciência. Que mais poderia em nosso favor a própria potência divina? Poderia ela pôr contradição em nossa natureza e premiar por ter bem agido aquele que não tivesse o poder de praticar o mal? Qual! Para impedir o homem de ser mau, seria preciso limitá-lo ao instinto e fazer dele um animal? Não, Deus de minha alma, nunca te censurarei por tê-la feito à tua imagem, para que eu pudesse ser livre, bom e feliz, como tu.

É o abuso de nossas faculdades que nos torna infelizes e maus. Nossas tristezas, nossas preocupações, nossos sofrimentos vêm de nós. O mal moral é incontestavelmente obra nossa, e o mal físico nada seria sem nossos vícios, que nos fizeram senti-lo. Não é para nos conservar que a natureza faz que sintamos nossas carências? Não é a dor do corpo um sinal de que a máquina não vai bem e uma advertência para que cuidemos dela? A morte... Não envenenam os maus suas vidas e a nossa? Quem gostaria de viver para sempre? A morte é o remédio para os males que fazeis uns aos outros; a natureza quis que não sofrêsseis para sempre. Como está sujeito a poucos males o homem que vive na simplicidade primitiva! Vive quase sem doenças, assim como sem paixões, e não prevê nem sente a morte; quando a sente, suas misérias tornam-lha desejável; ela já não é, então, um mal para ele. Se nos contentássemos com ser o que somos, não teríamos que deplorar nossa sorte, mas, para procurar um bem-estar imaginário, proporcionamo-nos mil males reais. Quem não é capaz de suportar um pouco de sofrimento, deve esperar sofrer muito. Quando estragam a própria constituição com uma vida desregrada, querem restabelecê-la com remédios; ao mal que sentem acrescentam o que temem; a previsão da morte torna-a horrível e a acelera; quanto mais querem fugir dela, mais a sentem, e morrem de terror durante toda a sua vida ao murmurarem contra a natureza dos males que produziram ao ofendê-la.

Homem, não procures mais o autor do mal: esse autor és tu mesmo. Não existe outro mal além do que fazes ou do que sofres, e ambos vêm de ti. O mal geral só pode estar na desordem, e vejo no sistema do mundo uma ordem que não se desmente. O mal particular está apenas no sentimento do ser que sofre, e esse sentimento o homem não recebeu da natureza, mas produziu-o para si mesmo. A dor pouco pode contra quem, tendo refletido pouco, não tem nem lembrança nem previdência. Suprimi nossos funestos progressos, suprimi nossos erros e nossos vícios, suprimi a obra do homem, e tudo estará bem.

Onde tudo está bem, nada é injusto. A justiça é inseparável da bondade; ora, a bondade é o efeito necessário de uma potência sem limite e do amor de si, essencial a todo ser que sente. Aquele que tudo pode estende, por assim dizer, sua existência por sobre a dos seres. Produzir e conservar são o ato perpétuo da potência; ela não age sobre o que não é; Deus não é o Deus dos mortos, não poderia ser destruidor e mau sem se prejudicar. Aquele que tudo pode só pode querer o que é bom.[38] Portanto, o Ser soberanamente bom, por ser soberanamente poderoso, deve ser também soberanamente justo, ou senão, ele se contradiria; pois o amor da ordem que o produz chama-se *bondade*, e o amor da ordem que o conserva chama-se *justiça*.

Dizem que Deus nada deve a suas criaturas. Creio que lhes deve tudo o que lhes prometeu ao dar-lhes o ser. Ora, é prometer-lhes um bem dar-lhes uma ideia sua e fazê-los sentir que precisam dele. Quanto mais volto a mim, quanto mais me consulto, mais leio estas palavras escritas em minha alma: *Sê justo e serás feliz*. Não é nada disso, entretanto, quando se considera o estado presente das coisas; o mau prospera e o justo permanece oprimido. Vede que indignação acende-se em nós quando essa espera se frustra! A consciência se eleva e murmura contra seu autor; grita-lhe com gemidos: tu me enganaste!

Enganei-te, temerário! E quem te disse isso? Tua alma está aniquilada? Cessaste de existir? Ó Bruto, ó meu filho! Não sujes tua nobre vida acabando com ela; não deixes tua esperança e tua glória junto com teu corpo nos campos de Filipos. Por que dizes: a virtude nada é, quando vais gozar o mérito da tua? Pensas que vais morrer; não, vais viver, e é então que cumprirei tudo o que te prometi.

Dir-se-ia, em meio a murmúrios dos impacientes mortais, que Deus deve-lhes a recompensa antes do mérito, e que ele é obrigado a pagar antecipadamente pela virtude deles. Oh! Sejamos bons primeiramente, e depois seremos felizes. Não exijamos o prêmio antes da vitória, nem o salário antes do trabalho. Não é na liça, dizia Plutarco, que os vencedores de nossos jogos sagrados são coroados, mas depois de terem-na completado.

Se a alma é imaterial, ela pode sobreviver ao corpo, e, se sobrevive a ele, a providência está justificada. Mesmo que eu não tivesse outra prova

---

38 Quando os antigos chamavam o Deus supremo de *Optimus Maximus*, falavam muita verdade; mas ao dizerem *Maximus Optimus*, eles teriam falado mais exatamente, pois sua bondade vem de sua potência; ele é bom porque é grande.

da imaterialidade da alma além do triunfo do mau e da opressão do justo neste mundo, só isso já me impediria de duvidar dela. Uma dissonância tão chocante na harmonia universal me faria procurar resolvê-la. Diria a mim mesmo: nem tudo acaba para nós com a vida, tudo volta à ordem na morte. Na verdade, eu teria o embaraço de perguntar onde estaria o homem quando tudo o que houvesse de sensível fosse destruído. Essa questão já não é mais uma dificuldade para mim, tão logo eu tenha reconhecido duas substâncias. É muito simples que, durante minha vida corporal, nada percebendo a não ser pelos meus sentidos, o que não está submetido a eles me escape. Quando a união entre o corpo e a alma se rompe, concebo que um pode dissolver-se e a outra, conservar-se. Por que a destruição de um acarretaria a destruição da outra? Ao contrário, sendo de naturezas tão diferentes, estavam por sua união em um estado violento, e, quando essa união cessa, voltam ambos a seu estado natural: a substância ativa e viva recupera toda a força que empregava para mover a substância passiva e morta. Infelizmente, coisa que sinto demais por meus vícios, o homem só vive pela metade durante sua vida, e a vida da alma começa somente com a morte do corpo.

Mas que vida é essa? É imortal a alma por sua natureza? Meu entendimento limitado nada concebe sem limites: tudo o que chamam de infinito escapa-me. Que posso negar ou afirmar? Que raciocínios posso fazer sobre o que não posso conceber? Creio que a alma sobreviva ao corpo o suficiente para a manutenção da ordem; quem sabe se é o suficiente para durar para sempre? Todavia, concebo como o corpo se consome e se destrói pela divisão das partes, embora eu não possa conceber uma tal destruição do ser pensante e, não imaginando como ele possa morrer, suponho que ele não morre. Uma vez que essa presunção me consola e não tem nada de irrazoável, por que temeria me entregar a ela?

Sinto minha alma, conheço-a pelo sentimento e pelo pensamento, sei que ela é, sem saber qual é sua essência; não posso raciocinar sobre ideias que não tenho. O que bem sei é que a identidade do *eu* só se prolonga pela memória e que, para ser o mesmo de fato, é preciso que me lembre de ter sido. Ora, não poderia lembrar-me depois de minha morte do que fui durante a vida sem me lembrar também do que senti e, por conseguinte, do que fiz, e não tenho dúvidas de que essa lembrança fará um dia a felicidade dos bons e o tormento dos maus. Aqui embaixo, mil paixões ardentes absorvem o sentimento interno e fazem as vezes dos remorsos. As humilhações e as desgraças que o exercício das virtudes atrai impedem que se sintam todos os seus encantos. Mas quando, libertados das ilusões do corpo e dos sentidos, pudermos gozar da contemplação do Ser supremo e das verdades eternas de que ele é a fonte, quando a beleza da ordem impressionar todas as potências de nossa alma e estivermos ocupados unicamente em comparar o que fizemos com o que deveríamos ter feito, então a voz da consciência recuperará sua força e seu império; então a volúpia pura que nasce do contentamento consigo mesmo e o lamento amargo por ter-se aviltado distinguirão por sentimentos inesgotáveis a sorte que cada um tiver preparado para si mesmo. Não me perguntes, ó bom amigo, se haverá outras fontes de felicidade e de sofrimentos. Ignoro-o. Já bastam aquelas que imagino para me consolar desta vida e me fazer esperar por outra. Não digo que os bons serão recompensados, pois que outro bem pode aguardar um ser excelente a não ser existir segundo sua natureza? Mas digo que serão felizes, porque seu autor, o autor de toda justiça, tendo-os criado sensíveis, não os criou para sofrerem, e, não tendo abusado de sua liberdade na terra, não enganaram seu destino por sua culpa. No entanto, sofreram nesta vida; serão, portanto, indenizados em outra. Esse sentimento fundamenta-se menos no mérito do homem do que na noção de bondade que me parece inseparável da essência divina. Não faço mais do que supor que as leis da ordem sejam observadas e que Deus seja invariável consigo mesmo.[39]

    Tampouco me perguntes se os tormentos dos maus serão eternos; ignoro-o ainda, e não tenho a vã curiosidade de esclarecer questões inúteis. Que me importa o que acontecerá com os maus? Tenho pouco interesse em sua sorte. Todavia, tenho dificuldades para acreditar que sejam condenados a tormentos sem fim. Se a suprema justiça se vinga, vinga-se já nesta vida. Vós e vossos erros, ó nações!, sois seus ministros. Ela emprega os males que

---

39 Não por nós, não por nós, Senhor,/ Mas por teu nome, mas por tua própria honra,/ Ó Deus, faz-nos reviver! (Salmo 115).

fazeis uns aos outros para punir os crimes que os acarretaram. É em vossos corações insaciáveis, roídos pela inveja, pela avareza e pela ambição que, no seio de vossas falsas prosperidades, as paixões vingadoras punem vossas transgressões. Que necessidade há de procurar o inferno na outra vida? Ele está já nesta, no coração dos maus.

Onde terminam nossas necessidades perecíveis, onde cessam nossos desejos insensatos, devem cessar também nossas paixões e nossos crimes. De que perversidade espíritos puros seriam suscetíveis? Não precisando de nada, por que seriam maus? Se, destituídos de nossos sentidos grosseiros, toda a sua felicidade estiver na contemplação dos seres, eles só poderão querer o bem; e quem deixa de ser mau pode ser miserável para sempre? Eis o que sou inclinado a acreditar, sem me esforçar por me decidir a respeito. Ó Ser clemente e bom! Quaisquer que sejam teus decretos, adoro-os; se punes os maus, anulo minha fraca razão diante de tua justiça. Mas, se os remorsos desses desafortunados devem extinguir-se com o tempo, se seus males devem terminar e se a mesma paz nos aguarda a todos por igual um dia, louvo-te. Não é o mau meu irmão? Quantas vezes fui tentado a parecer-me com ele! Liberto de sua miséria, perca ele também a malignidade que a acompanha; que seja feliz como eu; longe de excitar meu ciúme, sua felicidade só se acrescentará à minha.

É assim que, contemplando Deus em suas obras e estudando-o pelos seus atributos que me importava conhecer, cheguei a estender e aumentar gradualmente a ideia, inicialmente imperfeita e limitada, que eu tinha desse ser imenso. Mas, se essa ideia tornou-se mais nobre e maior, ela é também menos proporcionada à razão humana. À medida que me aproximo em espírito da eterna luz, seu brilho me ofusca, perturba-me, sou forçado a abandonar todas as noções terrestres que me ajudavam a imaginá-la. Deus não mais é corporal e sensível; a suprema inteligência que rege o mundo não mais é o próprio mundo. Elevo e canso em vão meu espírito para conceber sua essência. Quando penso que é ela que dá a vida e a atividade à substância viva e ativa que rege os corpos animados, quando ouço dizerem que minha alma é espiritual e que Deus é um espírito, indigno-me contra esse aviltamento da essência divina; como se Deus e minha alma tivessem a mesma natureza; como se Deus não fosse o único ser absoluto, o único verdadeiramente ativo, que sente, que pensa, que quer por si mesmo, e do qual recebemos o pensamento, o sentimento, a atividade, a vontade, a liberdade, o ser! Só somos livres porque ele quer que o sejamos, e sua substância inexplicável está para nossas almas assim como nossas almas estão para nossos corpos. Se ele criou a matéria, os corpos, os espíritos, o mundo, eu não sei. A ideia de criação confunde-me e ultrapassa meu alcance; creio nela tanto quanto posso concebê-la; mas sei que ele formou o universo e tudo o que existe, que fez tudo e tudo ordenou. Deus é eterno, sem dúvida; mas, pode meu espírito abraçar a ideia da eternidade? Por que me contentar com palavras sem ideias? O que concebo é que ele é antes das coisas, que ele será enquanto elas subsistirem, e que ele seria até mesmo depois, se tudo devesse acabar um dia. Que um ser que não concebo dê existência a outros seres, isso é apenas obscuro e incompreensível; mas, que o ser e o nada convertam-se por si mesmos um no outro, isso é uma contradição palpável, é um claro absurdo.

    Deus é inteligente; mas, de que modo o é? O homem é inteligente quando raciocina, e a suprema inteligência não precisa raciocinar; não usa de premissas nem de consequências, nem mesmo de proposições; é puramente intuitiva, vê de igual modo tudo o que é e tudo o que pode ser; todas as verdades são para ela uma única ideia, como todos os lugares são um único ponto e todos os tempos, um único momento. A potência humana age por meios, a potência divina age por si mesma. Deus pode porque quer; sua vontade faz seu poder. Deus é bom, nada é mais manifesto; mas a bondade no homem é o amor de seus semelhantes, e a bondade de Deus é o amor da ordem; pois é pela ordem que ele conserva o que existe e liga cada parte com o todo. Deus é justo; estou convencido disso, trata-se de uma consequência de sua bondade; a injustiça dos homens é obra deles, e não de Deus; a desordem moral, que depõe contra a providência aos olhos dos filósofos, aos meus não faz senão demonstrá-la. Mas a justiça do homem é dar a cada um o que lhe pertence, e a justiça de Deus é pedir que cada um preste contas do que lhe foi dado.

    Se chego a descobrir sucessivamente esses atributos de que não tenho nenhuma ideia absoluta, é por consequências forçadas, é pelo bom uso de minha razão; mas afirmo-os sem compreendê-los e, no fundo, isso é não afirmar nada. Por mais que eu diga: "Deus é assim; sinto-o, eu o provo para mim mesmo", nem por isso concebo melhor como Deus pode ser assim.

Enfim, quanto mais me esforço para contemplar sua essência infinita, menos a concebo; mas ela é, e isso me basta; quanto menos a concebo, mais a adoro. Humilho-me e digo a ele: "Ser dos seres, sou porque és; é elevar-me à minha fonte meditar sem cessar sobre ti. O mais digno uso de minha razão é que ela se anule diante de ti; é meu arroubo de espírito, é o encanto de minha fraqueza sentir-me esmagado por tua grandeza".

Depois de ter assim, da impressão dos objetos sensíveis e do sentimento interior que me leva a julgar as causas segundo minhas luzes naturais, deduzido as principais verdades que me importava conhecer, resta-me procurar saber que máximas devo tirar delas para minha conduta, e que regras devo prescrever a mim mesmo para cumprir minha destinação na terra, conforme a intenção daquele que aqui me pôs. Seguindo sempre meu método, não tiro essas regras dos princípios de uma alta filosofia, mas encontro-as no fundo de meu coração, escritas pela natureza em caracteres inapagáveis. Basta consultar-me sobre o que quero fazer: tudo o que sinto estar bem está bem, tudo o que sinto estar mal está mal. O melhor de todos os casuístas é a consciência, e só quando negociamos com ela recorremos às sutilezas do raciocínio. O primeiro de todos os cuidados é o de si mesmo; no entanto, quantas vezes a voz interior diz-nos que, ao fazer o que é bom para nós à custa de outrem, fazemos mal! Acreditamos seguir o impulso da natureza e resistimos a ela; ao ouvir o que ela diz aos nossos sentidos, desprezamos o que ela diz a nosso coração; o ser ativo obedece, o ser passivo manda. A consciência é a voz da alma, as paixões são a voz do corpo. Será espantoso que essas duas linguagens sempre se contradigam? E, então, qual das duas devemos ouvir? Vezes demais a razão nos engana, adquirimos até demais o direito de recusá-la, mas a consciência nunca engana. Ela é o verdadeiro guia do homem; ela é para a alma o que o instinto é para o corpo:[40] quem a segue

---

40 A filosofia moderna, que só admite o que explica, evita admitir essa obscura faculdade chamada *instinto*, que parece guiar, sem nenhum conhecimento adquirido, os

Livro IV

obedece à natureza e não tem medo de se perder. Esse ponto é importante, prosseguiu meu benfeitor, vendo que eu ia interrompê-lo; deixai que eu me detenha um pouco mais para esclarecê-lo.

Toda a moralidade de nossas ações está no juízo que nós mesmos fazemos delas. Se é verdade que o bem seja bem, ele deve estar no fundo de nossos corações assim como nas obras, e o primeiro prêmio da justiça é sentir que a praticamos. Se a bondade moral é conforme à nossa natureza, o homem só pode ser são de espírito ou bem constituído na medida em que é bom. Se ela não o é, e o homem é naturalmente mau, ele não pode cessar de sê-lo sem se corromper, e a bondade é nele apenas um vício contra a natureza. Criado para prejudicar seus semelhantes como o lobo para abater sua presa, um homem humano seria um animal tão depravado quanto um lobo piedoso, e só a virtude nos deixaria remorsos.

Voltemo-nos para nós mesmos, ó meu jovem amigo! Examinemos, todo interesse pessoal posto à parte, a que nos levam nossas inclinações. Que

---

animais para algum fim. Segundo um de nossos filósofos mais sábios,* o instinto é apenas um hábito desprovido de reflexão, mas adquirido ao se refletir, e da maneira com que ele explica esse progresso, devemos concluir que as crianças refletem mais do que os adultos; paradoxo bastante estranho para valer a pena ser examinado. Sem entrar aqui nessa discussão, pergunto que nome devo dar ao ardor com que meu cão faz guerra às toupeiras que não come, à paciência com que as espreita, às vezes por horas inteiras, e à habilidade com que as captura, as lança para fora da terra no momento em que aparecem, e as mata em seguida, para deixá-las ali, sem que nunca ninguém lhe tenha treinado nessa caça nem lhe ensinado que ali havia toupeiras. Pergunto ainda, e isso é mais importante, por que, da primeira vez que ameacei esse mesmo cão, ele se jogou de costas para o chão, de patas dobradas, em uma atitude suplicante, a mais apropriada para me tocar; postura na qual ele bem evitaria ficar se, sem me compadecer, eu lhe tivesse batido naquele estado. Qual! Meu cão, ainda filhote, tendo acabado de nascer, já havia adquirido ideias morais? Sabia o que era clemência e generosidade? Por quais luzes adquiridas esperava ele me apaziguar se entregando assim à minha discrição? Todos os cães do mundo fazem mais ou menos a mesma coisa no mesmo caso, e não digo nada aqui que cada qual não possa verificar. Que os filósofos, que rejeitam tão desdenhosamente o instinto, expliquem esse fato apenas através do jogo de sensações e dos conhecimentos que elas nos fazem adquirir, e que o façam de maneira satisfatória para qualquer homem sensato; então, eu não terei mais nada a dizer e não falarei mais de instinto.

* Referência a Condillac. (N. T.)

espetáculo nos agrada mais: o dos tormentos ou o da felicidade de outrem? O que nos é mais doce fazer e nos deixa uma impressão mais agradável após tê-lo feito: um ato de beneficência ou um ato de maldade? Por quem vos interessais no teatro? É com as transgressões que sentis prazer? É por seus autores punidos que derramais lágrimas? Tudo é indiferente para nós, dizem eles, exceto nosso interesse; e, muito ao contrário, as doçuras da amizade e da humanidade consolam-nos em nossos sofrimentos e, mesmo em nossos prazeres, estaríamos muito sós, muito miseráveis se não tivéssemos com quem os partilhar. Se não há nada de moral no coração do homem, de onde lhe vêm então os arroubos de admiração pelas ações heroicas, os arrebatamentos de amor pelas grandes almas? Esse entusiasmo da virtude, que ligação tem ele com nosso interesse privado? Por que preferiria eu ser Catão, que dilacera suas entranhas, a ser César triunfante? Suprimi de nossos corações esse amor do belo e suprimireis todo o encanto da vida. Aquele cujas vis paixões sufocaram em sua alma estreita esses sentimentos deliciosos, aquele que, de tanto se concentrar dentro de si mesmo, acaba por só amar a si mesmo, não mais tem arroubos, seu coração gelado não mais palpita de alegria, um doce enternecimento nunca umedece seus olhos; ele não goza de mais nada; o infeliz não sente mais, não vive mais; já está morto.

Mas, seja qual for o número dos maus sobre a terra, existem poucas dessas almas cadavéricas que, fora de seu interesse, tornaram-se insensíveis a tudo o que é justo e bom. A iniquidade só agrada enquanto nos aproveitamos dela; em todo o resto, queremos que o inocente seja protegido. Se vemos em uma rua ou em um caminho algum ato de violência e de injustiça, imediatamente um movimento de cólera e de indignação eleva-se do fundo do coração e leva-nos a tomar a defesa do oprimido; porém, um dever mais poderoso nos retém, e as leis tiram-nos o direito de proteger a inocência. Ao contrário, se algum ato de clemência ou de generosidade impressiona nossos olhos, que admiração, que amor nos inspira! Quem não diz a si mesmo: gostaria de ter feito o mesmo? Seguramente, pouco nos importa se um homem foi mau ou justo há 2 mil anos, e, no entanto, o mesmo interesse nos afeta na história antiga, como se tudo aquilo tivesse passado em nossos dias. O que tenho a ver com os crimes de Catilina? Terei medo de ser sua vítima? Por que então tenho por ele o mesmo horror que teria se fosse meu contemporâneo? Não odiamos os maus apenas porque nos prejudicam, mas porque são maus. Não somente queremos ser felizes, mas queremos também a felicidade do outro, e, quando essa felicidade não custa nada à nossa, ela a aumenta. Enfim, mesmo contra a vontade, apiedamo-nos dos desafortunados; quando somos testemunhas de seu mal, sofremos com eles. Os mais perversos não poderiam perder completamente essa inclinação; muitas vezes ela os deixa em contradição consigo mesmos. O ladrão que rouba os passantes ainda cobre a nudez do pobre, e o mais feroz assassino ampara um homem que cai desmaiado.

Fala-se do grito dos remorsos, que pune em segredo os crimes ocultos e sempre os põe em evidência. Infelizmente, quem de nós nunca ouviu essa voz importuna? Falamos por experiência, e gostaríamos de sufocar esse sentimento tirânico que nos causa tanto tormento. Obedeçamos à natureza e saberemos com que doçura ela reina e que encanto encontramos, depois de tê-la escutado, em dar um bom testemunho de nós mesmos. O mau teme a si mesmo e de si mesmo foge; diverte-se projetando-se para fora de si; com olhos inquietos, procura ao seu redor um objeto que o divirta; sem a sátira amarga, sem a gozação insultante, ele estaria sempre triste; o riso zombeteiro é seu único prazer. Pelo contrário, a serenidade do justo é interior; seu riso não é de malignidade, mas de alegria; ele carrega a fonte desse riso em si mesmo; é tão alegre quando está só quanto no meio de uma roda; seu contentamento não é tirado dos que se aproximam dele: é comunicado a eles.

Lançai o olhar para todas as nações do mundo, percorrei todas as histórias. Em meio a tantos cultos inumanos e bizarros, em meio a essa prodigiosa diversidade de costumes e de caracteres, encontrareis por toda parte as mesmas ideias de justiça e de honestidade, por toda parte as mesmas noções de bem e de mal. O antigo paganismo gerou deuses abomináveis, que puniríamos nesta terra como celerados, e que ofereciam como retrato da felicidade suprema apenas transgressões a cometer e paixões a satisfazer. Mas o vício, armado de uma autoridade sagrada, descia em vão da morada eterna, pois o instinto moral bania-o do coração dos humanos. Ao celebrarem-se as orgias de Júpiter, admirava-se a continência de Xenócrates; a casta Lucrécia adorava a impudica Vênus; o intrépido Romano sacrificava ao Medo; invocava a divindade que mutilou seu pai e morria sem murmurar pela mão do seu; as mais desprezíveis divindades foram cultuadas pelos maiores homens. A santa voz da natureza, mais forte do que a dos deuses, fazia-se respeitar na terra, e parecia relegar ao céu o crime junto aos culpados.

Existe, pois, no fundo das almas um princípio inato de justiça e de virtude com base no qual, apesar de nossas próprias máximas, julgamos nossas ações e as de outrem como boas ou más, e é a esse princípio que dou o nome de consciência.

Mas, diante dessa palavra, ouço elevarem-se de todos os lados os clamores dos pretensos sábios: erros de infância, preconceitos de educação, gritam todos em concerto. Não há nada no espírito humano além do que se introduz pela experiência, e só julgamos alguma coisa com base em ideias adquiridas. Eles fazem mais: ousam rejeitar esse acordo evidente e universal de todas as nações; contra a luminosa uniformidade do juízo dos homens, vão procurar nas trevas algum exemplo obscuro e só por eles conhecido; como se todas as inclinações da natureza fossem anuladas pela depravação de um povo e, dada a existência de monstros, a espécie nada mais fosse. Mas de que servem ao cético Montaigne os tormentos que proporciona a si mesmo para desenterrar em um canto do mundo um costume oposto às noções da justiça?[41] De que lhe serve dar aos mais suspeitos viajantes a autoridade que recusa aos mais célebres escritores? Alguns usos incertos e bizarros fundamentados em causas locais que nos são desconhecidas destruirão a indução geral extraída do concurso de todos os povos, opostos em todo o resto, mas de acordo sobre esse único ponto? Ó Montaigne! Tu que te vanglorias de franqueza e de verdade, sê sincero e verdadeiro, se é que um filósofo pode sê-lo, e dize-me se existe alguma região da terra em que seja crime conservar sua fé, ser clemente, benfazejo e generoso, em que o homem de bem seja desprezível e o pérfido, honrado.

Dizem que cada qual concorre para o bem público por seu próprio interesse. Mas por que, então, o justo concorre a isso em seu próprio prejuízo?

---

41 Veja a coleção de exemplos apresentada por Montaigne em *Ensaios*, I, 23. (N. T.)

O que é ir à morte por seu próprio interesse? Sem dúvida, ninguém age a não ser para seu próprio bem, mas, se existe um bem moral que precisamos levar em consideração, só explicaremos pelo interesse próprio as ações dos maus. É de se acreditar que não se tentará ir mais longe. Seria uma filosofia abominável demais aquela em que se ficasse embaraçado com as ações virtuosas, em que só se pudesse resolver a questão forjando intenções baixas e motivos sem virtude, em que fosse forçoso aviltar Sócrates e caluniar Régulo. Se alguma vez doutrinas desse tipo pudessem germinar entre nós, a voz da natureza, assim como a da razão, elevar-se-iam incessantemente contra elas e nunca deixariam a qualquer de seus partidários a desculpa da boa-fé.

Meu intuito não é entrar aqui em discussões metafísicas que ultrapassem meu alcance e o vosso e, no fundo, não levam a nada. Já vos disse que não queria filosofar convosco, mas ajudar-vos a consultar vosso coração. Mesmo que todos os filósofos provassem que estou errado, se sentísseis que tenho razão, dar-me-ia por satisfeito.

Para tanto, só é preciso fazer que distingais nossas ideias adquiridas e nossos sentimentos naturais, pois sentimos antes de conhecer, e, como não aprendemos a querer o nosso bem e a evitar nosso mal, mas recebemos essa vontade da natureza, da mesma maneira o amor do bom e o ódio ao mau são tão naturais a nós quanto o amor de nós mesmos. Os atos da consciência não são juízos, mas sentimentos. Embora todas as nossas ideias nos venham de fora, os sentimentos que as apreciam estão dentro de nós e é só por eles que conhecemos a conveniência ou a inconveniência que existe entre nós e as coisas que devemos respeitar ou evitar.

Existir, para nós, é sentir; nossa sensibilidade é incontestavelmente anterior à nossa inteligência, e tivemos sentimentos antes de ter ideias.[42] Seja

---

42 Sob certos aspectos, as ideias são sentimentos e os sentimentos são ideias. Os dois nomes convêm a qualquer percepção que nos ocupe, tanto com relação a seu objeto quanto com relação a nós mesmos por ele afetados; só a ordem dessa afecção determina o nome que lhe convém. Quando ocupados de início com o objeto, só pensamos em nós mesmos por reflexão: trata-se de uma ideia; ao contrário, quando a impressão recebida excita nossa primeira atenção e só pensamos por reflexão no objeto que a causa, trata-se de um sentimento.

qual for a causa de nosso ser, ela proveu nossa conservação dando-nos sentimentos convenientes à nossa natureza, e não se poderia negar que ao menos aqueles sejam inatos. Esses sentimentos, quanto ao indivíduo, são o amor de si, o temor da dor, o horror à morte e o desejo de bem-estar. Mas se, como não se pode duvidar, o homem é sociável por sua natureza, ou ao menos é feito para tornar-se tal, só pode sê-lo por meio de outros sentimentos inatos, relativos à sua espécie, pois, considerando-se apenas a necessidade física, ela deve certamente dispersar os homens, em vez de aproximá-los. Ora, é do sistema moral formado por essa dupla relação, consigo mesmo e com seus semelhantes, que nasce o impulso da consciência. Conhecer o bem não é amá-lo: o homem não possui o conhecimento inato disso; mas, tão logo sua razão faça que conheça o bem, sua consciência leva-o a amá-lo: é esse sentimento que é inato.

Portanto, não acredito, meu amigo, que seja impossível explicar por consequências de nossa natureza o princípio imediato da consciência, independente da própria razão. E, mesmo que isso fosse impossível, não seria necessário; pois, uma vez que aqueles que negam esse princípio admitido e reconhecido por todo o gênero humano não provam que ele não existe, mas contentam-se com afirmá-lo, quando afirmamos que ele existe, estamos tão bem fundamentados quanto eles, e temos a mais o testemunho interior, além da voz da consciência que depõe a favor de si mesma. Se os primeiros clarões do juízo nos ofuscam e a princípio confundem os objetos à nossa visão, esperemos que nossos fracos olhos voltem a abrir-se e se restabeleçam; logo voltaremos a ver esses mesmos objetos sob as luzes da razão, tais como a natureza no-los mostrava de início; ou melhor, sejamos mais simples e menos fúteis. Limitemo-nos aos primeiros sentimentos que encontramos em nós mesmos, uma vez que é sempre a eles que o estudo nos leva quando não nos desencaminha.

Consciência! Consciência! Instinto divino, imortal e celeste voz; guia seguro de um ser ignorante e limitado, mas inteligente e livre; juiz infalível do bem e do mal, que tornas o homem semelhante a Deus, és tu que fazes a excelência de sua natureza e a moralidade de suas ações; sem ti, nada sinto em mim que me eleve acima dos animais, a não ser o triste privilégio de extraviar-me de erros em erros com a ajuda de um entendimento sem regra e de uma razão sem princípio.

Graças aos céus, eis-nos libertados de todo esse assustador aparato de filosofia: podemos ser homens sem ser sábios; dispensados de consumir nossa vida no estudo da moral, a um custo menor temos um guia mais seguro nesse labirinto imenso das opiniões humanas. Mas não basta que esse guia exista, é preciso saber reconhecê-lo e segui-lo. Se ele fala a todos os corações, por que há tão poucos que o ouvem? Ah, é que ele nos fala na língua da natureza, que por tudo fomos levados a esquecer. A consciência é tímida, ela ama o retiro e a paz; o mundo e o barulho assustam-na, os preconceitos a partir dos quais a fazem nascer são seus mais cruéis inimigos; ela os evita ou cala-se diante deles; sua voz barulhenta sufoca a dela e a impede de se fazer ouvir; o fanatismo ousa simulá-la e ditar o crime em seu nome. Enfim, ela esmorece de tanto ser mandada embora; não mais nos fala, não mais nos responde e, depois de tão grandes desprezos por ela, chamá-la de volta custa tanto quanto custou bani-la.

Quantas vezes em minhas investigações cansei-me da frieza que sentia em mim! Quantas vezes a tristeza e o tédio, vertendo seu veneno sobre minhas primeiras meditações, tornaram-nas insuportáveis para mim! Meu coração árido só concedia um zelo lânguido e morno ao amor da verdade. Eu dizia a mim mesmo: por que me atormentar procurando o que não existe? O bem moral é apenas uma quimera; nada há de bom a não ser os prazeres dos sentidos. Oh! Uma vez que perdemos o gosto dos prazeres da alma, como é difícil recuperá-lo! Como é mais difícil ainda adquiri-lo quando nunca se o teve! Se existisse um homem bastante miserável para nada ter feito em toda a sua vida cuja lembrança o fizesse contente consigo mesmo e bem satisfeito por ter vivido, esse homem seria incapaz de algum dia se conhecer, e, por não sentir que bondade convém à sua natureza, permaneceria mau forçosamente e seria eternamente infeliz. Mas acreditas que haja na terra inteira um único homem bastante depravado para nunca ter entregue seu coração à tentação de fazer o bem? Essa tentação é tão natural e tão doce que é impossível resistir-lhe sempre, e a lembrança do prazer que produziu uma vez basta para que a lembremos sem cessar. Infelizmente, ela é difícil de satisfazer no início; temos mil razões para recusarmo-nos à inclinação do coração; a falsa prudência o encerra nos limites do *eu* humano; são precisos mil esforços de coragem para ousar transpô-los. Comprazer-se em praticar o bem é o prêmio por ter agido bem, e esse prêmio só se obtém depois de se merecê-lo. Nada é mais amável do que a virtude, mas é preciso gozar dela para assim a encontrar. Quando se quer beijá-la, semelhante ao Proteu da fábula, ela logo assume mil formas assustadoras, e só se mostra enfim com a sua aos que não desistiram.

Combatido incessantemente por meus sentimentos naturais que falavam a favor do interesse comum, e por minha razão que relacionava tudo a mim, eu teria hesitado toda a minha vida nessa contínua alternativa, fazendo o mal, amando o bem, e sempre contrário a mim mesmo, se novas luzes não tivessem iluminado meu coração, se a verdade, que fixou minhas opiniões, não tivesse também assegurado minha conduta e me disposto de acordo comigo mesmo. Por mais que queiramos estabelecer a virtude apenas por meio da razão, que base sólida podemos dar a ela? A virtude, dizem, é o amor da ordem. Mas poderia então, ou deveria, esse amor em mim sobrepor-se ao amor de meu bem-estar? Que me deem uma razão clara e suficiente para preferi-lo. No fundo, seu pretenso princípio é um mero jogo de palavras, pois também digo, de minha parte, que o *vício* é o amor da ordem, tomado em um sentido diferente. Em todos os lugares onde há sentimento e inteligência, há alguma ordem moral. A diferença é que o bom se ordena em relação ao todo, e o mau ordena o todo em relação a ele. Este faz-se o centro de todas as coisas; o outro mede seu raio e mantém-se na circunferência. Então, ele é ordenado em relação ao centro comum, que é Deus, e em relação a todos os círculos concêntricos, que são as criaturas. Se a divindade não existe, só o mau raciocina e o bom não passa de um insensato.

Ó meu filho, que um dia possais sentir de que peso aliviamo-nos quando, depois de termos esgotado a vaidade das opiniões humanas e degustado o amargor das paixões, encontramos enfim tão perto de nós mesmos a rota da sabedoria, o prêmio pelos trabalhos desta vida, e a fonte da felicidade de que desesperamos! Todos os deveres da lei natural, quase apagados de meu coração pela injustiça dos homens, reinscrevem-se ali em nome da eterna justiça que os impõe a mim e que me vê cumpri-los. Não sinto mais em mim senão a obra e o instrumento do grande Ser que quer o bem, que o faz, que fará meu bem pelo concurso de minhas vontades às suas e pelo bom uso de minha liberdade. Consinto à ordem que ele estabelece, certo de um dia eu mesmo poder gozar dessa ordem e nela encontrar a felicidade; pois, qual felicidade é mais doce do que se sentir ordenado em um sistema onde tudo está bem? Tomado pela dor, suporto-a com paciência, pensando que ela é passageira e que vem de um corpo que não sou eu. Se faço uma boa ação sem testemunha, sei que ela é vista, e registro em ata para a outra vida minha conduta nesta aqui. Ao sofrer uma injustiça, digo a mim mesmo: o Ser justo que tudo rege saberá indenizar-me por isso; as necessidades de meu corpo, as misérias de minha vida tornam-me a ideia da morte mais suportável. Serão alguns laços a menos para romper quando for preciso abandonar tudo.

Por que está minha alma submetida aos meus sentidos e acorrentada a este corpo que a subjuga e a constrange? Quanto a isso, nada sei; terei acesso aos decretos de Deus? Mas posso, sem temeridade, formar modestas conjeturas. Digo a mim mesmo: se o espírito do homem tivesse permanecido livre e puro, que mérito teria ele em amar e seguir a ordem que ele veria estabelecida e que não teria nenhum interesse em perturbar? Seria feliz, é verdade, mas faltaria à sua felicidade o grau mais sublime, a glória da virtude e o bom testemunho de si mesmo; seria apenas como os anjos, e sem dúvida o homem virtuoso será mais do que eles. Unida a um corpo mortal por laços não menos poderosos do que incompreensíveis, o cuidado da conservação desse corpo excita a alma a relacionar tudo com ele, e confere-lhe um interesse contrário à ordem geral, que ela, no entanto, é capaz de ver e de amar; é então que o bom uso de sua liberdade torna-se ao mesmo tempo o mérito e a recompensa, e ela prepara para si uma felicidade inalterável ao combater suas paixões terrestres e conservando-se em sua primeira vontade.

Pois se, mesmo no estado rebaixado em que estamos durante esta vida, todas as nossas primeiras inclinações são legítimas, e se todos os nossos vícios vêm de nós, por que nos queixamos de ser subjugados por eles? Por que censuramos o autor das coisas pelos males que fazemos a nós e pelos inimigos que armamos contra nós mesmos? Ah! Não mimemos o homem: ele sempre será bom sem dificuldade e sempre feliz sem remorsos. Os culpados que se dizem forçados ao crime são tão mentirosos quanto maus. Como não veem que a fraqueza de que se queixam é sua própria obra, que sua primeira depravação vem de sua vontade, e que, de tanto quererem ceder às tentações, cedem enfim a elas malgrado eles mesmos, tornando-as irresistíveis? Sem dúvida, já não depende deles não serem maus nem fracos, mas depende deles não se tornarem assim. Oh! Como permaneceríamos facilmente senhores de nós mesmos e de nossas paixões, até mesmo durante esta vida, se, quando nossos hábitos ainda não tivessem sido adquiridos, quando nosso espírito começasse a se abrir, soubéssemos ocupá-lo com objetos que deve conhecer para apreciar os que não conhece; se quiséssemos sinceramente esclarecer-nos, não para brilhar aos olhos dos outros, mas para sermos bons e sábios segundo nossa natureza, para nos tornarmos felizes praticando nossos deveres! Este estudo parece-nos entediante e penoso porque só pensamos nele quando já corrompidos pelo vício, já entregues às nossas paixões. Fixamos nossos juízos e nossa estima antes de conhecer o bem e o mal, e depois, relacionando tudo com essa falsa medida, não damos a coisa alguma seu justo valor.

Existe uma idade em que o coração, ainda livre, mas ardente, inquieto, ávido de felicidade que não conhece, procura-a com uma curiosa incerteza e, enganado pelos sentidos, fixa-se enfim em sua vã imagem e acredita encontrá-la onde ela não está. Essas ilusões duraram tempo demais para mim. Infelizmente, conheci-as muito tarde, e não pude destruí-las completamente; durarão tanto quanto este corpo mortal que as causa. Ao menos, embora me seduzam, elas não abusam de mim; conheço-as pelo que são; seguindo-as, eu as desprezo; longe de ver nelas o objeto de minha felicidade, vejo-as como seu obstáculo. Aspiro ao momento em que, livre dos entraves do corpo, serei *eu*, sem contradição, sem divisão, e precisarei apenas de mim para ser feliz; enquanto espero, sou-o já nesta vida, porque todos os seus males contam pouco para mim, porque a considero como quase estranha ao meu ser, e porque todo o verdadeiro bem que posso retirar dela depende de mim.

Para elevar-me antecipadamente tanto quanto possível até esse estado de felicidade, de força e de liberdade, exercito-me nas sublimes contemplações.

Medito sobre a ordem do universo, não para explicá-la mediante vãos sistemas, mas para admirá-la sem cessar, para adorar o sábio autor que nela se faz sentir. Converso com ele, faço que todas as minhas faculdades adentrem em sua divina essência; enterneço-me com seus favores e bendigo-o por seus dons; mas não lhe peço nada. O que lhe pediria? Que mudasse para mim o curso das coisas, que fizesse milagres em meu favor? Eu, que devo amar acima de tudo a ordem estabelecida por sua sabedoria e mantida por sua previdência, iria querer que essa ordem fosse perturbada por mim? Não, esse desejo temerário mereceria ser mais punido do que satisfeito. Tampouco lhe peço o poder de agir bem; por que lhe pedir o que ele me deu? Não me deu ele a consciência para amar o bem, a razão para conhecê-lo, a liberdade para escolhê-lo? Se pratico o mal, não tenho desculpas. Faço-o porque o quero: pedir-lhe que mude a minha vontade é pedir-lhe o que ele me pede; é querer que ele faça minha obra e que eu receba o salário; não estar contente com minha condição é já não querer ser homem, é querer outra coisa e não o que existe, é querer a desordem e o mal. Fonte de justiça e de verdade, Deus clemente e bom! Em minha confiança em ti, o supremo voto de meu coração é que tua vontade seja feita. Juntando a ela a minha, faço o que fazes, aquiesço à tua bondade; creio compartilhar antecipadamente a suprema felicidade que é seu prêmio.

Na justa desconfiança de mim mesmo, a única coisa que lhe peço, ou melhor, que espero de sua justiça, é corrigir meu erro se eu me desviar, se tal erro for perigoso para mim. Por ser de boa-fé, não acredito ser infalível: minhas opiniões que me parecem mais verdadeiras são talvez outras tantas mentiras, pois que homem não se apega às suas? E quantos homens estão de acordo em tudo? Ainda que a ilusão que me engana venha de mim, só ele pode curar-me. Fiz o que pude para alcançar a verdade, mas sua fonte é elevada demais; quando me faltam forças para ir adiante, de que posso ser culpado? Cabe a ela aproximar-se.

O bom padre falara com veemência. Estava emocionado, e eu também. Eu acreditava ouvir o divino Orfeu cantar os primeiros hinos e ensinar aos homens o culto dos deuses. No entanto, eu tinha uma profusão de objeções para lhe fazer; não fiz nenhuma, porque eram menos sólidas do que embaraçosas, e a persuasão estava a seu favor. À medida que ele me falava segundo sua consciência, a minha parecia confirmar o que ele me dizia.

Os sentimentos que acabais de me expor, disse-lhe eu, parecem-me mais novos pelo que confessais ignorar do que pelo que dizeis acreditar. Neles vejo, com pouca diferença, o teísmo ou a religião natural, que os cristãos pretendem confundir com o ateísmo ou a irreligião, que é a doutrina diretamente oposta. Mas, no estado atual de minha fé, devo mais subir do que descer para adotar vossas opiniões, e acho difícil permanecer precisamente no ponto onde estais, a menos que eu fosse tão sábio quanto vós. Para ser ao menos tão sincero, quero consultar a mim mesmo. É o sentimento interior que deve me conduzir a vosso exemplo, e vós mesmo me ensinastes que, depois de ter-lhe imposto silêncio por muito tempo, chamá-lo de volta não é coisa de momento. Levo vosso discurso em meu coração, é preciso que eu medite sobre ele. Se, depois de ter bem consultado a mim mesmo, eu permanecer tão convencido quanto vós, sereis meu último apóstolo e serei vosso prosélito até a morte. Continuai, porém, a instruir-me; não me dissestes senão a metade do que devo saber. Falai-me da revelação, das escrituras, desses dogmas obscuros sobre os quais erro desde minha infância, sem poder concebê-los nem acreditar neles, e sem poder admiti-los nem rejeitá-los.

Sim, meu filho, disse ele abraçando-me, acabarei de dizer-vos o que penso. Não quero abrir meu coração pela metade a vós, mas o desejo que testemunhas a mim era necessário para autorizar-me a não ter qualquer reserva convosco. Nada disse até aqui que não acreditasse ser-vos útil e de que eu não estivesse intimamente persuadido. O exame que me resta fazer é muito diferente; nele vejo apenas embaraço, mistério, obscuridade; levo a ele apenas incerteza e desconfiança. Só me determino a realizá-lo tremendo, e digo-vos mais às minhas dúvidas do que à minha opinião. Se vossos sentimentos fossem mais estáveis, eu hesitaria em expor-vos os meus; mas, no estado em que estais, ganhareis pensando como eu.[43] De resto, dai a meus discursos somente a autoridade da razão; ignoro se estou errado. Quando se

---

43 Eis, acredito, o que o bom vigário poderia dizer agora ao público.

discute, é difícil não se assumir às vezes o tom afirmativo, mas lembrai que aqui todas as minhas afirmações são apenas razões de duvidar. Procurai vós mesmo a verdade; quanto a mim, só vos prometo a boa-fé.

Vedes em minha exposição apenas a religião natural: é bem estranho que seja preciso uma outra. Por onde conhecerei essa necessidade? De que posso ser culpado ao servir a Deus segundo as luzes que ele dá ao meu espírito e segundo os sentimentos que ele inspira em meu coração? Que pureza de moral, que dogma útil ao homem e honroso ao seu autor posso tirar de uma doutrina positiva que eu não possa tirar sem ela do bom uso de minhas faculdades? Mostrai-me o que podemos acrescentar, para a glória de Deus, para o bem da sociedade e para minha própria vantagem aos deveres da lei natural, e que virtude farás nascer de um novo culto que não seja uma consequência do meu. As maiores ideias da divindade vêm-nos pela razão sozinha. Vede o espetáculo da natureza, ouvi a voz interior. Deus não disse tudo a nossos olhos, à nossa consciência, ao nosso juízo? Que mais nos dirão os homens? Suas revelações só degradam Deus ao atribuírem-lhe paixões humanas. Longe de esclarecer as noções do grande Ser, vejo que os dogmas particulares as confundem; longe de enobrecê-las, as aviltam; aos mistérios inconcebíveis que o rodeiam acrescentam contradições absurdas; tornam o homem orgulhoso, intolerante e cruel; em vez de estabelecer a paz na terra, trazem o ferro e o fogo. Pergunto a mim mesmo para que serve tudo isso, sem saber responder. Não vejo nisso senão os crimes dos homens e as misérias do gênero humano.

Dizem-me que seria preciso uma revelação para ensinar aos homens a maneira como Deus queria ser servido; assinalam como prova disso a diversidade dos cultos bizarros que instituíram e não veem que essa mesma diversidade vem da fantasia das revelações. Desde que os povos tiveram a ideia de fazer Deus falar, cada qual o fez falar a seu modo, fazendo-o dizer o que queriam que dissesse. Se só tivessem ouvido o que Deus diz ao coração do homem, nunca teria havido mais do que uma religião na Terra.

Era preciso um culto uniforme: eu gostaria de concordar com isso. Mas, seria esse ponto tão importante para que fosse preciso todo o aparato da potência divina para estabelecê-lo? Não confundamos o cerimonial da religião com a religião. O culto que Deus pede é o do coração, e este, quando sincero, é sempre uniforme. É ter uma vaidade bem louca imaginar que Deus se interesse tanto pela forma da roupa do padre, pela ordem das palavras que este pronuncia, pelos gestos que faz no altar, e por todas as suas genuflexões. Ah!, meu amigo, podes permanecer com toda a tua altura, pois continuarás bem perto da terra. Deus quer ser adorado em espírito e em verdade; esse dever é de todas as religiões, de todos os países, de todos os homens. Quanto ao culto exterior, se ele deve ser uniforme para a boa ordem, é um mero caso de polícia; não é preciso revelação para isso.

Não comecei por todas essas reflexões. Arrastado pelos preconceitos da educação e por esse perigoso amor-próprio que sempre quer levar o homem para além de sua esfera, não podendo elevar minhas fracas concepções até o grande Ser, esforcei-me para rebaixá-lo até mim. Aproximei as relações infinitamente distantes que ele pôs entre sua natureza e a minha. Eu queria comunicações mais imediatas, instruções mais particulares, e, não contente com fazer Deus semelhante ao homem, para ser eu mesmo privilegiado entre meus semelhantes, desejei luzes sobrenaturais, desejei um culto exclusivo, desejei que Deus me tivesse dito o que não dissera a outros, ou o que outros não haviam entendido como eu.

Encarando o ponto a que eu alcançara como o ponto comum de onde partiam todos os crentes para chegar a um culto mais esclarecido, não encontrava nos dogmas da religião natural senão os elementos de qualquer religião. Considerava essa diversidade de seitas que reinam na terra e que se acusam mutuamente de mentira e de erro, e perguntava: *Qual é a correta?* Cada qual me respondia: "É a minha".[44] Cada qual dizia: "Só meus parti-

---

44 "Todos", diz um bom e sábio padre, "dizem que a recebem e nela acreditam (e todos usam esse jargão), não dos homens, nem de nenhuma criatura, mas de Deus.
"Mas, para dizer a verdade, sem nada adular nem disfarçar, não é nada disso; digam o que disserem, elas são mantidas por mãos e meios humanos; atesta-o, em primeiro lugar, a maneira com que as religiões foram recebidas no mundo e ainda o são todos os dias pelos particulares; a nação, o país, o lugar fazem a religião; pertencemos àquela mantida no lugar onde nascemos e crescemos; somos circuncidados, batizados, judeus, maometanos e cristãos antes de saber que somos homens: a religião não diz respeito à nossa escolha e eleição; atestam-no, em segundo lugar, a vida e os

Livro IV

dários e eu pensamos corretamente; todos os outros estão errados". *E como sabeis que vossa seita é a correta?* "Porque Deus o disse." E quem vos disse que Deus o disse? "Meu pastor, que bem o sabe. Meu pastor disse-me para crer assim, e assim eu creio; ele me assegura que todos os que dizem outra coisa mentem, e eu não os ouço."

Quê?, pensei, não é una a verdade, e o que é verdade para mim pode ser falso para vós? Se o método daquele que segue o bom caminho e o do que se desvia são o mesmo, que mérito ou que falha se atribui mais a um do que ao outro? Sua escolha é efeito do acaso; imputá-la a eles é iniquidade, é recompensar ou punir por ser nascido em um local ou em outro. Ousar dizer que Deus nos julga assim é ultrajar sua justiça.

Ou todas as religiões são boas e agradáveis a Deus, ou, se há alguma que ele prescreve aos homens, punindo-os por desconhecê-la, deu a ela sinais certos e manifestos para que seja distinguida e conhecida como a única verdadeira. Esses sinais são em todos os tempos e em todos os lugares igualmente perceptíveis para todos os homens, grandes e pequenos, sábios e ignorantes, europeus, indianos, africanos e selvagens. Se existisse na terra uma religião fora da qual só houvesse sofrimento eterno e se, em algum lugar do mundo um único mortal de boa-fé não fosse impressionado por sua evidência, o Deus dessa religião seria o mais iníquo e o mais cruel dos tiranos.

Procuramos, então, sinceramente a verdade? Não concedamos nada ao direito de nascimento e à autoridade dos padres e dos pastores, mas chamemos ao exame da consciência e da razão tudo o que eles nos ensinaram desde nossa infância. Podem gritar-me: Submete a tua razão! O mesmo pode dizer-me aquele que me engana; preciso de razões para submeter a minha razão.

---

costumes tão discordantes da religião; atesta-o, por ocasiões humanas e bem pequenas, o fato de irmos contra o teor de nossa religião." (Charron, *De la sagesse*, Livro II, cap.V, p.257, edição de Bordeaux, 1601)*

É muito visível que a sincera profissão de fé do virtuoso teólogo de Condom não teria sido muito diferente da do vigário saboiano.

* Pierre Charron (1541-1603), teólogo e discípulo de Montaigne. Autor de *la sagesse* (1601). (N. T.)

Toda a teologia que pude adquirir por mim mesmo pela inspeção do universo e pelo bom uso de minhas faculdades limita-se ao que vos expliquei aqui. Para saber mais, é preciso recorrer a meios extraordinários. Esses meios não podem ser a autoridade dos homens, pois, não sendo nenhum homem de espécie diferente da minha, tudo o que um homem conhece naturalmente posso eu também conhecer, e outro homem pode enganar-se tanto quanto eu; quando acredito no que ele diz, não é porque o diz, mas porque o prova. Portanto, o testemunho dos homens, no fundo, é apenas o de minha própria razão, e nada acrescenta aos meios naturais que Deus me deu para conhecer a verdade.

Apóstolo da verdade, que tendes para me dizer de que eu já não seja o juiz? O próprio Deus falou: escutai sua revelação. É outra coisa. Deus falou! Eis com certeza uma grande palavra. E a quem ele falou? Falou aos homens. Por quê, então, nada ouvi? Ele encarregou outros homens de vos transmitirem sua fala. Entendo! São homens que vão me dizer o que Deus disse. Preferiria ter ouvido o próprio Deus; não lhe teria custado muito, e eu estaria protegido da sedução. Ele vos protege dela manifestando a missão de seus enviados. Como isso? Por meio de prodígios. E onde estão esses prodígios? Nos livros. E quem fez esses livros? Homens. E quem viu esses prodígios? Homens que os atestam. Quê? Sempre testemunhos humanos! Sempre homens que me relatam o que outros homens relataram! Quantos homens entre mim e Deus! Vejamos, todavia, examinemos, comparemos, verifiquemos. Oh! Se Deus tivesse se dignado a dispensar-me de todo esse trabalho, teria eu o servido com menos dedicação?

Considerai, meu amigo, em que horrível discussão vejo-me envolvido; de que imensa erudição preciso para recuar às mais remotas antiguidades, para examinar, pesar, confrontar as profecias, as revelações, os fatos, todos os monumentos de fé propostos em todos os países do mundo, para lhes assinalar os tempos, os lugares, os autores, as ocasiões! Que justeza da crítica é-me necessária para distinguir as peças autênticas das peças supostas, para comparar as objeções com as respostas, as traduções com os originais; para julgar a imparcialidade das testemunhas, seu bom senso, suas luzes; para saber se nada foi suprimido, nada acrescentado, nada transposto, mudado,

Livro IV

falsificado; para levantar as contradições que permanecem, para julgar que peso deve ter o silêncio dos adversários nos fatos alegados contra eles; se eles souberam dessas alegações, se fizeram caso delas o suficiente para se dignarem a responder; se os livros eram bastante comuns para que os nossos chegassem até eles; se tivemos bastante boa-fé para fazer os livros deles circularem entre nós, e para neles deixar suas mais fortes objeções tais como eles as haviam feito.

Reconhecidos todos esses monumentos como incontestáveis, é preciso passar, em seguida, às provas da missão de seus autores; é preciso conhecer as leis das sortes, as probabilidades dos eventos, para julgar que predição não se pode realizar sem milagre; o gênio das línguas originais para distinguir o que é predição nessas línguas e o que é só figura de estilo; quais fatos estão na ordem da natureza e quais não estão, para dizer até que ponto um homem hábil pode fascinar os olhos dos simples e, até mesmo, espantar pessoas esclarecidas; procurar saber de que espécie deve ser um prodígio e que autenticidade ele deve ter, não apenas para ser acreditado, mas para que haja punição por duvidar-se dele; comparar as provas dos verdadeiros e dos falsos prodígios e encontrar as regras seguras para discerni-los; dizer, enfim, por que Deus escolheu, para atestar sua palavra, meios que precisam de tanta atestação, como se ele jogasse com a credulidade dos homens e evitasse de propósito os verdadeiros meios de persuadi-los.

Suponhamos que a majestade divina digne-se a se rebaixar o bastante para tornar um homem o porta-voz de suas vontades sagradas; será razoável, será justo exigir que todo o gênero humano obedeça à voz desse ministro sem o fazer conhecido enquanto tal? Haveria equidade em dar-lhe como credenciais apenas alguns sinais particulares testemunhados por poucas pessoas obscuras e jamais conhecidos pelo restante dos homens a não ser por ouvir dizer? Em todas as regiões do mundo, se considerássemos verdadeiros todos os prodígios que o povo e os simples dizem ter visto, cada seita seria a correta; haveria mais prodígios do que acontecimentos naturais, e o maior de todos os milagres seria que, onde houvesse fanáticos perseguidos, não houvesse milagres. É a ordem inalterável da natureza que melhor mostra a sábia mão que a rege; se ocorrem muitas exceções, eu não mais saberia o que pensar, e, quanto a mim, creio demais em Deus para acreditar em tantos milagres tão pouco dignos dele.

Se um homem vier com este linguajar: "Mortais, anuncio-vos a vontade do Altíssimo; reconhecei em minha voz aquele que me envia; ordeno ao sol que mude seu curso, às estrelas que formem outro arranjo, às montanhas que se aplainem, às águas que se elevem, à terra que tome outro aspecto". Diante dessas maravilhas, quem não reconhecerá de imediato o senhor da natureza? Ela não obedece aos impostores; os milagres destes realizam-se nas encruzilhadas, nos desertos, nos quartos, e é lá que eles conseguem facilmente um pequeno número de espectadores predispostos a acreditar em tudo. Quem ousará me dizer quantas testemunhas oculares são necessárias para tornar um prodígio digno de fé? Se vossos milagres, feitos para provar vossa doutrina, precisam eles mesmos ser provados, de que servem? Teria valido o mesmo não os realizar.

Resta, enfim, o exame mais importante da doutrina anunciada, pois, uma vez que aqueles que dizem que Deus faz milagres aqui embaixo pretendem que o diabo às vezes os imita, com os prodígios mais bem atestados não avançamos muito mais do que outrora; e, uma vez que os mágicos do Faraó ousavam, na presença do próprio Moisés, fazer os mesmos sinais que ele fazia por ordem expressa de Deus, por que, em sua ausência, não pretenderiam, pelas mesmas credenciais, a mesma autoridade? Assim, portanto, depois de ter se provado a doutrina pelo milagre, é preciso provar o milagre pela doutrina,[45] pois teme-se tomar a obra do demônio pela obra de Deus. Que pensais desse dialelo?

---

45 Isso é formal em mil lugares da Escritura, entre outros, no *Deuteronômio*, capítulo XIII, onde se diz que, se um profeta que anuncia deuses estrangeiros confirma seus discursos com prodígios, e se o que prediz acontece, longe de o desconsiderarmos, devemos mandar matar tal profeta. Assim, quando os pagãos mandavam matar os apóstolos que lhes anunciavam um deus estrangeiro e que provavam sua missão com predições e milagres, não vejo o que lhes podíamos objetar de sólido que eles imediatamente não pudessem retorquir contra nós. Ora, que fazer em casos desse tipo? Uma única coisa: voltar ao raciocínio e deixar de lado os milagres. Mais valeria não ter recorrido a eles. Está aí o mais simples bom senso, que só obscurecemos graças a distinções no mínimo muito sutis. Sutilezas no cristianismo! Mas, então, Jesus

Vinda de Deus, essa doutrina deve trazer o sagrado caráter da divindade; não apenas deve esclarecer as ideias confusas que o raciocínio traça em nosso espírito, como também deve propor-nos um culto, uma moral e máximas convenientes aos atributos sem os quais não concebemos sua essência. Assim, se ela só nos ensinasse coisas absurdas e sem razão, se ela só nos inspirasse sentimentos de aversão por nossos semelhantes e de terror por nós mesmos, se ela só nos figurasse um Deus colérico, ciumento, vingador, parcial, que odeia os homens, um Deus da guerra e dos combates, sempre pronto para destruir e fulminar, que falasse sempre de tormentos, de sofrimentos, e que se orgulhasse de punir até mesmo os inocentes, meu coração não seria atraído por esse Deus terrível, e eu evitaria abandonar a religião natural para abraçar essa outra, pois bem vedes que seria preciso necessariamente optar. Vosso Deus não é o nosso, diria eu a esses sectários. Aquele que começa escolhendo para si um só povo e proscrevendo o resto do gênero humano não é o pai comum dos homens; aquele que destina ao suplício eterno a maioria de suas criaturas não é o Deus clemente e bom que minha razão mostrou-me.

Quanto aos dogmas, ela me diz que devem ser claros, luminosos, impressionantes por sua evidência. Se a religião natural é insuficiente, é pela obscuridade que deixa nas grandes verdades que nos ensina; cabe à revelação ensinar-nos essas verdades de maneira sensível ao espírito do homem, deixá-las ao seu alcance, fazer que ele as conceba a fim de nelas acreditar. A fé torna-se segura e firme por meio do entendimento. A melhor de todas as religiões é infalivelmente a mais clara; quem enche de mistérios e de contradições o culto que me prega ensina-me, exatamente por isso, a desconfiar dele. O Deus que adoro não é um deus das trevas, ele não me dotou de

---

Cristo errou ao prometer o reino dos céus aos simples; então, errou ao começar o mais belo de seus discursos felicitando os pobres de espírito, uma vez que é preciso tanto espírito para entender sua doutrina e para aprender a crer nele. Se me provardes que devo submeter-me, tudo irá muito bem; mas, para me provardes isso, colocai-vos ao meu alcance; mensurai vossos raciocínios pela capacidade de um pobre de espírito, ou não mais reconhecerei em vós o verdadeiro discípulo de vosso mestre, e não será sua doutrina que me anunciareis.

um entendimento para proibir-me de usá-lo; dizer-me para submeter minha razão é ultrajar seu autor. O ministro da verdade não tiraniza minha razão: ele a esclarece.

Pusemos de lado toda autoridade humana e, sem ela, não consigo ver como um homem pode convencer outro ao pregar-lhe uma doutrina desarrazoada. Deixemos por um instante esses dois homens de frente um para o outro, e vejamos o que poderão dizer com aquela rudeza de linguagem comum aos dois partidos.

O Inspirado.

A razão ensina-vos que o todo é maior do que sua parte; eu, porém, ensino-vos, em nome de Deus, que a parte é maior do que o todo.

O Raciocinador.

E quem sois para ousar dizer-me que Deus se contradiz? E em quem eu iria preferir acreditar: nele, que me ensina pela razão as verdades eternas, ou em vós, que me anunciais de sua parte um absurdo?

O Inspirado.

Em mim, pois minha instrução é mais positiva, e provar-vos-ei de modo invencível que é ele quem me envia.

O Raciocinador.

Como? Provar-me-eis que é Deus quem vos envia para depor contra ele? E de que gênero serão vossas provas para me convencerem de que é mais certo que Deus me fale por vossa boca do que pelo entendimento que ele me deu?

O Inspirado.

O entendimento que vos deu? Homem pequeno e vão! Como se fôsseis o primeiro ímpio que se desvia por sua razão corrompida pelo pecado!

O Raciocinador.

Homem de Deus, tampouco seríeis o primeiro trapaceiro que oferece sua arrogância como prova de sua missão.

O Inspirado.

Quê? Os filósofos também dizem injúrias!

O Raciocinador.

Às vezes, quando os santos lhes dão o exemplo disso.

O Inspirado.

Ah! Quanto a mim, tenho direito de dizê-las, pois falo em nome de Deus.

O Raciocinador.

Seria bom que mostrásseis vossos títulos antes de usardes vossos privilégios.

O Inspirado.

Meus títulos são autênticos: a terra e os céus deporão em meu favor. Acompanhai meus raciocínios, por favor.

O Raciocinador.

Vossos raciocínios! Nem pense nisso. Ensinar-me que minha razão engana-me não é refutar o que ela me dirá em vosso favor? Aquele que queira recusar a razão deve convencer sem se servir dela. Pois, suponhamos que, ao raciocinar, me tenhais convencido: como saberei se não é minha razão corrompida pelo pecado que me faz aquiescer ao que me dizeis? Aliás, que prova, que demonstração podereis empregar que seja mais evidente do que o axioma que ela deve destruir? Uma mentira é tão crível quanto um bom silogismo, como que a parte é maior do que o todo.

O Inspirado.

Que diferença! Minhas provas são sem réplica; são de uma ordem sobrenatural.

O Raciocinador.

Sobrenatural! Que significa essa palavra? Não a entendo.

O Inspirado.

Mudanças na ordem da natureza, profecias, milagres, prodígios de toda espécie.

O Raciocinador.

Prodígios! Milagres! Nunca vi nada disso.

O Inspirado.

Outros viram-no por vós. Nuvens de testemunhas... o testemunho dos povos...

O Raciocinador.

O testemunho dos povos é de ordem sobrenatural?

O Inspirado.
Não. Mas, quando ele é unânime, é incontestável.
O Raciocinador.
Nada há de mais incontestável do que os princípios da razão, e não se pode autorizar um absurdo com base no testemunho dos homens. Mais uma vez, vejamos as provas sobrenaturais, pois a atestação do gênero humano não vale.
O Inspirado.
Ó coração endurecido! A graça não vos fala!
O Raciocinador.
Não é minha culpa, pois, segundo vós, é preciso já ter recebido a graça para saber pedi-la. Começai, pois, a falar-me no lugar dela.
O Inspirado.
Ah! É o que faço, e não me escutais. Mas, que dizeis das profecias?
O Raciocinador.
Digo, em primeiro lugar, que não ouvi mais profecias do que vi milagres. Digo ainda que nenhuma profecia poderia ter autoridade para mim.
O Inspirado.
Satélite do demônio! E por que as profecias não têm autoridade para vós?
O Raciocinador.
Porque, para que tivessem, seriam necessárias três coisas cujo concurso é impossível, a saber, que eu tivesse sido testemunha da profecia, que fosse testemunha do acontecimento, e que me fosse demonstrado que tal acontecimento não poderia coincidir fortuitamente com a profecia; pois, mesmo que ela seja mais precisa, mais clara, mais luminosa do que um axioma de geometria, uma vez que a clareza de uma predição feita ao acaso não torna sua realização impossível, essa realização, quando ocorre, nada prova, a rigor, em prol de quem a predisse.

Vede, pois, a que se reduzem vossas pretensas provas sobrenaturais, vossos milagres e vossas profecias: crer em tudo isso com base na fé de outrem e submeter à autoridade dos homens a autoridade de Deus que fala à minha razão. Se as verdades eternas que meu espírito concebe pudessem ser de alguma maneira atingidas, não mais haveria para mim qualquer espécie de certeza, e, longe de estar seguro de que me falais em nome de Deus, eu não teria segurança nem mesmo de que ele existe.

Eis aí muitas dificuldades, meu filho, e isso não é tudo. Dentre tantas religiões diversas que se proscrevem e se excluem mutuamente, uma só é a correta, se é que alguma o seja. Para reconhecê-la, não basta examinar uma: é preciso examinar todas, e, em qualquer matéria que seja, não devemos condenar sem ouvir;[46] é preciso comparar as objeções com as provas; é preciso saber o que cada uma opõe às outras e o que lhes responde. Quanto mais um sentimento nos parece demonstrado, mais devemos procurar saber sobre o que tantos homens se fundamentam para não o acharem assim. Seria preciso ser bem simples para acreditar que basta ouvir os doutores de seu próprio partido para instruir-se sobre as razões do partido contrário. Onde estão os teólogos que se jactam de ter boa-fé? Onde estão os que, para refutar as razões de seus adversários, não começam por enfraquecê-las? Cada um brilha em seu partido, mas só em meio aos seus é orgulhoso de suas provas, pois faria papel de tolo com essas mesmas provas entre as pessoas de um outro partido. Quereis vos instruir nos livros? Que erudição é preciso adquirir! Quantas línguas é preciso aprender! Quantas bibliotecas é preciso percorrer! Que imensa leitura é preciso fazer! Quem me guiará na escolha? Dificilmente encontrar-se-ão em um local os melhores livros do partido contrário, e com mais forte razão os de todos os partidos; mesmo que os encontrássemos, seriam logo refutados. O ausente está sempre errado, e más razões ditas com segurança apagam facilmente as boas razões expostas

---

46 Plutarco relata que os estoicos defendiam, entre outros paradoxos bizarros, que, em um juízo contraditório, era inútil ouvir as duas partes. Pois, diziam eles, ou o primeiro provou o que disse, ou não; se provou, tudo está dito, e a parte adversa deve ser condenada; se não provou, ele está errado, e deve ser rejeitado. Acho que o método de todos os que admitem uma revelação exclusiva se assemelha muito com o dos estoicos. Uma vez que cada um pretende ter razão sozinho, para escolher entre tantos partidos, é preciso ouvi-los todos; caso contrário, somos injustos.

com desprezo. De resto, em geral, nada é mais enganador do que os livros, nada mostra menos fielmente os sentimentos daqueles que os escreveram. Quando quisestes julgar a fé católica pelo livro de Bossuet,[47] vós vos achastes bem transtornado depois de ter vivido entre nós. Viste que a doutrina com a qual se responde aos protestantes não é a que se ensina ao povo, e que o livro de Bossuet pouco se parece com as instruções da homilia dominical. Para bem julgar uma religião, não devemos estudá-la nos livros de seus sectários, e sim, ir aprendê-la com eles; isso é muito diferente. Cada qual tem suas tradições, seu sentido, seus costumes, seus preconceitos, que formam o espírito de sua crença e que precisamos levar em conta no juízo que fazemos dela.

Quantos grandes povos não imprimem livros e não leem os nossos! Como julgarão nossas opiniões? Como julgaremos as deles? Zombamos deles, eles nos desprezam e, se nossos viajantes os ridicularizam, só lhes falta, para nos darem o troco, viajar em nosso meio. Em que território não há pessoas sensatas, pessoas de boa-fé, pessoas honestas, amigas da verdade, que, para professá-la, só procuram conhecê-la? No entanto, cada qual a vê em seu culto e acha absurdos os cultos das outras nações. Portanto, esses cultos estrangeiros não são tão extravagantes quanto nos parecem, ou a razão que encontramos nos nossos não prova nada.

Temos três religiões principais na Europa. Uma delas admite uma só revelação, outra admite duas, outra admite três. Cada qual detesta e amaldiçoa as outras, acusando-as de cegueira, de dureza, de obstinação, de mentira. Que homem imparcial ousará julgá-las sem antecipadamente pesar bem suas provas e ouvir bem suas razões? A que só admite uma revelação é a mais antiga, e parece a mais segura; a que admite três é a mais moderna e parece a mais consequente; a que admite duas e rejeita a terceira pode ser a melhor, mas certamente tem todos os preconceitos contra si; a inconsequência salta aos olhos.

Nas três revelações, os livros sagrados são escritos em línguas desconhecidas aos povos que os seguem. Os judeus não mais entendem o hebraico;

---

[47] Referência à obra *Exposition de la doctrine de l'Église catholique sur les matières de controverse* (1671), do teólogo católico Jacques-Benigne Bossuet (1627-1704). (N. T.)

os cristãos não entendem nem o hebraico nem o grego; os turcos e os persas não entendem o árabe e os próprios árabes modernos não falam mais a língua de Maomé. Não será essa uma maneira bem simples de instruir os homens, sempre lhes falar em uma língua que não entendem? Esses livros são traduzidos, dirão. Bela resposta! Quem me assegurará de que esses livros são traduzidos fielmente, e até mesmo de que isso seja possível? E, quando Deus chega a falar com os homens, por que deve ter necessidade de intérprete?

Nunca conceberei que aquilo que todo homem é obrigado a saber esteja encerrado em livros, e que aquele que não está ao alcance, nem desses livros nem de pessoas que os entendam, seja punido por uma ignorância involuntária. Sempre livros! Que mania! Porque a Europa está cheia de livros, os europeus os consideram indispensáveis, sem pensar que, em três quartos da terra, livros nunca foram vistos. Não foram todos os livros escritos por homens? Como então o homem precisaria deles para conhecer seus deveres? E que meios tinha ele de conhecê-los antes que esses livros fossem escritos? Ou aprenderá seus deveres por si mesmo, ou está dispensado de conhecê-los.

Nossos católicos ostentam muito a autoridade da Igreja. Mas o que ganham com isso se precisam de um aparato tão grande de provas para estabelecer essa autoridade quanto as outras seitas para estabelecerem diretamente sua doutrina? A Igreja decide que a Igreja tem direito de decidir. Não é essa uma autoridade bem provada? Saí disso e retornareis a todas as nossas discussões.

Conheceis muitos cristãos que tenham se dado ao trabalho de examinar com cuidado que o judaísmo alega contra eles? Se alguns viram alguma coisa a esse respeito, foi nos livros dos cristãos. Boa maneira de instruir-se sobre as razões do adversário! Mas o que fazer? Se alguém ousasse publicar entre nós livros onde se favorecesse abertamente o judaísmo, puniríamos o autor, o editor e o livreiro.[48] Esse policiamento é cômodo e seguro para ter sempre razão. Há prazer em refutar pessoas que não ousam falar.

---

48 Entre mil fatos conhecidos, eis aqui um que não precisa de comentário. No século XVI, tendo os teólogos católicos condenado ao fogo todos os livros dos judeus, sem

Emílio ou Da educação

Aqueles dentre nós que têm condições de conversar com judeus não chegam muito mais longe. Os infelizes sentem-se à nossa disposição; a tirania que exercemos sobre eles torna-os temerosos; sabem quão pouco a injustiça e a crueldade custam à caridade cristã; que ousarão dizer sem se exporem ao risco de nos ver gritar que blasfemam? A avidez produz em nós zelo, e eles são ricos demais para não estarem errados. Os mais sábios e os mais esclarecidos são sempre os mais circunspectos. Convertereis algum miserável, pago para caluniar sua seita; fareis que falem alguns vis patifes, que cederão para vos adular; triunfareis sobre sua ignorância ou sua covardia, enquanto seus doutores sorrirão em silêncio de vossa inépcia. Mas acreditais que em lugares onde se sentissem em segurança conseguiríeis lidar com eles sem dificuldade? Na Sorbonne, é muito claro que as predições do Messias se relacionam a Jesus Cristo. Entre os rabinos de Amsterdã, é igualmente claro que elas não têm a menor relação com Jesus Cristo. Nunca acreditarei ter entendido bem as razões dos judeus enquanto eles não tiverem um Estado livre, escolas e universidades onde possam falar e discutir sem riscos. Somente então poderemos saber o que têm a dizer.

Em Constantinopla, os turcos dizem suas razões, mas não ousamos dizer as nossas; ali somos nós que rastejamos. Se os turcos exigem de nós, para com Maomé, no qual não acreditamos, o mesmo respeito que exigimos para com Jesus Cristo da parte dos judeus, que tampouco creem nele, os turcos estarão errados? Teremos razão? Com base em que princípio equitativo resolveremos essa questão?

Dois terços do gênero humano não são nem judeus, nem maometanos, nem cristãos, e quantos milhões de homens nunca ouviram falar de Moisés, de Jesus Cristo, nem de Maomé! Nega-se isso; afirma-se que nossos missionários vão a toda parte. Isso é fácil dizer. Mas vão eles ao coração da

---

distinção, o ilustre e sábio Reuchlin,* consultado sobre o caso, viu-se terrivelmente atacado, somente por ter sido da opinião de que se podiam conservar os livros deles que não atacassem o cristianismo e tratassem de matérias indiferentes à religião.

* Johann Reuchlin (1455-1522), humanista germânico, professor de grego e hebraico. A controvérsia em torno dos livros judaicos, ocorrida entre 1509 e 1510, envolvia os dominicanos e o imperador Maximiliano I. (N. T.)

África ainda desconhecida e onde até hoje nenhum europeu penetrou? Vão até a Tartária mediterrânea seguir a cavalo as hordas ambulantes, de que nenhum estrangeiro se aproxima e que, longe de ter ouvido falar do papa, mal conhecem o grande lama? Vão eles aos continentes imensos da América, onde nações inteiras ainda não sabem que povos de um outro mundo puseram os pés no deles? Vão ao Japão, onde suas manobras fizeram que fossem expulsos para sempre, e onde seus predecessores só são conhecidos pelas novas gerações como intrigantes astuciosos, chegados com um zelo hipócrita para se apoderarem lentamente do império? Vão eles aos haréns dos príncipes da Ásia anunciar o Evangelho a milhares de pobres escravos? Que fizeram as mulheres dessa parte do mundo para que nenhum missionário possa lhes pregar a fé? Irão todas para o inferno por terem sido reclusas?

Ainda que fosse verdade que o Evangelho é anunciado por toda a terra, o que se ganharia com isso? Na véspera do dia em que o primeiro missionário chegou a um país, com certeza morreu alguém que não pôde ouvi-lo. Ora, dizei-me o que faremos com esse alguém. Se houvesse em todo o universo um único homem a quem Jesus Cristo nunca tivesse sido pregado, a objeção seria tão forte por esse único homem quanto por um quarto do gênero humano.

Quando os ministros do Evangelho fizeram-se ouvir pelos povos distantes, o que lhes disseram que se pudesse razoavelmente admitir por sua palavra e que não exigisse a mais exata verificação? Vós me anunciais um Deus nascido e morto há 2 mil anos, no outro extremo do mundo, em não sei qual cidadezinha, e dizeis que todos os que não acreditarem nesse mistério serão condenados. Eis aí coisas bem estranhas para que sejam acreditadas tão depressa unicamente pela autoridade de um homem que não conheço. Por que vosso Deus fez ocorrerem tão longe de mim os acontecimentos com os quais queria me obrigar a ser instruído? É um crime ignorar o que se passa nos antípodas? Posso adivinhar que houve em um outro hemisfério um povo hebreu e uma cidade de Jerusalém? Seria o mesmo que me obrigar a saber o que se faz na Lua. Vindes ensinar-me isso, é o que dizeis; mas, por que não viestes ensinar meu pai? Ou por que condenais esse bom velho por jamais ter sabido nada a respeito? Deve ele ser eternamente punido por vossa preguiça, ele que era tão bom, tão benfazejo, e que só buscava a verdade? Tende boa-fé e ficai em meu lugar. Vede se devo, baseado em vosso testemunho apenas, acreditar em todas as coisas incríveis que me dizeis, e conciliar tantas injustiças com o Deus justo que me anunciais. Deixai-me, por favor, ir ver esse país distante onde se operam tantas maravilhas inauditas por aqui. Que eu vá saber por que os habitantes dessa Jerusalém trataram Deus como a um bandido. Não o reconheceram como Deus, é o que dizeis. Que farei eu, então, que jamais ouvi falar dele a não ser por meio de vós? Acrescentais que foram punidos, dispersados, oprimidos, subjugados, que nenhum deles se aproxima mais da mesma cidade. Seguramente eles bem mereceram tudo isso; mas, os habitantes de hoje, que dizem eles do deicídio de seus predecessores? Negam-no, tampouco reconhecem Deus como Deus. Daria no mesmo, então, abandonar os filhos dos outros.

Quê? Nessa mesma cidade onde Deus morreu, nem os antigos nem os novos habitantes o reconheceram, e quereis que eu o reconheça, eu que nasci dois mil anos depois a duas mil léguas de lá! Não vedes que, antes de confiar nesse livro que chamais de sagrado e do qual nada compreendo, devo saber por meio de outrem quando e por quem foi escrito, como se conservou, como chegou até vós, que razões alegam os que o rejeitam no local, embora saibam tão bem quanto vós tudo o que me ensinais? Vós bem sentis que preciso necessariamente ir à Europa, à Ásia e à Palestina para examinar tudo por mim mesmo; seria preciso que eu fosse louco para vos ouvir antes disso.

Não apenas esse discurso parece-me razoável, mas defendo que todo homem sensato deve, em caso semelhante, falar assim e mandar para bem longe o missionário que, antes da verificação das provas, quer apressar-se para instruí-lo e batizá-lo. Ora, defendo que não há revelação contra a qual as mesmas objeções não tenham tanta ou mais força do que têm contra o cristianismo. Donde se segue que, se só houver uma religião verdadeira e se todo homem for obrigado a segui-la sob pena de danação, é preciso passar a vida estudando-as todas, aprofundando-as, comparando-as, percorrendo os lugares onde foram estabelecidas. Ninguém está isento do primeiro dever do homem, ninguém tem o direito de confiar no juízo de outrem. O artesão que só vive de seu trabalho, o lavrador que não sabe ler, a jovem delicada e tímida, o doente que mal pode sair de seu leito, todos, sem exceção, devem estudar, meditar, discutir, viajar, percorrer o mundo; não haverá mais povo fixo e estável; a terra inteira ficará coberta apenas de peregrinos indo, com grandes despesas e longas fadigas, verificar, comparar, examinar por si mesmos os cultos diversos que ali se seguem. Então, adeus aos ofícios, às artes, às ciências humanas e a todas as ocupações civis; não pode mais haver outro estudo que não o da religião. Com muita dificuldade, aquele que tiver gozado da saúde mais robusta, empregado melhor seu tempo, usado melhor sua razão, vivido mais anos saberá, em sua velhice, onde se fixar; e será muito se aprender antes de sua morte em que culto deveria ter vivido.

Quereis mitigar esse método e dar o menor azo à autoridade dos homens? Nesse instante, lhe devolveis tudo; e, se o filho de um cristão faz bem em seguir, sem um exame profundo e imparcial, a religião de seu pai, por que o filho de um turco faria mal em seguir, da mesma forma, a religião do pai dele? Desafio todos os intolerantes a responderem a isso: nada dirão que satisfaça um homem sensato.

Pressionados por essas razões, uns preferem tornar Deus injusto e punir os inocentes pelo pecado de seu pai do que renunciar a seu bárbaro dogma. Os outros se esquivam enviando amavelmente um anjo para instruir aqueles que, em uma ignorância invencível, tiverem vivido moralmente bem. Que bela invenção esse anjo! Não contentes em nos subjugar às suas maquinações, põem o próprio Deus na necessidade de empregá-las.

Vede, meu filho, a que absurdo levam o orgulho e a intolerância, quando cada qual pretende estar cheio de si e acredita ter razão contra o resto do gênero humano exclusivamente. Tomo como testemunha esse Deus da paz, que adoro e que vos anuncio: todas as minhas investigações foram sinceras, mas, vendo que não tinham nem nunca teriam sucesso, e que eu me precipitava em um oceano sem margens, voltei sobre meus passos e reduzi minha fé às minhas noções primitivas. Nunca pude acreditar que Deus me ordenasse, sob pena do inferno, ser sábio. Fechei, portanto, todos os livros. Deles, um só há que está aberto a todos os olhos: é o da natureza. É nesse grande e sublime livro que aprendo a servir e a adorar seu divino autor. Ninguém é desculpável por não o ler, pois ele fala a todos os homens em uma língua inteligível a todos os espíritos. Mesmo que eu tivesse nascido em uma ilha deserta, mesmo que não tivesse visto outro homem além de mim mesmo, mesmo que nunca tivesse aprendido o que aconteceu antigamente em um canto qualquer do mundo, se eu exercitasse minha razão, se a cultivasse, se fizesse bom uso das faculdades imediatas que Deus me dá, aprenderia sozinho a conhecê-lo, a amá-lo, a amar suas obras, a querer o bem que ele quer, e a cumprir, para agradá-lo, todos os meus deveres na terra. O que todo o saber dos homens me ensinará a mais?

Quanto à revelação, se eu fosse melhor raciocinador ou mais bem instruído, talvez sentisse sua verdade, sua utilidade para aqueles que têm a felicidade de reconhecê-la; mas, se vejo em seu favor provas que não posso combater, vejo também contra ela objeções que não posso resolver. Há tantas razões sólidas a favor e contra que, não sabendo o que decidir, não a admito nem a rejeito. Rejeito somente a obrigação de reconhecê-la, porque essa pretensa obrigação é incompatível com a justiça de Deus: longe de retirar os obstáculos para a salvação, ela os tinha multiplicado, tinha-os tornado intransponíveis para a maior parte do gênero humano. Afora isso, permaneço quanto a esse ponto em uma dúvida respeitosa. Não tenho a presunção de acreditar-me infalível; outros homens puderam decidir o que me parece indecidido; raciocino para mim e não para eles; não os desaprovo nem os imito: seu juízo pode ser melhor do que o meu, mas não é culpa minha se não é o meu.

Confesso-vos também que a majestade das Escrituras me espanta, que a santidade do Evangelho fala ao meu coração. Vede os livros dos filósofos com toda a sua pompa: como são pequenos perto daquele! É possível que um livro ao mesmo tempo tão sublime e tão simples seja obra dos homens? É possível que aquele cuja história ele conta seja ele próprio um homem? É aquele o tom de um entusiasta ou de um sectário ambicioso? Que doçura, que pureza em seus costumes! Que graça tocante em suas instruções! Que elevação em suas máximas! Que profunda sabedoria em seus discursos! Que presença de espírito, que fineza e que justeza em suas respostas! Que império sobre suas paixões! Onde está o homem, onde está o sábio que saiba agir, sofrer e morrer sem fraqueza e sem ostentação? Quando Platão retrata seu justo imaginário[49] coberto de todo o opróbrio do crime e digno de todos os prêmios da virtude, retrata Jesus Cristo traço por traço; a semelhança é tão impressionante que todos os Padres a sentiram, e não é possível enganar-se a respeito. Que preconceitos, que cegueira é preciso ter para ousar comparar o filho de Sofronisco com o filho de Maria! Que distância entre um e outro! Sócrates, morrendo sem dor, sem ignomínia, sustentou facilmente até o fim seu personagem; e, se essa morte fácil não houvesse honrado sua vida, duvidar-se-ia que Sócrates, com todo o seu espírito, fosse algo que não um sofista. Ele inventou a moral, é o que dizem; mas outros antes dele haviam-na posto em prática; ele apenas disse o que eles haviam feito, apenas pôs em lições os exemplos deles. Aristides fora justo antes que Sócrates tivesse dito o que era justiça; Leônidas morrera por sua terra antes que Sócrates tivesse tornado um dever amar a pátria; Esparta fora sóbria antes que Sócrates tivesse louvado a sobriedade; antes que ele tivesse definido a virtude, na Grécia abundavam homens virtuosos. Mas de onde Jesus adquirira entre os seus a moral elevada e pura cujas lições e cujo exemplo só ele deu?[50] Do seio do mais furioso fanatismo a mais alta sabedoria fez-se ouvir; e a simplicidade das mais heroicas virtudes honrou o mais vil de todos os povos. A morte de Sócrates, filosofando tranquilamente com seus amigos, é a mais doce que se possa desejar; a de Jesus, expirando nos tormentos, injuriado, ridicularizado, amaldiçoado por todo um povo, é a mais horrível que se possa temer. Sócrates, ao pegar a taça envenenada, bendiz a quem lhe apresenta e que chora; Jesus, no meio de um suplício assustador, reza por seus carrascos raivosos. Sim, se a vida e a morte de Sócrates são de um sábio, a vida e a morte de Jesus são de um Deus. Diremos que a história do Evangelho foi inventada por prazer? Meu amigo, não é assim que se inventa, e os fatos de Sócrates, de que ninguém duvida, são menos atestados do que os de Jesus Cristo. No fundo, isso é afastar a dificuldade sem a destruir; que vários homens em acordo tivessem fabricado esse livro

---

49 *De Rep.*, Dial. 2.
50 Veja, no Sermão da montanha, o paralelo que ele mesmo estabelece entre a moral de Moisés e a sua (Mt 5, 21 ss.).

seria mais inconcebível do que dizer que um só tenha fornecido o assunto. Nunca os autores judeus teriam encontrado, nem esse tom, nem essa moral; e o Evangelho tem caracteres de verdade tão grandes, tão impressionantes, tão perfeitamente inimitáveis, que seu inventor seria mais espantoso do que o herói. Com tudo isso, esse mesmo Evangelho está repleto de coisas inacreditáveis, de coisas que repugnam à razão e que são impossíveis a todo homem sensato conceber ou admitir. O que fazer em meio a todas essas contradições? Ser sempre modesto e circunspecto, meu filho; respeitar em silêncio o que não se poderia rejeitar nem compreender, e humilhar-se diante do grande Ser, que é o único a saber a verdade.

Eis o ceticismo involuntário em que permaneci. Esse ceticismo, porém, não me é nem um pouco penoso, porque não se estende aos pontos essenciais da prática, e estou bem decidido sobre os princípios de todos os meus deveres. Sirvo a Deus na simplicidade de meu coração. Só procuro saber o que é importante para a minha conduta; quanto aos dogmas que não influem nem sobre as ações, nem sobre a moral, e com que tanta gente se atormenta, não me preocupo com eles. Vejo todas as religiões particulares como instituições salutares que prescrevem em cada lugar uma maneira uniforme de honrar a Deus por um culto público, e que podem todas ter suas razões no clima, no governo, no gênio do povo, ou em alguma outra causa local que torna uma preferível em relação à outra, conforme os tempos e os lugares. Creio que todas são boas quando nelas se serve a Deus convenientemente. O culto essencial é o do coração. Deus não rejeita sua homenagem quando ela é sincera, sob qualquer forma que lhe seja oferecida. Chamado na religião que professo para o serviço da Igreja, nela cumpro com toda a exatidão possível os cuidados que me são prescritos, e minha consciência me reprovaria se eu faltasse voluntariamente em algum ponto. Depois de uma longa interdição, sabeis que obtive, através do sr. de Mellarède,[51] a permissão de retomar minhas funções para ajudar-me a viver. Outrora eu dizia

---

51 Pierre de Mellarède (1659-1730), advogado dos pobres no Senado da Saboia e ministro do rei da Sardenha. Seus filhos tiveram como preceptor o abade Gaime (cf. *Les Confessions*, Livro III). (N. T.)

a missa com a ligeireza que vamos pondo nas coisas mais graves feitas com demasiada frequência; a partir de meus novos princípios, celebro-a com mais veneração; compenetro-me na majestade do Ser supremo, em sua presença, na insuficiência do espírito humano, que tão pouco concebe do que se relaciona com seu autor. Ao pensar que lhe levo os votos do povo sob uma forma prescrita, sigo com cuidado todos os ritos; recito atentamente, aplico-me em nunca omitir a menor palavra nem a menor cerimônia; quando me aproximo do momento de consagração, recolho-me para realizá-la com todas as disposições que a Igreja e a grandeza do sacramento exigem; esforço-me para anular minha razão diante da suprema inteligência. Digo a mim mesmo: "Quem és tu para medir a potência infinita?". Pronuncio com respeito as palavras sacramentais e dou a seu efeito toda a fé que depende de mim. Seja o que for esse mistério inconcebível, não temo que no dia do juízo eu seja punido por tê-lo em algum momento profanado em meu coração.

Honrado com o ministério sagrado, embora na última posição, jamais farei nem direi nada que me torne indigno de cumprir seus sublimes deveres. Sempre pregarei a virtude aos homens, sempre os exortarei a praticar o bem, e, enquanto puder, dar-lhes-ei o exemplo. Não dependerá de mim tornar-lhes amável a religião; não dependerá de mim fortalecer sua fé nos dogmas verdadeiramente úteis e nos quais todo homem é obrigado a crer. Mas Deus não permita que algum dia eu lhes pregue o dogma cruel da intolerância, que algum dia eu os leve a detestar seu próximo e a dizer a outros homens: Sereis danados.[52] Se eu estivesse em uma posição mais notável, essa reserva poderia me causar problemas, mas sou pequeno demais para ter muito que temer, e não posso cair muito mais abaixo de onde estou. Haja o que houver, não blasfemarei contra a justiça divina e não mentirei contra o Espírito Santo.

---

52 O dever de seguir e amar a religião de sua terra não se estende aos dogmas contrários à boa moral, como o da intolerância. É esse dogma horrível que arma os homens uns contra os outros e torna-os todos inimigos do gênero humano. A distinção entre a tolerância civil e a tolerância teológica é pueril e vã. Essas duas tolerâncias são inseparáveis, e não se pode admitir uma sem a outra. Os próprios anjos não viveriam em paz com homens que os encarassem como inimigos de Deus.

Por muito tempo ambicionei a honra de ser pároco; ainda a ambiciono, mas não a espero mais. Meu bom amigo, nada encontro de tão belo quanto ser pároco. Um bom pároco é um ministro de bondade, como um bom magistrado é um ministro de justiça. Um pároco nunca tem mal a fazer; se nem sempre pode praticar o bem por si mesmo, está sempre a postos quando ele o solicita, e sempre o obtém quando sabe fazer-se respeitar. Oh! Se algum dia, em nossas montanhas, eu tivesse alguma paróquia de boa gente para servir! Eu seria feliz, pois parece-me que faria a felicidade dos meus paroquianos. Não os tornaria ricos, mas compartilharia sua pobreza; retiraria dela o desvalimento e o desprezo, mais insuportável do que a indigência. Eu os faria amar a concórdia e a igualdade, que expulsam a miséria muitas vezes, e sempre a tornam suportável. Quando vissem que em nada sou melhor do que eles, e que, no entanto, vivo contente, aprenderiam a se consolar de sua sorte e a viver contentes como eu. Em minhas instruções, apegar-me-ia menos ao espírito da Igreja do que ao espírito do Evangelho, em que o dogma é simples e a moral sublime, em que se veem poucas práticas religiosas e muitas obras de caridade. Antes de ensinar-lhes o que é preciso fazer, sempre me esforçaria por praticá-lo, para que vissem bem que tudo o que lhes digo, eu o penso. Se eu tivesse protestantes na vizinhança ou em minha paróquia, não os distinguiria de meus verdadeiros paroquianos em tudo o que concerne à caridade cristã; levá-los-ia todos igualmente a se amarem uns aos outros, a se considerarem irmãos, a respeitarem todas as religiões e a viverem em paz cada qual na sua própria. Penso que solicitar alguém a deixar a religião em que nasceu é solicitar-lhe que aja mal e, por conseguinte, é fazer mal a si mesmo. Na espera de maiores luzes, conservemos a ordem pública; respeitemos as leis em todos os países, não perturbemos o culto que elas prescrevem; não levemos os cidadãos à desobediência, pois não sabemos com certeza se é um bem para eles deixarem suas opiniões em favor de outras, e sabemos com muita certeza que é um mal desobedecer às leis.

Meu jovem amigo, acabo de recitar-vos minha profissão de fé tal como Deus a lê em meu coração; sois o primeiro a quem o faço; sois talvez o único a quem o farei. Enquanto resta alguma boa crença entre os homens, é preciso não perturbar as almas pacíficas nem alarmar a fé dos simples com dificuldades que eles não podem resolver e que os inquietam sem esclarecê-los. Mas, uma vez que tudo esteja abalado, devemos conservar o tronco à custa dos galhos. As consciências agitadas, incertas, quase extintas e no estado em que vi a vossa precisam ser fortalecidas e despertadas; e, para estabelecê-las sobre a base das verdades eternas, é preciso terminar de arrancar os pilares flutuantes em que ainda pensam sustentar-se.

Estais na idade crítica em que o espírito se abre à certeza, em que o coração recebe sua forma e seu caráter, determinando-se para toda a vida, seja para o bem, seja para o mal. Mais tarde, a substância se endurece e as novas impressões não se marcam mais. Jovem, recebei em vossa alma ainda flexível o carimbo da verdade. Se eu fosse mais seguro acerca de mim mesmo, teria assumido convosco um tom dogmático e decisivo; mas sou homem, ignorante, sujeito ao erro; que posso fazer? Abri meu coração para vós sem reservas; o que considero seguro, eu vos apresentei como tal; apresentei-vos minhas dúvidas como dúvidas e minhas opiniões como opiniões; disse-vos minhas razões para duvidar e para crer. Agora, cabe a vós julgar: aproveitastes o tempo, essa precaução é sábia e me faz pensar bem de vós. Começai por deixar vossa consciência em condições de querer ser esclarecida. Sede sincero convosco. Apropriai-vos daquilo que tiver vos persuadido em meus sentimentos, e rejeitai o resto. Não estais ainda bastante depravado pelo vício para correr o risco de escolher mal. Propor-vos-ia que nos confrontássemos a respeito, mas, tão logo se discute, exaltam-se os ânimos; a vaidade e a obstinação misturam-se à discussão e a boa-fé se extingue. Meu amigo, não discutais nunca, pois pela discussão não esclarecemos nem a nós, nem aos outros. Quanto a mim, somente depois de muitos anos de meditação tomei meu partido; mantenho-me nele; minha consciência está tranquila, meu coração está contente. Se eu quisesse recomeçar um novo exame dos meus sentimentos, não traria comigo um amor mais puro pela verdade; e meu espírito, já menos ativo, estaria menos apto para conhecê-la. Permanecerei como sou, pois temo que, insensivelmente, o gosto pela contemplação, tornando-se uma paixão ociosa, faça-me perder o entusiasmo pelo exercício de meus deveres, e recair em meu primeiro pirronismo sem ter forças para dele sair. Mais da metade de minha vida já se passou; tenho apenas o tempo de que preciso para tirar proveito do resto e para apagar meus erros por meio de minhas virtudes. Se estou enganado, é a despeito de minha vontade. Aquele que lê no fundo de meu coração bem sabe que não gosto de minha cegueira. Na impotência de sair dela por minhas próprias luzes, o único meio que me resta para tanto é uma boa vida; e, se das próprias pedras Deus pôde dar filhos a Abraão, todo homem tem direito de esperar ser esclarecido quando se torna digno disso.

Se minhas reflexões vos levarem a pensar como eu penso, se meus sentimentos forem os vossos e se tivermos a mesma profissão de fé, este é o conselho que dou a vós: não exponhais mais vossa vida às tentações da miséria e do desespero; não mais a arrasteis com ignomínia à mercê dos estrangeiros, e parai de comer o vil pão da esmola. Regressai a vossa pátria, retomai a religião de vossos pais, segui-a na sinceridade de vosso coração, e não mais a deixeis: ela é muito simples e muito santa. Creio que, dentre todas as religiões que existem na terra, é aquela cuja moral é a mais pura e aquela com que a razão mais se contenta. Quanto às despesas de viagem, não vos preocupeis, proviremos isso. Tampouco temais a má vergonha de um retorno humilhante; é preciso corar por cometer um erro, e não por consertá-lo. Estais ainda na idade em que tudo se perdoa, mas em que não mais se peca impunemente. Quando quiserdes ouvir vossa consciência, desaparecerão com sua voz mil obstáculos vãos. Sentireis que, na incerteza em que estamos, é uma indesculpável presunção professar outra religião que não aquela em que nascemos, e uma falsidade não praticar sinceramente aquela que professamos. Se nos desencaminhamos, perdemos uma grande desculpa no tribunal do soberano juiz. Não perdoará ele mais o erro de educação do que aquele que ousamos nós mesmos escolher?

Meu filho, conservai vossa alma em condições de sempre desejar que haja um Deus, e nunca duvidareis disso. Ademais, seja qual for o partido que tomardes, considerai que os verdadeiros deveres da religião são independentes das instituições dos homens; que um coração justo é o verdadeiro templo da Divindade; que, em qualquer país e em qualquer seita, amar a Deus sobre todas as coisas e ao seu próximo como a si mesmo é o sumário da lei; que não há religião que dispense dos deveres da moral, e que só estes são realmente essenciais; que o culto interior é o primeiro desses deveres, e que sem a fé não existe nenhuma verdadeira virtude.

Fugi[53] daqueles que, sob pretexto de explicar a natureza, semeiam desoladoras doutrinas no coração dos homens; aqueles cujo ceticismo aparente é cem vezes mais afirmativo e mais dogmático do que o tom decidido de seus adversários. Sob o altivo pretexto de que apenas eles são esclarecidos, verdadeiros e de boa-fé, submetem-nos imperiosamente a suas decisões incisivas, e pretendem dar-nos como verdadeiros princípios das coisas os ininteligíveis sistemas que construíram em sua imaginação. De resto, invertendo, destruindo, calcando com os pés tudo o que os homens respeitam, retiram dos aflitos o último consolo para suas misérias, dos poderosos e dos ricos o único freio para suas paixões; arrancam do fundo dos corações o remorso pelo crime, a esperança da virtude, e ainda se vangloriam de serem os benfeitores do gênero humano. Nunca, dizem eles, a verdade é nociva aos homens. Acredito nisso também, e, a meu ver, isso é uma grande prova de que aquilo que ensinam não é a verdade.[54]

---

[53] Nesse ponto, Pierre-Maurice Masson indica um trecho notável, suprimido por Rousseau na versão final, onde o vigário mostra-se menos simpático ao partido dos devotos: "Tende piedade, meu filho, amai aqueles que a têm, mas fugi dos devotos: nada é tão perigoso quanto seu comércio. Seu humilde orgulho não é tratável, é preciso que eles dominem ou que façam mal; são invejosos, ciumentos, pérfidos, vingativos, misteriosos em todos os seus negócios e espiam incessantemente os dos outros. Sua amizade não é segura, seu ódio é irreconciliável, e sempre têm uma aliança entre si, da qual dificilmente se escapa quando se tem a infelicidade de desagradá-los. O melhor é manter-se longe, tudo que fazem é desprezar aqueles que os evitam, mas quem os abandona tem o que temer". (P.-M. Masson, La *«Profession de foi du vicaire savoyard»*. Paris: Hachette, 1914, p.442 e 444.) (N. T.)

[54] Os dois partidos atacam-se reciprocamente por meio de tantos sofismas, que seria uma empresa imensa e temerária querer distingui-los todos; já é muito notar alguns à medida que se apresentam. Um dos mais familiares ao partido filosofista é opor um suposto povo de bons filósofos a um povo de maus cristãos; como se um povo de verdadeiros filósofos fosse mais fácil de se formar do que um de verdadeiros cristãos! Não sei se, entre os indivíduos, um é mais fácil de se encontrar do que o outro, mas sei bem que, em se tratando de questão de povos, é preciso supor aqueles que abusarão da filosofia sem religião, como os nossos abusam da religião sem filosofia; e isso me parece mudar muito o estado da questão.

Meu bom jovem, sede sincero e verdadeiro sem orgulho; sabei ser ignorante: não enganareis nem a vós mesmo nem aos outros. Se algum dia vossos talentos cultivados vos deixarem em condições de falar aos homens, nunca lhes faleis senão de acordo com vossa consciência, sem vos embaraçar no caso de vos aplaudirem. O abuso do saber produz a incredulidade. Todo sábio desdenha o sentimento vulgar; cada qual quer ter um só para si. A orgulhosa filosofia conduz ao fanatismo. Evitai esses extremos; permanecei sempre firme no caminho da verdade, ou do que vos parecer sê-lo na simplicidade de vosso coração, sem nunca vos desviardes dele por vaidade ou por fraqueza. Ousai confessar Deus entre os filósofos; ousai pregar a humanidade entre os intolerantes. Sereis talvez o único de vosso partido, mas trareis em vós mesmo um testemunho que vos dispensará daqueles dos homens. Se vos amam

---

Bayle* provou muito bem que o fanatismo é mais pernicioso que o ateísmo, e isso é incontestável; mas o que ele evitou dizer, e que não é menos verdade, é que o fanatismo, embora sanguinário e cruel, é, no entanto, uma paixão grande e forte, que eleva o coração do homem, que o faz desprezar a morte, que lhe dá uma força prodigiosa e que só temos de direcionar melhor para tirar dela as mais sublimes virtudes, ao passo que a irreligião, e em geral o espírito raciocinador e filosófico, prende à vida, efemina, avilta as almas, concentra todas as paixões na baixeza do interesse particular, na abjeção do *eu* humano, e sabota assim, silenciosamente, os verdadeiros fundamentos de toda sociedade; pois, o que os interesses particulares têm em comum é tão pouca coisa, que isso nunca contrabalançará o que eles têm de oposto.

Se o ateísmo não derrama o sangue dos homens, é menos por amor à paz do que por indiferença pelo bem; como caminham as coisas, isso pouco importa ao pretenso sábio, contanto que permaneça em repouso em seu gabinete. Seus princípios não fazem que os homens sejam mortos, mas impede-os de nascer ao destruírem os costumes que os multiplicam, ao separarem-nos de sua espécie, ao reduzirem todas as suas afeições a um secreto egoísmo, funesto tanto à população quanto à virtude. A indiferença filosófica assemelha-se à tranquilidade do Estado sob o despotismo: é a tranquilidade da morte, mais destrutiva do que a própria guerra.

Assim, o fanatismo, embora mais funesto em seus efeitos imediatos do que aquilo que hoje se chama espírito filosófico, é-o muito menos em suas consequências. Aliás, é fácil exibir belas máximas nos livros, mas a questão é saber se elas se ajustam na doutrina, se dela decorrem necessariamente, e é isso que não pareceu claro até agora. Resta saber ainda se a filosofia, à vontade e sobre seu trono, dominaria bem a glória vã, o interesse, a ambição, as pequenas paixões do homem, e se praticaria essa humanidade tão doce que ela nos exalta com a pena à mão.

Livro IV

ou vos odeiam, se leem ou desprezam vossos escritos, não importa. Dizei o que é verdade, fazei o que é bom; o que importa ao homem é cumprir seus deveres na terra; e é esquecendo-se de si mesmo que se trabalha para si. Meu filho, o interesse particular nos engana; só a esperança do justo não engana.

Transcrevi este escrito, não como uma regra dos sentimentos que devemos seguir em matéria de religião, mas como um exemplo da maneira pela qual podemos raciocinar com nosso aluno, a fim de não nos afastarmos do método que procurei estabelecer. Na medida em que nada concedemos à autoridade dos homens, nem aos preconceitos do país em que nascemos,

---

Pelos princípios, a filosofia não pode fazer nenhum bem que a religião não faça ainda melhor, e a religião faz muito bem o que a filosofia não poderia fazer.

Pela prática, é outra coisa; mas, é preciso ainda examinar. Nenhum homem segue totalmente sua religião quando tem uma: isso é verdade. A maioria não tem e, quando tem uma, não a segue absolutamente: isso também é verdade. Mas, enfim, alguns a têm e a seguem pelo menos em parte, e é indubitável que motivos de religião sempre os impedem de agir mal e produzem neles virtudes e atos louváveis que não se realizariam sem tais motivos.

Se um monge nega ter recebido um depósito, o que se segue daí, senão que um tolo lhe havia confiado? Se Pascal negasse ter recebido um, isso provaria que Pascal era um hipócrita, e nada mais. Mas um monge!... As pessoas que negociam em religião serão então aquelas que a possuem? Todos os crimes cometidos no clero, como em qualquer outro lugar, não provam que a religião é inútil, mas que muito pouca gente tem religião.

Incontestavelmente, nossos governos modernos devem ao cristianismo sua mais sólida autoridade e suas revoluções menos frequentes; ele os tornou menos sanguinários. Isso se prova, de fato, pela comparação com os governos antigos. Mais bem conhecida, afastando o fanatismo, a religião deu maior suavidade aos costumes cristãos. Essa mudança não é obra das letras, pois, em toda parte onde elas brilharam, a humanidade não foi mais respeitada; as crueldades dos atenienses, dos egípcios, dos imperadores de Roma e dos chineses o atestam. Quantas obras de misericórdia são obra do Evangelho! Quantas restituições e reparações a confissão não produz entre os católicos! Em nosso meio, quantas reconciliações e esmolas a aproximação dos dias de comunhão não traz! Como o jubileu dos hebreus tornava os usurpadores menos ávidos! Quantas misérias ele prevenia! A fraternidade legal unia toda a nação: não se via nenhum mendigo entre eles. Não os vemos tampouco entre os turcos: ali as fundações piedosas são inúmeras; por princípio de religião, eles são hospitaleiros, até mesmo para com os inimigos de seu culto.

as únicas luzes da razão não podem, na instituição da natureza, levar-nos para além da religião natural; é a ela que me limito com meu Emílio. Se ele deve ter uma outra, nisso não tenho mais o direito de ser seu guia; só a ele cabe escolher.

"Os maometanos dizem", segundo Chardin,** "que, após o exame que se seguirá à ressurreição universal, todos os corpos irão atravessar uma ponte chamada *Poul-Serrho*, que se estende sobre o fogo eterno, ponte esta que podemos chamar, dizem eles, o terceiro e último exame e o verdadeiro juízo final, pois ali se dará a separação entre os bons e os maus... etc."

"Os persas", prossegue Chardin, "têm muito orgulho dessa ponte, e, quando alguém sofre uma injúria que de nenhum modo e em tempo algum poderá lhe dar razão, seu último consolo é dizer: 'Muito bem! Pelo Deus vivo, pagar-me-ás em dobro no último dia; não passarás o Poul-Serrho sem antes me dares satisfação! Vou agarrar-me à barra de tuas vestes, vou me lançar sobre tuas pernas'. Vi muitas pessoas eminentes e de todo tipo de profissão que, receando que lhes gritassem *Haro* na travessia daquela ponte temível, pediam aos que se queixavam delas para que as perdoassem: isso aconteceu cem vezes comigo mesmo. Pessoas de qualidade que importunamente me levaram a fazer coisas de um modo que eu não queria abordavam-me após algum tempo, pensando que o rancor havia passado, e me diziam: 'Rogo-te, *halal becon antchisra*', isto é, 'torna-me este caso lícito ou justo'. Alguns até me deram presentes e prestaram serviços, a fim de que eu lhes perdoasse declarando que o fazia de bom coração; e a causa disso é a crença de que não se atravessará a ponte do inferno sem que se tenha tudo restituído a quem se oprimiu" (Tomo VII, in-12, p.50).

Acreditaria eu que a ideia dessa ponte que repara tantas iniquidades não as previna nunca? Pois, se tirassem essa ideia dos persas, persuadindo-os de que não há *Poul-Serrho* nem nada semelhante onde os oprimidos serão vingados de seus tiranos após a morte, não é claro que isso os deixaria muito à vontade e os libertaria da preocupação de apaziguar aqueles infelizes? É falso, portanto, que essa doutrina não fosse nociva; ela não seria, então, a verdade.

Filósofo, tuas leis morais são muito belas, mas mostra-me, por favor, a sanção. Para de divagar por um momento e diz-me claramente o que colocas no lugar do *Poul-Serrho*.

* Pierre Bayle (1647-1706), escritor francês. Em seu livro *Pensées diverses écrites à un docteur de Sorbonne à l'occasion de la Comète qui parut au mois de décembre 1680* (1682), afirma que uma sociedade de ateus seria possível na medida em que houvesse leis severas e bem executadas para a punição dos crimes, tendo por pressuposto que não há ligação necessária entre a conduta dos homens e os dogmas de religião. (N. T.)

** Jean Chardin (1643-1713), escritor francês, conhecido pelos relatos de suas viagens em *Voyages de monsieur le chevalier Chardin en Perse et autres lieux de l'Orient* (1686-1711). (N. T.)

Trabalhamos em concerto com a natureza e, enquanto ela forma o homem físico, procuramos formar o homem moral; mas nossos progressos não são os mesmos. O corpo já é robusto e forte quando a alma ainda se mostra lânguida e fraca; e a despeito do que a arte humana possa fazer, o temperamento precede sempre à razão. É por excitar esta e reter aquele que nos esforçamos até aqui, a fim de que o homem fosse, tanto quanto possível, sempre uno. Desenvolvendo a índole, despistamos a sensibilidade nascente; cultivando a razão, demos regras a ela. Os objetos intelectuais moderavam a impressão dos objetos sensíveis. Remontando ao princípio das coisas, subtraímo-lo ao império dos sentidos; era simples elevar-se do estudo da natureza à procura de seu autor.

Quando chegamos a esse ponto, que nova autoridade conseguimos sobre nosso aluno! Quantos novos meios de falar a seu coração! É só então que ele encontra seu verdadeiro interesse em ser bom, em fazer o bem longe dos olhares dos homens e sem ser forçado pelas leis, em ser justo perante Deus, em cumprir seu dever, ainda que à custa de sua vida, em levar em seu coração a virtude, não somente pelo amor à ordem, o qual todos preterem pelo amor de si, mas pelo amor ao autor de seu ser, amor que se confunde com esse mesmo amor de si, para enfim gozar da felicidade duradoura que o repouso de uma boa consciência e a contemplação do Ser supremo lhe prometem na outra vida, depois de ter bem empregado esta. Fora isso, nada mais vejo senão injustiça, hipocrisia e mentira entre os homens. O interesse particular que, na concorrência, prevalece necessariamente sobre todas as coisas, ensina a cada um deles a disfarçar o vício com a máscara da virtude. Que todos os outros homens façam o bem a mim à custa do que é bom para eles; que tudo diga respeito unicamente a mim; que todo o gênero humano morra, se preciso, no sofrimento e na miséria, para poupar-me um momento de dor ou de fome: tal é a linguagem interior de todo incrédulo que raciocina. Sim, afirmarei por toda a minha vida que, quem quer que tenha dito em seu coração "não há Deus", não fala senão como um mentiroso ou um maluco.

Leitor, por mais que eu tente, sinto que vós e eu nunca veremos meu Emílio da mesma maneira; vós o imaginais sempre semelhante a vossos jovens, sempre avoado, petulante, leviano, errando de festa em festa, de divertimento em divertimento, sem nunca poder fixar-se em nada. Rireis de me ver fazê-lo um contemplativo, um filósofo, um verdadeiro teólogo, um jovem ardente, vivo, entusiasta, fogoso, na idade mais efervescente de sua vida. Direis: este sonhador continua a perseguir sua quimera dando-nos um aluno à sua maneira, não o forma apenas, ele o cria, ele o tira do cérebro; e acreditando seguir sempre a natureza, dela se afasta a cada instante. Quanto a mim, comparando meu aluno aos vossos, tenho dificuldade em ver o que podem ter em comum. Educado tão diferentemente, será quase um milagre que a eles se assemelhe em alguma coisa. Como passou a infância com toda a liberdade que eles adquirem na juventude, ele começa a conquistar na juventude a regra a que os submeteram quando crianças; essa regra torna-se o flagelo deles, têm horror dela, nela só veem a longa tirania dos mestres, acreditam só sair da infância sacudindo toda espécie de jugo,[55] e então se indenizam da longa opressão em que foram mantidos, assim como um preso, livre de seus ferros, estica, agita e flexiona seus membros.

Emílio, ao contrário, sente-se honrado por tornar-se homem e sujeitar-se ao jugo da razão nascente; seu corpo, já formado, não tem mais necessidade dos mesmos movimentos e começa a deter-se por si mesmo, enquanto seu espírito, desenvolvido pela metade, procura por sua vez alçar voo. Assim a idade da razão é, para uns, a idade da licença; para o outro, torna-se a idade do raciocínio.

Quereis saber quem, eles ou ele, encontra-se quanto a isso mais dentro da ordem da natureza? Considerai as diferenças daqueles que estão mais ou menos afastados delas: observai os jovens entre os aldeões e vede se são tão petulantes como os vossos. "Durante a infância dos selvagens", diz o sr. Le Beau, "vemo-los sempre ativos, incessantemente ocupados em diferentes jogos que lhes agitam o corpo; porém, mal alcançam a idade da adolescência, tornam-se tranquilos e sonhadores; pouco se aplicam senão aos jogos sérios

---

55 Não há ninguém que veja a infância com tanto desprezo quanto aqueles que saem dela, assim como não há país em que as posições sejam guardadas com mais afetação do que aqueles em que a desigualdade não é grande, e onde cada qual teme sempre ser confundido com seu inferior.

ou de azar".⁵⁶ Emílio, tendo sido educado com toda a liberdade dos jovens camponeses e dos jovens selvagens, deve mudar e se deter como eles ao crescer. Toda a diferença é que, em lugar de agir unicamente para brincar ou se alimentar, aprendeu em seus trabalhos e seus jogos a pensar. Chegado então a tal ponto por esse caminho, acha-se inteiramente disposto para aquele em que eu o introduzo: os assuntos de reflexão que lhe apresento irritam sua curiosidade, porque são belos em si mesmos, são totalmente novos para ele, e ele está em condições de compreendê-los. Ao contrário, aborrecidos, cansados de vossas enfadonhas lições, de vossas longas morais, de vossos eternos catecismos, como vossos jovens não se recusariam à aplicação de espírito que tornaram triste, aos pesados preceitos com que não cessaram de sobrecarregá-los, às meditações sobre o autor de seu ser, o qual fizeram inimigo de seus prazeres? Só conceberam por isso aversão, desgosto, tédio; o constrangimento fez que se decepcionassem: de que modo se entregariam a isso a partir do momento em que começam a dispor de si mesmos? Precisam de novidade para se satisfazerem, nada mais necessitam do que se diz às crianças. O mesmo ocorre com meu aluno: quando se torna homem, eu lhe falo como a um homem, e só lhe digo coisas novas; é precisamente porque elas aborrecem os outros que ele gosta delas.

Eis como o faço ganhar tempo duplamente, atrasando em benefício da razão o progresso da natureza. Mas atrasei de fato esse progresso? Não, apenas impedi a imaginação de acelerá-lo; contrabalancei com lições de outra espécie as lições precoces que o jovem recebe de outrem. Enquanto a torrente de nossas instituições o arrasta, atraí-lo em sentido contrário por outras instituições não é arrancá-lo de seu lugar; é, isto sim, nele mantê-lo.

O verdadeiro momento da natureza chega enfim, e é preciso que chegue. Assim como é preciso que o homem morra, é preciso que se reproduza, a fim de que a espécie dure e que a ordem do mundo seja conservada. Quando, pelos sinais de que falei, pressentirdes o momento crítico, abandonai

---

56 *Aventuras do senhor C. Le Beau, advogado no parlamento*, t.II, p.70.*

* Claude Le Beau, *Avantures du sieur Claude Le Beau, avocat en parlement, ou Voyage curieux et nouveau parmi les Sauvages de l'Amérique septentrionale*, Amsterdam, 1738. (N. T.)

imediatamente junto com ele, e para sempre, vosso antigo tom. Ainda é vosso discípulo, mas não é mais vosso aluno. É vosso amigo, é um homem, tratai-o doravante enquanto tal.

Mas será preciso abdicar de minha autoridade quando ela me é mais necessária? Será preciso abandonar o adulto a si mesmo no momento em que menos sabe se conduzir e comete os maiores disparates? Devo renunciar a meus direitos quando mais lhe importa que eu faça uso deles? Vossos direitos! Quem vos diz para renunciar a eles? Para ele, é só agora que começam. Até agora não obtínheis nada senão pela força ou pela astúcia; ele desconhecia tanto a autoridade quanto a lei do dever; era preciso constrangê-lo ou enganá-lo para fazê-lo obedecer. Mas vede com quantas novas cadeias envolveste seu coração. A razão, a amizade, o reconhecimento, mil afetos lhe falam em um tom que ele não pode desconhecer. O vício ainda não o tornou surdo a essas vozes. Ele ainda só é sensível às paixões da natureza. A primeira de todas, que é o amor de si, entrega-o a vós; e ainda, o hábito. Se o arroubo de um momento arranca-o de vós, a decepção vô-lo traz logo de volta; o sentimento que o prende a vós é o único permanente; todos os outros passam e se apagam mutuamente. Não o deixeis corromper-se: ele será sempre dócil, pois só começa a ser rebelde quando já está pervertido.

Reconheço que não seríeis ouvido por muito tempo se, enfrentando seus desejos nascentes, tratasse suas novas necessidades tolamente como crimes; mas, uma vez que abandonardes meu método, não me responsabilizarei por mais nada. Considerai sempre que sois o ministro da natureza; nunca sereis o inimigo.

Mas que partido tomar? Só se espera aqui a alternativa de favorecer suas inclinações ou de combatê-las, de ser seu tirano ou complacente; e os dois lados têm consequências tão perigosas que há motivos até em demasia para se ponderar na escolha.

O primeiro meio que se oferece para resolver essa dificuldade é casá-lo bem depressa; é incontestavelmente o expediente mais seguro e mais natural. No entanto, duvido que seja o melhor ou o mais útil. Darei depois minhas razões; por enquanto, concordo que seja preciso casar os jovens na idade núbil. Mas essa idade chega para eles antes do tempo: nós é que a antecipamos; devemos adiá-la até a maturidade.

Não haveria dificuldades se, para isso, bastasse ouvir as tendências e seguir as indicações. Mas há tantas contradições entre os direitos da natureza e nossas leis sociais que, para conciliá-las, é preciso retorcer-se e tergiversar o tempo todo: é preciso empregar muita arte para impedir o homem social de ser completamente artificial.

Pelas razões que aqui exponho, estimo que, pelos meios que indiquei e outros semelhantes, pode-se ao menos estender até 20 anos a ignorância dos desejos e a pureza dos sentidos: tanto isso é verdade que, entre os germanos, um jovem que perdia sua virgindade antes dessa idade ficava difamado; e com razão os autores atribuem à continência desses povos durante sua juventude o vigor de sua constituição e o grande número de filhos que têm.

Pode-se até mesmo prolongar muito essa época e há poucos séculos nada era mais comum na própria França. Entre outros exemplos conhecidos, o pai de Montaigne, homem tão escrupuloso e verdadeiro quanto forte e bem constituído, jurava ter-se casado virgem aos 33 anos, depois de ter servido por muito tempo nas guerras da Itália; e pode-se ver nos escritos do filho o vigor e a alegria que seu pai conservava com mais de 60 anos. Certamente a opinião contrária diz mais respeito aos nossos costumes e preconceitos do que do ao conhecimento da espécie em geral.

Posso, portanto, deixar de lado o exemplo de nossa mocidade; ele nada prova para quem não foi educado como ela. Considerando que a natureza não tem nisso termo fixo que não se possa avançar ou retardar, acredito poder, sem sair de sua lei, supor que Emílio permaneça até essa idade, graças a meus cuidados, em sua inocência primitiva, e vejo essa época feliz prestes a acabar. Cercado de perigos sempre crescentes, vai escapar-me, não importa o que eu faça, na primeira oportunidade, e esta não tardará em surgir; ele vai seguir o cego instinto dos sentidos; pode-se apostar mil contra um que vai perder-se. Refleti demais sobre os costumes dos homens para não ver a influência invencível desse primeiro momento pelo resto da vida. Se dissimulo e finjo nada ver, ele se aproveita de minha fraqueza; pensando enganar-me, ele me despreza e torno-me o cúmplice de seu descaminho. Se tento reconduzi-lo, já não é mais tempo, ele não me ouve mais; torno-me para ele incômodo, odioso, insuportável; não demorará para se livrar de mim. Não tenho, portanto, senão um partido razoável a tomar; o de fazê-lo responsável por suas ações, de protegê-lo ao menos das surpresas do erro, e de mostrar-lhe a descoberto os perigos de que se acha cercado. Até aqui eu o retinha por sua ignorância; agora, é preciso retê-lo pelas luzes.

Essas novas instruções são importantes e convém compreendê-las melhor. Eis o momento de, por assim dizer, prestar-lhe contas; de mostrar-lhe o emprego de seu tempo e do meu; de declarar-lhe o que ele é e o que eu sou; o que fiz e o que ele fez; o que devemos um ao outro; todas as suas relações morais, todos os compromissos que contraiu, todos os que contraíram com ele, a que ponto chegou no progresso de suas faculdades, qual o caminho que lhe resta percorrer, as dificuldades que encontrará, os meios de superar tais dificuldades; no que ainda lhe posso ajudar, no que doravante só ele pode se ajudar, enfim, o ponto crítico em que se encontra, os novos perigos que o cercam, e todas as sólidas razões que o devem determinar a observar-se atentamente antes de ouvir seus desejos nascentes.

Considerai que, para conduzir um adulto, é preciso fazer o contrário de tudo o que fizestes para conduzir uma criança. Não hesiteis em instruí-lo acerca dos perigosos mistérios que durante muito tempo lhe escondestes com cuidado. Sendo preciso que enfim os conheça, importa que os aprenda por vós somente, e não por um outro nem por si mesmo; como doravante será obrigado a combater, é preciso, temendo surpresas, que conheça seu inimigo.

Quanto aos jovens que achamos sábios em tais matérias sem sabermos como se tornaram assim, eles nunca se tornaram sábios impunemente. Essa indiscreta instrução, não podendo ter um objeto honesto, no mínimo contamina a imaginação dos que a recebem e os dispõe aos vícios daqueles que lhas dão. E isso não é tudo: criados se insinuam assim ao espírito de uma criança, conquistam sua confiança e a fazem encarar seu governante como um personagem triste e aborrecido; e um dos assuntos favoritos dos secretos colóquios é falar mal dele. Quando o aluno chega a esse ponto, o mestre pode retirar-se, pois nada de bom resta a fazer.

Mas por que a criança escolhe confidentes particulares? Sempre por causa da tirania dos que o governam. Por que se esconderia destes se não fosse obrigado a se esconder? Por que se queixaria se não tivesse motivo para se queixar? Eles naturalmente são seus primeiros confidentes; vemos pela diligência com que vai dizer-lhes o que pensa, que acredita só ter pensado pela metade antes de o ter dito a eles. Estejais certo de que, se a criança não teme de vossa parte nem sermão nem reprimenda, ela vos dirá sempre tudo, que ninguém ousará confiar-lhe nada que ela deva esconder de vós, isso se tiverem certeza de que ela nada vos esconderá.

O que mais me leva a confiar em meu método é que, acompanhando seus efeitos o mais exatamente possível, não vejo nenhuma situação na vida de meu aluno que não me deixe alguma imagem agradável dele. No momento mesmo em que os furores do temperamento o arrastam e que, revoltado contra a mão que o detém, ele se debate e começa a escapar-me, em suas agitações e em seus arroubos ainda reencontro sua primeira simplicidade; seu coração, tão puro quanto seu corpo, não conhece o disfarce mais do que o vício; nem as censuras nem o desprezo o tornaram covarde, nunca o vil temor lhe ensinou a disfarçar. Tem toda a indiscrição da inocência; é ingênuo sem escrúpulo; não sabe ainda para que serve enganar. Não se verifica nenhum movimento em sua alma que sua boca ou seus olhos não o digam; e muitas vezes percebo antes dele os sentimentos que experimenta.

Enquanto ele continua a abrir-me assim livremente sua alma e dizer-me com prazer o que sente, nada tenho a temer, o perigo não está próximo ainda. Mas, se se torna mais tímido, mais reservado, se percebo em suas conversas o primeiro embaraço da vergonha, já o instinto se desenvolve, já a noção do mal começa a acompanhá-lo, não há mais um instante a perder; e se eu não me apressar em instruí-lo, ele logo será instruído a despeito de minha vontade.

Mesmo adotando minhas ideias, mais de um leitor pensará que se trata aqui apenas de conversar ao acaso com o jovem, e que tudo estará resolvido. Oh! Não é assim que se governa o coração humano! O que dizemos nada significa se não preparamos o momento para dizê-lo. Antes de semear, é preciso lavrar a terra; a semente da virtude germina com dificuldade;

são necessários longos preparativos para que crie raízes. Uma das coisas que tornam mais inúteis as pregações é serem feitas indiferentemente para todos, sem discernimento e sem escolha. Como se pode pensar que o mesmo sermão convenha a tantos ouvintes tão diversamente dispostos, tão diferentes quanto ao espírito, aos humores, às idades, aos sexos, às condições e às opiniões? Talvez não haja dois aos quais o que dizemos a todos possa convir; e todos os nossos afetos têm tão pouca constância, que talvez não haja dois momentos na vida de cada homem em que o mesmo discurso provoque nele a mesma impressão. Julgai se, quando os sentidos inflamados alienam o entendimento e tiranizam a vontade, é o tempo de ouvir as graves lições da sabedoria. Portanto, não faleis nunca de razão aos jovens, nem mesmo na idade da razão, sem antes os terdes posto em condições de entendê-la. A maior parte dos discursos perdidos o são bem mais por culpa dos mestres do que por culpa dos discípulos. O pedante e o instituidor dizem mais ou menos as mesmas coisas; mas o primeiro as diz a qualquer hora; o segundo só as diz quando tem certeza de seu efeito.

 Como um sonâmbulo, errando durante seu sono, anda dormindo à beira de um precipício, no qual cairia se despertado de repente, assim também meu Emílio, no sono da ignorância, escapa de perigos que não percebe. Se eu o desperto de repente, está perdido. Tratemos primeiramente de afastá-lo do precipício; mostraremos isso de longe, depois que o despertarmos.

 A leitura, a solidão, a ociosidade, a vida morosa e sedentária, o comércio das mulheres e dos jovens: eis as veredas perigosas de se atravessar para sua idade, e que o mantêm sem cessar ao lado do perigo. É com outros objetos sensíveis que despisto seus sentidos, é traçando outro caminho para os espíritos que os desvio daquele que começam a tomar; é exercitando seu corpo em trabalhos árduos que detenho a atividade da imaginação que o arrasta. Quando os braços trabalham muito, a imaginação repousa; quando o corpo está bem cansado, o coração não se aquece. A precaução mais rápida e mais fácil consiste em arrancá-lo do perigo local. Levo-o de início para fora das cidades, longe dos objetos capazes de tentá-lo. Mas isso não basta: em que deserto, em que asilo selvagem escapará ele das imagens que o perseguem? Não adianta afastá-lo dos objetos perigosos, se não afasto também a lembrança deles; se não encontro a arte de desapegá-lo de tudo, se não o distraio de si mesmo, valeria o mesmo deixá-lo onde estava.

Emílio sabe um ofício, mas esse ofício não nos ajuda neste momento. Ele gosta e entende de agricultura, mas a agricultura não nos basta: as ocupações que conhece tornam-se uma rotina; entregando-se a elas, é como se nada fizesse; pensa em coisas completamente diferentes; a cabeça e os braços agem em separado. Ele precisa de uma nova ocupação que o interesse por sua novidade, que o faça suspirar, que o agrade, que o envolva, que o exercite, uma ocupação pela qual se apaixone, e a que se entregue por inteiro. Ora, a única que me parece reunir todas essas condições é a caça. Se a caça é um prazer inocente, se é conveniente ao homem, é agora que precisamos recorrer a ela. Emílio tem tudo o que é preciso para ter êxito nisso: é robusto, hábil, paciente, incansável. Infalivelmente tomará gosto por esse exercício; porá nele todo o ardor de sua idade; nele perderá, ao menos por certo tempo, as perigosas inclinações que nascem da molícia. A caça enrijece o coração tanto quanto o corpo; ela acostuma ao sangue, à crueldade. Fizeram Diana inimiga do amor, e a alegoria é muito justa; os langores do amor só nascem em um doce repouso; um exercício violento abafa os sentimentos ternos. Nos bosques, nos lugares campestres, o amante e o caçador são tão diversamente afetados que fazem, dos mesmos objetos, imagens completamente diferentes. As sombras frescas, os arvoredos, os doces refúgios do primeiro, não são para este último senão pastagens, abrigos, covis; onde o amante só ouve caniços, rouxinóis, ramagens, o caçador acredita ouvir trompas e latidos de cães; o primeiro só imagina dríades e ninfas, o outro batedores, matilhas e cavalos. Passeai no campo com esses dois tipos de homens; pela diferença da linguagem deles, logo sabereis que para eles a terra não tem um aspecto semelhante, e que o viés de suas ideias é tão diferente quanto a escolha de seus prazeres.

Compreendo como esses gostos se reúnem e como afinal se encontra tempo para tudo. Mas as paixões da juventude não se partilham assim: dai-lhe uma única ocupação de que goste e todo o resto será dentro em breve esquecido. A variedade dos desejos vem da dos conhecimentos, e os primeiros prazeres que conhecemos são por muito tempo os únicos que procuramos. Não quero que Emílio passe toda a juventude matando animais, tampouco pretendo justificar em tudo essa paixão feroz; basta-me que ela sirva o suficiente para suspender uma paixão mais perigosa para que eu possa falar dela fazendo-me ouvir com sangue-frio e ter tempo de descrevê-la sem a estimular.

    Há épocas na vida humana feitas para nunca ser esquecidas. Tal é, para Emílio, a da instrução de que falo; deve influir sobre o restante de seus dias. Tratemos, pois, de gravá-la em sua memória de maneira que não se apague mais. Um dos erros de nosso tempo está em empregar a razão nua demais, como se os homens fossem apenas espírito. Negligenciando a língua dos sinais que falam à imaginação, perdemos a mais enérgica das linguagens. A impressão da fala é sempre fraca; fala-se bem melhor ao coração pelos olhos do que pelos ouvidos. Querendo conceder tudo ao raciocínio, reduzimos nossos preceitos a palavras; nada pusemos nas ações. A razão sozinha não é ativa; às vezes ela retém, raramente excita, e nunca fez nada de grande. Raciocinar sempre é a mania dos espíritos pequenos. As almas fortes têm outra linguagem; é por essa linguagem que persuadimos e fazemos agir.

    Observo que, nos séculos modernos, os homens só têm influência uns sobre os outros pela força e pelo interesse, ao passo que os antigos agiam muito mais pela persuasão e pelos afetos da alma, porque não negligenciavam a língua dos sinais. Todas as convenções se realizavam com solenidade a fim de se tornarem invioláveis; antes que a força se estabelecesse, os deuses eram os magistrados do gênero humano; era diante deles que os particulares tratavam seus acordos, suas alianças, pronunciavam suas promessas; a face da terra era o livro em que se conservavam os arquivos. Rochedos, árvores, montes de pedras consagrados por tais atos e tornados respeitáveis aos homens bárbaros eram as folhas desse livro, sempre aberto a todos os olhos. O poço do juramento, o poço do vivente e do vidente, o velho carvalho de Mambré, o monte da testemunha, eis os monumentos grosseiros, mas augustos, da santidade dos contratos; ninguém ousaria com uma sacrílega mão atentar contra tais monumentos; e a fé dos homens era mais segura pela garantia dessas testemunhas mudas, do que é hoje por todo o vão rigor das leis.

No governo, o augusto aparato do poder real impunha-se aos povos. Marcas de dignidade, um trono, um cetro, um manto de púrpura, uma coroa, uma faixa, eram para eles coisas sagradas. Esses sinais respeitados tornavam-lhes venerável o homem que com eles se ornava: sem soldados, sem ameaças, era obedecido logo que falava. Agora que pretendem abolir tais sinais,[57] que acontecerá com esse desprezo? A majestade real desaparece de todos os corações, os reis não se fazem mais obedecer senão recorrendo às tropas, e o respeito dos súditos não é senão o temor do castigo. Os reis já não se dão o trabalho de usar seu diadema, nem os grandes as marcas de suas dignidades; mas são necessários 100 mil braços sempre preparados para fazer executar suas ordens. Embora talvez isso lhes pareça mais belo, é fácil ver que, a longo prazo, essa troca não resultará em vantagem para eles.

O que os antigos fizeram com a eloquência é prodigioso: mas essa eloquência não consistia somente em belos discursos bem arranjados; e ela nunca produziu mais efeito do que quando o orador menos falava. O que se dizia mais vivamente não se exprimia por palavras, mas por sinais; não o diziam, mostravam-no. O objeto que se expõe aos olhos abala a imaginação, excita a curiosidade, mantém o espírito à espera do que será dito; e muitas vezes só esse objeto já diz tudo. Trasíbulo e Tarquínio cortando cabeças de papoulas, Alexandre aplicando seu selo na boca de seu favorito, Diógenes andando diante de Zenão, não falavam melhor do que se tivessem feito longos discursos? Que circunlóquio de palavras teria expressado melhor suas ideias? Dario, batalhando na Cítia com seu exército, recebe da parte do rei dos citas um pássaro, uma rã, um camundongo e cinco flechas. O embaixador entrega seu presente e volta sem nada dizer. Em nossos dias, esse

---

57 O clero romano os conservou muito habilmente e, por seu exemplo, algumas repúblicas, entre as quais a de Veneza. Assim, apesar da queda do Estado, o governo veneziano ainda goza, sob o aparato de sua antiga majestade, de toda a afeição, de toda a adoração do povo; e depois do papa ornado com sua tiara, não há talvez nem rei, nem potentado, nem homem no mundo tão respeitado quanto o doge de Veneza, sem poder, sem autoridade, mas sacralizado por sua pompa e ornamentado sob o corno ducal com um penteado de mulher. Essa cerimônia do Bucentauro, que provoca o riso dos tolos, faria o povo de Veneza derramar todo o seu sangue para a manutenção de seu governo tirânico.

homem seria encarado como louco. Essa terrível arenga foi compreendida e Dario apressou-se em voltar à sua terra da melhor maneira possível. Substituí esses sinais por uma carta; quanto mais ameaçadora, menos amedrontará; seria uma fanfarronada apenas, e Dario nada faria a não ser rir.

Quanta atenção davam os romanos à língua dos sinais! Trajes diversos segundo as idades e segundo as condições; togas, saias, pretextas, bulas, clavos, púlpitos, litores, feixes, machados, coroas de ouro, de ervas, de folhas, ovações, triunfos: tudo entre eles era aparato, representação, cerimônia, e tudo causava impressão profunda nos cidadãos. Importava ao Estado que o povo se reunisse em um lugar e não em outro; que visse ou não visse o Capitólio; que se voltasse ou não para o Senado; que deliberasse de preferência em tal ou tal dia. Os acusados trocavam de vestimenta, os candidatos também; os guerreiros, em vez de se vangloriavam de suas façanhas, mostravam seus ferimentos. Imagino um de nossos oradores quando, na ocasião da morte de César, querendo comover o povo, teria esgotado todos os lugares-comuns da arte para fazer uma patética descrição de suas chagas, de seu sangue, de seu cadáver. Antônio, embora eloquente, não diz nada disso: faz que tragam o corpo. Que retórica!

Mas esta digressão leva-me imperceptivelmente para longe de meu assunto, assim como de muitos outros, e meus desvios são demasiado frequentes para poderem ser longos e toleráveis. Volto, portanto.

Não raciocineis nunca com a juventude de modo seco. Dai um corpo à razão se quiserdes torná-la sensível. Fazei passar pelo coração a linguagem do espírito, a fim de que se faça entender. Repito-o: os argumentos frios podem determinar nossas opiniões, não nossas ações. Fazem-nos acreditar, e não agir; demonstra-se o que é preciso pensar, e não o que é preciso fazer. Se isso é verdadeiro para todos os homens, com muito mais razão o é para os jovens ainda envolvidos em seus sentidos, e que só pensam na medida em que imaginam.

Evitarei, portanto, mesmo com as preparações de que falei, ir de repente ao quarto de Emílio fazer-lhe gravemente um longo discurso sobre o assunto acerca do qual quero instruí-lo. Começarei por comover sua imaginação; escolherei o tempo, o lugar, os objetos mais favoráveis à impressão que quero causar; chamarei, por assim dizer, toda a natureza como testemunha de nossas conversas; o Ser eterno, de quem a natureza é obra, atestará a verdade de meus discursos; tomá-lo-ei como juiz entre mim e Emílio; assinalarei o lugar onde estamos, os rochedos, as florestas, as montanhas que nos cercam, como monumentos de seus compromissos e dos meus; porei em meus olhos, em meu acento, em meu gesto o entusiasmo e o ardor que quero inspirar nele. Então falarei com ele e ele me ouvirá, eu me enternecerei e ele se emocionará. Compenetrando-me sobre a santidade de meus deveres, tornarei os seus mais respeitáveis; animarei a força do raciocínio com imagens e figuras; não serei longo e difuso em máximas frias, mas abundante em sentimentos que transbordam; minha razão será grave e sentenciosa, mas meu coração nunca terá dito o bastante. Então, mostrando-lhe tudo que fiz por ele, mostrar-lho-ei como tendo feito para mim mesmo, e ele verá em minha terna afeição a razão de todos os meus cuidados. Que surpresa, que agitação vou dar-lhe mudando subitamente de linguagem! Em vez de lhe retrair a alma falando-lhe sempre de seu interesse, somente do meu é que lhe falarei doravante, e o comoverei mais. Inflamarei seu jovem coração com todos os sentimentos de amizade, de generosidade, de reconhecimento que fiz nascer e que são tão doces de se alimentar. Eu o apertarei contra meu peito vertendo sobre ele lágrimas de ternura. Dir-lhe-ei: és meu bem, meu filho, minha obra; é de tua felicidade que espero a minha; se frustrares minhas esperanças, roubar-me-ás vinte anos de minha vida e tornarás infeliz minha velhice. É assim que fazemos que um jovem nos ouça e grave no fundo de seu coração a lembrança do que lhe dizemos.

Até aqui, procurei dar exemplos da maneira pela qual um governante deve instruir seu discípulo nas ocasiões difíceis. Tentei fazer o mesmo no que segue. Mas, depois de muitas tentativas, renuncio, convencido de que a língua francesa é preciosa demais para suportar em um livro a ingenuidade das primeiras instruções acerca de certos assuntos.

Dizem que a língua francesa é a mais casta das línguas; quanto a mim, acredito que é a mais obscena, pois parece-me que a castidade de uma língua não consiste em evitar com cuidado as expressões desonestas, mas em não as ter. Com efeito, para evitá-las, é preciso pensar nelas; e não há língua em

Emílio ou Da educação

que seja mais difícil falar puramente em todo sentido do que a francesa. O leitor, sempre mais hábil para descobrir sentidos obscenos do que o autor para escondê-los, escandaliza-se com tudo. Como o que passa por ouvidos impuros não contrairia sua imundície? Ao contrário, um povo de bons costumes tem termos próprios para todas as coisas; e esses termos são sempre honestos porque são empregados honestamente. É impossível imaginar uma linguagem mais recatada que a da Bíblia, precisamente porque tudo ali é dito com ingenuidade. Para tornar levianas as mesmas coisas, basta traduzi-las para o francês. O que devo dizer a meu Emílio não terá nada que não seja honesto e casto a seus ouvidos; mas, para assim achá-lo na leitura, seria preciso ter um coração tão puro quanto o seu.

Pensaria mesmo que reflexões sobre a verdadeira pureza do discurso e a falsa delicadeza do vício poderiam mostrar-se úteis nas conversas sobre moral nas quais esse assunto nos conduz; pois, aprendendo a linguagem da honestidade, ele deve aprender também a da decência, e é preciso que ele saiba por que essas duas linguagens são muito diferentes. Seja como for, defendo que em lugar de vãos preceitos com que enchem antes do tempo os ouvidos da juventude, e dos quais ela zomba na idade em que seriam razoáveis, se esperamos, se preparamos o momento de sermos ouvidos, então lhe expomos as leis da natureza em toda a sua verdade; se lhe mostramos a sanção dessas mesmas leis nos males físicos e morais que sua infração provoca; se, ao falarmos para ele desse inconcebível mistério da geração, juntamos à ideia da atração que o autor da natureza dá a esse ato, aquela do apego exclusivo que o torna delicioso, a dos deveres de fidelidade e de pudor, que o cercam e que duplicam seu encanto ao cumprirem seu objetivo; se, ao pintarmos o casamento a ele, não somente como a mais doce das sociedades, mas também como o mais inviolável e o mais santo de todos os contratos, dissermos com ênfase todas as razões que tornam um laço tão sagrado respeitável a todos os homens e cobrem de ódio e maldições todos que ousam macular sua pureza; se lhe fizermos um quadro impressionante e verdadeiro dos horrores da devassidão, de seu estúpido embrutecimento, da tendência imperceptível pela qual uma primeira desordem conduz a todas e, finalmente, arrasta para a perdição quem se entrega a elas; se, digo eu, mostro-lhe com evidência como ao gosto da castidade se ligam a saúde, a força, a coragem, as virtudes, o próprio amor e todos os verdadeiros bens do homem, afirmo então que teremos lhe tornado essa castidade desejável e cara, e que veremos seu espírito dócil aos meios que lhe daremos para conservá-la; pois, enquanto a conservamos, nós a respeitamos; só a desprezamos depois de tê-la perdido.

Não é verdade que a inclinação para o mal seja indomável, e que não sejamos senhores de vencê-la antes de termos adquirido o hábito de sucumbir a ela. Aurelius Victor diz[58] que vários homens arrebatados de amor compraram voluntariamente com a vida uma noite de Cleópatra, e esse sacrifício não é impossível na embriaguez da paixão. Mas suponhamos que o homem mais furioso e menos senhor de seus sentidos percebesse o aparelho do suplício e tivesse a certeza de que morreria depois de um quarto de hora. A partir desse instante, esse homem não apenas dominaria as tentações, como também pouco lhe custaria resistir a elas; rapidamente a imagem horripilante ligada às tentações distraí-lo-ia delas; e, sempre rechaçadas, deixariam de voltar. É somente a mornidão de nossa vontade que faz nossa fraqueza, e somos sempre fortes para fazer o que queremos fortemente: *volenti nihil difficile.*[59] Ah! se detestássemos o vício tanto quanto amamos a vida, nós nos absteríamos tão facilmente de um crime agradável quanto de um veneno mortal em um prato delicioso.

Se todas as lições dadas a um jovem nesse ponto fracassam, é porque não têm razão de ser para sua idade, e porque importa em qualquer idade revestir a razão com formas que a façam amar. Como não se percebe isso? Falai-lhe gravemente quando for preciso, mas tenhais sempre no que lhe dizeis um atrativo que o force a vos ouvir. Não combatais seus desejos com aridez; não sufoqueis sua imaginação, guiai-a para evitar que gere monstros. Falai-lhe do amor, das mulheres, dos prazeres; fazei que ele encontre em vossas conversas um encanto que agrade seu jovem coração; nada poupeis

---

58 Sexto Aurélio Victor (320-390), historiador romano. Rousseau refere-se à obra *De Viris Illustribus Romae*. (N. T.)

59 "A quem quer, nada é difícil." (N. T.)

para tornar-vos seu confidente: só dessa maneira sereis verdadeiramente seu mestre. Então, não mais receeis que vossas conversas o aborreçam; ele vos fará falar mais do que gostaríeis.

Se tiver tomado todas as precauções necessárias com essas máximas e feito a meu Emílio os discursos convenientes à conjuntura que alcançou pelo progresso dos anos, não duvido nem por um só instante que ele chegue por si mesmo ao ponto a que quero conduzi-lo, que ele se ponha diligentemente sob a minha proteção, e que, impressionado pelos perigos de que se vê cercado, diga-me com todo o ardor de sua idade: "Ó meu amigo, meu protetor, meu mestre, recuperai a autoridade que quereis abandonar no momento em que mais me importa que ela permaneça; até agora só a tínheis devido à minha fraqueza, doravante vós a tereis por minha vontade, e ela me será ainda mais sagrada. Defendei-me contra todos os inimigos que me assediam, e sobretudo contra os que trago comigo e que me traem; cuidai de vossa obra, a fim de que permaneça digna de vós. Quero obedecer a vossas leis, quero-o sempre, é minha vontade constante. Se alguma vez eu vos desobedecer, será contra minha vontade: tornai-me livre protegendo-me contra minhas paixões que me violentam; impedi-me de ser escravo delas, e forçai-me a ser meu próprio senhor não obedecendo a meus sentidos, e sim à minha razão".

Quando tiverdes levado vosso aluno a esse ponto (e se a ele não chegar, será por vossa culpa), evitai cobrar-lhe muito rapidamente a palavra, para que, se algum dia vosso império parecer-lhe demasiado rude, ele não se acredite no direito de subtrair-se acusando-vos de tê-lo surpreendido. É nesse momento que a reserva e a gravidade têm lugar; e esse tom irá se impor a ele com muito mais força porque terá sido a primeira vez que ele vos viu empregá-lo.

Vós lhe direis então: "Jovem, assumis levianamente compromissos penosos. Seria preciso conhecê-los para ter o direito de fazê-lo: não sabeis com que furor os sentidos arrastam vossos semelhantes para o abismo dos vícios, pela atração do prazer. Bem sei que não tendes uma alma abjeta; não violareis nunca vossa promessa; mas quantas vezes, talvez, vos arrependereis de tê-la feito! Quantas vezes amaldiçoareis aquele que vos ama, quando, para vos furtar dos males que vos ameaçam, ele se vir forçado a despedaçar vosso coração! Assim como Ulisses, comovido com o canto das sereias, gritava a seus guias para que o desacorrentassem, seduzido pelo atrativo dos prazeres, desejareis romper os laços que vos incomodam; vós me importunareis com vossas queixas; censurareis minha tirania quando eu estiver mais ternamente ocupado convosco; pensando apenas em vos fazer feliz, provocarei vosso ódio. Ó meu Emílio, jamais suportarei a dor de te ser odioso; até mesmo tua felicidade é cara demais por este preço. Bom jovem, não vedes que ao vos obrigar a me obedecer vós me obrigais a vos conduzir, a esquecer-me de mim para devotar-me a vós, a não ouvir vossas queixas, nem vossos murmúrios, a combater incessantemente vossos desejos e os meus? Vós me impondes um jugo mais duro do que o vosso. Antes de nos comprometermos ambos com isso, consultemos nossas forças; esperai um pouco, deixai-me pensar nisso, e sabei que o mais lento a prometer é sempre o mais fiel a cumprir".

Ficai sabendo também vós que, quanto mais dificultardes o compromisso, mais lhe facilitareis a execução. Importa que o jovem sinta que promete muito, e que vós prometeis mais ainda. Quando a hora chegar e ele tiver, por assim dizer, assinado o contrato, trocai então de linguagem, e ponde tanta doçura em vosso império quanto tiverdes anunciado de severidade. Vós lhe direis: "Meu jovem amigo, a experiência vos falta, mas eu agi de maneira que a razão não vos faltasse. Estais em condições de ver em tudo os motivos de minha conduta; para tanto, basta esperar que estejais com o sangue frio. Começai sempre por obedecer-me, e depois pedi que vos preste conta de minhas ordens; estarei disposto a dar minhas razões tão logo tiverdes condições de me entender, e jamais temerei tomar-vos como juiz entre mim e vós. Vós prometeis ser dócil, e eu prometo não usar dessa docilidade senão para vos tornar o mais feliz dos homens. Dou como garantia de minha promessa a sorte de que desfrutastes até agora. Encontrai alguém de vossa idade que tenha passado uma vida tão suave como a vossa, e nada mais vos prometo".

Após o estabelecimento de minha autoridade, meu primeiro cuidado será afastar a necessidade de empregá-la. Não pouparei nada para firmar-me cada vez mais em sua confiança, para tornar-me cada vez mais o confidente de seu coração e o árbitro de seus prazeres. Longe de combater as inclinações de sua idade, eu as consultarei para ser senhor delas; considerarei suas considerações a fim de orientá-las, não buscarei para ele uma felicidade distante à custa do presente. Não quero que seja feliz uma vez, mas sempre, se possível.

Aqueles que querem conduzir com sabedoria a juventude para protegê-la das armadilhas dos sentidos procuram fazer que o amor lhe pareça horroroso, e de bom grado falariam em crime no caso daqueles que pensassem em amor nessa idade, como se o amor fosse feito para os velhos. Todas essas lições enganadoras que o coração desmente não persuadem. O jovem, conduzido por um instinto mais seguro, ri em segredo das tristes máximas que finge consentir, e apenas espera o momento de torná-las vãs. Tudo isso é contrário à natureza. Seguindo um caminho oposto, chegarei com mais segurança ao mesmo fim. Não temerei lisonjear nele o doce sentimento de que se mostra ávido; irei retratar isso para ele como a suprema felicidade da vida, porque o é, de fato; ao retratá-lo quero que a isso o jovem se entregue; fazendo-o sentir que encanto a união dos corações acrescenta à atração dos sentidos, farei como que sinta desgosto da libertinagem, e farei dele um sábio ao torná-lo amoroso.

Como é preciso ser limitado para não ver nos desejos nascentes de um jovem senão um obstáculo às lições da razão! Quanto a mim, vejo-os como o verdadeiro meio de torná-lo dócil a essas mesmas lições. Só se conquista as paixões pelas paixões; é por meio do império delas que precisamos combater-lhes a tirania, e é sempre da própria natureza que é preciso tirar os instrumentos próprios para regulá-la.

Emílio não é feito para permanecer sempre solitário; membro da sociedade, deve cumprir seus deveres. Feito para viver com os homens, deve conhecê-los. Conhece o homem em geral: resta-lhe conhecer os indivíduos. Sabe o que se faz no mundo: resta-lhe ver como nele se vive. É tempo de mostrar-lhe o exterior desse grande cenário do qual já conhece todos os jogos ocultos. Não mais lhes dirigirá a admiração estúpida de um jovem avoado, mas o discernimento de um espírito reto e justo. Sem dúvida suas paixões podem iludi-lo, mas quando não iludem os que a elas se entregam? Ao menos ele não será enganado pelas dos outros. Se as vê, ele as verá com o olho do sábio, sem ser arrastado por seus exemplos nem seduzido por seus preconceitos.

Assim como há uma idade adequada ao estudo das ciências, há uma para bem aprender os usos da sociedade. Quem aprende tais usos cedo demais, segue-os durante toda a vida sem escolha, sem reflexão e, embora com suficiência, sem nunca saber direito o que faz. Mas quem os aprende vendo neles suas razões, segue-os com mais discernimento e, por conseguinte, com mais justeza e graça. Dai-me um menino de 12 anos que não saiba nada de nada, aos 15 devo devolvê-lo a vós tão sábio quanto o que instruísseis desde a primeira infância, com a diferença de que o saber do vosso não estará senão na memória, e o do meu estará em seu juízo. Da mesma forma, introduzi um jovem de 20 anos na sociedade; bem conduzido, em um ano será mais amável e mais judiciosamente polido do que aquele que nela tiver sido educado desde a infância: pois o primeiro, sendo capaz de sentir as razões de todos os procedimentos relativos à idade, à condição, ao sexo que constituem tais usos, pode reduzi-los a princípios e estendê-los ao caso não previsto; ao passo que o outro, tendo somente sua rotina como regra exclusiva, vê-se embaraçado assim que sai dela.

As jovens senhoritas francesas são todas educadas em conventos até a hora em que se casam. Percebe-se que tenham alguma dificuldade em adquirir maneiras que são tão novas para elas? E acusarão as mulheres de Paris de parecerem desajeitadas, embaraçadas, de ignorarem os costumes da sociedade por não terem sido postas nelas desde a infância? Esse preconceito vem da própria gente da sociedade, que, não conhecendo nada mais importante do que essa pequena ciência, imagina falsamente que nunca é cedo demais para começar a adquiri-la.

É verdade que tampouco se deve esperar demais. Quem tiver passado sua juventude inteira longe da alta sociedade, nela se apresentará, durante o resto de sua vida, com jeito embaraçado, constrangido, com palavras sempre fora de propósito, maneiras pesadas e desajeitadas que não mais se desfarão, nem mesmo com o hábito de frequentá-la, e que só parecerão ainda mais ridículos com o esforço para se libertarem disso. Cada tipo de instrução tem seu momento próprio que é preciso conhecer, e seus perigos que é preciso evitar. É sobretudo quanto a esta que eles se reúnem; mas tampouco exponho a eles meu aluno sem me precaver para protegê-lo.

Quando meu método compreende um mesmo objeto de todos os pontos de vista, e quando, reparando um inconveniente, previne outro, julgo que o método é bom e que estou certo. É o que acredito ver no expediente que ele me sugere aqui. Se eu quiser ser austero e seco com meu discípulo, perderei sua confiança e dentro em pouco ele se esconderá de mim. Se eu quiser ser complacente, fácil, ou fechar os olhos, que lhe adiantará estar sob minha vigilância? Não faço senão autorizar sua desordem e aliviar sua consciência à custa da minha. Se o introduzo na sociedade com o único projeto de instruí-lo, ele se instruirá mais do que quero. Se o mantenho afastado até o fim, que terá aprendido comigo? Tudo, talvez, exceto a arte mais necessária ao homem e ao cidadão, que é a de saber viver com seus semelhantes. Se dou a esses cuidados uma utilidade demasiado remota, esta ser-lhe-á como que nula: ele só se importa com o presente. Se me contento com lhe oferecer divertimentos, que bem lhe faço? Ele se amolece e de modo algum se instrui.

Nada disso. Só meu expediente atende a tudo. Teu coração, digo ao jovem, precisa de uma companheira. Vamos procurar a que te convém: não a encontraremos facilmente talvez, o verdadeiro mérito é sempre raro, mas não nos apressemos nem desanimemos. Há sem dúvida uma, e nós acabaremos por encontrá-la, ou ao menos, a que mais se aproxima dela. Com um projeto assim tão lisonjeiro para ele, introduzo-o na sociedade. Que preciso dizer mais? Não vedes que fiz tudo?

Ao retratar-lhe a amante que lhe destino, imaginai se serei capaz de fazer-me ouvir, se saberei tornar-lhe agradáveis e caras as qualidades que ele deve amar, se saberei dispor todos os seus sentimentos para o que deve buscar ou evitar. É preciso que eu seja o mais inábil dos homens para não o tornar de antemão apaixonado sem saber por quem. Não importa que o objeto que lhe retratar seja imaginário, basta que o desgoste daqueles que poderiam tentá-lo, basta que encontre por toda parte comparações que o façam preferir sua quimera aos objetos reais que o impressionarão: e o que é o verdadeiro amor ele próprio, senão quimera, mentira, ilusão? Amamos muito mais a imagem que criamos do que o objeto a que a aplicamos. Se víssemos o que amamos exatamente como é, não haveria mais amor na terra. Quando deixamos de amar, a pessoa que amávamos permanece a mesma, mas não a vemos mais da mesma maneira; o véu do prestígio cai e o amor se extingue. Ora, ao fornecer o objeto imaginário, sou senhor das comparações e impeço facilmente a ilusão dos objetos reais.

Não quero com isso que se engane um jovem retratando-lhe um modelo de perfeição que não possa existir; mas escolherei de tal forma os defeitos de sua amante, que eles lhe convirão, ser-lhe-ão agradáveis e servir-lhe-ão para corrigir os dele. Não quero tampouco que lhe mintam, afirmando falsamente que o objeto retratado existe; mas se ele se compraz com a imagem, desejará logo um original. Do desejo à suposição o trajeto é fácil; é questão de algumas descrições hábeis que, com traços mais sensíveis, darão a esse objeto imaginário um ar maior de verdade. Gostaria de chegar a nomeá-lo. Diria, rindo: Chamemos *Sofia* vossa futura amante; *Sofia* é nome de bom augúrio; se a que escolherdes não o tiver, será ao menos digna de tê-lo; podemos antecipadamente honrá-la dessa maneira. Depois desses pormenores, se, sem afirmar nem negar, nos esquivarmos com desculpas, suas suspeitas se transformarão em certezas; acreditará que lhe fazemos mistério da esposa que lhe é destinada, e que a verá no tempo certo. Se chegar a esse ponto e se tivermos escolhido bem o que é preciso mostrar-lhe, todo o resto é fácil. Podemos expô-lo à sociedade quase sem risco: defendei-o somente contra os sentidos, pois seu coração está em segurança.

Mas, quer ele personifique ou não o modelo que terei sido capaz de fazê-lo amar, esse modelo, sendo bem feito, não deixará de prendê-lo a tudo que lhe for parecido, nem deixará de afastá-lo de tudo o que for dessemelhante, como se tivesse um objeto real. Que vantagem para preservar seu coração dos perigos a que sua pessoa deve ser exposta, para reprimir seus sentidos por sua imaginação, para separá-lo, sobretudo, dessas mercadoras de educação, que cobram tão caro e só formam um jovem polido tirando-lhe a honestidade! Sofia é tão modesta! Como verá as investidas das outras? Sofia é tão simples! Como apreciará a afetação das outras? Entre suas ideias e suas observações, há uma distância grande demais para que estas lhe sejam perigosas.

Todos que falam do governo das crianças seguem os mesmos preconceitos e as mesmas máximas porque observam mal e refletem pior ainda. A perdição da juventude não começa nem pelo temperamento nem pelos sentidos, mas pela opinião. Se aqui se tratasse de meninos educados em colégios e de meninas educadas em conventos, eu mostraria que isso é verdade mesmo em relação a eles; pois as primeiras lições que recebem eles e elas, as únicas que frutificam, são as do vício: não é a natureza que os corrompe, é o exemplo. Mas abandonemos os pensionistas de colégios e conventos a seus maus costumes: serão sempre sem remédio. Falo apenas da educação doméstica. Tomai um jovem educado sabiamente na casa de seu pai na província, examinai-o no momento em que chega a Paris, quando entra na sociedade; encontrá-lo-eis pensando bem em relação às coisas honestas, e tendo a própria vontade tão sadia quanto a razão; vê-lo-eis desprezar o vício e ter horror à devassidão; só por ouvir o nome de uma prostituta, vereis em seus olhos o escândalo da inocência. Afirmo que não há um único que poderia decidir-se a entrar sozinho nas tristes moradas dessas infelizes, ainda que soubesse para que servem e ainda que sentisse necessidade delas.

Considerai o mesmo jovem seis meses depois: não o reconhecereis mais. Expressões livres, máximas altivas, atitudes desembaraçadas fariam que fosse tomado por outro homem, se suas brincadeiras sobre sua primeira simplicidade, sua vergonha quando o lembram dela, não mostrassem que é o mesmo e que se envergonha disso. Como se formou em pouco tempo! De onde vem uma mudança tão grande e tão brusca? Do progresso do temperamento? Seu temperamento não teria feito o mesmo progresso na casa paterna? E por certo aí não teria adquirido esse tom nem essas máximas. Dos primeiros prazeres dos sentidos? Ao contrário: quando começamos a entregar-nos a eles, somos medrosos, inquietos, fugimos da luz e do barulho. As primeiras volúpias são sempre misteriosas, o pudor as condimenta e as esconde: a primeira amante não nos torna atrevidos, mas tímidos. Inteiramente compenetrado em um estado tão novo para ele, o jovem se recolhe para saboreá-lo e teme sempre por perdê-lo. Se é barulhento, não é nem voluptuoso nem terno; enquanto se vangloria, ainda não desfrutou.

Outras maneiras de pensar produziram sozinhas essas diferenças. Seu coração ainda é o mesmo, mas suas opiniões mudaram. Seus sentimentos, mais lentos para se alterarem, acabarão se alterando com elas; e é somente então que estará verdadeiramente corrompido. Mal entrou na sociedade e já adquire uma segunda educação totalmente oposta à primeira, pela qual aprende a desprezar o que estimava e a estimar o que desprezava; fazem-no encarar como um jargão pedante as lições de seus pais e de seus mestres, e os deveres que lhe foram pregados como uma moral pueril que se deve desdenhar quando adulto. Ele acredita ser obrigado a mudar de conduta por honra; torna-se atrevido sem desejos e enfatuado por vergonha. Zomba dos bons costumes antes de ter tomado gosto pelos maus, e gaba-se de devassidão sem saber ser devasso. Nunca esquecerei a confissão de um jovem oficial da guarda suíça que se aborrecia muito com os prazeres ruidosos de seus camaradas, mas, com medo de ser ridicularizado, não ousava se recusar a participar deles: "Exercito-me nisso, dizia, como uso tabaco apesar de minha repugnância: o gosto virá com o hábito. É preciso não ser criança para sempre".

Assim, pois, é bem menos da sensualidade do que da vaidade que devemos preservar um jovem que entra na sociedade: cede mais às inclinações de outrem do que às suas próprias, e o amor-próprio faz mais libertinos do que o amor.

Isso posto, pergunto se há alguém em toda a terra mais armado do que meu jovem contra tudo o que pode atacar seus costumes, seus sentimentos, seus princípios; se há alguém mais em condições de resistir à torrente. Pois, contra que sedução ele não possui defesa? Se seus desejos o arrastam para o sexo, nele não encontra o que procura, e seu coração preocupado o retém. Se seus sentidos o agitam e o pressionam, como poderá contentá-los? O horror ao adultério e à devassidão afasta-o tanto das meretrizes quanto das mulheres casadas, e é sempre por uma dessas duas condições que começam as desordens da juventude. Uma moça casadoura pode ser coquete, mas não será atrevida: não irá jogar-se nos braços de um jovem que pode desposá-la se ele acredita que ela é honesta; além disso, terá alguém para vigiá-la. Emílio, por sua vez, não estará inteiramente entregue a si mesmo; ambos terão como vigias ao menos o temor e a vergonha, inseparáveis dos primeiros desejos; não irão abruptamente às relações íntimas, e, até mesmo aos poucos, não terão tempo de chegar a elas sem obstáculos. Para agir de outro modo, é preciso que já tenha recebido lições de seus camaradas, que tenha aprendido com eles a zombar da contenção, a tornar-se insolente imitando-os. Mas que homem no mundo é menos imitador do que Emílio? Que homem é menos conduzido pelo tom zombeteiro do que aquele que não tem preconceitos e não sabe nada oferecer aos dos outros? Trabalhei vinte anos para armá-lo contra os zombadores; precisarão gastar mais de um dia para fazê-lo de otário, pois o ridículo não é, aos seus olhos, mais do que a razão dos tolos, e nada torna mais insensível à zombaria do que estar acima da opinião. Ao invés de brincadeiras, ele precisa de razões; e enquanto for assim, não tenho medo de que jovens loucos o roubem de mim; tenho a meu favor a consciência e a verdade. Se é preciso dar espaço ao preconceito, um apego de vinte anos é também alguma coisa; nunca lhe farão acreditar que o aborreci com lições vãs; e em um coração reto e sensível, a voz de um amigo fiel e verdadeiro será capaz de abafar os gritos de vinte sedutores. Como trata-se apenas de lhe mostrar que eles o enganam e que, fingindo tratá-lo como homem o tratam realmente como criança, parecerei ser sempre simples, mas grave, e claro em meus raciocínios, a fim de que ele sinta que sou eu quem o trata como homem. Dir-lhe-ei: "Vedes que somente vosso interesse, que é o meu, dita meus discursos; não posso ter nenhum outro. Mas por que esses rapazes o querem persuadir? É porque desejam seduzir-vos: não vos amam, não têm nenhum interesse por vós; têm apenas como motivo um despeito secreto por ver que valeis mais do que eles; querem abaixar-vos à altura deles e só vos censuram por vos deixardes governar para eles próprios vos governarem. Podeis acreditar que ganharíeis com a mudança? A sabedoria deles será assim tão superior, e seu apego de um dia mais forte do que o meu? Para dar algum peso à sua zombaria, seria preciso dá-lo também à sua autoridade. E que experiência têm eles para elevar suas máximas acima das nossas? Não fizeram senão imitar outros avoados, como querem ser imitados por sua vez. Para pôr-se acima dos pretensos preconceitos de seus pais, submetem-se aos de seus camaradas. Não vejo o que ganham com isso, mas vejo que perdem seguramente duas grandes vantagens: a da afeição paterna, cujos conselhos são ternos e sinceros, e a da experiência, que leva a julgar o que se conhece; porque os pais foram filhos, mas os filhos não foram pais".

"Mas não acreditais que sejam sinceros ao menos em suas máximas malucas? Nem isso, caro Emílio; eles se enganam para vos enganar; não estão de acordo consigo mesmos; seu coração os desmente sem cessar e, não raro, sua boca os contradiz. Um deles faz troça de tudo que é honesto, mas ficaria desesperado se a mulher pensasse como ele. Outro levará essa indiferença quanto aos costumes os da mulher que ainda não tem, ou, por cúmulo da infâmia, até aos da mulher que já tem. Mas ide mais longe, falai-lhe de sua mãe, e vede se de bom grado quererá passar por filho de adultério, filho de uma mulher de má vida, para tomar falsamente o nome de uma família, para roubar o patrimônio dela ao herdeiro natural; se, finalmente, terá paciência para deixar-se tratar como bastardo. Qual dentre eles há de querer que atribuam à sua filha a desonra com que cobre a de outrem? Não há nenhum deles que não chegasse até a atentar contra vossa vida se adotásseis com ele, na prática, todos os princípios que se esforça por vos dar. Assim é que revelam sua inconsequência, e que sentimos que nenhum deles acredita no que diz. Eis aí razões, caro Emílio: ponderai as deles, se as têm, e comparai. Se eu quisesse usar como eles o desprezo e a zombaria, vós os veríeis exporem-se ao ridículo tanto quanto ou talvez mais do que eu. Mas não tenho medo de um exame sério. O triunfo dos escarnecedores é de curta duração; a verdade permanece, e seu riso insensato deles se extingue".

Não imaginais como Emílio pode ser dócil aos 20 anos. Como pensamos de maneira diferente! Quanto a mim, não concebo como pôde sê-lo aos 10 anos; pois que domínio podia ter sobre ele nessa idade? Precisei de quinze anos de cuidados para adquirir isso. Na época, eu não o educava, preparava-o para ser educado. Ele o é agora bastante para ser dócil; reconhece a voz da amizade, sabe obedecer à razão. Permito-lhe, é verdade, a aparência da independência, mas nunca me foi mais submisso, porque ele próprio deseja sê-lo. Enquanto não pude tornar-me senhor de sua vontade, eu o fui de sua pessoa; não me afastava dele um só instante. Agora eu às vezes deixo-o sozinho porque o governo sempre. Deixando-o, beijo-o e lhe digo com segurança: Emílio, eu te confio a meu amigo; eu te entrego a seu coração honesto; é ele que me prestará contas de ti.

Não é coisa rápida corromper afeições sãs que não sofreram nenhuma alteração anterior, apagar princípios derivados imediatamente das primeiras luzes da razão. Se houver alguma mudança durante minha ausência, nunca será longa o bastante, ele nunca saberá esconder-se de mim bem o bastante sem que eu perceba o perigo antes do mal e não tenha tempo de remediá-lo. Assim como não se deprava subitamente, tampouco se aprende subitamente a dissimular; e se alguma vez houve homem inábil nessa arte, este é Emílio, que nunca teve na vida uma única oportunidade de praticá-la.

Por esses cuidados e outros semelhantes, acredito que ele esteja tão bem protegido contra objetos estranhos e máximas vulgares, que preferiria vê-lo no meio da pior sociedade de Paris a vê-lo sozinho em seu quarto ou em um parque, entregue a toda a inquietude de sua idade. Não importa o que se faça: de todos os inimigos que podem atacar um jovem, o mais perigoso e o único que não se pode afastar é ele próprio. Esse inimigo, entretanto, só é perigoso por nossa culpa; pois, como o disse mil vezes, é apenas pela imaginação que os sentidos despertam. A necessidade deles não é propriamente uma necessidade física; não é verdade que seja uma verdadeira necessidade. Se nunca qualquer objeto lascivo houvesse impressionado nossos olhos, se nunca uma ideia desonesta tivesse entrado em nosso espírito, nunca talvez essa pretensa necessidade se fizesse sentir em nós; e teríamos permanecido castos, sem tentações, sem esforços e sem mérito. Não se conhecem quais fermentações surdas certas situações e certos espetáculos despertam no sangue da juventude, sem que ela própria saiba deslindar a causa dessa primeira inquietude, que não é fácil de acalmar e que não tarda em renascer. De minha parte, quanto mais reflito sobre essa importante crise e suas causas próximas ou remotas, mais me persuado de que um solitário criado em um deserto, sem livros, sem instrução e sem mulheres morreria virgem qualquer que fosse a idade que tivesse alcançado.

Mas não se trata aqui de um selvagem dessa espécie. Educando um homem em meio a seus semelhantes e para a sociedade, é impossível, é realmente sem propósito criá-lo sempre nessa salutar ignorância; e o que há de pior para a sabedoria é ser sábio pela metade. A recordação dos objetos que nos impressionaram e as ideias que adquirimos acompanham-nos até o retiro, povoam-no contra nossa vontade de imagens mais sedutoras do que os próprios objetos, e tornam a solidão tão funesta a quem os traz consigo quanto é útil a quem no retiro se mantém sempre só.

Sede atento, portanto, ao cuidar do jovem: ele poderá defender-se de tudo, mas cabe a vós defendê-lo contra ele próprio. Não o deixeis sozinho nem de dia nem de noite, dormi ao menos no quarto dele; que ele só se deite quando estiver exausto de sono, e que saia no mesmo instante em que despertar. Desconfiai do instinto tão logo não mais vos limitardes a ele: o instinto é bom enquanto age só, mas é suspeito quando se mistura às instituições dos homens. Não é preciso destruí-lo, mas deveis regrá-lo; e isso talvez seja mais difícil do que aniquilá-lo. Seria muito perigoso ensinar vosso aluno a despistar seus sentidos e a suplementar as ocasiões de satisfazê-los; uma vez conhecido esse perigoso suplemento, estará perdido. Doravante, terá sempre o corpo e o coração enervados; levará até o túmulo os tristes efeitos desse hábito, o mais funesto a que um jovem pode estar submetido. Sem dúvida, seria ainda melhor... Se os furores de um temperamento ardente tornarem-se invencíveis, meu caro Emílio, lamento por ti; mas em nenhum momento hesitarei nem tolerarei que o fim da natureza seja evitado. Se é preciso que um tirano te subjugue, eu te entrego de preferência àquele de que posso libertar-te; aconteça o que for, arrancar-te-ei mais facilmente das mulheres do que de ti.

Até os 20 anos o corpo cresce, precisa de toda a sua substância: a continência está então na ordem da natureza, e só nos desviamos dela à custa de nossa constituição. Depois dos 20 anos a continência é um dever de moral; ela é importante para que se aprenda a reinar sobre si mesmo, a permanecer como senhor dos próprios apetites. Mas os deveres morais têm suas modificações, suas exceções, suas regras. Quando a fraqueza humana torna uma alternativa inevitável, de dois males escolhamos o menor: seja como for, é preferível cometer um erro do que contrair um vício.

Lembrai-vos de que não é mais de meu aluno que falo aqui, mas do vosso. Suas paixões, que deixastes fermentar, vos subjugam; cedei a elas então abertamente e sem dissimular-lhes sua vitória. Se souberdes apresentar-lha em sua verdade, ele se mostrará menos orgulhoso do que envergonhado; e conservareis o direito de guiá-lo durante seu afastamento a fim de fazerdes que ao menos evite os precipícios. É importante que o discípulo nada faça que o mestre não saiba ou não queira, e isso vale até para o que for mal; é cem vezes melhor que o governante aprove um erro e se engane do que que seja enganado por seu aluno, e que o erro seja cometido sem que se saiba. Quem crê dever fechar os olhos a qualquer coisa, vê-se logo forçado a fechá-los a tudo: o primeiro abuso tolerado leva a outro, e essa cadeia só termina com a subversão de toda a ordem e com o desprezo de toda lei.

Outro erro que já combati, mas que nunca sairá dos pequenos espíritos, está em fingir sempre uma dignidade magistral e querer se passar por um homem perfeito no espírito do discípulo. Esse método é um contrassenso. Como não veem que, querendo consolidar sua autoridade, eles a destroem? Que para fazer ouvir o que se diz é preciso pôr-se no lugar daqueles a quem se fala, e que é preciso ser homem para saber falar ao coração humano? Toda essa gente perfeita não impressiona nem persuade: costuma-se dizer que é bem fácil para eles combater paixões que não sentem. Mostrai vossas fraquezas a vosso aluno se quiserdes curar as dele; que veja em vós os mesmos combates que ele próprio experimenta, que aprenda a dominar-se com vosso exemplo, e que não diga como os outros: "Estes velhos, frustrados por não serem mais jovens, querem tratar os jovens como velhos; e porque todos os desejos deles se extinguiram, falam dos nossos como se fossem crimes".

Montaigne diz que perguntou um dia ao sr. de Langey quantas vezes, em suas negociações na Alemanha, havia se embriagado a serviço do rei.[60] Eu perguntaria de bom grado ao governante de certo rapaz quantas vezes entrou em um lugar de má fama a serviço de seu aluno. Quantas vezes? Estou enganado. Se a primeira não tirar para sempre o desejo do libertino de voltar, se não trouxer de lá o arrependimento e a vergonha, se não verter

---

60 A passagem se encontra em *Ensaios*, I, 26 (o capítulo sobre a educação de crianças); porém, o "sr. de Langey" é mencionado apenas em I, 17. Referência a Guillaume du Bellay, sr. de Langey (1491-1543), escritor e político francês. (N. T.)

sobre vosso peito torrentes de lágrimas, abandonai-o de imediato; não passa de um monstro, ou vós de um imbecil; jamais lhe servireis para nada. Mas deixemos de lado esses expedientes extremos, tão tristes quanto perigosos, e que não têm nenhuma relação com nossa educação.

Quantas precauções a tomar com um jovem bem-nascido antes de expô-lo ao escândalo dos costumes do século! Tais precauções são penosas, mas indispensáveis; é a negligência quanto a esse ponto que faz que toda a juventude se perca; é pela desordem da primeira idade que os homens degeneram, e que os vemos tornarem-se o que são hoje. Vis e covardes em seus próprios vícios, nada têm senão pequenas almas, porque seus corpos gastos foram corrompidos desde cedo; mal lhes resta vida o suficiente para se moverem. Seus pensamentos sutis marcam espíritos sem envergadura; nada sabem sentir de grande ou de nobre; não têm simplicidade nem vigor; abjetos em tudo, e baixamente maus, são apenas vaidosos, malandros e falsos. Não têm sequer coragem o bastante para ser celerados ilustres. Assim são os homens desprezíveis que a crápula da juventude forma; se um somente soubesse ser temperante e sóbrio, que soubesse, no meio deles, preservar seu coração, seu sangue e seus costumes do contágio do exemplo, aos 30 anos esmagaria todos esses insetos e se tornaria senhor deles com menos dificuldade do que teve para permanecer senhor de si mesmo.

Por pouco que o nascimento ou a fortuna tenham feito por Emílio, ele seria esse homem se quisesse, mas ele os despreza demais para dignar-se a escravizá-los. Vejamo-lo agora no meio deles, entrando na sociedade, não para nela brilhar, mas para conhecê-la e nela encontrar uma companheira digna dele.

Qualquer que seja a posição social em que tenha nascido, qualquer que seja a sociedade em que comece a introduzir-se, sua estreia será simples e sem brilho; Deus queira que não seja bastante infeliz para nela brilhar! As qualidades que impressionam à primeira vista não são as dele; não as possui nem as quer possuir. Dá muito pouco valor aos juízos dos homens para dar valor aos seus preconceitos, e não se preocupa com o que estimam antes de o conhecerem. Sua maneira de apresentar-se não é nem modesta nem vaidosa: é natural e verdadeira; não conhece embaraço nem disfarce, e é no meio de um círculo aquilo que é sozinho e sem testemunha. Será por isso grosseiro, desdenhoso, desatencioso para com todos? Ao contrário: se estando só não desconsidera os outros homens, por que os desconsideraria vivendo com eles? Não os prefere a si mesmo quanto às maneiras, porque não os prefere a si mesmo em seu coração; mas tampouco lhes demonstra uma indiferença que está bem longe de ter; se não tem as fórmulas de polidez, tem os cuidados da humanidade. Não gosta de ver ninguém sofrer; ainda que não ofereça seu lugar a outrem por afetação, de bom grado vai cedê-lo por bondade se, vendo-o esquecido, julgar que tal esquecimento o aborrece; pois custará menos ao meu jovem ficar em pé voluntariamente do que ver o outro assim ficar à força.

Embora em geral Emílio não estime os homens, não lhes demonstrará nenhum desprezo, porque os lamenta e se enternece com eles. Não podendo dar-lhes o gosto pelos bens reais, deixa-lhes os bens da opinião com que se contentam, pois teme que, ao retirá-los inutilmente, ele os torne mais infelizes do que antes. Não é, pois, nem disputador nem contraditor; tampouco é complacente ou adulador; dá sua opinião sem combater a de ninguém, porque ama a liberdade acima de tudo, e a franqueza é um de seus mais belos direitos.

Fala pouco porque não se preocupa com que se ocupem dele, e pela mesma razão ele só diz coisas úteis: de outra maneira, o que o levaria a falar? Emílio é instruído demais para ser tagarela. A verborragia necessariamente vem da pretensão ao espírito, de que falarei logo adiante, ou do valor que se dá a bagatelas, as quais se acredita tolamente que interessam aos outros tanto quanto a nós. Quem conhece coisas bastantes para dar a todas seu verdadeiro valor, nunca fala demais; pois sabe apreciar também a atenção que lhe prestam e o interesse que adquirem em seus discursos. Geralmente as pessoas que sabem pouco falam muito, e as que sabem muito falam pouco. É trivial que um ignorante ache importante tudo o que sabe, e que o diga a todo mundo. Mas um homem instruído não abre facilmente seu repertório; teria coisas demais a dizer, e vê ainda mais para se dizer depois dele; cala-se.

Longe de chocar as maneiras dos outros, Emílio se conforma a elas de muito bom grado, não para parecer instruído acerca dos usos, nem para

Livro IV

afetar ares de homem polido, mas, ao contrário, para evitar ser percebido, por medo de que o distingam; e nunca está mais à vontade do que quando sua presença não é notada.

Embora estreante na sociedade, ignora dela em absoluto as maneiras; nem por isso é tímido ou assustado; se ele se afasta, não é por embaraço, mas porque, para bem ver, é preciso não ser visto, pois o que pensam dele não o inquieta, assim como o ridículo não lhe causa medo. Estando sempre tranquilo e com sangue-frio, não se perturba com passar vergonha. Quer o observem ou não, ele sempre faz tudo da melhor maneira; e, sempre compenetrado em observar os outros, apreende as maneiras deles com uma facilidade que os escravos da opinião não podem ter. Pode-se dizer que ele aprende tão depressa os usos da sociedade justamente porque faz pouco caso deles.

Não vos enganeis, porém, acerca de sua continência, e não a compareis à de vossos jovens agradáveis. Ela é firme, mas não suficiente; suas maneiras são livres, mas não desdenhosas: o ar insolente pertence apenas aos escravos, a independência nada tem de afetado. Nunca vi homem que tivesse altivez na alma que a mostrasse em sua atitude: tal afetação é bem mais própria às almas vis e vãs que só conseguem se impor assim. Leio em um livro[61] que, quando um estrangeiro se apresentou na sala do famoso Marcel, este lhe perguntou de que país era. "Sou inglês", respondeu o estrangeiro. "Vós, inglês!", replica o dançarino; "Seríeis dessa ilha onde os cidadãos participam da administração pública e são uma parte do poder soberano?[62] Não, senhor; esse semblante cabisbaixo, esse olhar tímido, esse andar incerto revelam-me somente o escravo titular de um eleitor."

---

61 Referência a Helvétius, *De l'esprit*, II, 1. (N. T.)
62 Como se houvesse cidadãos que não fossem membros da cidade e não tivessem, como tais, parte na autoridade soberana! Mas os franceses, tendo julgado conveniente usurpar esse nome respeitável de cidadãos devido outrora aos membros das cidades gaulesas, desnaturam-lhe a ideia a tal ponto de não ser mais possível concebê-la. Um homem que acaba de me escrever muitas tolices contra a *Nova Heloísa* acrescentou em sua assinatura o título de cidadão de Paimboeuf, e acreditou ter feito uma excelente brincadeira comigo.

Não sei se esse julgamento mostra grande conhecimento da verdadeira relação entre o caráter de um homem e seu exterior. Quanto a mim, que não tenho a honra de ser professor de dança, teria pensado o contrário. Eu teria dito: "este inglês não é cortesão, nunca ouvi dizer que os cortesãos tivessem a fronte baixa e o andar incerto. Um homem tímido junto a um dançarino, bem poderia não o ser na Câmara dos Comuns". Seguramente esse sr. Marcel deve encarar seus compatriotas como romanos.

Quando amamos, queremos ser amados. Emílio ama os homens, ele quer, portanto, agradá-los. Com mais razão ainda, quer agradar às mulheres; sua idade, seus costumes, seu projeto, tudo concorre para alimentar nele esse desejo. Digo seus costumes porque têm muita importância; os homens de bons costumes são os verdadeiros adoradores das mulheres. Não têm como os outros um não sei que jargão zombeteiro de galantaria; têm uma solicitude mais verdadeira, mais terna, e que parte do coração. Eu reconheceria, perto de uma jovem, um homem de bons costumes e que dominasse a natureza entre 100 mil devassos. Julgai o que deve ser Emílio com um temperamento novo e tantas razões para resistir-lhe! Estando com elas, acredito que será às vezes tímido e embaraçado; mas certamente esse embaraço não as desagradará, e as menos maliciosas ainda terão muita ocasião para dele desfrutar e aumentá-lo. De resto, sua solicitude mudará sensivelmente de forma segundo as condições. Será mais modesto e mais respeitoso para com as mulheres, mais vivo e mais terno para com as moças casadoiras. Ele não perde de vista o objeto de suas buscas, e sempre presta maior atenção em quem o faz lembrar delas.

Ninguém será mais exato para com todos os aspectos cujo fundamento seja a ordem da natureza, e até mesmo aqueles fundados na boa ordem da sociedade. Mas os primeiros serão sempre preferidos aos outros; e ele respeitará menos um magistrado de sua idade do que um simples particular mais velho. Sendo em geral um dos mais jovens da sociedade em que se encontrará, será sempre um dos mais modestos, não pela vaidade de parecer humilde, mas por um sentimento natural e fundamentado na razão. Não terá o saber-viver impertinente de um jovem petulante que, para divertir a companhia, fala mais alto do que os sábios e corta a palavra dos anciãos; de sua parte, não tomará para si a resposta de um velho fidalgo a Luís XV, que lhe perguntava se preferia o seu século ou o atual: "Majestade, passei minha juventude respeitando os velhos, e devo passar minha velhice respeitando as crianças".

Tendo uma alma terna e sensível, mas nada apreciando segundo os valores da opinião, embora goste de agradar aos outros, ele pouco se preocupará com ser por eles considerado. Donde se segue que será mais afetuoso do que polido, que nunca será arrogante nem pomposo, e será mais comovido com uma carícia do que com mil elogios. Pelas mesmas razões, não negligenciará suas maneiras nem sua apresentação; poderá até mesmo ter algum requinte em seus adornos, não para parecer um homem de gosto, mas para tornar sua figura agradável; não recorrerá nunca à ostentação, e nunca a insígnia da riqueza manchará sua indumentária.

Vê-se que tudo isso não exige de minha parte uma exposição de preceitos, e não passa de um efeito de sua primeira educação. Fazem-nos grande mistério dos usos da sociedade, como se, na idade em que adotamos esses usos, não os adotássemos naturalmente, e como se não fosse em um coração honesto que devêssemos buscar suas primeiras leis! A verdadeira polidez consiste em mostrar benevolência para com os homens; ela se verifica facilmente quando se a tem; é para quem não a tem que somos forçados a transformar suas aparências em arte.

"O efeito mais infeliz da polidez usual está em ensinar a arte de prescindir das virtudes que ela imita. Que nos inspirem na educação a humanidade e a beneficência, teremos a polidez, ou dela não precisaremos mais.

"Se não temos a polidez que se anuncia pelas graças, teremos a que anuncia o homem de bem e o cidadão; não precisaremos recorrer à falsidade.

"Em vez de ser artificioso para agradar, bastará ser bom; em vez de ser falso para lisonjear as fraquezas de outrem, bastará ser indulgente.

"Aqueles com quem usarmos de tais procedimentos não se sentirão orgulhosos nem corrompidos; ficarão apenas agradecidos e se tornarão melhores".[63]

---

63 *Considerações sobre os costumes deste século*, pelo sr. Duclos, p.65.

Parece-me que, se há alguma educação capaz de produzir a espécie de polidez que o sr. Duclos exige aqui, é aquela cujo plano tracei até agora.

Concordo, no entanto, que com máximas tão diferentes, Emílio não será como todo mundo, e Deus o preserve de sê-lo algum dia! Mas, naquilo em que for diferente dos outros, não será nem importuno nem ridículo: a diferença será perceptível sem ser incômoda. Emílio será, se quiserem, um amável estrangeiro. Inicialmente, perdoar-lhe-ão suas singularidades dizendo: "Ele se formará". Em seguida, acostumar-se-ão com suas maneiras e, vendo que não muda, perdoá-lo-ão dizendo: "Ele é assim".

Não será festejado como um homem amável, mas gostarão dele sem saber por quê; ninguém elogiará seu espírito, mas de bom grado tomá-lo-ão como juiz entre pessoas de espírito: o seu será puro e limitado, terá o senso reto e o julgamento sadio. Não correndo nunca atrás das ideias novas, não poderá vangloriar-se de ter espírito. Fiz-lhe sentir que todas as ideias salutares e realmente úteis aos homens foram as primeiras conhecidas, que constituem desde sempre os únicos verdadeiros laços da sociedade, e que aos espíritos transcendentes resta apenas distinguirem-se por ideias perniciosas e funestas ao gênero humano. Essa maneira de se fazer admirar não o comove absolutamente: sabe onde deve encontrar a felicidade de sua vida e em que pode contribuir para a felicidade dos outros. A esfera de seus conhecimentos não se estende para além daquilo que é proveitoso. Seu caminho é estreito e bem traçado; não sendo tentado a sair dele, fica confundido com aqueles que o seguem; não quer se perder nem brilhar. Emílio é um homem de bom senso, e não quer ser outra coisa: por mais que queiram insultá-lo a esse respeito, sempre se considerará honrado com isso.

Embora o desejo de agradar não o deixe mais absolutamente indiferente à opinião alheia, tirará dessa opinião apenas o que diga respeito imediato à sua pessoa, sem se preocupar com apreciações arbitrárias que só têm como lei a moda ou os preconceitos. Ele terá orgulho de querer fazer bem tudo o que faz, e até de querer fazê-lo melhor do que os outros: na corrida, há de querer ser o mais rápido; na luta, o mais forte; no trabalho, o mais hábil; nos jogos de destreza, o mais apto. Mas procurará pouco as vantagens que não são claras em si mesmas, e que precisam ser constatadas pelo juízo alheio, como ter mais espírito do que outro, falar melhor, ser mais sábio etc.; e ainda menos as que não dependem da pessoa, como ser mais bem nascido, ser estimado mais rico, ter mais crédito, mais consideração, impor-se por um maior luxo.

Amando os homens por serem seus semelhantes, amará sobretudo aqueles que mais se assemelham a ele, pois se sentirá bom; e, julgando essa semelhança pela conformidade dos gostos nas coisas morais, em tudo o que concerne ao bom caráter, será muito fácil ser aprovado. Não pensará precisamente: estou contente porque me aprovam. Dirá: estou contente porque aprovam o que fiz de bom; estou contente porque os que me honram honram-se a si mesmos: enquanto me julgarem tão sadiamente, será possível obter sua estima.

Estudando os homens por seus costumes na sociedade, como os estudava antes por suas paixões na história, terá muitas vezes a ocasião de refletir sobre o que lisonjeia ou choca o coração humano. Ei-lo filosofando sobre os princípios do gosto; e eis o estudo que lhe convém neste momento.

Quanto mais longe vamos buscar as definições do gosto, mais nos perdemos: o gosto é apenas a faculdade de julgar o que agrada ou desagrada ao maior número. Deixando-se isso de lado, não se saberá mais o que é o gosto. Isso não significa que haja mais pessoas de gosto do que outras; pois, embora a maioria julgue corretamente cada objeto, há poucos homens que julgam tudo dessa maneira; e, embora o concurso dos gostos mais gerais resulte no bom gosto, há poucas pessoas de gosto, assim como há poucas pessoas belas, apesar de a reunião dos traços mais comuns resultar na beleza.

É preciso observar que não se trata aqui do que amamos por nos ser útil, nem do que odiamos por nos ser nocivo. O gosto se exerce apenas em relação às coisas indiferentes ou, quando muito, as que interessem por diversão, e não quanto àquilo que diz respeito às nossas necessidades; para julgar estas, o gosto não é necessário, o apetite basta. Eis o que torna tão difíceis e, parece-me, tão arbitrárias as decisões exclusivas do gosto; pois, à parte o instinto que as determina, não vemos mais a razão de suas decisões. Deve-se distinguir ainda suas leis nas coisas morais e suas leis nas coisas físicas. Nestas, os princípios do gosto parecem absolutamente inexplicáveis.

Mas importa observar que a moral entra em tudo o que diz respeito à imitação:[64] assim se explicam belezas que parecem físicas mas que de fato não o são. Acrescentarei que o gosto possui regras locais que o fazem variar de mil maneiras, dependendo dos climas, dos costumes, do governo, das coisas de instituição; que existem outras que se relacionam à idade, ao sexo, ao caráter, e que é nesse sentido que não se deve discutir gostos.

O gosto é natural em todos os homens, mas eles não o têm na mesma medida, não se desenvolve em todos no mesmo grau e, em todos, está sujeito a alterar-se por diversas causas. A medida do gosto que podemos ter depende da sensibilidade que recebemos; sua cultura e sua forma dependem das sociedades em que se viveu. Primeiro, é preciso viver em sociedades numerosas para fazer muitas comparações. Em segundo lugar, são necessárias sociedades de divertimento e de ociosidade, pois nas de negócios tem-se por regra não o prazer, mas o interesse. Em terceiro lugar, são necessárias sociedades onde a desigualdade não seja grande demais, em que a tirania da opinião seja moderada, de modo que a volúpia reine mais do que a vaidade; pois, em caso contrário, a moda sufoca o gosto, e não mais se procura o que agrada, e sim o que distingue.

Nesse último caso, não é mais verdade que o bom gosto seja o do maior número. Por quê? Porque o objeto muda. Então, a multidão não possui mais juízo próprio: só julga de acordo com os que acredita serem mais esclarecidos do que ela; não aprova o que é bom, mas o que eles aprovaram. Em qualquer momento, fazei que cada homem tenha seu próprio sentimento; assim, o que é mais agradável em si terá sempre a pluralidade dos sufrágios.

Em seus trabalhos, os homens nada fazem de belo a não ser por imitação. Todos os verdadeiros modelos do gosto estão na natureza. Quanto mais nos afastamos do mestre, mais nossos quadros se desfiguram. É, então, dos objetos que amamos que tiramos nossos modelos; e o belo de fantasia, sujeito ao capricho e à autoridade, nada mais é do que aquilo que agrada aos que nos guiam.

---

64 Isso é provado em um *Ensaio sobre a origem das línguas*, que se encontrará na coletânea de meus escritos.

Aqueles que nos guiam são os artistas, os grandes e os ricos, os quais, por sua vez, são guiados pelo interesse ou pela vaidade deles próprios. Estes, para exibirem suas riquezas; aqueles, para se aproveitarem delas, procurando ao bel-prazer novos meios de gastar. Com isso, o grande luxo estabelece seu império e faz que se ame o que é difícil e caro. Então, o pretenso belo, longe de imitar a natureza, só o é por contrariá-la. Eis como o luxo e o mau gosto são inseparáveis. Onde quer que o gosto seja dispendioso, é falso.

É sobretudo no comércio dos dois sexos que o gosto, bom ou mau, adquire sua forma; sua cultura é um efeito necessário do objeto dessa sociedade. Mas, quando a facilidade de desfrutar enfraquece o desejo de agradar, o gosto deve degenerar; e esta é, parece-me, outra razão das mais sensíveis por que o bom gosto diz respeito aos bons costumes.

Consultai o gosto das mulheres nas coisas físicas e que dizem respeito ao juízo dos sentidos; o dos homens, nas coisas morais e que dependem mais do entendimento. Quando as mulheres forem o que devem ser, elas se limitarão às coisas de sua competência e julgarão sempre bem; mas, uma vez que se tornaram os árbitros da literatura, uma vez que se puseram a julgar os livros e a produzi-los de modo muito forçado, já não conhecem mais nada. Os autores que consultam as sábias acerca de suas obras podem estar certos de ser mal aconselhados; os galantes que as consultam sobre seu aspecto estão sempre ridiculamente vestidos. Logo terei a oportunidade de falar dos verdadeiros talentos do sexo, da maneira de cultivá-los e das coisas sobre as quais suas decisões devem ser ouvidas.

Eis as considerações elementares que apontarei como princípios, raciocinando com meu Emílio sobre uma matéria que pode lhe ser tudo, menos indiferente, na circunstância em que se encontra e na busca em que se acha empenhado. E a quem ela deve ser indiferente? O conhecimento das coisas que podem ser agradáveis ou desagradáveis aos homens é necessário não apenas a quem precisa deles, mas também a quem lhes quer ser útil: é até mesmo importante agradar-lhes para servi-los; e a arte de escrever é tudo, menos um estudo ocioso, quando a empregamos para fazer que ouçam a verdade.

Se para cultivar o gosto de meu discípulo eu tivesse de escolher entre países onde essa cultura ainda está por nascer e outros onde já houvesse degenerado, seguiria a ordem retrógrada; começaria seu percurso por estes últimos e acabaria pelos primeiros. A razão dessa escolha é que o gosto se corrompe através de uma delicadeza excessiva que nos torna sensíveis a coisas que a maioria dos homens não percebe. Essa delicadeza leva ao espírito de discussão, pois quanto mais sutis tornamos os objetos, mais eles se multiplicam: essa sutileza torna o tato mais delicado e menos uniforme. Formam-se então tantos gostos quantas cabeças houver. Nas disputas sobre a preferência, a filosofia e as luzes se estendem; e é assim que aprendemos a pensar. As observações refinadas somente podem sair da boca de pessoas com muita vivência, considerando que tais observações impressionam após todas as outras e que as pessoas pouco acostumadas às sociedades numerosas dedicam toda atenção aos seus amplos contornos. Não há talvez agora na terra um lugar policiado onde o gosto geral seja pior do que em Paris. No entanto, é nessa capital que se cultiva o bom gosto; e dos livros estimados que se publicam na Europa, poucos são de autores que não tenham se formado em Paris. Aqueles que pensam que basta ler os livros que se fazem, enganam-se; aprende-se muito mais nas conversas dos autores do que em seus livros; e nem mesmo os autores são aqueles que mais nos ensinam. É o espírito das sociedades que desenvolve uma cabeça pensante e que projeta a vista tão longe quanto ela pode alcançar. Se tiverdes uma centelha de gênio, ide passar um ano em Paris; em pouco tempo sereis tudo o que podeis ser, ou jamais sereis nada.

Pode-se aprender a pensar nos lugares onde reina o mau gosto; mas não se deve pensar como os que têm esse mau gosto, e é bem difícil evitar isso quando se permanece muito tempo com eles. É preciso aperfeiçoar por seus cuidados o instrumento que julga, evitando empregá-lo como eles. Evitarei polir o juízo de Emílio a ponto de alterá-lo; e quando ele tiver o tato bastante fino para sentir e comparar os diversos gostos dos homens, farei que fixe o seu nos objetos mais simples.

Muito antes disso, tratarei de conservar nele um gosto puro e sadio. No tumulto da dissipação, saberei arranjar-me para ter com ele conversas úteis; e, dirigindo-as sempre para objetos que lhe agradem, cuidarei de torná-lhos tão divertidos quanto instrutivos. Eis chegado o tempo da leitura

Livro IV

e dos livros agradáveis; eis o tempo de ensinar-lhe a fazer a análise do discurso, de torná-lo sensível a todas as belezas da eloquência e da dicção. Pouco vale aprender as línguas por si mesmas: seu uso não é tão importante quanto se acredita, mas o estudo das línguas leva ao da gramática geral. É preciso aprender o latim para saber bem o francês; é preciso estudar e comparar ambos para entender as regras da arte de falar.

Há, além disso, certa simplicidade de gosto que toca o coração, e que só se encontra nos escritos dos antigos. Na eloquência, na poesia, em qualquer tipo de literatura, ele achará os antigos, como na história, abundantes em coisas e sóbrios no juízo. Nossos autores, ao contrário, dizem pouco e falam muito. Oferecer-nos sempre seu juízo como lei não é o meio de formar o nosso. A diferença dos dois gostos faz-se sentir em todos os monumentos e até nos túmulos. Os nossos estão cobertos de elogios; nos deles, liam-se fatos.

Sta viator, heroem calcas.[65]

Ainda que tivesse encontrado esse epitáfio em um monumento antigo, teria adivinhado desde logo que era moderno; pois entre nós nada é mais comum do que heróis; mas, entre os antigos, eram raros. Em vez de dizer que um homem era um herói, teriam dito o que fizera para sê-lo. Comparai o epitáfio desse herói com o do efeminado Sardanapalo:

Construí Tarso e Anquiale em um dia, e agora estou morto.[66]

Qual diz mais, em vossa opinião? Com sua loquacidade, nosso estilo lapidar só vale para soprar anões. Os antigos mostravam os homens ao natural, e via-se que eram homens. Xenofonte, honrando a memória de alguns guerreiros mortos à traição na retirada dos 10 mil, diz: "Morreram

---

65 "Parai, passante, estais pisando em um herói." Epitáfio de François de Mercy, general morto na batalha de Nordlingen em 1645, cf. Voltaire, *O século de Luís XIV*, 3. (N. T.)
66 Estrabão, *Geografia*, XIV, 5, 9. (N. T.)

irrepreensíveis na guerra e na amizade".[67] Eis tudo: mas considerai, nesse elogio tão curto e tão simples, o que o autor devia ter no coração? Infeliz de quem não acha isso maravilhoso!

Liam-se estas palavras gravadas em um mármore nas Termópilas:

Passante, vai dizer em Esparta que morremos aqui para obedecer às suas santas leis.[68]

Vê-se bem que este não foi composto pela Academia das inscrições.

Estarei enganado se meu aluno, que dá tão pouco valor às palavras, não dirigir sua primeira atenção para essas diferenças, e se elas não influírem na escolha de suas leituras. Arrebatado pela eloquência máscula de Demóstenes, dirá: "É um orador". Mas ao ler Cícero, dirá: "É um advogado".

Em geral, Emílio preferirá os livros antigos aos nossos, tão somente pelo fato de que, sendo os primeiros, os antigos estão mais próximos da natureza e seu gênio é-lhes mais próprio. Digam o que disserem La Motte e o abade Terrasson,[69] não há verdadeiro progresso de razão na espécie humana, pois tudo o que se ganha de um lado, perde-se de outro; porque todos os espíritos partem sempre do mesmo ponto, e porque, como o tempo que se emprega em saber o que outros pensaram é perdido para aprender a pensar por si mesmo, tem-se mais conhecimentos e menos vigor de espírito. Nossos espíritos são como nossos braços, exercitados a fazerem tudo com instrumentos e nada por si mesmos. Fontenelle dizia que toda essa disputa sobre os antigos e os modernos se reduzia a saber se as árvores de outrora eram maiores do que as de hoje. Não seria impertinente perguntar se a agricultura não teria mudado.

---

67 Xenofonte, *Anabase*, II, 6. (N. T.)
68 Heródoto, *Histórias*, VII, 228. (N. T.)
69 Antoine Houdar de La Motte (1672-1731), dramaturgo francês e tradutor da *Ilíada*, autor de um *Discurso sobre Homero* (1714). Jean Terrasson (1670-1750), helenista e latinista, autor de uma *Dissertação crítica sobre a Ilíada de Homero* (1715) e – sua obra mais famosa – do *Séthos* (1731). Ambos tomavam o partido da poesia moderna como superior à antiga. (N. T.)

Livro IV

Depois de tê-lo feito remontar assim às fontes da pura literatura, mostro-lhe também os esgotos nos reservatórios dos compiladores modernos: jornais, traduções, dicionários. Ele passa os olhos sobre tudo isso e depois vira as costas para nunca mais voltar. Para distraí-lo, faço-o ouvir a tagarelice de nossas academias; faço-o notar que cada um de seus componentes sempre vale mais sozinho do que com o corpo; assim, ele mesmo tirará a conclusão da utilidade de todos esses belos estabelecimentos.

Levo-o aos espetáculos para que estude não os costumes, mas o gosto, pois é sobretudo ali que o gosto se mostra aos que sabem refletir. Deixai os preceitos e a moral, dir-lhe-ei; não é aqui que devemos aprendê-los. O teatro não é feito para a verdade; é feito para lisonjear, para divertir os homens. Não há escola em que se aprenda tão bem a arte de agradar-lhes e de interessar o coração humano. O estudo do teatro leva ao da poesia; ambos têm o mesmo objeto. Se tiver uma fagulha de gosto por ela, com que prazer cultivará as línguas dos poetas, o grego, o latim, o italiano! Tais estudos serão para ele diversões sem constrangimento, e com isso só terá benefícios. Serão deliciosos para ele, em uma idade e em circunstâncias nas quais o coração se interessa com tamanho encanto por todos os gêneros de beleza feitos para comovê-lo. Imaginai de um lado meu Emílio e de outro um moleque de colégio lendo o quarto livro da *Eneida*, ou Tibulo,[70] ou *O banquete* de Platão: que diferença! Como o coração de um é compungido por aquilo que sequer afeta o do outro! Ó bom jovem, para, suspende tua leitura, vejo que estás comovido demais; quero que a linguagem do amor te agrade, mas sem te desorientar; sê homem sensível, mas sê homem sábio. Se fores apenas um dos dois, nada serás. De resto, se tiver êxito nas línguas mortas, nas belas-letras ou na poesia, isso pouco me importa. Não terá menos valor se não souber nada disso, não é dessas recreações que se trata em sua educação.

Meu principal objetivo ao ensinar-lhe a sentir e amar o belo em todos os gêneros é de nele fixar seus afetos e seus gostos, e impedir que seus apetites naturais se alterem, a fim de que um dia ele busque, em sua riqueza,

---

70 Albius Tibullus, poeta romano e um dos inventores da elegia, viveu no século I a.C. (N. T.)

os meios de ser feliz, devendo encontrá-los perto dele. Disse alhures que o gosto era tão somente a arte de se conhecer em pequenas coisas, e isso é verdade; mas como o aprazível da vida depende de um tecido de pequenas coisas, tais cuidados são tudo, menos indiferentes; é por eles que aprendemos a apreciar os bens a nosso alcance, em toda a verdade que podem ter para nós. Não me refiro aqui aos bens morais que dizem respeito à boa disposição da alma, mas somente àquele concernente à sensualidade e à volúpia real, excluídos os preconceitos e a opinião.

Que me seja permitido, para melhor desenvolver minha ideia, deixar um momento de lado Emílio, cujo coração puro e sadio não pode mais servir de regra a ninguém, e buscar em mim mesmo um exemplo mais sensível e mais próximo dos costumes do leitor.

Há condições que parecem mudar a natureza e refazer os homens, para melhor ou para pior. Um poltrão torna-se valente ao entrar no regimento de Navarra. Não é apenas na milícia que adquirimos o espírito de corpo, e nem sempre é para o bem que seus efeitos fazem-se sentir. Pensei cem vezes, com pavor, que se tivesse a infelicidade de hoje ocupar um cargo que conheço em certos países, amanhã seria quase inevitavelmente tirano, concussionário, destruidor do povo, nocivo ao príncipe, inimigo de toda a humanidade, de toda equidade, de toda espécie de virtude.

Do mesmo modo, se eu fosse rico, teria feito tudo para assim tornar-me. Seria, portanto, insolente e baixo, sensível e delicado só para mim, impiedoso e duro com todo mundo, espectador desdenhoso das misérias da canalha, pois não daria outro nome aos indigentes a fim de fazer esquecerem o fato de ter eu outrora saído da mesma classe. Finalmente, faria de minha fortuna o instrumento de meus prazeres, de que me ocuparia unicamente; e nisso eu seria como todos os outros.

Mas, no que eu diferiria muito deles, acredito, é que eu seria sensual e voluptuoso mais do que orgulhoso e vão, e que me entregaria ao luxo da indolência mais do que ao luxo de ostentação. Teria até mesmo alguma vergonha em exibir demais minha riqueza, e sempre acreditaria ver o invejoso, que esmagaria com meu fausto, dizer ao ouvido de seus vizinhos: "Eis um patife que tem muito medo de não ser conhecido como tal".

Nessa imensa profusão de bens que cobrem a terra, eu procuraria o que me é mais agradável e de que pudesse melhor apropriar-me. Para tanto, o primeiro uso de minha riqueza seria comprar lazer e liberdade, ao que eu acrescentaria a saúde, se estivesse à venda; mas, como ela só se compra com a temperança, e como não há verdadeiro prazer na vida sem saúde, eu seria temperante por sensualidade.

Eu permaneceria sempre tão perto quanto possível da natureza para adular os sentidos que dela recebi, certo de que, quanto mais ela me ajudasse em meus gozos, mais realidade neles eu encontraria. Na escolha dos objetos de imitação, eu a teria sempre como modelo; em meus apetites, dar-lhe-ia preferência; consultá-la-ia sempre em meus gostos; quanto aos pratos, gostaria sempre dos que ela produz melhor e que passam por menor número de mãos antes de chegar às nossas mesas. Preveniria as falsificações da fraude, antecipar-me-ia ao prazer. Minha tola e grosseira gulodice não enriqueceria um maître. Não me venderiam veneno por peixe a peso de ouro; minha mesa não seria coberta com aparato de magníficas porcarias e carniças distantes; eu prodigalizaria meu próprio sofrimento para satisfazer minha sensualidade, pois então esse sofrimento seria, em si mesmo, um prazer, o qual se acrescentaria ao que dele se espera. Se eu desejasse experimentar um prato dos confins do mundo, iria até ele, como Apicius,[71] em vez de mandá-lo vir, porque os pratos mais diferentes carecem sempre de um tempero que não vem com eles, e que nenhum cozinheiro lhes dá: o ar do clima que os produziu.

Pela mesma razão, eu não imitaria aqueles que, só se achando bem onde não estão, põem sempre as estações em contradição entre si, e os climas em contradição com as estações; que, procurando o verão no inverno e o inverno no verão, vão sentir frio na Itália e calor no Norte, sem pensar que, acreditando fugir do rigor das estações, eles o encontram nos lugares onde ninguém sabe como se proteger dele. Eu permaneceria em meu lugar, ou faria tudo ao contrário: gostaria de tirar de uma estação tudo o que possui

---

71 Marcus Gavius Apicius foi um glutão romano que viveu durante os reinados de Augusto e Tibério. Conhecido por ser rico e excêntrico à mesa, tornou-se personagem-tipo da voluptuosidade nos costumes da época, de acordo com relatos de Sêneca. (N. T.)

de agradável, e de um clima tudo o que tem de particular. Teria uma diversidade de prazeres e de hábitos que não se repetiriam nunca, e que estariam sempre na natureza. Iria passar o verão em Nápoles, o inverno em Petersburgo; ora respirando um doce zéfiro, estendido nas grutas frescas de Taranto, ora na iluminação de um palácio do gelo, já sem fôlego e cansado dos prazeres do baile.

No serviço de minha mesa, na decoração de minha casa, gostaria de imitar com ornamentos muitos simples a variedade das estações, e tirar de cada uma todas as delícias, sem antecipar as que se seguem. É penoso, e não gostoso, perturbar a ordem da natureza, arrancar-lhe produções involuntárias que ela dá contra a vontade em sua maldição, e que, não tendo nem qualidade nem sabor, não podem alimentar o estômago nem satisfazer o paladar. Nada mais insípido do que os frutos precoces; é somente com muitos gastos que um rico de Paris, com seus fornos e suas estufas, consegue ter à sua mesa durante todo o ano legumes e frutas ruins. Se eu tivesse cerejas quando gela e melões de âmbar[72] no coração do inverno, que prazer teria em prová-los se meu paladar não precisa ser umedecido nem refrescado? Nos ardores da canícula, as pesadas castanhas me agradariam? Será que, vendo-as sair do forno, eu as preferiria no lugar da groselha, do morango, dos frutos refrescantes que a terra oferece tão delicadamente? Cobrir sua lareira no mês de janeiro com vegetações artificiais, com flores pálidas e sem odor, é menos enfeitar o inverno do que desenfeitar a primavera: é acabar com o prazer de ir aos bosques procurar a primeira violeta, espiar o primeiro broto, exclamar em um arroubo de alegria: "Mortais, não estais abandonados, a natureza vive ainda".

Para ser bem servido, terei poucos criados: isso já foi dito e é bom dizer de novo. Um burguês obtém mais préstimos de um só lacaio do que um duque de dez senhores que o cercam. Pensei cem vezes em que, tendo à mesa meu copo ao meu lado, bebo no momento que me agrada, e que se tivesse serviços complicados fora preciso que repetissem vinte vezes "beber", antes

---

72 Rousseau pode estar se referindo ao *"mélon de Malte d'hiver à chair rouge"*, considerado uma iguaria por seu cultivo difícil. Ou, talvez, ao mais comum melão cantalupo, cuja polpa é alaranjada. (N. T.)

que pudesse saciar minha sede. Tudo o que se faz por meio de outrem se faz mal, como quando começamos a fazer algo. Não mandaria ninguém aos mercadores, iria eu mesmo; iria para que meus criados não tratassem com eles em meu lugar, e assim escolheria com mais segurança e pagaria menos; iria para fazer um exercício agradável, para ver um pouco o que se faz fora de minha casa; isso recreia e às vezes instrui; enfim, eu iria por ir, pois isso já é alguma coisa. O tédio começa com a vida sedentária demais; quando se anda muito, entedia-se pouco. Um porteiro e um lacaio são maus intérpretes: gostaria de nunca ter essa gente entre mim e o resto do mundo, de não passear sempre em meio ao ruído de uma carroça, como se tivesse medo de ser abordado. Os cavalos de um homem que se vale de suas pernas estão sempre prontos; se estão cansados ou doentes, ele o sabe antes de todos; não precisa ficar recolhido sob tal pretexto quando seu cocheiro quer tirar folga; no caminho, mil embaraços não o fazem impacientar-se, nem ficar parado no momento em que deseja correr. Finalmente, se ninguém nos serve tão bem quanto nós mesmos, ainda que fôssemos mais poderosos do que Alexandre e mais ricos do que Creso,[73] devemos aceitar dos outros apenas os serviços que não podemos realizar nós mesmos.

Não gostaria de ter um palácio para morar; pois, nesse palácio, viveria somente em um quarto; um cômodo comum não pertence a ninguém, e o quarto de cada um de meus criados me seria tão estranho quanto o de meu vizinho. Os orientais, embora muito voluptuosos, habitam e mobiliam suas casas muito simplesmente. Encaram a vida como uma viagem, e sua casa, como um cabaré. Essa razão tem pouco efeito em meio a nossos ricos, que se arranjam para viver sempre; mas eu teria uma razão diferente que produziria o mesmo efeito. Parecer-me-ia que me estabelecer com tanto aparato em um lugar seria banir-me de todos os outros e, por assim dizer, aprisionar-me em meu palácio. O mundo é um palácio bastante belo; não é ele tudo que o rico deseja para gozar? *Ubi bene, ibi pátria*:[74] é sua divisa. Seus lares são

---

[73] Creso (séc. VI a.C.), rei da Lídia, tornou-se famoso por sua riqueza. Por volta de 550 a.C., patrocinou a construção do templo de Artêmis, em Éfeso. (N. T.)

[74] "Onde estão os bens, ali está a pátria." Rousseau utiliza uma variação no capítulo III das *Considerações sobre o governo da Polônia*. A fórmula original é encontrada em Cícero,

os lugares onde o dinheiro pode tudo, seu país é em toda parte onde se pode carregar o cofre-forte, como Felipe considerava dono de qualquer fortaleza onde pudesse entrar uma mula carregada de dinheiro.[75] Por que então se cercar de muros e portas para não sair nunca? Uma epidemia, uma guerra, uma revolta me expulsam de um lugar, vou para outro e aí encontro minha casa, que ali se encontra antes de minha chegada. Por que ter o cuidado de fazer uma eu mesmo, quando encontro quem a faça para mim em todo o universo? Por que, com tanto anelo de viver, me preparar com tanta antecedência prazeres que posso encontrar hoje mesmo? Não poderíamos pensar em um destino agradável se nos puséssemos sem cessar em contradição com nós mesmos. É assim que Empédocles censurava os agrigentinos por acumularem prazeres como se tivessem apenas um dia de vida e por construírem seus lares como se nunca fossem morrer.[76]

Além disso, de que me serve uma moradia tão grande se tenho tão pouco com que povoá-la e, menos ainda, com que a preencher? Meus móveis seriam simples como meus gostos; não teria galeria nem biblioteca, sobretudo se amasse a leitura e fosse conhecedor de quadros. Pois saberia que tais coleções nunca são completas, e que o defeito do que lhes falta causa tristeza maior do que aquela experimentada por nada possuir. Nisso a abundância faz a miséria: não há um só colecionador que não o haja provado. Quando temos conhecimento, não devemos fazer coleções; não se tem um gabinete para mostrar aos outros quando sabemos nos servir dele em nosso próprio benefício.

O jogo não é um divertimento de homem rico, mas o recurso de um desocupado; e meus prazeres me dariam ocupações demais para me deixarem tempo a ser tão mal empregado. Sendo solitário e pobre, nunca jogo, a

---

Tusculanas, V, 37, §108: "*Patria est, ubicumque est bene*". (N. T.)

75 A anedota encontra-se em Plutarco, *Ditos notáveis*, 178: Felipe, pai de Alexandre, depois de ouvir de seus espias que a fortaleza a ser invadida era impenetrável, perguntou-lhes se ela era tão protegida a ponto de uma mula carregada de ouro não conseguir entrar. (N. T.)
76 Referência tirada de Diógenes Laércio, *Vidas e doutrinas dos filósofos ilustres*, VIII, 63, retomada também por Montaigne em *Ensaios*, II, 1. (N. T.)

não ser xadrez às vezes, e já é demais. Se eu fosse rico, jogaria menos ainda, e somente jogo bem pequeno para não descontentar nem a mim nem a ninguém. O interesse do jogo, carecendo de motivo na opulência, jamais pode transformar-se em furor a não ser um espírito mal formado. Os lucros que um homem rico pode ter no jogo são sempre menos perceptíveis do que as perdas. E como a forma dos jogos moderados, que a longo prazo lhe consome a vantagem, resulta em geral mais em perdas do que em ganhos, não podemos, raciocinando bem, nos afeiçoar a um divertimento em que os riscos de toda espécie são contra nós. Quem alimenta sua vaidade com as preferências da fortuna pode buscá-las em objetos bem mais picantes, e tais preferências não se manifestam menos nos jogos menores do que nos maiores. O gosto do jogo, fruto da avareza e do tédio, desenvolve-se apenas em um espírito e em um coração vazios; e parece-me que teria bastante sentimento e conhecimentos para dispensar tal suplemento. Raramente vemos os pensadores divertirem-se muito no jogo, que suspende o hábito de pensar ou o direciona para áridas combinações. Por isso, um dos bens, e talvez o único, que tenha produzido o gosto pelas ciências é o de amortecer um pouco essa paixão sórdida: passa-se a gostar mais de provar a utilidade do jogo do que de se entregar a ele. Eu o combateria entre os jogadores e teria maior prazer em zombar deles vendo-os perderem do que em ganhar seu dinheiro.

Eu seria o mesmo em minha vida particular e no comércio do mundo. Gostaria que minha fortuna produzisse bem-estar em toda parte e nunca fizesse que se sentisse desigualdade. O cintilar dos adornos é incômodo por mil motivos. Para conservar entre os homens toda a liberdade possível, gostaria de vestir-me de maneira que em qualquer estamento eu me sentisse em meu lugar, e que não me distinguissem em nenhuma; que, sem afetação, sem mudança na minha pessoa, eu fosse povo nas *guinguettes*[77] e boa companhia no Palais-Royal. Com isso, mais senhor de minha conduta, eu deixaria sempre a meu alcance os prazeres de todas as condições sociais. Há, dizem,

---

77 Cabaré popular dos subúrbios de Paris onde se podia comer e dançar, em geral ao ar-livre. O nome vem de um vinho barato, *ginguet*, que se vendia nesse tipo de estabelecimento. (N. T.)

mulheres que fecham a porta às pessoas com mangas bordadas e só recebem os de mangas de renda; eu iria então passar o dia em outro lugar; mas, se essas mulheres fossem jovens e bonitas, eu poderia usar às vezes mangas rendadas para com elas passar uma noite, no máximo.

O único laço de minhas relações seria o apego mútuo, a conformidade dos gostos, a conveniência dos caracteres; eu me conduziria como homem, e não como rico; jamais admitiria que o encanto fosse envenenado pelo interesse. Se minha opulência me tivesse deixado alguma humanidade, estenderia para longe meus préstimos e favores; mas desejaria ter ao redor de mim uma sociedade e não uma corte, amigos e não protegidos; não seria o patrão de meus convivas, seria seu anfitrião. A independência e a igualdade dariam a minhas ligações toda a candura da benevolência; e onde o dever e o interesse não valem nada, seriam tidos por lei somente o prazer e a amizade.

Não se compra nem um amigo nem uma amante. É fácil ter mulheres com dinheiro; mas esse é o meio de nunca ser amante de nenhuma delas. Longe de estar à venda, o amor é morto pelo dinheiro, infalivelmente. Quem paga, ainda que seja o mais amável dos homens, pelo simples fato de pagar, não pode ser amado durante muito tempo. Muito em breve, pagará por outra, ou melhor, essa outra será paga com seu dinheiro; e nessa dupla ligação formada pelo interesse e pela devassidão, sem amor, sem honra, sem verdadeiro prazer, a mulher ávida, infiel e miserável, tratada pelo vil que recebe como ela trata o tolo que dá, fica quite com ambos. Seria doce ser liberal com quem amamos, se isso não resultasse em um negócio. Só conheço um meio de satisfazer essa inclinação para com a amante sem envenenar o amor: é dar tudo a ela e, em seguida, ser sustentado por ela. Resta saber onde se encontra a mulher com o qual tal procedimento não seja extravagante.

Aquele que dizia: "Possuo Laís sem que ela me possua", dizia algo sem sentido.[78] A posse que não é recíproca não existe; quando muito, é a posse do sexo, não a do indivíduo. Ora, onde não se encontra a moral do amor, por que dar tanta importância ao resto? Nada é mais fácil de achar. Um

---

78 Trata-se de Aristipo, cf. Diógenes Laércio, *Vidas e doutrinas dos filósofos ilustres*, II, 75. (N. T.)

condutor de mulas está, a esse respeito, mais próximo da felicidade do que um milionário.

Oh! Se pudéssemos desenvolver bastante as inconsequências do vício, como o acharíamos aquém do desejável ao obtermos o que queríamos! Por que essa avidez bárbara de corromper a inocência, de fazer uma vítima de um jovem objeto que se deveria proteger, e que com esse primeiro passo se arrasta inevitavelmente para um abismo de miséria do qual só sairá com a morte? Brutalidade, vaidade, tolice, erro, e nada mais. Esse mesmo prazer não é da natureza; é da opinião, e da opinião mais vil, porquanto concerne ao desprezo por si mesmo. Quem se sente o último dos homens teme a comparação com qualquer outro, e quer ultrapassar o primeiro para ser menos odioso. Vede se, em algum momento, os mais ávidos por essa iguaria imaginária são jovens amáveis, dignos de agradar, e que seriam mais desculpáveis para se mostrarem difíceis. Não: tendo boa aparência, mérito e sentimentos, pouco se teme a experiência da amante. Com uma justa confiança, dizem a esta: "Conheces os prazeres, mas não importa; meu coração te promete outros que jamais conheceste".

Mas um velho sátiro, desgastado pela devassidão, sem atrativos, sem modos, sem cuidados, sem nenhuma espécie de honestidade, incapaz, indigno de agradar a qualquer mulher que conheça pessoas amáveis, acredita suprir a tudo isso com uma jovem inocente, antecipando-se à experiência, e dando-lhe a primeira emoção dos sentidos. Sua última experiência consiste em agradar em prol da novidade; está incontestavelmente aí o motivo secreto dessa fantasia. Mas engana-se: o horror que provoca não é menos natural do que os desejos que desejaria excitar. Engana-se também em sua louca espera: essa mesma natureza trata de reivindicar seus direitos: toda jovem que se vende já se deu; e, tendo-se dado por escolha própria, terá feito a comparação que ele teme. Assim, ele compra um prazer imaginário e não é por isso que se torna menos detestado.

Quanto a mim, por mais que mudasse sendo rico, em um ponto não mudaria nunca. Se não me restarem nem bons costumes nem virtude, terei ainda ao menos algum gosto, algum senso, alguma delicadeza; e isso me impedirá de esbanjar minha fortuna por correr atrás de quimeras feito um otário, esvaziando minha bolsa e minha vida, tornando-me digno de ser traído e zombado por crianças. Se fosse jovem, buscaria os prazeres da juventude; e, querendo-os em toda a sua volúpia, não os procuraria na qualidade de homem rico. Se permanecesse como sou, seria bem diferente: eu me limitaria prudentemente aos prazeres de minha idade; teria os gostos de que posso gozar, e sufocaria os que só fazem meu suplício. Não iria oferecer minha barba grisalha aos desdéns zombeteiros das jovens; não suportaria ver minhas carícias repulsivas provocarem-lhe espasmos, nem lhe servir de inspiração para as narrativas mais ridículas, imaginando-a descrever os feios prazeres do macaco velho, a fim de se vingarem por tê-los suportado. Se certos hábitos mal combatidos houvessem transformado meus antigos desejos em necessidades, eu os satisfaria talvez, mas com vergonha e com rubor. Afastaria a paixão da necessidade, procuraria o mais possível a igualdade e ficaria nisso; não faria mais de minha fraqueza uma ocupação, e desejaria sobretudo ter uma única testemunha. A vida humana tem outros prazeres quando esses nos faltam. Correndo em vão atrás dos que fogem, perdemos os que nos são deixados. Mudemos de gostos com os anos e não desloquemos as idades, assim como não devemos deslocar as estações: é preciso ser nós mesmos em todos os tempos, e não lutar contra a natureza. Esses vãos esforços desgastam a vida e nos impedem de usá-la.

 O povo pouco se entedia, sua vida é ativa; seus divertimentos não variam, são raros; muitos dias de fadiga fazem-lhe apreciar com delícia uns poucos dias de festa. Uma alternância entre longos trabalhos e curtos lazeres funciona como tempero aos prazeres de sua condição. No caso dos ricos, o grande flagelo é o tédio. Em meio a tantos divertimentos reunidos a muito custo, em meio a tanta gente concorrendo para agradar-lhes, o tédio os consome e os mata, e eles passam a vida a fugir dele e a ser por ele alcançados; são esmagados por seu peso insuportável: sobretudo as mulheres, que não sabem mais se ocupar nem se divertir, são por ele devoradas sob o nome de vapores. Ele se transforma para elas em um mal horrível, que por vezes lhes tira a razão e, enfim, a vida. Quanto a mim, não conheço sorte mais lamentável do que a de uma bela mulher de Paris, com exceção daquela do pequeno sedutor que se apega a ela e que, transformado também em mulher ociosa, se afasta assim duplamente de sua condição. A vaidade de ser homem de aventuras amorosas faz suportar a languidez dos dias mais tristes que jamais passou criatura humana.

O decoro, as modas, os usos que derivam do luxo e da distinção encerram o curso da vida na mais insossa uniformidade. O prazer que se quer exibir aos outros é perdido para todo mundo: não o temos nem para eles, nem para nós mesmos.[79] O ridículo, que a opinião tem em tudo, está sempre ao lado dela, para tiranizá-la e puni-la. Porém o mais ridículo está nas formas determinadas: quem sabe variar suas situações e seus prazeres apaga hoje a impressão de ontem; é como que nulo no espírito dos homens, mas goza porque está por inteiro em cada hora e em cada coisa. Minha única forma constante seria esta: em cada situação, não me ocuparia de nenhuma outra, e encararia cada dia em si mesmo, como independente da véspera e do dia seguinte. Assim como eu seria povo no meio do povo, seria camponês nos campos; e quando falasse de agricultura, o camponês não zombaria de mim. Não iria construir uma cidade no campo, nem pôr no fundo de uma província as Tulherias em frente ao meu apartamento. Na encosta de alguma colina bem sombreada, eu teria uma pequena casa rústica, uma casa branca com venezianas verdes; e, embora uma cobertura de sapé seja em qualquer estação a melhor, preferiria magnificamente, não a triste ardósia, mas a telha, porque ela tem aspecto mais limpo e mais alegre do que o sapé, porque é bem assim que as casas de minha terra são cobertas, e porque isso me lembraria um pouco a época feliz de minha juventude. Teria como pátio um galinheiro, e como cavalariça um estábulo com vacas para ter laticínios de que muito gosto. Como jardim teria uma horta e como parque um belo pomar semelhante ao de que falarei adiante. As frutas, ao alcance dos passantes, não seriam contadas nem colhidas por meu jardineiro; e minha

---

[79] Duas mulheres da sociedade, a fim de parecerem muito divertir-se, obrigam-se a nunca se deitar antes das 5 horas da manhã. No rigor do inverno, seus criados passam a noite na rua à espera delas, tratando de não ficarem congelados. Em uma noite, ou melhor, em uma manhã, entra-se no apartamento onde essas duas pessoas tão divertidas deixam que corram as horas sem as contar: verifica-se que se acham inteiramente sós, cada qual dormindo em sua poltrona.

avarenta magnificência não exibiria espaldeiras soberbas em que ninguém ousaria sequer tocar. Ora, essa pequena prodigalidade seria pouco custosa, porque eu teria escolhido meu asilo em uma província remota onde se vê pouco dinheiro e muitos víveres, e onde reinam a abundância e a pobreza.

Ali eu reuniria uma sociedade, mais seleta do que numerosa, de amigos que amam o prazer e o conhecem, de mulheres que pudessem sair de suas poltronas e apreciar os jogos campestres, pegar, algumas vezes, em vez da lançadeira ou das cartas, a linha de pesca, as arapucas, o ancinho das ceifadeiras, o cesto dos vindimadores. Ali todos os bons modos da cidade seriam esquecidos e, aldeões na aldeia, nos encontraríamos entregues a uma miríade de divertimentos que, a cada noite, só nos dariam o embaraço da escolha para o dia seguinte. Pelo exercício e pela vida ativa, teríamos um novo estômago e novos gostos. Todas as nossas refeições seriam banquetes onde a abundância agradaria mais do que a delicadeza. A alegria, os trabalhos rústicos, os jogos malucos são os principais cozinheiros do mundo, e os pratos finos são ridículos para os que labutam desde a madrugada. O serviço não teria mais ordem que elegância; a sala de jantar estaria em toda parte, no jardim, em um barco, debaixo de uma árvore; algumas vezes ao longe, perto de uma fonte viva, sobre a relva verdejante e fresca, sob moitas de amieiros e de aveleiras. Uma longa procissão de alegres convivas carregaria cantando os preparativos do banquete; teríamos o gramado como mesa e cadeira; as bordas da fonte serviriam de bufê e a sobremesa estaria pendurada nas árvores. Os pratos seriam servidos sem ordem, o apetite dispensaria as boas maneiras; cada qual, preferindo-se abertamente a todos os outros, acharia bom que todos os outros também se preferissem em relação aos demais: dessa familiaridade cordial e moderada nasceria, sem grosseria, sem falsidade, sem constrangimento, um conflito lépido, cem vezes mais encantador do que a polidez, e mais adequado para ligar os corações. Nada de lacaios importunos ouvindo nossos discursos, criticando em voz baixa nosso comportamento, contando nossos bocados com olho ávido, divertindo-se com nos fazer esperar pela bebida e resmungando dos jantares longos demais. Seríamos nossos criados para sermos nossos senhores, cada qual seria servido por todos; o tempo passaria sem ser contado; a refeição seria o repouso e duraria tanto quanto o ardor do dia. Se passasse perto de nós algum camponês de volta do trabalho com seus instrumentos ao ombro, eu alegraria seu coração com alguns copos de vinho que o fariam carregar mais alegremente sua miséria. Também teria o prazer de sentir-me profundamente comovido e de dizer-me em segredo: ainda sou homem.

Se alguma festa campestre reunisse os habitantes do lugar, eu seria um dos primeiros com minha turma. Se alguns casamentos, mais benditos que os da cidade se fizessem na minha vizinhança, saberiam que amo a alegria e eu seria convidado. Levaria a essa boa gente alguns presentes simples como eles, que contribuiriam para a festa; e aí encontraria em troca bens de um valor inestimável, bens pouco conhecidos por meus iguais: a franqueza e o verdadeiro prazer. Jantaria alegremente em sua larga mesa; faria coro ao refrão de uma velha canção rústica e dançaria no celeiro deles mais contente do que no baile da Ópera.

Até aqui, tudo é maravilhoso, dir-me-ão. Mas e a caça? Estar no campo sem caçar, será isso estar no campo? Entendo: eu queria apenas um terreno arrendado e enganei-me. Suponho-me rico, preciso portanto de prazeres exclusivos, de prazeres destrutivos: eis algo bem diferente. Preciso de terras, bosques, guardas, impostos, honras senhoriais, sobretudo incenso e água benta.

Muito bem. Mas essa terra terá vizinhos zelosos de seus direitos e desejosos de usurpar os dos outros; nossos guardas discutirão, talvez os senhores também. Eis então altercações, querelas, ódios, processos ao menos: nada disso é muito agradável. Meus vassalos não verão com prazer minhas lebres lavrarem seus trigos, e meus javalis, suas favas. Não ousando matar o inimigo que destrói seu trabalho, cada qual desejará ao menos o expulsar de seu campo. Depois de ter passado o dia cultivando suas terras, precisarão passar a noite guardando-as, terão mastins, tambores, cornetas, sinetes: com toda essa barulheira, perturbarão meu sono. Pensarei sem querer na miséria dessas pobres pessoas e não poderei deixar de me censurar. Se tivesse a honra de ser príncipe, nada disso me tocaria muito; mas eu, novo-rico, ainda terei o coração bastante plebeu.

Isso não é tudo. A abundância de caça será uma tentação para os caçadores; terei logo caçadores ilegais a punir; precisarei de prisões, de carcereiros, de arqueiros, de galeras: tudo isso me parece bastante cruel. As mulheres desses infelizes virão bater à minha porta e me importunar com seus gritos, ou será necessário expulsá-las, maltratá-las. A pobre gente que não tiver caçado ilegalmente, mas cuja colheita minha caça tiver devastado, também virá queixar-se: uns serão punidos por terem matado a caça, outros arruinados por a terem poupado: que triste alternativa! De todos os lados, verei somente objetos de miséria, não ouvirei senão gemidos: isso deve perturbar muito, parece-me, o prazer de massacrar à vontade multidões de perdizes e de lebres quase sob os pés.

Se quereis separar os prazeres de seus sofrimentos, acabai com a exclusividade deles: quanto mais os deixardes comuns aos homens, mais puros os desfrutareis. Não farei, portanto, tudo o que acabo de dizer; mas, sem mudar de gostos, seguirei aquele que imagino menos caro. Estabelecerei minha morada campestre em um lugar onde a caça seja livre para todos, e onde eu possa me divertir com ela sem embaraço. A caça será mais rara, mas haverá mais habilidade em procurá-la e prazer em alcançá-la. Eu me lembrarei das batidas de coração que meu pai sentia diante do voo da primeira perdiz, e dos transportes de alegria com que encontrava a lebre procurada o dia inteiro. Sim, afirmo que, sozinho com seu cão, armado com seu fuzil, sua bolsa de caça, seu equipamento e sua pequena presa, ele voltava à noite, exausto e arranhado de espinhos, mais contente de seu dia do que todos os vossos caçadores de farra que, em um bom cavalo, seguidos de vinte fuzis carregados, não fazem senão trocar de montaria, atirar e matar ao derredor, sem arte, sem glória e quase sem exercício. Portanto, o prazer não é menor e o inconveniente desaparece quando não se têm nem terras a guardar, nem caçador ilegal a punir, nem miserável a atormentar: eis, pois, uma sólida razão de preferência. Por mais que se faça, não se atormenta ininterruptamente os homens sem se ter também algum mal-estar; e, mais cedo ou mais tarde, as longas maldições do povo tornam a caça amarga.

Outro ponto ainda: os prazeres exclusivos são a morte do prazer. Os verdadeiros divertimentos são aqueles que compartilhamos com o povo; os que queremos ter apenas para nós, já não os temos. Se os muros que construo ao redor de meu parque constituem para mim uma triste clausura, não fiz mais do que, a alto custo, me privar do prazer da caminhada: eis-me forçado a ir buscá-lo longe. O demônio da propriedade infecta tudo o que toca. Um rico quer ser em toda parte o senhor e só se sente bem onde não o é; é sempre forçado a fugir de si mesmo. Quanto a mim, farei em minha riqueza o que fiz em minha pobreza. Mais rico agora com os bens dos outros do que jamais serei com os meus, aposso-me de tudo o que me convém em minha vizinhança: não há conquistador mais decidido do que eu; usurpo os próprios príncipes; acomodo-me sem distinção em todos os terrenos abertos que me agradam; dou-lhes nomes; faço de um meu parque, de outro meu terraço, e eis-me senhor deles. Doravante, passeio por eles impunemente, volto com frequência a fim de manter a posse; gasto o solo tanto quanto quero de tanto andar sobre ele; e nunca me persuadirão que o titular do terreno de que me aproprio ganha mais com o dinheiro da produção do que meu proveito sobre seu terreno. E se vierem me apoquentar com fossos e cercas, pouco me importa. Ponho meu parque nas costas e vou pousá-lo alhures; locais não faltam nas cercanias, e terei muito tempo para pilhar meus vizinhos antes de ficar sem asilo.

Eis um ensaio do verdadeiro gosto na escolha dos lazeres agradáveis; eis o espírito com que se goza. Todo o resto não passa de ilusão, quimera, tola vaidade. Quem quer que se afaste dessas regras, por mais rico que seja, comerá seu ouro como esterco e jamais conhecerá o valor da vida.

Sem dúvida, irão me objetar que tais divertimentos estão ao alcance de todos os homens, e que não é preciso ser rico para apreciá-los. É precisamente a esse ponto que eu gostaria de chegar. Tem-se prazer quando se quer ter; é somente a opinião que torna tudo difícil, que expulsa a felicidade de nossa frente; é cem vezes mais fácil ser feliz do que parecer sê-lo. O homem de gosto e realmente voluptuoso não precisa da riqueza; basta-lhe ser livre e senhor de si mesmo. Quem quer que goze de saúde e não careça do necessário, desde que arranque de seu coração os bens da opinião, é bastante rico: é a *aurea mediocritas* de Horácio.[80] Acumuladores de tesouros, procurai pois outro emprego para vossa opulência, pois para o prazer ela de nada serve.

---

80 Referência a Horácio, *Odes*, II, 10, 5. (N. T.)

Emílio não saberá disso tudo mais do que eu, mas tendo o coração mais puro e mais sadio, há de senti-lo mais ainda, e todas as suas observações na sociedade não farão mais do que confirmá-lo.

Passando assim o tempo, continuamos à procura de Sofia, e não a encontramos. Era importante que não a encontrássemos tão depressa, e procuramos onde eu tinha a certeza de que ela não estava.[81]

Enfim, o momento urge. É hora de realmente procurá-la, senão ele pode arranjar uma qualquer que a substitua e só perceber o erro tarde demais. Adeus, pois, Paris, cidade célebre, cidade de barulho, de fumaça e de lama, onde as mulheres não acreditam mais na honra nem os homens na virtude. Adeus, Paris; procuramos o amor, a felicidade, a inocência; nunca estaremos bastante longe de ti.

Fim do quarto livro.

---

81 *Mulierem forlem quis inveniet? Procul et de ultimis finibus pretium ejus.* (Provérbios, XXXI, 10).*
 * "Mulher virtuosa, quem achará? Vem de longe, do fim do mundo, terá seu preço." (N. T.)

Livro V

Eis-nos chegados ao último ato da juventude, mas não ainda ao desenlace.

Não é bom que o homem fique só. Emílio é homem, nós havíamos lhe prometido uma companheira, é preciso dá-la a ele. Essa companheira é Sofia. Onde se abriga? Onde a encontraremos? Para encontrá-la, é preciso conhecê-la. Saibamos primeiramente o que ela é, e julgaremos melhor onde reside; e quando a encontrarmos, ainda não estará tudo terminado. Uma vez que nosso jovem fidalgo, como diz Locke, está pronto para se casar, é o momento de deixá-lo próximo de sua amante.[1] Com isso, encerra sua obra. Quanto a mim, como não tenho a honra de educar um fidalgo, evitarei imitar Locke.

Sofia ou a mulher

Sofia deve ser mulher como Emílio é homem, isto é, deve ter tudo o que convém à constituição de sua espécie e de seu sexo para ocupar seu lugar na ordem física e moral. Comecemos então por examinar as conformidades e as diferenças de seu sexo em relação ao nosso.

Em tudo o que não diz respeito ao sexo, a mulher é homem: tem os mesmos órgãos, as mesmas necessidades, as mesmas faculdades; a máquina é construída da mesma maneira, as peças são as mesmas, o jogo de ambos é igual, o aspecto é semelhante; e, seja qual for o ponto de vista tomado, eles diferem bem pouco entre si.

---

1 J. Locke, *Pensamentos sobre a educação*. Na edição traduzida por Pierre Coste, a frase aparece ao final do último parágrafo. (N. T.)

Em tudo o que diz respeito ao sexo, a mulher e o homem possuem copiosas semelhanças e diferenças: a dificuldade de compará-los vem da de determinar na constituição deles o que é do sexo e o que não o é. Pela anatomia comparada, e até mesmo pela simples inspeção, encontramos diferenças gerais que parecem não estar ligadas ao sexo. No entanto, estão relacionadas a ele, mas através de ligações que não podemos perceber: não sabemos até onde tais ligações podem estender-se; a única coisa que sabemos com certeza é que tudo o que têm em comum é da espécie, e o que têm de diferente é do sexo. Desse duplo ponto de vista, encontramos entre ambos tantas relações e tantas oposições, que talvez seja uma das maravilhas da natureza ter feito dois seres tão semelhantes constituindo-os de maneira tão diferente.

Tais semelhanças e tais diferenças devem influir na moral. Essa consequência é perceptível, em conformidade com a experiência, e mostra a vanidade das discussões acerca da preferência ou da igualdade dos sexos: como se cada um deles, correspondendo aos fins da natureza segundo seu destino particular, não fosse mais perfeito nisso do que se se assemelhasse mais ao outro! No que têm em comum, são iguais; no que têm de diferente, não são comparáveis. Uma mulher perfeita e um homem perfeito não devem assemelhar-se nem em espírito nem em fisionomia, e a perfeição não é suscetível de pequenas variações.

Na união dos sexos, cada qual concorre igualmente para o objetivo comum, mas não da mesma maneira. Dessa diversidade nasce a primeira diferença assinalável entre as relações morais de um e de outro. Um deve ser ativo e forte, o outro passivo e fraco: é preciso que necessariamente um queira e possa, bastando que o outro resista pouco.

Estabelecido esse princípio, segue-se que a mulher é feita especialmente para agradar ao homem. Se o homem deve por sua vez agradá-la, é por uma necessidade menos direta: seu mérito está em sua potência, já agrada simplesmente por ser forte. Não se trata aqui da lei do amor, concordo; mas é a da natureza, anterior ao próprio amor.

Se a mulher é feita para agradar e ser subjugada, ela deve tornar-se agradável ao homem em vez de provocá-lo. A violência dela está em seus encantos; é por eles que ela deve constrangê-lo a encontrar sua força e empregá-la. A arte mais segura de animar essa força consiste em torná-la necessária pela

Livro V

resistência. Então o amor-próprio une-se ao desejo, e um triunfa com a vitória que o outro o fez alcançar. Daí nascem o ataque e a defesa, a audácia de um sexo e a timidez do outro, enfim, a modéstia e a vergonha com que a natureza armou o fraco para sujeitar o forte.

Quem pode pensar que ela tenha prescrito indiferentemente as mesmas atitudes a ambos, e que o primeiro a ter desejos deva ser também o primeiro a demonstrá-los? Que estranha depravação do juízo! Tendo a empresa consequências tão diferentes para os dois sexos, será natural que tenham ambos a mesma audácia para se entregarem a ela? Como não ver que com uma tão grande desigualdade na vida em comum, se a reserva não impusesse a um a moderação que a natureza impõe ao outro, isso logo resultaria na ruína de ambos, e que o gênero humano pereceria pelos meios estabelecidos para conservá-lo? Com a facilidade que têm as mulheres de comover os sentidos dos homens e de despertar no fundo dos corações deles os restos de um temperamento quase extinto, se houvesse algum ambiente infeliz na terra onde a filosofia tivesse introduzido tal hábito, principalmente nos países quentes onde nascem mais mulheres do que homens, estes, tiranizados por elas, seriam enfim suas vítimas e ver-se-iam todos arrastados para a morte sem que jamais pudessem defender-se delas.

Se as fêmeas dos animais não têm a mesma vergonha, o que decorre disso? Têm elas, como as mulheres, os desejos ilimitados a que essa vergonha serve de freio? O desejo só lhes advém da necessidade; esta satisfeita, cessa o desejo. Não recusam mais o macho por fingimento,[2] mas de verdade: fazem o contrário do que fazia a filha de Augusto;[3] não recebem mais passageiros quando o navio já está carregado. Mesmo quando são livres, seus momentos de boa vontade são curtos e logo passam; o instinto as impele e o instinto as detém. Onde estará o suplemento desse instinto negativo nas mulheres, quando lhes tiverdes tirado o pudor? Esperar que elas não se preocupem mais com os homens é esperar que eles não prestem para mais nada.

---

2 Já observei que as recusas fingidas e provocantes são comuns a quase todas as fêmeas, até mesmo entre os animais, e até mesmo quando estão mais dispostas a se entregarem. É preciso nunca ter observado suas manobras para discordar disso.

3 Referência a Júlia, filha do imperador Augusto, cf. Suetônio, *Vida dos doze Césares*. (N. T.)

Emílio ou Da educação

O Ser supremo quis honrar em tudo a espécie humana: dando ao homem inclinações sem medida, deu-lhe ao mesmo tempo a lei que as regula, a fim de que seja livre e comande-se a si mesmo. Entregando-o a paixões imoderadas, junta a elas a razão para governá-las; entregando a mulher a desejos ilimitados, junta a esses desejos o pudor para contê-los. Além disso, acrescenta ainda uma recompensa ao bom uso de suas faculdades, a saber, o gosto que se adquire pelas coisas honestas quando se faz delas a regra de suas ações. Tudo isso equivale, parece-me, ao instinto dos animais.

Portanto, a despeito de a fêmea partilhar ou não os desejos do homem, e querer ou não os satisfazer, ela o afasta e se defende sempre, mas nem sempre com a mesma força e, por conseguinte, com o mesmo êxito. Para que o atacante seja vitorioso, é preciso que o atacado o permita ou o ordene. Quantos meios hábeis este não possui para obrigar o agressor a empregar a força! O mais livre e o mais doce de todos os atos não admite a violência real, a natureza e a razão se opõem a isso: a natureza porque proveu o mais fraco de força suficiente para resistir quando quiser; a razão porque uma violência real é, não somente o mais brutal de todos os atos, mas também o mais contrário a seu fim, seja porque o homem declara assim a guerra à sua companheira e a autoriza a defender sua pessoa e sua liberdade até mesmo à custa da vida do agressor, ou seja porque só a mulher é juiz do estado em que se encontra, e que uma criança não teria pai se qualquer homem pudesse usurpar esses direitos.

Eis portanto uma terceira consequência da constituição dos sexos: a de que o mais forte seja senhor por aparência e na realidade dependa do mais fraco; e isso não por conta de uma frívola galanteria nem de uma orgulhosa generosidade do protetor, mas devido a uma lei invariável da natureza que, dando à mulher maior facilidade de excitar os desejos do que ao homem o de satisfazê-los, torna dependente o homem, apesar de tudo, da boa vontade da mulher e o leva a procurar por sua vez agradar-lhe para conseguir que ela consinta em deixá-lo ser o mais forte. Então o que há de mais doce para o homem em sua vitória está em duvidar se é a fraqueza que cede à força ou se é a vontade que se entrega; e a astúcia comum da mulher está em deixar sempre essa dúvida entre ambos. O espírito das mulheres corresponde nisso perfeitamente à sua constituição: longe de enrubescerem por sua fraqueza, vangloriam-se dela. Seus músculos frágeis são sem resistência; elas fingem não poder erguer os mais leves fardos; teriam vergonha de ser fortes. Por quê? Não é apenas para parecerem delicadas, é por uma precaução mais hábil; arranjam de antemão desculpas e o direito de serem fracas se preciso.

O progresso das luzes adquiridas com nossos vícios mudou muito neste ponto as antigas opiniões, e não mais se fala em violências desde que se tornaram tão pouco necessárias e que os homens não acreditam mais nelas;[4] ao passo que são muito comuns na alta Antiguidade grega e judaica, porque essas mesmas opiniões encontram-se na simplicidade da natureza e que só a experiência da libertinagem pôde desarraigá-las. Se hoje citamos menos atos de violência, seguramente não é por serem os homens mais temperantes, e sim porque eles têm menos credulidade. Uma tal queixa, outrora capa de persuadir povos simples, só provocaria risos dos zombadores; é melhor ficar calado. Há no Deuteronômio uma lei pela qual uma jovem violentada era punida juntamente com o sedutor, se o delito fosse cometido na cidade; se fosse cometido no campo ou em lugares afastados, somente o homem era punido, porque, diz a lei, a jovem gritou e não foi ouvida.[5] Essa interpretação benigna ensinava as jovens a não se deixarem surpreender em lugares frequentados.

O efeito dessa diversidade de opiniões sobre os costumes é sensível. A galanteria moderna resulta disso. Os homens, achando que seus prazeres dependiam mais da vontade do belo sexo do que haviam pensado, cativaram essa vontade com complacências de que se viram recompensados.

Vedes assim como o físico nos leva imperceptivelmente ao moral, e como da grosseira união dos sexos nascem, pouco a pouco, as mais doces leis do amor. O império das mulheres não lhes cabe porque os homens o quiseram, mas porque assim o quer a natureza: já lhes pertencia antes que parecessem tê-lo. Esse mesmo Hércules, que pensou ter cometido violência contra as cinquenta filhas de Téspio, foi, no entanto, constrangido a fiar a lã junto de

---

[4] Pode haver uma desproporção de idade e de força tal que uma violência real ocorra. Mas, tratando aqui do estado relativo dos sexos segundo a ordem da natureza, eu os encaro ambos na relação comum que constitui esse estado.

[5] *Deuteronômio*, XXII, 27. (N. T.)

Ônfale; e o forte Sansão não era tão forte quanto Dalila. Esse império é das mulheres e não pode ser-lhes tirado, mesmo quando abusam dele. Se tivessem a chance de perdê-lo, isso já teria acontecido há muito tempo.[6]

Não há nenhuma paridade entre os dois sexos quanto à consequência do sexo. O macho só é macho em certos momentos, a fêmea é fêmea durante toda a sua vida, ou, ao menos, durante toda a sua juventude. Tudo a faz lembrar incessantemente de seu sexo, e, para bem cumprir as funções, ela precisa de uma constituição que diga respeito a ele. Ela precisa de cuidados durante sua gravidez; precisa de repouso em seus partos; precisa de uma vida pacata e sedentária para aleitar suas crianças; para criá-las, precisa de paciência e doçura, de um zelo, de uma afeição que nada perturbe; entre as crianças e o pai, ela serve de ligação; só ela é capaz de fazer as crianças amar o pai e confiar nele a ponto de ele as chamar de suas. Quanta ternura e cuidado não precisam para manter a união em toda a família! E, finalmente, essas coisas não devem ser virtudes, mas gostos, sem o que a espécie humana seria rapidamente extinta.

A rigidez dos deveres relativos dos dois sexos não é nem pode ser a mesma. Quando a mulher se queixa a esse respeito da injusta desigualdade imposta pelo homem, ela se equivoca. Essa desigualdade não é uma instituição humana ou, ao menos, não é obra do preconceito, mas da razão: cabe a quem a natureza encarregou do cuidado dos filhos responder por isso perante o outro. Sem dúvida não é permitido a ninguém faltar à sua palavra, e todo marido infiel que priva sua mulher do único prêmio para os austeros deveres de seu sexo é um homem injusto e bárbaro; mas a mulher infiel vai além, ela dissolve a família e rompe todos os laços da natureza; dando ao homem filhos que não são dele, ela trai a uns e a outros, junta a perfídia à

---

6 Téspio, rei de Atenas, queria que suas cinquenta filhas tivessem filhos com Hércules; para isso, durante a caçada ao leão de Citerão, fazia que o herói dormisse a cada noite com uma filha diferente (cf. *Biblioteca* de Apolodoro). O mesmo Hércules, em um acesso de fúria, matou Ífito, e como castigo divino teve de servir a rainha Ônfale, que o obrigava a vestir roupas de mulher (cf. *Biblioteca histórica* de Diodoro da Sicília). Sansão foi um dos juízes de Israel, apaixonou-se por Dalila, que o traiu e o entregou aos filisteus (cf. *Livro dos Juízes*, XVI). (N. T.)

infidelidade. Mal posso ver a desordem e o crime que disso decorrem. Se há uma condição horrível no mundo, é a do infeliz pai que, sem confiança em sua mulher, não ousa entregar-se aos mais doces sentimentos de seu coração, que se pergunta, ao beijar seu filho, se não beija o de outrem, a prova de sua desonra, o rapinador do bem de seus próprios filhos. Que é então a família senão uma sociedade de inimigos secretos que uma mulher culpada arma um contra outro, forçando-os a fingirem amar-se mutuamente?

Importa, portanto, não apenas que a mulher seja fiel, mas também que seja julgada como tal por seu marido, por seus próximos, por todo mundo; importa que seja modesta, atenta, reservada, e que apresente aos olhos de outrem, como à sua própria consciência, o testemunho de sua virtude. Finalmente, se é importante que um pai ame seus filhos, importa também que estime a mãe deles. Tais são as razões que põem a própria aparência entre os deveres das mulheres e lhes tornam a honra e a reputação não menos indispensáveis que a castidade. Desses princípios deriva, com a diferença moral dos sexos, um novo motivo de dever e de conveniência que prescreve especialmente às mulheres a atenção mais escrupulosa de sua conduta, de suas maneiras, de sua atitude. Sustentar vagamente que os dois sexos são iguais, e que seus deveres são os mesmos, é perder-se em declarações vãs, é nada dizer enquanto não se responde a isso.

Apresentar exceções para responder a leis gerais tão bem fundamentadas não é uma maneira muito sólida de raciocinar. As mulheres, dizeis, nem sempre fazem filhos! Não, mas sua destinação própria é fazê-los. Qual! Porque há no universo uma centena de grandes cidades onde as mulheres, vivendo na licenciosidade, fazem poucos filhos, pretendeis que a condição das mulheres é fazer poucos? E que seria de vossas cidades, se os campos distantes, onde as mulheres vivem de modo mais simples e mais casto, não suprissem a esterilidade das senhoras? Em quantas províncias as mulheres que só tiveram quatro ou cinco filhos não passam por pouco fecundas?[7] Enfim, que

---

7 Sem isso, a espécie pereceria necessariamente: para que ela se conserve, é preciso, tudo ponderado, que cada mulher tenha em torno de quatro filhos, pois das crianças que nascem, mais ou menos metade morre antes que outros possam nascer, e é

importa o fato de tal ou tal mulher ter poucos filhos? A condição de mulher nesse caso não é a de mãe? E não é por leis gerais que a natureza e os costumes devem atender a essa condição?

Mesmo que haja entre os períodos de gravidez intervalos tão longos como o supõem, mudará a mulher assim bruscamente e alternativamente de maneira de viver sem perigo e sem riscos? Será ela ama de leite hoje e amanhã guerreira? Mudará de temperamento e de gostos como um camaleão muda de cor? Passará ela repentinamente da clausura e dos trabalhos domésticos às injúrias do ar, aos trabalhos, às fadigas, aos perigos da guerra? Será ela ora temerosa[8] e ora valente, ora delicada e ora robusta? Se os jovens educados em Paris dificilmente suportam o ofício das armas, será que mulheres, depois de cinquenta anos de morosidade, sem nunca terem enfrentado o sol e mal sabendo marchar, o suportariam? Entrarão nesse duro ofício na idade em que os homens a deixam?

Há regiões onde as mulheres conseguem parir quase sem sofrimento e sustentam seus filhos quase sem cuidados. Concordo. Mas nessas mesmas regiões os homens andam seminus a todo tempo, derrubam os animais ferozes, carregam sua canoa como uma mochila, fazem caçadas de 700 ou 800 léguas, dormem no chão ao ar livre, suportam fadigas incríveis, passam vários dias sem comer. Quando as mulheres se tornam robustas, os homens se tornam ainda mais; quando os homens amolecem, as mulheres amolecem ainda mais; quando os dois termos mudam por igual, a diferença permanece a mesma.

Bem sei que Platão, em sua *República*, dá às mulheres os mesmos exercícios que aos homens. Tendo tirado de seu governo as famílias particulares, e não sabendo mais o que fazer das mulheres, viu-se forçado a transformá-las em homens. Esse belo gênio havia tudo combinado, previsto tudo: antecipava-se a uma objeção que talvez ninguém tivesse pensado em fazer; mas resolveu mal o problema. Não falo da pretensa comunidade de mulheres,

---

preciso que restem dois para representarem o pai e a mãe. Veja se as cidades vos fornecerão essa população.

8 A timidez das mulheres é ainda um instinto da natureza contra o duplo risco que correm durante a gravidez.

cuja censura tão repetida prova que os que a fazem nunca leram Platão; falo dessa promiscuidade civil que confunde em tudo os dois sexos nos mesmos empregos e nos mesmos trabalhos, e não pode deixar de engendrar os mais intoleráveis abusos; falo dessa subversão dos mais doces sentimentos da natureza, imolados a um sentimento artificial que só por eles pode subsistir: como se não fosse preciso uma ligação natural para formar os laços de convenção! Como se o amor por seus próximos não fosse o princípio daquele que se deve ao Estado! Como se não fosse pela pequena pátria, que é a família, que o coração se apega à grande! Como se não fosse o bom filho, o bom marido, o bom pai que fizessem o bom cidadão!

Uma vez demonstrado que o homem e a mulher não são nem devem ser constituídos da mesma maneira, quer em caráter ou em temperamento, segue-se que não devem receber a mesma educação. Seguindo as orientações da natureza, devem agir em concerto, mas não devem fazer as mesmas coisas: o fim dos trabalhos é comum, mas os trabalhos são diferentes, e, por conseguinte, também os gostos que os dirigem. Para não deixar imperfeita nossa obra, depois de nos aplicarmos em formar o homem natural, vejamos como se deve formar também a mulher que convém a esse homem.

Se quiserdes ter sempre um bom guia, segui sempre as indicações da natureza. Tudo o que caracteriza o sexo deve ser respeitado como estabelecido por ela. Dizeis sem cessar: as mulheres têm tal ou tal defeito que não temos. Vosso orgulho vos engana; seriam defeitos para vós, são qualidades para elas; tudo iria pior se elas não os tivessem. Impedi que esses pretensos defeitos degenerem, mas evitai destruí-los.

As mulheres, por sua vez, não param de gritar que nós as educamos para serem vãs e coquetes, que as divertimos o tempo todo com puerilidades para permanecermos mais facilmente os senhores; elas nos culpam pelos defeitos que lhes censuramos. Que loucura! E depois, desde quando são os homens que cuidam da educação das meninas? O que impede as mães de as educarem como quiserem? Não têm colégios: grande desgraça! Ah, quisera Deus que não houvesse também para os rapazes! Seriam mais sensata e honestamente educados. Forçam vossas filhas a perderem seu tempo em bobagens? Fazem-nas, contra a vontade delas, passarem metade da vida cuidando da aparência, segundo vosso exemplo? Impedem-vos de instruí-las ou de fazê-las serem instruídas segundo vossa vontade? Estaremos errados se elas nos agradarem quando forem belas, se seus trejeitos nos seduzirem, se a arte que aprendem convosco nos atrair e nos envaidecer, se gostarmos de vê-las vestidas com gosto, se deixarmos que afiem tranquilamente as armas com que nos subjugam? Ah, tomai o partido de educá-las como homens; eles consentirão de bom grado. Quanto mais elas quiserem se assemelhar a eles, menos elas os governarão, e é aí que eles serão realmente os senhores.

Todas as faculdades comuns aos dois sexos não lhes são igualmente repartidas; mas, consideradas em conjunto, elas se compensam. A mulher vale mais como mulher e menos como homem; em tudo em que faz valer seus direitos, ela leva vantagem; em tudo que quer usurpar os nossos, fica abaixo de nós. Não se pode responder a essa verdade geral senão com exceções; maneira constante de argumentar dos partidários galantes do belo sexo.

Cultivar nas mulheres as qualidades do homem e negligenciar as que lhes são peculiares é, pois, visivelmente trabalhar contra elas. As ardilosas veem isso muito bem para serem ludibriadas. Aplicando-se em usurpar nossas vantagens, não abandonam as suas; mas acontece que, não podendo lidar com uma coisa e outra porque são incompatíveis, ficam abaixo de suas possibilidades sem alcançar as nossas, e perdem metade de seu valor. Acreditai-me, mãe judiciosa, não façais de vossa filha um homem de bem, como que para desmentir a natureza; fazei dela uma mulher de bem e ficai certa de que assim ela valerá mais, para ela e para nós.

Deduzir-se-á disso que ela deva ser educada na ignorância de tudo e limitada unicamente às funções domésticas? Fará o homem de sua companheira uma serviçal? Privar-se-á ao lado dela do maior encanto da sociedade? Para subjugá-la ainda mais, irá impedi-la de conhecer o que quer que seja? Fará dela um verdadeiro autômato? Não, sem dúvida, não é isso que dita a natureza, que dá às mulheres um espírito tão agradável e tão sutil. Ao contrário, ela quer que elas pensem, que julguem, que amem, que conheçam, que cultivem tanto seu espírito como sua aparência; são as armas que ela lhes dá para suprir a força de que carecem e para dirigir a nossa. Elas devem aprender muitas coisas, mas as que lhes convém saber.

Livro V

Ainda que eu considere a destinação particular do sexo, que eu observe suas inclinações, que eu conte os deveres, tudo concorre igualmente para me indicar a forma de educação que lhe convém. A mulher e o homem são feitos um para o outro, mas sua dependência mútua não é igual: os homens dependem das mulheres por seus desejos; as mulheres dependem dos homens por seus desejos e por suas necessidades; nós subsistiríamos mais sem elas do que elas sem nós. Para que elas tenham o necessário e fiquem bem, é preciso darmos isso a elas, que o queiramos fazê-lo, que nós as estimemos dignas disso; elas dependem de nossos sentimentos, do valor que damos a seu mérito, do caso que fazemos de seus encantos e de suas virtudes. Pela própria lei da natureza, as mulheres, tanto por elas como por seus filhos, estão à mercê dos juízos dos homens: não basta que sejam estimáveis, é preciso que sejam estimadas; não basta que sejam belas, é preciso que agradem; não basta que sejam sensatas, é preciso que sejam assim reconhecidas; sua honra está não apenas em sua conduta, mas em sua reputação, e não é possível que a que consente em passar por infame possa ser honesta algum dia. O homem, agindo bem, depende apenas de si mesmo, e pode desafiar o juízo público; mas a mulher, agindo bem, só cumpre metade de sua tarefa, e o que pensam dela lhe importa tanto quanto o que é efetivamente. Segue-se daí que o sistema de sua educação deve ser, a esse respeito, contrário ao do nosso. A opinião é o túmulo da virtude entre os homens, e o trono entre as mulheres.

Da boa constituição das mães depende de início a das crianças; do seio das mulheres depende a primeira educação dos homens; das mulheres dependem ainda os costumes destes, suas paixões, seus gostos, seus prazeres, e até mesmo sua felicidade. Assim, toda a educação das mulheres deve ser relativa ao homem. Agradá-los, serem úteis a eles, fazerem-se amadas e honradas por eles, cuidar deles quando crescidos, aconselhá-los, consolá-los, tornar-lhes a vida agradável e doce: eis os deveres das mulheres em todos os tempos, e o que lhes devemos ensinar desde sua infância. Enquanto não remontarmos a esse princípio, afastar-nos-emos do alvo e todos os preceitos que lhes dermos de nada servirão, nem para sua felicidade, nem para a nossa.

Contudo, embora toda mulher queira agradar aos homens e o deva querer, há muita diferença entre querer agradar ao homem de mérito, ao homem verdadeiramente amável, e querer agradar a esses pequenos sedutores que desonram seu sexo e a quem imitam. Nem a natureza nem a razão podem levar a mulher a amar nos homens o que a ela se assemelha, e tampouco é copiando as maneiras deles que ela deve buscar fazer-se amar.

Por isso, ao abandonarem o tom modesto e recatado de seu sexo, elas agem estouvadamente; longe de seguirem sua vocação, renunciam a ela; tiram de si mesmas os direitos que pensam usurpar. Se fôssemos diferentes, dizem, não agradaríamos aos homens. Elas mentem. É preciso serem loucas para amarem os loucos; o desejo de seduzir essas pessoas mostra o gosto de quem se entrega a isso. Se não houvesse homens frívolos, elas se apressariam em criá-los; e as frivolidades deles são mais obra delas do que o inverso. A mulher que ama os homens de verdade e que quer agradar-lhes adota meios de acordo com sua intenção. A mulher é coquete por condição, mas seu coquetismo muda de forma e de objeto segundo seus pontos de vista. Regulemos esses pontos de vista de acordo com os da natureza e a mulher terá a educação que lhe convém.

As meninas, logo depois do nascimento, já gostam de adornos. Não satisfeitas com ser bonitas, querem que as achem bonitas; vê-se em suas maneiras que já se preocupam com isso; e, mal alcançam a possibilidade de entender o que lhes dizem, já as governam falando do que pensam delas. No caso dos meninos, é preciso que o mesmo motivo seja muito indiscretamente proposto para ter o mesmo efeito dominador. Desde que sejam independentes e tenham prazer, pouco se incomodam com o que possam pensar deles. Somente com o tempo e os sofrimentos é que os meninos são submetidos à mesma lei.

De onde quer que chegue às meninas essa primeira lição, ela é muito boa. Se o corpo nasce, por assim dizer, antes da alma, a primeira cultura deve ser a do corpo: essa ordem é comum aos dois sexos. Mas o objeto dessa cultura é diferente; em um, trata-se do desenvolvimento das forças, em outro é o dos atrativos. Não porque tais qualidades devam ser exclusivas em cada sexo: somente a ordem é invertida. As mulheres precisam de bastante força para fazer tudo o que fazem com graça, os homens precisam de bastante destreza para fazer tudo o que fazem com facilidade.

    É por causa da extrema languidez das mulheres que começa a dos homens. As mulheres não devem ser robustas como eles, mas para eles, a fim de que os homens nascidos delas o sejam também. Quanto a isso, os conventos, onde as pensionistas têm uma alimentação grosseira mas muita agitação, corridas, jogos ao ar livre e nos jardins, são preferíveis à casa paterna, onde uma menina, delicadamente alimentada, sempre lisonjeada ou repreendida, sempre sentada sob o olhar da mãe em um quarto bem fechado, não ousa nem se levantar, nem andar, nem falar, sem suspirar, e não tem um momento de liberdade para brincar, saltar, correr, gritar, entregar-se à petulância natural de sua idade: sempre relaxamento perigoso ou severidade mal compreendida; nunca nada segundo a razão. Eis como se arruínam o corpo e o coração da juventude.

    As meninas de Esparta exercitavam-se, como os meninos, nos jogos militares, não para elas mesmas combaterem, mas para terem um dia filhos capazes de suportar as fadigas da guerra. Não é o que aprovo: não é necessário que as mães tenham carregado o mosquete e feito exercícios à prussiana para darem soldados ao Estado. Mas acho que, em geral, havia muito mais sabedoria na educação grega a esse respeito. As jovens apareciam muitas vezes em público, não misturadas com os rapazes, mas reunidas em grupo. Quase não havia uma festa, um sacrifício, uma cerimônia em que não se vissem bandos de meninas dos mais importantes cidadãos coroadas de flores, cantando hinos, formando coros de danças, carregando cestas, vasos, oferendas e apresentando aos sentidos depravados dos gregos um espetáculo encantador e apropriado para contrabalançar o mau efeito de sua ginástica indecente. Qualquer que fosse a impressão dessas práticas habituais no coração dos homens, elas eram sempre excelentes para dar ao sexo uma boa constituição na juventude mediante exercícios agradáveis, moderados, salutares, e para aguçar e formar seu gosto através do desejo contínuo de agradar, sem jamais pôr em risco seus costumes.

    Assim que essas jovens se casavam, não eram mais vistas em público; fechadas em casa, limitavam-se a cuidar do lar e da família. Tal é a maneira de viver que a natureza e a razão prescrevem ao sexo. Por isso, dessas mães nasciam os homens mais sãos, os mais robustos, os mais bem constituídos da terra. E, apesar da má reputação de algumas ilhas, é certo que, de todos os povos do mundo, incluindo até mesmo os romanos, não se cita nenhum onde as mulheres tenham sido ao mesmo tempo mais sensatas e mais amáveis, e tenham unido os costumes à beleza melhor do que na Grécia antiga.

Sabe-se que o conforto das roupas que não incomodavam o corpo muito contribuía para deixar, em ambos os sexos, as belas proporções que vemos nas estátuas e que ainda servem de modelo para a arte, quando a natureza desfigurada cessou de fornecer-lhe entre nós. Não tinham nada dessas peias góticas, dessas múltiplas ligaduras que prendem e apertam por toda parte nossos membros. Suas mulheres ignoravam o uso desses espartilhos[9] com os quais as nossas falsificam a própria cintura mais do que a realçam. Não posso deixar de pensar que esse abuso, tendo chegado na Inglaterra a um ponto inconcebível, não acabe por degenerar a espécie, e afirmo até que aquilo que se propõe como agradável é de mau gosto. Não é agradável ver uma mulher cortada em dois como uma vespa; isso choca a vista e faz a imaginação sofrer. Seria certamente um defeito ultrapassar a delicadeza da cintura, que tem, como todo o resto, suas proporções e sua medida: se tal defeito seria chocante até a olho nu, por que seria belo sob as vestimentas?

Não ouso perquirir as razões pelas quais as mulheres se obstinam em se encouraçar assim: concordo que um seio caído, um ventre ressaltado etc., são coisas repugnantes em uma pessoa de 20 anos, mas aos 30 nada disso é chocante. E, como é preciso, queiramos ou não, estar sempre de acordo com a natureza, e como o olho do homem não se engana, tais defeitos são menos desagradáveis em qualquer idade do que a tola afetação de parecer uma mocinha de 40 anos.

Tudo que perturba ou constrange a natureza é de mau gosto; isso é verdade tanto em relação aos ornamentos do corpo como aos do espírito. A vida, a saúde, a razão e o bem-estar devem vir antes de tudo; a graça vai de par com o desembaraço; a delicadeza não é langor, e não é preciso ser

---

9 No original, *corps de baleine*: peça que usava barbatanas de baleia em sua estrutura, também conhecida como *corset*. (N. T.)

doentia para agradar. Excitamos a piedade quando sofremos, mas o prazer e o desejo buscam o frescor da saúde.

As crianças dos dois sexos têm muitos divertimentos em comum, e assim deve ser. O mesmo não ocorre quando crescem? Têm também gostos próprios que os distinguem. Os meninos buscam o movimento e o barulho: tambores, piões, pequenas carruagens. As meninas preferem o que é vistoso e serve de ornamento: espelhos, joias, panos, e sobretudo, bonecas. A boneca é o divertimento especial desse sexo; eis de modo bem evidente seu gosto determinado por sua destinação. O físico da arte de agradar está nos adereços: é tudo o que crianças podem cultivar dessa arte.

Vede uma menina passar o dia com sua boneca, que arruma sem parar. Veste-a e desveste-a incontáveis vezes, procura sempre novas combinações de adornos bem ou mal arranjados, isso não importa; falta habilidade nos dedos, o gosto não está formado, mas já se mostra a inclinação. Nessa eterna ocupação, o tempo passa sem que ela o perceba; as horas passam, ela não nota isso; esquece até as refeições, tem mais fome de ornamentos do que de comida. Mas, direis, ela enfeita sua boneca e não sua pessoa. Sem dúvida. Ela vê sua boneca e não vê a si mesma; nada pode fazer por ela própria, não está formada, não tem talento nem força, não é nada ainda, está por inteiro em sua boneca, na qual põe seu coquetismo. Porém, não a deixará ali para sempre, pois aguarda o momento de ser, ela mesma, sua boneca.

Eis, portanto, um primeiro gosto bem definido: basta-vos segui-lo e regrá-lo. É certo que a pequena gostaria muito de saber enfeitar sua boneca, fazer laços em suas mangas, sua echarpe, seu falbalá, suas rendas; em tudo isso fazem-na depender a tal ponto da boa vontade alheia que seria mais cômodo para ela dever tudo a si mesma. Daí a razão das primeiras lições que lhe dão: não são tarefas que prescrevem a ela, são bondades que lhe fazem. Com efeito, é com repugnância que quase todas as meninas aprendem a ler e escrever; mas, quanto a manejar a agulha, elas o aprendem sempre de bom grado. Imaginam-se de antemão grandes, e pensam com prazer que tais talentos poderão servir-lhes um dia para se enfeitarem.

É fácil de se seguir esse primeiro caminho aberto: a costura, o bordado e a renda vêm por si mesmas. Quanto à tapeçaria, não gostam tanto;

os móveis estão distantes demais delas, não estão ligados à pessoa, mas a outras opiniões. A tapeçaria é o divertimento das mulheres; meninas nunca terão grande prazer com ela.

Esses progressos voluntários estender-se-ão até ao desenho, porquanto essa arte não é indiferente a quem se aplica a ela com gosto: mas eu não gostaria que fossem desenhadas paisagens e, menos ainda, figuras. Folhagens, frutas, flores, drapeamentos, tudo o que pode servir a dar um contorno elegante aos arranjos, e a fazer por si mesma uma matriz de bordado quando não se encontra uma que lhe agrade, isso lhe basta. Em geral, se importa aos homens limitar seus estudos a conhecimentos corriqueiros, isso é ainda mais importante para as mulheres, porque a vida destas, embora menos laboriosa e sendo, ou devendo ser, mais assídua a suas tarefas e mais entrecortada de cuidados diversos, não lhes permite entregarem-se livremente a nenhum talento em prejuízo de seus deveres.

Digam o que disserem os brincalhões, o bom senso é dos dois sexos por igual. As jovens são em geral mais dóceis do que os rapazes, e deve-se mesmo empregar mais autoridade sobre elas, como o direi logo adiante. Mas isso não quer dizer que se deva exigir delas algo cuja utilidade não possam perceber; a arte das mães está em mostrar utilidade em tudo o que lhes prescrevem, e isso é tanto mais fácil quanto a inteligência nas jovens é mais precoce do que nos rapazes. Essa regra exclui de seu sexo, como do nosso, não somente todos os estudos ociosos que não levam a nada de bom e que nem sequer tornam agradáveis aos outros os que os realizam, como também todos os estudos cuja utilidade não é da idade e que a criança não pode prever em uma idade mais avançada. Se não quero que forcem um rapaz a aprender a ler, com muito mais razão não quero que forcem as jovens antes que possam sentir muito bem para que serve a leitura. Da maneira como fazemos comumente para mostrar-lhes tal utilidade, seguimos mais nossa própria ideia do que a delas. Afinal, qual é a necessidade de uma jovem saber ler e escrever desde pequena? Terá ela tão cedo um lar a governar? Há bem poucas que abusam dessa ciência fatal mais do que a usam, e todas são bastante curiosas para aprendê-la sem serem forçadas, tendo o tempo e a oportunidade para isso. Talvez devessem elas aprender a calcular antes de tudo;

pois nada como as contas para oferecer utilidade mais sensível a qualquer hora, exigir maior uso e dar tão grande margem a erros. Se a pequena só tivesse as cerejas de que gosta, garanto que, através de uma operação aritmética, dentro em pouco saberia calcular.

Conheço uma jovem que aprendeu a escrever antes de ler, e que começou a escrever com a agulha antes de escrever com a pena. A princípio, só quis fazer letras O. Fazia Os sem cessar, grandes e pequenos, de todos os tamanhos, uns dentro de outros e sempre traçados de trás para diante. Infelizmente, em um dia em que estava ocupada nesse útil exercício, ela se viu em um espelho; achando que sua atitude forçada a deixava sem graça, jogou fora a pena como se fosse outra Minerva, e não quis mais fazer Os. Seu irmão também não gostava de escrever, mas o que o aborrecia era o incômodo, não a aparência que o ato da escrita lhe dava. Usaram de outro meio para fazê-la voltar a escrever: a menina era delicada e fútil, não queria que sua roupa fosse usada pelas irmãs; antes marcavam sua roupa, depois não quiseram mais fazer isso, e ela própria precisou marcá-la. Podemos adivinhar o resto do progresso.

Justificai sempre as tarefas que impuserdes às meninas, mas não deixeis de impô-las. O ócio e a indocilidade são os dois defeitos mais perigosos para elas, e os que mais dificilmente se curam após contraídos. As meninas devem ser vigilantes e laboriosas; e não só isso: elas devem ser incomodadas desde cedo. Essa infelicidade, se é que é uma, é inseparável de seu sexo, e dela nunca elas se libertam, a não ser para sofrer outras bem mais cruéis. Estarão a vida inteira subjugadas ao incômodo mais contínuo e severo das conveniências. É preciso exercitá-las desde logo a tais constrangimentos, a fim de que nunca lhes custem; deve-se ensiná-las a domar todas as suas fantasias para submetê-las às vontades dos outros. Se sempre quisessem trabalhar, dever-se-ia por vezes forçá-las a nada fazer. A dissipação, a frivolidade e a inconstância são defeitos que nascem facilmente de seus primeiros gostos corrompidos e sempre satisfeitos. Para prevenir tais abusos, ensinai-lhes sobretudo a vencerem a si mesmas. Segundo nossas insensatas maneiras, a existência de uma mulher honesta é um combate perpétuo contra si mesma; é justo que esse sexo compartilhe o sofrimento pelos males que nos causou.

Emílio ou Da educação

Impedi que as meninas se entediem com suas ocupações e se apaixonem por seus divertimentos, como sempre ocorre nas educações vulgares em que se põe, como diz Fénelon,[10] todo o tédio de um lado e todo o prazer de outro. Seguindo-se as regras precedentes, o primeiro desses inconvenientes só se verificará quando as pessoas que estiverem com elas lhes desagradarem. Uma garota que gostar de sua mãe ou de sua governanta trabalhará o dia inteiro ao lado delas sem se entediar; o mero balbuciar recompensará todo aborrecimento. No entanto, se quem a governa lhe for insuportável, a garota incluirá no mesmo desgosto tudo o que fizer diante dela. É muito difícil que quem não tem prazer na companhia da mãe, mais do que na de qualquer outra pessoa, venha a se conduzir bem um dia. Mas para bem julgar seus verdadeiros sentimentos é preciso estudá-las e desconfiar do que elas dizem, pois as jovens são aduladoras, dissimuladas e sabem se disfarçar desde cedo. Tampouco se deve prescrever-lhes que amem a mãe; o afeto não surge por dever, e não é para isso que serve o constrangimento. O apego, os cuidados e o mero hábito farão que a filha ame sua mãe, a menos que esta faça algo para provocar o ódio daquela. Bem dirigido, o próprio incômodo em que a mantém, longe de enfraquecer esse apego, deve até aumentá-lo, porque sendo a dependência uma condição natural das mulheres, as meninas se sentem feitas para obedecer.

Pela mesma razão que têm ou devem ter pouca liberdade, elas se excedem na que lhes permitem. Extremadas em tudo, entregam-se a seus jogos com mais ímpeto ainda do que os rapazes: é o segundo dos inconvenientes de que falei. Esse ímpeto deve ser moderado, pois é a causa de vários vícios próprios das mulheres, como, entre outros, o capricho da euforia, pelo qual uma mulher fica extasiada por um certo objeto hoje e o despreza amanhã. A inconstância dos gostos é-lhes tão funesta quanto seus excessos, e ambos provêm da mesma fonte. Não lhes tireis a alegria, os risos, o barulho, as travessuras, mas impedi que se fartem de uns para correr aos outros; não tolereis em nenhum momento da vida que elas fiquem sem freio. Acostumai-as

---

10 François de Salignac de La Mothe-Fénelon (1651-1715), teólogo e escritor francês. Autor de *L'Éducation des filles* (1687) e *Les Aventures de Télémaque* (1699). (N. T.)

Livro V

a se verem interrompidas durante seus jogos e levadas a outras ocupações sem murmúrio. Nisso o simples hábito basta também, porque não faz mais do que secundar a natureza.

Desse constrangimento habitual resulta uma docilidade de que as mulheres necessitam durante a vida inteira porque nunca deixam de se submeter, quer a um homem, quer ao juízo dos homens, ou porque nunca lhes é permitido situarem-se acima desses juízos. A primeira e a mais importante qualidade de uma mulher é a doçura: feita para obedecer a um ser tão imperfeito quanto o homem, sempre cheio de vícios e de defeitos, ela deve aprender desde cedo a sofrer até mesmo a injustiça, e a suportar os erros do marido sem se queixar; ela deve ser doce, não por ele, mas por ela mesma. A agrura e a obstinação das mulheres só aumentam seus males e os maus procedimentos dos maridos; eles sentem que não é com tais armas que elas devem vencê-los. O céu não as fez insinuantes e persuasivas para tornarem-se acerbas; não as fez fracas para serem imperiosas; não lhes deu voz tão suave para dizerem injúrias; não fez seus traços tão delicados para que os desfigurassem pela cólera. Quando se zangam, elas se esquecem: muitas vezes elas têm razões de queixa, mas sempre erram quando resmungam. Cada qual deve conservar o tom de seu sexo; um marido delicado demais pode tornar uma mulher impertinente; mas, a menos que o homem seja um monstro, a doçura de uma mulher o recompõe e, cedo ou tarde, triunfa sobre ele.

Que as meninas sejam sempre obedientes, mas que nem sempre as mães sejam inexoráveis. Para tornar doce uma jovem, não é preciso fazê-la infeliz; para torná-la modesta, não é preciso embrutecê-la; ao contrário, não me desgostaria se às vezes a deixassem mostrar alguma habilidade, não para elidir a punição com sua desobediência, mas para se fazer isenta de obedecer. Não se trata de tornar-lhe sua dependência penosa, basta fazer que a sinta. A astúcia é um talento natural desse sexo, e persuadido de que todas as inclinações naturais são boas e retas em si mesmas, sou de opinião que a cultivem como as demais; trata-se apenas de evitar o abuso.

Para qualquer observador de boa-fé, recorro à verdade dessa afirmação. Não quero que se examinem ali as próprias mulheres: nossas incômodas instituições podem forçá-las a aguçar o espírito. Quero que examinem as meninas, as garotinhas, as que, por assim dizer, acabam de nascer: que sejam comparadas com os meninos da mesma idade; se estes ao lado delas não parecerem pesados, avoados e tolos, estarei incontestavelmente errado. Que me permitam um único exemplo tirado da ingenuidade pueril.

É muito comum proibir as crianças que peçam qualquer coisa à mesa, pois acredita-se que a educação nunca é mais exitosa do que quando as sobrecarregam com preceitos inúteis, como se um pedaço disso ou daquilo não pudesse ser logo dado ou recusado,[11] evitando fazer que uma pobre criança morra de um desejo aguçado pela esperança. Todos conhecem a habilidade de um menino submetido a essa lei que, tendo sido esquecido à mesa, teve a ideia de pedir sal etc. Não direi que podiam repreendê-lo por ter pedido diretamente sal e indiretamente carne; a omissão era tão cruel que, se houvesse infringido abertamente a lei e dito sem rodeios que tinha fome, não acredito que o teriam punido. Mas eis como, em minha presença, uma garotinha de 6 anos resolveu um caso bem mais difícil; porque, além de lhe ser rigorosamente proibido pedir qualquer coisa direta ou indiretamente, a desobediência não era desculpável, uma vez que ela comera de todos os pratos menos um, que tinham esquecido de dar-lhe e que desejava muito.

Para conseguir que reparassem o esquecimento sem que pudessem acusá-la de desobediência, ela passou em revista todos os pratos com o dedo apontado, dizendo bem alto ao mostrar cada um deles: "Comi isso, comi isso", mas, diante do prato que não comera ficou tão afetada sem nada dizer que alguém, percebendo isso, disse-lhe: "E isto, não comeste?". "Ah! Não", retorquiu docemente a pequena gulosa, baixando os olhos. Não acrescentarei nada. Comparai: essa manobra é uma astúcia de menina, a outra é uma astúcia de menino.

Isso está certo, e nenhuma lei geral é má. Essa habilidade particular dada ao sexo é uma compensação muito equânime da força que tem a menos; sem isso, a mulher seria, não a companheira do homem, mas sua escrava. É devido a

---

11 Uma criança se torna importuna quando sabe da vantagem de sê-lo; mas jamais pedirá duas vezes a mesma coisa, se a primeira resposta for sempre irrevogável.

essa superioridade de talento que ela permanece igual a ele, e que o governa ao obedecer-lhe. A mulher tem tudo contra si, nossos defeitos, sua timidez, sua fraqueza; só lhe são favoráveis sua arte e sua beleza. Não é justo que cultive essas duas coisas? Mas a beleza não é geral; perece por mil acidentes, desaparece com os anos; o hábito destrói seu efeito. Somente o espírito é o verdadeiro recurso do sexo: não o tolo espírito que tanto apreciam na sociedade, e que de nada serve para tornar a vida feliz, mas o espírito de sua condição, a arte de valer-se da nossa e de prevalecer sobre nossas próprias vantagens. Não sabem a que ponto essa habilidade das mulheres é útil para nós, quanto encanto acrescenta à relação dos dois sexos, quanto serve para reprimir a petulância das crianças, quanto contém os maridos brutais, quanto mantém a felicidade nos lares onde, sem ela, a discórdia reinaria. Bem sei que as mulheres artificiosas e más abusam dessa habilidade; mas de que não abusa o vício? Não destruamos os instrumentos da felicidade porque deles se servem os maus para às vezes prejudicar.

Pode-se brilhar pelo adereço, mas só se agrada pela pessoa. Não somos nossos atavios e roupas; muitas vezes desornam por serem excessivos; aqueles que mais se fazem notar por esse recurso são os que menos notamos. A educação das jovens é, quanto a isso, um grande contrassenso. Fazem que apreciem os enfeites adornados ao prometerem-lhes ornamentos como recompensa. "Como é bela!", dizem-lhes quando se apresentam bem paramentadas. Ao contrário, deveriam dizer-lhes não apenas que o atavio é destinado a esconder defeitos, mas também que o verdadeiro triunfo da beleza está em brilhar por si mesma. O amor às modas é de mau gosto porque os rostos não mudam com elas; também porque, permanecendo com a mesma aparência, o que lhes cai bem uma vez cai-lhes bem sempre.

Quando eu visse a jovem se pavonear em seus adornos, eu me mostraria inquieto com sua figura disfarçada e com o que poderiam pensar dela. Eu diria: "Pena que todos esses ornamentos a enfeitem demais. Seria ela capaz de usar outros mais simples? Seria ela bastante bela para dispensar tudo aquilo?". Talvez então ela fosse a primeira a pedir que lhe tirassem os ornamentos a fim de que a julgassem. Seria o caso de aplaudi-la se isso acontecesse. Eu sempre a elogiaria mais quando ela se apresentasse com mais simplicidade. Se ela encarasse seus adereços apenas como um suplemento às graças da pessoa e como uma confissão tácita de que precisa de auxílio para agradar, ela deixará a altivez e mostrar-se-á humilde; e se, mais enfeitada que de costume, ouvir dizer: "Como é bela!", enrubescerá de despeito.

De resto, há pessoas que precisam de adornos, mas de ninguém se exige ricos atavios. Enfeites ruinosos são a vaidade da posição social, não da pessoa: dizem respeito unicamente ao preconceito. O verdadeiro coquetismo é às vezes rebuscado, mas não é nunca faustoso. Juno se vestia mais soberbamente do que Vênus: "Não podendo fazê-la bela, tu a fizeste rica", dizia Apeles a um mau pintor que pintava Helena sobrecarregada de atavios. Observei também que os mais pomposos adereços anunciavam quase sempre mulheres feias; não poderia haver vaidade mais inepta. Dai fitas, tecidos finos, musselinas e flores a uma jovem com gosto e que despreze a moda; sem diamantes, sem pompons e sem rendas[12] ela vai se arranjar de maneira cem vezes mais encantadora do que com os brilhantes chiffons de Duchapt.[13]

O que está bem, está sempre bem; além disso, é preciso estar sempre o mais bem possível. Assim sendo, as mulheres que entendem de roupa escolhem as boas e com elas ficam; não mudando todos os dias, preocupam-se menos do que as que não sabem qual roupa escolher. O verdadeiro cuidado de se apresentar bem exige pouco toucador. As jovens senhoritas raramente possuem toucadores pomposos; o trabalho e as lições preenchem seu dia; entretanto, em geral, elas se vestem, com exceção do ruge, tão cuidadosamente quanto as senhoras, e não raro, com mais bom gosto. Diferente do que se pensa, o abuso do toucador provém mais do tédio do que da vaidade. Uma mulher que passa seis horas no toucador sabe que não sai mais bem arranjada do que se tivesse ficado apenas meia hora. Mas assim ela enfrenta melhor a opressiva lentidão do tempo: mais vale divertir-se

---

12 As mulheres que têm a pele bastante branca para dispensar as rendas, se não as usassem provocariam muito despeito nas outras. Quase sempre pessoas feias inventam modas às quais as belas cometem a tolice de se submeter.

13 A frase de Apeles encontra-se em Clemente de Alexandria, *Pedagogo*, II, 13. Madame Duchapt, ou simplesmente "La Duchapt", era uma *marchande de modes* em Paris; Rousseau a menciona também no livro VII das *Confissões*. (N. T.)

consigo mesma do que se entediar com tudo. Sem o toucador, o que se faria da vida entre meio-dia e 9 horas? Reunindo mulheres ao redor de si, ela se diverte fazendo que as outras percam a paciência, e isso já é alguma coisa; melhor ainda, evita ficar a sós com um marido que só vê a essa hora; e depois chegam as vendedoras, os vendedores de antiguidades, os pequenos senhores, os pequenos autores, os versos, as canções, os panfletos: sem o toucador, ela nunca reuniria tudo isso tão bem. O único proveito real que diz respeito à coisa é o pretexto de se exibir um pouco mais do que quando vestida; mas o proveito não é tão grande quanto se pensa, e as mulheres de toucador não ganham tanto quanto dizem. Dai sem escrúpulo uma educação de mulher às mulheres, fazei que gostem dos cuidados relativos a seu sexo, que sejam modestas, que saibam cuidar do lar e ocupar-se com a casa. O toucador desaparecerá por si mesmo e nem por isso elas estarão vestidas com menos bom gosto.

A primeira coisa que as jovens observam ao crescerem é que todos os atavios estranhos não lhes bastam se elas próprias não dispõem de algum para agradar. A beleza nunca pode ser produzida, e o coquetismo não se aprende tão cedo; mas é possível dar torneios agradáveis aos gestos e um acento bajulador à sua voz, compor uma postura, andar com leveza, ter atitudes graciosas, escolher em toda parte suas vantagens. A voz se fortalece, firma-se, adquire timbre; os braços desenvolvem-se, o andar torna-se seguro, percebe-se que, como quer que esteja vestida, há uma arte de se fazer visível. A partir de então, não se trata mais unicamente de agulha e indústria; novos talentos se apresentam e sua utilidade já se faz perceber.

Sei que os educadores severos querem que às jovens não se ensine canto, nem dança, nem nenhuma das artes agradáveis. Tudo isso me parece divertido; a quem querem então ensinar essas artes? Aos rapazes? A quem, homens ou mulheres, cabem de preferência tais talentos? A ninguém, responderão; as canções profanas são crimes; a dança é uma invenção do demônio, uma jovem não deve ter outro divertimento senão o trabalho e a prece. Eis aí estranhos divertimentos para uma criança de 10 anos! Quanto a mim, tenho muito receio de que todas essas pequenas santas que obrigam a passar a infância rezando a Deus passem a juventude fazendo outra coisa e, quando casadas, compensem da melhor maneira possível o tempo que pensam ter perdido quando pequenas. Estimo que é preciso considerar o que convém à idade tanto quanto ao sexo; que uma jovem não deve viver como sua avó; que deve ser viva, jovial, brincalhona, deve cantar e dançar tanto quanto deseje, e gozar de todos os prazeres inocentes de sua idade; não tardará muito o tempo de ser grave e posar com uma postura mais séria.

Mas a necessidade dessa mudança é mesmo real? Não será ela talvez fruto de nossos preconceitos? Subjugando as mulheres de bem somente a tristes deveres, exclui-se do casamento tudo o que poderia torná-lo agradável aos homens. Será de se espantar que a taciturnidade reinante à qual assistem em casa os expulse de lá, ou que se sintam pouco tentados a abraçar um estado tão desagradável? De tanto amplificar todos os deveres, o cristianismo os torna impraticáveis e vãos; de tanto proibir às mulheres o canto, a dança, e todas as diversões do mundo, ele as torna insossas, rabugentas, insuportáveis em seus lares. Não há religião em que o casamento esteja sujeito a deveres tão severos, e nenhuma em que tão santo compromisso seja tão desprezado. Tanto fizeram para impedir as mulheres de serem amáveis, que tornaram os maridos indiferentes. Ouço dizerem que isso não deveria ser assim; mas, de minha parte, digo que assim devia ser, porque, afinal, os cristãos são homens. Quanto a mim, gostaria que uma jovem inglesa, a fim de agradar o futuro marido, cultivasse seus talentos agradáveis com tanto cuidado quanto uma jovem albanesa que os cultiva para o harém de Ispaão. Os maridos, dir-se-á, não se preocupam em demasia com tais talentos. Só acredito de verdade nisso quando esses talentos, longe de serem empregados para agradar-lhes, apenas servem de isca para atrair a suas casas jovens impudentes que os desonram. Mas não acreditais que uma mulher amável e sensata, que fosse ornada com tais talentos e os consagrasse ao divertimento de seu marido, não aumentasse a felicidade da vida dele, e não o impedisse de ir procurar recreações fora de casa ao sair esgotado do escritório? Ninguém viu famílias felizes assim reunidas, em que cada qual pode contribuir para os divertimentos comuns? Será que a confiança e a familiaridade que a ela se junta, a inocência e a doçura dos prazeres de que desfruta, não compensam muito bem o que os prazeres públicos têm de mais ruidoso?

Livro V

Teorizaram demais os talentos agradáveis; generalizaram-nos demais; transformaram tudo em máxima e preceito, e aquilo que para as jovens só deve ser divertimento e brincadeiras, passou a ser entediante. Não imagino nada mais ridículo do que ver um velho professor de dança ou de canto chegar de cara fechada para jovens que não fazem outra coisa senão rir, e manter um tom mais pedante e magistral para ensinar sua frívola ciência, como se fosse o catecismo delas. Será, por exemplo, que a arte de cantar se prende à música escrita? Não se poderia tornar a voz flexível e justa, aprender a cantar com gosto, e até a se acompanhar, sem conhecer uma só nota? O mesmo gênero de canto combina com qualquer voz? O mesmo método combina com qualquer espírito? Nunca me farão crer que as mesmas atitudes, os mesmos passos, os mesmos movimentos, os mesmos gestos, as mesmas danças convenham a uma pequena morena, viva e picante, e a uma grande e bela loira de olhos lânguidos. Portanto, quando vejo um professor dar a ambas as mesmas lições, digo: esse homem segue sua rotina, mas nada entende de sua arte.

Pergunta-se se as jovens devem ter professores ou professoras. Não sei: gostaria que não precisassem nem de uns nem de outras, que aprendessem livremente aquilo que, por inclinação, mais queiram aprender, e que não víssemos tantos bailarinos enfeitados errando por nossas cidades. Custo um pouco a acreditar que, no comércio com essa gente, as lições sejam mais úteis do que nocivas às moças, e que seu jargão, seu tom, seus ares não façam que as alunas comecem a gostar de frivolidades, para eles tão importantes, e que elas, segundo o exemplo deles, não tardarão em ver como única ocupação.

Nas artes cujo objetivo é tão somente agradar, tudo pode servir de mestre às jovens: pai, mãe, irmão, irmã, amigas, governantes, espelho, e, sobretudo, seu próprio gosto. Não devemos dar-lhes lições, é preciso que elas as peçam; não se deve fazer de uma recompensa uma tarefa; e é sobretudo nesse tipo de estudos que o primeiro sucesso é querer ter êxito. De resto, em sendo absolutamente necessárias lições como regra, não determinarei o sexo dos que as devem dá-las. Não sei se é preciso que um professor de dança pegue uma jovem aluna pela mão delicada e branca, que lhe faça encurtar a saia, erguer os olhos, abrir os braços, oferecer um seio palpitante; mas sei muito bem que por nada no mundo eu gostaria de ser esse professor.

O gosto se forma pela indústria e pelos talentos. Pelo gosto, o espírito se abre imperceptivelmente às ideias do belo em todos os gêneros e, finalmente, às noções morais com que se relacionam. É talvez uma das razões pelas quais o sentimento da decência e da honestidade se insinua mais cedo nas jovens do que nos rapazes; pois, para acreditar que esse sentimento precoce seja obra das governantas, seria preciso estar muito mal instruído acerca do feitio de suas lições e da marcha do espírito humano. O talento de falar encontra-se em primeiro plano na arte de agradar; só por ele podemos acrescentar novos encantos aos talentos com que o hábito acostuma os sentidos. O espírito não somente vivifica o corpo, mas, de algum modo, também o renova, e é pela sucessão dos sentimentos e das ideias que ele anima e varia a fisionomia; e é pelos discursos que inspira a atenção, alentando-a durante muito tempo para que tenha o mesmo interesse pelo mesmo objeto. Creio ser por todas essas razões que as jovens adquirem tão depressa uma garrulice agradável, na qual acentuam seus propósitos antes mesmo de senti-los, e que os homens prontamente se divertem com escutá-las antes que elas possam entendê-los; eles espiam o primeiro momento dessa inteligência para penetrar assim no do sentimento.

As mulheres têm a língua flexível, falam mais cedo, com mais facilidade, e mais agradavelmente do que os homens. Acusam-nas de falarem muito: deve ser assim, e eu transformaria de bom grado essa censura em elogio. A boca e os olhos têm nas mulheres a mesma atividade, e pela mesma razão. O homem diz o que sabe, a mulher diz o que agrada; ele, para falar, precisa de conhecimento, ela, de gosto; um deve ter por principal objeto as coisas úteis, a outra, as agradáveis. Seus discursos não devem ter formas comuns, senão as da verdade.

Não se deve, portanto, refrear a garrulice das jovens como a dos rapazes com esta interrogação dura: "Para que serve isso?", e sim com esta outra: "Que efeito terá isso?". Nessa primeira idade em que, não podendo discernir ainda o bem e o mal, elas não são juízes de ninguém, as jovens devem adotar como lei jamais dizer algo, a não ser para agradar aqueles com quem falam; e o que torna mais difícil a prática dessa regra é que ela permanece sempre subordinada à primeira, que é de nunca mentir.

Vejo nisso outras dificuldades ainda, mas são de uma idade mais avançada. No presente, basta que as jovens achem difícil ser verdadeiras sem grosseria; como essa grosseria naturalmente lhes causa repulsa, a educação facilmente as ensina a evitá-la. Observo em geral no comércio da sociedade que a polidez dos homens é mais obsequiosa, e a das mulheres, mais carinhosa. Tal diferença não é instituída, e sim natural. O homem parece procurar mais vos servir, e a mulher, agradar-vos. Segue-se daí que, haja o que houver com o caráter das mulheres, sua polidez é menos falsa do que a nossa; ela apenas amplia seu primeiro instinto. Mas quando um homem finge preferir meu interesse ao dele, por mais que disfarce a mentira, tenho certeza de que mente. Não custa muito às mulheres serem polidas, nem, por conseguinte, às meninas para assim se tornarem. A primeira lição vem da natureza, a arte não faz mais do que segui-la e determinar, segundo nossos usos, de que forma ela deve mostrar-se. Em relação à polidez entre as mulheres, é outra coisa; elas adotam uma atitude tão constrangida e tão frias atenções, que, incomodando-se umas às outras, não se preocupam muito com esconder seu incômodo e parecem sinceras em sua mentira, ou não procuram disfarçá-la muito. Entretanto, as jovens contraem às vezes amizades de verdade e mais francas. Em sua idade, a alegria substitui a boa índole; e, contentes consigo mesmas, ficam contentes também com todo mundo. É comum também que se beijem mais animadamente e se acariciem com mais graça diante dos homens, orgulhosas por aguçarem impunemente o desejo deles pela imagem dos favores que sabem fazê-los querer.

Se não devemos permitir aos rapazes perguntas indiscretas, com mais razão ainda devemos proibi-las às jovens, cuja curiosidade satisfeita ou mal evitada traz consequências diferentes, dada sua capacidade de pressentir os mistérios que lhes escondem, e sua habilidade para descobri-los. Porém, sem admitir suas interrogações, gostaria que fossem feitas muitas perguntas a elas, que cuidassem de fazê-las conversar, que as provocassem a ponto de incitá-las a falar facilmente, para torná-las vivas nas respostas, para desatar-lhes o espírito e a língua, enquanto isso é possível sem perigo.

Emílio ou Da educação

Conduzidas com arte e bem dirigidas, tais conversações, que sempre terminam em brincadeiras, constituiriam um divertimento encantador para essa idade, e poderiam levar aos corações inocentes dessas jovens as primeiras e talvez as mais úteis lições de moral que terão em sua vida, ensinando-lhes, com a isca do prazer e da vaidade, a que qualidades os homens dão verdadeiramente sua estima, e em que consiste a glória e a felicidade de uma mulher de bem.

Compreende-se que, se os meninos não estão em condições de formar nenhuma ideia verdadeira de religião, com muito mais razão a mesma ideia está acima da concepção das meninas. Por essa razão, eu gostaria de falar disso mais cedo a elas, pois, se fosse preciso esperar que estivessem em condições de discutir metodicamente essas questões profundas, correr-se-ia o risco de nunca falarmos disso. A razão das mulheres é uma razão prática que faz que encontrem habilmente os meios de chegarem a um fim conhecido, embora não permita a elas encontrar esse fim. A relação social dos sexos é admirável. Dessa sociedade resulta uma pessoa moral cujo olho é a mulher, e o braço, o homem, mas com tal dependência mútua, que é com o homem que a mulher aprende o que é preciso ver, e com a mulher que o homem aprende o que é preciso fazer. Se a mulher pudesse remontar tanto quanto o homem aos princípios, e se o homem tivesse tanto quanto ela o espírito dos pormenores, sempre independentes um do outro, viveriam em uma discórdia eterna, e sua sociedade não poderia subsistir. Mas na harmonia que reina entre ambos tudo tende a um fim comum; não se sabe quem se dedica mais; cada qual segue o impulso do outro; cada qual obedece e ambos são senhores.

Pelo próprio fato de se achar a conduta da mulher submetida à opinião pública, sua crença submete-se à autoridade. Toda menina deve ter a religião de sua mãe, e toda mulher, a de seu marido. Ainda que essa religião seja falsa, a docilidade que prende a mãe e a família à ordem da natureza elimina, junto a Deus, o pecado do erro. Sem condições de serem juízes elas próprias, devem receber a decisão dos pais e dos maridos como sendo a da Igreja.

Não podendo extrair por si sós a regra de sua fé, as mulheres não podem dar-lhe por limites a evidência e a razão; mas, deixando-se arrastar por mil impulsos estranhos, acham-se sempre aquém ou além da verdade. Sempre extremadas, são todas libertinas ou devotas; não as vemos serem capazes de unir a sensatez e a piedade. A fonte do mal não está somente no caráter descomedido de seu sexo, como também na autoridade mal regrada do nosso: a libertinagem dos costumes a faz desdenhosa, o medo do arrependimento torna-a tirânica, e eis como se faz dela ou muito, ou muito pouco.

Uma vez que a autoridade deve regular a religião das mulheres, trata-se menos de explicar-lhes as razões de crer do que de lhes expor claramente o que se crê: pois a fé depositada em ideias obscuras é a fonte primeira do fanatismo, e a que se exige para coisas absurdas leva à loucura ou à incredulidade. Não sei se nossos catecismos conduzem mais à impiedade ou ao fanatismo, mas sei que provocam necessariamente uma coisa ou outra.

Primeiro, para ensinar a religião às meninas, nunca façais do assunto um objeto de tristeza nem de embaraço, nunca uma tarefa nem um dever; por conseguinte, nada façais para que aprendam de memória tais coisas, nem mesmo orações. Contentai-vos com fazer as vossas na frente delas, sem, entretanto, forçá-las a assistirem. Fazei-as curtas, conforme às instruções de Jesus Cristo. Fazei-as sempre com o recolhimento e o respeito convenientes; considerai que, ao pedir ao Ser supremo atenção para nos ouvir, é melhor que também prestemos atenção naquilo que vamos lhe dizer.

Para as meninas, não importa tanto que saibam desde cedo sua religião quanto que a saibam bem, e sobretudo, que a amem. Quando lhes mostrais uma religião onerosa, quando lhes descreveis sempre Deus zangado com elas, quando, em nome dele, lhes prescreveis mil deveres penosos que elas nunca vos veem cumprir, o que podem pensar senão que o catecismo e a oração são deveres para as meninas, e o que podem desejar senão ser grandes para se isentarem como vós da servidão? O exemplo! O exemplo! Sem ele, nada se consegue com as crianças.

Para explicar-lhes artigos de fé, fazei-o em forma de instrução direta, e não por perguntas e respostas. Elas devem sempre responder o que pensam, nunca o que lhes foi ditado. Todas as respostas dos catecismos são descabidas, é o aluno que instrui o mestre; são até mentiras na boca das crianças, pois explicam o que elas não entendem e afirmam o que elas não estão em condições de acreditar. Que me mostrem, entre os homens mais inteligentes, os que não mentem ao declarar seu catecismo.

A primeira pergunta que vejo no nosso é esta: "Quem vos criou e pôs no mundo?". Ao que a menina, acreditando que foi sua mãe, responde, entretanto, sem hesitar: "Foi Deus". A única coisa que vê nisso é que, a uma pergunta que ela pouco entende, dá uma resposta que, em absoluto, ela não entende.

Gostaria que um homem que conhecesse bem a marcha do espírito das crianças se dispusesse a fazer para elas um catecismo. Seria talvez o livro mais útil jamais escrito, e, a meu ver, não seria o que honraria menos seu autor. O que é certo é que, se o livro fosse bom, em nada se assemelharia aos nossos.

Um tal catecismo só será bom quando, somente com as perguntas, a própria criança possa dar suas respostas, sem as ter aprendido; naturalmente lhe ocorreria interrogar por sua vez. Para mostrar o que quero dizer, seria preciso uma espécie de modelo, e bem sei o que me falta para traçá-lo. Tentarei ao menos dar uma ligeira ideia sobre ele.

Imagino, pois, que para chegar à primeira pergunta de nosso catecismo, seria preciso que este começasse mais ou menos assim:

A babá.
Lembrai-vos do tempo em que vossa mãe era menina?
A menina.
Não, senhora.
A babá.
Por que não, vós que tendes tão boa memória?
A menina.
É que eu não estava no mundo.
A babá.
Então não vivestes sempre?
A menina.
Não.
A babá.
Vivereis sempre?
A menina.
Sim.
A babá.

Livro V

Sois jovem ou velha?
A menina.
Sou jovem.
A babá.
E vossa avó, ela é jovem ou velha?
A menina.
Ela é velha.
A babá.
E ela foi jovem?
A menina.
Sim.
A babá.
E por que não é mais?
A menina.
Porque ela envelheceu.
A babá.
Vós envelhecereis como ela?
A menina.
Não sei.[14]
A babá.
Onde estão vossos vestidos do ano passado?
A menina.
Foram recolhidos.
A babá.
E por que recolhidos?
A menina.
Porque eram pequenos demais para mim.
A babá.
E por que eram pequenos demais?
A menina.

---

14 Se, em todo lugar onde escrevi *não sei*, a menina responder de outro modo, será preciso desconfiar de sua resposta e fazê-la se explicar com cuidado.

Porque eu cresci.

A babá.

Crescereis ainda?

A menina.

Oh, sim!

A babá.

E o que se tornam as meninas grandes?

A menina.

Elas se tornam mulheres.

A babá.

E o que se tornam as mulheres?

A menina.

Elas se tornam mães.

A babá.

E as mães, elas se tornam o quê?

A menina.

Elas se tornam velhas.

A babá.

Vós vos tornareis velha?

A menina.

Quando eu for mãe.

A babá.

E o que se tornam as pessoas velhas?

A menina.

Não sei.

A babá.

Que aconteceu com vosso avô?

A menina.

Ele morreu.[15]

---

15 A menina dirá isso porque o terá ouvido dizer. Mas é preciso verificar se ela tem alguma ideia justa da morte, pois essa ideia não é tão simples, nem tão ao alcance das crianças como pensam. Pode-se ter no pequeno poema "Abel"* um exemplo da

A babá.

E por que morreu?

A menina.

Porque era velho.

A babá.

O que acontece, então, com as pessoas velhas?

A menina.

Elas morrem.

A babá.

E vós, quando fordes velha, o que...

A menina, interrompendo.

Ah!, minha senhora, eu não quero morrer.

A babá.

Minha criança, ninguém quer morrer, e todo mundo morre.

A menina.

Como! Então a mamãe também morrerá?

A babá.

Como todo mundo. As mulheres envelhecem como os homens, e a velhice leva à morte.

A menina.

O que é preciso fazer para envelhecer bem tarde?

A babá.

Viver sensatamente quando jovem.

A menina.

Minha senhora, serei bem sensata.

A babá.

Tanto melhor para vós. Mas, afinal, imaginais viver para sempre?

A menina.

---

maneira pela qual se deve dar a ela essa ideia. Essa obra encantadora comporta uma simplicidade deliciosa que nunca é demais para conversar com as crianças.

* Referência ao poema épico "A morte de Abel" (1761 em francês), de Salomon Gessner (1730-1788). O estilo de Gessner nesse escrito é comparável ao *Paraíso perdido* de Milton. (N. T.)

Quando eu for muito velha, muito velha...
A babá.
Então?
A menina.
Então, quando se é tão velha, dizeis que é preciso morrer.
A babá.
Então morrereis um dia?
A menina.
Infelizmente, sim.
A babá.
Quem vivia antes de vós?
A menina.
Meu pai e minha mãe.
A babá.
E quem vivia antes deles?
A menina.
O pai e a mãe deles.
A babá.
Quem vai viver depois de vós?
A menina.
Meus filhos.
A babá.
E quem viverá depois deles?
A menina.
Os filhos deles etc.

Seguindo esse caminho, por meio de induções sensíveis, encontra-se para a raça humana um começo e um fim, assim como para todas as coisas, isto é, um pai e uma mãe que não tiveram nem pai nem mãe, e filhos que não terão filhos.[16]

---

16 A ideia de eternidade não pode aplicar-se às gerações humanas com o consentimento do espírito. Toda sucessão numérica reduzida a ato é incompatível com essa ideia.

Livro V

É somente depois de uma longa série de perguntas semelhantes que a primeira questão do catecismo estará suficientemente preparada. Mas daí até a segunda resposta, que é, por assim dizer, a definição da essência divina, que salto imenso! Quando esse intervalo será preenchido? Deus é um espírito! E o que é um espírito? Irei embarcar o de uma criança nessa obscura metafísica de que os homens têm tanta dificuldade de se safar? Não cabe a uma menina resolver tais questões; quando muito, pode fazê-las. Então, eu responderia simplesmente: "Vós me perguntais o que é Deus; não é fácil dizê-lo: não se pode ouvir, nem ver, nem tocar Deus; só o conhecemos por suas obras. Para julgar o que ele é, esperai saber o que ele fez".

Se nossos dogmas vêm todos da mesma verdade, nem por isso todos têm a mesma importância. É bem indiferente à glória de Deus que ela nos seja conhecida em todas as coisas; mas importa à sociedade humana e a cada um de seus membros que todo homem conheça e cumpra os deveres que lhe são impostos pela lei de Deus para com o próximo e para consigo mesmo. Eis o que devemos incessantemente ensinar uns aos outros, e eis, sobretudo, o que os pais e as mães precisam ensinar a seus filhos. Que uma virgem seja a mãe de seu criador, que tenha parido Deus ou apenas um homem a quem Deus se juntou, que a substância do pai e do filho seja a mesma ou apenas semelhante; que o espírito proceda de um dos dois que são o mesmo ou dos dois conjuntamente, não vejo por que a resposta a tais questões, essenciais na aparência, importe mais à espécie humana do que saber que dia da lua se deve celebrar a páscoa, se é preciso rezar o terço, jejuar, não comer carne, falar latim ou francês na igreja, enfeitar os muros com imagens, dizer ou ouvir a missa, e não ter mulher para si. Que cada um pense o que quiser a esse respeito: ignoro no que isso pode interessar os outros. Quanto a mim, não me interessa absolutamente. Mas o que interessa a mim e a todos os meus semelhantes é que cada qual saiba que existe um árbitro da sorte dos humanos, de quem somos todos filhos, que nos prescreve sermos todos justos e amarmos uns aos outros, sermos benevolentes e misericordiosos, cumprirmos nossas promessas recíprocas, mesmo em relação aos inimigos e os seus; que a aparente felicidade desta vida não é nada; que outra há depois dela, na qual esse Ser supremo será o recompensador dos bons e o juiz dos maus. Tais dogmas e dogmas semelhantes são os que importa ensinar à juventude e, acerca dos quais, persuadir todos os cidadãos. Quem quer que os combata merece castigo sem dúvida; é o perturbador da ordem e o inimigo da sociedade. Quem quer que os despreze e deseje sujeitar-nos a suas opiniões particulares chega ao mesmo ponto por caminho oposto; perturba a paz para estabelecer a ordem à sua maneira; em seu temerário orgulho, faz-se intérprete da Divindade, exige em nome dela as homenagens e o respeito dos homens, faz-se Deus na medida do possível em seu lugar: deveriam puni-lo como sacrílego, se não o puníssemos como intolerante.

Negligenciai, portanto, todos esses dogmas misteriosos que para nós são apenas palavras sem ideias, todas essas doutrinas bizarras cujo vão estudo faz as vezes de virtude aos que a ele se entregam, e que serve mais para enlouquecê-los do que para torná-los bons. Conservai sempre vossos filhos dentro do círculo estreito dos dogmas que se prendem à moral. Persuadi-os de que nada é útil saber senão o que nos ensina a bem fazer. Não façais de vossas filhas teólogas e raciocinadoras; das coisas do céu, ensinai apenas o que serve à sabedoria humana; acostumai-as a se sentirem sempre sob o olhar de Deus, a tê-lo como testemunha de suas ações, de seus pensamentos, de sua virtude, de seus prazeres, a fazerem o bem sem ostentação, porque ele ama isso; a sofrerem o mal sem murmúrio, porque ele as recompensará; a serem, enfim, todos os dias da vida o que bem gostarão de terem sido no dia em que comparecerem diante dele. Eis a verdadeira religião, eis a única que não é suscetível nem de abuso, nem de impiedade, nem de fanatismo. Que preguem quanto quiserem outras mais sublimes; quanto a mim, não reconheço outra além dessa.

De resto, é bom observar que até a idade em que a razão se esclarece e o sentimento nascente faz a consciência falar, o que é bom ou mal para as pessoas jovens é decidido por aqueles que os cercam. O que lhes recomendam é bom, o que lhes proíbem é mal; não devem saber mais. Por onde vemos de que importância é, mais para elas do que para os rapazes, a escolha das pessoas que devem aproximar-se delas e sobre elas ter alguma autoridade. Finalmente, vem a hora em que começam a julgar as coisas por si mesmas, e então é tempo de mudar o plano de sua educação.

Talvez eu tenha falado demais até aqui. A que reduziremos as mulheres se só lhes damos por lei os preconceitos públicos? Não abaixemos a tal ponto o sexo que nos governa, e que nos honra quando não o aviltamos. Existe para toda a espécie humana uma regra anterior à opinião. É à inflexível direção dessa regra que todas as outras devem se ater. Ela julga o próprio preconceito, e é somente na medida em que a estima dos homens concorda com ela que essa estima deve ter autoridade sobre nós.

Essa regra é o sentimento interior. Não repetirei o que foi dito antes sobre isso. Basta-me observar que, se essas duas regras não concorrerem para a educação das mulheres, esta será sempre defeituosa. O sentimento sem a opinião não lhe dará essa delicadeza de alma que paramenta os bons costumes com a honra da sociedade; e a opinião sem o sentimento não produzirá senão mulheres falsas e desonestas, que põem a aparência no lugar da virtude.

Importa-lhes, pois, cultivar uma faculdade que sirva de árbitro entre os dois guias, que não deixe a consciência perder-se e que corrija os erros do preconceito. Essa faculdade é a razão. Mas, com essa palavra, quantas questões se apresentam! As mulheres são capazes de um raciocínio sólido? É importante que o cultivem? Cultivá-lo-ão com sucesso? Tal cultura é útil às funções que lhes são impostas? É ela compatível com a simplicidade que lhes convém?

As diversas maneiras de encarar e resolver tais questões fazem que, caindo nos excessos contrários, uns restrinjam a mulher a costurar e fiar em seu lar com suas criadas, e meramente fazem dela assim a primeira serva do senhor. Outros, não contentes com assegurar seus direitos, fazem ainda que elas usurpem os nossos; pois, deixá-la acima de nós nas qualidades próprias de seu sexo e torná-la nossa igual no restante, será outra coisa senão transferir para a mulher o primado que a natureza deu ao marido?

A razão que leva o homem ao conhecimento de seus deveres não é muito complexa; a razão que leva a mulher ao conhecimento dos dela é mais simples ainda. A obediência e a fidelidade que deve a seu marido, a ternura e os cuidados que deve a seus filhos são consequências tão naturais e tão sensíveis de sua condição, que ela não pode, sem má-fé, recusar seu consentimento ao sentimento interior que a guia, nem desconhecer o dever na inclinação que ainda não se acha alterada.

Não censuraria sem distinção aquele que limitasse uma mulher às tarefas de seu sexo, mantendo-a em uma profunda ignorância acerca de tudo mais; mas, para isso, seriam precisos costumes públicos muito simples e muito sadios, ou uma maneira de viver muito recatada. Nas grandes cidades e entre homens corrompidos, essa mulher seria facilmente seduzível; não raro, sua virtude dependeria das ocasiões. Neste século de filósofos, ela precisa ter virtude comprovada; é preciso que saiba de antemão o que podem dizer a ela e o que deve pensar disso.

Aliás, sujeita ao juízo dos homens, ela deve merecer a estima deles; deve sobretudo alcançar a de seu esposo. Não deve apenas fazê-lo amar sua pessoa, mas também fazer que aprove sua conduta; deve justificar perante o público a escolha que ele fez, tornando o marido honrado com a honra outorgada à mulher. Ora, como isso seria possível se ela ignora nossas instituições, se nada sabe de nossos usos, das conveniências, se não conhece nem a fonte dos juízos humanos nem as paixões que os determinam? Por isso ela depende a uma só vez de sua própria consciência e das opiniões dos outros, e por isso ela precisa aprender a comparar essas duas regras e conciliá-las, preferindo a primeira somente quando estiverem em oposição. Ela se torna o juiz de seus juízes, ela decide quando deve submeter-se a eles e quando deve recusá-los. Antes de rejeitar ou admitir os preconceitos deles, ela os pondera; ela aprende a remontar à fonte deles, a preveni-los e torná-los favoráveis; ela toma cuidado para nunca se tornar censurável quando seu dever lhe permite evitar tal coisa. Nada disso é possível sem o cultivo de seu espírito e de sua razão.

Sempre volto ao princípio, e ele me fornece a solução de todas as minhas dificuldades. Estudo o que é, busco sua causa e, enfim, concluo que o que é, é bom. Entro em casas amigas em que o marido e a mulher fazem conjuntamente as honras do lar. Ambos tiveram a mesma educação, ambos são igualmente polidos, ambos igualmente providos de gosto e de espírito, ambos animados pelo mesmo desejo de bem receber seus convidados e de deixá-los todos contentes. O marido, atento a tudo, não omite nenhum cuidado:

vai, vem, faz a ronda, passa por mil dificuldades; ele gostaria de ser totalmente atento. A mulher mantém-se em seu lugar; uma pequena roda reúne-se ao redor dela e parece esconder-lhe o resto da assembleia; entretanto, ali nada se passa sem que ela o perceba, não sai ninguém com quem não tenha falado. Ela nada omitiu do que podia interessar todo mundo, nada disse a cada um que não lhe fosse agradável; e sem perturbar a ordem, não esqueceu o mais humilde, como não esqueceu o mais importante. Na hora do serviço, todos se põem à mesa. O homem, conhecedor das pessoas que se dão bem, juntá-las-á de acordo com o que sabe delas. A mulher, sem nada saber, não se enganará: já terá lido todas as conveniências nos olhos e nas atitudes, e todos se encontrarão dispostos como desejam. Não digo que ninguém é esquecido no serviço. O anfitrião, que faz a ronda, pode não ter esquecido ninguém, mas a mulher adivinha o que olham com prazer e lhos oferece. Falando com seu vizinho, ela está atenta à cabeceira da mesa, discerne quem não come porque não tem fome e quem não ousa servir-se ou pedir porque é desajeitado ou tímido. Cada qual, ao levantar-se da mesa, acredita que ela só pensou nele; ninguém pensa que ela tenha tido tempo de comer um pouco sequer, mas na verdade ela comeu mais do que todos.

Quando todos partem, falam do que se passou. O homem conta o que lhe disseram, o que disseram e fizeram aqueles com quem conversou. Se não é sempre nisso que a mulher é mais exata, em compensação ela viu o que se disse baixinho no outro lado da sala. Ela sabe o que fulano pensou, a que se referia certa frase ou certo gesto; dificilmente haveria algum movimento expressivo para o qual ela não tenha uma interpretação imediata, quase sempre conforme à verdade.

O mesmo jeito de ser que faz brilhar a mulher da sociedade na arte de receber visitas, também faz brilhar uma coquete na arte de divertir vários pretendentes. As artimanhas do coquetismo exigem um discernimento ainda mais fino do que o da polidez, pois, conquanto uma mulher polida o seja com todo mundo, terá sempre agido bem. Mas a coquete, com uniformidade inábil, logo perderia seu domínio; de tanto querer obrigar todos os seus amantes, desagradaria a todos. Na sociedade, o tratamento que se dá a todos os homens não deixa de agradar a cada um em particular; bem tratado, ninguém presta muita atenção às preferências. Mas, no amor, um favor que não seja exclusivo é uma injúria. Um homem sensível preferiria mil vezes ser o único maltratado do que dividir o carinho com todos os demais, e o pior que lhe pode acontecer é não ser distinguido. Se uma mulher deseja conservar vários amantes, é preciso que persuada cada um deles de que é o preferido, e que faça sob a vista de todos, aos quais persuade da mesma coisa à vista de cada um.

Se quereis ver um personagem embaraçado, ponde um homem entre duas mulheres com as quais tenha ligações secretas e, depois, observai a figura estúpida que fará. Situai em caso idêntico uma mulher entre dois homens e, com certeza, o exemplo não será mais raro: ficareis maravilhado com sua habilidade para enganar ambos, fazendo que cada um deles ria do outro. Ora, se essa mulher lhes testemunhasse a mesma confiança e mostrasse a mesma intimidade com ambos, como poderiam ser enganados por ela, mesmo que por um só instante? Tratando-os por igual, não mostraria que eles têm os mesmos direitos sobre ela? Ah, mas ela demonstra ser muito mais esperta! Longe de tratá-los da mesma maneira, ela finge estabelecer certa desigualdade entre eles; e faz isso tão bem que aquele com quem ela se mostra mais doce pensa que é por ternura, e aquele que ela maltrata imagina que é por despeito. Assim, cada qual, contente com sua parte, assiste-a sempre se ocupar dele, quanto de fato ela só se ocupa consigo mesma.

No desejo geral de agradar, o coquetismo sugere meios semelhantes: os caprichos não fariam senão desapontar se não fossem sensatamente domados; e é distribuindo-os com arte que ela os transforma nas mais fortes cadeias de seus escravos.

> *Usa ogn'arte la donna, onde sia colte*
> *Nella sua rete alcun novello amante;*
> *Nè con tutti, nè sempre un stesso volto*
> *Serba, ma cangia a tempo atto e sembiante.*[17]

---

17 "Emprega os meios todos por que colha/ Dentro das redes algum novo amante;/ Varia a cada passo, atrás da escolha/ Do melhor modo, e muda ar e semblante" (Torquato Tasso, *A Jerusalém*

Livro V

De onde vem essa arte senão das observações finas e contínuas que, a cada instante, fazem a mulher ver o que se passa no coração dos homens, e que, a cada movimento secreto que ela percebe, a predispõem a dar a força necessária para o deter ou o acelerar? Ora, será que essa arte se aprende? Não. Ela nasce com as mulheres; elas todas a têm, e os homens jamais a tiveram no mesmo grau. É um dos caracteres distintivos do sexo. A presença de espírito, a penetração, as observações finas são a ciência das mulheres; a habilidade em valer-se delas é seu talento.

Eis o que é, e vimos por que deve sê-lo. As mulheres são falsas, dizem-nos. Elas se tornam falsas. O dom que lhes é peculiar é a habilidade, não a falsidade: nas verdadeiras inclinações de seu sexo, mesmo mentindo, elas não são falsas. Por que consultais sua boca, quando não é sua boca que deve falar? Consultai seus olhos, sua tez, sua respiração, seu ar tímido, sua frágil resistência: eis a linguagem que a natureza lhes dá para vos responderem. A boca diz sempre não, e o deve dizer. Mas o acento que acrescenta nisso nem sempre é o mesmo, e esse acento não sabe mentir. Não tem a mulher as mesmas necessidades que o homem, sem ter o mesmo direito de manifestá-las? Sua sorte seria demasiado cruel se, mesmo nos desejos legítimos, ela não tivesse uma linguagem equivalente à que não ousa empregar. Deve seu pudor torná-la infeliz? Não precisa de uma arte de comunicar suas inclinações sem descobri-las? Que habilidade não precisa ter para fazer que lhe roubem o que anseia por conceder! Como é importante para ela aprender a tocar o coração do homem sem parecer pensar nele! Que discurso encantador a maçã de Galateia e sua fuga desajeitada![18] Que deverá acrescentar? Irá dizer ao pastor que a segue entre os saulos que foge com a intenção de atraí-lo? Ela mentiria, por assim dizer; pois, então, não o atrairia mais. Quanto mais reservada, mais a mulher precisa ter arte, mesmo com seu marido. Sim, afirmo que mantendo o coquetismo dentro de seus limites, tornamo-la modesta e verdadeira, e fazemos dela uma lei de honestidade.

---

libertada, IV, 87, cf. trad. José Ramos Coelho, Lisboa: Typographia Universal, 1864, p.93). (N. T.)
18 Virgílio, *Bucólicas*, III, 64-72. (N. T.)

Emílio ou Da educação

A virtude é uma só, dizia muito bem um de meus adversários;[19] não é possível decompô-la para admitir uma parte e rejeitar a outra. Quando a amamos, amamo-la em toda a sua integridade; e recusamos o coração quando podemos, e sempre a boca aos sentimentos que não devemos ter. A verdade moral não é o que é, mas o que está bem; o que é mal não deveria ser, e não deve ser confessado, sobretudo quando essa confissão lhe dá um efeito que não teria sem isso. Se eu estivesse tentado a roubar e, ao dizer isso, eu tentasse alguém a ser meu cúmplice, declarar-lhe minha tentação já não seria sucumbir a ela? Por que dizeis que o pudor torna falsas as mulheres? As que mais o perdem serão mais verdadeiras do que as outras? De modo nenhum: são mil vezes mais falsas. Só se chega a esse ponto de depravação por causa de todos os vícios que se conservam e que reinam graças à intriga e à mentira.[20] Ao contrário, as mulheres que ainda têm vergonha, que não se orgulham de seus erros, que sabem esconder seus desejos até mesmo dos que os inspiram, aquelas cujas confissões se arrancam com mais dificuldade, são as mais verdadeiras, as mais sinceras, as mais constantes em seus compromissos, e em geral, as mais dignas de confiança.

Que eu saiba, somente a srta. de l'Enclos[21] pode ser citada como exceção nesse assunto. Por isso mesmo, ela foi vista como um prodígio. Dizem que, no desprezo às virtudes de seu sexo, ela conservara as do nosso: elogiam sua

---

19 Referência a Charles Bordes (1711-1781), conhecido pela controvérsia travada com Rousseau em torno do *Discurso sobre as ciências e as artes*. (N. T.)

20 Sei que mulheres que tomaram seu partido abertamente sobre determinado assunto pretendem valorizar-se com essa franqueza, e juram que, à exceção disso, não há nada de estimável que não se encontre nelas, mas bem sei também que elas só persuadiram disso os tolos. Desconsiderado o grande freio de seu sexo, o que de resto pode as deter? E de que honra farão caso depois de terem renunciado àquela que lhes é própria? Uma vez que deixam livres suas paixões, não têm mais nenhum interesse em resistir a elas: *"Nec femina, amissa pudicitia, alia abnuerit"*.* Que autor conheceu mais o coração humano nos dois sexos do que quem disse isso?

* "Quando uma mulher perdeu seu pudor, ela nada mais recusa" (Tácito, *Anais*, IV, 3). (N. T.)

21 Anne "Ninon" de l'Enclos (1620-1705) parisiense letrada e amante das artes. Seu salão literário "das cinco às nove" no Marais, 36 da Rue des Tournelles, foi frequentado por celebridades como La Rochefoucauld e Molière. (N. T.)

Livro V

franqueza, sua retidão, a certeza em suas relações, sua fidelidade pelos amigos. Finalmente, para completar o quadro de sua glória, dizem que se fizera homem. Ainda bem. Mas, com toda a sua alta reputação, eu não gostaria de ter esse homem nem como amigo nem como amante.

Tudo isso não se apresenta assim tão fora de propósito como parece. Vejo para onde tendem as máximas da filosofia moderna que ridicularizam o pudor do sexo e sua pretensa falsidade; e vejo que o efeito mais seguro dessa filosofia será tirar das mulheres de nosso século o pouco de honra que lhes resta.

Mediante essas considerações, acredito poder determinar que espécie de cultura em geral convém ao espírito das mulheres, e para que objetos devemos orientar suas reflexões desde a juventude.

Já o disse: os deveres de seu sexo são mais fáceis de se ver do que de se cumprir; amá-los pela consideração de suas vantagens é a primeira coisa que elas devem aprender; é o único meio de lhos tornarmos fáceis. Cada condição e cada idade têm seus deveres. Conhecemos logo os nossos na medida em que os amamos. Honra vossa condição de mulher, e qualquer que seja a posição em que o céu vos ponha, sereis sempre uma mulher de bem. O essencial é ser o que nos fez a natureza; somos sempre em demasia o que os homens querem que sejamos.

A procura das verdades abstratas e especulativas, dos princípios, dos axiomas nas ciências, tudo o que tende a generalizar as ideias não diz respeito às mulheres, todos os seus estudos devem voltar-se para a prática; cabe a elas fazerem a aplicação dos princípios que o homem encontrou, e cabe a elas fazerem as observações que levam o homem ao estabelecimento de tais princípios. No que não concerne imediatamente aos seus deveres de mulher, todas as suas reflexões devem tender para o estudo do homem ou para os conhecimentos agradáveis que só têm o gosto por objeto; as obras de gênio ultrapassam seu alcance; elas não têm bastante justeza e atenção para brilhar nas ciências exatas e, quanto aos conhecimentos físicos, cabem a quem dos dois é o mais ativo, mais atuante, que vê mais objetos; cabem a quem tem mais força e a exerce mais em julgar as relações dos seres sensíveis e das leis da natureza. A mulher, que é fraca e não vê nada exterior, aprecia e julga os móbeis que pode empregar para suprir sua fraqueza e esses móbeis são as paixões do homem. Sua mecânica é mais forte do que a nossa, todas as suas alavancas servem para abalar o coração humano. Tudo o que seu sexo não pode fazer por si mesmo, e que lhe é necessário ou agradável, é preciso que ela tenha a arte de fazer que o queiramos; cumpre, pois, que ela estude a fundo o espírito do homem, não o espírito do homem em geral por abstração, mas o espírito dos homens que a cercam, o espírito dos homens aos quais está subjugada, quer pela lei, quer pela opinião. É preciso que aprenda a penetrar os sentimentos deles por seus discursos, por suas ações, por seus olhares e por seus gestos. É preciso que pelos discursos, pelas ações, pelos olhares e pelos gestos ela saiba dar-lhes os sentimentos que agradam a eles, sem sequer parecer pensar nisso. Eles filosofarão melhor do que ela sobre o coração humano, mas ela lerá melhor do que eles o coração dos homens. Cabe às mulheres encontrar, por assim dizer, a moral experimental, e a nós, o cuidado de sistematizá-la. A mulher tem mais espírito, o homem tem mais gênio; a mulher observa, o homem raciocina: desse concurso resultam a luz mais clara e a ciência mais completa que o espírito humano pode extrair de si mesmo, em suma, o conhecimento mais seguro acerca de si e dos outros ao alcance de nossa espécie. E eis como a arte pode tender incessantemente a aperfeiçoar o instrumento dado pela natureza.

 O mundo é o livro das mulheres: quando o leem mal, a culpa é delas ou então alguma paixão as cega. Entretanto, a verdadeira mãe de família, longe de ser uma mulher da sociedade, não está menos reclusa em sua casa do que a religiosa em seu claustro. Seria preciso, portanto, fazer com as jovens que vão casar o que se faz, ou o que se deve fazer, com as que vão para o convento: mostrar-lhes os prazeres que abandonam antes de deixá-las renunciarem a eles, de medo de que a imagem desses prazeres que lhe são desconhecidos não venha um dia perturbar-lhes seu coração e a felicidade de seu retiro. Na França, as garotas vivem em conventos e as mulheres correm pelo mundo. Entre os antigos, era o contrário: as garotas tinham, como o disse, muitos jogos e festas públicas; as mulheres viviam retiradas. Esse hábito era mais razoável e preservava melhor os costumes. Certo tipo de coquetismo é permitido às jovens casadoiras; divertir-se é o que mais lhes importa. As mulheres têm outras preocupações no lar e não precisam mais procurar marido; mas não conseguiriam vantagens com uma tal reforma e, infelizmente, elas é que dão o tom. Mães, fazei de vossas filhas ao menos vossas companheiras. Dai-lhes bom senso e uma alma honesta, e não procureis esconder-lhes o que um olho casto pode ver. O baile, os festins, os jogos, até mesmo o teatro, tudo o que, malvisto, faz o encanto de uma juventude imprudente, pode ser oferecido sem risco a olhos sadios. Quanto mais virem esses ruidosos prazeres, mais cedo elas se desgostarão deles.

Ouço o clamor que se ergue contra mim. Que jovem resiste a esse perigoso exemplo? Mal veem a sociedade e já perdem a cabeça; nenhuma delas quer sair de lá. Talvez seja isso. Mas, antes de lhes oferecer um quadro enganador, será que as preparastes bem para vê-lo sem emoção? Anunciastes-lhes bem os objetos que ele representa? Será que os descrevestes tais como são? Será que as preparastes bem contra as ilusões da vaidade? Levastes aos seus jovens corações o gosto pelos verdadeiros prazeres que não se encontram nesse tumulto? Que precauções, que medidas tomastes para preservá-las do falso gosto que as desvia? Em vez de contrariar em seu espírito o império dos preconceitos públicos, vós os alimentastes; fizestes que elas amassem de antemão todos os divertimentos frívolos que encontram. Também fazeis que elas os amem quando vós vos entregais a eles. Ao entrarem na sociedade, as jovens não têm outra governante senão a mãe, muitas vezes mais maluca do que elas, pois não pode mostrar-lhes os objetos de outro modo senão como os vê. Seu exemplo, mais forte que a própria razão, os justifica aos olhos delas, e a autoridade da mãe é para a jovem uma desculpa sem réplica. Quando quero que uma mãe introduza a filha na sociedade, suponho que mostrará o mundo tal qual é.

O mal começa mais cedo ainda. Os conventos são verdadeiras escolas de coquetismo, não do coquetismo honesto de que falei, mas do que provoca todos os defeitos das mulheres e faz as mais extravagantes senhorinhas. Ao saírem dali para entrar de repente nas sociedades ruidosas, as jovens logo se sentem à vontade. Foram educadas para viver ali, será de espantar que ali fiquem bem? Não direi o que vou dizer sem receio de tomar um preconceito por observação. Mas parece-me que em geral, nos países protestantes, há mais apego à família, mais esposas dignas e mais mães ternas do que nos países católicos; e se é assim, não há como duvidar que essa diferença seja devida em parte à educação nos conventos.

Para gostar da vida tranquila e doméstica é preciso conhecê-la; é preciso ter sentido suas delicadezas desde a infância. É apenas na casa paterna que se adquire o gosto por sua própria casa, e toda mulher que não tenha sido educada por sua mãe não gostará de educar seus filhos. Infelizmente, não há mais educação privativa nas grandes cidades. Nestas, a sociedade é tão geral e tão misturada, que não há mais lugar para o retiro, e nos encontramos em público até mesmo quando estamos em casa. De tanto se viver com todo mundo, não há mais família; mal se conhecem os pais, eles são vistos como estranhos; e a simplicidade dos costumes domésticos desaparece junto com a doce familiaridade que lhe dava o encanto. É assim que mamamos com o leite também o gosto pelos prazeres do século e pelas máximas que nele vemos reinarem.

Impõe-se às jovens um constrangimento aparente para encontrar tolos que as desposem pelo comportamento delas. Mas reparai por um momento essas moças; sob a atitude constrangida, mal disfarçam a avidez que as devora, e já se lê em seus olhos o desejo ardente de imitar suas mães. O que cobiçam não é um marido, mas a licença do casamento. Será preciso um marido com tantos recursos para dispensá-lo? Mas é preciso um marido para acobertar tais recursos.[22] A modéstia está no rosto delas, a libertinagem, no fundo de seu coração: essa modéstia fingida é, ela própria, um sinal; fingem-na somente para dela se libertarem o mais cedo possível. Mulheres de Paris e de Londres, perdoai-me, suplico-vos: dizem que milagres acontecem, mas eu não conheço nenhum; e se uma só dentre vós tem a alma realmente honesta, nada compreendo de vossas instituições.

Todas essas diversas educações entregam igualmente as jovens ao gosto pelos prazeres da sociedade, e às paixões que logo nascem desse gosto. Nas

---

22 O caminho do homem em sua juventude era uma das quatro coisas que o sábio não podia compreender; a quinta era a impudência da mulher adúltera. *"Quae comedit, et tergens os suum dicit: Non sum operata malum"* (Provérbios 30, 20).*

* "Ela come, limpa a boca, e diz: Não cometi maldade." (N. T.)

grandes cidades, a depravação começa com a vida, e nas pequenas, começa com a razão. Jovens provincianas instruídas a desprezar a feliz simplicidade de seus costumes apressam-se em vir a Paris compartilhar a corrupção dos nossos; os vícios, adornados com o belo nome de talentos, são o único objeto de sua viagem; e envergonhadas ao chegarem por se acharem tão longe da nobre licença das mulheres do lugar, não demoram em merecer serem também da capital. Onde começa o mal, em vossa opinião? Nos lugares onde o projetam, ou naqueles onde o realizam?

Não quero que uma mãe sensata traga da província sua filha a Paris para mostrar-lhe esses quadros tão perniciosos para outras. Mas digo que, mesmo que ela fizesse isso, a menos que a filha fosse mal-educada, esses quadros serão pouco perigosos para ela. Com gosto, bom senso e amor às coisas honestas, não os achamos tão atraentes quanto o são para quem se deixa encantar por eles. Notam-se em Paris jovens descabeçadas que se apressam em adquirir o tom do lugar e seguir a moda durante seis meses para serem vaiadas pelo resto da vida; mas quem repara nas que, aborrecidas com tanto burburinho, voltam para sua província, contentes com seu destino depois de tê-lo comparado ao que as outras invejam? Quantas jovens mulheres eu vi, trazidas à capital por maridos complacentes e com possibilidades de ficar, levá-los de volta elas próprias, partindo com mais gosto do que quando haviam chegado, e dizendo com ternura na véspera da partida: "Ah! Voltemos para nossa choupana; nela se vive mais feliz que nos palácios daqui". Não se sabe quantas pessoas de bem sobram ainda que não se ajoelharam diante do ídolo e desprezam seu culto insensato. Só as loucas são baderneiras; as mulheres sensatas não causam frisson.

Se, apesar da corrupção generalizada, dos preconceitos universais e da má educação das jovens, ainda assim muitas conservam um juízo íntegro, que será quando esse juízo tiver sido alimentado com instruções convenientes ou, melhor dizendo, quando não o houverem alterado com instruções viciosas? Pois tudo consiste em conservar ou restabelecer os sentimentos naturais. Não se trata, para isso, de aborrecer as jovens com longas homilias, nem de declamar vossos secos sermões de moral. Para ambos os sexos, os sermões de moral são a morte de toda boa educação. Lições tristes só servem para tornar odiosos tanto aqueles que os pronunciam quanto tudo o que dizem. Não se trata de falar às jovens a fim de fazê-las temer seus deveres, nem de agravar o jugo que lhes é imposto pela natureza. Expondo-lhes esses deveres, sede preciso e fácil; não as deixeis acreditar que ficarão tristes cumprindo-os; nada de caretas, nada de arrogância. Tudo que deve entrar no coração deve sair dele; o catecismo de moral deve ser tão curto e tão claro quanto o catecismo de religião, mas não deve ser tão grave. Mostrai-lhes nos próprios deveres a fonte de seus prazeres e o fundamento de seus direitos. Será tão penoso assim amar para ser amada, ser amável para ser feliz, estimável para ser obedecida, honrar-se para ser honrada? Como são belos esses direitos! Como são respeitáveis! Como são caros ao coração do homem quando a mulher sabe valorizá-los! Não é preciso aguardar os anos nem a velhice para desfrutá-los. O império da mulher começa com suas virtudes; mal seus atrativos se desenvolvem e ela já reina pela doçura de seu caráter, impõe sua modéstia. Que homem insensível e bárbaro não atenua seu orgulho e não adquire maneiras mais atenciosas junto de uma jovem de 16 anos, amável e sábia, que fala pouco, que ouve, que é decente em sua atitude, e honesta em seus propósitos, a quem sua beleza não faz esquecer nem o sexo nem a juventude, que sabe interessar por sua própria timidez e atrair o respeito que tem por todo mundo?

Esses testemunhos, embora exteriores, não são frívolos; não se fundamentam somente na atração dos sentidos; partem desse sentimento íntimo que todos temos de que as mulheres são os juízes naturais do mérito dos homens. Quem quer ser desprezado pelas mulheres? Ninguém no mundo, nem mesmo quem não as quer mais amar. E a mim, eu que lhes digo verdades tão duras, acreditais que seus juízos me sejam indiferentes? Não, seus sufrágios me são mais caros do que os vossos, leitores, vós que muitas vezes sois mais mulheres do que elas. Desprezando seus costumes, eu ainda quero honrar sua justiça: pouco importa que me odeiem se eu as forço a me estimar.

Quantas coisas grandes faríamos com esse motor se soubéssemos utilizá-lo. Infeliz o século em que as mulheres perdem sua ascendência, e em que seus juízos não interessam mais os homens! É o último degrau da depravação. Todos os povos que tiveram bons costumes respeitaram as mulheres.

Vede Esparta, vede os germanos, vede Roma; Roma, a sede da glória e da virtude, se é que algum dia a tiveram. É lá que as mulheres honravam os feitos dos grandes generais, que choravam publicamente pelos pais da pátria, que seus votos ou seus lutos eram consagrados como o mais solene julgamento da república. Ali, todas as grandes revoluções vieram das mulheres: por uma mulher, Roma adquiriu a liberdade; por uma mulher, os plebeus obtiveram o consulado; por uma mulher, terminou a tirania dos decênviros; pelas mulheres, Roma sitiada foi salva das mãos de um proscrito. Galantes franceses, que teríeis dito vendo passar essa procissão tão ridícula a vossos olhos zombeteiros? Vós a teríeis acompanhado com vaias. Como os mesmos objetos são diferentes aos nossos olhos! E talvez tenhamos todos razão. Organizai esse cortejo com belas senhoras francesas, não conheço nada mais indecente: mas formai-o com romanas, e tereis todos os olhos dos volscos e o coração de Coriolano.[23]

Direi mais, e sustento que a virtude não é menos favorável ao amor do que os outros direitos da natureza, e que a autoridade das amantes não ganha com isso menos do que a das mulheres e das mães. Não há amor verdadeiro sem entusiasmo, e não há entusiasmo sem um objeto de perfeição real ou quimérico, mas sempre existente na imaginação. Com que se incendiarão os amantes para os quais essa perfeição não é mais nada, e que não veem no que amam senão o objeto do prazer dos sentidos? Não, não é assim que a alma se inflama e se entrega a esses transportes sublimes que fazem o delírio dos amantes e o encanto de sua paixão. No amor, tudo não passa de ilusão, confesso-o; mas o que é real são os sentimentos com que nos anima para o belo verdadeiro que nos faz amar. Esse belo não está no objeto que amamos, é obra de nossos erros. Ah! Que importa? Sacrificamos menos os sentimentos baixos a esse modelo imaginário? Compenetramos menos nossos corações das virtudes que atribuímos aos que nos são caros? Afastamo-nos menos da baixeza do eu humano? Onde está o verdadeiro

---

23 As referências são Plutarco (*Vida de Licurgo*, XIV-XV) e Tácito (*Germânia*, VII-VIII), além da *História de Roma*, de Tito Lívio. Os editores das *Œuvres complètes* da Pléiade indicam também a *História de Roma*, de Catrou e Rouillé (cf. *Essai sur les événements importants dont les femmes ont été la cause secrète*, cf. O.C., t. II, p.1257-8). (N. T.)

amante que não se dispõe a imolar a vida à sua amante? E onde está a paixão sensual e grosseira em um homem que quer morrer? Zombamos dos paladinos? É porque eles conhecem o amor e nós conhecemos apenas a devassidão. Quando essas máximas romanescas começaram a tornar-se ridículas, a mudança foi menos obra da razão do que dos maus costumes.

Qualquer que seja o século, as relações naturais não mudam, a conveniência ou inconveniência que delas resulta permanece a mesma, os preconceitos, sob o vão nome de razão, só mudam em aparência. Será sempre grande e belo reinar sobre si mesmo, ainda que para obedecer a opiniões fantasiosas; e os verdadeiros motivos de honra falarão sempre ao coração de toda mulher judiciosa que souber buscar em sua condição a felicidade da vida. A castidade deve ser sobretudo uma virtude deliciosa para uma bela mulher que tem a alma elevada. Enquanto vê toda a terra a seus pés, ela triunfa sobre tudo e sobre si mesma: ela erige em seu próprio coração um trono a que todos vêm prestar homenagem. Os sentimentos ternos ou ciumentos, mas sempre respeitosos dos dois sexos, a estima universal e a sua própria pagam-lhe sem cessar como tributo de glória as lutas de alguns instantes. As privações são passageiras, mas o prêmio é permanente. Que gozo para uma alma nobre, que orgulho da virtude unida à beleza! Imaginai uma heroína de romance, ela desfrutará volúpias mais inusitadas do que as Laíses e as Cleópatras; e quando sua beleza não mais existir, sua glória e seus prazeres ainda subsistirão: ela saberá gozar do passado.

Quanto maiores e mais penosos os deveres, mais as razões em que se assentam devem ser sensíveis e fortes. Há uma certa linguagem devota com que, nos mais graves assuntos, enchem os ouvidos das jovens, sem as persuadirem. Dessa linguagem, demasiado desproporcionada com suas ideias, e do pouco caso que lhes dão em segredo, nasce a facilidade de ceder às suas inclinações, na falta de razões para resistir a elas tiradas das próprias coisas. Uma jovem educada sensata e piedosamente tem, sem dúvida, boas armas contra as tentações; mas aquela que alimentamos unicamente por coração e pelos ouvidos, com o jargão da devoção infalivelmente torna-se presa do primeiro sedutor hábil que a aborda. Nunca uma jovem e bela pessoa desprezará seu corpo, nunca se afligirá de boa-fé com os grandes pecados que sua beleza faz cometer; nunca chorará sinceramente nem perante Deus por ser um objeto de desejo, nunca poderá acreditar dentro de si mesma que o mais doce sentimento do coração seja uma invenção de Satanás. Dai-lhe outras razões interiores e para ela mesma, pois aquelas nunca farão sentido para ela. Será pior ainda se dispuserem, como ocorre sempre, suas ideias em contradição, e que, depois de tê-la humilhado aviltando seu corpo e seus encantos como a mancha do pecado, façam que ela passe a respeitar como templo de Jesus Cristo esse mesmo corpo tornado tão desprezível. As ideias demasiado sublimes ou demasiado vis são igualmente insuficientes e não podem associar-se: é preciso uma razão ao alcance do sexo e da idade. A consideração do dever não tem força senão na medida em que se lhe juntam motivos que nos levam a cumpri-lo.

Qua quia non liceat non facit, illa facit.[24]

Quem imaginaria que é Ovídio quem julga tão severamente?

Quereis, então, inspirar nas moças o amor aos bons costumes? Sem lhes dizer constantemente "sede sensatas", dai a elas grande interesse em sê-lo; fazei que sintam todo o valor da sensatez, e as fareis amá-la. Não basta mostrar-lhes tal interesse em um futuro remoto; mostrai-o no próprio momento, nas relações de sua idade, no caráter de seus amantes. Descrevei-lhes o homem de bem, o homem de mérito; ensinai-as a reconhecê-lo, a amá-lo e a amá-lo para elas; provai-lhes que, amigas, esposas ou amantes, apenas esse homem pode torná-las felizes. Conduzi a virtude pela razão; fazei que sintam que o império de seu sexo e todas as suas vantagens não dependam somente de sua boa conduta e de seus costumes, mas também daqueles dos homens; que elas têm pouca autoridade sobre as almas vis e baixas; e que só se sabe servir a amante como se sabe servir a virtude. Podeis então ter certeza de que, ao lhes descreverdes os costumes de nossos dias, inspirar-lhes-eis um desgosto sincero; mostrando-lhes as pessoas da moda, vós as fareis desprezá-las; não lhes dareis senão repúdio às máximas dessa

---

24 "Aquela que só deixa de fazer algo porque é proibido, já o fez" (Ovídio, *Amores*, III, 4). Citado também por Montaigne nos *Ensaios*, II, 16. (N. T.)

Emílio ou Da educação

gente, aversão aos seus sentimentos, desdém por suas vãs galanterias; fareis nascer nelas uma ambição mais nobre, a de reinarem sobre as almas grandes e fortes, a das mulheres de Esparta, que era a de governar os homens.[25] Uma mulher ousada, atrevida, intriguista, que só sabe atrair seus amantes pelo coquetismo e conservá-los por seus favores, faz que obedeçam como lacaios nas coisas servis e comuns; nas coisas importantes e graves, ela não tem autoridade sobre eles. Mas a mulher que é, a uma só vez, honesta, amável e sensata, a que força os seus a respeitá-la, a que tem reserva e modéstia, em uma palavra, a que sustenta o amor pela estima, manda-os ao fim do mundo com um simples sinal, ao combate, à glória, à morte, para onde ela desejar.[26] Esse império é belo, parece-me, e vale a pena conquistá-lo.

Eis o espírito segundo o qual Sofia foi educada, com mais cuidado que sofrimento, e acima de tudo, seguindo seu gosto mais do que o contrariando. Digamos agora uma palavra de sua pessoa, segundo o retrato que dela fiz a Emílio, e segundo o que ele próprio imagina da esposa que pode torná-lo feliz.

Nunca cansarei de repetir que deixo de lado os prodígios. Emílio não é um, Sofia tampouco. Emílio é homem e Sofia é mulher; eis toda a sua glória. Na confusão dos sexos que reina entre nós, já é quase um prodígio ser do seu próprio.

Sofia é bem-nascida, possui boa índole; tem o coração muito sensível, e essa extrema sensibilidade dá-lhe por vezes uma atividade de imaginação

---

25 Plutarco, *Vida de Licurgo*, XIV. (N. T.)

26 Brantôme* diz que, no tempo de Francisco I, uma jovem que tinha um amante tagarela impôs-lhe um silêncio absoluto e ilimitado, que ele manteve tão fielmente durante dois anos inteiros a ponto de pensarem que tivesse ficado mudo por doença. Um dia, em plena assembleia, sua amante que, nesses tempos em que o amor se fazia com mistério, não era conhecida como tal, vangloriou-se de curá-lo imediatamente e o fez com uma só palavra: "Falai". Não haverá algo grande e heroico nesse amor? Que mais teria feito a filosofia de Pitágoras com todo o seu fausto? Não se imaginaria uma divindade dando a um mortal, com uma só palavra, o órgão da fala? Que mulher poderia hoje contar com tal silêncio um só dia, ainda que o devesse pagar com o mais alto preço?

* Referência a Pierre de Bourdeilles, sr. de Brantôme (1537-1614), militar e escritor francês. Além de suas *Memórias*, publicou crônicas sobre as mulheres da corte e alguns homens ilustres. Rousseau menciona Brantôme nas *Cartas da montanha* e nas *Confissões*. (N. T.)

difícil de ser moderada. Tem o espírito menos justo do que penetrante; o humor fácil, mas desigual; o porte comum, porém agradável; uma fisionomia que promete uma alma e que não mente. É possível aproximar-se dela com indiferença, mas não é possível despedir-se dela sem emoção. Outras têm boas qualidades que lhe faltam, outras têm em maior medida as que ela tem, mas nenhuma tem melhor combinação de qualidades para formar um caráter feliz. Ela sabe tirar proveito de seus próprios defeitos; e, se fosse mais perfeita, agradaria muito menos.

Sofia não é bela, mas perto dela os homens esquecem as mulheres belas, e estas sentem-se descontentes consigo mesmas. Dificilmente parece bonita à primeira vista, porém, quanto mais a veem, mais se embeleza. Ela ganha onde tantas outras perdem, e o que ganha, ela não perde mais. Podem ter olhos mais bonitos, uma boca mais bela, um porte mais imponente, mas não poderiam ter forma mais bem-feita, tez mais bela, mão mais branca, pé mais delicado, olhar mais doce, fisionomia mais tocante. Sem deslumbrar, ela interessa; ela encanta, e não se pode dizer o porquê.

Sofia gosta de atavios e entende do assunto. Sua mãe não tem outra camareira que não Sofia; esta tem muito bom gosto para se vestir bem, mas detesta os trajes dos ricos; em seu vestuário, vê-se sempre a simplicidade unida à elegância; não aprecia o que brilha, mas o que lhe cai bem. Ignora quais as cores da moda, mas sabe admiravelmente as que lhe são favoráveis. Não há moça que se vista mais despreocupadamente e cuja combinação de vestimentas seja mais bem arranjada; nenhuma peça é escolhida ao acaso, e a arte não aparece em nenhuma. Enfeita-se aparentemente com muita modéstia, mas na realidade é muito faceira; não exibe seus encantos, cobre-os; mas, cobrindo-os, faz que possam ser imaginados. Vendo-a, dizemos: "Eis uma moça modesta e sensata". Mas enquanto permanecemos ao seu lado, os olhos e o coração passeiam por toda a sua pessoa sem que possamos desviá-los dela; diríamos até que todo esse ajuste tão simples só foi construído para ser desfeito, peça por peça, na imaginação.

Sofia tem talentos naturais. Ela os sente e não os negligencia, mas, não tendo tido a possibilidade de pôr muita arte em seu cultivo, contentou-se com exercitar sua bonita voz em cantar corretamente e com gosto, seus pezinhos em andar com leveza, facilidade e graça, em fazer a reverência em qualquer tipo de situação sem incômodo e embaraço. De resto, teve como professor de canto apenas seu pai, como professora de dança apenas sua mãe; e um organista da vizinhança deu-lhe ao cravo algumas lições de acompanhamento, que ela depois cultivou sozinha. De início, só pensava em fazer sua mão se estender sobre as teclas pretas, depois achou que o som acre e seco do cravo tornava mais suave o som de sua voz; pouco a pouco se tornou sensível à harmonia; finalmente, ao crescer, começou a sentir os encantos da expressão e a amar a música em si mesma. Mas é um gosto mais do que um talento; não sabe decifrar uma ária pela partitura.

O que Sofia sabe melhor, e que lhe fizeram aprender com mais cuidado, são os trabalhos de seu sexo, mesmo aqueles de que não nos damos conta, como cortar e costurar seus vestidos. Não há trabalho de agulha que não saiba fazer e que não faça com prazer; mas o trabalho que ela prefere a qualquer outro é o de fazer renda, porque nenhum outro dá atitude mais agradável e em nenhum os dedos se exercitam com mais graça e ligeireza. Dedicou-se também a todas os afazeres do lar. Conhece a cozinha e a copa; sabe os preços dos mantimentos; conhece a qualidade deles; sabe muito bem fazer suas contas; serve de mordomo para sua mãe. Feita para ser um dia mãe de família ela própria, governando a casa paterna, aprende a governar a dela; é capaz de atender às funções dos criados e sempre o faz de bom grado. Nunca sabemos comandar senão o que nós mesmos sabemos executar: é a razão de sua mãe para ocupá-la assim. Sofia não vai tão longe, entretanto; seu primeiro dever é o de filha, e é agora o único que pensa em cumprir. Sua única perspectiva é servir sua mãe e aliviá-la de parte das tarefas. Contudo, é verdade que não faz tudo com igual prazer. Por exemplo, embora seja gulosa, não gosta de cozinhar; o pormenor tem algo que a desgosta; nunca encontra bastante limpeza. Ela possui, a esse respeito, uma delicadeza extrema, e é essa delicadeza levada ao excesso que se tornou um de seus defeitos: deixaria antes o jantar se perder para não manchar a manga de sua vestimenta. Nunca quis inspecionar o jardim pela mesma razão; a terra parece-lhe suja; mal se depara com um pouco de estrume, e já acredita sentir o cheiro.

Deve esse defeito às lições de sua mãe. Segundo esta, entre os deveres da mulher, um dos primeiros é a limpeza; dever especial, indispensável, imposto pela natureza. Não há no mundo objeto mais repulsivo do que uma mulher suja, e o marido que se enoja disso nunca está errado. A mãe pregou tanto esse dever à filha, e desde a infância exigiu dela tanto asseio pessoal, para as roupas, para o recinto, para o trabalho, para a higiene, que todos esses cuidados, transformados em hábitos, tomam grande parte de seu tempo e presidem ainda à outra parte, de modo que fazer bem o que faz é somente a segunda de suas preocupações. A primeira é sempre fazê-lo de modo limpo.

Entretanto, nada disso degenerou em vã afetação nem em indolência; os refinamentos do luxo não dizem respeito a isso. Nunca teve em seu recinto senão água pura; não conhece outro perfume senão o das flores, e seu marido não respirará nenhum mais suave do que o de seu hálito. Finalmente, a atenção que presta ao exterior não lhe faz esquecer que deve sua vida e seu tempo às tarefas mais nobres; ela ignora ou desdenha essa excessiva limpeza do corpo que degrada a alma. Sofia é bem mais do que limpa: ela é pura.

Eu disse que Sofia era gulosa. Ela o era naturalmente, mas tornou-se sóbria por hábito, e agora o é por virtude. As meninas não são como os rapazes, que podemos governar, até certo ponto, pela gulodice. Essa inclinação não é sem consequência para o sexo; é perigoso demais permitir que a tenham. A pequena Sofia, em sua infância, entrando sozinha no quarto da mãe, nem sempre saía dali sem nada, e não era de uma fidelidade a toda prova no que dizia respeito às balas e aos doces. Sua mãe surpreendeu-a, repreendeu-a, puniu-a e fê-la jejuar. Conseguiu persuadi-la de que os doces estragavam os dentes, e de que comer demais engordava. Assim, Sofia corrigiu-se; crescendo, adquiriu outros gostos que a desviaram dessa sensualidade boçal. Tanto nas mulheres quanto nos homens, quando o coração se anima, a gulodice deixa de ser um vício dominante. Sofia conservou o gosto próprio de seu sexo; gosta de laticínios e de doces; gosta de confeitaria e de sobremesas,[27] mas pouco de carne; nunca experimentou vinho nem licores

---

27 No original, *elle aime la pâtisserie et les entremets*. Quanto ao primeiro termo, que diz respeito às "massas", uma tradução literal seria "pastelaria". Já para *entremets* não há

fortes. Além disso, come de tudo muito moderadamente. Seu sexo, menos laborioso do que o nosso, tem menos necessidade de se refazer. Em tudo gosta do que é bom e sabe apreciá-lo; sabe também se acomodar com o que não o é, sem que tal privação lhe custe muito.

Sofia tem o espírito agradável sem ser brilhante, e sólido sem ser profundo; um espírito acerca do qual nada dizemos, porque nele ninguém encontra nem mais nem menos do que encontramos em nós mesmos. Ela tem sempre o que agrada às pessoas que falam com ela, embora não seja muito ornada, segundo a ideia que temos da cultura do espírito das mulheres; porque o dela não é formado pela leitura, mas tão somente pelas conversações do pai e da mãe, por suas próprias reflexões e pelas observações que fez no pouco que viu da sociedade. Sofia é alegre por natureza, e era até mesmo travessa na infância, mas aos poucos sua mãe teve o cuidado de reprimir seus descomedimentos, a fim de que uma mudança demasiado súbita não revelasse o momento que a tornou necessária. Tornou-se ela assim modesta e reservada até antes da idade para isso; e agora que esse momento chegou, é-lhe mais fácil conservar o tom adquirido do que seria adquiri-lo sem indicar a razão da mudança. É divertido vê-la entregar-se por vezes, por um resto de hábito, às vivacidades da infância e depois, subitamente, cair em si, calar-se, baixar os olhos e corar: é inevitável que o termo intermediário entre as duas idades participe um pouco de cada uma delas.

Sofia tem uma sensibilidade grande demais para conservar uma perfeita igualdade de humor, mas é doce demais para que essa sensibilidade importune os outros; isso prejudica somente a própria Sofia. Que se diga uma só palavra que a magoe: ela não se zanga, mas seu coração se amargura e ela tenta fugir para ir chorar. Mas se, em meio a suas lágrimas, ela é chamada pelo pai ou pela mãe, basta que se diga uma só palavra, e no mesmo instante ela volta a brincar e rir, enxugando habilmente seus olhos e buscando abafar seus soluços.

---

tradução exata, pois trata-se do prato intermediário servido entre os pratos principais, mas não necessariamente tortas doces como conhecemos na gastronomia atual. (N. T.)

Livro V

Ela também não é totalmente isenta de caprichos; seu humor meio impulsivo degenera em revolta e, então, ela está sujeita a esquecer de si. Mas dai-lhe tempo de voltar a si, e sua maneira de corrigir seu erro faz dele quase um mérito. Se a castigam, ela se faz dócil e submissa, e vê-se que sua vergonha não vem tanto do castigo quanto do erro. Se não lhe dizem nada, ela nunca deixa de repará-la sozinha, mas tão francamente e com tanta boa vontade que não é possível guardar-lhe rancor. Ela beijaria a terra na frente do último criado, sem que esse rebaixamento lhe causasse o menor sofrimento; e logo que é perdoada, sua alegria e seus carinhos mostram de que peso seu bom coração se aliviou. Em uma palavra, ela sofre com paciência as faltas dos outros, e repara com prazer as próprias. Tal é a índole amável de seu sexo antes de a estragarmos. A mulher é feita para ceder ao homem e até mesmo para suportar sua injustiça. Nunca levareis os jovens ao mesmo ponto; o sentimento interior ergue-se e se revolta neles contra a injustiça; a natureza não os fez para que a tolerassem.

Gravem
Pelidaei stomachum cedere nescii.[28]

Sofia tem religião, mas uma religião razoável e simples, com poucos dogmas e com menos práticas de devoção. Ou melhor, não conhecendo como prática essencial senão a moral, ela dedica sua vida inteira a servir Deus fazendo o bem. Em todas as instruções que seus pais lhe deram a esse respeito, eles a acostumaram a uma submissão respeitosa, dizendo-lhe sempre: "Minha filha, esses conhecimentos não são para vossa idade; vosso marido vos explicará quando chegar o momento". De resto, em vez de longos discursos de piedade, contentam-se com pregá-la pelo exemplo, e esse exemplo está gravado no coração dela.

Sofia ama a virtude; esse amor tornou-se sua paixão dominante. Ama-a porque nada é mais belo do que a virtude; ama-a porque a virtude faz a glória da mulher, e uma mulher virtuosa lhe parece quase igual aos anjos; ama-a

---

28 A terrível cólera do filho de Peleu que não sabe ceder (Horácio, *Odes*, I, vi, 5-6). (N. T.)

como o único caminho da verdadeira felicidade, porque não vê senão miséria, abandono, desgraça, opróbrio e ignomínia na vida de uma mulher desonesta; ama-a, enfim, porque é cara ao seu respeitável pai, à sua terna e digna mãe. Não contentes em ser felizes com sua própria virtude, querem sê-lo também mediante a da filha, e a felicidade primeira desta está na esperança de fazer a deles. Todos esses sentimentos inspiram-lhe um entusiasmo que lhe eleva a alma e mantém todas as suas pequenas inclinações subjugadas a uma nobre paixão. Sofia será casta e honesta até o último suspiro; ela jurou-o no fundo de sua alma, e jurou-o em uma época em que já sentia quanto custa cumprir tal juramento; jurou-o quando deveria revogar o compromisso, se seus sentidos tivessem sido feitos para dominá-la.

Sofia não tem a felicidade de ser uma amável francesa, fria por temperamento e faceira por vaidade, querendo mais brilhar do que agradar, buscando o divertimento e não o prazer. Só a necessidade de amar a devora, distrai e perturba seu coração nas festas; perdeu sua antiga alegria; as brincadeiras já não servem mais para ela. Longe de temer o tédio da solidão, ela o procura, e, com isso, pensa naquele que deve tornar mais amena tal situação. Todos aqueles que lhe são indiferentes a importunam; não precisa de uma corte, mas de um amante; ela prefere agradar a um só homem de bem, e agradar-lhe sempre, do que suscitar em seu favor o aplauso da moda, que dura um dia e no dia seguinte se transforma em vaia.

As mulheres têm o juízo formado mais cedo do que os homens: estando na defensiva quase desde sua infância e oneradas com um tesouro difícil de se conservar, o bem e o mal se tornam conhecidos delas necessariamente mais cedo. Precoce em tudo, porque seu temperamento a leva a sê-lo, Sofia tem também o juízo formado mais cedo do que outras jovens de sua idade. Nisso não há nada de muito extraordinário: a maturidade não é a mesma por toda a parte e ao mesmo tempo.

Sofia está instruída dos deveres e direitos de seu sexo e do nosso. Conhece os defeitos dos homens e os vícios das mulheres; conhece também as qualidades, as virtudes contrárias, e as tem todas gravadas no fundo de seu coração. Não se pode ter ideia mais elevada da mulher de bem além dessa que ela concebeu, e tal ideia não a espanta; mas ela pensa com mais complacência no homem de bem, no homem de mérito. Sente que é feita para esse homem, que é digna dele, que pode devolver-lhe a felicidade que receber dele. Sente que saberá reconhecê-lo: trata-se apenas de encontrá-lo.

As mulheres são os juízes naturais do mérito dos homens, como eles o são do mérito das mulheres: isso diz respeito ao direito recíproco de ambos, que nenhum dos dois ignora. Sofia conhece esse direito e faz uso dele, mas com a modéstia que convém à sua juventude, à sua inexperiência, à sua condição; ela julga apenas as coisas que estão ao seu alcance, e só as julga quando o juízo serve para desenvolver alguma máxima útil. Só fala dos ausentes com a maior circunspecção, sobretudo no caso de mulheres. Ela pensa que o que as torna maledicentes e satíricas é falar de seu sexo: enquanto se restringem a falar do nosso, são apenas equitativas. Sofia se limita a isso, portanto. Quanto às mulheres, só fala delas para dizer o bem que conhece: é uma honra que acredita dever a seu sexo. Sobre aquelas de quem não conhece nada de bom, não fala nada, e isso é compreensível.

Sofia tem pouca prática em sociedade, mas é prestativa, atenciosa e graciosa em tudo que faz. Uma índole feliz serve-lhe mais do que muita arte. Tem certa polidez própria que não depende de fórmulas, que não se prende às modas nem muda com elas, que nada faz por rotina, mas somente por um verdadeiro desejo de agradar, e agrada. Desconhece os cumprimentos triviais, não inventa outros mais requintados; não diz que está muito agradecida, que lhe concedem muita honra, que não precisam se preocupar etc. Pensa menos ainda em falar frases bonitas. Diante de uma atenção ou um gesto de polidez, responde com uma reverência ou um simples "agradeço-vos"; mas tal palavra, vindo de sua boca, tem valor especial. Diante de um verdadeiro serviço prestado, ela deixa o coração falar, e não é um cumprimento que apresenta. Nunca suportou que as maneiras francesas a prendessem ao jugo das afetações, tais como estender a mão, ao passar de um quarto para outro, sobre o braço de um sexagenário que ela teria grande vontade de amparar. Quando um galanteador pedante lhe faz esse cortejo impertinente, ela deixa o braço obsequioso na escada e, dizendo que não é manca, adentra ao quarto em dois saltos. Na verdade, embora não seja grande, nunca quis saber de saltos altos; tem pés pequenos o bastante para dispensá-los.

Mantém-se silenciosa e respeitosa não somente com as mulheres, mas também com os homens casados ou muito mais idosos do que ela. Nunca aceitará um lugar acima deles senão por obediência, e voltará ao seu lugar abaixo logo que o possa, pois sabe que os direitos da idade antecedem os do sexo, pois aqueles carregam o preconceito da sabedoria, a qual deve ser honrada antes de tudo.

Com os jovens de sua idade é outra coisa; precisa de um tom diferente para impor-se a eles, e sabe fazer isso sem abandonar o ar modesto que lhe convém. Se eles próprios são modestos e reservados, ela conservará de bom grado a amável familiaridade da juventude; suas conversações plenas de inocência serão marotas, mas decentes. Se se tornam sérias, ela quer que sejam úteis; se degeneram em chatices, ela logo encerra o assunto, pois despreza sobretudo o papo-furado da galanteria por achá-lo muito ofensivo para seu sexo. Bem sabe que o homem que ela procura não tem esse jeito de falar, e ela nunca admite de boa vontade o que não convém àquele cujo caráter ela tem gravado no fundo de seu coração. A alta opinião que tem dos direitos de seu sexo, a altivez de alma que lhe dá a pureza de seus sentimentos, essa energia da virtude que sente em si mesma e que a torna respeitável a seus próprios olhos, fazem que escute com indignação as palavras adocicadas com que pretendem diverti-la. Não as recebe com uma cólera aparente, mas com um aplauso irônico que desconcerta, ou com um tom frio inesperado. Se um belo Febo diz gentilezas a ela, elogiando-lhe espirituosamente a beleza e as graças, esperando ter a felicidade de agradá-la, ela é capaz de interrompê-lo com a seguinte palavra de cortesia: "Senhor, temo conhecer essas coisas mais do que vós; se não há nada mais curioso a ser dito, acho que podemos encerrar esta conversa". Fazer tais palavras serem acompanhadas com uma grande reverência e logo se encontrar a vinte passos de distância é, para ela, coisa imediata. Perguntai a vossos galanteadores se é fácil fazer valer uma conversa fiada com um espírito assim tão intratável.

Entretanto, não é por ela não gostar muito de ser elogiada; gosta, desde que o seja de verdade, e que possa acreditar que dela pensem de fato o bem que lhe dizem. Para parecer tocado pelo próprio mérito, é preciso começar por mostrá-lo. Uma homenagem fundada na estima pode agradar a seu coração altivo, mas qualquer ironia galante é sempre rejeitada; Sofia não é feita para exercitar os pequenos talentos de um histrião.

Com tão grande maturidade de juízo e formada sob todos os aspectos como uma moça de 20 anos, Sofia, aos 15, não será tratada como criança por seus pais. Mal percebam nela a primeira inquietação da juventude, antes que progrida tratarão de cuidar dela; dir-lhe-ão palavras ternas e sensatas. As palavras ternas e sensatas são próprias para a idade dela e para seu caráter. Se esse caráter é tal qual o imagino, pergunto-me se seu pai não lhe falaria assim:

"Sofia, já sois uma moça crescida, e não se chega a esse ponto para permanecer sempre assim. Queremos que sejais feliz; é por nós que o queremos, porque nossa felicidade depende da vossa. A felicidade de uma mulher de bem consiste em fazer a felicidade de um homem de bem. É preciso, portanto, pensar em vos casar; cumpre pensar nisso desde cedo, pois do casamento depende a sorte da vida, e nunca temos muito tempo para pensar nisso.

"Nada é mais difícil do que a escolha de um bom marido, a não ser talvez a de uma boa mulher. Sofia, sereis essa mulher rara, sereis a glória de nossa vida e a felicidade de nossa velhice; mas quaisquer que sejam vossos méritos, não faltam na terra homens que os tenham mais ainda do que vós. Não há homem que não devesse sentir-se honrado tê-la, e há muitos que vos honrariam mais ainda. Entre estes, trata-se de encontrar um que vos convenha, de conhecê-lo, de fazer que ele vos conheça.

"A maior felicidade do casamento depende de tantas conveniências, que seria loucura querer reuni-las todas. É preciso, antes de tudo, garantir as mais importantes: quando se encontram as outras, tanto melhor; quando faltam, fica-se sem elas. A felicidade perfeita não existe na terra, mas a maior desgraça, e a que sempre podemos evitar, é a de ser infeliz por culpa própria.

"Há conveniências naturais, outras de instituição, e outras ainda ligadas unicamente à opinião. Os pais são juízes das duas últimas espécies, os filhos só o são da primeira. Os casamentos que se fazem por autoridade dos pais regulam-se apenas pelas conveniências de instituição e de opinião: não são as pessoas que se casam, são as condições e os bens. Mas tudo isso pode mudar. Só as pessoas permanecem sempre, somente elas levam a si mesmas por toda parte com tais conveniências; a despeito da fortuna, é apenas pelas relações pessoais que um casamento pode ser feliz ou infeliz.

"Vossa mãe tinha condição social, eu era rico; eis as únicas considerações que levaram nossos pais a nos unirem. Perdi meus bens, ela perdeu seu nome: esquecida da família, que lhe adianta hoje ter sido bem-nascida? Em nossos desastres, a união dos corações consolou-nos de tudo; a conformidade de gostos fez que escolhêssemos este retiro. Aqui vivemos felizes na pobreza, somos tudo um para o outro. Sofia é nosso tesouro comum; bendizemos o céu por nos ter dado este e tirado todo o resto. Vede, minha filha, aonde a Providência nos trouxe: as conveniências que nos fizeram casar esvaíram-se; não somos felizes senão em virtude das que se desprezam.

"Cabe aos esposos se acertarem. A inclinação mútua deve ser seu primeiro laço; seus olhos e seus corações devem ser seus primeiros guias; pois, como seu primeiro dever juntos é o de se amarem, e como amar ou não amar não depende de nós, esse dever implica necessariamente outro, que é o de começar por se amar antes de se unir. É o direito da natureza, que nada pode invalidar: os que o perturbaram com leis civis pensam mais na ordem aparente do que na felicidade do casamento e nos costumes dos cidadãos. Vede, minha Sofia, que não vos pregamos uma moral difícil. Ela só tende a vos tornar senhora de vós mesma e a vos atribuir a escolha de vosso esposo.

"Depois de te ter dito nossas razões para deixar-vos em plena liberdade, é justo falar-vos também das vossas para que as uses com sabedoria. Minha filha, sois boa e razoável, tendes retidão e devoção, tendes os talentos que convêm a mulheres de bem, e não estais desprovida de encantos. Mas sois pobre; tendes os bens mais estimáveis e careceis dos que as pessoas mais estimam. Não aspireis, pois, senão ao que podeis obter, e regulai vossa ambição, não pelos vossos juízos nem pelos nossos, mas de acordo com a opinião dos homens. Se se tratasse tão somente de uma questão de mérito, ignoro a que deveria limitar vossas esperanças; mas não a ergais acima de vossa fortuna, e não esqueçais de que ela se encontra na mais baixa posição. Embora um homem digno de vós não considere essa desigualdade como um obstáculo, deveis fazer então o que ele não fará: Sofia deve imitar sua mãe e só entrar em uma família que se honre com tal entrada. Não vistes nossa opulência, nascestes durante nossa pobreza; haveis tornado-a doce para nós e haveis partilhado-a conosco sem sofrimento. Acreditai-me, Sofia, não procureis os bens de cuja libertação bendizemos o céu; só desfrutamos da felicidade depois de termos perdido a riqueza.

"Sois amável demais para não agradardes a ninguém, e vossa miséria não é tal que um homem de bem se veja embaraçado convosco. Sereis procurada, até mesmo por pessoas que não estimaremos. Se se mostrassem a vós como são, vós os estimaríeis pelo que valem; todo o seu luxo não vos impressionaria por muito tempo; mas, embora tenhais o juízo bom e conheçais o mérito dessa gente, careceis de experiência e ignorais até que ponto os homens podem enganar. Um malandro hábil pode estudar vossos gostos a fim de seduzir-vos, e fingir ter virtudes que não possui. Ele vos levaria ao descaminho, Sofia, antes que pudésseis percebê-lo, e só conheceríeis vosso erro para chorá-lo. A mais perigosa de todas as armadilhas, e a única que a razão não pode evitar, é a dos sentidos; se jamais tiverdes a infelicidade de cair nela, não vereis mais do que ilusões e quimeras; vossos olhos se fascinarão, vosso juízo se perturbará, vossa vontade será corrompida, vosso próprio erro vos será caro; ainda que estivésseis em condição de conhecê-la, não desejaríeis voltar atrás. Minha filha, entrego-vos à razão de Sofia, e não à inclinação de seu coração. Enquanto tiverdes sangue-frio, permanecei como vosso próprio juiz; mas, tão logo começardes a amar, entregai-se aos cuidados de vossa mãe.

"Proponho-vos um acordo que vos mostre nossa estima e restabeleça entre nós a ordem natural. Os pais escolhem o esposo da filha e só a consultam por formalidade; tal é o costume. Nós faremos o contrário: vós escolhereis e nós seremos consultados. Usai de vosso direito, Sofia; usai-o livre e sabiamente. A escolha do esposo que vos convém deve ser vossa, e não nossa. Mas cabe a nós julgar se não estais enganada acerca das conveniências, e se, sem o saberdes, não fazeis coisa diferente do que quereis. O nascimento, os bens, a posição social, a opinião, nada disso terá a ver com nossas razões. Escolhe um homem de bem que vos agrade e cujo caráter vos convenha: seja ele quem for, nós o aceitaremos como genro. Seus bens serão sempre grandes o suficiente, desde que tenha braços, bons costumes e que ame sua família. Sua posição será sempre ilustre o bastante se ele a enobrecer pela virtude. Mesmo que todo mundo nos censure, que importa? Não procuramos a aprovação pública, basta-nos vossa felicidade".

Leitores, ignoro que efeito teria um discurso assim sobre jovens educadas à vossa maneira. Quanto a Sofia, ela talvez não responda com palavras; o pudor e a ternura não a deixariam expressar-se facilmente. Mas tenho certeza de que tal discurso ficará gravado em seu coração pelo resto da vida, e que, se podemos confiar em uma resolução humana, é na que fará que ela seja digna da estima de seus pais.

Vamos prever o pior dando-lhe um temperamento ardente que torne penosa para ela uma espera longa; digo que seu juízo, seus conhecimentos, seu gosto, sua delicadeza, e sobretudo os sentimentos com que seu coração foi alimentado desde a infância, oporão à impetuosidade de seus sentidos um contrapeso que bastará para vencê-los ou, ao menos, para resistir-lhes por muito tempo. Ela preferiria morrer mártir de sua condição em vez de afligir seus pais, a desposar um homem sem mérito em vez de expor-se à desgraça de um casamento mal escolhido. A própria liberdade que recebeu só faz dar-lhe uma nova elevação de alma e torná-la mais difícil na escolha de seu senhor. Com o temperamento de uma italiana e a sensibilidade de uma inglesa, ela tem, para conter seu coração e seus sentidos, o orgulho de uma espanhola que, mesmo procurando um amante, não encontra facilmente quem ela estime digno dela.

Não cabe a qualquer um sentir que impulso o amor às coisas honestas pode dar à alma, e que força podemos encontrar em nós mesmos quando queremos ser sinceramente virtuosos. Há pessoas a quem tudo o que é grande parece quimérico e que, em sua baixa e vil razão, jamais conhecerão o que a própria loucura da virtude é capaz de fazer das paixões humanas. Com essa gente, deve-se falar somente por exemplos, e se teimarem em negar, tanto pior para eles. Se eu dissesse a essas pessoas que Sofia não é um ser imaginário, que apenas seu nome é invenção minha, que sua educação, seus costumes, seu caráter, e até sua aparência existiram de fato, e que sua lembrança ainda custa lágrimas a toda uma família de bem, sem dúvida não acreditariam. Mas, enfim, que risco correrei se terminar sem rodeios a história de uma jovem tão semelhante a Sofia, uma vez que essa história poderia ser a dela sem que devêssemos ficar surpreendidos com isso? Acredite-se ou não que ela seja verdadeira, pouco importa; terei contado ficções, se quiserem, mas terei explicado meu método sempre, e sempre caminharei em direção a meus fins.

A jovem com o temperamento que acabo de atribuir a Sofia era totalmente digna de merecer o nome que concedo a ela. Depois da conversa que relatei, seu pai e sua mãe, julgando que os partidos não viriam oferecer-se no povoado em que moravam, mandaram-na passar um inverno na cidade, na casa de uma tia que informaram em segredo acerca do motivo da viagem; pois a altiva Sofia trazia no fundo de seu coração o nobre orgulho de saber triunfar por si; e, por maior necessidade que tivesse de um marido, preferiria morrer solteira a ter de procurá-lo.

Para atender ao plano dos pais, a tia apresentou-a às famílias, levou-a a reuniões, a festas, fez que visse a sociedade, ou antes, mostrou-a por toda parte, pois Sofia se preocupa muito pouco com tanto movimento. Observou-se, entretanto, que ela não fugia dos jovens de aparência agradável, e que pareciam decentes e modestos. Com sua reserva, tinha ela certa arte de atraí-los, que se parecia bastante com o coquetismo; mas depois de se entreter com eles duas ou três vezes, ela desistia. Logo substituiu o ar de autoridade com que parecia aceitar as homenagens por uma atitude mais humilde e uma polidez mais desencorajadora. Sempre atenta a si mesma, não lhes deixava ocasião para lhe prestarem o menor serviço: o que significava que ela não queria namorá-los.

Nunca os corações sensíveis amaram os prazeres ruidosos, felicidade vã e estéril das pessoas que nada sentem e que imaginam que desfrutar a vida consiste em se aturdir. Não encontrando o que procurava e perdendo a esperança de encontrar, Sofia aborreceu-se com a cidade. Amava ternamente os pais, e nada a consolava da ausência deles, nada podia fazer que os esquecesse; regressou à companhia deles muito antes da data marcada para a volta.

Mal retomou suas funções na casa paterna, viram que, embora mantendo a mesma conduta, mudara de humor. Ficava distraída, impaciente, estava triste e sonhadora, e escondia-se para chorar. Acreditou-se inicialmente que ela amava e tinha vergonha disso: conversaram com ela, e ela negou. Declarou não ter visto ninguém que pudesse tocar-lhe o coração, e Sofia não mentia.

Entretanto sua languidez aumentava incessantemente, e sua saúde começava a alterar-se. Sua mãe, inquieta com a mudança, resolveu enfim descobrir a causa. Chamou-a de lado e valeu-se dessa linguagem insinuante e desses carinhos invencíveis que só a ternura materna sabe empregar. "Minha filha, tu que carreguei nas entranhas e que sempre carrego no meu coração, derrama os segredos do teu no seio de tua mãe. Que segredos são esses que uma mãe não pode saber? Quem lamenta tuas penas, quem as partilha, quem as quer aliviar, senão teu pai e eu? Ah! Minha filha, queres que eu morra com tua dor sem a conhecer?".

Longe de esconder suas tristezas à mãe, a jovem não desejava senão tê-la como consoladora e confidente; mas a vergonha impedia-a de falar, e sua modéstia não encontrava a linguagem para descrever um estado tão pouco digno dela quanto a emoção que lhe perturbava os sentidos contra sua vontade. Finalmente, com a própria vergonha servindo de indício, sua mãe arrancou-lhe esta humilhante confissão. Longe de afligi-la com injustas reprimendas, a mãe consolou-a, teve pena dela, chorou com ela; ela era demasiado sensata para que sua mãe encarasse como um crime um mal que somente a virtude tornava tão cruel. Mas por que suportar sem necessidade um mal cujo remédio era tão fácil e tão legítimo? Por que não usava da liberdade que lhe haviam dado? Por que não aceitava um marido? Por que não o escolhia? Não sabia que sua sorte dependia dela mesma, e que, qualquer que fosse a escolha, esta seria confirmada, até mesmo porque não poderia fazer nenhuma que não fosse honesta? Tinham-na mandado à cidade e ela não quisera ficar; vários partidos foram apresentados, ela recusara a todos. O que esperava então? O que queria? Que contradição inexplicável!

A resposta era simples. Se se tratasse apenas de um recurso para a juventude, a escolha não demoraria; mas não é fácil escolher um senhor para a vida inteira; e como não é possível separar as duas escolhas, é preciso esperar, e, muitas vezes, perder a juventude antes de encontrar o homem com que se queira passar o resto dos dias. Tal era o caso de Sofia: precisava de um amante, mas esse amante devia ser seu marido, e para o que seu coração desejava, um era quase tão difícil de encontrar quanto o outro. Todos aqueles jovens tão brilhantes só tinham com ela a conveniência da idade, faltava-lhes o resto sempre; o espírito superficial deles, sua vaidade, seu jargão, seus costumes desregrados, suas imitações frívolas, tudo isso afastava-a deles. Ela procurava um homem e só encontrava macacos; procurava uma alma e não encontrava nenhuma.

"Como sou infeliz!", dizia ela à mãe. "Tenho necessidade de amar e nada vejo que me agrade. Meu coração recusa todos os que atraem meus sentidos. Não vejo nenhum que não excite meus desejos e nenhum que não os reprima; um gosto sem estima não pode durar. Ah, não existe o homem de que vossa Sofia precisa! Seu modelo encantador está gravado fundo demais em sua alma. Ela não pode amar senão ele, não pode tornar feliz senão ele, não pode ser feliz senão com ele. Prefere consumir-se e lutar sem cessar, prefere morrer infeliz e livre a morrer desesperada junto de um homem que não ame e que ela mesma tornaria infeliz; mais vale não existir do que existir somente para sofrer".

Impressionada com essas singularidades, sua mãe as achou bizarras demais para não suspeitar nelas mistério algum. Sofia não era nem afetada nem ridícula. Como tão extremada delicadeza podia convir-lhe, e justamente a ela, que nada tinha aprendido desde a infância senão a acomodar-se às pessoas com as quais devia viver, e a fazer da necessidade virtude? Esse modelo de homem amável com o qual Sofia tanto se encantava, e que reaparecia em todas as suas conversas, levou a mãe a conjeturar que esse capricho tinha algum outro fundamento, o qual ignorava, e que Sofia não lhe dissera tudo. A infeliz, sobrecarregada com sua dor secreta, só queria desabafar. Pressionada por sua mãe, ela hesita, mas enfim, rende-se e, saindo sem nada dizer, volta um pouco depois com um livro na mão. "Tende pena de vossa desgraçada filha, sua tristeza é sem remédio, suas lágrimas não podem secar. Quereis saber a causa, pois bem, ei-la", diz jogando o livro sobre a mesa. A mãe pega o livro e abre-o: eram *As aventuras de Telêmaco*. A princípio, nada compreende nesse enigma; mas, de tanto perguntar e de receber respostas obscuras, ela vê, enfim, com uma surpresa fácil de se imaginar, que sua filha é a rival de Eucaris.

    Sofia amava Telêmaco, e o amava com uma paixão que nada podia curar. Logo que seu pai e sua mãe conheceram sua mania, riram e pensaram poder curá-la pela razão. Enganaram-se: a razão não estava toda do lado deles; Sofia tinha também a sua e sabia valer-se dela. Quantas vezes lhes impôs silêncio servindo-se contra eles de seus próprios raciocínios, mostrando-lhes que eles próprios tinham feito todo o mal, que não a tinham formado para um homem daquele século; que seria preciso necessariamente que ela adotasse as maneiras de seu marido ou que ela lhe oferecesse as suas; que, pela maneira como a educaram, eles lhe tinham tornado o primeiro meio impossível, e que o outro era precisamente o que procurava. Dizia ela: "Dai-me um homem imbuído de minhas máximas, ou às quais eu possa levá-lo, e eu o desposo; mas até então, por que me censurais? Tende pena de mim, sou infeliz e não louca. O coração depende da vontade? Não foi isso que disse meu próprio pai? É culpa minha se amo o que não existe? Não sou visionária; não quero um príncipe; não procuro Telêmaco, sei que é apenas uma ficção: procuro alguém que se assemelhe a ele. E, se existo, por que esse alguém não pode existir, eu que sinto ter um coração tão semelhante ao dele? Não, não desonremos assim a humanidade; não pensemos que um homem amável e virtuoso não passa de uma quimera. Ele existe, ele vive, talvez me procure; procura uma alma que saiba amá-lo. Mas quem é ele? Onde está? Ignoro-o: não é nenhum dos que eu vi; sem dúvida, não é nenhum dos que verei. Oh, minha mãe, por que me tornastes a virtude tão amável? Se só a ela posso amar, a culpa é menos minha do que vossa".

    Prosseguirei essa triste narrativa até à sua catástrofe? Falarei dos longos debates que a precederam? Representarei uma mãe impaciente transformando em rigor seus primeiros carinhos? Mostrarei um pai irritado esquecendo suas primeiras promessas e tratando como louca a mais virtuosa das filhas? Pintarei, enfim, a infeliz, mais presa ainda à sua quimera pela perseguição que a faz sofrer, marchando a passos lentos para a morte e descendo ao túmulo no momento em que pensam arrastá-la ao altar? Não, afasto esses objetos funestos. Não preciso ir tão longe, com um exemplo que me parece tão impressionante, para mostrar que, apesar dos preconceitos que nascem dos costumes do século, o entusiasmo pelo honesto e pelo belo não é mais estranho às mulheres do que aos homens, e que não há nada que, sob a direção da natureza, não se possa obter delas assim como de nós.

Detêm-me aqui para perguntar-me se é a natureza que nos prescreve tantos sofrimentos para reprimir desejos imoderados. Respondo que não, mas também que não é a natureza que nos dá tantos desejos imoderados. Ora, tudo o que não é ela é contra ela: provei-o mil vezes.

Entreguemos a nosso Emílio sua Sofia: ressuscitemos essa moça amável para dar-lhe uma imaginação menos viva e um destino mais feliz. Eu queria descrever uma mulher comum; e, de tanto elevar-lhe a alma, perturbei sua razão; eu mesmo me perdi. Voltemos atrás. Sofia tem apenas uma boa índole em uma alma comum: tudo o que tem de mais do que as outras mulheres é efeito de sua educação.

Propus a mim mesmo neste livro dizer tudo o que se podia fazer, deixando a cada um a escolha do que está a seu alcance no que posso ter dito de bom. Desde o início eu pensara em formar de longe a companheira de Emílio, e a educá-los um para o outro e um com o outro. Mas, refletindo sobre isso, verifiquei que todos esses arranjos demasiado prematuros eram mal compreendidos, e que era absurdo destinar duas crianças a se unirem antes de poder saber se tal união estava na ordem da natureza, e se teriam entre si relações convenientes para constituí-la. É preciso não confundir o que é natural no estado selvagem e o que é natural no estado civil. No primeiro estado, todas as mulheres convêm a todos os homens, porque uns e outros não têm ainda senão a forma primitiva e comum; no segundo, tendo cada caráter sido desenvolvido pelas instituições sociais, e cada espírito tendo recebido sua forma própria e determinada, não da educação somente, mas do concurso bem ou mal ordenado da índole e da educação, não é mais possível ajustá-los senão apresentando-os um a outro para ver se se convêm em todos os aspectos, ou para preferir, ao menos, a escolha que favoreça o máximo possível de conveniências.

O mal está em que, ao desenvolver os caracteres, o estado social distingue as posições, e não sendo uma das duas ordens semelhante à outra, quanto mais se distinguem as condições, mais se confundem os caracteres. Daí os casamentos desiguais e todas as desordens que deles decorrem; donde se vê, por uma consequência evidente, que quanto mais nos afastamos da igualdade, mais os sentimentos naturais se alteram; quanto maior o intervalo entre os grandes e os pequenos, mais o laço conjugal se afrouxa; quanto mais ricos e pobres há, há menos pais e maridos. Nem o senhor nem o escravo têm mais família; cada qual não vê senão sua condição.

Se quereis impedir os abusos e realizar casamentos felizes, sufocai os preconceitos, esquecei as instituições humanas e consultai a natureza. Não junteis pessoas que nunca se convirão fora de determinadas condições, mas pessoas que se convenham em qualquer situação que seja, em qualquer terra onde habitem, em qualquer posição na qual possam cair. Não digo que as relações convencionais sejam indiferentes no casamento, mas digo que a influência das relações naturais é tão maior do que a sua; que ela, por si só, decide da sorte da vida, e que há certa conveniência de gostos, humores, sentimentos, caracteres, que deveria fazer um pai sábio comprometer-se, seja ele um príncipe ou um monarca, a dar a seu filho, sem hesitar, a moça que tivesse essas conveniências, fosse ela de família simplória ou filha de carrasco. Sim, afirmo que, mesmo que todas as desgraças imagináveis viessem sobre dois esposos bem unidos, eles gozariam de uma felicidade mais verdadeira chorando juntos, do que conseguiriam, com todas as fortunas da terra, envenenados pela desunião dos corações.

Portanto, em vez de destinar desde a infância uma esposa a meu Emílio, esperei conhecer a que lhe convém. Não sou eu que realizo tal destinação, é a natureza; minha tarefa está em encontrar a escolha que ela fez. Minha tarefa, e digo a minha e não a do pai, pois, ao me confiar seu filho, ele cede seu lugar, substitui o direito dele pelo meu; eu é que sou o verdadeiro pai de Emílio, fui eu quem o fez homem. Teria recusado educá-lo se eu não tivesse o direito de casá-lo segundo sua escolha, isto é, a minha. Só o prazer de fazer um homem feliz pode pagar o que custa para pô-lo em condições de o ser.

Não acrediteis que eu tenha esperado, para encontrar a esposa de Emílio, que eu impusesse a ele o dever de procurá-la. Essa procura fingida não passa de um pretexto para fazê-lo conhecer as mulheres, a fim de que sinta o valor da que lhe convém. Há muito Sofia foi encontrada; talvez Emílio já a tenha visto, mas ele só a reconhecerá quando chegar a hora.

Embora a igualdade de condições não seja necessária ao casamento, quando essa igualdade se junta às demais conveniências, ela lhes dá um novo valor; não entra na balança com nenhuma outra, mas faz pender quando nada é desigual.

A menos que seja um monarca, um homem não pode procurar mulher de qualquer condição, pois os preconceitos que não tiver, ele os encontrará nos outros; e uma jovem que talvez lhe fosse conveniente poderia, justamente por isso, não ser obtida. Há, pois, máximas de prudência que devem limitar as pesquisas de um pai judicioso. Não deve querer pôr seu aluno em uma posição acima da sua, pois isso não depende dele. E, ainda que o pudesse, assim mesmo não deveria querê-lo; pois, ao menos em meu caso, que importância tem para o jovem sua posição? Ao ascender, ele se expõe a mil males reais que sentirá durante toda a vida. Digo até que ele não deve querer compensar bens de outros tipos, como a nobreza e o dinheiro, porque cada um deles acrescenta menos valor ao outro do que recebe de alteração; além disso, nunca se concorda acerca da estimativa comum; e, enfim, a preferência que cada qual dá à sua parte prepara a discórdia entre duas famílias e, não raro, entre dois esposos.

Também é muito diferente para a ordem do casamento que o homem faça aliança acima ou abaixo de si. O primeiro caso é inteiramente contrário à razão; o segundo é mais conforme a ela. Como a família só se liga à sociedade por seu chefe, é a condição desse chefe que regula a da família toda. Quando ele se casa em uma posição mais baixa, ele não desce, mas eleva a esposa; ao contrário, quando desposa uma mulher em condição superior, ele a abaixa sem se elevar. Assim, no primeiro caso, há bem sem mal e, no segundo, mal sem bem. Além disso, está na ordem da natureza que a mulher obedeça ao homem. Quando ele a escolhe em um nível inferior, a ordem natural e a ordem civil concordam e tudo vai bem. É o contrário quando, aliando-se acima de si, o homem se põe na alternativa de ferir seu direito ou seu reconhecimento, de ser ingrato ou desprezado. Então a mulher, tendo pretensões à autoridade, torna-se o tirano de seu chefe; e o senhor transformado em escravo se vê como a mais ridícula e miserável das criaturas. Assim, são os infelizes favoritos que os reis da Ásia honram e atormentam com suas alianças, e que, para dormirem com suas mulheres, só ousam chegar perto do leito arrastando-se.

Prevejo que serei acusado de contradição por muitos de meus leitores, os quais lembrarão que dou à mulher um talento natural para governar o homem; entretanto, eles se enganam. Há muita diferença entre se arrogar o direito de mandar e governar quem manda. O império da mulher é um império de doçura, de habilidade e de complacência; suas ordens são carinhos, suas ameaças são lágrimas. Ela deve reinar na casa como um ministro no Estado, deixando-se ser mandada acerca do que ela quer fazer. Nesse sentido, é previsível que os melhores lares sejam aqueles em que a mulher tem mais autoridade. Porém, quando ela despreza a voz do chefe, quando quer usurpar os direitos dele e mandar ela própria, dessa desordem resulta apenas miséria, escândalo e desonra.

Resta para o homem a escolha entre suas iguais e suas inferiores; e creio ainda que alguma restrição deva ser feita quanto às últimas, porque é difícil encontrar, em meio ao populacho, uma esposa capaz de fazer a felicidade de um homem de bem: não porque sejam mais viciados nas últimas posições do que nas primeiras, mas porque nelas não se tem muita ideia do que é belo e honesto, e a injustiça das outras condições leva-as a verem a justiça em seus próprios vícios.

Por natureza, o homem pouco pensa. Pensar é uma arte que se aprende como todas as outras, e até com mais dificuldade. Só conheço para os dois sexos duas classes realmente distintas: uma, das pessoas que pensam, e outra, das que não pensam; e essa diferença vem quase unicamente da educação. Um homem da primeira dessas duas classes não deve aliar-se com pessoa da outra; pois o maior encanto da sociedade falta à sua condição quando, tendo uma mulher, ele se vê reduzido a pensar sozinho. As pessoas que passam a vida inteira trabalhando para viver não pensam noutra coisa senão em seu trabalho ou em seu interesse, e todo o seu espírito parece estar na força de seus braços. Essa ignorância não é nociva nem à probidade nem aos costumes; no mais das vezes, ela até tem serventia. Em geral, de tanto refletirmos sobre os deveres, transigimos com eles, e acabamos criando um jargão que assume o lugar das coisas. A consciência é o mais esclarecido dos filósofos: não é preciso conhecer os *Deveres* de Cícero para ser homem de bem; e a dama mais honesta é talvez quem menos saiba o que seja honestidade. Porém, não é menos verdade que somente um espírito cultivado torna as relações agradáveis; e, para um pai de família que se compraz em seu lar, é uma coisa triste ser forçado de ali se fechar em si mesmo sem poder ser compreendido por ninguém.

Além do mais, como uma mulher que não tem o hábito de refletir educará seus filhos? Como discernirá o que lhes convém? Como os tornará dispostos às virtudes que ela mesma não conhece e em relação às quais não tem nenhuma ideia? Saberá apenas lisonjeá-los ou ameaçá-los, torná-los insolentes ou medrosos; fará deles macacos afetados ou moleques avoados, mas nunca bons espíritos nem crianças amáveis.

Não convém, pois, que um homem educado tome uma mulher que não o seja, nem, por conseguinte, uma mulher cuja posição não a permitiria ser educada. Mas eu ainda preferiria cem vezes mais uma jovem simples e grosseiramente educada a uma jovem douta e pedante, que viesse estabelecer em meu lar um tribunal de literatura que ela presidiria. Uma mulher pedante é o flagelo do marido, dos filhos, dos amigos, dos criados, de todo mundo. Da sublime elevação de seu belo gênio, ela desdenha todos os seus deveres de mulher, e começa sempre por se fazer homem à maneira da srta. de l'Enclos. Fora de casa ela é sempre ridícula e muito justamente criticada, pois não se pode deixar de sê-lo quando se sai de sua condição sem ser feito para a que se quer assumir. Todas essas mulheres de grandes talentos só impressionam os tolos. Sabe-se sempre quem é o artista ou o amigo que maneja a pena ou o pincel quando elas trabalham; sabe-se qual o discreto homem de letras que lhes dita em segredo seus oráculos. Toda essa charlatanice é indigna de uma mulher de bem. E, ainda que tenha verdadeiro talento, sua pretensão o avilta. Sua dignidade está em ser ignorada; sua glória, na estima de seu marido; seus prazeres, na felicidade de sua família. Leitores, apelo a vós mesmos, tende boa-fé: quando uma mulher entra em seu quarto, o que vos dá melhor impressão e faz que a trateis com mais respeito? Vê-la ocupada nos trabalhos de seu sexo, nos cuidados de seu lar, cercada de roupas das crianças, ou encontrá-la escrevendo versos no toucador, cercada de brochuras de toda espécie e de bilhetinhos pintados de todas as cores? Se só houvesse homens sensatos na terra, toda moça letrada permaneceria solteira a vida toda.

Quaeris cur nolim te ducere, Galla? diserta es.[29]

Depois dessas considerações, vem a do aspecto; é a primeira que impressiona e a última que se deve fazer, embora não seja preciso desprezá-la. A grande beleza, a meu ver, deve antes ser evitada do que procurada no casamento. A beleza logo fica desgastada pela posse; ao fim de seis semanas ela nada mais é para o possuidor, mas seus perigos duram tanto quanto ela. A menos que uma bela mulher seja um anjo, seu marido é o mais infeliz dos homens; e mesmo que ela fosse um anjo, como poderá ela impedir que esse anjo esteja sempre cercado de inimigos? Se a extrema feiura não fosse asquerosa, eu a preferiria à extrema beleza; pois, como ambas se tornam indiferentes para o marido em pouco tempo, a beleza vira inconveniente e a feiura, vantagem. Mas a feiura que provoca repulsa é a maior das desgraças; tal sentimento, longe de desaparecer, aumenta sem cessar e transforma-se em ódio. Casamento assim é um inferno; é preferível morrer do que se unir assim.

Desejai a mediania em tudo, sem exceção da própria beleza. Uma aparência agradável e complacente, que não inspire o amor e sim a benevolência, é o que se deve preferir; não prejudica o marido e a vantagem redunda em proveito comum: as graças não se desgastam como a beleza, elas têm vida, elas se renovam sem cessar e, ao fim de trinta anos de casamento, uma graciosa mulher de bem agrada a seu marido como no primeiro dia.

---

29 "Perguntas por que não quero te desposar, Galla? És eloquente" (Marcial, *Epigramas*, XI, 19). (N. T.)

Livro V

Tais são as reflexões que determinaram minha escolha de Sofia. Aluna da natureza como Emílio, ela é feita para ele mais do que qualquer outra; ela será a mulher do homem. É sua igual pelo nascimento e pelo mérito, sua inferior pela fortuna. Não encanta à primeira vista, mas agrada mais a cada dia. Seu maior encanto só aparece aos poucos; só se desenvolve na intimidade das relações, e seu marido o sentirá mais do que ninguém no mundo. Sua educação não é nem brilhante nem negligente; tem gosto sem estudo, talentos sem arte, juízo sem conhecimentos. Seu espírito não sabe, mas é cultivado para aprender; é uma terra bem preparada e que só espera a semente para produzir. De livros, só leu Barrême[30] e Telêmaco, que lhe caiu por acaso nas mãos; mas uma jovem capaz de se apaixonar por Telêmaco terá um coração sem sentimento e um espírito sem delicadeza? Ó amável ignorância! Feliz daquele que destinam para instruí-la! Ela não será o professor de seu marido, mas sua discípula; longe de querer submetê-lo a seus próprios gostos, ela adotará os dele. Valerá mais para ele do que se fosse sábia; ele terá o prazer de tudo lhe ensinar. Já é tempo de se encontrarem; trabalhemos por aproximá-los.

Partimos de Paris tristes e pensativos. Esse lugar de falatórios não é nosso centro. Emílio lança um olhar de desdém para essa grande cidade e diz com desgosto: "Quantos dias perdidos em vãs pesquisas! Ah, não é aí que está a esposa de meu coração. Meu amigo, vós o sabíeis muito bem, mas meu tempo não vos custa nada, e meus males pouco vos fazem sofrer". Eu o encaro fixamente e digo-lhe sem me comover: "Emílio, acreditais no que dizeis?". No mesmo instante ele me abraça confuso e me aperta sem responder. É sempre sua resposta quando está errado.

Eis-nos pelos campos como verdadeiros cavaleiros errantes. Não como aqueles que procuravam aventuras: ao contrário, delas fugimos deixando Paris, mas imitando bastante seu andar errante, desigual, ora galopando, ora trotando. De tanto seguirem minha prática, ter-lhe-ão sem dúvida

---

30 François Barrême (1638-1703), matemático francês. Autor de *Le Livre nécessaire pour les comptables, avocats, notaires, procureurs, négociants, et généralement à toute sorte de conditions* (1756), obra de contabilidade. (N. T.)

entendido o espírito; e não imagino nenhum leitor ainda tão habituado aos costumes para nos supor a ambos dormindo em uma boa diligência bem fechada, andando sem nada ver, sem nada observar, tornando nulo para nós o intervalo entre a partida e a chegada, e com a velocidade de nossa marcha, perdendo o tempo para poupá-lo...

Os homens dizem que a vida é curta, e vejo que eles se esforçam para torná-la assim. Não sabendo empregá-la, queixam-se da rapidez do tempo, e eu vejo que passa demasiado lentamente para seu gosto. Sempre ocupados apenas com o objeto que almejam, lamentam o intervalo que dele os separa: um desejaria já estar no dia seguinte; outro, um mês depois; outro, dez anos mais tarde; nenhum quer viver hoje; ninguém está contente com a hora presente, todos acham que ela é lenta demais. Quando se queixam de que o tempo passa depressa demais, mentem; pagariam de bom grado o poder de acelerá-lo; empregariam de bom grado sua fortuna em consumir a vida inteira; e talvez não haja um só que não reduzisse seus anos a poucas horas, em sendo senhor de suprimir ao sabor de seu tédio as que pesem, e ao sabor de sua impaciência as que o separem do momento desejado. Um passa a metade da vida indo de Paris a Versalhes, de Versalhes a Paris, da cidade ao campo, do campo à cidade, e de um bairro a outro, e que se sentiria muito embaraçado com suas horas se não tivesse o segredo de perdê-las assim, afastando-se propositadamente de seus negócios para se ocupar com ir procurá-los. Pensa ganhar o tempo que gasta a mais, com o qual, se assim não fosse, não saberia como empregar; ou, ao contrário, corre por correr, e anda de diligência sem outro objetivo senão o de voltar do mesmo modo. Mortais, não deixareis nunca de caluniar a natureza? Por que vos queixardes de que a vida é curta, se ela não é ainda curta o suficiente para vós? Se há algum de vós que saiba pôr suficiente temperança em seus desejos, para nunca desejar que o tempo passe, não a estimará tão curta; viver e gozar serão para ele a mesma coisa; e ainda que viesse a morrer jovem, morreria satisfeito com seus dias.

Mesmo que eu tivesse apenas essa vantagem em meu método, só por isso ele ainda seria preferível a qualquer outro. Não eduquei meu Emílio para desejar nem esperar, mas para gozar; e quando ele projeta seus desejos além do presente, não o faz com ardor tão impetuoso a ponto de se importunar com a lentidão do tempo. Não gozará somente do prazer de desejar, mas também de ir ao objeto que deseja; e suas paixões são tão moderadas que ele se encontra sempre mais onde está do que onde estará.

Não viajamos, portanto, como passageiros, mas como viajantes. Não pensamos somente nos dois termos, mas também no intervalo que os separa. A própria viagem é um prazer para nós. Não a realizamos tristemente sentados e como prisioneiros em uma gaiola bem fechada. Não viajamos na indolência nem no repouso das mulheres. Não afastamos de nós nem o ar livre, nem a visão dos objetos que nos cercam, nem a comodidade de contemplá-los à vontade quando nos agrada fazê-lo. Emílio nunca entrou em uma charrete postal nem corre feito emissário a menos que tenha pressa. Mas de que pode ter pressa Emílio? De uma única coisa: gozar a vida. Acrescentarei também de fazer o bem quando pode? Não, pois mesmo isso é gozar a vida.

Só concebo uma maneira mais agradável de viajar do que a cavalo: é ir a pé. Parte-se quando se quer, para-se quando se tem vontade, faz-se tanto ou tão pouco exercício quanto se deseja. Observa-se toda a região; olha-se para a direita e para a esquerda; examina-se o que apraz e a cada lugar visto é possível parar. Vejo um riacho, sigo-o; um bosque cerrado, acompanho sua sombra; uma gruta, visito-a; uma pedreira, examino os minerais. Fico em qualquer lugar que me aprouver. No instante em que me aborreço, vou-me embora. Não dependo nem de cavalos nem de cocheiro. Não preciso escolher caminhos já abertos nem estradas cômodas; passo por toda parte onde um homem pode passar; vejo tudo que um homem pode ver; e, dependendo apenas de mim mesmo, gozo de toda a liberdade de que um homem pode gozar. Se o mau tempo me detém e se me aborreço, então pego cavalos. Se me canso... mas Emílio não se cansa nunca; ele é robusto; e por que se cansaria? Não está com pressa. Se para, como pode se aborrecer? Leva consigo aquilo que o diverte. Entra em uma oficina, trabalha; exercita seus braços para descansar os pés.

Viajar a pé é viajar como Tales, Platão e Pitágoras. Custo a compreender como um filósofo pode decidir-se por viajar de outro modo e perder a chance de examinar as riquezas sobre as quais pisa e que a terra oferece prodigamente à sua vista. Quem, gostando um pouco de agricultura, não quer conhecer as produções particulares ao clima dos lugares que atravessa, e a maneira de cultivá-las? Quem é que, tendo algum gosto pela história natural, pode se decidir a passar por um terreno sem o examinar, por um rochedo sem tirar uma lasca, por montanhas sem herborizar, por pedreiras sem procurar fósseis? Vossos filósofos de ocasião estudam a história natural em gabinetes; possuem miniaturas e sabem nomes, sem nenhuma ideia da natureza. Mas o gabinete de Emílio é mais rico do que os dos reis: é a terra inteira. Cada coisa tem nele seu lugar: o naturalista que toma conta dele arranjou tudo em uma bela ordem: Daubenton não faria melhor.[31]

Quantos prazeres diferentes juntamos com essa maneira agradável de viajar! Sem contar a saúde que se fortalece e o humor que se alegra. Sempre vi que aqueles que viajam em bons carros bem macios, parecem sonhadores, tristes, resmungões ou sofredores; e os pedestres sempre alegres, ligeiros e contentes com tudo. Como o coração ri quando nos aproximamos de uma pousada! Como uma refeição grosseira nos parece saborosa! Que bom sono se tem em um mau leito! Quando só se quer chegar, pode-se correr com a carruagem postal; mas, quando se quer viajar, é preciso ir a pé.

Se, antes de termos feito 50 léguas da maneira como imagino, Sofia não estiver esquecida, será por eu ter sido pouco hábil ou Emílio pouco curioso; pois, com tantos conhecimentos elementares, é difícil que ele não seja tentado a adquirir outros mais. Só somos curiosos na medida em que somos instruídos; ele sabe precisamente o bastante para querer aprender.

Entretanto, um objeto atrai o outro e nós avançamos sempre. Estabeleci para nosso primeiro trajeto um termo distante: o pretexto para isso é fácil; saindo de Paris, é preciso ir procurar uma mulher longe.

Um dia, depois de termos nos perdido mais do que de costume pelos vales, pelas montanhas, não percebendo mais nenhum caminho, não conseguimos

---

31 Louis-Jean-Marie Daubenton (1716-1800), médico e naturalista francês, trabalhou com Buffon entre 1749 e 1765 na edição da *História natural*. Foi diretor do Muséum national d'histoire naturelle, em Paris. (N. T.)

mais encontrar o nosso. Pouco nos importa, todos os caminhos são bons, desde que se chegue: contudo, quando se tem fome, aí sim é preciso chegar. Felizmente encontramos um camponês que nos leva à sua cabana; comemos com grande apetite seu magro jantar. Vendo-nos tão cansados, tão esfomeados, ele nos diz: "Se o bom Deus vos houvesse conduzido para o outro lado da colina, teríeis sido melhor recebidos... teríeis encontrado uma casa de paz... gente tão caridosa... gente tão boa!... Essas pessoas não têm coração melhor do que eu, mas são mais ricos, embora digam que o eram bem mais outrora... Não sofrem, graças a Deus, e toda a região se serve do que lhes resta".

Ao ouvir dessa boa gente, o coração do bom Emílio se expande. "Meu amigo", diz ele olhando-me, "vamos para essa casa cujos donos são abençoados pela vizinhança. Gostaria muito de vê-los, talvez eles fiquem igualmente contentes em nos ver. Estou certo de que nos receberão bem: se são dos nossos, seremos dos deles".

Bem indicado o local da casa, partimos, erramos pelos bosques, uma grande chuva nos surpreende pelo caminho; atrasa-nos sem nos deter. Sem perder a rota, à noite chegamos finalmente à casa designada. Essa casa, embora simples, tem alguma aparência no povoado que cerca. Apresentamo-nos e pedimos hospitalidade. Fazem-nos falar com o dono; ele nos questiona, mas polidamente: sem dizer o motivo de nossa viagem, dizemos o de nosso desvio. Ele conservou de sua antiga opulência a facilidade de conhecer a condição das pessoas por suas maneiras. Quem quer tenha vivido na alta sociedade raramente se engana a esse respeito: com tal passaporte, somos admitidos.

Mostram-nos um apartamento muito pequeno, mas limpo e cômodo; acendem o fogo e ali encontramos roupas e lençóis, tudo de que necessitamos. "Dir-se-ia que éramos esperados!", diz Emílio surpreso. "Como o camponês tinha razão! Que atenção! Que bondade! Que previdência! E com desconhecidos! Acredito estar no tempo de Homero." "Sede sensível a tudo isso", digo-lhe, "mas não vos espanteis; onde forem raros os estrangeiros, eles são sempre bem recebidos. Nada torna mais hospitaleiro do que não precisar sê-lo muitas vezes: é a afluência dos hóspedes que destrói a hospitalidade. No tempo de Homero quase não se viajava, e os viajantes eram bem recebidos por toda parte. Somos talvez os únicos viajantes que terão visto por aqui durante o ano todo." "Não importa", responde ele, "pois já é um elogio saber dispensar hóspedes e recebê-los sempre bem."

Quando já estávamos secos e recompostos, fomos procurar o dono da casa; ele nos apresenta sua mulher, ela nos recebe, não somente com polidez, mas também com bondade. A honra de seus olhares se dirige sobretudo a Emílio. Uma mãe, que era seu caso, raramente vê sem inquietação, ou ao menos sem curiosidade, um homem dessa idade entrar em sua casa.

Apressam o jantar por nossa causa. Entrando na sala de jantar, vemos cinco lugares: todos nos sentamos, um lugar permanece vazio. Uma mocinha entra, faz uma grande reverência e senta-se modestamente sem falar. Ocupado com sua fome e com suas respostas, Emílio saúda-a, fala e come. O principal objeto de sua viagem está tão longe de seu pensamento a ponto de fazê-lo acreditar ainda estar longe do fim. A conversa gira em torno dos viajantes que se perdem. O dono da casa diz: "Senhor, vós me pareceis um jovem amável e sensato; e isso me leva a pensar que chegastes aqui, com vosso governante, cansados e molhados, como Telêmaco e Mentor na ilha de Calipso". Emílio responde: "É verdade, e encontramos aqui a hospitalidade de Calipso". E seu Mentor acrescenta: "E os encantos de Eucaris". Emílio, porém, conhece a *Odisseia* e não leu *Telêmaco*; não sabe o que seja Eucaris. Quanto à mocinha, vejo-a corar até os olhos e abaixá-los para o prato, sem ousar respirar. A mãe, que nota o embaraço, faz sinal ao pai e este muda de assunto. Falando de sua solidão, envereda insensivelmente pela narrativa dos acontecimentos que nela o confinaram; as desgraças de sua vida, a constância de sua esposa, as consolações que encontraram em sua união, a vida doce e tranquila que levam em seu retiro, tudo sem dizer nenhuma palavra sobre a jovem. Tudo isso constitui uma narrativa agradável e tocante, que não se pode ouvir sem interesse. Emílio, emocionado e enternecido, interrompe a comilança para escutar. Finalmente, no momento em que o mais honesto dos homens falava com maior prazer sobre o apego da mais digna das mulheres, o jovem viajante, fora de si, aperta uma das mãos do marido e, com a outra, toma também a da mulher, sobre a qual se inclina em um rompante, molhando-a de lágrimas. A ingênua vivacidade do jovem comove a todos; mas a menina, mais sensível do que ninguém a essa manifestação de um bom coração, acredita ver Telêmaco afetado pelas desgraças de Filocteto. A fim de melhor examinar a aparência de Emílio, desvia discretamente o olhar para ele, e não encontra nada que desminta a comparação. A atitude desembaraçada mostra liberdade sem arrogância; as maneiras são vivas sem serem avoadas; a sensibilidade torna o olhar mais doce, a fisionomia mais tocante: vendo-o chorar, a jovem quase mistura suas lágrimas às dele. Com tão bom pretexto, uma vergonha secreta a retém: já se censura pelas lágrimas prestes a cair, como se fosse um mal derramá-las pela família.

A mãe, que desde o começo do jantar não deixou de vigiá-la, vê seu constrangimento e a liberta mandando-a fazer uma tarefa. Um minuto depois, a mocinha volta, mas tão mal recuperada que sua perturbação é visível a todos. A mãe diz-lhe com doçura: "Sofia, acalmai-vos, não deixareis nunca de chorar as desgraças de vossos pais? Vós que os consolas delas, não sejais mais sensível a elas do que eles".

Ao nome de Sofia, teríeis visto Emílio tremer. Impressionado com um nome tão caro, ele se levanta em um sobressalto e lança um olhar ávido para aquela que ousa ser assim chamada. "Sofia, ó Sofia! Sois vós quem meu coração procura? Sois vós quem meu coração ama?". Ele observa, contempla-a com uma espécie de temor e de desconfiança. Não vê exatamente a figura que imaginara; não sabe se o que vê vale mais ou menos. Estuda cada traço, espia cada movimento, cada gesto; para tudo encontra mil interpretações confusas; daria a metade de sua vida para que ela quisesse dizer uma única palavra. Ele me olha inquieto e perturbado; seus olhos fazem-me de uma só vez cem perguntas e cem censuras. Parece dizer-me a cada olhar: guiai-me enquanto é tempo; se meu coração se entrega e se engana, não me recuperarei enquanto estiver vivo.

Emílio é o homem da sociedade que menos sabe se disfarçar. Como se disfarçaria na maior perturbação de sua vida, entre quatro espectadores que o examinam, e dos quais o mais discreto na aparência é efetivamente o mais atento? Seu desconcerto não escapa aos olhos penetrantes de Sofia; os seus próprios, de resto, mostram qual seu objeto: ela vê que essa inquietação ainda não é amor. Mas, que importa? Ele se ocupa dela e isso basta; ela será bem infeliz se ele se ocupar da inquietação impunemente.

As mães têm olhos como suas filhas, mas com a vantagem da experiência. A mãe de Sofia sorri do êxito de nossos projetos. Lê nos corações dos dois jovens; vê que é hora de fixar o do novo Telêmaco; faz a filha falar. A filha, com sua doçura natural, responde em um tom tímido que não deixa de produzir efeito. Ao primeiro som dessa voz, Emílio se rende: é Sofia, ele não duvida mais. E se não fosse, já seria tarde demais para negar-se.

É então que os encantos dessa moça feiticeira inundam seu coração, e que ele começa a engolir em quantidade o veneno com que ela o embriaga. Ele não fala mais, não responde mais; só vê Sofia; só ouve Sofia; se ela diz uma palavra, ele abre a boca; se ela abaixa os olhos, ele os abaixa também; se a vê suspirar, suspira: é a alma de Sofia que parece animá-lo. Como a dele mudou em poucos instantes! Já não é mais a vez de Sofia tremer, é a de Emílio. Adeus à liberdade, à ingenuidade e à franqueza. Confuso, embaraçado e temeroso, ele não ousa mais olhar ao redor de si, de medo de ver que o olham. Envergonhado de se deixar penetrar, desejaria tornar-se invisível a todos a fim de contemplá-la incansavelmente sem ser observado. Sofia, ao contrário, readquire segurança com o temor de Emílio; vê seu triunfo e desfruta dele.

No'l mostra già, ben che in suo cor ne rida.[32]

Ela não mudou de postura; mas, apesar de seu ar modesto e de seus olhos abaixados, seu terno coração palpita de alegria e diz-lhe que encontrou Telêmaco.

Se eu entrar aqui na história talvez ingênua e simples demais de seus inocentes amores, encararão os pormenores como um jogo frívolo e estarão errados. Não se considera o bastante a influência que deve ter a primeira

---

[32] "Ainda não demonstra, mas já sorri em seu coração" (Tasso, *Jerusalém libertada*, IV, 33). Referência à personagem Armida, feiticeira muçulmana cuja missão é seduzir e assassinar o soldado cristão Rinaldo, que, no entanto, acaba apaixonada por ele. (N. T.)

Livro V

ligação de um homem com uma mulher no curso da vida de um e de outro. Não se vê que uma primeira impressão, tão viva quanto a do amor, ou da inclinação que o substitui, tem efeitos duradouros cujo encadeamento não se percebe com o passar dos anos, mas que não cessam de agir até a morte. Nos tratados de educação, dão-nos grandes palavrórios inúteis e pedantes sobre os quiméricos deveres das crianças; e não nos dizem nada da parte mais importante e mais difícil de toda a educação, a saber, a crise que serve de passagem da infância à condição adulta. Se pude, de algum modo, tornar estes ensaios úteis, será sobretudo por ter-me estendido muito sobre essa parte essencial, omitida por todos os outros, e por não ter me desencorajado nessa empresa por falsas delicadezas, nem me assustado com as dificuldades da língua. Se disse o que é preciso fazer, disse o que devia dizer: pouco me importa ter escrito um romance. É um romance tão belo quanto o da natureza humana. Não é minha culpa se só se encontra neste escrito. Deveria ser a história de minha espécie? Sois vós, que a depravais, que fazeis um romance de meu livro.

Outra consideração que reforça a primeira é que não se trata aqui de um jovem entregue desde a infância ao medo, à ambição, à inveja, ao orgulho e a todas as paixões que servem de instrumentos às educações comuns; trata-se de um jovem de quem se tem aqui, não somente o primeiro amor, mas também a primeira paixão de qualquer espécie; e dessa paixão, a única talvez que sentirá vivamente em toda a sua vida, depende a última forma que deve adquirir seu caráter. Suas maneiras de pensar, seus sentimentos e seus gostos fixados por uma paixão durável vão adquirir uma consistência que não lhes permitirá mais alterações.

Entre mim e Emílio concede-se que a noite após uma reunião como essa não se passa inteira dormindo. Mas como? A simples conformidade de um nome deve ter tanto poder sobre um homem sábio? Haverá apenas uma Sofia no mundo? Assemelham-se todas elas pela alma assim como pelo nome? Serão a sua todas as que verá? É ele louco para se apaixonar assim por uma desconhecida com quem nunca falou? Esperai, jovem, examinai, observai. Não sabeis ainda, sequer, em casa de quem estais; e, em vos ouvindo, já vos imaginaríamos em vossa casa.

Não é hora de dar lições, e estas não são feitas para ser ouvidas. Só servem para dar ao jovem um novo interesse por Sofia mediante o desejo de justificar sua inclinação. A relação dos nomes, o encontro que ele acredita ser fortuito e minha própria reserva apenas irritam sua vivacidade: já Sofia lhe parece estimável demais para que não tenha certeza de fazer que eu a ame.

Desconfio muito que, com seus maus trajes de viagem, Emílio tratará de se vestir pela manhã com mais cuidado. É o que ele faz, mas dou risada de sua diligência em se acomodar à roupa da casa. Penetro em seu pensamento; leio nele, com prazer, que ele procura, preparando devoluções e trocas, estabelecer uma espécie de correspondência que lhe dê o direito de enviar e de trazer.

Eu esperara encontrar Sofia um pouco mais arrumada, por seu lado, mas enganei-me. Esse coquetismo vulgar é bom para aqueles que só querem agradar. O do verdadeiro amor é mais refinado; tem pretensões bem diferentes. Sofia está vestida com mais simplicidade do que na véspera, até mesmo de maneira mais negligente, embora com uma limpeza sempre escrupulosa. Só vejo coquetismo nessa negligência porque nela vejo afetação. Sofia sabe muito bem que se vestir mais sofisticadamente é uma declaração; mas ela não sabe que se vestir com negligência também o é. Mostra que não se contenta com agradar pela maneira de vestir-se, mas também por sua pessoa. Ah! Que importa àquele que ama como se esteja vestido, contanto que veja que reparam nele? Já certa de seu domínio, Sofia não se limita a impressionar com seus encantos os olhos de Emílio, quer que o coração dele os procure; não lhe basta que ele os veja, deseja que os imagine. Não viu ele o bastante para ser obrigado a adivinhar o resto?

É de se acreditar que, durante nossas conversas desta noite, Sofia e sua mãe não permaneceram mudas; houve confissões arrancadas e instruções dadas. No dia seguinte, todos se reúnem bem preparados. Não passaram doze horas desde que nossos jovens se viram; não trocaram ainda nenhuma palavra e já se vê que se entendem. O encontro deles não é familiar; é embaraçado, tímido; não se falam; seus olhos abaixados parecem evitar-se, e isso já é um sinal de intelecção; evitam-se, mas de comum acordo; já sentem a necessidade do mistério antes de dizerem qualquer coisa. Ao partir, pedimos permissão para virmos trazer nós mesmos o que levamos. A boca de

Livro V

Emílio pede essa permissão ao pai e à mãe, enquanto seus olhos inquietos, voltados para a filha, pedem-na a ela mais insistentemente. Sofia não diz nada, não faz nenhum sinal, não parece ver nada, nada ouvir; mas ela cora, e isso é uma resposta ainda mais clara do que a de seus pais.

Permitem-nos voltar, mas sem nos convidar a ficar. Tal conduta é conveniente; oferece-se abrigo a viajantes em dificuldade, mas não é decente que um amante durma na casa de sua amada.

Mal saímos dessa casa querida e Emílio já pensa em estabelecer-se nas redondezas: a cabana mais próxima parece-lhe longe demais; ele gostaria de dormir nos fossos do castelo. "Jovem avoado!", digo-lhe em um tom de piedade. "Como assim? A paixão já vos cega? Já não vedes mais nem as conveniências nem a razão! Infeliz! Acreditais amar e quereis desonrar vossa amada! Que dirão dela quando souberem que um moço que sai de sua casa dorme nas cercanias? Dizeis que a amais. Cabe-vos então fazerdes que perca sua reputação? É esse o preço da hospitalidade que seus pais vos ofereceram? Sereis a causa do opróbrio de quem esperais vossa felicidade?". "Ah!", responde ele com vivacidade, "que importam os vãos discursos dos homens e suas injustas suspeitas? Não me ensinastes, vós mesmo, a não os ter em conta? Quem sabe mais do que eu o quanto honro Sofia e o quanto a quero respeitar? Minha dedicação não fará sua vergonha, e sim sua glória, da qual será digna. Quando meu coração e meus cuidados lhe renderem por toda parte a homenagem que merece, em que poderei ultrajá-la?". Respondo abraçando-o: "Caro Emílio, raciocinais para vós; aprendei a raciocinar para ela. Não compareis a honra de um sexo com a de outro: eles têm princípios totalmente diferentes. Tais princípios são igualmente sólidos e razoáveis, porque derivam igualmente da natureza, e porque a mesma virtude que vos faz desprezar, para vós, os discursos dos homens, vos obriga a respeitá-los para vossa amada. Vossa honra está somente em vós, a dela depende de outrem. Negligenciá-la seria ferir a vossa própria, e não dais a vós mesmo o que vós vos deveis, se sois causa de não darem a ela o que lhe é devido".

Então, explicando-lhe as razões dessas diferenças, faço-lhe sentir que injustiça haveria em querer desprezá-las. Quem lhe disse que será o esposo de Sofia, cujos sentimentos ele ignora? Ela, cujo coração e cujos pais talvez tenham compromissos anteriores; ela, que ele não conhece, e que talvez não tenha com ele uma das conveniências que podem tornar feliz um casamento? Será que ignora que qualquer escândalo é para uma jovem uma mancha indelével, que nem mesmo o casamento com quem a causa apaga? E que homem sensível quer perder aquela a quem ama? Que homem de bem quer fazer que uma infeliz lamente para sempre a desgraça de lhe ter agradado?

O jovem, assustado com as consequências que o levo a encarar, e sempre extremado em suas ideias, agora acredita nunca estar longe o suficiente da morada de Sofia: dobra o passo para fugir mais rapidamente; olha ao nosso redor para ver se não estamos sendo ouvidos; sacrificaria mil vezes sua felicidade à honra daquela que ele ama; preferiria não mais a rever na vida a causar-lhe um único desprazer. É o primeiro fruto dos cuidados que tive desde sua juventude para formar-lhe um coração que saiba amar.

Trata-se, portanto, de encontrar um asilo afastado, porém alcançável. Procuramos, informamo-nos. Então soubemos de uma cidade a 2 grandes léguas de distância; vamos procurar alojar-nos ali, e não nas aldeias mais próximas onde nossa estada se tornaria suspeita. Aí chega enfim o novo amante, cheio de amor, de esperança, de alegria e, sobretudo, de bons sentimentos; e eis como, orientando pouco a pouco sua paixão nascente para o que é bom e honesto, levo insensivelmente todas as suas inclinações a se conformarem do mesmo modo.

Aproximo-me do término de minha carreira: já o percebo de longe. Todas as grandes dificuldades estão vencidas, todos os grandes obstáculos estão superados; nada mais me resta de penoso a fazer, exceto não estragar minha obra apressando-me em consumá-la. Na incerteza da vida humana, evitemos sobretudo a falsa prudência de imolar o presente pelo futuro. Muitas vezes, isso é imolar o que é pelo que não será. Tornemos o homem feliz em todas as idades, pois tememos que, após tantos cuidados, ele morra antes de o ter sido. Ora, se há um momento feito para gozar a vida é seguramente o fim da adolescência, quando as faculdades do corpo e da alma adquiriram maior vigor, e quando o homem, no meio do seu percurso, vê de mais longe os dois termos que o fazem sentir sua brevidade. Se a imprudente juventude se engana, não é porque deseja gozar, é porque procura o gozo onde não está e, preparando assim um futuro miserável, não sabe sequer aproveitar o momento presente.

Imaginais meu Emílio, passados vinte anos, bem formado, bem constituído de espírito e de corpo, forte, sadio, disposto, hábil, robusto, dotado de senso, razão, bondade, humanidade, possuidor de bons costumes e de gosto, amando o belo, fazendo o bem, liberto do império das paixões cruéis, isento do jugo da opinião, mas submisso à lei da sabedoria, e dócil à voz da amizade; possuindo todos os talentos úteis e diversos talentos agradáveis, preocupando-se pouco com as riquezas, contando com a força dos braços, não tendo medo de carecer de pão, aconteça o que acontecer. Ei-lo agora embriagado com uma paixão nascente, seu coração abrindo-se às primeiras chamas do amor: suas doces ilusões criam-lhe um novo universo de delícias e de prazeres; ama um objeto amável, e o ama ainda mais por seu caráter do que por sua pessoa; ele espera, aguarda um retorno que sente lhe ser devido. Foi da relação dos corações e do concurso dos sentimentos honestos que se formou a primeira inclinação deles: essa inclinação deve durar. Ele se entrega com confiança, com a própria razão, ao mais encantador delírio, sem temor, sem arrependimento, sem remorso, sem outra inquietude senão a que é inseparável do sentimento de felicidade. Que pode faltar ao seu? Vede, procurai, imaginai do que precisa ainda e possa ser ajustado ao que tem. Ele reúne todos os bens que podemos obter ao mesmo tempo; não se pode acrescentar-lhes nenhum em detrimento de outro; ele é feliz tanto quanto um homem pode ser. Irei neste momento abreviar um destino tão doce? Irei perturbar uma volúpia tão pura? Ah! Todo o valor da vida está na felicidade que experimenta. Que poderia eu dar-lhe que valesse o que lhe teria tirado? Mesmo levando ao auge sua felicidade, destruiria o maior encanto dela. Essa felicidade suprema é cem vezes melhor de se esperar do que de se obter; desfruta-se mais dela quando se a espera do que quando se a experimenta. Ó bom Emílio, ama e sê amado! Goza longamente antes de possuir; goza simultaneamente o amor e a inocência; faze teu paraíso na terra à espera do outro; não abreviarei este momento feliz de tua vida; nele distenderei o encantamento para ti; eu o prolongarei o mais possível. Infelizmente é preciso que acabe, e que acabe em pouco tempo; mas farei ao menos que dure sempre em tua memória, e que jamais te arrependas de o teres experimentado.

Emílio não esquece que temos restituições a fazer. Logo que se acham prontas, pegamos os cavalos e partimos a galope; dessa vez, ao partir ele gostaria de ter chegado. Quando o coração se abre às paixões, ele se abre ao tédio da vida. Se não perdi meu tempo, sua vida não passará inteira assim.

Infelizmente, a estrada é muito descontínua e a região, difícil. Nós nos perdemos; ele é o primeiro a perceber e, sem se impacientar nem se queixar, põe toda a sua atenção em reencontrar o caminho; erra longamente antes de voltar a se localizar, e sempre com o mesmo sangue-frio. Isso pode não parecer nada, mas é muito para mim que conheço sua índole impetuosa: vejo o fruto dos cuidados que tive para torná-lo forte aos golpes da necessidade.

Chegamos enfim. A recepção que nos fazem é bem mais simples e atenciosa do que da primeira vez; já somos velhos conhecidos. Emílio e Sofia cumprimentam-se com um pouco de embaraço, e ainda não se falam sempre: o que falariam em nossa presença? A conversa de que precisam dispensa testemunhas. Passeamos pelo jardim, que tem como canteiro uma horta muito bem ajeitada, e como parque um pomar coberto de belas e grandes árvores frutíferas de toda espécie, cortado em diversos sentidos por lindos regatos e platibandas cheias de flores. "Lindo lugar!", exclama Emílio, imbuído de seu Homero e sempre entusiasmado. "Imagino ver o jardim de Alcínoo." A menina desejaria saber o que é Alcínoo, e a mãe faz a pergunta. "Alcínoo", digo-lhes, "era um rei de Corcira, cujo jardim, descrito por Homero, é criticado pelas pessoas de gosto por ser simples demais e muito pouco enfeitado.[33] Esse Alcínoo tinha uma filha amável que, na véspera de

---

33 "Saindo do palácio encontra-se um vasto jardim de quatro jeiras, cercado e fechado por todos os lados, plantado com grandes árvores floridas, produzindo peras, romãs e frutas das mais belas espécies, figueiras de doces frutos e oliveiras verdejantes. Durante o ano inteiro essas belas árvores nunca ficam sem frutos: inverno e verão, o doce sopro do vento do oeste faz a um só tempo que se formem uns e amadureçam outros. Veem-se a pera e a maçã envelhecerem e secarem na árvore, o figo na figueira, e as uvas na videira. A vinha, inesgotável, nunca deixa de dar novos cachos; cozinham e confeitam alguns ao sol em um terreno, enquanto dão outras à vindima, deixando na planta as uvas que ainda estão em flor, as verdes, ou as que começam a escurecer. A

um estrangeiro ser hospedado na casa de seu pai, sonhou que logo teria um marido." Sofia, desconcertada, cora, abaixa os olhos, morde a língua, não se pode imaginar tão grande confusão. O pai, que se compraz em aumentá-lo, toma a palavra e diz que a jovem princesa ia ela própria lavar a roupa no regato. "Acreditai", continua, "que ela tenha recusado tocar nas toalhas sujas dizendo que cheiravam resto de comida?" Sofia entende a alusão e, esquecendo-se de sua timidez natural, pede desculpas com vivacidade. Seu paizinho sabe bem que toda roupa íntima não teria melhor lavadeira do que ela, se a tivessem permitido fazer isso,[34] e que ela faria muito mais se fosse ordenada a tanto. Enquanto assim discursa, ela me olha disfarçadamente com uma inquietação de que não posso deixar de rir, lendo em seu coração ingênuo os alarmes que a fazem falar. Seu pai tem a crueldade de ressaltar o estouvamento perguntando-lhe, em tom zombeteiro, por que ela fala de si mesma e o que isso tem a ver com a filha de Alcínoo. Envergonhada e trêmula, ela não ousa mais respirar nem olhar para ninguém. Jovem encantadora! Não cabe mais fingir: eis-vos declarada a contragosto.

Essa pequena cena é logo esquecida, ou parece sê-lo; muito felizmente para Sofia, Emílio é o único que não tinha compreendido nada. O passeio continua e nossos jovens, que a princípio estavam a nosso lado, têm dificuldade para se regularem pela lentidão de nossa marcha; eles insensivelmente nos precedem, aproximam-se e, enfim, juntam-se; e nós os vemos bastante longe à nossa frente. Sofia parece atenta e séria; Emílio fala e gesticula com ardor; não parece que a conversa os aborreça. Depois de uma longa hora, voltamos e os chamamos; eles voltam, mas lentamente por sua vez, e vê-se que aproveitam o tempo. Finalmente, de súbito, encerram a conversa antes

---

um dos lados, dois canteiros, bem cultivados, e cobertos de flores o ano inteiro, são ornamentados com duas fontes, uma das quais se distribui pelo jardim todo e a outra, depois de ter atravessado o palácio, é conduzida a um edifício erguido na cidade para matar a sede dos cidadãos."
Tal é a descrição do jardim real de Alcínoo, no sétimo livro da *Odisseia*; jardim em que, para vergonha do velho sonhador Homero e dos príncipes de seu tempo, não se veem nem grades, nem estátuas, nem cascatas, nem gramados.

34 Confesso ser bastante grato à mãe de Sofia por não lhe ter deixado maltratar no sabão mãos tão suaves, as quais Emílio deve beijar com frequência.

que estejamos ao alcance de ouvi-los, e eles dobram o passo para se juntarem a nós. Emílio dirige-se a nós com um ar aberto e carinhoso; seus olhos faíscam de alegria; contudo, ele olha com alguma inquietude para a mãe e Sofia, a fim de ver a recepção que lhe dará. Sofia não tem, nem de longe, atitude tão desenvolta; aproximando-se, ela parece toda confusa por se ver frente a frente com um rapaz, ela que tantas vezes se encontrou assim com outros sem se mostrar embaraçada e sem que jamais tivessem achado ruim. Apressa-se em correr para sua mãe, um pouco esbaforida, dizendo algumas palavras que não significam grande coisa, como para parecer estar ali há muito.

Diante da serenidade que se descreve acerca do rosto dessas amáveis crianças, vê-se que a conversa aliviou seus jovens corações de um grande peso. Não se mostram menos reservados um com o outro, mas sua reserva é menos embaraçada; ela só provém do respeito de Emílio, da modéstia de Sofia e da honestidade de ambos. Emílio ousa endereçar-lhe algumas palavras, às vezes ela ousa responder, mas ela nunca abre a boca sem voltar os olhos para a mãe. A mudança que parece mais sensível nela é em relação a mim. Ela me testemunha uma consideração mais atenciosa, olha-me com interesse, fala-me afetuosamente, presta atenção no que pode me agradar; vejo que me honra com sua estima e que não lhe é indiferente alcançar a minha. Compreendo que Emílio tenha lhe falado de mim; dir-se-ia que já conspiraram para me ganhar. Entretanto, não é o que ocorre, e a própria Sofia não se ganha tão depressa. Ele terá talvez mais necessidade de meus préstimos junto a ela do que dos dela junto a mim. Casal encantador!... Pensando que o coração sensível de meu jovem amigo fez que eu tivesse parte importante em sua primeira conversa com sua amante, gozo do prêmio de meu trabalho; sua amizade pagou-me tudo.

As visitas repetem-se. As conversações entre nossos jovens tornam-se mais frequentes. Emílio, embriagado de amor, acredita ter alcançado sua felicidade. Entretanto, não obtém nenhuma confissão formal de Sofia: ela o escuta e não lhe diz nada. Emílio conhece bem a modéstia dela; tanta hesitação o espanta pouco; não se sente como mal aos olhos dela, sabe que são os pais que casam os filhos; supõe que Sofia aguarda uma ordem dos pais, pede-lhe permissão de solicitá-la, ao que ela não se opõe. Ele me fala disso, eu falo em seu nome, até mesmo em sua presença. Que surpresa para ele saber que Sofia depende somente de si mesma e que, para torná-lo feliz, basta que ela o queira! Ele começa a não entender mais nada na conduta dela. Sua confiança diminui. Alarma-se, vê-se menos adiantado do que pensava sê-lo e é então que o amor mais terno emprega sua linguagem mais comovente para instigá-la.

Emílio não é feito para adivinhar o que o atrapalha; se não lhe dizem, ele terminará seus dias sem saber, e Sofia é orgulhosa demais para dizê-lo. As dificuldades que a retêm fariam a euforia de qualquer outra. Não se esqueceu das lições de seus pais. Ela sabe que é pobre e que Emílio é rico. Como ele precisa fazer-se estimado por ela! Quanto mérito não precisa para desfazer essa desigualdade! Mas como pensaria ele nesses obstáculos? Sabe Emílio que é rico? Digna-se sequer se informar disso? Graças aos céus que ele não o precisa ser, sabe ser benevolente sem isso. Tira de seu coração o bem que pratica, e não de sua bolsa. Dá aos infelizes seu tempo, seus cuidados, suas afeições, sua pessoa; e na avaliação de suas boas ações, mal ousa contar o dinheiro que distribui aos indigentes.

Não sabendo a que atribuir sua desgraça, atribui-a a si mesmo: pois quem ousaria acusar de capricho o objeto de suas adorações? A humilhação do amor-próprio aumenta as lamentações do amor rejeitado. Ele não se aproxima mais de Sofia com a amável confiança de um coração que se sente digno do dela; é medroso e trêmulo diante dela. Não espera mais comovê-la pela ternura, procura instigá-la pela piedade. Algumas vezes, sua paciência se esgota, e o despeito quase a substitui. Sofia parece pressentir seus transportes e olha-o. O simples olhar basta para desarmá-lo e intimidá-lo: ele é mais submisso do que antes.

Perturbado com essa resistência obstinada a esse silêncio invencível, ele abre o peito ao amigo. A ele revela as dores desse coração desolado de tristeza; implora sua assistência e seus conselhos. "Que mistério impenetrável! Ela se interessa por meu destino, não posso duvidar: longe de me evitar, ela se compraz comigo; quando chego, demonstra alegria, e quando parto, lamenta. Ela recebe minhas atenções com bondade e meus serviços parecem agradá-la; digna-se a dar-me conselhos, às vezes até mesmo ordens. Entretanto, rejeita minhas solicitações, minhas preces. Quando ouso falar de união, ela imperiosamente me impõe silêncio; e se acrescento uma palavra, abandona-me imediatamente. Por que estranha razão ela quer que eu seja dela sem querer ouvir falar em ser minha? Vós, a quem ela honra; vós, a quem ela ama e que não ousará calar, fazei-a falar. Servi vosso amigo, coroai vossa obra; não torneis vossos cuidados funestos a vosso amigo. Ah, o que ele recebeu de vós fará a miséria dele caso não lhe tornes a felicidade consumada!"

Falo com Sofia e arranco-lhe com certa dificuldade um segredo que eu já conhecia antes que ela me contasse. Obtive com mais dificuldade a permissão de comunicá-lo a Emílio. Obtive-o afinal. Minha explicação lança-o em um espanto de que não se refaz. Não compreende nada nessa delicadeza; não imagina o que escudos a mais ou a menos teriam a ver com o caráter e o mérito. Quando o faço entender o que têm a ver com os preconceitos, ele se põe a rir e, transportado de alegria, quer partir imediatamente, ir desfazer tudo, tudo abandonar e renunciar, para ter a honra de ser tão pobre quanto Sofia e voltar digno de ser seu esposo.

"Como!", digo-lhe detendo-o e rindo por minha vez de sua impetuosidade. "Essa jovem cabeça não amadurecerá nunca? E, depois de terdes filosofado a vida inteira, não aprendereis a raciocinar? Como não vedes que seguindo vosso projeto insensato ides piorar vossa situação e tornar Sofia mais intratável? É uma pequena vantagem ter alguns bens a mais do que ela, seria uma maior ainda sacrificá-los todos; e se a altivez dela não vos permite decidir-se pela primeira obrigação, como vos permitiria se decidir pela outra? Se ela não pode admitir que um marido se censure por tê-la enriquecido, admitirá que ele possa censurá-la por tê-lo empobrecido? Infeliz! Cuidai de que ela não suspeite que tenhais tido tal projeto. Ao contrário, tornai-vos ecônomo e atencioso por amor a ela, para que ela não vos acuse de querer conquistá-la com habilidade e de sacrificar-lhe voluntariamente o que perdeis por negligência.

"Acreditais no fundo que grandes bens a amedrontem e que seus protestos venham precisamente das riquezas? Não, caro Emílio; eles têm uma causa mais sólida e mais grave no efeito que as riquezas produzem na alma do possuidor. Ela sabe que os bens da fortuna são sempre preferidos a tudo pelos que os têm. Todos os ricos contam o ouro antes do mérito. Pondo em comum dinheiro e serviços, eles acham sempre que estes não pagam aqueles, e ainda pensam que, por comermos seu pão, ficamos lhes devendo enquanto passamos a vida servindo-os. Que deveis então fazer, Emílio, para tranquilizá-la acerca de seus temores? Fazei que ela vos conheça bem; não é coisa que acontece do dia para a noite. Mostrai-lhe nos tesouros de vossa nobre alma algum que possa compensar aqueles que tendes a infelicidade de possuir. Vencei sua resistência pela força da constância e do tempo; fazei que esqueça vossas riquezas insistindo em sentimentos grandes e generosos. Amai-a, servi-a, servi seus respeitáveis pais. Provai-lhe que vossos cuidados não são o efeito de uma louca e passageira paixão, mas de princípios indeléveis gravados no fundo de vosso coração. Honrai dignamente o mérito ultrajado pela fortuna: é o único meio de reconciliá-lo com o mérito que ela preferiu."

Compreende-se que esse discurso causa transportes de alegria no rapaz, como lhe dá confiança e esperança, como seu coração honesto se felicita por ter de fazer, para agradar Sofia, tudo o que faria espontaneamente ainda que Sofia não existisse, ou que ele não estivesse apaixonado por ela. Por pouco que tenha compreendido seu caráter, quem não imaginará sua conduta nessa ocasião?

Eis-me, pois, como confidente de meus dois jovens e o mediador de seus amores! Bela tarefa para um governante! Tão bela que nada fiz na vida que me elevasse tanto a meus próprios olhos, e que me tornasse tão contente de mim mesmo. De resto, essa tarefa não deixa de ter seus aspectos agradáveis: não sou mal recebido na casa, confiam em mim para manter a boa conduta dos dois amantes. Emílio, sempre com receio de desagradar, nunca foi tão dócil. A mocinha cumula-me de gentilezas que não me enganam, e das quais só aceito as que realmente me dizem respeito. É assim que ela se compensa indiretamente do respeito em que mantém Emílio. Faz-lhe, através de mim, mil carinhos ternos que não faria nele nem que devesse morrer; e ele, que sabe que não ameaço seus interesses, encanta-se com meu bom entendimento com ela. Consola-se quando ela lhe recusa o braço no passeio para preferir o meu. Afasta-se sem murmurar, apertando-me a mão e dizendo-me baixo com a voz e com os olhos: Amigo, falai por mim. Ele nos acompanha com os olhos e com interesse; procura ler nossos sentimentos pelas expressões e interpretar nossos discursos pelos gestos; sabe que nada do que se diz entre nós lhe é indiferente. Boa Sofia, como vosso coração sincero está à vontade quando, sem ser ouvida por Telêmaco, podeis conversar com seu Mentor! Com que amável franqueza vós o deixais ler tudo o que se passa nesse terno coração! Com que prazer mostrais a ele toda a vossa estima por seu aluno. Com que ingenuidade comovente vós o deixais penetrar vossos mais doces sentimentos! Com que fingida cólera respondeis ao importuno quando a impaciência o força a vos interromper! Com que encantador desdém lhe censurais sua indiscrição quando ele vem vos impedir de falar bem dele, de ouvir o mesmo de mim, e de tirar sempre de minhas respostas alguma nova razão para amá-lo!

Assim, tendo conseguido tornar-se tolerável como amante declarado, Emílio faz valer todos os direitos; fala, insiste, solicita, importuna. Pouco importa que lhe falem duramente ou que o maltratem, desde que ele se faça ouvir. Finalmente, ele obtém, não sem dificuldade, que Sofia por seu lado queira assumir abertamente diante dele a autoridade de uma amante, que lhe prescreva o que ele deve fazer, que mande em vez de pedir, que aceite em vez de agradecer, que determine o número e o tempo das visitas, que lhe proíba vir até tal dia, ou ficar após tal hora. Tudo isso não se faz por jogo, mas muito seriamente e, embora ela hesite em aceitar tais direitos, utiliza-os com um rigor que leva o pobre Emílio a arrepender-se de ter-lhos dado. Mas o que quer que ela ordene, ela não o contesta; e muitas vezes, ao partir, para obedecer, olha-me com olhos cheios de alegria que me dizem: "Vedes que ela tomou posse de mim". No entanto, a orgulhosa o observa disfarçadamente e sorri em segredo do orgulho de seu escravo.

Albano e Rafael, emprestai-me o pincel da volúpia![35] Divino Milton, ensinai minha pena grosseira a descrever os prazeres do amor e da inocência! Mas,

---

35 Referências a Rafaello Sanzio (1483-1520), um dos principais artistas do Renascimento italiano, e Francesco Albani (1578-1660), pintor italiano conhecido por tratar de temas ligados à mitologia. A referência seguinte é John Milton (1608-1674), poeta inglês, autor do *Paraíso perdido* (1667). (N. T.)

não... Escondei vossas artes enganadoras diante da santa verdade da natureza. Tende somente corações sensíveis, almas honestas, depois deixai vossa imaginação errar sem constrangimento sobre os transportes dos dois jovens amantes que, sob o olhar de seus pais e de seus guias, se entregam tranquilamente à doce ilusão que os adula e que, na embriaguez dos desejos, avançando lentamente rumo ao termo, entrelaçam com flores e grinaldas o laço feliz que deve uni-los até o túmulo. Tantas imagens encantadoras embriagam-me também; junto-as sem ordem e sem sequência; o delírio que provocam em mim impede-me de ligá-las. Oh!, quem é que, tendo um coração, não saberá pintar em si mesmo o quadro delicioso das diversas situações do pai, da mãe, da filha, do governante, do aluno, e do concurso de uns e outros para a união do casal mais encantador cuja felicidade possa ser causada pelo amor e pela virtude?

É agora que, realmente ávido por agradar, Emílio começa a sentir o valor dos talentos agradáveis que recebeu. Sofia gosta de cantar, ele canta com ela; faz mais, ensina-lhe música. Ela é viva e leve, gosta de pular, ele dança com ela; transforma os pulos em passos, ele a aperfeiçoa. Essas lições são encantadoras: uma louca alegria as anima e suaviza o tímido respeito do amor; é permitido a um amante dar essas lições com volúpia; é permitido ser o senhor de sua amante.

Temos um velho cravo totalmente desajustado. Emílio conserta-o e o afina, ele é fabricante, é violeiro, tanto quanto marceneiro; aprendeu sempre como máxima dispensar o auxílio dos outros em tudo o que ele próprio pode fazer. A casa está em uma situação pitoresca, ele faz dela diferentes pinturas, nas quais Sofia às vezes põe a mão, e com as quais decora o gabinete do pai. As molduras não são douradas nem precisam sê-lo. Vendo Emílio desenhar, imitando-o, ela se aperfeiçoa com o exemplo; cultiva todos os talentos e sua graça embeleza-os todos. Seu pai e sua mãe recordam a antiga opulência vendo ao redor deles brilharem as belas artes, a única coisa que fazia que a opulência lhes fosse cara. O amor enfeitou-lhes a casa inteira; sozinho, sem despesas e sem sofrimento, ele fez que reinassem os mesmos prazeres que eles só reuniam antes à custa de dinheiro e de aborrecimento.

Assim como o idólatra enriquece o objeto de seu culto com tesouros que estima e enfeita o altar do deus que adora, o amante, por mais que veja perfeita sua amante, não cessa de querer acrescentar-lhe novos ornamentos. Ela não precisa disso para agradá-lo, mas ele sente a necessidade de enfeitá-la; é uma nova homenagem que acredita prestar-lhe, é um novo interesse que dá ao prazer de contemplá-la. Parece-lhe que nada de belo está em seu lugar se não ornamenta a suprema beleza. É um espetáculo a uma só vez comovente e risível ver Emílio ansioso por ensinar a Sofia tudo o que sabe, sem consultar se o que ele quer lhe ensinar é de seu gosto ou lhe convém. Fala-lhe de tudo; explica-lhe tudo com uma pressa pueril; acredita que basta lhe dizer para que no mesmo instante ela o entenda; imagina de antemão o prazer que terá em raciocinar e filosofar com ela; encara como inútil todo conhecimento adquirido que não pode exibir aos olhos dela; quase se envergonha de saber alguma coisa que ela não sabe.

Ei-lo, pois, dando-lhe uma lição de filosofia, de física, de matemáticas, de história, enfim, de tudo. Sofia presta-se com prazer a seu zelo e procura aproveitar. Quando pode dar suas lições de joelhos diante dela, Emílio sente-se contente! Acredita ver os céus abertos. Entretanto, essa situação, mais incômoda para a aluna do que para o mestre, não é muito favorável à instrução. Assim, não se sabe bem o que fazer com os olhos para evitar os olhares perseguidores do outro, e quando os olhares se encontram, a lição não funciona muito bem.

A arte de pensar não é estranha às mulheres, mas elas só devem passar superficialmente pelas ciências do raciocínio. Sofia concebe tudo, mas não retém muita coisa. Seus maiores progressos são na moral e nas coisas do gosto; quanto à física, ela só retém alguma ideia das leis gerais e do sistema do mundo. Às vezes, em seus passeios, contemplando as maravilhas da natureza, seus corações inocentes e puros ousam erguer-se até seu autor: não temem sua presença, expandem-se conjuntamente diante dele.

Como! Dois amantes na flor da idade empregam seus encontros para falar de religião! Passam o tempo recitando seu catecismo! Para que serve aviltar o que é sublime? Sim, sem dúvida, eles o dizem na ilusão que os encanta; veem-se perfeitos, amam-se, entretêm-se com entusiasmo do que dá valor à virtude. Os sacrifícios que lhe fazem lhes tornam cara essa virtude. Nos transportes que precisam vencer, derramam juntos lágrimas mais puras do que o orvalho do céu, e essas doces lágrimas fazem o portento de suas vidas: encontram-se no mais encantador delírio que jamais alma humana experimentou. As próprias privações aumentam-lhes a felicidade e fazem que se vejam honrados por seus sacrifícios. Homens sensuais, corpos sem alma, eles conhecerão um dia vossos prazeres, e lamentarão durante toda a vida os tempos felizes em que os recusaram!

Apesar desse bom entendimento, não deixam de ocorrer, às vezes, dissensões e até querelas; ela não é isenta de caprichos, nem ele de arrebatamentos. Mas essas pequenas tempestades passam depressa e não fazem senão reforçar a união; a própria experiência ensina Emílio a não ter tanto medo delas. As vantagens das conciliações são-lhe sempre preferíveis aos danos das disputas. O fruto da primeira briga fez-lhe esperar o mesmo das outras; enganou-se; mas, enfim, se não tira sempre delas um proveito tão sensível, sempre ganha com elas ao ver confirmado por Sofia o interesse sincero que ela tem pelo coração dele. Querem saber em que consiste tal proveito? Concordo de bom grado, tanto mais quanto o exemplo me dará a oportunidade de expor uma máxima muito útil e de combater uma outra muito funesta.

Emílio ama, portanto, não é temerário; e concebe-se ainda mais que a imperiosa Sofia não é moça que lhe permita familiaridades. Como a sensatez tem seus limites em tudo, seria melhor acusá-la antes de demasiada dureza do que de demasiada indulgência; e até seu pai receia às vezes que sua altivez extremada degenere em arrogância. Mas nos encontros mais secretos, Emílio não ousaria solicitar o menor favor, nem sequer parecer aspirar a isso; e quando ela concorda em dar-lhe o braço no passeio, graça que ela não deixa transformar-se em direito, ele, suspirando, mal ousa, às vezes, apertá-lo contra o peito. Entretanto, após longo constrangimento, ele se arrisca a beijar furtivamente o vestido dela; e muitas vezes é bastante feliz por ela fazer de conta que não o percebe. Um dia, quando ele quer tomar um pouco mais abertamente a mesma liberdade, ela resolve achar ruim. Ele se obstina, irrita-se, o despeito dita-lhe algumas palavras mordazes; Emílio não as atura sem replicar; o resto do dia é só de aborrecimento, e eles se separam muito descontentes.

Sofia não se sente à vontade. Sua mãe é sua confidente; como lhe esconderia sua tristeza? É sua primeira briga, e uma briga de uma hora é um caso sério! Ela se arrepende de seu erro; sua mãe permite-lhe repará-lo, seu pai o ordena.

No dia seguinte, Emílio, inquieto, chega mais cedo do que de costume. Sofia está no toucador da mãe, e o pai também: Emílio entra com respeito, mas com um ar triste. Mal o pai e a mãe o cumprimentam, Sofia se volta e, apresentando-lhe a mão, pergunta-lhe em tom carinhoso como vai. É claro que essa linda mão não se adianta assim senão para ser beijada; ele a recebe e não a beija. Sofia, um pouco envergonhada, retira-a da maneira com o máximo de delicadeza possível. Emílio, que não está acostumado às maneiras das mulheres, e que não sabe para que serve o capricho, não o esquece facilmente e não se apazigua tão depressa. O pai de Sofia, vendo-a embaraçada, acaba de desconcertá-la com zombarias. A pobre menina, confusa e humilhada, não sabe mais o que fazer e daria tudo para poder chorar. Quanto mais se contém, mais seu coração se aflige; uma lágrima escapa enfim, apesar de seus esforços. Emílio vê essa lágrima, precipita-se a seus joelhos, toma-lhe a mão, beija-a várias vezes com arroubo. O pai diz: "Deus do céu, sois bom demais", e cai na gargalhada. "Eu teria menos indulgência por todas essas malucas, e castigaria a boca que me houvesse ofendido." Emílio, encorajado por tais palavras, dirige um olhar suplicante à mãe e, acreditando ver um sinal de consentimento, aproxima-se trêmulo do rosto de Sofia, que vira a cabeça e, para salvar a boca, expõe uma face rosada. O indiscreto não se contenta com ela, mas a resistência é fraca. Que beijo seria, se não tivesse sido roubado sob o olhar da mãe! Severa Sofia, cuidado; pedir-vos-ão muitas vezes para beijar--vos o vestido à condição de que às vezes o recuseis.

Depois dessa punição exemplar, o pai sai para um negócio qualquer; a mãe manda Sofia embora mediante qualquer vago pretexto, depois dirige a palavra a Emílio e diz-lhe em um tom sério:

"Senhor, creio que um jovem com tão bom nascimento e tão bem-educado quanto vós, que tem sentimentos e bons costumes, não gostaria de pagar com a desonra de uma família a amizade que ela lhe testemunha. Não sou intratável nem pudica. Sei o que se deve permitir à juventude marota, e o que permiti sob meus olhos é prova suficiente para vós. Consultai vosso amigo acerca de vossos deveres; ele vos dirá a diferença que existe entre as brincadeiras que a presença de um pai e de uma mãe autorizam e as liberdades que se tomam longe deles, abusando de sua confiança e transformando em armadilhas os mesmos favores que, na frente dos pais, são apenas inocentes. Ele vos dirá, Senhor, que minha filha não cometeu outro erro convosco senão o de não ver, desde a primeira vez, o que não devia nunca permitir; ele vos dirá que tudo o que se encara como um favor torna-se realmente um, e que é indigno de um homem honrado abusar da simplicidade de uma moça para usurpar em segredo as mesmas liberdades que ela pode admitir diante de todo mundo. Pois sabe-se bem o que a conveniência pode tolerar em público, mas ignora-se até onde vai, à sombra do mistério, aquele que faz de si mesmo o único juiz das próprias fantasias."

Depois dessa justa reprimenda, bem mais dirigida a mim do que a meu aluno, essa mãe sábia vai embora e me deixa admirado com sua rara prudência, que dá pouca importância ao fato de beijarem a filha na boca diante dela e se assusta com o de lhe beijarem o vestido em particular. Refletindo sobre a loucura de nossas máximas, que sacrificam sempre a verdadeira honestidade pela decência, compreendo por que a linguagem é tanto mais casta quanto mais os corações são corrompidos, e por que os processos são tão mais exatos quanto mais desonestos são os que os usam.

Nessa ocasião, introduzindo no coração de Emílio os deveres que me coubera ditar antes, vem-me uma nova reflexão, que talvez honre mais ainda Sofia, e que, no entanto, evito comunicar a seu amante; é que está claro que essa pretensa altivez que lhe censuram não passa de uma precaução muito sábia para se defender ela própria. Tendo a infelicidade de sentir em si um temperamento inflamável, receia a primeira faísca e afasta-a como pode. Não é por orgulho que é severa, é por humildade. Ela adquire sobre Emílio o domínio que teme não ter sobre Sofia; serve-se de um para combater o outro. Se tivesse mais confiança em si, seria menos altiva. Excetuado esse único ponto, que menina no mundo é mais fácil e mais doce? Quem suporta mais pacientemente uma ofensa? Quem mais teme ofender a outrem? Quem tem menos pretensões de toda espécie, salvo a virtude? Mais ainda, não é de sua virtude que se orgulha: ela só é orgulhosa para conservá-la; e quando pode entregar-se sem risco à inclinação de seu coração, acaricia até seu amante. Mas sua discreta mãe não dá todos esses pormenores ao pai; os homens não devem saber tudo.

 Longe de parecer orgulhar-se de sua conquista, Sofia tornou-se ainda mais afável e menos exigente com todo mundo, exceto talvez apenas com aquele que provocou essa mudança. O sentimento da independência não lhe enche mais seu nobre coração. Ela triunfa com modéstia de uma vitória que lhe custa sua liberdade. Ela tem atitude menos livre e o falar mais tímido depois que não ouve mais a palavra amante sem se ruborizar; mas o contentamento se mostra através de seu embaraço, e nem mesmo essa vergonha é um sentimento importuno. É sobretudo com os jovens sobrevindos que sua conduta é mais sensível. Desde que não mais os teme, a extrema reserva que mantinha com eles diminuiu bastante. Decidida de sua escolha, ela sem escrúpulos se mostra graciosa com os indiferentes; menos difícil sobre os méritos deles, pois eles não mais a interessam, ela os acha sempre bastante amáveis para pessoas que nunca lhe serão nada.

 Se o verdadeiro amor pudesse recorrer ao coquetismo, eu acreditaria até mesmo ver alguns traços disso na maneira como Sofia se conduz com eles na presença de seu amante. Dir-se-ia que, não contente com a ardente paixão com que o abrasa, mediante uma inusual mistura de reserva e carinho, ela não acha ruim irritar essa paixão ainda mais, com um pouco de inquietude. Dir-se-ia que, divertindo propositadamente seus jovens hóspedes, ela destina ao tormento de Emílio as graças de um deleite que não ousa ter com ele: mas Sofia é atenciosa demais, boa demais, judiciosa demais para atormentá-lo efetivamente. Para temperar esse perigoso estimulante, o amor e a honestidade substituem a prudência: ela sabe alarmá-lo e tranquilizá-lo no momento preciso; e se às vezes o inquieta, não o entristece jamais. Perdoemos a preocupação que ela dá àquele que ama pelo medo que tem de nunca o achar bastante enlaçado.

 Mas que efeito terá essa pequena manobra sobre Emílio? Ficará ele com ciúmes? Ou não? É o que cumpre examinar: pois tais digressões também dizem respeito ao objeto de meu livro e não me afastam muito de meu assunto.

 Mostrei precedentemente como, nas coisas ligadas à opinião, essa paixão se introduz no coração do homem. Mas no amor é outra coisa; o ciúme

Livro V

parece tão próximo à natureza que é difícil acreditar que não venha dela, e o próprio exemplo dos animais, muitos dos quais são ciumentos até ao furor, parece confirmar o sentimento oposto sem réplica. É a opinião dos homens que ensinam os galos a se estraçalharem e os touros a lutarem até a morte?

A aversão a tudo o que perturba e combate nossos prazeres é um movimento natural. Isso é incontestável. Até certo ponto, o desejo de possuir exclusivamente o que nos agrada também se inclui no mesmo caso. Mas, quando esse desejo, tornado paixão, se transforma em furor ou fantasia sombria e triste, o que se chama ciúme então é outra coisa. Essa paixão pode ser natural ou não: é preciso distinguir.

O exemplo tirado dos animais já foi examinado no *Discurso sobre a desigualdade*; e agora que sobre ele reflito de novo, tal exame parece-me bastante sólido para que eu ouse remeter meus leitores a ele. Às distinções que estabeleci naquele escrito, acrescentarei apenas que o ciúme que provém da natureza depende muito do poder do sexo, e que, quando esse poder é ou parece ilimitado, o ciúme chega ao seu ápice; pois, então, o macho, medindo seus direitos por suas necessidades, só pode ver outro macho como concorrente importuno. Nessas mesmas espécies, as fêmeas, obedecendo sempre ao primeiro que aparece, só pertencem aos machos pelo direito de conquista, e provocam entre eles combates eternos.

Ao contrário, nas espécies em que um macho se une a uma fêmea, em que o acasalamento produz uma espécie de laço moral, uma espécie de casamento, a fêmea, pertencendo por sua escolha ao macho a que se deu, comumente rejeita todos os outros; e o macho, tendo como garantia da fidelidade dela essa afeição preferencial, inquieta-se bem menos com os outros machos, e vive mais pacificamente com eles. Nessas espécies, os machos partilham o cuidado dos filhotes, e, devido a uma dessas leis da natureza que não observamos sem enternecimento, parece que a fêmea devolve ao pai o apego que ele tem pelos filhos.

Ora, considerando-se a espécie humana em sua simplicidade primitiva, é fácil ver, pelo poder limitado do macho e pela temperança de seus desejos, que é destinado pela natureza a contentar-se com uma única fêmea; o que se confirma pela igualdade numérica dos indivíduos dos dois sexos, ao menos em nossos climas; igualdade que não ocorre, nem de longe, nas espécies em que a maior força do macho atrai várias fêmeas a um só. E, embora o homem não choque ovos como o pombo, e tampouco tenha mamas para aleitar, situando-se desse ponto de vista na classe dos quadrúpedes, seus filhos permanecem por tão longo tempo rastejantes e fracos, que a mãe e eles dificilmente dispensariam o apego do pai e os cuidados decorrentes disso.

Todas as observações concorrem, pois, para provar que o furor ciumento dos machos, em algumas espécies de animais, não é de modo algum conclusivo no que concerne ao homem. E a própria exceção dos climas meridionais, onde a poligamia se acha estabelecida, só serve para confirmar o princípio, porquanto é da pluralidade das mulheres que vem a tirânica precaução dos maridos, e o sentimento de sua própria fraqueza leva o homem a recorrer ao constrangimento para elidir as leis da natureza.

Entre nós, onde essas mesmas leis, no caso menos elididas, o são em um sentido contrário e mais odioso, o ciúme é motivado pelas paixões sociais mais do que pelo instinto primitivo. Na maioria das ligações galantes, o amante odeia mais seus rivais do que ama sua amante; e, se ele receia não ser o único ouvido, é devido a esse amor-próprio cuja origem mostrei, e a vaidade sofre muito mais nele do que o amor. De resto, nossas desairosas instituições tornaram as mulheres tão dissimuladas[36] e excitaram tanto seus apetites, que mal podemos contar com suas afeições mais bem provadas. Além disso, elas não podem mais demonstrar preferências que tranquilizem o temor de concorrentes.

Quanto ao amor verdadeiro, é outra coisa. Mostrei, no escrito já citado, que esse sentimento não é tão natural como pensam; e há muita diferença entre o doce hábito que afeiçoa o homem a sua companheira e esse ardor desenfreado que o embriaga com quiméricos atrativos de um objeto que já não vê tal qual é. Essa paixão, que só respira exclusões e preferências, só difere nisso da vaidade pelo fato de que a vaidade, exigindo tudo e nada

---

[36] A espécie de dissimulação a que me refiro aqui é oposta à que lhes convém e que recebem da natureza; uma consiste em disfarçar os sentimentos que elas têm, a outra em fingir os que não têm. Todas as mulheres da sociedade passam a vida ostentando sua pretensa sensibilidade, e nunca amam algo a não ser elas próprias.

Livro V

concedendo, é sempre iníqua; ao passo que o amor, dando tanto quanto exige, é em si mesmo um sentimento cheio de equidade. De resto, quanto mais exigente, mais crédulo é: a mesma ilusão que o causa torna-o fácil de persuadir. Se o amor é inquieto, a estima é confiante; e nunca o amor sem estima existiu em um coração honesto, porque ninguém ama na pessoa amada senão as qualidades que aprecia.

Esclarecido tudo isso, pode-se dizer, sem dúvida, de que espécie de ciúme Emílio será capaz, pois, sendo difícil que essa paixão tenha um germe no coração humano, sua forma é determinada unicamente pela educação. Amoroso e ciumento, Emílio não será colérico, sombrio, desconfiado, e sim sensível e temeroso; ficará mais alarmado do que irritado; procurará mais conquistar sua amante do que ameaçar seu rival. Ele o afastará, se puder, como um obstáculo, sem o odiar como um inimigo; se o odiar, não será pela audácia de disputar com ele o coração almejado, mas pelo real perigo de perdê-lo que corre. Seu injusto orgulho não se ofenderá tolamente com o fato de ousarem concorrer com ele; compreendendo que o direito de preferência se fundamenta unicamente no mérito, e que a honra está no sucesso, aumentará os cuidados para se tornar amável, e é provável que tenha êxito. A generosa Sofia, irritando seu amor com alguns alarmes, saberá como regrá-los e recompensá-lo por eles; e os concorrentes, que eram admitidos apenas para prová-lo, não tardarão em ser descartados.

Mas, para onde me vejo imperceptivelmente arrastado? Ó Emílio, que aconteceu contigo? Posso reconhecer em ti meu aluno? Como te vejo diminuído! Onde esse jovem formado tão duramente, que desafiava o rigor das estações, que entregava o corpo aos mais rudes trabalhos e a alma tão somente às leis da sabedoria? Que, inacessível aos preconceitos e às paixões, só amava a verdade e só concedia à razão? Que não se interessava por nada que não fosse ele próprio? Agora, amolecido por uma vida ociosa, deixa-se governar por mulheres; os divertimentos delas são suas ocupações, e as vontades delas, suas leis; uma moça é o árbitro de seu destino; ele rasteja e dobra-se diante dela. O grave Emílio é o joguete de uma criança!

Tal é a mudança das cenas da vida: cada idade tem suas molas que a fazem movimentar-se, mas o homem é sempre o mesmo. Aos 10 anos é levado pelos doces; aos 20, por uma amante; aos 30, pelos prazeres; aos 40, pela ambição; aos 50, pela avareza: quando só correrá atrás da sabedoria? Feliz aquele que é levado a esta a despeito de sua vontade! Pouco importa o guia, desde que conduza ao alvo! Os heróis e os próprios sábios pagaram esse tributo à fraqueza humana; e muitos que quebraram fusos com os dedos não deixaram de ser por isso grandes homens.

Se quereis estender pela vida inteira o efeito de uma educação feliz, prolongai durante a juventude os bons hábitos da infância; e quando vosso aluno for o que deve ser, fazei que seja o mesmo em todas as épocas. Eis a perfeição última que vos resta dar a vossa obra. É sobretudo por isso que importa deixar um governante com os jovens; afinal, quanto ao resto não é de se temer muito que não saibam fazer amor sem ele. O que engana os instrutores, e sobretudo os pais, é que eles acreditam que uma maneira de viver exclui a outra, e que tão logo uma pessoa se torna adulta, deve renunciar a tudo o que fazia quando pequena. Se fosse assim, que adiantaria cuidar da infância, posto que o bom ou mau uso que dela se faz se dissiparia com ela, e que adquirindo modos de viver absolutamente diferentes, adquiriria necessariamente outros jeitos de pensar.

Assim como só as grandes doenças interrompem a continuidade da memória, só as grandes paixões interrompem a continuidade dos costumes. Embora nossos gostos e nossas inclinações mudem, essa mudança, às vezes bastante brusca, é atenuada pelos hábitos. Na sucessão de nossas inclinações, assim como em uma boa gradação de cores, o artista hábil deve tornar as passagens imperceptíveis, confundir e misturar as tintas e, para que nenhuma fique discrepante, estender vários em seu trabalho. Esta regra é confirmada pela experiência; as pessoas imoderadas mudam todos os dias de afeições, de gostos, de sentimentos, e não têm por constância senão o hábito da mudança; mas o homem regrado volta sempre às antigas práticas, e nem mesmo na velhice perde o gosto pelos prazeres que amava na infância.

Se fizerdes que os jovens, passando para uma nova idade, não desprezem a que a precedeu, e que, contraindo novos hábitos, não abandonem os antigos e amem sempre fazer o que é bom, sem atentarem para o tempo em que o começaram, então tereis salvado vossa obra e estareis seguros quanto a eles até o fim de seus dias; pois a revolução que mais se teme é a da idade que começa agora. Como sempre lamentados, dificilmente se perdem mais tarde os gostos que conservamos nessa fase, ao passo que, quando são interrompidos, nunca mais os recuperamos.

A maioria dos hábitos que acreditais fazer as crianças e os jovens contraírem não são hábitos verdadeiros, porque eles só os adquiriram à força e, seguindo-os contra a vontade, aguardam apenas a ocasião de se libertarem deles. Não é ficando preso que se adquire o gosto de estar preso; o hábito, então, longe de diminuir a aversão, aumenta-a. Não é assim com Emílio, que, nada tendo feito na sua infância senão voluntariamente e com prazer, não faz, continuando a agir do mesmo jeito quando adulto, senão juntar o império do hábito às doçuras da liberdade. A vida ativa, o trabalho dos braços, o exercício e o movimento tornaram-se para ele tão necessários que não poderia renunciar a tudo isso sem sofrer. Reduzi-lo de repente a uma vida indolente e sedentária seria aprisioná-lo, acorrentá-lo, mantê-lo em um estado de violência e constrangimento; não duvido que seu humor e sua saúde não se alterassem da mesma forma. Dificilmente consegue respirar à vontade em um quarto bem fechado; precisa de ar livre, de movimento e de fadiga. Mesmo aos pés de Sofia, ele não pode deixar de olhar o campo às vezes, pelo canto dos olhos, e de desejar percorrê-lo com ela. Fica, entretanto, quando é preciso ficar. Mas é inquieto, agitado; parece debater-se; fica porque está agrilhoado. Eis então, direis, necessidades às quais eu o submeti, coibições que estabeleci para ele: tudo isso é verdade. Sujeitei-o à condição de homem.

Emílio ama Sofia. Mas quais os primeiros encantos que o atraíram? A sensibilidade, a virtude, o amor às coisas honestas. Amando esse amor em sua amada, tê-lo-ia perdido em si mesmo? A que preço, por sua vez, Sofia se entregou? Ao de todos os sentimentos que são naturais no coração de seu amante: a estima pelos verdadeiros bens, a frugalidade, a simplicidade, o desinteresse generoso, o desprezo pelo fausto e as riquezas. Emílio tinha essas virtudes antes que o amor lhas impusesse. Em que, portanto, mudou verdadeiramente Emílio? Tem novas razões para ser ele próprio; é o único ponto em que é diferente do que era.

Não imagino que, lendo este livro com alguma atenção, alguém possa crer que todas as circunstâncias da situação em que se encontra tenham por acaso assim se reunido ao redor dele. Será por acaso que, fornecendo as cidades tantas jovens amáveis, a que lhe agrada se acha apenas em um retiro distante? Será por acaso que a encontra? Será por acaso que se entendem? Será por acaso que não podem morar no mesmo lugar? Será por acaso que só encontra um asilo tão longe dela? Será por acaso que ele a vê tão raramente e é forçado a pagar com tanta fadiga o prazer de vê-la de vez em quando? Ele se efemina, dizeis. Ao contrário, ele se enrijece; é preciso que seja tão robusto quanto o fiz para resistir às fadigas que Sofia o faz suportar.

Reside a duas grandes léguas dela. Esta distância é o fole da forja; é com ela que tempero os traços do amor. Se residissem próximos um do outro, ou que ele pudesse ir vê-la preguiçosamente sentado em uma bela charrete, ele a amaria à vontade, como um parisiense. Leandro teria querido morrer por Hera se o mar não o separasse dela?[37] Leitor, poupai-me palavras; se fordes feito para me entender, seguireis minhas regras em seus pormenores.

As primeiras vezes que fomos ver Sofia, pegamos cavalos para ir mais depressa. Achamos o expediente cômodo e, na quinta vez, continuamos a pegar cavalos. Éramos esperados; a mais de meia légua da casa percebemos pessoas no caminho. Emílio observa, seu coração bate; aproxima-se, reconhece Sofia, joga-se de seu cavalo, parte, voa, está aos pés da amável família. Emílio ama os belos cavalos; o seu é vivo, sente-se livre, foge através dos campos; eu o sigo, alcanço-o com dificuldade, trago-o de volta. Infelizmente, Sofia tem medo dos cavalos, não ouso aproximar-me dela. Emílio não vê nada, mas Sofia adverte-o pelo ouvido do trabalho que deu a seu amigo. Emílio acorre envergonhado, pega os cavalos, fica para trás; é justo que cada um tenha sua vez. Ele é o primeiro a partir para se desembaraçar de

---

37 Hera, sacerdotisa de Afrodite, habitava à margem do Helesponto (atual estreito de Dardanelos); Leandro, jovem da cidade de Abidos, morava na margem oposta. Tendo se apaixonado por Hera, Leandro atravessava o estreito todas as noites, guiado pela luz que a amada acendia em sua casa. Na última travessia, uma tempestade apagou a chama, o que levou Leandro a se afogar. O mito de Leandro e Hera é contado por Musaeus Grammaticus, poeta do século VI d.C. (N. T.)

Livro V

nossas montarias. Deixando assim Sofia atrás dele, não acha mais o cavalo um veículo tão cômodo. Volta esbaforido e encontra-nos a meio caminho.

Na viagem seguinte, Emílio não quer mais cavalos. "Por quê?", pergunto-lhe; "basta pegarmos um criado para tomar conta deles." "Ah!", diz ele, "e assim sobrecarregaremos a respeitável família? Bem vedes que ela quer alimentar todos, homens e cavalos." "É verdade", retruco, "que eles têm a nobre hospitalidade da indigência. Os ricos, avarentos em seu luxo, só hospedam seus amigos; mas os pobres abrigam também os cavalos dos amigos." "Vamos a pé", diz ele, "não tendes coragem, vós que partilhais de bom grado os cansativos prazeres de vosso aluno?" "De acordo", respondo imediatamente. "Também o amor, ao que me parece, não quer saber de tanto barulho."

Ao nos aproximarmos, encontramos a mãe e a filha ainda mais longe do que da primeira vez. Viemos como uma flecha. Emílio está muito suado: uma querida mão tem a dignidade de passar-lhe um lenço na face. Seria preciso haver muitos cavalos no mundo para que fôssemos tentados a nos servir deles.

Entretanto, é bastante cruel nunca poder ficar com a amada ao anoitecer. O verão termina e os dias começam a diminuir. O que quer que possamos dizer, nunca nos permitem voltar à noite; e quando não vimos logo pela manhã, é preciso partir logo depois de chegarmos. De tanto lamentarmos e de nos inquietarmos, a mãe pensa afinal que em verdade não nos pode hospedar decentemente na casa, mas que é possível encontrar algum abrigo na aldeia para dormirmos de vez em quando. Diante dessas palavras, Emílio bate palmas e treme de alegria; Sofia, sem pensar, beija um pouco mais a mãe no dia em que essa solução é encontrada.

Pouco a pouco, a doçura da amizade e a familiaridade da inocência se estabelecem e se consolidam entre nós. Nos dias prescritos por Sofia e sua mãe, vou em geral com meu amigo, mas às vezes deixo-o também ir só. A confiança eleva a alma e não se deve tratar um homem como uma criança. E o que teria eu avançado até agora se meu aluno não merecesse minha estima? Ocorre-me também de ir sem ele; nesse caso, ele entristece, mas não murmura: de que serviriam seus murmúrios? Além disso, ele sabe bem que não vou prejudicar seus interesses. De resto, indo juntos ou separadamente, sabemos que o tempo nunca nos detém, muito orgulhosos por chegarmos em um estado digno de sermos lamentados. Infelizmente, Sofia nos proíbe tal honra, e nos proíbe de enfrentar o mau tempo. É a única vez que a vejo rebelde às regras que lhe dito em segredo.

Um dia, quando ele vai sozinho e eu não o espero senão no dia seguinte, vejo-o chegar na mesma noite e digo-lhe abraçando-o: "Caro Emílio, voltas a teu amigo!". Mas, em vez de responder a meu carinho, ele diz com um pouco de humor: "Não penseis que volto tão cedo por minha própria vontade. Ela quis que eu voltasse: volto por ela e não por vós". Comovido com essa ingenuidade, abraço-o novamente dizendo-lhe: "Alma franca, amigo sincero, não me roubes o que me pertence. Se vens por ela, é por mim que o dizes: tua volta é obra dela, mas tua franqueza é minha obra. Conserva para sempre essa nobre candura das belas almas. Pode-se deixar os indiferentes pensarem o que quiserem, mas é um crime que um amigo nos atribua um mérito por algo que não fizemos por ele".

Evito cuidadosamente diminuir a seus olhos o valor dessa confissão, nela encontrando mais amor do que generosidade, e dizendo-lhe que ele quer menos livrar-se do mérito dessa volta do que o atribuir a Sofia. Mas eis como me descobre o fundo de seu coração sem pensar: se voltasse sossegado, a passos curtos, sonhando com seus amores, Emílio seria apenas o amante de Sofia; voltando a passos largos, exaltado, embora um pouco zangado, Emílio é o amigo de seu Mentor.

Vê-se por esses incidentes que meu jovem está muito longe de passar a vida ao lado de Sofia e de vê-la tanto quanto gostaria. Uma viagem ou duas por semana limitam as permissões que lhe dão; e suas visitas, muitas vezes de apenas metade de um dia, se estendem raramente até o dia seguinte. Emprega mais tempo em esperar vê-la, ou em se felicitar por tê-la visto, do que em vê-la de fato. No próprio tempo que gasta nas viagens, passa menos horas com ela do que no trajeto de ida ou de volta. Seus prazeres verdadeiros, puros, deliciosos, mas menos reais do que imaginários, irritam seu amor sem efeminar seu coração.

Nos dias em que não a vê, não fica ocioso nem sedentário. Nesses dias, é ainda Emílio: não se transformou de modo algum. Quase sempre percorre os campos das redondezas, continua sua história natural; observa, examina as terras, suas produções, a cultura delas; compara os trabalhos que vê com os que conhece; procura as razões das diferenças; quando considera outros métodos preferíveis aos do lugar, ensina-os aos cultivadores; se propõe uma melhor forma de arado, manda fabricar um de acordo com seus desenhos; se encontra um depósito de marga, ensina-lhes o uso, desconhecido na região; não raro, põe ele próprio mãos à obra; todos se espantam ao vê-lo manejar suas ferramentas mais facilmente do que eles próprios, traçar sulcos mais profundos e mais retos do que os seus, semear de modo mais regular, estabelecer as curvas de encosta com mais inteligência. Não zombam dele como de um falso especialista em agricultura: veem que a conhece de fato. Em poucas palavras, ele estende seu zelo e seus cuidados a tudo o que é de utilidade primeira e geral. E não se restringe a isso: visita as casas dos camponeses, informa-se acerca de suas condições, de suas famílias, do número de filhos, dos números das terras, da natureza do produto, de suas vendas, de suas faculdades, de seus encargos, de suas dívidas etc. Dá pouco dinheiro, sabendo que em geral é mal empregado, mas dirige a aplicação ele próprio e o torna útil a eles, mesmo que não queiram. Fornece-lhes operários e muitas vezes os paga as jornadas pelos trabalhos de que precisam. Para um, faz reerguer ou cobrir a cabana meio derrubada; para outro, faz desmatar a terra abandonada por falta de recursos; a outro ainda, fornece uma vaca, um cavalo, gado de toda espécie em lugar do que foi perdido; se dois vizinhos estão quase processando um ao outro, conversa com eles e os acalma; se um camponês fica doente, faz que cuidem dele, ou trata ele próprio;[38] protege e orienta aquele que se vê humilhado por algum vizinho poderoso; ajuda os jovens pobres a se encontrarem e a casar; vai ver e consolar uma pobre mulher que perdeu seu filho querido,

---

38 Tratar de um camponês doente não é purgá-lo, dar-lhe drogas, enviar-lhe um cirurgião. Não é disso tudo que os pobres necessitam em suas doenças; é de alimentação melhor e mais abundante. Jejuai, vós outros, quando tiverdes febre; mas quando vossos camponeses a tiverem, dai-lhes carne e vinho; quase todas as doenças deles vêm da miséria e do esgotamento. A melhor tisana para eles está em vossa adega, seu único boticário deve ser vosso açougueiro.

e não sai tão cedo da casa; não despreza os indigentes, não tem pressa em deixar os infelizes, faz as refeições muitas vezes com os camponeses que assiste, e também nas casas dos que não precisam dele; tornando-se benfeitor de uns e amigo de outros, nunca deixa de ser-lhes um igual. Em suma, faz tanto bem com sua pessoa quanto com seu dinheiro.

Às vezes, ele dirige suas andanças para os lados da residência feliz: poderia esperar entrever Sofia às escondidas, vê-la passeando sem ser visto; mas Emílio é sempre reto em sua conduta, não sabe nem sequer elidir coisa nenhuma. Tem essa amável delicadeza que lisonjeia e nutre o amor-próprio com o bom testemunho de si. Conserva-se em seu exílio e nunca se aproxima bastante para ter do acaso o que só quer dever a Sofia. Em contrapartida, perambula com prazer pelos arredores, procurando as pegadas de sua amante, enternecendo-se sobre as fadigas que ela teve e as voltas que concordou em dar por complacência a ele. Na véspera dos dias em que deve vê-la, ele vai a uma granja vizinha e encomenda uma refeição para o dia seguinte. O passeio é imperceptivelmente direcionado para esse lado e, como por acaso, eles entram na granja: encontram frutas, doces, creme. A gulosa Sofia não é insensível a tais atenções, e honra de bom grado nossa previdência; pois tenho sempre minha parte nas congratulações, ainda que não tenha participado de sua causa: é um expediente da menina para ficar menos embaraçada ao agradecer. O pai e eu comemos doces e bebemos vinho; mas Emílio está na turma das mulheres, sempre atento para roubar algum prato de creme em que a colher de Sofia tenha pousado.

A propósito de doces, falo a Emílio de suas antigas corridas. Querem saber o que são tais corridas, eu o explico e riem; perguntam-lhe se sabe correr ainda. Mais do que nunca, responde ele: eu ficaria muito triste se tivesse esquecido. Alguém do grupo teria grande vontade de vê-lo, e não ousa dizê-lo; outra pessoa se encarrega da proposta; ele aceita: reúnem dois ou três jovens do lugar; estabelece-se um prêmio e, para melhor imitar os antigos jogos, põe-se um doce na linha de chegada. Todos se aprontam e o pai dá o sinal batendo palmas. O ágil Emílio fende o ar e se encontra no fim da carreira enquanto meus três molengas dão os primeiros passos com

Livro V

dificuldade. Emílio recebe o prêmio das mãos de Sofia e, não menos generoso que Eneias,[39] dá presente a todos os vencidos.

Em meio ao brilho do triunfo, Sofia ousa desafiar o vencedor e se vangloria de correr tão bem quanto ele. Ele não se recusa a competir e, enquanto ela se prepara na posição de partida, arregaça o vestido de ambos os lados; mais desejosa de exibir uma perna fina aos olhos de Emílio do que de vencer o combate, ela verifica se a saia é bastante curta; ele diz uma palavra ao ouvido da mãe, que sorri e faz um sinal de aprovação. Ele vai então se postar ao lado de sua concorrente e, mal o sinal é dado, ela parte como um pássaro.

As mulheres não são feitas para correr; quando fogem, é para serem alcançadas. A corrida não é a única coisa que fazem desastradamente, mas é a única que fazem com pouca graça: seus cotovelos para trás e colados ao corpo dão-lhes uma postura ridícula, e os saltos altos sobre os quais se empoleiram fazem que pareçam gafanhotos querendo correr sem saltar.

Emílio, não imaginando que Sofia corra melhor do que qualquer outra mulher, não se digna a sair de seu lugar, e a vê partir com um sorriso zombeteiro. Mas Sofia é leve e usa saltos baixos; não precisa de artifícios para parecer ter pés pequenos; toma a dianteira com tal rapidez que, para alcançar essa nova Atalanta,[40] ele só dispõe do tempo que precisa ao vê-la já tão longe. Parte então, por sua vez, semelhante à águia quando se arremessa contra a presa; persegue-a, chega-lhe aos calcanhares, alcança-a já todo esbaforido, e enfim, envolve-a docemente com o braço esquerdo, levanta-a como uma pena e, apertando contra o coração tão doce fardo, termina a corrida fazendo-a tocar a linha de chegada em primeiro lugar e, depois, gritando "Vitória de Sofia!", ajoelha-se diante dela e declara-se vencido.

A essas diversas ocupações, junta-se a do ofício que aprendemos. Ao menos um dia por semana, e todos aqueles em que o mau tempo não nos permite ficar no campo, Emílio e eu vamos trabalhar na casa de um artesão. Não trabalhamos ali apenas formalmente, como gente de condição

---

39 Cf. Virgílio, *Eneida*, V, 285-261. (N. T.)
40 A virtude de Atalanta é mover-se com extrema rapidez. Cf. Ovídio, *Metamorfoses*, X, 565-570. (N. T.)

superior, mas como bons e verdadeiros obreiros. O pai de Sofia, vindo ver-nos, encontra-nos realmente no trabalho e não deixa de relatar com admiração o que viu à mulher e à filha. Ele diz: "Ide ver esse jovem na oficina e vereis se despreza a condição do pobre!". Pode-se imaginar como Sofia ouve com prazer tais palavras. Voltam a falar disso, desejam surpreendê-lo no trabalho. Questionam-me disfarçadamente; e, depois de saberem de um de nossos dias, a mãe e a filha tomam uma carruagem e vão à cidade.

Entrando na oficina, Sofia nota, do outro lado, um jovem de camisa, cabelos negligentemente amarrados e tão ocupado com o que faz que não a vê: ela para e faz sinal à mãe. Emílio, com um cinzel na mão e um martelo na outra, acaba um entalho; depois, serra uma prancha e prende um pedaço dela com grampo para poli-lo. O espetáculo não faz Sofia rir; ele a comove, é respeitável. Mulher, honra teu chefe; é ele que trabalha para ti, que ganha teu pão, que te alimenta: eis o homem.

Enquanto elas o observam atentamente, eu as vejo, e puxo a manga de Emílio; ele se volta e as vê, larga as ferramentas e lança-se com um grito de alegria. Depois dos primeiros transportes, faz que sentem e retoma seu trabalho. Mas Sofia não pode ficar parada; levanta-se com vivacidade, percorre a oficina, examina as ferramentas, toca as pranchas polidas, pega aparas no chão, olha nossas mãos e, depois, diz que gosta desse ofício porque é limpo. A folgazona tenta até imitar Emílio. Com sua mão branca e frágil, empurra uma plaina sobre a prancha, a plaina escorrega e não morde. Acredito ver o Amor nos ares rindo e batendo asas; creio ouvi-lo dar gritos de alegria e dizer: "Hércules está vingado!".

Enquanto isso, a mãe questiona o mestre. "Senhor, quanto pagais a esses jovens?" "Senhora, dou 20 soldos por dia a cada um, e os alimentos; mas, se este rapaz quisesse, ganharia muito mais: é o melhor trabalhador da região." "Dais 20 soldos por dia e os alimentais!", diz a mãe olhando-nos com ternura. "É assim, senhora." Diante de tais palavras, ela corre a Emílio, beija-o, aperta-o contra o seio vertendo lágrimas nele, e sem poder dizer outra coisa a não ser repetir várias vezes: "Meu filho! Ó meu filho!".

Depois de passar algum tempo conversando conosco, mas sem nos tirar do trabalho, a mãe diz à filha: "Vamos; já é tarde, não devemos deixar que nos esperem". Depois, aproximando-se de Emílio, dá-lhe um tapinha no rosto e lhe diz: "Muito bem! Bom trabalhador, não quereis vir conosco?". Ele lhe responde em um tom bastante triste: "Estou contratado, perguntai ao mestre". Perguntam ao mestre se ele consente em dispensar-nos. Ele responde que não pode, dizendo: "Tenho uma obra a ser entregue depois de amanhã. Contando com esses senhores, recusei outros trabalhadores que se apresentaram; se estes me faltarem, não saberei onde encontrar outros e não poderei entregar a obra no dia prometido". A mãe não replica; aguarda que Emílio fale. Emílio baixa a cabeça e cala-se. "Senhor", observa ela, algo surpresa com o silêncio, "não tendes nada a dizer?" Emílio olha com ternura a filha e responde com estas palavras apenas: "Bem vedes que preciso ficar". Com isso, as damas partem e nos deixam. Emílio acompanha-as até à porta, segue-as com o olhar até o quanto pode, suspira e volta ao trabalho sem falar.

No caminho, a mãe, um pouco irritada, fala com a filha desse estranho procedimento. Ela diz: "Mas como! Será tão difícil contentar o mestre sem ser obrigado a ficar? E esse jovem tão pródigo, que gasta dinheiro sem necessidade, não sabe encontrá-lo nas ocasiões convenientes?". "Ó mamãe", responde Sofia, "Deus não permita que Emílio não dê tanta força ao dinheiro, a ponto de se valer dele para quebrar um compromisso pessoal, para violar impunemente sua palavra e fazer que a palavra de outro também seja violada. Sei que ele indenizaria facilmente o trabalhador pelo pequeno prejuízo que a ausência causaria; contudo, subjugaria sua alma às riquezas, e acostumar-se-ia a pô-las no lugar de seus deveres e a acreditar que se está livre de tudo contanto que se pague. Emílio tem outras maneiras de pensar e espero não ser eu a causa de ele mudá-las. Acreditais que ficar não lhe custou nada? Mamãe, não vos enganeis, é por mim que ele fica; vi-o em seus olhos."

Não é que Sofia seja indulgente quanto aos verdadeiros cuidados do amor; ao contrário, ela é imperiosa e exigente; preferiria não ser amada a sê-lo moderadamente. Ela tem o nobre orgulho do mérito próprio, que se estima e quer ser honrado tal qual ele mesmo se honra. Ela desprezaria um coração que não sentisse todo o valor do seu, que não a amasse por suas virtudes tanto quanto, ou até mais, por seus encantos; um coração que não preferisse a ela em vez de seu próprio dever, e não a preferisse acima de tudo. Rejeitou amantes que só conheciam a própria lei; ela quer reinar sobre um homem que ela não tenha desfigurado. Assim é que, tendo aviltado os companheiros de Ulisses, Circe os desdenha e entrega-se somente a ele, que não pôde mudar.[41]

Mas, pondo de lado esse direito inviolável e sagrado, Sofia, extremamente ciosa dos seus, espia com que escrúpulo Emílio os respeita, com que zelo ele cumpre suas vontades, com que habilidade as adivinha, com que vigilância chega no momento prescrito; ela não quer que ele se atrase nem que se antecipe, mas que seja pontual. Antecipar é preferir-se a ela; atrasar é negligenciá-la. Negligenciar Sofia! isso não aconteceria duas vezes. A injusta suspeita de uma vez quase pôs tudo a perder; mas Sofia é equânime e bem sabe reparar seus erros.

Certa noite, somos esperados; Emílio recebeu a ordem. Vêm ao nosso encontro e não chegamos. Que terá ocorrido? Que desgraça aconteceu? Ninguém da parte deles? Passam o começo da noite a nos esperar. A pobre Sofia acredita que estamos mortos; ela se desespera, atormenta-se, chora a noite inteira. Nesse entretempo, enviaram um mensageiro para buscar informações sobre nós e trazer notícias na manhã seguinte. O mensageiro volta acompanhado por outro de nossa parte, que comunica verbalmente nossas desculpas e diz que estamos bem. Pouco tempo depois, nós mesmos aparecemos. Então, a cena muda; Sofia enxuga as lágrimas ou, se ainda as derrama, são de raiva. Seu coração altivo não se apaziguou muito com saber que estávamos vivos: Emílio vive e faz-se esperar inutilmente.

À nossa chegada, ela quer recolher-se. Querem que ela fique; é preciso ficar; mas tomando rápida decisão, afeta um ar tranquilo e contente que enganaria outros. O pai vem ao nosso encontro e nos diz: "Causastes aflição em vossos amigos; há aqui pessoas que não vos perdoarão facilmente". "Quem, pai?", diz Sofia com o mais gracioso sorriso que pôde afetar. "Que vos importa", responde o pai, "desde que não sejais vós?" Sofia não replica e baixa os olhos para seu trabalho. A mãe recebe-nos com frieza e uma atitude

---

41 Homero, *Odisseia*, X, 275-399. (N. T.)

convencional. Emílio, constrangido, não ousa falar com Sofia. Ela é a primeira a falar, pergunta-lhe como vai, convida-o a sentar-se, disfarça tão bem que o pobre moço, que nada entende ainda da linguagem das paixões violentas, é iludido pelo sangue-frio, e quase chega ele mesmo a irritar-se com a situação.

Para desenganá-lo, vou segurar a mão de Sofia e procuro beijá-la como faço às vezes: ela as retira bruscamente dizendo "Senhor", pronunciado tão singularmente que seu movimento involuntário a denuncia de imediato aos olhos de Emílio.

Sofia ela própria, vendo que se traiu, constrange-se menos. Seu aparente sangue-frio transforma-se em um desprezo irônico. Responde a tudo que lhe dizem por monossílabos pronunciados em uma voz lenta e pouco firme, como se tivesse medo de deixar transparecer muito o acento da indignação. Emílio, meio morto de susto, encara-a com dor e procura levá-la a olhar nos olhos dele para melhor ler seus verdadeiros sentimentos. Sofia, mais irritada com a confiança, lança-lhe um olhar que lhe tira a vontade de pedir um segundo. Emílio, surpreso e trêmulo, não ousa mais, muito felizmente para ele, nem falar nem olhar para ela, pois, mesmo que não fosse culpado, se pudesse suportar a cólera dela, ela nunca o perdoaria.

Vendo então que chegara minha vez e o momento de se explicar, volto a Sofia. Retomo-lhe a mão que ela não mais retira, pois está no ponto de se sentir mal. Digo-lhe com doçura: "Cara Sofia, estamos tristes; mas vós sois razoável e justa, vós não nos julgareis sem nos ouvir: escutai-nos". Ela nada responde, então, falo assim:

"Partimos ontem às 4 horas; devíamos chegar às 7 horas, e sempre saímos mais cedo do que é preciso para termos tempo de descansar ao nos aproximarmos daqui. Já tínhamos feito três quartos do caminho quando ouvimos lamentos dolorosos; saíam da garganta de uma colina a alguma distância de nós. Acudimos aos gritos e encontramos um infeliz camponês que, voltando da cidade depois de tomar muito vinho, caíra tão desastradamente do cavalo que quebrara a perna. Gritamos, pedimos socorro, mas ninguém respondeu. Tentamos pôr o ferido sobre o cavalo, mas não conseguimos: o menor movimento causava nele dores horríveis. Tomamos o partido de amarrar o cavalo no bosque, depois, fazendo de nossos braços uma padiola, carregamos o ferido da maneira mais suave possível, seguindo suas indicações acerca do caminho para sua casa. O trajeto era longo; tivemos de descansar várias vezes. Chegamos afinal, extremamente cansados: com amarga surpresa, descobrimos que já conhecíamos a casa, e que esse miserável que carregávamos com tanta dificuldade era o mesmo que tão cordialmente havia nos recebido no dia de nossa primeira chegada aqui. Perturbados como ficamos todos, não nos tínhamos reconhecido até então.

"Ele só tinha dois filhinhos. Prestes a dar-lhe um terceiro, sua mulher tanto se impressionou ao vê-lo chegar, que sentiu dores agudas e pariu poucas horas depois. Que fazer nessa condição em uma cabana afastada onde não se podia esperar nenhum auxílio? Emílio decidiu ir pegar o cavalo que havíamos deixado no bosque e correr nele a galope para trazer um cirurgião da cidade. Entregou o cavalo ao cirurgião e, não tendo podido achar outro depressa, voltou a pé com um criado, depois de ter enviado um mensageiro, enquanto, embaraçado como podeis acreditar, entre um homem com uma perna quebrada e uma mulher em trabalho de parto, eu preparava na casa tudo o que podia prever como necessário para auxiliar os dois.

"Não lhe darei pormenores do resto; não é disso que se trata. Já eram 2 horas da madrugada antes que tivéssemos tido um momento de descanso. Finalmente, voltamos com o romper do dia para nosso abrigo perto daqui, onde aguardamos a hora de vosso despertar a fim vos informar de nosso acidente."

Calo-me, sem nada mais acrescentar. Mas, antes que alguém mais fale, Emílio aproxima-se de sua amante, eleva a voz e diz-lhe com mais firmeza que eu poderia esperar: "Sofia, sois o árbitro de minha sorte, bem o sabeis. Podeis fazer-me morrer de dor; mas não espereis fazer-me esquecer os direitos da humanidade: eles me são mais sagrados do que os vossos, nunca renunciaria a eles por vós".

Diante de tais palavras, Sofia, em vez de responder, passa-lhe o braço em volta do pescoço e dá-lhe um beijo no rosto; depois, estendendo-lhe a mão com uma graça inimitável, diz-lhe: "Emílio, toma esta mão, ela é tua. Sê, quando quiseres, meu esposo e meu senhor; procurarei merecer essa honra".

Ela nem tinha acabado de beijá-lo quando o pai, encantado, bate palmas gritando "Bis, bis"; e Sofia, sem se fazer de rogada, dá logo mais dois beijos na outra face de Emílio; mas, quase no mesmo instante, assustada com tudo o que acaba de fazer, refugia-se nos braços da mãe e esconde no seio materno o rosto corado de vergonha.

Não descreverei a alegria comum: não há quem não a deva sentir. Depois do jantar, Sofia pergunta se era longe demais para ir ver os pobres doentes. Sofia deseja-o e é uma boa ação. Vamos. Encontramo-los em duas camas separadas: Emílio mandara trazer uma; há gente junto deles para aliviá-los: Emílio havia cuidado disso. Mas ambos se encontram tão mal acomodados, que sofrem tanto pela saúde quanto pelas condições. Sofia arranja um avental da boa mulher e vai ajeitá-la na cama; em seguida, faz o mesmo com o homem; sua doce e leve mão sabe localizar tudo que os incomoda e fazer que descansem mais confortavelmente os membros doloridos. Eles já se sentem aliviados ao lado dela; dir-se-ia que ela adivinha tudo que faz mal a eles. Essa menina tão delicada não se desagrada nem com a sujeira nem com o mau cheiro, e sabe fazer que ambos desapareçam sem ajuda de ninguém e sem atormentar os enfermos. Ela, que vemos sempre tão modesta e às vezes tão desdenhosa, que, por nada do mundo tocaria com a ponta do dedo a cama de um homem, vira o ferido e troca-lhe a roupa sem nenhum escrúpulo, e o põe em uma situação mais cômoda para que ele possa ficar assim por mais tempo. O zelo da caridade vale a modéstia; o que faz, ela o faz com tanta leveza e habilidade que ele se sente aliviado sem quase ter percebido que tocaram nele. A mulher e o marido abençoam juntos a amável jovem que os serve e que os consola. É um anjo do céu que Deus lhes envia, o que se vê no aspecto e na boa graça, na doçura e na bondade. Emílio, comovido, contempla-a em silêncio. Homem, ama tua companheira. Ela te é dada por Deus para consolar-te de teus sofrimentos, para te aliviar de teus males: eis a mulher.

Batizam o recém-nascido. Os dois amantes apresentam-no, com o profundo desejo de que, em breve, outros façam o mesmo por eles. Aspiram ao momento desejado; acreditam poder tocá-lo; todos os escrúpulos de Sofia desaparecem, mas surgem os meus. Emílio e Sofia ainda não chegaram aonde pensam: é preciso que cada qual tenha sua vez.

Certa manhã, depois de dois dias sem se verem, entro no quarto de Emílio com uma carta na mão e, olhando-o com firmeza, digo-lhe: "Que faríeis se vos informassem que Sofia morreu?". Ele dá um grito, levanta-se batendo as mãos e, sem dizer uma só palavra, olha-me com um ar de transtorno. "Respondei", continuo a dizer com a mesma tranquilidade. Então, irritado com meu sangue-frio, ele se aproxima com os olhos inflamados de cólera e, detendo-se em uma atitude quase ameaçadora, diz-me: "O que eu faria?... Não sei; mas o que sei é que nunca mais na vida tornaria a ver quem me trouxesse tal notícia". "Acalmai-vos", respondo sorrindo, "ela vive, passa bem, pensa em vós, e somos esperados esta noite. Mas vamos fazer um passeio para conversar um pouco."

A paixão com que está preocupado não lhe permite mais entregar-se, como antes, a conversas puramente racionais: é preciso interessá-lo, com essa mesma paixão, em tornar-se atento às minhas lições. Foi o que fiz com esse terrível preâmbulo; tenho certeza agora de que ele me ouvirá.

"É preciso ser feliz, caro Emílio: é a finalidade de todo ser sensível; é o primeiro desejo que a natureza nos imprimiu e o único que nunca nos abandona. Mas onde está a felicidade? Quem o sabe? Todos a procuram, ninguém a encontra. Gasta-se a vida procurando-a, morre-se sem a ter alcançado. Meu jovem amigo, quando te peguei nos meus braços em teu nascimento e, declarando ao Ser supremo o compromisso que ousei assumir, dediquei meus dias à felicidade dos teus, sabia eu próprio a que me comprometia? Não: sabia somente que fazendo-te feliz eu tinha certeza de sê-lo. Fazendo por ti essa útil pesquisa, eu a tomava comum a nós dois.

"Enquanto ignoramos o que devemos fazer, a sabedoria consiste em permanecer inativo. De todas as máximas, essa é a que o homem mais precisa, e a que menos sabe seguir. Procurar a felicidade sem saber onde ela está é expor-se a fugir dela, e correr tantos riscos contrários quantos os caminhos em que podemos nos perder. Mas nem todo mundo sabe como não agir. Na inquietação em que nos mantém o ardor do bem-estar, preferimos nos enganar perseguindo-o em vez de nada fazer para procurá-lo; e, uma vez saídos do lugar onde podemos conhecê-lo, não sabemos mais voltar.

"Com a mesma ignorância, tentei evitar o mesmo erro. Cuidando de ti, resolvi não dar um passo inútil e impedir-te que o desses. Mantive-me no caminho da natureza, esperando que ela me mostrasse o da felicidade. Concluiu-se que era o mesmo e que, não pensando mais nisso, eu o tinha seguido.

"Sê minha testemunha, sê meu juiz: jamais te recusarei. Teus primeiros anos não foram sacrificados aos que os devem seguir; gozaste de todos os bens que a natureza te dera. Dos males a que te sujeitou e dos quais não pude te preservar, só sentiste os que podiam te fortalecer para com os outros. Nunca sofreste nenhum, senão para evitares outro maior. Não conheceste nem o ódio nem a escravidão. Livre e contente, permaneceste justo e bom; pois a pena e o vício são inseparáveis, e nunca o homem se torna mau a não ser quando é infeliz. Possa a lembrança de tua infância prolongar-se até tua velhice! Não receio que teu bom coração lembre-se dela sem abençoares a mão que a governou.

"Quando chegaste à idade de razão, protegi-te contra a opinião dos homens; quando teu coração tornou-se sensível, preservei-te do império das paixões. Se tivesse podido prolongar essa calma interior até ao fim de tua vida, teria posto em segurança minha obra, e serias sempre tão feliz quanto um homem o pode ser; mas, caro Emílio, ainda que tenha mergulhado tua alma no Estige, não pude torná-lo totalmente invulnerável; ergue-se um novo inimigo que não aprendeste ainda a vencer e do qual não pude te salvar. Esse inimigo és tu mesmo. A natureza e a fortuna tinham te deixado livre. Podias enfrentar a miséria; podias suportar as dores do corpo, as da alma eram-te desconhecidas; não te apegavas a nada senão à condição humana, e agora te apegas a todas as afeições que deste a ti mesmo; aprendendo a desejar, tu te tornaste escravo de teus desejos. Sem que nada mude em ti, sem que nada te ofenda, sem que nada toque teu ser, quantas dores podem atacar tua alma! Quantos males podes sentir sem estares doente! Quantas mortes podes sofrer sem que morras! Uma mentira, um erro ou uma dúvida podem levar-te ao desespero.

"Vias no teatro os heróis entregues a dores extremas, fazerem tremer o palco com seus gritos insensatos, afligirem-se como mulheres, chorarem como crianças e assim merecerem os aplausos do público. Lembra-te do escândalo que te causavam essas lamentações, esses gritos, essas queixas, em homens de quem só se deviam esperar atos de constância e firmeza. Como, dizias indignado, são esses os exemplos que querem que sigamos, os modelos que nos oferecem para imitar? Por acaso temem que o homem não seja bastante pequeno, bastante infeliz ou bastante fraco para virem ainda incensar sua fraqueza sob a falsa imagem da virtude? Meu jovem amigo, sê agora mais indulgente: eis que te tornaste um de seus heróis.

"Sabes sofrer e morrer, sabes enfrentar a lei da necessidade nos males físicos; mas não impuseste ainda leis aos apetites de teu coração; e é de nossas afecções, bem mais do que de nossas necessidades, que nasce o desassossego de nossa vida. Nossos desejos são largos, nossa força é quase nula. O homem cria aspirações por mil coisas, e por si mesmo não aspira a nada, nem mesmo à própria vida; quanto mais aumenta seus apegos, mais multiplica seus sofrimentos. Nada faz a não ser passar sobre a terra: tudo o que amamos há de escapar-nos mais cedo ou mais tarde, e nos prendemos como se tudo devesse durar eternamente. Que pavor à mera suspeita da morte de Sofia! Acreditaste então que ela viveria para sempre? Não morre ninguém na idade dela? Ela deve morrer, meu filho, e talvez antes de ti. Quem pode dizer se está viva agora mesmo? A natureza só te escravizará a uma morte, tu te escravizas a uma segunda; eis-te no caso de morrer duas vezes.

"Assim, sujeito a tuas paixões desregradas, como serás lamentado! Sempre privações, sempre perdas, sempre alarmes; não gozarás sequer do que te será deixado. O temor de tudo perder impedir-te-á de possuir o que quer que seja. Por teres desejado seguir apenas tuas paixões, nunca poderás satisfazê-las. Buscarás sempre o repouso, ele fugirá sempre de ti, tu serás miserável, e te tornarás mau. E como poderás não o ser, não tendo outra lei senão a de teus desejos desenfreados? Se não podes suportar privações involuntárias, como poderás impor outras a ti mesmo voluntariamente? Como saberás sacrificar a inclinação ao dever e resistir a teu coração para ouvires a razão? Tu que já não queres mais ver quem te anunciará a morte de tua amante, como verias quem quisesse tirá-la viva de ti, quem te ousasse dizer: Ela morreu para ti, a virtude te separa dela? Se é preciso viver com ela, aconteça o que acontecer, então, se Sofia for casada ou não, se tu fores livre ou não, se ela te ama ou te odeia, se houver consentimento para que a tenhas ou não, nada disso importa: tu a queres, precisas possuí-la a qualquer preço. Ensina-me então em que crime se detém quem só tem por leis os desejos de seu coração e não sabe resistir a nada do que deseja.

"Meu filho, não há felicidade sem coragem, nem virtude sem combate. A palavra virtude vem de força; a força é a base de toda virtude; a virtude só pertence a um ser fraco por natureza e forte por sua vontade; é só nisso que consiste o mérito do homem justo; e embora digamos que Deus é bom, não dizemos que é virtuoso, porque não necessita de esforço para agir bem. Para te explicar essa palavra tão profanada, esperei que estivesses em condições de me entender. Enquanto a virtude nada custa para ser praticada, pouca necessidade se tem de conhecê-la. Essa necessidade vem quando as paixões despertam; chegou a hora para ti.

"Educando-te em toda a simplicidade da natureza, em vez de te pregar penosos deveres, preservei-te dos vícios que tornam tais deveres penosos; tornei-te a mentira menos odiosa do que inútil; ensinei-te menos a entregar a cada qual o que lhe pertence do que a te preocupares apenas com o que é teu; fiz-te bom muito mais do que virtuoso. Mas quem é somente bom, só permanece assim enquanto tem prazer em sê-lo: a bondade destrói-se e perece ao choque das paixões humanas; o homem que é apenas bom só é bom para si mesmo.

"Que é, então, um homem virtuoso? É aquele que sabe vencer suas afecções, pois então segue sua razão e sua consciência, faz seu dever, mantém-se na ordem e nada pode afastá-lo dela. Até aqui eras livre apenas na aparência; tinhas somente a liberdade precária de um escravo ao qual nenhuma ordem tivesse sido dada. Sê agora livre de fato; aprende a te tornares teu próprio senhor; manda em teu coração, ó Emílio, e serás virtuoso.

"Eis, portanto, outro aprendizado a ser feito. Aprendizado mais penoso do que o primeiro, pois a natureza nos liberta dos males que nos impõe ou nos ensina a suportá-los, mas nada nos diz quanto aos que vêm de nós; ela nos abandona a nós mesmos; ela permite que nos prostremos a nossas dores vãs, como vítima de nossas paixões; e ainda, que nos vangloriemos das lágrimas que deveriam nos causar vergonha.

"Eis a primeira paixão. É talvez a única que seja digna de ti. Se souberes regê-la como homem, será a última; subjugarás todas as outras, e só obedecerás à paixão da virtude.

"Essa paixão não é criminosa, bem o sei; é tão pura quanto as almas que a experimentam. A honestidade formou-a, a inocência nutriu-a. Felizes amantes! Os encantos da virtude simplesmente juntam-se para vós aos do amor; e a doce ligação que vos espera não é menos o prêmio de vossa sabedoria do que o de vossa afeição. Mas, diz-me, homem sincero, essa paixão tão pura deixou com isso de te subjugar? Tornou-te menos escravo dela? E se amanhã ela deixasse de ser inocente, tu a reprimirias desde cedo? É agora o momento de ensaiar tuas forças; será tarde demais quando precisar empregá-las. Não nos exercitamos para o combate diante do inimigo, preparamo-nos antes da guerra; apresentamo-nos a ela já preparados.

"É um erro distinguir paixões permitidas e proibidas a fim de nos entregarmos a umas e evitarmos outras. Todas são boas quando somos senhores delas; todas são más quando nos sujeitamos a elas. O que a natureza nos proíbe é estendermos nossos apegos para além de nossas forças; o que a razão nos proíbe é querermos o que não podemos obter; o que a consciência nos proíbe não é sermos tentados, mas deixarmo-nos vencer pelas tentações. Não depende de nós ter ou não ter paixões, mas depende de nós reinar sobre elas. Todos os sentimentos que dominamos são legítimos; todos os que nos dominam são criminosos. Um homem não é culpado de amar a mulher de outro se mantém essa paixão infeliz subjugada à lei do dever; é culpado de amar sua própria mulher a ponto de sacrificar tudo por seu amor.

"Não esperes de mim longos preceitos de moral; só tenho um a dar-te, e esse compreende todos os outros. Sê homem, recolhe teu coração dentro dos limites de tua condição. Estuda e conhece tais limites; por mais estreitos que sejam, não somos infelizes quando nos encerramos a eles; só o somos quando queremos ultrapassá-los. Somos infelizes quando, por desejos insensatos, situamos ao nível dos possíveis aquilo que não é, e quando esquecemos de nossa condição de homens para forjarmos outras condições imaginárias das quais recaímos sempre na nossa. Os únicos bens cuja privação nos custa são aqueles aos quais acreditamos ter direito. A evidente impossibilidade de os obtermos nos afasta deles; os anelos sem esperança não atormentam. Um mendigo não se atormenta com o desejo de ser rei; um rei só quer ser deus quando acredita não ser mais homem.

"As ilusões do orgulho são a fonte de nossos maiores males; mas a contemplação da miséria humana torna o sábio sempre moderado. Ele se mantém sempre em seu lugar, não se agita para sair dele; não gasta inutilmente suas forças para gozar do que não pode conservar; e, empregando-as todas em bem possuir o que tem, é de fato mais poderoso e mais rico, com o que deseja a menos, do que nós. Ser mortal e perecível, formarei ligações eternas nesta terra onde tudo muda, onde tudo passa, e de onde desaparecerei amanhã? Ó Emílio, ó meu filho! Se eu te perdesse, que restaria de mim? E, no entanto, tenho de aprender a perder-te, pois quem sabe quando serás tirado de mim?

"Se, portanto, queres viver feliz e sábio, apega teu coração somente à beleza que não perece nunca: que tua condição limite teus desejos, que teus deveres antecedam tuas inclinações. Estende a lei da necessidade às coisas morais; aprende a perder o que te pode ser tirado; aprende a tudo deixar quando a virtude o ordena, a ficar acima dos acontecimentos, a livrar teu coração sem que o estraçalhem, a ser corajoso na adversidade, a fim de jamais seres miserável, a ser firme em teu dever, a fim de nunca seres criminoso. Então serás feliz apesar da fortuna, e sábio apesar das paixões. Então encontrarás, na própria posse dos bens frágeis, uma volúpia que nada poderá perturbar; tu os possuirás sem que eles te possuam, e sentirás que o homem, a quem tudo escapa, só goza daquilo que sabe perder. É verdade que não terás a ilusão dos prazeres imaginários; tampouco terás as dores que são os frutos deles. Ganharás muito com essa troca; pois tais dores são frequentes e reais, e os prazeres são raros e vãos. Vencedor de tantas opiniões enganosas, tu o serás ainda da que dá tão grande valor à vida. Viverás a tua sem perturbações, e a terminarás sem pavor; tu te desapegarás dela como de tudo. Quantos outros, tomados de horror, pensam ao deixá-la que cessarão de existir; instruído acerca de seu nada, acreditarás começar. A morte é o fim da vida do mau, e o começo da vida do justo."

Emílio ouve-me com uma atenção misturada de inquietude. Teme uma conclusão sinistra para esse preâmbulo. Pressente que, ao mostrar-lhe a necessidade de exercitar a força da alma, eu queira submetê-lo a tão duro exercício; e, como um ferido que treme ao ver aproximar-se o cirurgião, já acredita sentir em sua chaga a mão dolorosa, mas salutar, que o impede de se corromper.

Incerto, perturbado, ansioso por saber onde quero chegar, em vez de responder, interroga-me, mas com receio. "Que é preciso fazer?", diz-me quase trêmulo e sem ousar erguer os olhos. "O que é preciso fazer", respondo em tom firme, "é deixar Sofia." "Que dizeis?", exclama ele exaltado. "Deixar Sofia! Deixá-la, enganá-la, ser um traidor, um patife, um perjuro!..." "Como!", retruco interrompendo-o. "É de mim que Emílio receia aprender a merecer nomes desse tipo?" "Não", continua ele com a mesma impetuosidade, "nem de vós nem de ninguém; serei capaz de conservar vossa obra, apesar de vós; serei capaz de não merecer tais nomes."

Eu contava com essa primeira fúria; deixo-a passar sem me comover. Se eu não tivesse a moderação que lhe recomendo, como poderia pregá-la? Emílio conhece-me demais para acreditar que sou capaz de exigir dele algo de mal, e ele bem sabe que agiria mal abandonando Sofia no sentido que dá à palavra. Ele espera, pois, que eu finalmente me explique. Então, retomo meu discurso.

"Acreditais, caro Emílio, que um homem, qualquer que seja a situação em que se encontre, possa ser mais feliz do que vós o sois há três meses? Se acreditais, desenganai-vos. Antes de saboreardes os prazeres da vida, já esgotastes a felicidade deles. Nada há além do que sentistes. A felicidade dos sentidos é passageira; o estado habitual do coração sempre perde com ela. Gozastes mais pela esperança do que jamais gozareis na realidade. A imaginação que enfeita o que se deseja abandona-o na posse. Afora o único ser existente por si mesmo, não há nada de belo a não ser o que não existe. Se esse estado pudesse durar para sempre, teríeis encontrado a felicidade suprema. Mas tudo que se prende ao homem se ressente de sua caducidade; tudo é finito, tudo é passageiro na vida humana: e ainda que o estado que nos faz feliz durasse sem cessar, o hábito de desfrutá-lo deixá-lo-ia sem gosto. Se nada muda do lado de fora, o coração muda; a felicidade nos deixa, ou nós a deixamos.

"O tempo que não medíeis corria durante vosso delírio. O verão termina, o inverno aproxima-se. Ainda que pudéssemos continuar nossos passeios em uma estação tão rude, nunca os suportaríamos. Mesmo contra nossa vontade, é preciso mudar a maneira de viver; esta não pode continuar. Vejo em vossos olhos impacientes que a dificuldade não vos perturba: a confissão de Sofia e vossos próprios desejos vos sugerem um meio fácil de evitar a neve e não ter mais de fazer viagens para vê-la. O expediente é cômodo, sem dúvida: mas, chegada a primavera, a neve derrete e o casamento fica. É preciso pensar em todas as estações.

"Quereis desposar Sofia e não a conheceis há mais de cinco meses! Quereis desposá-la, não porque ela vos convém, mas porque vos agrada; como se o amor nunca se enganasse sobre as conveniências, e como se os que começam por se amar nunca acabassem por se detestar. Ela é virtuosa, eu o sei; mas será o bastante? Basta que as pessoas sejam honestas para que se convenham? Não é a virtude dela que ponho em dúvida, é seu caráter. Mostra-se em um dia o de uma mulher? Sabeis em quantas situações é preciso que a tenhais visto para conhecerdes a fundo seu humor? Quatro meses de apego responderão por toda a vida? Talvez dois meses de ausência vos levem a esquecê-la; talvez um outro espere apenas vosso afastamento para vos apagar do coração dela; talvez, em vosso retorno, a acheis tão indiferente quanto a achastes sensível até agora. Os sentimentos não dependem dos princípios; ela pode permanecer muito honesta e cessar de vos amar. Ela será constante e fiel, quero crer; mas quem vos responde por ela e quem lhe responde por vós, enquanto não vos tiverdes posto à prova? Aguardareis, para essa prova, que ela se torne inútil para vós? Esperareis, para vos conhecerdes, até que já não possais mais vos separar?

"Sofia não tem 18 anos; vós mal passais de 22. Essa idade é a do amor, mas não a do casamento. Que pai e que mãe de família! Ah! Para poderem educar filhos, esperai ao menos que deixem de ser crianças. Sabeis quantas jovens tiveram a constituição enfraquecida, a saúde arruinada e a vida abreviada devido às fadigas da gravidez suportadas antes da hora? Sabeis quantas crianças ficaram lânguidas e fracas por não terem sido alimentadas em um corpo suficientemente formado? Quando a mãe e a criança crescem ao mesmo tempo e a substância necessária ao crescimento de cada uma das duas se divide, nem uma nem outra tem o que a natureza lhes destinava: como pode ser que não sofram ambas? Ou conheço mal Emílio, ou ele preferirá ter mais tarde uma mulher e filhos robustos a contentar sua impaciência à custa de sua vida e de sua saúde.

"Falemos de vós. Aspirando à condição de esposo e de pai, meditastes bem sobre os deveres? Tornando-vos chefe de família, tornar-vos-eis membro do Estado. E o que é ser membro do Estado? Sabei-o? Estudastes vossos deveres de homem, mas conheceis os do cidadão? Sabeis o que sejam governo, leis, pátria? Sabeis a que preço vos é permitido viver e por quem deveis morrer? Acreditais ter tudo aprendido, mas nada sabeis ainda. Antes de terdes um lugar na ordem civil, aprendei a conhecê-la e a saber qual posição vos convém.

"Emílio, é preciso deixar Sofia: não digo abandoná-la. Se fôsseis capaz disso, ela seria feliz demais por não ter se casado convosco: é preciso deixá-la para retornardes digno dela. Não sejais tão vaidoso a ponto de acreditar que já a mereceis. Oh, quanto ainda vos resta a fazer! Vinde cumprir essa nobre tarefa; vinde aprender a suportar a ausência; vinde ganhar o prêmio da fidelidade, a fim de que, ao voltardes, possais vos vangloriar de alguma coisa junto a ela, e pedir-lhe a mão, não como um favor, mas como uma recompensa."

Não habituado ainda a lutar contra si mesmo, não acostumado ainda a desejar uma coisa e a querer outra, o rapaz não se rende; resiste e discute. Por que se recusaria à felicidade que o espera? Adiar aceitar a mão que lhe é oferecida não seria desprezá-la? Que necessidade há em se afastar dela para se instruir acerca do que deve saber? E, ainda que isso fosse necessário, por que não lhe deixaria nos laços indissolúveis o penhor de seu regresso? Sendo marido dela, está pronto a seguir-me; estando unidos, ele a deixará sem temor... Unir-vos para vos separardes, Emílio, que contradição! É belo que um amante possa viver sem sua amada; mas um marido não deve nunca deixar a mulher sem necessidade. Para curar vossos escrúpulos, vejo que vossos adiamentos devem ser involuntários; é preciso que possais dizer a Sofia que a deixais contra a vossa vontade. Pois bem: podeis ficar contente e, desde que não obedeceis à razão, reconhecei outro senhor. Não esquecestes do compromisso que firmastes comigo. Emílio, é preciso deixar Sofia; eu o quero.

Ouvindo tais palavras, baixa a cabeça, cala-se, fica pensativo por um instante e, depois, olhando-me com segurança, diz-me: "Quando partimos?". "Dentro de oito dias", respondo. "É preciso preparar Sofia para essa partida. As mulheres são mais fracas, devemos ter certos cuidados para com elas; e essa ausência, não sendo um dever para ela como é para vós, é-lhe permitido suportá-la com menos coragem."

Sinto-me tentado demais a prolongar até a separação de meus jovens o diário de seus amores, mas há muito tempo tenho abusado da indulgência dos leitores; abreviemos para enfim terminar. Emílio ousará levar aos pés de sua amante a mesma firmeza que mostra ao seu amigo? De minha parte, acredito nisso: é da própria verdade de seu amor que ele deve tirar essa segurança. Ele ficaria mais confuso diante dela se lhe custasse menos deixá-la; ele a deixaria como culpado, e tal papel é sempre embaraçoso para um coração honesto; mas quanto mais o sacrifício lhe custa, mais ele se honra com ele aos olhos daquela que o torna penoso. Ele não teme que ela se engane acerca do motivo determinante. Parece dizer-lhe a cada olhar: Ó Sofia! lê em meu coração e sê fiel; não tens um amante sem virtude.

A altiva Sofia, por seu lado, trata de suportar com dignidade o golpe imprevisto que a atinge. Esforça-se por parecer insensível; mas, não tendo, como Emílio, a honra do combate e da vitória, sua firmeza se sustenta menos. Chora, geme sem querer, e o pavor de ser esquecida torna acre a dor da separação. Não é diante do amante que ela chora, não é a ele que mostra seus receios; preferiria ser sufocada a deixar escapar um suspiro na presença dele: eu é que recebo as queixas dela e que vejo suas lágrimas, sou eu quem ela finge tomar como confidente. As mulheres são hábeis e sabem disfarçar: quanto mais murmura contra minha tirania, mais se mostra atenta em lisonjear-me; sente que sua sorte está em minhas mãos.

Eu a consolo, eu a tranquilizo, respondo por seu amante, ou melhor, por seu esposo: que ela guarde a mesma fidelidade que ele terá por ela e, dentro de dois anos, eles se unirão, juro-o. Ela me estima bastante para acreditar que não quero enganá-la. Eu sou a garantia mútua de ambos. Seus corações, sua virtude, minha probidade, a confiança dos pais, tudo os tranquiliza. Mas do que adianta a razão contra a fraqueza? Eles se separam como se não mais devessem se ver.

É então que Sofia recorda os lamentos de Eucaris e acredita realmente estar no lugar dela. Não deixemos, durante a ausência, que esses amores fantasiosos despertem. "Sofia", digo-lhe um dia, "fazei uma troca de livros com Emílio. Dai-lhe vosso *Telêmaco*, a fim de que aprenda a assemelhar-se a ele; e que ele vos dê o *Espectador*,[42] cuja leitura apreciais. Estudai os deveres das mulheres de bem, e pensai que, dentro de dois anos, esses deveres serão os vossos." A troca agrada a ambos e lhes dá confiança. Finalmente, chega o triste dia: é preciso separar-se.

O digno pai de Sofia, com quem tudo combinei, abraça-me na despedida. Depois, puxando-me de lado, diz-me estas palavras em um tom grave: "Tudo fiz para vos agradar; sabia que tratava com um homem de honra. Resta-me apenas uma palavra a dizer-vos: lembrai-vos de que vosso aluno assinou seu contrato de casamento na boca de minha filha".

Que diferença na atitude dos dois amantes! Emílio, impetuoso, ardente, agitado, fora de si, dá gritos, verte torrentes de lágrimas nas mãos do pai, da mãe, da filha, abraça soluçando todas as pessoas da casa, e repete mil vezes as mesmas coisas em uma desordem que causaria riso em qualquer outra ocasião. Sofia, tépida, pálida, olhos baços, visão sombria, permanece em repouso, nada diz, não chora, não vê ninguém, nem mesmo Emílio. Por mais que ele lhe tome as mãos, que a aperte em seus braços, ela permanece imóvel, insensível às lágrimas dele, aos carinhos a tudo o que ele faz; para ela, ele já partiu. Como isso é mais comovente do que as queixas importunas e a lamentação ruidosa de seu amante! Ele o vê, sente-o, ele se desola. Arrasto-o com dificuldade; se o deixar mais um momento, não quererá mais partir. Fico encantado de que leve consigo essa triste imagem. Se jamais sentir-se tentado a esquecer o que deve a Sofia, lembrando-lhe como a viu no

---

42 *Espectador, ou O Sócrates moderno* (1711-1712), tradução para o francês do jornal *The Spectator*, de Joseph Addison. (N. T.)

momento da partida, será preciso que tenha o coração muito alienado para que eu não o traga de volta a ela.

Das viagens

Perguntam se é bom que os jovens viajem e muito discutem a respeito. Se apresentassem a questão de outro modo, e se perguntassem se é bom que os homens tenham viajado, talvez não discutissem tanto.

O abuso dos livros mata a ciência. Acreditando saber o que lemos, acreditamos estar dispensados de aprender. Leituras demais servem apenas para fazer ignorantes presunçosos. De todos os séculos de literatura, não há nenhum em que se tenha lido tanto quanto neste, e nenhum em que tenha havido menos sabedoria. De todos os países da Europa, nenhum há onde se imprimam tantas histórias e tantos relatos de viagem quanto na França; e nenhum há onde se conheçam menos o gênio e os costumes das outras nações. Tantos livros fazem-nos negligenciar o livro do mundo; ou, se ainda o lemos, cada um se apega à sua página. Ainda que a expressão "Pode-se ser persa?"[43] me fosse desconhecida, eu adivinharia, ao ouvi-la, que ela vem do país onde os preconceitos nacionais mais se impõem, e do sexo que mais os propaga.

Um parisiense acredita conhecer os homens e só conhece os franceses; em sua cidade, sempre cheia de estrangeiros, ele olha cada estrangeiro como um fenômeno extraordinário e sem igual no resto do universo. É preciso ter visto de perto os burgueses dessa grande cidade, é preciso ter vivido junto com eles para acreditar que com tanto espírito se possa ser tão estúpido. O que há de estranho é que cada um deles já leu, talvez, dez vezes a descrição do país cujo habitante tanto o maravilhará.

É demais ter de romper ao mesmo tempo os preconceitos dos autores e os nossos para chegar à verdade. Passei minha vida lendo relatos de viagens, e nunca encontrei dois que me dessem a mesma ideia do mesmo povo. Comparando o pouco que podia observar com o que lera, acabei por deixar de lado os viajantes e lamentar o tempo gasto para me instruir com sua leitura, bem

---

43 Montesquieu, *Cartas persas*, 30. (N. T.)

convencido de que, no concernente a observações de qualquer espécie, é preciso ver, e não ler. Isso seria verdadeiro no caso em que todos os viajantes fossem sinceros, se nada dissessem além do que viram ou do que acreditam, e se não disfarçassem a verdade com as falsas cores com que eles a enxergam. O que será quando for preciso ainda desenredá-la de suas mentiras e de sua má-fé?

Deixemos, portanto, o recurso dos livros preconizados aos que são feitos para contentar-se com eles. Ele é bom como a arte de Raimundo Lúlio, para ensinar a tagarelar sobre o que não se conhece. Ele é bom para ensinar Platões de 15 anos a filosofar nos círculos e a instruir um grupo acerca dos costumes do Egito e das Índias, segundo Paul Lucas ou Tavernier.[44]

Tomo como máxima incontestável que quem viu apenas um povo, em lugar de conhecer os homens, só conhece as pessoas com quem viveu. Eis, pois, mais outra maneira de apresentar a mesma questão das viagens: basta que um homem bem-educado conheça apenas seus compatriotas, ou é importante que conheça os homens em geral? Não resta mais aqui nem disputa nem dúvida. Vede como a solução de uma questão difícil às vezes depende da maneira de apresentá-la.

Mas, para estudar os homens, é preciso percorrer a terra inteira? Será preciso ir ao Japão para observar os europeus? Para conhecer a espécie, será preciso conhecer todos os indivíduos? Não. Há homens que se assemelham tanto que não vale a pena estudá-los separadamente. Quem viu dez franceses, viu todos. Embora não se possa dizer o mesmo dos ingleses e de outros povos, é, entretanto, certo que cada nação tem seu caráter próprio e específico, que se conhece por indução, não da observação de um só de seus membros, mas de vários. Quem comparou dez povos conhece os homens, assim como quem viu dez franceses conhece os franceses.

Para se instruir, não basta percorrer os países; é preciso saber viajar. Para observar, é preciso ter olhos, e voltá-los para o objeto que se quer conhecer. Há muitas pessoas que as viagens instruem menos ainda do que os livros,

---

44 Raimundo Lúlio (1232-1315) é o autor da *Ars magna* (1305). Paul Lucas (1664-1737) escreveu sobre suas viagens ao Egito e à Ásia menor, entre outros lugares. Jean-Baptiste Tavernier (1605-1689) é conhecido pelas narrativas das viagens comerciais que realizou entre França e Índia. (N. T.)

porque ignoram a arte de pensar, porque nas leituras seu espírito é ao menos guiado pelo autor e, em suas viagens, nada sabem ver por si mesmos. Outros não se instruem porque não querem instruir-se. Seu objetivo é tão diferente que esse não os impressiona: é um grande acaso vermos exatamente o que não nos preocupamos em olhar. De todos os povos do mundo, o francês é o que mais viaja; mas, insuflado por seus costumes, confunde tudo o que não se assemelha a eles. Há franceses em todos os cantos do mundo. Não há país onde se encontrem mais pessoas que tenham viajado do que na França. Com tudo isso, entretanto, de todos os povos da Europa, o que mais vê os outros é o que menos os conhece.

O inglês também viaja, mas de outra maneira; é preciso que esses dois povos sejam contrários em tudo. A nobreza inglesa viaja, a nobreza francesa não; o povo francês viaja, o povo inglês não. Essa diferença me parece honrosa para o último. Os franceses têm quase sempre algum interesse em sua viagem; mas os ingleses não vão buscar fortuna nas outras nações, a não ser pelo comércio e com as mãos cheias; quando viajam, é para aplicar dinheiro, e não para viver de indústria; são altivos demais para irem rastejar fora de casa. Isso faz também que se instruam no estrangeiro mais do que os franceses, que têm outro objetivo na mente. No entanto, os ingleses também têm seus preconceitos nacionais; têm-nos até mesmo mais do que todos; mas tais preconceitos dizem respeito menos à ignorância do que à paixão. O inglês tem os preconceitos do orgulho e o francês, os da vaidade.

Como os povos menos cultivados são geralmente os mais sábios, os que viajam menos viajam melhor; porque, estando menos avançados do que nós nas pesquisas frívolas, e menos ocupados com os objetos de nossa vã curiosidade, dirigem toda a sua atenção para o que é verdadeiramente útil. Até onde sei, apenas espanhóis viajam dessa maneira. Enquanto o francês visita os artistas de um país, o inglês manda desenhar alguma antiguidade e o alemão leva seu álbum a todos os sábios, o espanhol estuda em silêncio o governo, os costumes, as regras civis e é o único dos quatro que, de volta para casa, relata do que viu alguma observação útil a seu país.

Os antigos viajavam pouco, liam pouco, escreviam poucos livros; e, no entanto, em meio aos que nos restam, vemos que observavam uns aos outros melhor do que observamos nossos contemporâneos. Sem remontar aos escritos de Homero, o único poeta que nos transporta para a terra que descreve, não se pode recusar a Heródoto a honra de ter pintado os costumes em sua história e, embora ela seja feita mais de narrações do que de reflexões, é preferível ao que fazem nossos historiadores sobrecarregando seus livros de retratos e de caracteres. Tácito descreveu melhor os germanos de seu tempo do que qualquer escritor o fez com os alemães de hoje. Sem dúvida alguma, os que são versados na história antiga conhecem mais corretamente os gregos, os cartagineses, os romanos, os gauleses e os persas do que qualquer povo de hoje conhece seus vizinhos.

É preciso confessar também que os caracteres originais dos povos, apagando-se dia a dia, tornam-se por isso mesmo mais difíceis de se apreender. À medida que as raças se misturam e os povos se confundem, vemos desaparecerem pouco a pouco as diferenças nacionais que outrora impressionavam à primeira vista. Antigamente, cada nação permanecia mais encerrada em si mesma, havia menos comunicação, menos viagens, menos interesses comuns ou contrários, menos ligações políticas e civis entre os povos, não tantas intrigas da realeza a que chamamos negociações, e nenhum embaixador ordinários ou de residência fixa; as grandes navegações eram raras; havia pouco comércio remoto e o pouco que havia era feito pelo próprio príncipe, que se servia de estrangeiros, ou por gente desprezível, que não davam o tom a ninguém e de nenhum modo aproximavam as nações. Atualmente, há cem vezes mais ligações entre a Europa e a Ásia do que outrora entre a Gália e a Espanha: a Europa sozinha era mais esparsa do que a terra inteira o é hoje.

Acrescentai a isso que os povos antigos, em sua maioria encarando-se como autóctones ou originários de seu próprio país, já o ocupavam há tempo bastante para terem perdido a memória dos séculos passados em que seus ancestrais nele haviam se estabelecido, e para terem dado tempo ao clima de criar neles impressões duradouras: ao passo que, entre nós, depois das invasões dos romanos, as recentes emigrações dos bárbaros confundiram tudo. Os franceses de hoje não são mais os grandes louros e brancos de outrora; os gregos não são mais os belos homens feitos para servirem de modelos à arte; os próprios romanos mudaram o caráter, bem como sua índole; os persas, originários da Tartária, perdem dia a dia sua fealdade primitiva em troca da mistura do sangue circassiano; os europeus não são mais gauleses, germanos, ibéricos, alóbrogos: são todos apenas citas diversamente degenerados quanto à figura e, mais ainda, quanto aos costumes.

Eis por que as antigas distinções das raças, das qualidades do ar e das terras marcavam mais fortemente em cada povo os temperamentos, os aspectos, os costumes, os caracteres, do que em nossos dias, quando a inconstância europeia não deixa a nenhuma causa natural o tempo para se estabelecerem as marcas, e quando as florestas derrubadas, os pântanos drenados, a terra cultivada mais uniformemente, embora menos bem, não mais permite, nem sequer no âmbito físico, a mesma diferença de uma terra a outra e de um país a outro.

Talvez, com semelhantes reflexões, apressar-se-ia menos em ridicularizar Heródoto, Ctésias e Plínio por terem representado os habitantes de diversos países com traços originais e diferenças acentuadas que não vemos mais. Seria preciso encontrar os mesmos homens para reconhecer neles os mesmos aspectos; seria preciso que nada os houvesse mudado para que tivessem permanecido os mesmos. Se pudéssemos considerar ao mesmo tempo todos os homens que existiram, poderíamos duvidar de que não os acharíamos mais variados, de um século a outro, do que os achamos hoje, de uma nação a outra?

Ao mesmo tempo que as observações se tornam mais difíceis, elas se fazem mais negligentemente e pior; essa é outra razão do pouco êxito de nossas pesquisas na história natural do gênero humano. As lições que tiramos das viagens dizem respeito ao objetivo que projetamos nelas. Quando esse objetivo é um sistema de filosofia, o viajante nunca vê nada além do que quer ver; quando esse objetivo é o interesse, ele absorve toda a atenção daqueles que se entregam à viagem. O comércio e as artes, que misturam e confundem os povos, também os impedem de se estudarem. Quando sabem o proveito que podem obter uns com os outros, que mais terão para saber?

É útil ao homem conhecer todos os lugares onde se pode viver, a fim de escolher aqueles onde se pode viver mais comodamente. Se cada qual se bastasse a si mesmo, só lhe importaria conhecer a extensão da terra que pode alimentá-lo. O selvagem, que não precisa de ninguém e não ambiciona nada no mundo, não conhece nem procura conhecer outra terra além da sua. Se é forçado à dispersão para subsistir, foge dos lugares habitados pelos homens; quer apenas os lugares dos animais, só deles necessita para se alimentar. Mas para nós, que temos necessidade da vida civil e que não podemos mais evitar de nos alimentarmos de homens, o interesse de cada um de nós está em frequentar as terras onde os encontramos em maior número para serem devorados. Eis por que tudo aflui para Roma, Paris e Londres. É sempre nas capitais que o sangue humano se vende mais barato. Assim, só conhecemos os grandes povos, e os grandes povos são todos parecidos.

Temos, dizem, sábios que viajam para se instruir. É um erro: os sábios viajam por interesse, assim como os outros. Já não se encontram os Platões nem os Pitágoras, ou, se existem, estão bem longe de nós. Nossos sábios só viajam por ordem da corte; são despachados, custeados e pagos para verem tal ou qual objeto, que por certo não é nenhum objeto moral. Devem todo o seu tempo a esse objeto único; são demasiado honestos para roubarem seu dinheiro. Se em algum país, seja qual for, curiosos viajam à própria custa, nunca o fazem para estudar os homens, mas para instruí-los. Não é de ciência que precisam, mas de ostentação. Como aprenderiam em suas viagens a sacudir o jugo da opinião? Eles só as realizam por ela.

Há bastante diferença entre viajar para ver terras e viajar para ver povos. O primeiro objeto é sempre o dos curiosos, e para estes, o outro é apenas acessório. Aqueles que querem filosofar devem fazer exatamente o contrário. A criança observa as coisas esperando poder observar os homens. O homem deve começar por observar seus semelhantes, e depois, se tiver tempo, observar as coisas.

Portanto, é raciocinar mal concluir que as viagens são inúteis pelo fato de viajarmos mal. Mas, reconhecida a utilidade das viagens, seguir-se-á que elas convêm a todo mundo? De modo algum: ao contrário, elas só convêm a pouquíssimas pessoas; só convêm aos homens bastante seguros de si para ouvirem as lições do erro sem se deixarem seduzir, e para verem o exemplo do vício sem se deixarem arrastar por ele. As viagens levam a índole para sua inclinação e acabam por tornar o homem bom ou mau. Quem regressa de uma viagem ao redor do mundo é na volta o que será ao longo da vida inteira: voltam antes piores do que melhores, porque, quando partem, estão mais inclinados para o mal do que para o bem. Os jovens mal educados e mal orientados contraem, em suas viagens, todos os vícios dos povos que visitam, e nenhuma das virtudes a que estes se misturam. Porém, aqueles que tiveram bom nascimento, aqueles cuja boa índole foi bem cultivada e que viajam com a verdadeiro desígnio de se instruírem, voltam todos melhores e mais sábios do que quando partiram. Assim viajará meu Emílio: assim viajou um jovem, digno de um século melhor, cujo mérito a Europa espantada admirou, que morreu por sua terra na flor da idade, mas que merecia viver e cujo túmulo, ornado unicamente com suas virtudes, aguardava, para ser honrado, que a mão de um estranho nele semeasse flores.[45]

Tudo que se faz por razão deve ter suas regras. As viagens, consideradas como parte da educação, devem ter as suas. Viajar por viajar é errar, é ser vagabundo; viajar para se instruir é ainda um objeto vago demais: a instrução que não tem um alvo determinado não é nada. Eu gostaria de dar ao jovem um interesse sensível para instruir-se, e esse interesse bem escolhido fixaria também a natureza da instrução. É sempre a continuação do método que procurei aplicar.

Ora, depois de ter-se considerado por suas relações físicas com os outros seres e por suas relações morais com os outros homens, resta-lhe considerar-se por suas relações civis com seus concidadãos. Para isso, é preciso que comece por estudar a natureza do governo em geral, as diversas formas de governo, e finalmente, o governo particular sob o qual nasceu, a fim de saber se lhe convém nele viver; pois, por um direito irrevogável, todo homem, tornando-se maior e senhor de si mesmo, torna-se também senhor de renunciar ao contrato pelo qual se liga à comunidade, abandonando o país em que ela se acha estabelecida. É somente pela estada nele feita depois da idade da razão que se supõe que ele confirme tacitamente o compromisso assumido

---

45 Referência ao conde de Gisors (1732-1758), jovem soldado francês que morreu conduzindo sua tropa durante a batalha de Krefeld na Guerra dos Sete Anos. (N. T.)

por seus ancestrais. Ele adquire o direito de renunciar a sua pátria, como à sucessão de seu pai; e ainda, sendo o lugar de nascimento um dom da natureza, cede-se parte do seu a ele renunciando. Pelo direito rigoroso, todo homem permanece livre, correndo seus riscos, em qualquer lugar que nasça, a menos que se submeta voluntariamente às leis para adquirir o direito de ser protegido por elas.

Dir-lhe-ia, então, por exemplo: até aqui vivestes sob minha direção, pois não tínheis condições de governar a vós mesmo. Mas vós vos aproximais da idade em que as leis, deixando-vos dispor de vossos bens, vos tornam senhor de vossa pessoa. Ides encontrar-vos só na sociedade, dependendo de tudo, até de vosso patrimônio. Tendes em vista estabelecer-vos; isso é louvável, é um dos deveres do homem. Mas, antes de vos casardes, é preciso saber que homem quereis ser, como quereis passar vossa vida, que medidas quereis tomar para garantir o pão, vosso e de vossa família; pois, embora não seja preciso tomar isso como o principal negócio da vida, em algum momento é preciso pensar nele. Quereis comprometer-vos na dependência dos homens que desprezais? Quereis estabelecer vossa fortuna e fixar vossa condição por relações civis que vos porão sempre à mercê de outrem e vos forçarão, para escapar dos patifes, a vos tornar patife também?

Nesse momento, eu lhe descreverei todos os meios possíveis de fazer valer seus bens, seja no comércio, nos cargos públicos ou nas finanças; e lhe mostrarei que não há nenhum que não comporte riscos, que não o ponha em um estado precário e dependente, e não o force a regular seus costumes, seus sentimentos e sua conduta pelo exemplo e pelos preconceitos alheios.

Há, dir-lhe-ei, outro meio de empregar seu tempo e sua pessoa: é o de seguir carreira das armas, isto é, alugar-se barato para ir matar gente que não nos fez mal nenhum. Esse ofício conta com grande estima entre os homens, e estes consideram muito os que não servem para outra coisa. Além disso, longe de vos eximir de outros recursos, ele só vo-los torna ainda mais necessários; porque também faz parte desse ofício arruinar os que a ele se dedicam. É verdade que nem todos se arruínam; imperceptivelmente, a moda que vem surgindo é a de enriquecer-se nesse ofício como nos outros; mas duvido que vos explicando como fazem os que têm êxito, tenhais curiosidade de imitá-los.

Sabereis ainda que, nesse mesmo ofício, não se trata mais de coragem nem de valor, a não ser talvez junto às mulheres; que, ao contrário, o mais rasteiro, o mais baixo, o mais servil, é sempre o mais honrado: que se pensardes em fazer de verdade vosso ofício sereis desprezado, odiado, despedido talvez, esmagado por mamatas e suplantado por todos os vossos camaradas por terdes feito vosso serviço na trincheira, enquanto eles faziam os seus no toucador.

Suspeitamos que nenhum desses empregos será muito do agrado de Emílio. Como, dirá ele, terei esquecido os jogos de minha infância?! Terei perdido meus braços? Estará esgotada minha força? Não saberei mais trabalhar? Que me importam todos os vossos belos empregos e todas as tolas opiniões dos homens? Não conheço outra glória senão a de ser bom e justo; não conheço outra felicidade senão a de viver independente com o que amo, ganhando todos os dias apetite e saúde com meu trabalho. Todas essas dificuldades de que me falais não me comovem. Quero como bem apenas uma pequena chácara em algum canto do mundo. Aplicarei toda a minha avareza em valorizá-lo, e viverei sem inquietação. Sofia é meu campo, e serei rico.

Sim, meu amigo, para a felicidade do sábio basta uma mulher e um campo que lhe pertençam; mas tais tesouros, embora modestos, não são tão comuns como pensais. Já encontrastes o mais raro; falemos do outro.

Um campo que vos pertença, caro Emílio! E em que lugar o escolhereis? Em que canto da terra podereis dizer: sou aqui senhor de mim e do terreno que possuo? Sabemos em que lugares é fácil ficar rico, mas quem sabe onde nós podemos nos dispensar de sê-lo? Quem sabe onde podemos viver com independência e liberdade sem necessidade de fazer mal a ninguém e sem temer sofrê-lo? Acreditais que a terra onde é sempre permitido ser gente de bem seja tão fácil de se encontrar? Se há algum meio legítimo e seguro de subsistir sem intriga, sem negócios, sem dependência, admito que é vivendo do trabalho das próprias mãos, cultivando sua própria terra. Mas onde está o Estado no qual se possa dizer: a terra em que piso é minha? Antes de escolherdes essa terra feliz, assegurai-vos de encontrar nela a paz que buscais; evitai que um governo violento, uma religião perseguidora, costumes perversos vos venham perturbar. Ponde-vos ao abrigo dos impostos desmedidos que devorariam o fruto de vossos trabalhos, dos processos infindáveis que consumiriam vossos fundos. Atentai para que, vivendo justamente, não tenhais de fazer a corte a intendentes, a seus substitutos, a juízes, a padres, a vizinhos poderosos, a patifes de toda espécie, sempre dispostos a vos atormentar se os desdenhardes. Ponde-vos sobretudo ao abrigo das vexações dos grandes e dos ricos; pensai que em toda parte suas terras podem confinar com o vinhedo de Nabote.[46] Se por desgraça um homem importante comprar ou construir uma casa perto de vossa cabana, quem garante que ele não buscará meios, mediante um pretexto qualquer, de invadir vossa herança para ampliar a dele, ou que não vereis, em algum momento, uma grande estrada passar por cima de todo o vosso terreno? Se podeis conservar crédito para se proteger de tantos inconvenientes, vale mais ainda conservar também vossas riquezas, pois elas não vos serão mais difíceis de guardar. A riqueza e o crédito sustentam-se mutuamente; e sustentam-se mal um sem outro.

Tenho mais experiência do que vós, caro Emílio; vejo melhor a dificuldade de vosso projeto. Ele é belo, no entanto, ele é honesto, e vos tornaria feliz de fato: esforcemo-nos por executá-lo. Tenho uma proposta a fazer-vos: consagremos os dois anos que temos até vossa volta para escolhermos um lugar na Europa onde possais viver feliz com vossa família, ao abrigo de todos os perigos que acabo de mencionar. Se tivermos êxito, tereis encontrado a verdadeira felicidade procurada em vão por tantos outros, e não lamentareis o tempo gasto. Se não formos bem-sucedidos, estareis curado de uma quimera, consolado de uma desgraça inevitável e submetido à lei da necessidade.

Não sei se todos os meus leitores perceberão até onde nos levará essa busca assim proposta; mas bem sei que, se Emílio não voltar versado em

---

46 Referência à história bíblica em 1 Reis 21, 1-16: Acabe, rei de Israel, queria transformar um pequeno vinhedo em horta para seu palácio, e tentou negociar com o proprietário, Nabote; porém, o vinhedo era herança paterna e Nabote não aceitou as ofertas. Então, Jezabel, a esposa de Acabe, tramou um falso testemunho contra Nabote, o que resultou no assassinado do pequeno agricultor e na apropriação do vinhedo por Acabe. (N. T.)

todas as matérias de governo, de costumes públicos e de máximas de Estado de toda espécie, após suas viagens que aconteceram do início ao fim com tal intento, será porque ou ele ou eu devemos ser desprovidos, um de inteligência e o outro de juízo.

O direito político ainda está por nascer, e pode-se supor que jamais nascerá. Grócio, o mestre de todos os nossos sábios nesse tema, não passa de uma criança e, pior ainda, uma criança de má-fé. Quando ouço elevarem Grócio às nuvens e cobrirem Hobbes de execração, vejo quantos homens sensatos leem ou compreendem esses dois autores. A verdade é que seus princípios são exatamente semelhantes; diferem apenas quanto à expressão e, também, quanto ao método: Hobbes apoia-se em sofismas, e Grócio em poetas. Todo o resto lhes é comum.

O único moderno em condições de criar essa grande e inútil ciência teria sido o ilustre Montesquieu. Mas ele evitou tratar dos princípios do direito político;[47] contentou-se em tratar do direito positivo dos governos estabelecidos, e nada no mundo é mais diferente do que esses dois estudos.

Entretanto, quem quer julgar de modo sadio os governos tais como existem é obrigado a reunir ambos: é preciso saber o que deve ser para bem julgar o que é. A maior dificuldade para esclarecer essas importantes matérias está em fazer que um particular se interesse em discuti-las a fim de que responda a estas duas questões: O que me importa? O que posso fazer? Deixamos nosso Emílio em condições de responder a ambas.

A segunda dificuldade vem dos preconceitos da infância, das máximas com as quais fomos criados e, sobretudo, da parcialidade dos autores que, falando sempre da verdade com que pouco se incomodam, só pensam no próprio interesse que nunca mencionam. Ora, o povo não dá cátedras, nem

---

47 A filosofia política de Rousseau visa exatamente contribuir para essa ciência: lembremos que a obra *Do contrato social* tem precisamente como subtítulo *"princípios do direito político"*. A partir desse parágrafo, Rousseau realiza uma síntese sequencial – ou um "sumário" – dos argumentos do *Contrato*, conforme explicitado em nota do autor mais adiante. Hugo Grócio (1583-1645), autor de *De jure belli ac pacis* (1625). Charles-Louis de Secondat, barão de Montesquieu (1689-1755), autor de *De l'esprit des lois* (1748). (N. T.)

pensões nem lugares nas academias: que então se julgue como devem ser estabelecidos seus direitos por aquelas pessoas! Fiz de modo que tal dificuldade também fosse nula para Emílio. Ele mal sabe o que é governo; só se importa com encontrar o melhor. Seu objetivo não é fazer livros; e, se algum dia os fizer, estes não serão para cortejar os poderosos, mas para estabelecer os direitos da humanidade.

Resta uma terceira dificuldade, mais especiosa do que sólida, e que não quero nem resolver nem propor: basta-me que essa dificuldade não assuste meu zelo. Sem dúvida, em pesquisas dessa espécie, grandes talentos são menos necessários do que um sincero amor pela justiça e um verdadeiro respeito pela verdade. Se, portanto, as matérias de governo podem ser equitativamente tratadas, então, a meu ver, esta é a hora, ou nunca será.

Antes de observar, é preciso fazer regras para as observações; é preciso fazer uma escala para relacionar as observações às medidas que tomamos. Nossos princípios de direito político são essa escala. Nossas medidas são as leis políticas de cada país.

Nossos elementos serão claros, simples, extraídos imediatamente da natureza das coisas. Eles serão formados das questões que discutiremos, as quais só converteremos em princípios quando estiverem suficientemente resolvidas.

Por exemplo, remontando de início ao estado de natureza, examinaremos se os homens nascem escravos ou livres, associados ou independentes; se se reúnem voluntariamente ou à força; se algum dia a força que os reúne pode formar um direito permanente, pelo qual essa força anterior obriga, mesmo quando sobrepujada por outra, de maneira que, desde a força do rei Ninrode[48] que, como dizem, submeteu-lhe os primeiros povos, todas as outras forças que destruíram aquela tornaram-se iníquas e usurpatórias, e que não haja mais reis legítimos senão os descendentes de Ninrode ou seus seguidores; ou se, vindo a cessar essa primeira força, a força que lhe sucede

---

48 Rousseau escreve Nembrod. Personagem bíblico (Gênesis 10, 8-9; I Crônicas 1, 10), descrito como "poderoso na terra" e "valente caçador". Entre as cidades de seu reino são mencionadas Babel e Nínive. (N. T.)

obrigue, por sua vez, e destrua a obrigação da outra, de modo que não se seja obrigado a obedecer senão na medida em que se é forçado a fazê-lo, e que se esteja dispensado disso tão logo se possa resistir: direito que, parece-me, não acrescentaria grande coisa à força, e não passaria de um jogo de palavras.

Examinaremos se se pode dizer que toda doença vem de Deus, e se disso decorre que seja um crime chamar o médico.

Examinaremos ainda se, por motivo de consciência, somos obrigados a dar a bolsa a um bandido que a pede na estrada, ainda que possamos escondê-la; pois, afinal, a pistola que tem nas mãos é também um poder.

Se a palavra poder, neste caso, quer dizer algo diferente de um poder legítimo e, por conseguinte, submisso às leis de que tira seu ser.

Supondo-se que rejeitemos esse direito de força e que admitamos o da natureza ou a autoridade paterna como princípio das sociedades, investigaremos a medida dessa autoridade, de que modo ela é fundada na natureza, se tem outra razão de ser além da utilidade da criança, sua fraqueza e o amor natural que o pai tem por ela; se, portanto, uma vez cessada a fraqueza da criança e amadurecida sua razão, não se torna ela o único juiz natural do que convém à sua conservação, e por conseguinte, se não se torna ela seu próprio senhor, independente de qualquer outro homem, até mesmo de seu pai; pois, mais certo do que o pai amar seu filho, é o filho amar a si mesmo.

Examinaremos ainda se, com a morte do pai, os filhos devem obedecer ao mais velho ou a algum outro que não terá por eles o apego natural de um pai; e se, de raça em raça, haverá sempre um chefe único a quem toda a família deve obedecer. Nesse caso, procurar-se-ia saber de que modo a autoridade poderia ser partilhada, e com que direito haveria na terra inteira mais de um chefe que governasse o gênero humano.

Supondo que os povos tenham se formado por escolha, distinguiremos então o direito do fato; e perguntaremos se, tendo-se assim submetido a seus irmãos, tios ou pais, não porque fossem obrigados, mas por assim quererem, essa espécie de sociedade não poderia ser chamada de associação livre e voluntária.

Passando em seguida ao direito de escravidão, examinaremos se um homem pode legitimamente alienar-se a outro, sem restrição, sem reserva, sem nenhuma espécie de condição; ou seja, se pode renunciar à sua pessoa, sua vida, sua razão, seu *eu*, a qualquer moralidade em suas ações e, em uma palavra, deixar de existir antes de sua morte, apesar da natureza que o encarrega imediatamente de sua própria conservação, e apesar de sua consciência e de sua razão, que lhe prescrevem o que deve fazer e do que deve abster-se.

Havendo qualquer reserva, qualquer restrição no ato de escravização, discutiremos se tal ato não se torna então um verdadeiro contrato em que cada um dos dois contratantes, não tendo a qualidade de superior comum,[49] permanece seu próprio juiz quanto às condições do contrato e, por conseguinte, livre como parte dele, e habilitado para rompê-lo quando se considerar lesado.

E então, se um escravo não pode alienar-se sem reserva a seu senhor, como pode um povo alienar-se sem reserva a seu chefe? E se o escravo permanece juiz da observação do contrato por seu senhor, como o povo não permanecerá juiz da observação do contrato por seu chefe?

Forçados assim a voltar atrás em nossos passos, e considerando o sentido da palavra coletiva povo, procuraremos ver se, para estabelecer esse chefe, não é preciso um contrato, tácito ao menos, anterior àquele que supomos.

Uma vez que o povo é um povo antes de eleger para si um rei, quem o fez assim senão o contrato social? O contrato social é, portanto, a base de toda sociedade civil, e é na natureza desse ato que se deve buscar a base da sociedade que ele forma.

Investigaremos qual o teor desse contrato e se não se pode enunciá-lo em linhas gerais por esta fórmula: "Cada um de nós põe em comum seus bens, sua pessoa, sua vida, todo o seu poder, sob a suprema direção da vontade geral, e recebemos, enquanto corpo, cada membro como parte indivisível do todo".

Isto suposto, para definir os termos de que precisamos, observaremos que em lugar da pessoa particular de cada contratante, esse ato de associação produz um corpo moral e coletivo, composto de tantos membros quantas vozes há na assembleia. Essa pessoa pública toma em geral o nome

---

49 Se houvesse um, esse superior comum não seria outro senão o soberano; e então, o direito de escravidão, fundamentado no direito de soberania, não seria seu princípio.

de *corpo político*, o qual é chamado por seus membros de *Estado* quando passivo, *soberano* quando ativo, e *potência* ao se comparar com seus semelhantes. Quanto aos próprios membros, denominam-se *povo* coletivamente e, em particular, chamam-se *cidadãos*, como membros da cidade ou participantes da autoridade soberana, e *súditos*, como submetidos à mesma autoridade.

Observamos que esse ato de associação encerra um compromisso recíproco do público e dos particulares, e que cada indivíduo, contratando por assim dizer consigo mesmo, se encontra comprometido em uma dupla relação, a saber, como membro do soberano perante os particulares, e como membro do Estado perante o soberano.

Observaremos ainda que, não estando ninguém atado aos compromissos que só assumiu para consigo, a deliberação pública que pode obrigar todos os súditos perante o soberano, por causa das duas relações diferentes pelas quais cada qual é encarado, não pode obrigar o Estado perante si mesmo. Pelo que se vê que não há nem pode haver outra lei fundamental propriamente dita senão o pacto social; o que não significa que o corpo político não possa, em certos aspectos, comprometer-se perante outrem; pois, em relação ao estrangeiro, torna-se um ser simples, um indivíduo.

As duas partes contratantes, quais sejam, cada particular e o público, não possuindo nenhum superior comum que possa julgar seus litígios, examinaremos se cada uma delas permanece autorizada a romper o contrato quando lhe apraz, isto é, de renunciar a ele tão logo acredite estar lesada.

Para esclarecer essa questão, observamos que, segundo o pacto social, não podendo o soberano agir senão mediante vontades comuns e gerais, seus atos devem se restringir apenas a objetos gerais e comuns; do que se deduz que um particular não pode ser lesado diretamente pelo soberano sem que todos o sejam, o que não é possível, pois seria querer fazer mal a si mesmo. Assim, o contrato social nunca tem necessidade de outra garantia senão a força pública, porque o dano sempre vem apenas dos particulares; e estes não se acham com isso livres de seu compromisso, mas punidos por o terem violado.

Para bem resolver todas as questões semelhantes, teremos cuidado de sempre lembrarmos que o pacto social é de uma natureza particular, própria somente a ele mesmo, porquanto o povo não contrata senão consigo mesmo, isto é, o povo enquanto corpo, como soberano, com os particulares como súditos: condição que produz todo o artifício e o jogo da máquina política, e que, por si só, torna legítimos, razoáveis e sem perigo compromissos que, sem isso, seriam absurdos, tirânicos e sujeitos aos mais enormes abusos.

Estando os particulares sujeitos apenas ao soberano, e a autoridade soberana não sendo outra coisa além da vontade geral, veremos como cada homem, obedecendo ao soberano, só obedece a si mesmo, e como somos mais livres no pacto social do que no estado de natureza.

Depois de feita a comparação da liberdade natural com a liberdade civil quanto às pessoas, compararemos quanto aos bens o direito de propriedade com o direito de soberania, o domínio particular com o domínio eminente. Se é sobre o direito de propriedade que se funda a autoridade soberana, esse direito é o que ela deve mais respeitar; ele é inviolável e sagrado para ela enquanto permanece um direito particular e individual; tão logo seja considerado comum a todos os cidadãos, fica submetido à vontade geral, e essa vontade pode aniquilá-lo. Assim, o soberano não tem nenhum direito de tocar no bem de um particular, nem no de vários; mas pode legitimamente apoderar-se do bem de todos, como ocorreu em Esparta no tempo de Licurgo, ao passo que a abolição das dívidas por Sólon foi um ato ilegítimo.

Posto que nada obriga os súditos senão a vontade geral, investigaremos como se manifesta essa vontade, que sinais podem nos dar certeza de reconhecê-la, o que é uma lei, e quais os verdadeiros caracteres da lei. Esse assunto é totalmente novo: a definição da lei ainda está por ser feita.

No momento em que o povo, como particular, considera um ou vários de seus membros, o povo se divide. Forma-se entre o todo e sua parte uma relação que produz dois seres separados, dos quais um é a parte, e o todo menos essa parte é o outro. Mas o todo menos uma parte não é o todo; enquanto essa relação subsiste, não há mais todo, portanto, e sim duas partes desiguais.

Ao contrário, quando todo o povo estatui para todo o povo, só considera a si mesmo; e, se estabelece uma relação para si, é a do objeto inteiro de um ponto de vista com o objeto inteiro de outro ponto de vista, sem nenhuma divisão do todo. Então, o objeto sobre o qual se estatui é geral, e a vontade que estatui é também geral. Examinaremos se há alguma outra espécie de ato que possa levar o nome de lei.

Se o soberano só pode falar por leis, se a lei só pode ter um objeto geral e igualmente relativo a todos os membros do Estado, segue-se que o soberano nunca tem o poder de estatuir, seja o que for, sobre um objeto particular; entretanto, como importa à conservação do Estado que se devam resolver coisas particulares, procuraremos investigar como pode fazer-se isso.

Os atos do soberano só podem ser atos de vontade geral, das leis; em seguida, são necessários atos determinantes, atos de força ou de governo, para a execução dessas mesmas leis; e estes, ao contrário, só podem ter objetos particulares. Assim, o ato pelo qual o soberano estatui que se elegerá um chefe é uma lei, e o ato pelo qual se elege esse chefe em execução da lei não passa de um ato de governo.

Eis, pois, um terceiro modo pelo qual o povo reunido pode ser considerado, a saber, como magistrado ou executante da lei que estabeleceu como soberano.[50]

Não examinaremos se é possível que o povo se despoje de seu direito de soberania para entregá-lo a um homem ou a vários; pois o ato de eleição não sendo uma lei, e nesse ato o povo não sendo soberano ele próprio, não se vê como então ele pode transferir um direito que não possui.

A essência da soberania consistindo na vontade geral, não se vê, tampouco, como se pode assegurar que uma vontade particular estará sempre de acordo com essa vontade geral. Deve-se antes supor que será muitas vezes contrária; pois o interesse privado tende sempre às preferências, e o interesse público para a igualdade; e, ainda que esse acordo fosse possível, bastaria que não fosse necessário e indestrutível para que dele não pudesse resultar o direito soberano.

---

50 Tais questões e proposições são em sua maioria extraídas do tratado *Do contrato social*, ele próprio extraído de uma obra maior, empreendida sem que consultasse minhas forças e há muito tempo abandonada. O pequeno tratado que dele destaquei, e cujo sumário se encontra aqui, será publicado à parte.

Procuraremos investigar se, sem violar o pacto social, os chefes do povo, sejam quais forem os nomes atribuídos aos eleitos, podem ser outra coisa além de oficiais do povo, aos quais este ordena que executem as leis; e ver se tais chefes não lhe devem contas de sua administração, e não estão sujeitos eles próprios às leis que estão encarregados de observar.

Se o povo não pode alienar seu direito supremo, pode confiá-lo por algum tempo? Se não pode dar a si mesmo um senhor, pode dar a si mesmo representantes? Essa questão é importante e merece discussão.

Se o povo não pode ter soberano nem representantes, examinaremos como pode ele próprio estabelecer suas leis; se deve ter muitas leis; se deve mudá-las muitas vezes; se é fácil que um grande povo seja seu próprio legislador.

Se o povo romano não era um grande povo.

Se é bom que haja grandes povos.

Segue-se das considerações precedentes que há no Estado um corpo intermediário entre os súditos e o soberano; e esse corpo intermediário, formado por um ou mais membros, é encarregado da administração pública, da execução das leis e da manutenção da liberdade civil e política.

Os membros desse corpo chamam-se *magistrados* ou *reis*, isto é, governantes. O corpo inteiro, considerado pelos homens que o compõem, chama-se *príncipe*, e, considerado por sua ação, chama-se *governo*.

Se consideramos a ação do corpo inteiro agindo sobre si mesmo, isto é, a relação do todo com o todo, ou do soberano com o Estado, podemos comparar essa relação com a dos extremos de uma proporção contínua, cujo termo médio é dado pelo governo. O magistrado recebe do soberano as ordens que dá ao povo, e, tudo ponderado, seu produto ou seu poder encontra-se no mesmo grau que o produto ou o poder dos cidadãos que, de um lado, são súditos e, de outro, soberanos. Não se pode alterar nenhum dos três termos sem romper de imediato a proporção. Se o soberano quer governar, ou se o príncipe quer dar leis, ou se o súdito recusa obedecer, a desordem sucede à regra, e o Estado dissolvido cai no despotismo ou na anarquia.

Suponhamos que o Estado seja composto de 10 mil cidadãos. O soberano só pode ser considerado coletivamente e enquanto corpo; mas cada particular tem, como súdito, uma existência individual e independente. Assim, o soberano está para o súdito como 10 mil para um; isso quer dizer que cada membro do Estado tem, por sua parte, a décima milésima parte da autoridade soberana, embora esteja submetido a ela por inteiro. Se o povo for composto de 100 mil homens, a condição dos súditos não muda, e cada qual suporta sempre todo o império das leis, enquanto seu sufrágio, reduzido ao centésimo milésimo, tem dez vezes menos influência na redação delas. Assim, permanecendo o súdito sempre um, a relação do soberano aumenta em razão do número dos cidadãos. Do que se conclui que, quanto mais o Estado cresce, mais a liberdade diminui.

Ora, quanto menos as vontades particulares se relacionam com a vontade geral, isto é, os costumes com as leis, mais a força repressora deve aumentar. Por outro lado, a grandeza do Estado, dando aos depositários da autoridade pública mais tentações e meios de abuso, quanto mais força o governo tiver para conter o povo, mais força o soberano deve ter, por sua vez, para conter o governo.

Segue-se dessa dupla relação que a proporção contínua entre o soberano, o príncipe e o povo não é uma ideia arbitrária, mas uma consequência da natureza do Estado. Segue-se ainda que, sendo fixo um dos extremos, a saber, o povo, todas as vezes que a razão dobrada aumenta ou diminui, a razão simples, por sua vez, aumenta ou diminui; o que não pode acontecer sem que o termo médio mude o mesmo número de vezes. Daí podermos tirar essa consequência de que não há uma constituição única e absoluta de governo, mas que deve haver tantos governos diferentes em natureza quantos Estados há diferentes em tamanho.

Se quanto mais o povo é numeroso, menos os costumes se relacionam com as leis, examinaremos se, por uma analogia assaz evidente, não se pode dizer também que, quanto mais numerosos os magistrados, mais fraco é o governo.

Para esclarecer essa máxima, distinguiremos na pessoa de cada magistrado três vontades essencialmente diferentes: primeiro, a vontade própria do indivíduo, que só tende à sua vantagem particular; em segundo lugar, a vontade comum dos magistrados, que diz respeito unicamente ao benefício do príncipe, vontade que podemos chamar de vontade de corpo, que é geral em relação ao governo e particular em relação ao Estado de que o governo faz parte; em terceiro lugar, a vontade do povo ou a vontade soberana, que é geral tanto em relação ao Estado considerado como o todo quanto em relação ao governo considerado como parte do todo. Em uma legislação perfeita, a vontade particular e individual deve ser quase nula, e a vontade de corpo própria ao governo, muito subordinada; por conseguinte, a vontade geral e soberana é a regra de todas as outras. Ao contrário, segundo a ordem natural, essas diferentes vontades tornam-se mais ativas na medida em que se concentram; a vontade geral é sempre a mais fraca, a vontade de corpo ocupa o segundo lugar, e a vontade particular é preferida a tudo; de modo que cada um é primeiramente si mesmo, depois magistrado, e depois cidadão: graduação diretamente oposta à que exige a ordem social.

Isso posto, vamos supor o governo nas mãos de um único homem. Eis a vontade particular e a vontade de corpo perfeitamente reunidas, e por conseguinte, no mais alto grau de intensidade que possa ter. Ora, como é desse grau que depende o uso da força, e como a força absoluta do governo, sendo sempre a do povo, não varia, segue-se que o mais ativo dos governos é o de um só.

Ao contrário, unamos o governo à autoridade suprema, façamos do soberano o príncipe e, dos cidadãos, outros tantos magistrados: então, a vontade de corpo, confundida perfeitamente com a vontade geral, não terá mais atividade do que ela, e deixará a vontade particular com toda a sua força. Assim, sempre com a mesma força absoluta, o governo estará em seu *minimum* de atividade.

Essas regras são incontestáveis, e outras considerações servem para confirmá-las. Vê-se, por exemplo, que os magistrados são mais ativos em seu corpo do que o cidadão no dele e, por conseguinte, a vontade particular nele tem muito mais influência. Pois cada magistrado é quase sempre encarregado de uma função particular do governo, ao passo que cada cidadão, isoladamente, não tem nenhuma função da soberania. Além disso, quanto mais o Estado se estende, mais sua força real aumenta, embora não aumente em razão de sua extensão. Mas o Estado, permanecendo o mesmo, por mais que os magistrados se multipliquem, o governo não adquire uma maior força real, porque é depositário daquela do Estado, que supomos sempre igual. Assim, devido a essa pluralidade, a atividade do governo diminui sem que sua força possa aumentar.

Depois de ter descoberto que o governo se relaxa à medida que os magistrados se multiplicam, e que, quanto mais numeroso o povo, mais a força repressora do governo deve aumentar, concluiremos que a relação entre os magistrados e o governo deve ser inversa àquela entre os súditos e o soberano. Isto é, quanto mais o Estado cresce, mais o governo deve restringir-se, a ponto de o número de chefes diminuir em razão do aumento do povo.

Para fixar a seguir essa diversidade de formas em denominações mais precisas, observaremos em primeiro lugar que o soberano pode confiar a guarda do governo a todo o povo ou à maior parte do povo, de modo que haja mais cidadãos magistrados do que cidadãos simples particulares. Dá-se o nome de democracia a essa forma de governo.

Ou então, ele pode restringir o governo nas mãos de um menor número, de maneira que haja mais simples cidadãos do que magistrados; e essa forma leva o nome de aristocracia.

Finalmente, ele pode concentrar todo o governo nas mãos de um magistrado único. Essa terceira forma é a mais comum e chama-se monarquia ou governo real.

Notaremos que todas essas formas, ou ao menos as duas primeiras, são suscetíveis de mais e de menos, e têm até mesmo uma latitude bastante grande. Pois a democracia pode abarcar todo o povo ou se restringir até a metade. A aristocracia, por sua vez, pode restringir-se indeterminadamente da metade do povo aos menores números. A própria realeza admite algumas vezes uma partilha, seja entre o pai e o filho, seja entre dois irmãos, seja de outro modo. Havia sempre dois reis em Esparta, e no império romano chegou-se a ver até oito imperadores ao mesmo tempo, sem que se pudesse dizer que o império estivesse dividido. Há um ponto em que cada forma de governo se confunde com a outra; e, sob três denominações específicas, o governo é, na realidade, capaz de tantas formas quantos forem os cidadãos que o Estado tiver.

Há mais: cada um desses governos podendo, em certos aspectos, subdividir-se em diversas partes, uma administrada de uma maneira e outra de outra, pode resultar dessas três formas combinadas uma multidão de formas mistas, cada uma delas multiplicável por todas as formas simples.

Sempre se discutiu acerca da melhor forma de governo, sem se considerar que cada uma delas é a melhor em certos casos e a pior em outros. Para nós, se o número dos magistrados[51] nos diferentes Estados deve ser inverso ao número dos cidadãos, concluiremos que, em geral, o governo democrático convém aos Estados pequenos, o aristocrático aos médios, e o monárquico aos grandes.

É seguindo o fio dessas pesquisas que chegaremos a saber quais os deveres e os direitos dos cidadãos, e se é possível separar uns dos outros; o que é a pátria, em que precisamente ela consiste, e como é possível saber se possui-se uma pátria ou não.

Depois de considerarmos assim cada espécie de sociedade civil em si mesma, nós as compararemos para observar suas diversas relações: umas grandes, outras pequenas; uma fortes, outras fracas; atacando-se, ofendendo-se, destruindo-se entre si; e nessa ação e reação contínua, fazendo mais miseráveis e custando a vida de mais homens do que se tivessem conservado sua primeira liberdade. Não examinaremos se foi feito demais ou de menos na instituição social; se, enquanto as sociedades guardam entre si a independência da natureza, os indivíduos, submetidos às leis e aos homens, não ficam expostos aos males dos dois Estados sem ter suas vantagens, e se não seria preferível não haver sociedade civil no mundo do que haver várias. Não é esse Estado misto que participa de ambos e que não garante nem um nem outro, *per quem neutrum licet, nec tanquam in bello paratum esse, nec tanquam in pace securum*?[52] Não é essa associação parcial e imperfeita que produz a tirania e a guerra? E não são a tirania e a guerra os maiores flagelos da humanidade?

---

51 Lembraremos que pretendo falar aqui somente de magistrados supremos ou chefes da nação, não sendo os outros senão substitutos de tal ou tal parte.

52 "No qual não é permitido nem estar preparado em tempo de guerra, nem estar seguro em tempo de paz" (Sêneca, *Da tranquilidade da alma*, I, 1). (N. T.)

Livro V

Examinaremos, enfim, a espécie de remédios que se buscaram para tais inconvenientes através de ligas e confederações que, deixando cada Estado ser seu senhor internamente, o fortalecem externamente contra todo agressor injusto. Procuraremos ver como se pode estabelecer uma boa associação federativa, o que pode torná-la duradoura, e até que ponto pode-se estender o direito da confederação, sem perturbar o da soberania.

O abade de Saint-Pierre havia proposto uma associação de todos os Estados da Europa para manter entre eles uma paz perpétua. Era praticável tal associação? E, supondo-se que fosse estabelecida, seria presumível que durasse?[53] Tais pesquisas levam-nos diretamente a todas as questões de direito público que podem terminar de esclarecer as de direito político.

Finalmente, apresentaremos os verdadeiros princípios do direito da guerra,[54] e examinaremos por que Grócio e os outros só extraíram falsos princípios dele.

Não ficarei espantado se, em meio a nossos raciocínios todos, meu rapaz, que tem bom senso, interromper-me dizendo: "Dir-se-ia que construímos nosso edifício com madeira, e não com homens, tamanha a exatidão com que alinhamos todas as peças à regra!". "É verdade, meu amigo; mas lembrai que o direito não se dobra às paixões dos homens, e que, entre nós, se tratava de estabelecer os verdadeiros princípios do direito político. Agora que nossos fundamentos estão dispostos, vinde examinar o que os homens construíram sobre eles, e vereis belas coisas!"

Então, faço-o ler *Telêmaco* e seguir seu caminho; procuramos a feliz Salente e o bom Idomeneu, tornado sábio à custa de desgraças. No caminho,

---

53 Depois que escrevi isso, as razões *favoráveis* foram expostas no resumo deste projeto; as razões *contrárias* às que me pareceram sólidas, ao menos, se encontrarão na coletânea de meus escritos, em seguida a esse mesmo resumo.

54 Rousseau encerra o *Contrato social*, cuja ênfase recai sobre o momento da instituição e sobre os princípios que regem um corpo político, anunciando os temas que permaneciam a ser examinados em um projeto mais extenso denominado *Instituições políticas*, do qual o próprio *Contrato* faria parte, conforme revelado pelo autor em nota anterior. As relações externas estariam incluídas no rol de matérias a ser tratadas e, dentre os livros que comporiam a obra, contava-se os *Princípios do direito da guerra* e outros escritos sobre o abade de Saint-Pierre. (N. T.)

encontramos muitos Protesilaus e nenhum Filocles. Adrasta, rei dos dáunios, tampouco é difícil de encontrar. Mas deixemos os leitores imaginarem nossas viagens, ou realizá-las em nosso lugar com um *Telêmaco* à mão; e não lhes sugiramos aplicações aflitivas que o próprio autor afasta ou faz contra a vontade.

De resto, não sendo Emílio rei, nem eu deus, não ficaremos atormentados por não podermos imitar Telêmaco e Mentor no bem que faziam aos homens: ninguém mais do que nós sabe permanecer em seu lugar, nem deseja menos dele sair. Sabemos que a mesma tarefa é dada a todos; que quem ama o bem de todo o coração e o faz na medida de seu poder, a executou. Sabemos que Telêmaco e Mentor são quimeras. Emílio não viaja como homem ocioso, e faz mais o bem do que se fosse príncipe. Se fôssemos reis, não seríamos mais benfeitores. Se fôssemos reis e benfeitores, cometeríamos sem saber mil males reais por um bem aparente que acreditaríamos fazer. Se fôssemos reis e sábios, o primeiro bem que desejaríamos fazer a nós mesmos e aos outros seria abdicar da realeza e voltar a ser o que somos.

Eu disse o que torna as viagens infrutíferas a todo mundo. O que as torna ainda mais infrutíferas à juventude é a maneira com que a fazem realizá-las. Os governantes, mais fascinados com diverti-la do que com a instruir, levam-na de cidade em cidade, de palácio em palácio, de agremiação em agremiação; ou, se são sábios e letrados, fazem-na passar o tempo a percorrer bibliotecas, visitar antiquários, examinar velhos monumentos, transcrever velhas inscrições. Em cada país, ocupam-se de outro século; é como se se ocupassem de outro país; de modo que, depois de terem percorrido a Europa com grandes despesas, entregues às frivolidades ou ao tédio, os jovens voltam sem nada terem visto do que pode interessá-los nem nada terem aprendido do que lhes pode ser útil.

Todas as capitais se assemelham; nelas, todos os povos se misturam e todos os costumes se confundem. Não é ali que se deve estudar as nações. A meu ver, Paris e Londres são a mesma cidade. Seus habitantes têm alguns preconceitos diferentes, mas não os têm menos uns do que outros, e todas as suas máximas práticas são as mesmas. Sabe-se que espécies de homens devem juntar-se nas cortes. Sabe-se que costumes a aglomeração do povo e a desigualdade das fortunas devem por toda parte produzir. Assim que me falam de uma cidade de 200 mil almas, sei de antemão como nela se vive. O que poderia eu saber a mais sobre esses lugares não vale a pena que se aprenda.

É nas províncias afastadas, onde há menos movimento e comércio, onde os estrangeiros viajam menos e os habitantes menos se deslocam, mudando menos de fortuna e de condições, é ali que se deve ir estudar o gênio e os costumes de uma nação. Vede, de passagem, a capital, mas ide observar o país mais adiante. Os franceses não estão em Paris, estão em Touraine; os ingleses são mais ingleses em Mércia do que em Londres, e os espanhóis, mais espanhóis na Galícia do que em Madri. É nessas grandes distâncias que um povo se caracteriza e se mostra tal como é, sem mistura; é ali que percebemos melhor os bons e maus efeitos do governo, assim como a medida dos arcos é mais exata na ponta de um raio maior.

As relações necessárias dos costumes com o governo foram tão bem expostas no livro *Do espírito das leis* que não se pode fazer mais do que recorrer a essa obra para estudá-las.[55] Mas, em geral, há duas regras fáceis e simples para julgar a bondade relativa dos governos. Uma é a população. Em todo país que se despovoa, o Estado tende à sua ruína; e o país que mais se povoa, ainda que seja o mais pobre, é infalivelmente o mais bem governado.[56]

Mas para isso é preciso que esse povoamento seja um efeito natural do governo e dos costumes; pois, se ele ocorresse por meio de colônias ou por outras vias acidentais e passageiras, o remédio se tornaria um mal. Quando Augusto fez leis contra o celibato, essas leis já mostravam o declínio do império romano. É preciso que a bondade do governo leve os cidadãos a se casarem, e não que a lei os constranja a isso. Não se deve examinar o que se faz por força, pois a lei que combate a constituição se enfraquece e torna-se vã, mas o que se faz pela influência dos costumes e pela tendência natural do governo, pois só esses meios têm efeito constante. Era a política do bom abade de Saint-Pierre procurar sempre um pequeno remédio para cada mal particular, em vez de remontar à fonte comum, e ver que não se podiam

---

55 Montesquieu, *Do espírito das leis*, VIII, 21. (N. T.)
56 Só conheço uma exceção a esta regra: a China.

curar todos ao mesmo tempo. Não se trata de cuidar separadamente de cada úlcera que surge no corpo do doente, mas de depurar a massa do sangue que as produz todas. Dizem que na Inglaterra há prêmios para a agricultura. Não preciso ouvir nada mais: isso já me prova que ela não brilhará por muito tempo.

O segundo indício da bondade relativa do governo e das leis infere-se também da população, mas de outra maneira: pela distribuição, e não pela quantidade. Dois Estados iguais em tamanho e em número de homens podem ser muito desiguais em força; e o mais poderoso dos dois é sempre aquele cujos habitantes encontram-se mais igualmente espalhados pelo território. Aquele que não tiver grandes cidades e que, por conseguinte, brilhar menos, vencerá sempre o outro. São as grandes cidades que esgotam um Estado e fazem sua fraqueza: a riqueza que produzem é uma riqueza aparente e ilusória; é muito dinheiro e pouco efeito. Dizem que a cidade de Paris vale uma província para o rei da França, mas acredito que ela lhe custa várias; é que, por mais de um motivo, Paris é alimentada pelas províncias, e a maior parte de suas rendas são pagas nessa cidade e nela ficam, sem nunca voltarem para o povo ou o rei. É inconcebível que, neste século de calculadores,[57] nenhum tenha sido capaz de ver que a França seria muito mais poderosa se Paris fosse aniquilada. Não somente o povo mal distribuído é desvantajoso para o Estado, como também é mais prejudicial do que o próprio despovoamento, porquanto este causa apenas um produto nulo, ao passo que a consumação mal entendida resulta em um produto negativo. Quando ouço um francês e um inglês discutirem qual cidade tem mais habitantes, se Paris ou Londres, isso é para mim como se discutissem qual dos dois povos tem a honra de ser o mais mal governado.

Estudai um povo fora de suas cidades, só assim o conhecereis. Não adianta ver a forma aparente de um governo fardado pelo aparelho da administração e

---

57 Referência ao sistema da *aritmética política*, inaugurada por William Petty (1623-1687), que propunha uma arte de governo e de gestão da população fundada em cálculos e métodos oriundos da economia política. Essa doutrina, recepcionada por parte relevante dos autores do século XVIII, é criticada por Rousseau no *Discurso sobre as ciências e as artes* e no *Contrato social*. (N. T.)

pelo jargão dos administradores, se não se estuda também a natureza pelos efeitos que o governo produz sobre o povo em todos os níveis da administração. Estando repartida a diferença entre a forma e o fundo em todos os níveis, é somente abarcando o todo que percebemos essa diferença. Em um certo país, é pelas manobras dos subdelegados que se começa a sentir o espírito do ministério; em outro, é preciso ver serem eleitos os membros do parlamento para se julgar se é verdade que a nação seja livre; em qualquer país que seja, é impossível que quem só viu as cidades conheça o governo, porquanto o espírito nunca é o mesmo para a cidade e para o campo. Ora, é o campo que faz o país, e é o povo do campo que faz a nação.

Esse estudo dos diversos povos em suas províncias afastadas e na simplicidade de seu gênio original fornece uma observação geral bem favorável à minha epígrafe e bem consoladora para o coração humano. É que todas as nações, assim observadas, parecem valer muito mais; quanto mais se aproximam da natureza, mais a bondade domina em seu caráter. É somente quando se encerram nas cidades, quando se corrompem pela cultura, que elas se depravam e transformam em vícios agradáveis e perniciosos alguns defeitos mais grosseiros do que nocivos.

Dessa observação resulta uma nova vantagem na maneira de viajar que proponho, porquanto os jovens, permanecendo pouco nas grandes cidades onde reina uma horrível corrupção, correm menos risco de contraí-la e conservam, entre homens mais simples e em sociedades menos numerosas, um juízo mais seguro, um gosto mais sadio, costumes mais honestos. De resto, porém, esse contágio não é muito de se temer para meu Emílio; ele tem tudo de que precisa para proteger-se disso. Entre todas as precauções que tomei para tanto, conto muito com o apego que ele leva no coração.

Não se sabe mais o que pode o verdadeiro amor sobre as inclinações dos jovens, porque não o conhecendo mais do que eles, aqueles que os governam dele os desviam. Entretanto, é preciso que um jovem ame ou que seja devasso. É fácil impressionar pelas aparências. Citar-me-ão mil jovens que, dizem, vivem muito castamente sem amor; mas que me citem um homem feito, um homem de verdade que diga ter assim passado sua juventude e que seja de boa-fé. Em todas as virtudes, em todos os deveres, busca-se apenas a aparência; quanto a mim, busco a realidade, e engano-me se houver, para alcançá-la, outros meios além dos que proponho.

A ideia de tornar Emílio amoroso antes de fazê-lo viajar não é invenção minha. Eis a cena que me serviu de sugestão.

Eu estava em Veneza em visita ao governante de um jovem inglês. Era inverno e estávamos ao redor do fogo. O governante recebe suas cartas do correio. Ele as lê e depois relê uma em voz alta para seu aluno. Eram em inglês, não compreendi nada, mas durante a leitura, vi o rapaz rasgar lindos punhos de renda que usava e jogá-los ao fogo um depois do outro, o mais docemente possível, de maneira que não o percebessem. Surpreso com tal capricho, encaro-o e creio ver em seu rosto alguma emoção; mas os sinais exteriores das paixões, embora bastante semelhantes em todos os homens, têm diferenças nacionais com as quais nos enganamos facilmente. Os povos têm diversas linguagens no rosto, assim como na boca. Aguardo o término da leitura e, depois, mostrando ao governante os punhos nus do aluno, que, no entanto, ele se esforçava para esconder, pergunto: "Pode-se saber o que significa isso?".

O governante, vendo o ocorrido, pôs-se a rir, beijou seu aluno com um ar de satisfação e, depois de obtido seu consentimento, deu-me a explicação que eu desejava.

"Os punhos", diz-me, "que o sr. John acaba de rasgar são um presente que uma senhora desta cidade lhe deu não faz muito tempo. Ora, sabeis que o sr. John está noivo em sua terra de uma senhorita por quem tem muito amor, e que merece mais amor ainda. A carta é da mãe da amada e vou traduzir-vos o trecho que causou o estrago de que fostes testemunha."

"Lucy não larga os punhos de lorde John. A sra. Betty Roldham passou a tarde de ontem com ela e quis auxiliá-la a todo custo no trabalho. Sabendo que Lucy ia levantar-se hoje mais cedo que de costume, quis ver o que ela fazia, e encontrei-a ocupada com desfazer tudo o que a sra. Betty fizera ontem. Ela não quer que haja no presente um só ponto de outra mão que não a sua."

O sr. John saiu um momento depois para pegar outros punhos, e eu disse a seu governante: "Tendes um aluno de índole excelente. Mas, dizei-me, a carta da mãe da sra. Lucy não foi forjada? Não é um expediente vosso contra a senhora dos punhos?". "Não", disse-me ele, "a coisa é real. Não pus tanta arte em meus cuidados; pus simplicidade e zelo, e Deus abençoou meu trabalho."

A cena do rapaz não saiu de minha memória: ela não poderia passar sem nada produzir na cabeça de um sonhador como eu.

Está na hora de acabar. Tragamos de volta lorde John à sra. Lucy, isto é, Emílio a Sofia. Ele lhe traz, com um coração não menos terno do que antes de sua partida, um espírito mais esclarecido, e traz a sua terra a vantagem de ter conhecido os governos por todos os vícios e os povos por todas as suas virtudes. Cuidei até mesmo de que se ligasse em cada nação com algum homem de mérito por um tratado de hospitalidade à maneira dos antigos, e não me aborrecerei se ele cultivar esses conhecimentos através de uma troca de cartas. Além de poder ser útil e ser sempre agradável manter correspondência com países distantes, trata-se de uma excelente precaução contra o império dos preconceitos nacionais que, atacando-nos a vida inteira, mais cedo ou mais tarde nos influenciam. Não há nada melhor para quebrar tal influência do que o comércio desinteressado com pessoas sensatas que estimamos e que, não tendo esses preconceitos e combatendo-os com os próprios, nos dão os meios de opor uns aos outros incessantemente, e de assim nos protegermos contra todos. Não é a mesma coisa ter relações com os estrangeiros em nossa casa ou na deles. No primeiro caso, eles têm sempre para com a terra onde vivem uma delicadeza que os leva a disfarçar o que pensam, ou a pensar favoravelmente enquanto nela se encontram; de volta à terra deles, recuperam a franqueza, e nisso são justos. Ficarei muito contente que o estrangeiro que consulto tenha visto meu país, mas só lhe pedirei sua opinião quando ele estiver no seu.

Depois de ter empregado dois anos percorrendo alguns dos grandes Estados da Europa e muitos outros pequenos; depois de ter aprendido as duas ou três principais línguas; depois de ter visto assim o que há nesses países de realmente curioso, seja quanto à história natural, seja quanto ao governo, às artes ou aos homens, Emílio, devorado pela impaciência, adverte-me de que o fim se aproxima. Então eu lhe digo: "Pois bem, meu amigo! Lembrais do principal objetivo de nossas viagens; vistes e observastes: qual é, finalmente, o resultado de vossas observações? O que decidis?". Ou me enganei em meu método, ou ele deve responder-me mais ou menos assim:

"O que decido? Permanecer tal como me fizestes ser, e não acrescentar voluntariamente nenhum outro grilhão aos que a natureza e as leis me impõem. Quanto mais examino a obra dos homens em suas instituições, mais vejo que, de tanto quererem ser independentes, eles se fazem escravos e empregam sua própria liberdade em vãos esforços para assegurá-la. Para não cederem à torrente das coisas, criam mil apegos; assim, quando querem dar um passo, não o podem e se espantam de se prenderem a tudo. Parece-me que, para tornar-se livre, não é preciso fazer nada: basta não querer deixar de sê-lo. Fostes vós, meu mestre, que me fizestes livre, ensinando-me a ceder perante a necessidade. Que esta chegue quando quiser, deixarei levar-me sem constrangimento; e, como não a quero combater, não me apego a nada que me retenha. Procurei encontrar em nossas viagens algum canto de terra onde eu pudesse ser totalmente meu. Mas em que lugar entre os homens não se depende das paixões deles? Tudo bem examinado, achei que meu próprio anseio era contraditório; pois, mesmo que eu não me apegasse a nada, ainda me prenderia à terra onde me houvesse fixado; minha vida estaria ligada a essa terra como a das dríades estava às suas árvores; descobri que império e liberdade eram duas palavras incompatíveis, e que eu só podia ser senhor de uma cabana deixando de o ser senhor de mim.

Hoc erat in votis: modus agri non ita magnus.[58]

"Lembro-me de que meus bens foram a causa de nossas buscas. Demonstrastes muito solidamente que eu não podia conservar ao mesmo tempo minha riqueza e minha liberdade; mas quando queríeis que eu fosse ao mesmo tempo livre e sem necessidades, queríeis duas coisas incompatíveis, pois não posso soltar-me da dependência dos homens senão voltando

---

58 "Eis meu desejo: uma terra de tamanho médio" (Horácio, *Sátiras*, II, 6, 1). (N. T.)

Livro V

à da natureza. Que farei então com a fortuna que meus pais me deixaram? Começarei por não depender dela; relaxarei todos os liames que me prendem a ela. Se a deixarem para mim, ela ficará comigo; se a tirarem de mim, não me arrastarão com ela. Não me atormentarei para retê-la, mas ficarei firme em meu lugar. Rico ou pobre, serei livre. Não o serei somente em certo país ou em certa região; sê-lo-ei pela terra inteira. Para mim, todas as cadeias da opinião estão quebradas, só conheço as da necessidade. Aprendi a carregá-las desde meu nascimento, e carregá-las-ei até à morte, pois sou homem; e por que não as poderia carregar sendo livre, se como escravo precisaria carregá-las também, e ainda por cima, acrescidas da cadeia da escravidão?

"Que me importa minha condição na terra? Que me importa onde eu esteja? Onde quer que haja homens, estou com meus irmãos; onde quer que não os haja, estou em minha casa. Enquanto eu puder permanecer independente e rico, terei bens para viver e viverei. Quando meus bens me subjugarem, abandoná-los-ei sem sofrimento; tenho braços para trabalhar e viverei. Quando meus braços faltarem, viverei se me alimentarem, morrerei se me abandonarem; mas morrerei também se não me abandonarem, pois a morte não é um castigo para a pobreza, mas uma lei da natureza. Quando quer que a morte chegue, eu a desafiarei, ela nunca me surpreenderá fazendo preparativos para viver; nunca me impedirá de ter vivido.

"Eis aí, meu pai, o que penso. Se não tivesse paixões, eu seria, em minha condição de homem, tão independente quanto o próprio Deus, já que, querendo apenas o que é, eu nunca teria de lutar contra o destino. Pelo menos, tenho apenas um grilhão, o único que sempre carregarei, e posso vangloriar-me disso. Vinde, pois, dai-me Sofia, e sou livre."

"Caro Emílio, fico contente por ouvir de tua boca palavras de homem e ver os sentimentos em teu coração. Esse desinteresse extremado não me desagrada em tua idade. Diminuirá quando tiverdes filhos, e serás então precisamente o que deve ser um bom pai de família e um homem sábio. Antes de tuas viagens, eu sabia que efeito teriam; sabia que, olhando de perto nossas instituições, estarias bem longe de dar-lhes a confiança que não merecem. É em vão que aspiramos à liberdade sob a salvaguarda das leis. Leis! Onde elas existem e onde são respeitadas? Por toda parte viste reinarem sob esse nome apenas o interesse particular e as paixões dos homens. Mas as leis eternas da natureza e da ordem existem. Para o sábio, elas assumem o lugar de lei positiva; são escritas no fundo de seu coração pela consciência e pela razão; a essas é que deve sujeitar-se para ser livre; e só é escravo quem pratica o mal, pois o faz sempre contra sua própria vontade. A liberdade não está em nenhuma forma de governo: ela está no coração do homem livre, ele a carrega por toda parte consigo. O homem vil carrega por toda parte a servidão. Um seria escravo em Genebra, o outro livre em Paris.

"Se te falasse dos deveres do cidadão, perguntar-me-ias talvez onde está a pátria, e pensarias ter me confundido. Entretanto, tu te enganarias, caro Emílio, pois quem não tem uma pátria tem ao menos um território. Há sempre um governo e simulacros de leis sob os quais ele viveu tranquilo. Que importa se o contrato social não foi observado, desde que o interesse particular o tenha protegido, assim como teria feito a vontade geral; desde que a violência pública o tenha defendido das violências particulares; desde que o mal que viu fazerem o tenha levado a amar o que estava bem; desde que nossas próprias instituições o tenham feito conhecer e odiar suas próprias iniquidades? Ó Emílio, onde está o homem de bem que nada deva a seu país? Seja como for, ele lhe deve o que há de mais precioso para o homem: a moralidade de suas ações e o amor da virtude. Nascido no fundo de um bosque, teria vivido mais feliz e mais livre; mas nada tendo a combater para seguir suas inclinações, teria sido bom sem mérito, não teria sido virtuoso, e agora ele o sabe ser apesar de suas paixões. A simples aparência da ordem leva-o a conhecê-la e a amá-la. O bem público, que só serve de pretexto aos outros, é para ele um motivo real. Ele aprende a lutar contra si mesmo, a vencer-se, a sacrificar seu interesse ao interesse comum. Não é verdade que não tire nenhum proveito das leis; elas lhe dão a coragem de ser justo, até mesmo entre os maus. Não é verdade que elas não o tornaram livre: elas lhe ensinaram a reinar sobre si mesmo.

"Portanto, não digas: que me importa onde eu esteja? Importa estares onde podes cumprir teus deveres; e um desses deveres é o apego pelo lugar de nascimento. Sendo criança, teus compatriotas te protegem; deves amá-los em sendo adulto. Deves viver no meio deles, ou ao menos em um lugar onde possas ser-lhes útil tanto quanto possível, e onde saibam ir buscar-te se precisarem de ti. Há circunstâncias em que um homem pode ser mais útil a seus concidadãos fora da pátria do que se vivesse nela. Então, ele deve ouvir somente seu zelo e suportar o exílio sem murmúrio; esse exílio mesmo é um de seus deveres. Mas tu, bom Emílio, a quem ninguém impõe tais sacrifícios dolorosos, tu que não escolheste o triste emprego de dizer a verdade aos homens, vai viver no meio deles, cultiva sua amizade, sê seu benfeitor em um doce comércio, seu modelo. Teu exemplo lhes servirá mais do que todos os livros, e o bem que te verão fazer comovê-los-á mais do que todos os nossos vãos discursos.

"Não te exorto com isso a ires viver nas grandes cidades. Ao contrário, um dos exemplos que os bons devem dar aos outros é o da vida patriarcal e campestre, a primeira vida do homem, a mais tranquila, a mais natural e a mais doce para quem não tem o coração corrompido. Meu jovem amigo, feliz o país onde não é preciso ir buscar a paz em um deserto! Mas onde fica esse país? Um homem que pratica o bem satisfaz mal sua inclinação nas grandes cidades, onde quase não acha como satisfazer seu zelo senão com intrigantes ou patifes. A acolhida que dão aos vagabundos que nelas buscam fortuna só serve para acabar de devastar o país que, ao contrário, deveria ser repovoado às custas das cidades. Todos os homens que se retiram da grande sociedade são úteis precisamente porque dela se retiram, uma vez que todos os vícios desta provêm do fato de ser demasiado numerosa. São ainda úteis quando podem trazer para os lugares desertos da vida a cultura e o amor de sua primeira condição. Enterneço-me pensando quanto, de seu simples retiro, Emílio e Sofia podem distribuir benesses ao seu redor, quanto podem vivificar o campo e reanimar o zelo extinto do infortunado aldeão. Acredito ver o povo multiplicar-se, os campos fertilizarem-se, a terra adquirir um novo ornamento, a multiplicidade e a abundância transformarem os trabalhos em festas, gritos de alegria e de bênçãos erguerem-se do meio dos jogos rústicos em volta do casal amável que os reanimou. A idade de ouro é vista como quimera, e sempre o será para quem tem o coração e o gosto estragados. Não é sequer verdade que o lamentem, porquanto os lamentos são sempre vãos. Que seria preciso então para fazê-la renascer? Uma única coisa, porém impossível: amá-la.

"Ela já parece renascer ao redor da casa de Sofia; não fareis senão terminar juntos o que seus dignos pais começaram. Mas, caro Emílio, que tão doce vida não te desgoste dos deveres penosos, se jamais te forem impostos. Lembra-te de que os romanos passavam do arado ao consulado. Se o príncipe ou o Estado te chamarem a serviço da pátria, abandona tudo para ires cumprir no posto que te indicarem a honrosa função de cidadão. Se a função te for onerosa, haverá um meio honesto e seguro de te libertares: é o de desempenhá-la com bastante integridade para que não te permaneça confiada por muito tempo. De resto, teme pouco o embaraço de semelhante cargo; enquanto houver homens deste século, não virão buscar a ti para servires o Estado."

Ah, se me fosse permitido pintar o regresso de Emílio para junto de Sofia e o fim de seus amores, ou melhor, o começo do amor conjugal que os une! Amor fundamentado na estima que dura tanto quanto a vida, nas virtudes que não se extinguem com a beleza, nas conveniências dos caracteres que tornam o comércio amável e prolongam na velhice o encanto da primeira união. Mas todos esses pormenores poderiam agradar sem ser úteis; e até aqui, só me permiti dar pormenores agradáveis cuja utilidade eu acreditasse ver. Abandonarei essa regra no fim de minha tarefa? Não. Por outro lado, sinto que minha pena está cansada. Fraco demais para trabalhos de tão longo fôlego, eu abandonaria este se estivesse menos adiantado; para não o deixar imperfeito, é já é hora de terminá-lo.

Finalmente, vejo nascer o mais encantador dos dias de Emílio e dos meus. Vejo coroarem-se meus cuidados e começo a saborear seus frutos. O digno casal une-se por um vínculo indissolúvel; suas bocas pronunciam e seus corações confirmam juramentos que não serão vazios: são esposos. Voltando do templo, deixam-se conduzir; não sabem onde estão, para onde vão, o que se faz ao redor deles. Não ouvem, só respondem com palavras confusas, seus olhos perturbados nada mais enxergam. Ó delírio! Ó fraqueza humana! O sentimento da felicidade esmaga o homem, ele não é bastante forte para suportá-lo.

Há bem poucas pessoas que saibam, em um dia de casamento, ter um tom conveniente com os recém-casados. A morna decência de uns e os despropósitos de outros parecem-me igualmente deslocados. Eu preferiria que deixassem esses jovens corações recolherem-se a si mesmos e entregarem-se a uma agitação que tem seu encanto, em vez de distraí-los cruelmente para entristecê-los com uma falsa conveniência, ou para embaraçá-los com brincadeiras de mau gosto que, ainda que pudessem ser agradáveis noutro momento, são seguramente importunas em um dia como esse.

Vejo meus dois jovens, na doce languidez que os perturba, não ouvirem nenhum dos discursos que lhes fazem. Eu, que desejo que gozem todos os dias da vida, deixaria que perdessem um dia tão precioso? Não, quero que o degustem, que o saboreiem, que ele tenha para eles suas volúpias. Arranco-os da multidão indiscreta e, levando-os para passear a sós, faço que caiam em si falando-lhes sobre eles. Não é somente aos ouvidos deles que quero falar, é a seus corações; e não ignoro qual seja o único assunto de que podem ocupar-se nesse dia.

Tomando os dois pelas mãos, digo-lhes: "Meus filhos, há três anos vi nascer esta chama viva e pura que faz vossa felicidade hoje. Ela não fez senão aumentar. Vejo em vossos olhos que ela está no último grau de veemência; não pode mais do que enfraquecer". Leitores, não vedes pelos transportes, os entusiasmos, os juramentos de Emílio, o ar desdenhoso com que Sofia retira sua mão da minha, e as ternas promessas que seus olhos fazem mutuamente de se adorarem até o último suspiro? Deixo-os assim, e depois continuo.

"Muitas vezes, pensei que se pudéssemos prolongar a felicidade do amor no casamento, teríamos o paraíso na terra. Isso jamais se viu até agora. Mas, se a coisa não é inteiramente impossível, sois bem dignos, um e outro, de dar um exemplo que não tereis recebido de ninguém, e que poucos esposos saberão imitar. Meus filhos, quereis que eu vos diga um meio que imagino para isso e que acredito ser o único possível?"

Eles olham-se sorrindo e zombam de minha simplicidade. Emílio abertamente agradece por minha receita, dizendo-me que acredita que Sofia tem outra melhor, e que, quanto a ele, aquela lhe basta. Sofia aprova e parece igualmente confiante. Entretanto, através de seu ar de troça, acredito discernir alguma curiosidade. Examino Emílio; seus olhos ardentes devoram os encantos de sua esposa; é a única coisa que atrai sua curiosidade, e todas as minhas palavras não o perturbam. De minha parte, eu também sorrio dizendo a mim mesmo: logo saberei te tornar atento.

A diferença quase imperceptível desses movimentos secretos revela outra bem característica nos dois sexos e bem contrária aos preconceitos adquiridos; é que, em geral, os homens são menos constantes do que as mulheres, e decepcionam-se mais depressa do que elas com o amor feliz. A mulher pressente de longe a inconstância do homem e se inquieta com isso;[59] é o que a torna também mais ciumenta. Quando ele começa a se amornar, forçada a devolver-lhe, para não o perder, todos os cuidados que outrora ele teve como diversão, ela chora e humilha-se por sua vez, mas raramente com o mesmo êxito. O apego e os cuidados conquistam os corações, mas nunca os recuperam. Volto à minha receita contra o esfriamento do amor no casamento.

Prossigo: "Ela é simples e fácil: continuar a ser amantes depois de casados". Rindo do segredo, Emílio diz: "Por certo, isso não será difícil para nós".

"A vós, que apenas falais, talvez seja mais difícil do que pensais. Peço-vos que me concedei tempo para me explicar.

"Os laços que queremos apertar demasiado se rompem. Eis o que acontece com o do casamento quando queremos dar-lhe mais força do que deve ter. A fidelidade que importa aos dois esposos é o mais santo de todos os direitos; mas o poder que dá a cada um dos dois sobre o outro é excessivo. O constrangimento e o amor não combinam, e o prazer escapa ao nosso controle. Não ruborizeis, ó Sofia, e não penseis em fugir. Deus sabe que eu não desejaria ofender vossa modéstia; mas trata-se do destino de vossos dias. Por tão grande objeto, suportai, entre um esposo e um pai, discursos que não admitiríeis em outras circunstâncias.

---

59 Na França, a mulher é a primeira a desapegar-se; e assim deve ser, porque, tendo pouco temperamento e querendo apenas homenagens, quando um marido não consegue mais rendê-la, ela pouco se desinteressa por sua pessoa. Nos outros países, ao contrário, é o marido que se desapega primeiro; isso deve ser assim também, porque as mulheres fiéis, porém indiscretas, ao importuná-los com seus desejos, fazem que eles se desgostem delas. Essas verdades gerais podem ter muitas exceções; mas creio agora que são verdades gerais.

Livro V

"Não é tanto a posse quanto a sujeição que sacia, e por uma mulher sustentada conservamos apego maior do que por uma esposa. Como se pode ter feito um dever da mais terna das carícias e um direito dos mais doces testemunhos de amor? É o desejo mútuo que faz o direito, a natureza não conhece outro. A lei pode restringir esse direito, mas não pode ampliá-lo. A volúpia é tão doce por si mesma! Deve receber da triste imposição a força que não tiver podido tirar de seus próprios atrativos? Não, meus filhos, no casamento os corações estão unidos, mas os corpos não se acham escravizados. Vós vos deveis fidelidade, não complacência. Ambos devem pertencer somente um ao outro, mas nenhum dos dois deve ser do outro senão na medida em que lhe apraz.

"Se é verdade portanto, caro Emílio, que queríeis ser o amante de vossa mulher, que ela seja sempre senhora vossa e dela mesma. Sede amantes felizes, mas respeitosos; obtende tudo do amor sem nada exigirdes do dever, e que os menores favores nunca sejam direitos para vós, e sim gestos de graça. Sei que o pudor foge das confissões formais e exige ser vencido; mas, com a delicadeza e o verdadeiro amor, será que o amante se engana acerca da vontade secreta? Ignora ele quando o coração e os olhos concedem o que a boca finge recusar? Que cada um dos dois, sempre senhor de sua pessoa e de suas carícias, tenha direito de oferecê-las ao outro somente segundo sua própria vontade. Lembrai-vos sempre de que, mesmo no casamento, o prazer só é legítimo quando o desejo é compartilhado. Não receies, meus filhos, que essa lei vos mantenha afastados; ao contrário, ela vos tornará ambos mais atentos a agradar um ao outro, e evitará a saciedade. Limitados unicamente um a outro, a natureza e o amor vos aproximarão bastante."

Perante tais palavras e outras semelhantes, Emílio zanga-se e protesta; Sofia, envergonhada, segura o leque diante dos olhos e nada diz. O mais descontente dos dois talvez não seja o que mais se queixa. Eu insisto, impiedoso: faço Emílio envergonhar-se de sua falta de delicadeza, faço Sofia garantir-me que, de sua parte, aceita o tratado. Provoco-a para que fale; é evidente que não ousa desmentir-me. Emílio, inquieto, consulta os olhos de sua jovem esposa; ele os vê, através de seu embaraço, cheios de uma perturbação voluptuosa que o tranquiliza quanto ao risco da confiança. Ele se joga aos pés dela e, extasiado, beija a mão que ela lhe estende, jurando que, fora da fidelidade prometida, ele renuncia a qualquer outro direito sobre ela. Diz ele: "Sê, cara esposa, o árbitro de meus prazeres, como o és de meus dias e de meu destino. Ainda que tua crueldade possa custar-me a vida, devolvo-te meus mais caros direitos. Nada quero dever a tua complacência, quero tudo obter de teu coração".

Bom Emílio, tranquiliza-te: Sofia é generosa demais para te deixar morrer vítima de tua generosidade.

À noite, prestes a deixá-los, digo-lhes com o tom mais grave possível: "Lembrai-vos de que sois livres e que não se trata aqui dos deveres conjugais; ninguém aqui acredita em falsa deferência. Emílio, queres vir? Sofia o permite". Emílio, furioso, quer bater-me. "E vós, Sofia, que pensais? Será preciso que eu o leve?" A mentirosa, corando, diz que sim. Encantadora e doce mentira, que vale mais do que a verdade!

No dia seguinte... A imagem da felicidade não agrada mais os homens: a corrupção do vício não depravou menos seu gosto do que seus corações. Não sabem mais sentir o que é comovente nem ver o que é amável. Vós que, para representar a volúpia, só conseguem imaginar amantes felizes nadando no seio das delícias: como vossos quadros são imperfeitos ainda! Tendes apenas a metade mais grosseira. Os mais doces atrativos da volúpia não estão nesse quadro. Quem de vós nunca viu dois jovens esposos, unidos sob felizes auspícios, saindo do leito nupcial, e revelando ao mesmo tempo em seus olhares lânguidos e castos a embriaguez dos doces prazeres que acabam de provar, a amável segurança da inocência, e a certeza, então encantadora, de viverem juntos o resto da vida? Eis o objeto mais extasiante que pode ser oferecido ao coração do homem; eis o verdadeiro quadro da volúpia: vós o vistes cem vezes sem o reconhecerdes; vossos corações endurecidos não são mais capazes de amá-lo. Sofia, feliz e tranquila, passa o dia nos braços de sua terna mãe; é um repouso doce depois de ter passado a noite nos braços de um marido.

No dia seguinte, já percebo alguma mudança de cena. Emílio quer parecer um pouco descontente, mas, através dessa afetação, observo uma diligência tão terna, e até mesmo tanta submissão, que não auguro nada de desagradável. Quanto a Sofia, está mais alegre do que na véspera, vejo brilhar em seus olhos um ar de satisfação; é encantadora com Emílio; quase lhe faz pequenas provocações com as quais ele não mais se zanga.

Tais mudanças são pouco perceptíveis, mas não me escapam; inquieto-me, interrogo Emílio em particular; fico sabendo que, para seu grande desgosto e apesar de todas as suas insistências, teve de dormir em leito separado na noite anterior. A imperiosa apressou-se em usar de seu direito. Tem-se um esclarecimento: Emílio queixa-se amargamente, Sofia brinca, mas, por fim, vendo-o prestes a brigar de verdade, lança-lhe um olhar cheio de doçura e de amor, e, apertando-me a mão, pronuncia esta única palavra, mas em um tom que atinge a alma: *Ingrato!* Emílio é tão tolo que não entende. Eu entendo, afasto Emílio e chamo Sofia, por sua vez, em particular.

Digo-lhe: "Vejo a razão desse capricho. Não é possível ter mais delicadeza nem empregá-la tão fora de propósito. Cara Sofia, tranquilizai-vos: o que vos dei é um homem, não temais o considerardes assim. Tivestes as primícias de sua juventude; ele não as gastou com ninguém e as conservará durante muito tempo para vós.

"Minha cara filha, preciso explicar-vos minhas ideias na conversa que nós três tivemos antes de ontem. Talvez não tenhais notado ali senão uma arte de ajeitar vossos prazeres para torná-los mais duráveis. Ó Sofia! A conversa teve outro objetivo mais digno de meus cuidados. Tornando-se vosso marido, Emílio tornou-se vosso chefe; cabe-vos obedecer, assim o quis a natureza. Entretanto, quando uma mulher se assemelha a Sofia, é bom que o homem seja conduzido por ela: é ainda a lei da natureza, e foi para dar-vos tanta autoridade sobre seu coração quanto seu sexo lhe dá sobre vossa pessoa, que vos fiz o árbitro dos prazeres dele. Isso vos custará privações penosas; mas reinareis sobre ele se souberdes reinar sobre vós. E o que se verificou me mostra que essa arte tão difícil não está acima de vossa coragem. Reinareis muito tempo pelo amor, se tornardes vossos favores raros e preciosos, se souberdes valorizá-los. Se quiserdes ver vosso marido sempre a vossos pés, deixai-o sempre a alguma distância de vossa pessoa. Mas ponde modéstia em vossa severidade, e não capricho; que ele vos veja reservada, mas não voluntariosa; evitai que, ajeitando seu amor, ele seja levado a duvidar do vosso. Sede querida por vossos favores e respeitada por vossas recusas; que ele honre a castidade da esposa sem se queixar da frieza dela.

"É assim, minha filha, que ele vos dará sua confiança, que escutará vossos palpites, que vos consultará nos negócios dele e nada decidirá sem deliberar convosco. É assim que podereis trazê-lo de volta à sensatez quando ele se perder, reconduzi-lo mediante uma doce persuasão, tornar-vos amável para tornar-vos útil, empregar o coquetismo nos interesses da virtude e o amor em proveito da razão.

"Não acrediteis, com tudo isso, que essa arte mesma possa servir-vos sempre. Por mais precauções que tomemos, o gozo usa os prazeres, e o amor antes de todos os outros. Mas, quando o amor tiver durado bastante, um doce hábito preenche o vazio e o atrativo da confiança sucede aos transportes da paixão. Os filhos formam entre os que lhes deram o ser uma ligação não menos doce e muitas vezes mais forte do que o próprio amor. Quando deixardes de ser a amante de Emílio, sereis sua mulher e sua amiga; sereis a mãe de seus filhos. Então, em lugar da reserva inicial, estabelecei entre vós a maior intimidade; nada mais de leitos separados, nem de recusas, nem de caprichos. Tornai-vos sua metade a tal ponto que ele não possa mais viver sem vós, e que, ao vos deixar, ele se sinta longe de si mesmo. Vós, que tão bem fizestes reinar os encantos da vida doméstica na casa paterna, fazei que reinem também na vossa. Todo homem que se apraz em sua casa ama sua mulher. Lembrai-vos de que se vosso marido vive feliz em casa, sereis uma mulher feliz.

"Quanto ao presente, não sejais tão severa com vosso amante: ele merecia mais complacência, ele se magoaria com vossos temores. Não poupeis tanto sua saúde à custa de sua felicidade, e gozai da vossa. Não se deve aguardar o desgosto nem repelir o desejo; não se deve recusar por recusar, mas para valorizar o que se concede."

Depois, reunindo-os, digo diante dela a seu jovem marido: "É preciso suportar o jugo que nos impusemos. Fazei por merecer que ele vos seja aliviado. Sacrificai sobretudo às graças e não imagineis tornar-vos mais amável ficando amuado. A paz não é difícil e cada um pode facilmente adivinhar as condições dela. O tratado é assinado com um beijo". Depois disso, digo a meu aluno: "Caro Emílio, um homem precisa de conselhos e de guia durante a vida toda. Fiz o melhor que pude para cumprir até o presente esse dever para convosco; aqui minha longa tarefa termina e a de um outro inicia-se. Abdico hoje da autoridade que me destes, e a partir de agora, eis vosso governante".

Pouco a pouco, o primeiro delírio se acalma e deixa-os saborear em paz os encantos de sua nova condição. Felizes amantes! Dignos esposos! Para honrar suas virtudes ou para descrever a felicidade deles seria preciso escrever a história de vida dos dois. Quantas vezes, contemplando neles minha obra, sinto-me tomado por um êxtase que faz meu coração palpitar! Quantas vezes junto suas mãos às minhas abençoando a Providência e lançando ardentes suspiros! Quantos beijos dou nessas mãos que se apertam! Com quantas lágrimas de alegria eles sentem que eu as cubro! Eles, por sua vez, enternecem-se e compartilham meus arroubos. Seus respeitáveis pais gozam mais uma vez de sua juventude na de seus filhos. Por assim dizer, recomeçam a viver nas crianças, ou melhor, conhecem pela primeira vez o valor da vida. Amaldiçoam suas antigas riquezas que, na mesma idade, os impediram de saborear uma sorte tão encantadora. Se há felicidade na terra, é no refúgio em que vivemos que devemos buscá-la.

Depois de alguns meses, Emílio, certa manhã, entra em meu quarto e me abraça dizendo: "Meu mestre, felicitai vosso filho: ele espera ter em breve a honra de ser pai. Oh! Quantos cuidados impor-se-ão ao nosso zelo, e como vamos precisar de vós! Não queira Deus que, depois de terdes educado o pai, eu vos deixe ainda educar o filho. Não queira Deus que um dever assim tão santo e doce caiba a outro que não eu, mesmo que eu escolhesse tão bem para ele quanto escolheram para mim! Mas permanecei o mestre dos jovens mestres. Aconselhai-nos, governai-nos, seremos dóceis: precisarei de vós enquanto eu viver. Tenho mais do que nunca necessidade de vós, agora que minhas funções de homem se iniciam. Cumpristes as vossas; guiai-me para que vos imite; e descansai, que é tempo".

Fim.

Circe se entregando a Ulisses, a quem não foi capaz de transformar. Gravura de Charles Eisen para a edição "chez Jean Néaulme" de 1762.

Posfácio
O lugar da educação no sistema de Rousseau

Formando um estoque de ideias: o percurso intelectual até *Emílio*

Ao longo da madrugada e da manhã do dia 9 de junho de 1762 uma agitação secreta acontecia na propriedade do marechal de Luxemburgo, na comuna de Montmorency. Com passos apressados que atravessavam os cômodos do *château*, Jean-Jacques Rousseau e o marechal passaram horas carregando papéis, manuscritos e cartas, ao mesmo tempo em que realizavam uma breve leitura e seleção dos documentos: enquanto alguns eram diligentemente guardados, outros, que poderiam de alguma forma comprometer amigos e conhecidos do filósofo, tinham como destino o fogo. Preocupado com as pessoas próximas que poderiam ser implicadas caso fosse preso e interrogado, e tendo se decidido a não se abrigar em Genebra, república cujo Conselho havia recebido muito mal o *Discurso sobre a origem e os fundamentos da desigualdade*, de 1755, Rousseau resolve deixar a França para se refugiar em Yverdon, na Suíça.

Estes não foram os únicos papéis a serem queimados naquela primavera. Na manhã do mesmo fatídico 9 de junho, enquanto Rousseau e Luxemburgo afobadamente realizavam uma triagem dos documentos do filósofo, o Grande Parlamento francês, condenando *Emílio* como um "sistema criminoso", ordenava que o livro fosse rasgado e lançado às chamas nas escadarias do Palácio de Justiça de Paris. A obra ainda viria a provocar forte reação das autoridades europeias e escândalo entre certo público erudito: censurado pela Sorbonne e proibido até mesmo em uma tolerante Holanda, *Emílio* e seu autor também foram alvo de ataques de letrados célebres e influentes. Ponto em comum entre seus detratores, o motivo principal para a condenação encontrava-se, sobretudo, na *Profissão de fé do vigário saboiano*, reflexões sobre a religião apresentadas no livro IV. O *Contrato social*, publicado alguns meses antes no mesmo ano de 1762, não conheceu melhor destino, tendo sido igualmente condenado pela república de Genebra e outros países.

Com o mandado de prisão expedido pelas autoridades francesas, ajudado por poucos amigos e deixando para trás a vida que até então levara em Montmorency, no final daquela tarde Rousseau precipita-se para dentro de um coche para dar início à sua fuga pela Europa, desencadeando uma perseguição que o assombraria até o final de sua vida. O próprio filósofo nos recorda das palavras que dirigiu a uma angustiada Thérèse de Levasseur, sua companheira, no momento em que consumava a sua partida: "não espere senão afrontas e calamidades em meu encalço. O destino que esse triste dia inaugura para mim me perseguirá até minha última hora".[1] O vaticínio se verificaria judicioso, uma vez que a figura de Rousseau ficaria durante muito tempo marcada pelo estigma da impiedade e da solidão. Quanto à obra, ainda que literalmente ardendo no odioso fogo da censura, continuaria a suscitar vivas reações e a arrebatar leitores importantes, como Kant.

Antes do mandado de prisão, Rousseau depositara uma confiança talvez excessiva na proteção que recebia de alguns amigos importantes, como o próprio marechal de Luxemburgo. Além disso, Malesherbes, diretor da censura real que já havia livrado os enciclopedistas e Helvétius de maiores apuros, nutria simpatia por Rousseau, tendo acompanhado o tratamento do manuscrito de *Emílio* junto aos editores e tranquilizado o filósofo em relação à impressão. Contudo, embora surpreso com a atitude violenta desencadeada contra seus escritos, é razoável considerar que Rousseau pressentia a incompreensão que *Emílio* despertaria, visto que o próprio livro é repleto de trechos com alertas, preocupados em se antecipar às críticas e repressões. Não é sem motivos, pois, que logo no primeiro parágrafo do prefácio encontramos a seguinte afirmação: "um homem que, de seu retiro, lança seus papéis ao público, sem aduladores, sem partido que os defenda, sem saber nem mesmo o que pensam ou dizem deles, não deve temer que, se estiver enganado, admitam

---

[1] Rousseau, Les Confessions, p.583.

seus erros sem exame".[2] Esse trecho, ainda que adornado com certo arroubo retórico, não incorpora uma mera presunção de modéstia ou uma captação da benevolência do leitor: em uma admirável lição de coragem intelectual, com o lançamento de seu livro Rousseau já vislumbrava as duras críticas que haveria de enfrentar e a relativa tranquilidade da qual para sempre teria de abdicar.

 Obra de fôlego escrita por um autor já experimentado e consagrado no meio intelectual europeu, *Emílio* absolutamente não foi publicado como um empreendimento circunstancial. Basta pousar os olhos no texto para notar que se trata de uma escrita bem elaborada, com frases que foram cuidadosamente lapidadas ao longo de décadas de reflexão. Conforme nos é revelado nas *Confissões*, seu *Emílio* lhe "custou vinte anos de meditação e três anos de trabalho".[3] Inegavelmente, os anos que compreendem as décadas de 1740 e 1750, culminando com o ano de 1762, não somente selaram o destino de Rousseau na história do pensamento, como, de um ponto de vista biográfico, marcaram definitivamente os rumos de sua vida.

 É proveitoso, portanto, contextualizarmos *Emílio* na trajetória intelectual do filósofo, começando pelo período que se estende de 1736 até 1742, no qual Rousseau se estabelece em uma casa de campo denominada de *Les Charmettes*, localizada na região de Saboia. Após uma juventude agitada, com momentos de errância entremeados por curtos intervalos de estabilidade, Rousseau enfim se encontrava bem acomodado, desfrutando da vida campestre e da agradável companhia e proteção de Françoise-Louise de Warens. Esses felizes anos lhe ofereceram tranquilidade o suficiente para que pudesse realizar uma leitura sistemática de textos de filosofia e de ciências como a química, a medicina, a física, a astronomia, a matemática; seu contato com os textos de Montaigne, Kepler, Descartes, Malebranche, Locke, Newton, Bayle, Port-Royal, Bernard Lamy, era rotineiro. Portanto, é essa a época, posteriormente batizada como o "período de Charmettes", em que Rousseau aprofunda seus estudos para criar um armazém de ideias que fermentariam ao longo das próximas décadas: "no final de alguns anos",

---

2 Rousseau, *Emílio ou Da educação*, p.3.
3 Rousseau, Les Confessions, p.386.

escreve, "completamente dedicados a pensar exatamente segundo as ideias dos outros, sem refletir e, por assim dizer, quase sem raciocinar, encontrei-me em posse de um grande repositório de aquisições, bastante o suficiente para mim mesmo e para pensar sem o socorro de outrem".[4]

Nesse ínterim, Rousseau encarrega-se da instrução dos garotos François-Paul-Marie (denominado de Sainte-Marie), de 5 anos, e Jean-Antoine (denominado de Condillac), de 4 anos, da importante família Bonnot de Mably. Essa foi sua primeira experiência como instrutor, mas não seu primeiro contato com a educação das crianças: em meados da década de 1730, Rousseau já havia cuidado de um jovem caprichoso e "cheio de fantasia",[5] conforme lemos no livro II de *Emílio*. A vocação para a instrução de crianças era, na verdade, percebida pelo próprio filósofo. Em uma carta de 1735 endereçada a seu pai, Rousseau faz a seguinte revelação: "[...] eu poderia, em alguns anos e com um pouco mais de experiência, servir como governante a jovens de qualidade".[6] Mas é somente em 1740, com François e Jean, que o filósofo de fato assume a condição de preceptor, ocasião que lhe ofereceu uma boa ideia dos embaraços, dificuldades e obstáculos envolvidos no processo educativo. As reflexões sobre essas vivências foram registradas em dois textos: o *Projeto para a educação do senhor de Sainte-Marie* e o *Memorando apresentado ao senhor de Mably sobre a educação do senhor seu filho*.

Alguns anos mais adiante, Rousseau também viria a trabalhar como preceptor de Jacques-Armand Dupin de Chenonceaux, de 13 anos, apenas para em seguida deixar sua ocupação como educador e realizar serviços de secretário para Louise Marie Madeleine Guillaume de Fontaine, a madame Dupin, mulher letrada, frequentadora do círculo intelectual parisiense e *habitué* dos salões literários. Realizando pesquisas para auxiliar os estudos de madame Dupin, Rousseau aprofundará suas leituras em filosofia política, recopiando e anotando a obra *Do espírito das leis* (1748), de Montesquieu, empreendimento que deixará marcas indeléveis no seu pensamento político.

---

4 Rousseau, Les Confessions, p.237.
5 Rousseau, *Emílio ou Da educação*, p.127.
6 Rousseau, *Collection complète des œuvres de J.-J. Rousseau*, t. 13, p.570-71.

Posfácio

Tendo durante anos trabalhado seja como criado para casas abastadas, seja como autodidata copista de música, seja como secretário de políticos e figuras eminentes da sociedade francesa, o filósofo proveniente de Genebra seria alçado à fama no início de 1750, aos 38 anos, ao vencer o prêmio da Academia de Dijon com seu *Discurso sobre as ciências e artes*. Redigido no ápice da Ilustração, o primeiro *Discurso* é uma crítica lancinante contra a ideia de que o avanço das ciências, das técnicas e das artes forçosamente contribui para uma progressiva melhoria dos costumes e das relações sociais (*leitmotiv* crítico incorporado e transformado por filósofos do século XX). O texto lhe concedeu uma notoriedade fulgurante, seguida, naturalmente, de uma profusão de tentativas de réplicas. Em seguida ao primeiro sucesso, Rousseau também vê *O adivinho da aldeia*, seu *intermezzo*, encenado em Fontainebleau diante do rei Luís XV. Mesmo com a celebridade, e levando-se em conta sua recusa de viver à custa da pensão real que lhe fora oferecida, o autor continuaria a ganhar a vida com certa dificuldade, copiando partituras e colaborando com verbetes musicais para a *Enciclopédia*.

Nesse período, é publicado o verbete *Economia (moral e política)*, escrito para o quinto volume do empreendimento editorial conduzido por Diderot e d'Alembert. Nele encontramos uma inequívoca manifestação do importante papel que a educação pública desempenha no sistema filosófico rousseauniano, bem como as relações estreitas que ela mantém com a política: afinal, ocupar-se da educação pública é assumir a "tarefa mais importante do Estado".[7] Essa constatação, realizada em 1755, absolutamente não será trivial e tampouco se tratará de uma questão passageira, pois ela se revelaria, ainda que nem sempre de maneira explícita, como uma preocupação constante no pensamento de Rousseau. O assunto é, por exemplo, expresso quase duas décadas depois nas *Considerações sobre o governo da Polônia*, redigida em 1771, onde lemos que a quarta parte do texto, sendo integralmente dedicada à educação, é nada menos do que o capítulo mais importante da obra.[8]

---

[7] Rousseau, Economia (moral e política), p.124.
[8] Cf. Rousseau, *Textos de intervenção política*.

Em outras palavras, a educação pública desde logo se apresenta como um tema sensível, umbilicalmente ligado à reflexão política: trata-se de um elemento crucial a ser levado em conta por qualquer forma de governo que se pretenda bem ordenada e que vise respeitar a legitimidade que lhe é conferida pelo corpo político. Em uma breve digressão sobre o assunto, podemos lembrar que a relação estabelecida entre a educação, a liberdade do indivíduo e o papel do governo, associação que na época da Ilustração encontra um de seus ápices na obra de Rousseau, era assunto recorrente em diversos autores, como no monumental *Do espírito das leis* de Montesquieu, ou ainda sintetizada por outros enciclopedistas, como Jaucourt, conforme lemos nos verbetes *Democracia* e *Despotismo*, ambos publicados no quinto volume da *Enciclopédia*. Além disso, os teóricos da sociedade comercial não deixaram de conceder a devida importância à questão. Adam Smith, por exemplo, passa a analisar o papel da educação pública relativamente aos efeitos morais, cognitivos e corporais resultantes da extrema divisão do trabalho, para em seguida fazer a seguinte avaliação: "com um reduzidíssimo custo, o Estado pode facilitar, encorajar, pode mesmo impor ao conjunto inteiro do povo a necessidade de adquirir essas partes mais essenciais da educação. É possível que o Estado facilite o aprendizado da educação elementar, criando em cada paróquia ou distrito, uma pequena escola [...]".[9] O debate sobre a educação, portanto, encontra-se no âmago da reflexão iluminista, precisamente no ponto em que se cruzam a moral, a política e a economia.

Retomando a cronologia das obras de Rousseau, será a partir do *Discurso sobre a origem e o fundamento da desigualdade entre os homens*, de 1755, deliberadamente escrito fora dos padrões esperados pela Academia de Dijon, que se verificará o rompimento explícito do filósofo com algumas das concepções fundamentais da tradição política moderna. Representando um ponto de virada ao mesmo tempo social e intelectual para o seu autor, com o segundo *Discurso* Rousseau estabelece métodos e instrumentos críticos inovadores para a análise dos documentos e relatos de viagem (o que lhe valerá o título,

---

[9] Smith, *A riqueza das nações*, v.2, p.991.

como assim lhe outorga Claude Lévi-Strauss, de "pai da etnologia"[10]), funda uma nova maneira de conceber a natureza humana e lança as bases de um problema fundamental que atravessa todas as suas obras: ao mesmo tempo em que a *desigualdade* é considerada como um resultado histórico manifestamente constatável nas sociedades modernas, ela não deve ser vista como o reflexo consequente de diferenças naturais – talento, força, inteligência, dentre outros –, que, apesar de existentes, exercem uma influência pífia no estado natural. Assim, a desigualdade passa a ser identificada como um produto típico do processo civilizatório, possuindo uma *origem*, um *fundamento* e um *progresso* que podem ser perscrutados pelo arguto olhar do filósofo. Como corolário disso, e pelo fato da desigualdade pertencer à ordem do artifício, seria possível ao menos buscar mitigar os efeitos dela derivados. Não seria uma educação natural, voltada para gradualmente despertar nos indivíduos um sentimento generalizado de humanidade e de igualdade, um bom instrumento para realizar essa tarefa?

Em uma época em que a economia política começava a se apresentar como o discurso mais hábil – ou, pelo menos, o mais eficaz – para encontrar a boa regulação do social, Rousseau, ainda que sem negligenciar a importância das matérias relativas ao "objeto econômico", opta por fazer da política (a vontade geral) e da pedagogia (a educação negativa) as duas barreiras capazes de fazer frente aos obstáculos aparentemente incontornáveis colocados pela desigualdade que caracteriza as sociedades modernas. Uma provocativa indagação formulada no *Contrato social* poderia expressar muito bem a reação de Rousseau frente ao espanto que seu segundo *Discurso* havia causado entre seus contemporâneos: "essa igualdade, dizem, é uma quimera de especulação que não pode existir na prática. Mas, se o abuso é inevitável, não se segue que ao menos se deve regulamentá-lo?".[11] Eis uma questão que ainda hoje permanece desconcertante para muitos de nossos contemporâneos.

---

10 Cf. Lévi-Strauss, "Rousseau, père de l'ethnologie", p.10-15.
11 Rousseau, Do contrato social, p.557.

Emílio ou Da educação

Com o seu *Discurso sobre a desigualdade*, o filósofo passa a sofrer duras críticas. De 1755 em diante, os conflitos com os *philosophes* – grupo de intelectuais franceses sediados na capital francesa – recrudesceriam e, adquirindo cada vez mais corpo, as diferenças culminariam no rompimento de amizades antes sólidas. Buscando novos ares, em 1756 Rousseau se muda para os arredores de Paris, em Montmorency, período fértil no qual é publicado *Julie, ou A nova Heloísa* (1761), romance epistolar de estrondoso sucesso de público. Finalmente, após anos dedicados ao trabalho de redação são apresentas ao mundo duas obras seminais, cujos subtítulos merecem destaque: *Do contrato social, ou Princípios do direito político* e *Emílio, ou Da educação*.

É esse o contexto no qual, de 1762 em diante, após a condenação do tratado de educação e da expedição do mandado de prisão, Rousseau passará a buscar asilo pela Europa. Nessa época conturbada, que se estende de meados de 1760 até o final de sua vida, embora tenha continuado a escrever sobre política (caso das *Cartas escritas da montanha*, das *Considerações sobre o governo da Polônia* e do denominado *Projeto de constituição para a Córsega*), Rousseau dedica-se sobretudo aos textos autobiográficos, imbuídos de um agudo discernimento filosófico, compostos pela tríade *As confissões, Rousseau, juiz de Jean-Jacques* e *Os devaneios do caminhante solitário*, todos publicados postumamente.

Educação e política: a *teoria do homem* e os *princípios do direito político*

O itinerário intelectual e bibliográfico de Rousseau aqui retratado nos revela que, desde pelo menos 1730, o filósofo acumulava experiências e leituras que o permitiriam sistematizar suas reflexões sobre a *questão da educação*, objeto a ser cuidadosamente examinado no interior do pensamento filosófico. De fato, as proposições apresentadas em *Emílio* podem ser vistas como peças fundamentais do processo de construção do sistema de filosofia que Rousseau havia inaugurado a partir de 1750, conjunto que tem como cerne as interações entre a moral, a política e a educação.

Uma troca de correspondências entre Rousseau e Malesherbes pode nos ajudar a jogar luz sobre o processo de constituição do pensamento rousseauniano. Em uma carta, o filósofo registra uma autoavaliação de sua obra, momento em que elege os três escritos que englobariam as principais noções de seu sistema: "o primeiro *Discurso*, o sobre a desigualdade e o tratado de educação, três obras inseparáveis e que juntas formam um mesmo todo".[12] Regidos sob a batuta da história, esse trio textual acabou sendo transformado em um quarteto: em concerto com os outros três escritos, o *Contrato social* acabaria por se exibir como uma das maiores realizações intelectuais de Rousseau. Diferente da hoje pouco lembrada *A nova Heloísa*, seu "tratado de política" não conheceria a repercussão retumbante de alguns seus escritos anteriores, e poucos de seus contemporâneos, como Turgot[13] ou Mably,[14] reconheceram de imediato a profunda originalidade do texto. Porém, bastaram apenas alguns anos após a morte de Rousseau para que o *Contrato* fosse lido, debatido e apropriado à exaustão por diversos movimentos (muitas vezes concorrentes entre si) da Revolução Francesa.

Embora a ligação entre a política, a moral e a educação seja tão antiga quanto a própria filosofia e remonte a marcos fundamentais como *A República* de Platão, somente podemos realmente começar a medir a originalidade e as pretensões de Rousseau se tivermos em vista que os "princípios do direito político", ciência que se apresenta como o objeto central do *Contrato social*, e a "teoria do homem", consubstanciada na proposta educativa desenvolvida em *Emílio*, formam juntas dois dos colossais pilares que sustentam o edifício de pensamento rousseauniano.

Voltemos nossas atenções para a teoria do homem, expressão cunhada por Rousseau em sua carta a Christophe de Beaumont, arcebispo de Paris, clérigo que havia duramente condenado o *Emílio* em uma carta pastoral.

---

12 Rousseau, Cartas a Malesherbes, p.25.
13 Embora crítico em relação à conduta de Rousseau frente ao entrevero com Hume, Turgot escreve em uma carta ao filósofo escocês que o *Contrato social* "apresenta uma verdade muito luminosa" e que o *Emílio* parece "em todo lugar respirar a moral mais pura da qual já tivemos lição" (Turgot, Carta de 25 de março de 1767, p.152).
14 Seu livro de críticas à obra de Le Mercier de la Rivière e aos fisiocratas, *Dúvidas propostas aos filósofos economistas sobre a ordem natural e essencial das sociedades políticas* (1768), é amplamente inspirado no *Contrato social*.

Utilizada em um contexto de defesa do tratado de educação, a locução *teoria do homem* visa resumir algumas das mais importantes aspirações filosóficas do pensamento de Rousseau e sintetizar boa parte de sua ciência moral. No primeiro livro do *Emílio*, o filósofo anuncia que o verdadeiro estudo empreendido no seu tratado de educação é o "da condição humana", cujas preocupações centrais referem-se ao progresso das paixões em relação à "marcha da natureza" e ao sempre cambiante equilíbrio existente entre as necessidades humanas e as forças para satisfazê-las. Sob diversos aspectos, pode-se dizer que esse estudo busca extrair implicações de uma reflexão anunciada sete anos antes no *Discurso sobre a desigualdade*, quando os filósofos eram exortados a avançar sobre uma área cujos progressos se demonstravam, até então, pouco palpáveis: "de todos os conhecimentos humanos, o mais útil e o menos avançado parece-me ser o do próprio homem".[15]

Mas, segundo Rousseau, quais aspectos determinam a natureza humana? Em primeiro lugar, o fato de que algumas paixões não fazem parte da constituição original dos indivíduos e de que, portanto, elas necessariamente possuem uma história: enquanto a genealogia é o método empregado para revelá-la, a teoria do homem apresenta-se como o arcabouço teórico capaz de compreender e ordenar o curso das paixões. É isso o que nos diz *Rousseau, juiz de Jean-Jacques*. Ali, após avaliar que *Emílio* é "sua maior e melhor obra", Rousseau afirma que ela se consagrou "a mostrar como se introduzem em nossa alma as paixões prejudiciais, a mostrar que a boa educação deve ser puramente negativa, que ela deve consistir não em curar os vícios do coração humano, porque eles não o habitam naturalmente, mas sim a impedi-los de nascer".[16] Em segundo lugar, e como consequência da primeira constatação, isso implica tanto em assumir o caráter mutável da natureza humana como admitir que as condições e os equilíbrios internos e externos, ao se transformarem, exigem respostas antes impensadas. Política, moral e educação operariam analogamente como instrumentos reguladores de um processo em busca de uma estabilidade sempre fugaz e difícil de ser encontrada.

---

15 Rousseau, Discurso sobre a desigualdade, p.160.
16 Rousseau, Rousseau juge de Jean-Jacques, p.687.

Posfácio

Para explicarmos os progressos dessa aspiração central da filosofia rousseauniana, seria primeiro necessário nos desfazermos da tentação recorrente que limita a filosofia de Rousseau à mal compreendida fórmula primitivista do "bom selvagem", plasmada no século XVIII por figuras como Voltaire, viés de leitura que persistiria com grande aceitação até a primeira metade do século XX. Sem que seja necessário entrar em detalhes que embaraçariam ainda mais essa espinhosa questão, basta no momento apontarmos que, no segundo *Discurso*, se o indivíduo no estado de natureza não carrega os estigmas típicos dos males e vícios que inevitavelmente acompanham o processo de civilização, ele é, no entanto, definido como um ser "estúpido e limitado", que não exerce suas faculdades mais sublimes e não possui acesso nem aos insuperáveis deleites da virtude nem aos mais doces sentimentos proporcionados pelas paixões.

Afinal, de que valeria constatar a bondade se ela é impraticável? O instrumento capaz de garantir a aplicação e efetividade dos princípios da bondade natural é justamente a aliança entre a ordem do processo educativo e a criação de princípios que norteiam o processo político. Vista sob essa perspectiva, a noção de *bondade* abandonaria o redutor papel essencialista que geralmente lhe é atribuída para posteriormente se tornar um ato concreto, irrefutável, o único capaz de consolidar o sentimento de fraternidade e de sociabilidade: "o exercício das virtudes sociais", escreve Rousseau, "leva ao fundo dos corações o amor à humanidade: é praticando o bem que nos tornamos bons; não conheço nenhuma prática mais segura".[17]

Portanto, o primeiro estado de natureza não é desejável em si: é preciso que as contingências ajam, que a história entre em ação e que a sociabilidade se desenvolva para que a humanidade possa de fato florescer. É por isso que o *justo meio* apresentado no *Discurso sobre a desigualdade* apresenta-se como a época na qual observamos um estado de equilíbrio entre os desejos e a capacidade para sua satisfação, entre os vícios e as virtudes, entre as faculdades e o poder de bem utilizá-las, não representando uma "idade de ouro" abstrata ou utópica.

---

17 Rousseau, *Emílio ou Da educação*, p.305.

Como se fosse um espelho dessa condição histórica, a educação do aluno imaginário, ao fazer dele um "selvagem" que habitará as sociedades modernas, representa exatamente a busca de um meio-termo sempre efêmero e variável de acordo com as circunstâncias. Afinal, cada uma das fases da vida exige um novo processo de regulação ou de estabilização, sempre perturbado pela passagem de uma idade à outra. O equilíbrio, seja na história, seja na educação ou seja na política, é sempre instável, pois depende de elementos heterogêneos para se configurar. Essa dialética entre o progresso das condições materiais de existência, da genealogia das paixões e da avaliação do binômio força-necessidade, não somente preside a reflexão histórica, política e moral rousseauniana, mas acaba por formar a própria ideia de *humanidade*, cuja reflexão mais bem desenvolvida é apresentada justamente no *Emílio*.

No livro IV, período da adolescência em que são plantadas as "primeiras sementes da humanidade", chega-se à seguinte conclusão: se os seres humanos se tornam sociáveis porque são incapazes de sozinhos suprirem suas necessidades e, posteriormente, de satisfazerem suas paixões, o despertar do sentimento de humanidade residiria justamente na compreensão de que o que há de comum entre eles é sua miserável condição de fraqueza. A compreensão plena dessa lição somente se torna possível no período em que encontramos uma feliz conjugação entre o tempo da razão e o tempo da sensibilidade.

Mas, afinal, como chegar até esse ponto, isso é, como formar na cabeça de um indivíduo uma ideia tão abstrata quanto a de *humanidade*? Ora, não se pode pedir a uma criança que raciocine *ex nihilo* sobre um conceito puramente especulativo e cujo significado ela desconhece por completo. É preciso ensiná-la, através da experiência e das sensações que recebe em cada uma das fases de sua vida, a gradualmente tornar seus conhecimentos mais abstratos, partindo das coisas mais simples para enfim, compreendendo-as e reorganizando-as, passar às coisas mais complexas. Rousseau chama esse processo de "generalização".

Assim, a educação dispensada ao jovem Emílio tem como um de seus objetivos realizar esse paulatino processo de generalização, que o conduzirá a formar a ideia e o sentimento de humanidade. Um dos mais ilustrativos exemplos de como essa dinâmica funciona é a *piedade*, paixão que, auxiliada pela imaginação, faz com que possamos por um momento nos transportar para a condição de outra pessoa e nos colocarmos no lugar de alguém que sofre. Apresentada no *Emílio* em uma nuance diferente daquela vista no segundo *Discurso* e no *Ensaio sobre a origem das línguas*, a piedade carrega consigo não somente um conteúdo moral, mas uma dimensão ao mesmo tempo política e econômica. Afinal, a preocupação central com a formação do juízo do aluno não exclui a necessidade de fazer com que o jovem observe as diversas classes sociais, as desigualdades econômicas, enfim, as múltiplas diferenças de poder e de riquezas existentes nas comunidades modernas, a fim de agir moralmente ao exercitar sua piedade. Para isso, e após fazer com que Emílio tenha contato com a pobreza e com a riqueza, com a miséria e com o luxo, Rousseau resume seus ensinamentos com as seguintes palavras:

> Somente depois de ter cultivado sua índole de mil maneiras, após muitas reflexões sobre seus próprios sentimentos e sobre os que observará nos outros, é que poderá chegar a generalizar suas noções individuais na ideia abstrata de humanidade, e unir a seus afetos particulares aqueles que podem identificá-lo com sua espécie.[18]

As lições sobre a piedade no livro IV nos mostram, portanto, que as ideias são formadas a partir de um contato com a experiência e vão se tornando complexas à medida que a relação entre os indivíduos, as coisas e os signos que eles criam se torna mais e mais abstrata. Nesse sentido, o *Emílio* serve como uma espécie de manual de instruções da teoria do conhecimento de Rousseau. Esse processo acontece em diversos campos e objetos, como nas lições de economia apresentadas no livro III, que exigem abstrações como a ideia de *dívida* ou de *dinheiro*. Ele também pode ser verificado nas proposições políticas encontradas no *Contrato*: a vontade pode ser qualificada como *geral* justamente quando atravessa um processo de *generalização*.

---

18 Rousseau, *Emílio ou Da educação*, p.282.

Quanto a este último ponto, e tendo em perspectiva a importância do processo de generalização explicado no *Emílio*, vejamos como ele nos ajuda a esclarecer a criação e a elaboração de algumas ideias centrais do *Contrato*. Pensando nos momentos de formação de uma sociedade, quando os interesses particulares se opõem, torna-se necessário o estabelecimento de algum acordo, ainda que sobre pontos mínimos, para que a convivência se torne possível. De forma ampla, esse acordo deve inicialmente se fundar na ideia de conservação da vida, da liberdade e dos bens dos indivíduos: estes são os três requisitos indispensáveis para a formação de qualquer contrato que se pretenda legítimo. Para que ele se torne possível, é preciso encontrar o que há de comum entre todos esses interesses particulares conflitantes, a fim de verificar o que sobra após desconsideradas todas as diferenças. Essa sobra é chamada por Rousseau de "bem comum" ou de "interesse comum". Para que este bem comum seja efetivado na prática, é preciso não somente que ele seja encontrado, mas que seja abstraído para ter uma aplicação universal (ou "geral") dentro do corpo político ao qual se destina. É ainda preciso fazer com que essa ideia de comum tenha uma determinação, chamada por Rousseau de "vontade". Em outras palavras, a vontade geral tem como objetivo dar determinação ao interesse comum. Por fim, essa vontade geral terminará por ser expressa pela legislação política de um país, cuja garantia de aplicação é realizada em um passo subsequente, com o governo.

Fica então evidente que a vontade geral é, na verdade, o elo de um longo processo de generalização da vida política: ela parte da experiência concreta vivenciada por cada um dos interesses particulares para, no final das contas, se manifestar de modo *erga omnes* na forma de direitos e deveres previstos na lei. Efetivamente, em uma passagem crucial do *Contrato* lemos a seguinte explicação: "por que a vontade geral é sempre reta, e por que todos querem constantemente a felicidade de cada um, se não por não haver ninguém que não se aproprie da expressão *cada um*, e que, ao votar por todos, não pense em si mesmo?".[19] Assim, embora as leis de um país não devam se fundar na vontade particular de uma pessoa ou de um grupo de indivíduos,

---

19 Rousseau, Do contrato social, p.537.

a manifestação individual dos interesses é um pressuposto indispensável para a expressão final da vontade geral, que funciona exatamente como uma "regra de compatibilidade das vontades particulares".[20]

Para que esse processo se efetive na esfera política da forma mais duradoura e legítima possível, é preciso que o julgamento que guia a vontade seja minimamente esclarecido. A decisão política necessita tanto das "luzes públicas" na qual se travam os debates quanto de indivíduos munidos de instrumentos suficientes para bem julgar suas escolhas e bem ordenar suas paixões. Nesse ponto, somos novamente conduzidos ao papel da educação e da formação do juízo, capazes de oferecer algumas direções nesse aparente beco sem saída no qual moral e política acabam por se encontrar.

Em suma, em um primeiro momento o método genealógico do *Discurso sobre a desigualdade* avança admiravelmente em uma busca de despojamento total do indivíduo, despindo-o das paixões e qualidades acessórias adquiridas ao longo do processo de civilização, para, apoiado em farta documentação de relatos de viagem, explorar as tensões e as fronteiras existentes entre a natureza e a cultura. Em seguida, o *Contrato social* concentra-se sobre os princípios do direito político, na necessidade de formar um povo que tenha uma vontade e que, não obstante deva almejar uma coesão que seja a mais perfeita possível, conta com particulares que são independentes da pessoa pública constituída com o pacto. Para isso, Rousseau elabora uma teoria da obrigação cuja abordagem original da relação entre soberania, governo e indivíduo se funda na ideia de *consentimento*. Finalmente, *Emílio* emerge para assumir um lugar central no pensamento rousseauniano: além de nos apresentar a maneira como Rousseau concebe e elabora suas ideias, trata-se do ponto no qual se cruzam as reflexões morais e antropológicas do *Discurso sobre a desigualdade* com a acuidade analítica do pensamento político apresentado no *Contrato social*. Como uma espécie de apoteose desse grandioso concerto filosófico, no tratado de educação de Rousseau vemos reunidos o respeito com a "marcha da natureza" e a habilidade em fazer do "artifício" algo que é paradoxalmente ao mesmo tempo imperceptível e palpável;

---

20 Radica, *L'Histoire de la raison*, p.189.

em que observamos o cuidado com "ordem da natureza" conciliado com a necessidade de uma "desnaturação" do aluno, para que este possa aprender a viver em sociedade; em que contemplamos um indivíduo, inicialmente educado para viver em um mundo sem pátria, ser instruído, já na entrada da vida adulta, na doutrina dos princípios do direito político.

Redigido em plena maturidade intelectual, *Emílio* condensa todo o sistema de Rousseau e expõe seus principais conceitos, oferecendo a demonstração de um rigor filosófico ímpar, cujas análises se valem dos discursos médicos, científicos e experimentais de sua época (livros I e II); de uma abordagem crítica de temas concernentes à economia política (livro III) e aos tratados de moral e de religião (livro IV); onde se apresenta, enfim, uma profusão de passagens que revelam a elegância literária de Rousseau e sua facilidade em transitar por estilos como o romance e os relatos de viagem (livro V).

Eis alguns dos motivos pelos quais a obra que os leitores e leitoras possuem em mãos não deve ser classificada apenas como uma das obras-primas da pedagogia moderna ou como o livro que reúne os principais pontos do pensamento de Rousseau: *Emílio* é um monumento da literatura filosófica e um paradigma incontornável para disciplinas que viriam a se emancipar da filosofia nos séculos subsequentes.

Justamente, uma característica inerente aos clássicos é o fato de passarem por crivos que lhe são aplicados para além da época em que foram escritos, e, portanto, que se encontrem sempre sujeitos a novas interpretações e a exercícios críticos de leitura. É extremamente salutar que a sucessão do tempo os coloque permanentemente à prova, a fim de aquilatar o que permanece diante do produto resultante de seus acertos e desacertos. Tendo isso em vista, não parece exagero afirmar que *Emílio* ainda permanece uma inesgotável fonte de reflexão crítica sobre a condição humana. Trata-se de uma obra admirável que congrega os traços mais distintivos de um dos maiores gênios literários e filosóficos de todos os tempos.

Thiago Vargas
Pós-doutorando da Universidade de São Paulo/Fapesp

Referências bibliográficas

LÉVI-STRAUSS, Claude. "Rousseau, père de l'ethnologie". In: *Le Courrier de l'UNESCO*, ano XVI, n.3, França/Bélgica, março 1963.

RADICA, Gabrielle. *L'Histoire de la raison*: anthropologie, politique et moral chez Rousseau. Paris: Honoré Champion, 2008.

ROUSSEAU, Jean-Jacques. *Textos de intervenção política*. Org. e trad. Thiago Vargas. São Paulo: Editora Unesp, 2022.

_____. Discurso sobre a desigualdade. Trad. Iracema Gomes Soares e Maria Cristina Roveri Nagle. In: *Rousseau – Escritos sobre a política e as artes*. Org. Pedro Paulo Pimenta. São Paulo: Ubu, 2020.

_____. Do contrato social. Trad. Ciro Lourenço Borges Júnior e Thiago Vargas. In: *Rousseau – Escritos sobre a política e as artes*. Org. Pedro Paulo Pimenta. São Paulo: Ubu, 2020.

_____. Economia (moral e política). Trad. Maria das Graças de Souza. In: *Enciclopédia*, v.4. São Paulo: Editora Unesp, 2015.

_____. Cartas a Malesherbes. In: *Carta a Christophe de Beaumont e outros escritos sobre a religião e a moral*. Org. e trad. José Oscar de Almeida Marques. São Paulo: Estação Liberdade, 2005.

_____. Les Confessions. In: *Œuvres complètes*, t.I. Paris: Gallimard/Pléiade, 1959.

_____. Rousseau juge de Jean-Jacques: dialogues. In: *Œuvres complètes*, t.I. Paris: Gallimard/Pléiade, 1959.

_____. *Collection complète des œuvres de J.-J. Rousseau*, t.13. Genebra, 1782.

SMITH, Adam. *A riqueza das nações*, v.2. Trad. Alexandre Amaral Rodrigues e Eunice Ostrensky. São Paulo: Martins Fontes, 2013.

TURGOT, A. R. J. Carta de 25 de março de 1767. In: *Letters of Eminent Persons Addressed to David Hume*. Edimburgo/Londres: William Blackwood & Sons, 1849.

Índice de nomes

Abraão, 390
Acabe, 588
Addison, Joseph, 578
Adrasta, 602
Afrodite, 556
Agesilau, 292
Ajax, 315
Albano (Francesco Albani), 544
Alcínoo, 538, 539
Alexandre, o Grande, 112, 113, 186, 292, 296, 405, 439, 440
Amatus Lusitanus, 340
Amyot, Jacques, 174, 316
Andrômaca, 46
Andry de Bois-Regard, Nicolas, xxv
Aníbal, xx, 292, 307
Antônio (Marco Antônio), 295, 406
Apeles, 160, 472
Apicius, Marcus Gavius, 437
Apolodoro, 456
Aquiles, 33, 155, 315
Aquino, Julio Groppa, xxvi
Arco Jr., Mauro Dela Bandera, xxv
Ariès, Philippe, xxv
Aristides, 292, 385
Aristipo, 442
Aristóteles, xxiii, 186, 216
Armida (e Rinaldo), 532
Astíanax, 46
Atalanta, 561

Augusto, 24, 295, 437, 453, 603
Aulo Gélio (Aulus Gelius), 69
Aurelius Victor, 409
Badinter, Elisabeth, xi, xxv
Barrême, François, 525
Bayle, Pierre, 105, 392, 394, 623
Bensaude-Vincent, Bernadette, xxviii
Bernard, primo de Rousseau, 147
Bernardi, Bruno, xxiv, xxv, xxviii, 43
Bianchi, Giovanni, 39
Boerhaave, Hermann, xi, xxv, 50
Boileau, Nicolas, 203, 298
Bordes, Charles, 492
Borges Jr., Ciro Lourenço, xxv, 637
Bossuet, Jacques-Benigne, 378
Boto, Carlota, xxv
Brantôme (Pierre de Bourdeilles), 502
Bruto (Brutus), 349
Bucéfalo, 186
Buffon, Georges-Louis Leclerc, conde de, ix, xxvi 16, 42, 145, 146, 216, 257, 528
Caio, 11
Calipso, 530
Carlos II, 35
Catão, 24, 106, 296, 356
Catilina, 356
Catrou, François, 499
Cerizara, Ana Beatriz, xxv
César, 106, 290, 292, 356, 406

Chardin, Jean, 136, 394
Charrak, André, xxiii, xxv
Charron, Pierre, 369
Chartier, Roger, xxvi
Château, Jean, xxvi
Chenonceaux, Jacques-Armand Dupin de, 624
Chenonceaux, Madame, 3
Christophe de Beaumont, arcebispo de Paris, 629
Cícero, 11, 14, 110, 286, 296, 434, 439, 523
Cinéas, 294
Circe, 564
Claparède, Édouard, ix, xxvi
Clarke, Samuel, 330
Clemente de Alexandria, 472
Cleópatra, 409
Cocchi, Antonio Celestino, 39
Coelho, José Ramos, 491
Coindet, François, 9
Commines, Philippe de, 292
Condillac, Étienne-Bonnot, ix, xiii, xxvi, 355
Condillac, sr. de (Jean-Antoine Bonnot de Mably), 624
Coriolano, 499
Coste, Pierre, 4, 451
Cotin, Charles, 298
Creso, 439
Crousaz, Jean-Pierre, 134
Ctésias, 583
D'Alembert, Jean Le Rond, xxvii, 637
Dalbosco, Claudio Almir, xxvi
Dalila, 456
Dario, 405, 406
Daubenton, Louis-Jean-Marie, 528
Davila, Enrico Caterino, 290
Defoe, Daniel, xviii, 216

Demóstenes, 434
Derathé, Robert, xxvi
Descartes, René, 328, 336, 623
Desessartz, Jean-Charles, xi, xxvi, 16
Diana, 403
Diderot, Denis, viii, xxi, xxii, xxvi, 104, 625
Diodoro da Sicília, 456
Diógenes, 405, 440, 442
Dozol, Marlene, xxvi
Du Bellay, Guillaume (sr. de Langey), 422
Duchapt, madame, 472
Duchet, Michèle, xxvi
Duclos, Charles, 292, 427, 428
Dupin, madame (Louise Marie Madeleine Guillaume de Fontaine), viii, 3, 624
Eco, Umberto, vii
Elias, Marisa Del Cioppo, xxvi
Elias, Norbert, xxvi
Emílio (1ª ocorrência do nome), 28
Empédocles, 440
Enoque, 215
Epiteto, 271
Erasmo de Roterdã, x, xxi, xxvi
Estrabão, 433
Eucaris, 518, 530, 578
Eurípedes, 316
Fauconnier, Gilbert, 26
Favorino, 69
Febo, 510
Felipe, pai de Alexandre, 440
Fénelon, François de Salignac, 468
Filipe, médico de Alexandre, 112, 214
Filocles, 602
Filocteto, 531
Filofemo, 292
Fleury, Claude, 134

Índice de nomes

Fontenelle, 434
Formey, Johann Heinrich Samuel, 8, 9, 10, 115, 198, 201, 202, 300, 303
Fortuna, 14
Francisco I, 502
Francisco, Maria de Fátima Simões, xxvi
Freitas, Jacira de, xxvi
Galateia, 491
Galla, 524
Gay, Peter, xxvi
Gélis, Jacques, xi, xxvi
Gessner, Salomon, 483
Gisors, conde de, 585
Goldschmidt, Victor, xiii, xxvi
Gouhier, Henri, xxvii
Grócio, Hugo (Grotius), 589, 601
Grosrichard, Alain, xxvii
Guicciardini, Francesco, 290
Guilherme, rei, 35
Guillaume (L'Avocat Patelin), 241
Guyot-Desfontaines, 228
Habib, Claude, xxvii
Heitor, 46
Helena, 472
Helvétius, Claude-Adrien, xxvi, 332, 425
Henrique IV, 105
Hera (e Leandro), 556
Hércules, 149, 455, 456, 562
Hermes, 215
Heródoto, 79, 136, 176, 177, 290, 434, 582, 583
Hipócrates, xv
Hobbes, Thomas, xiii, 51, 78, 589
Homero, xviii, 46, 150, 173, 434, 529, 530, 538, 539, 564, 582
Honneth, Axel, xxvi
Horácio, 171, 319, 449, 507, 608
Hume, David, 629, 637

Hyde, milorde, 186
Idomeneu, 601
Idris, 215
James II, 230
Jaucourt, Louis de, 16, 626
Jenner, Edward, 141
Jesus Cristo, 372, 380, 381, 385, 479, 501
Jezabel, 588
Jimack, Peter, xviii, xxvii
João, santo, 194
John, lorde, 606, 607
Júlia, filha de Augusto, 453
Julius Camilus, 340
Júpiter, 43, 315, 316, 357
Juvenal, xv, 238
Kant, Immanuel, ix, x, xxvii, 622
Kepler, Johannes, 623
Kuntz, Rolf, xxvii
La Calprenède, Gautier de Costes de, 289
La Condamine, Charles-Marie de, 333
La Fontaine, Jean de, 115, 120, 303
La Loubère, Simon de, 42
La Motte, Antoine Houdar de, 434
La Rochefoucauld, François de, 492
Labão, 314
Laís, 442
Lambercier, sr. de, 147, 148
Lamy, Bernard, 623
Le Beau, Claude, 396, 397
Le Mercier de la Rivière, Pierre-Paul, 629
Leandro (e Hera), 556
Leblanc, Sébastien-Louis, 220
Lempereur, Jean-Daniel, 220
Leônidas, 385
Levasseur, Thérèse de, 622
Lévi-Strauss, Claude, 627, 637
Licurgo, 12, 45, 499, 502, 594

Locke, John, x, xv, 4, 33, 81, 82, 102, 120, 134, 137, 234, 313, 314, 336, 344, 451, 623
Lombardi, Marina Salles Leite, xxvii
Lourenço Filho, Manuel Bergström, xxvii
Lucas, Paul, 580
Lúcio Vero, imperador, 11
Lucrécia, 357
Lucy (comparada a Sofia), 606, 607
Luís XIII, 101
Luís XIV, 433
Luís XV, 427, 625
Lúlio, Raimundo, 580
Luxemburgo, marechal de, 621, 622
Mably, abbé Gabriel Bonnot de, 629
Mably, Jean Bonnot de, viii, 21, 624
Malbranche, Nicolas, 623
Malesherbes, Chrétien Guillaume de Lamoignon de, 622, 628, 637
Maomé, 316, 319, 368, 379, 380, 394
Maquiavel, Nicolau, xxi, 290
Marcel, dançarino, 153, 425, 426
Marcial, 524
Maria, mãe de Jesus, 385
Marlborough, duque de, 35
Marques, José Oscar de Almeida, xxv, xxvii, 637
Maruyama, Natalia, xxvi, xxvii
Masson, Pierre-Maurice, xxvii, 391
Masters, Roger, xxvii
Mattos, Franklin de, xxvii
Maximiliano I, 380
Medo, 358
Mellarède, Pierre de, 386
Mentor, 530, 544, 558, 602
Mercy, François de, 433
Midas, rei, 240
Milton, John, 483, 544
Minerva, 467

Moisés, 372, 380, 385
Molière, xviii, 130, 492
Montaigne, Michel de, xiv, 107, 112, 133, 134, 141, 214, 248, 286, 291, 358, 369, 399, 422, 440, 501, 623
Montesquieu, Charles-Louis de Secondat, barão de, 579, 589, 603, 624, 626
Montessori, Maria, vii
Mozart, Wolfgang Amadeus, 164
Musaeus Grammaticus, 556
Nabote, 588
Nagle, Maria Cristina Roveri, 637
Nascimento, Milton Meira do, xxvii
Newton, Isaac, x, 136, 330, 336, 623
Nicolini, Filippo, 164
Nieuwentyt, Bernard, 340
Ninon de l'Enclos, Anne, 492
Ninrode (Nembrod), 590
Noé, 215
Nonius Marcellus, 14
Núnes de Balboa, 94
Oneil, Patrice, 35
Ônfale, rainha, 456
Orfeu, 365
Ostrensky, Eunice, 637
Ovídio, 61, 501, 561
Paiva, Wilson Alves de, xxvii
Palas, 43
Pantalão, personagem, 303
Paracelso, 340
Pascal, Blaise, xiv, 393
Paulo Emílio (Aemilius), 230
Pausanias, 169
Pedarete, 11
Pedro, czar, 239
Peleu, 507
Petrarca, Francisco, xviii
Petrônio, 218

Índice de nomes

Pimenta, Pedro Paulo, xxvii, 344, 637
Pirro, 294
Pitágoras, 173, 286, 502, 527, 584
Platão, 12, 107, 384, 435, 458, 459, 527, 629
Plínio, o Velho, 160, 216, 583
Plutarco, xx, xxi, 24, 25, 45, 73, 79, 106, 112, 169, 173, 186, 214, 230, 291, 292, 293, 316, 318, 349, 377, 440, 499, 502
Políbio, 171, 290
Pompeu, 292
Pourceaugnac, 130
Prado Jr., Bento, xviii, xxvii
Pradon, Nicolas, 298
Prestidigitador, personagem, xvii, 198-202
Prometeu, 340
Protesilau, 602
Py, Gilbert, xxvii
Quintiliano, 121
Quíron, 155
Racine, Jean, 203, 298
Radica, Gabrielle, xxviii, 635, 637
Rafael (Rafaello Sanzio), 544
Ravier, André, xxviii
Rebollo, Regina Andrés, xxviii
Régulo, 11, 359
Reso, 150
Reuchlin, Johann, 380
Rinaldo (e Armida), 532
Roberto, jardineiro, xvii, 95, 96, 113, 222
Robinson Crusoé, 216, 218, 221, 235
Rodrigues, Alexandre Amaral, 637
Roldham, Betty, 606
Rollin, Charles, 134
Romano, 358
Rômulo, 254
Rougemont, Denis de, xviii

Rouillé, Pierre, 499
Saïd, 218
Sainte-Marie, sr. de (François-Paul-Marie Bonnot de Mably), 624
Saint-Pierre, Charles-Irénée Castel, Abbé de, 51, 234, 601, 603
Salinas Fortes, Luiz Roberto, xvii, xxvi
Salústio, 290
Sansão, 456
Sardanapalo, 433
Saul, 150
Sbrigani, 130
Sêneca, 1, 107, 437, 600
Sexta-Feira, personagem 217
Sila, 106
Smith, Adam, xvi, 626, 637
Soares, Iracema Gomes, 637
Sócrates, 201, 207, 296, 359, 385, 578
Sofia (1ª ocorrência do nome), 415
Sofronisco, 385
Solís y Ribadeneyra, Antonio de, 290
Sólon, 594
Souza, Maria das Graças de, xx, xxvii, xxviii, 637
Spector, Céline, xxviii
Starobinski, Jean, xxviii
Strada, Famiano, 290
Stuart, Charles Edward, 230
Suetônio, xx, 24, 25, 292, 453
Tácito, 290, 292, 492, 499, 582
Tales, 527
Tarquínio, 405
Tasso, Torquato, xviii, 490, 532
Tavernier, Jean-Baptiste, 580
Teixeira, Anísio, xxviii
Telêmaco, 517, 518, 525, 530, 531, 532, 544, 578, 601, 602
Temístocles, 72, 73
Terêncio, 252

643

Termópilas, 434
Terrasson, Jean, 434
Téspio, 455
Tétis, 22
Thou, Jacques-Auguste de, 290
Tibério, 437
Tibulo (Albius Tibullus), 435
Timoleão, 230
Tito Lívio, 11, 291, 499
Trajano, 296
Trasíbulo, 405
Tronchin, Jean Robert, x
Tucídides, 290
Turenne, visconde de, 293
Turgot, Anne Robert Jacques, 629, 637
Ulisses, 150, 252, 411, 564
Valério Máximo, 63
Van Bladel, K., 215

Van Swieten, Gerard, xi, xxv
Vargas, Thiago, xxv, xxviii
Vargas, Yves, xxviii
Varrão, 14
Varus, 295
Vênus, 358, 472
Vertot, René Aubert de, 290
Vieira, Terezinha Duarte, xxviii
Virgílio, xviii, 110, 340, 435, 491, 561
Voltaire, viii, xxvi, 10, 228, 433, 631
Waldmann, Hans, 241
Warens, François Louise de, 623
Waterlot, Ghislain, xxviii
Xenócrates, 357
Xenofonte, 29, 433, 434
Zenão, 405
Zoroastro, 173

Índice de lugares

Abidos, 556
África, 381
Alemanha, 164, 422
Alpes, 295, 307, 326
América, 94, 381
Amsterdã, 380
Anquiale, 433
Argel, 270
Ásia, 381, 382, 522, 580, 582
Babel, 590
Benin, 29
Brie, 116
Cartago, 582
China, 603
Citerão, 456
Cítia, 405
Constantinopla, 319, 380
Corcira, 538
Corinto, 230
Dardanelos, estreito de, 556
Dijon, 625, 626
Éfeso, 439
Egito, 14, 580
Espanha, 94, 133, 217, 582
Esparta, 223, 385, 434, 463, 499, 502, 594, 599
Estige, rio, 22
Europa, 18, 155, 220, 229, 244, 378, 379, 382, 432, 579, 581, 582, 585, 588, 601, 602, 607, 628
Fontainebleau, 625
França, xviii, 5, 30, 101, 153, 170, 238, 399, 494, 579, 580, 581, 604, 614, 621
Friul, 257
Gália, 582
Galícia, 603
Genebra, 12, 131, 152, 610, 621, 622, 625
Grécia, 72, 385, 463, 464
Grève, praça em Paris, 278
Guiné, 29
Helesponto, 142, 556
Holanda, 116, 621
Hôtel-de-Ville, 279
Índia, 71, 173, 580
Inglaterra, vii, 42, 173, 230, 238, 425, 426, 464, 604
Ispaão, 111, 474
Israel, 456, 588
Itália, xx, 164, 186, 238, 257, 292, 320, 321, 399, 437
Japão, 381, 580
Krefeld, 585
Lapônia, 29
Leiden, 50
Les Charmettes, 623
Londres, 496, 584, 602, 603, 604
Luxemburgo, jardim de Paris, 155
Macedônia, 230

Madrid, 603
Malta, 13, 91
Mambré, 404
Mar do Sul, 94
Marlborough, 35
Marrocos, 141
Meca, 316
Mércia, 603
México, 111
Montmorency, 209, 210, 211, 621, 622, 628
Nápoles, 438
Navarra, 436
Nínive, 590
Ópera, teatro em Paris, 153, 447
Palácio de Justiça de Paris, 621
Palais Royal, 441
Palestina, 382
Paris, 12, 19, 71, 98, 111, 153, 155, 164, 213, 220, 221, 241, 278, 319, 413, 416, 420, 432, 438, 441, 444, 450, 458, 472, 496, 497, 525, 526, 528, 584, 602, 603, 604, 610, 621, 628, 629
Península Ibérica, 218
Pequim, 111
Pérsia, 136, 139, 173

Petersburgo, 438
Piemonte, 56
Pó, rio, 326
Port-Royal, 623
Porta (Sublime Porta), 240
Portugal, vii
Poul-Serrho, 394
Roma, 11, 24, 230, 316, 393, 499, 584
Sabóia, 152, 386, 623
Saint-Denis, 111
Salente, 601
Siracusa, 230
Suécia, 223
Suíça, 5, 116, 318
Taranto, 438
Tarso, 433
Tartária, 381, 583
Tornea, 29
Touraine, 603
Tournelles, rua de Paris, 492
Trácia, 150
Tulherias, passeio de Paris, 155, 445
Valais, 257
Veneza, 405, 606
Versalhes, 526
Yverdon, 621
Zurique, 241

Índice de gravuras*

Tétis mergulhando seu filho Aquiles no rio Estige (gravura do Livro I) XXX

Quíron ensina a caça a Aquiles (gravura do Livro II) 2

Hermes gravando nas colunas os elementos das ciências (gravura do Livro III) 62

Orfeu ensinando aos homens o culto dos deuses (gravura do Livro IV)   250

Circe se entregando a Ulisses, a quem não foi capaz de transformar (gravura do Livro V) 620

---

* Gravuras de Charles Eisen para a edição de *Émile* "chez Jean Néaulme" de 1762.

SOBRE O LIVRO

Formato: 16 x 23 cm
Mancha: 27 x 44 paicas
Tipologia: Venetian 301 12,5/16
Papel: Off-White 80 g/m² (miolo)
Cartão Supremo 250 g/m² (capa)

1ª edição Editora Unesp: 2022

EQUIPE DE REALIZAÇÃO

Edição de texto
Silvia Massimini Felix (Copidesque)
Thiago Vargas Escobar Azevedo (Revisão)

Editoração eletrônica
Sergio Gzeschnik

Capa
Vicente Pimenta

Assistência editorial
Alberto Bononi
Gabriel Joppert